U0935328

珍藏本

纪念版

汉译世界学术名著丛书

巴布尔回忆录

〔印度〕巴布尔 著

王治来 译

商务印书馆
SINCE 1897 The Commercial Press

2017年·北京

БАБУР-НАМЕ
(**ЗАПИСКИ БАБУРА**)
ИЗДАТЕЛЬСТВО АКАДЕМИИ НАУК УЗБЕКСКОЙ ССР
ТАШКЕНТ, 1958
根据塔什干乌兹别克科学院出版社1958年版译出

汉译世界学术名著丛书
（120 年纪念版·珍藏本）
出 版 说 明

2017 年 2 月 11 日，商务印书馆迎来 120 岁的生日。120 年前，商务印书馆前贤怀揣文化救国的理想，抱持“昌明教育，开启民智”的使命，立足本土，放眼寰宇，以出版为津梁，沟通中西，为中国、为世界提供最富智慧的思想文化成果。无论世事白云苍狗，潮流左右激荡，甚至战火硝烟弥漫，始终践行学术报国之志，无改初心。

逐译世界各国学术名著，即其一端。早在 20 世纪初年便出版《原富》《天演论》等影响至今的代表性著作，1950 年代后更致力于外国哲学和社会科学经典的译介，及至 1980 年代，辑为“汉译世界学术名著丛书”，汇涓为流，蔚为大观。丛书自 1981 年开始出版，历时三十余年，迄今已推出七百种，是我国现代出版史上规模最大、最为重要的学术翻译工程。

丛书所选之书，立场观点不囿于一派，学科领域不限于一门，皆为文明开启以来，各时代、各国家、各民族的思想与文化精粹，代表着人类已经到达过的精神境界。丛书系统译介世界学术经典，引领时代思想，为本土原创学术的发展提供丰富的文化滋养，为推动中国现代学术和现代化进程做出了突出的贡献。

为纪念商务印书馆成立120周年，我们整体推出“汉译世界学术名著丛书”120年纪念版的珍藏本，寄望既利于文化积累，又便于研读查考，同时向长期支持丛书出版的译者、编者和读者致以敬意。

两甲子后的今天，商务印书馆又站在了一个新的历史时间节点上。我们不仅要铭记先辈的身影和足迹，更须让我们的步伐充满新的时代精神。这是商务人代代相传的事业，更是与国家和民族的命运始终紧密相连的事业。我们责无旁贷，必须做好我们这代人的传承与创造，让我们的努力和成果不仅凝聚成民族文化的记忆，还能成为后来人可以接续的事业。唯此，才能不负前贤，无愧来者。

商务印书馆编辑部

2017年10月

巴布尔和他写的《回忆录》

——《巴布尔回忆录》汉译本前言

王　治　来

一、本书的作者

咱喜鲁丁·穆罕默德·巴布尔(以下简称巴布尔)是中亚著名征服者帖木儿的后裔,是帖木儿帝国分裂后河中帖木儿朝的最后代表,也是印度帖木儿王朝的开创者。[①] 帖木儿死后,其所创建的大帝国分崩离析,其第三子米兰沙之孙速檀·卜撒因·米儿咱虽再度将河中统一起来,但终未能占有西伊朗及西亚各地。卜撒因有重建帖木儿帝国的雄心,乃仿照帖木儿分封疆土:以其长子速檀·阿合马统治河中,三子速檀·马合谋分得阿斯塔拉巴德,四子乌马尔·沙黑分得费尔干纳,五子速檀·木剌德分得坎大哈,七子乌鲁伯分得喀布尔,八子阿不别克儿分得巴达赫尚,九子速檀·哈

---

① 巴布尔在印度创建的王朝,西方人称之为大莫卧儿,原因在于印度人把印度西北方的穆斯林通称为莫卧儿(蒙兀儿)人,只有阿富汗人除外,但巴布尔及其同族并不自称为蒙兀儿人,而是自称为察合台人。

利耳分得赫拉特。巴布尔即乌马尔·沙黑之长子。

中亚地区,自蒙古征服以后,一直以成吉思汗的后裔作为合法的统治者。即使是崛起于十四世纪后期、震撼世界的征服者帖木儿,由于不是成吉思汗的后裔,所以不能称“汗”。他的称号是“伯克”或“异密”;他的后裔,即使是国君,也只能称为“米儿咱”。中亚原属成吉思汗次子察合台汗的统治范围,元朝末年以后,察合台汗国渐分裂为东、西两个独立的部分。西部河中地区,在帖木儿称霸的条件下,原成吉思汗后裔之称汗者已沦为有名无实的傀儡。只有在东部今新疆地区,察合台后王秃黑鲁·帖木儿的后裔才保持着统治的地位。秃黑鲁·帖木儿之玄孙羽奴思汗,以长女米黑里·尼格尔·汗尼木嫁速檀·阿合马·米儿咱;以次女库特鲁克·尼格尔·汗尼木嫁乌马尔·沙黑·米儿咱,生巴布尔;以三女忽布·尼格尔·汗尼木嫁杜格拉特部首领马黑麻·忽辛·米儿咱,生米儿咱·海答儿;故作为羽奴思汗的外孙,巴布尔从母系方面说乃是成吉思汗的后裔。(见新疆人民出版社出版的《拉失德史》汉译本。)

巴布尔在公元 1483 年 2 月 14 日(回历八八八年穆哈兰月六日)生于费尔干纳。那是一个动乱的时期。那时,巴布尔的父亲乌马尔·沙黑统治着费尔干纳,而与其兄、撒马尔罕的统治者速檀·阿合马争霸,经常发生战争。察合台后王羽奴思汗常来援助其女婿乌马尔·沙黑,使另一女婿速檀·阿合马不能吞并塔什干和费尔干纳。乌马尔·沙黑把某些领土(如阿黑昔、鄂什、塔什干、沙鹿海牙等地)交给羽奴思汗,以为报偿。

公元 1494 年 6 月 8 日(回历八九九赖买丹月四日),阿黑昔城堡下的山崖峭壁和宫殿坍塌，乌马尔·沙黑遇难死亡。当时十二岁的巴布尔便继承了乃父的君位和米儿咱的称号。

新继位不久的巴布尔，很想成为整个河中地区的统治者。他征集部队，于1497年5月从安集延出动，进攻撒马尔罕，经过七个月的围攻，夺得该城。这时，他手下的大伯克檀巴勒在安集延发动反对他的叛乱，企图拥立巴布尔之弟只罕杰尔·米儿咱。巴布尔回师平乱，但故土已失，陷于进退失据的境地。此后两年中(1498—1500年)，他辗转于撒马尔罕与安集延之间，贫穷困苦，无所依靠。直到1500年2月，巴布尔以费尔干纳的一半让给只罕杰尔·米儿咱的代价，才得以返回安集延。

1500年6月，巴布尔应撒马尔罕的答尔罕·穆罕默德·马即的之邀，前去进攻该城。他以二百四十人之众，驱逐在其以前攻据该城的乌兹别克人。昔班尼汗退往布哈拉，巴布尔第二次夺得撒马尔罕。次年(1501年)春，昔班尼汗反攻，迫使巴布尔再次退出撒马尔罕。此后，巴布尔在乌腊提尤别、塔什干等地和费尔干纳山中过着颠沛流离的生活。这时，昔班尼汗又挥师东进，先后攻占忽毡、沙鹿海牙等城，打败蒙兀儿人的两位汗，并追击向费尔干纳以南丛山中逃窜的巴布尔。巴布尔流亡到喜萨尔，不为当地统治者胡思老·沙所礼遇，乃继续逃往阿富汗。

1504年10月，巴布尔兵不血刃地夺得了喀布尔、哥疾宁及其附属地区，以之作为复国的基地。时乌兹别克的昔班尼汗在征服河中之后继续南征呼罗珊的帖木儿王朝。占据了喀布尔的巴布尔应速檀·忽辛·拜哈拉之请，率军赴援，但并未能挽救速檀·忽辛及其诸子的覆亡。而当巴布尔在赫拉特期间，喀布尔又发生了他的姨父、蒙兀儿首领马黑麻·忽辛领导的反对他的叛乱。巴布尔急速赶回，将其镇压了下去。而昔班尼汗则再次南征，于1507年夏天荡平了呼罗珊的帖木儿王朝。

昔班尼汗得势的时间不长。他于1510年12月2日在谋夫同萨非朝波斯王伊斯迈耳的会战中阵亡。巴布尔为了收复故国，不惜向波斯王称臣并信奉什叶派，以与萨非朝联盟，引波斯军进攻河中。他虽得以在1511年10月8日重新进入撒马尔罕城，登上王位，但他对什叶派的波斯委屈称臣的做法，却引起了当地人民的反对。他既不得人心，遂不得不永远退出河中故地，返回喀布尔。

历年的事实证明，兴复故国乃是巴布尔不能实现的梦想。他只有把目光转向南方，夺取印度，以建立新的基业。

从1519年起，巴布尔几次向印度方面进攻，经略今巴基斯坦东北一带。几次都因后方不稳或遭到外来的威胁而被迫退回。这时（回历九二九年），印度罗地王朝旁遮普长官道拉特·汗之子迪拉瓦尔和罗地王朝苏丹伊伯拉欣之叔阿拉姆·汗前来请求巴布尔帮助他们反对伊伯拉欣。巴布尔即趁机于公元1525年12月15日渡过印度河，对印度举行第五次进攻。伊伯拉欣闻信后退，道拉特·汗以密耳瓦特之地降，巴布尔遂于1526年4月间进至德里以北的帕尼伯特。伊伯拉欣亦挥师朝巴布尔开来。经过一些小的接触后，最后两军于4月20日在帕尼伯特举行大会战。巴布尔以万人之众，彻底击溃了对方的十多万大军。伊伯拉欣战死，四万印度人阵亡。巴布尔乘胜占领了德里和亚格拉。

1527年3月17日，巴布尔又在亚格拉以西比安那地区的坎瓦村击溃了拉纳·桑伽的反抗势力。次年，攻占金代里。1529

年,兼并比哈尔,并在戈格拉河战胜孟加拉王。巴布尔的统治遂扩展到了印度北部的大部分地区,从而奠定了莫卧儿帝国的基础。

莫卧儿帝国,从1526年巴布尔在帕尼伯特战役中击败伊伯拉欣,至其于1857年亡于英国殖民者,一共延续了三百三十一年之久。这是印度历史上一个重要的时期。作为莫卧儿帝国的开国君主,巴布尔无疑是印度和亚洲历史上,也是世界历史上一位著名的、伟大的和杰出的人物。

从巴布尔一生的经历看,他大部分的岁月都是在动乱、战争和颠沛流离中度过的。种种艰难复杂的环境使他得到极大的锻炼。正如英国学者厄斯金所说的:"据说他娴于各种武艺,舞剑射箭,莫不精通。他颠沛流离,饱经忧患,故思维能力得到充分的发展。"从他征服印度的经过看,他晚年在指挥战争方面,也可以说是一个运筹决胜的英明统帅。他之所以能够成为一代开国君主和世界历史上的杰出人物,是有历史根源的。

但巴布尔的健康状况并不好。其原因,除长期的奔波,生活不稳定,损害了身体之外,主要是纵酒和服食毒品。《回忆录》中经常记载他喝酒和举行酒会,漫无节制,这是违反穆斯林的禁忌的,以致后来巴布尔深感内疚,把酗酒看成一种罪恶,专门发布了一个《戒酒诏》,令上下遵行。巴布尔和他的部属还经常服食一种毒品,名叫麻饯(majun)。这种东西是用大麻叶、罂粟种子、马钱子、菲沃斯属植物,曼陀罗花种子以及其他原料,捣碎,加奶油、蜜饯而成,做成饼状,食之令人兴奋,但有毒。这种毒品主要流行于巴基斯坦和印度。巴布尔在回历九二五年(1519年)以后的日记中经常提到他服食麻饯。由于经常酗酒和服食毒品,巴布尔的健康愈益变坏。他终于在公元1530年12月26日(回历九三七年主马达·勒·巫拉月六日)病逝于德里,享寿仅四十七岁。其遗体归葬于喀布尔。这位莫卧儿朝开国皇帝真可以说是英年早逝了。

二、《巴布尔回忆录》

巴布尔在他的一生中,不但进行了无数次的征战,最后创建了一个帝国,而且在鞍马劳顿之余还从事了文学、史学、诗歌和音乐等方面的大量创作活动,这说明,他不但是一个军事天才,而且具有高度的文化素养。他之所以又能成为一个文学家和历史家,是与他的家学渊源和时代背景分不开的。

遗憾的是,巴布尔的《回忆录》没有记述他即位以前的生活。因此,对于他在童年和少年时代所受的教育及其接受的影响,我们不得其详。不过根据他的家族情况,可以了解到他成长的环境和背景。

第一个对巴布尔有影响,也即他的第一个教育者,自然是他的母亲库特鲁克·尼格尔·汗尼木。其次,就是他的外祖母伊散·道拉特·别昆。而她们又都是他的外祖父羽奴思汗的影响的传播者。据巴布尔的表弟米儿咱·海答儿在所著《拉失德史》一书中的记述,帖木儿后王兀鲁伯和他的父亲沙哈鲁曾将蒙兀儿的羽奴思汗送往伊朗,让耶思德人大毛拉歇里甫爱丁做这位汗的导师和监护人。歇里甫爱丁是当时的一个著名学者,曾著有《帖木儿武功记》一书和其他许多作品。羽奴思汗在他的门下受业达十二年之久,获得丰富的学识和各种技艺,被人尊称为羽奴思大师(ustad)。羽奴思汗性情和顺,举止端方,言谈动听,机智勇敢,且长于书法、绘画,又善骑射,并精于其他才艺。他的女儿库特鲁克·尼格尔·汗尼木也受过很好的突厥文和波斯文的教育。她对儿子巴布尔从小的教育,使这个孩子很早就形成对自己高贵出身的荣誉感和对外祖父羽奴思汗的仰慕。巴布尔的外祖母伊散·道拉特·别昆和胞姊罕匝答·别昆与他共同生活,也加深了对他的这种影响。

巴布尔的父亲乌马尔·沙黑·米儿咱在位时代,中亚的宗教领袖和卓·阿赫拉尔是羽奴思汗的同时代人。巴布尔出生时,这位和卓亲临看望,并为他取名。和卓·阿赫拉尔于1491年逝世时巴布尔已七岁。他在宗教、文化和精神上对这位未来皇帝的影响也是深远的。

巴布尔的祖先富于崇尚学术、保护文化的传统。如河中的统治者兀鲁伯就是一个著名的学者;赫拉特在沙哈鲁与速檀·忽辛统治时期都学术发达,文化繁荣。当时,突厥族的语言和文字也处在复兴当中。中亚地区自公元八世纪中叶被阿拉伯人完全征服以后,逐渐采用阿拉伯文作为官方的学术上的正式文字,并用阿拉伯字母拼写本地的语言;从九世纪中期开始,中亚和伊朗开始用波斯文来代替阿拉伯文;而到帖木儿的时代,突厥文(称为察合台文)又成为中亚的文学语言了。察合台文是用阿拉伯字母拼写的突厥文,它是哈拉汗王朝和花剌子模王朝的突厥文的继续,得名于十三、四世纪的察合台汗国。十五、六世纪时,中亚产生两个最大的察合台文作者,一个是赫拉特的帖木儿后王速檀·忽辛手下的大伯克阿利·失儿·纳瓦依,另一个就是巴布尔。

在上述家庭环境和历史背景下成长起来的巴布尔，是一个多才多艺的人物。米儿咱·海答儿在介绍巴布尔的才能和文学成就时说："他在写突厥语诗歌方面，仅次于密尔·阿利·失儿。他曾用最纯粹和流畅的突厥语写过一部诗集。他创立了一种诗体，名叫穆拜扬。他还写了一部极为实用的法律论文，现已被人们普遍采用。他还写过一篇优美无比的突厥诗体论，并将圣者大毛拉著的《双亲寄语》改写成诗。他还有一部《突厥史》（即指《巴布尔回忆录》），写得平易自然，清新质朴。他擅长音乐和其他艺术。他的《突厥史》虽然是用突厥文写的，但却十分优美华丽。"（见《拉失德史》汉译本，第二编，第35页。）总之，这部《巴布尔回忆录》乃是巴布尔所有著作中最主要的和分量最大的一部分，也是他的代表作。

《巴布尔回忆录》是用察合台文写的。本书为编年体。叙述从回历八九九年，也即从其父死亡和其本人即位的那一年开始，以后按年、月、日的次序记叙他经见的历史事件，直至回历九三六年作者逝世以前不久为止。其中，从回历八九九年至九〇八年，是他在费尔干纳的时期；从回历九一〇年至九三一年，是他在喀布尔的时期。从回历九三二年至九三六年，是他经略和征服印度的时期。全书三部分，共有四十多万字。

但现存的察合台文本《巴布尔回忆录》，有多处阙简。这些阙简是：

回历九〇八年至九〇九年（即公元1503年至1504年）的一段；

回历九一四年至九二五年（即公元1508年至1519年）的

一段；

回历九二六年至九三二年（即公元1520年至1525年）的一段；

回历九三四年（公元1527年至公元1528年）中的几个月；

回历九三六年穆哈兰月三日（公元1529年9月7日）原稿中断。

上述几段时间的记载为什么断简阙佚，学术界有不同的解释。有的研究者认为，遗失的原因是巴布尔为了掩盖他向什叶派波斯王称臣这个事后回顾起来感到羞愧的事而故意销毁的。有的不同意这种说法，如厄斯金提出，第一：同什叶派那一段令人憎恶的联合，只有五年左右，即从回历九一六年至九二一年。可是，《巴布尔回忆录》中的阙简却长达十年，即从回历九一四年至九二五年。如果作者本人的目的是要掩盖这一短时期内的事件的痕迹，那他并没有理由同时毁掉其余六年的记载。第二，在《回忆录》中这并不是唯一的阙简，还有另一段阙简是从回历九〇八年下半年起到九〇九年年末止；第三段阙简几乎有六年，即从回历九二六年至九三二年。可是并没有任何地方说明他在这些时期内恰好在做自己将要感到羞愧的事情，或是在做自己需要销毁证据的事情。第三，值得注意的是，在所有发生阙简的地方，叙述都是在一句未完的地方突然中止，这一情况表明，手稿中的若干篇幅是由于偶然事故而遗失，而不是由于故意销毁，或由于有计划地要掩盖任何特殊事件。（见《拉失德史》汉译本，第二编，第135页，注文）

由于以上考虑，多数的学者认为是由于偶然事故使巴布尔的

手稿受损而导致阙简的。如此书的英译者蓓沃丽吉女士即持这种看法。她指出,回历九一八年赛法尔月(公元1512年4—5月),乌兹别克的奥拜都拉·汗前来进攻布哈拉,巴布尔率领一支小部队前去迎战,于库耳·马利克(国王之湖)附近被乌兹别克人击败。随后,他又遭到蒙兀儿人的袭击。在这些事变中,巴布尔的手稿可能损失。第二,巴布尔自己就在回历九三五年的日记中提到,那年赖买丹月十七日(公元1529年5月25日)晚上,他驻扎在萨鲁河畔,突然暴风雨大作,洪水冲毁了他住的毡房。当时正在毡房中从事写作的巴布尔虽未受伤,但他写的稿件被水浸泡。暴风雨过后,巴布尔尽量将稿纸收集拢来,用火烤干,但肯定遭到损失和遗失。(见f.376b)第三,巴布尔死后,其回忆录的手稿由胡马雍收藏。胡马雍在1541—1555年间被逐出印度,过着颠沛的生活。他的由骆驼装载的图书(其中包括巴布尔的手稿)在奔波转徙中也可能遭到损失。以上对《巴布尔回忆录》阙简原因的几种解释,是比较合理的。

正因为此书曾遭到破坏,所以我们现在见到的此书的各种抄本,都是处在一种不完整的状态。既无前言,亦无结束语,末尾是以突然的断简终了。据说,作者死后,抄写了几份分送给他的几个儿子,但这些抄本也并没有都保存下来。全文有上述的多处阙简,为此,从巴布尔的长子到后代的研究者都对此书做了注释或补注。下面,我对《巴布尔回忆录》的版本情况和翻译的情况作一简略的介绍。

三、《巴布尔回忆录》的版本

人们曾设想,巴布尔用察合台(突厥)文写成的《回忆录》与流传下来的抄本相比,是较完整的。现在我们所知的抄本有如下几种:

(一)察合台(突厥)文本

1. **米儿咱·海答儿本** 回历九四三年至九四七年这几年中,米儿咱·海答儿正在印度。有的学者肯定,在巴布尔(于回历九三七年)逝世以后十年左右,米儿咱·海答儿即得到一份突厥文的《巴布尔回忆录》抄本,很可能是从胡马雍或卡姆兰的宫廷中得来的。(《拉失德史》汉译本,第一编第27页,英译绪论;及汉译本,第二编,第35页,注②)蓓沃丽吉则认为,他在1509—1512年间投靠于巴布尔的时期,曾抄录了他的日记。而当其在胡马雍的手下效力时,就得到了《巴布尔回忆录》的一个抄本。后来,他把这个抄本带到了克什米尔,最后又从克什米尔流传到了喀什噶尔,现今可能仍在新疆民间。这应是一个完整的本子。他写的《拉失德史》,曾多处提到巴布尔的《回忆录》,并引用了其中的许多资料。

2. **厄芬斯通抄本** 这个突厥文的抄本是在阿克巴皇帝在位的十多年(1556—1567)当中抄写的,最初的所有者是速檀·忽辛·拜哈拉的一个后裔。此人叛变失败,他拥有的这个抄本遂同其财产一起被没收,而转入莫卧儿皇家图书馆。这个抄本所据的原本,有胡马雍写的边注。抄写者把这些边注写入了正文。后来,这个抄本于1810年在白沙瓦被发现,并被出使去喀布尔路过其地的英国人厄芬斯通(Elphinstone)买到。他将这个抄本带到加尔各答,又于1813年在孟买将它送给了厄斯金(Erskine)。后者将其带回苏格兰,并于1826年赠送给了律师图书馆,现仍藏于该处。这个抄本在回历九〇八年(公元1502年)以前的部分有多处缺佚。

3. **海德拉巴抄本** 这是流传下来的迄今最完全的抄本,据信,其所根据的是巴布尔本人的手稿。1900年,此书英译者蓓沃丽吉的丈夫在海德拉巴发现了它,故称为海德拉巴抄本。这个抄本是在奥朗则布皇帝在位时期(1655—1707年)写定的,是一个纯突厥文本,据其质地和纸色判断,可能抄于1700年。蓓沃丽吉借得这个抄本,对其进行研究,发现其远胜于他本,乃将此情况告诉剑桥大学的布朗教授(Prof. Edward Granville Browne)。当时正准备出版吉布纪念丛书的布朗,就约请蓓沃丽吉负责编辑,将这个突厥文抄本列入为该丛书的一种,于1905年出版(见北京图书馆藏吉布纪念丛书)。目前,这仍是最权威的抄本。但因其所根据的原稿有阙简,故抄本亦有阙简。

(二)波斯文译本

1.《巴布尔编年史》(*Tabaqat-i-baburi*)

这是巴布尔的波斯文秘书舍黑·宰因·喀瓦非翻译的,只是意译,工于辞藻。回历九九八年(公元1589年)宽德密尔的一个孙子将其抄写了一份以供阿布勒·法兹耳在写作《阿克巴纪事》时参考。

2. 第一个《巴布尔实录》(*Waqi' at-i-baburi*)

这个波斯文本的译者为两个蒙兀儿人，一个是哥疾宁的帕扬达·哈三，另一个是喜萨尔的穆罕默德·库利，始译于1583年(即阿克巴在位的时期)。此本现藏于英国博物馆。

3. 第二个《巴布尔实录》(*Waqi' at-i-baburi*)

这个波斯文本的译者为阿不都热衣木·米儿咱，译于1589年。它是奉阿克巴皇帝之命，译出为阿布勒·法兹耳编写《阿克巴纪事》提供有关巴布尔的资料而用的。译成后于1589年11月献给了阿克巴皇帝。

(三)英译本

1. 根据波斯文本译成的英译本　较早从事将巴布尔书译成英文的是来登(Dr John Leyden)。来登仅初通突厥文，故译得很粗糙，又不准确。后厄斯金接过他的工作，根据波斯文本于1813年将巴布尔的书译完，题为《The Memoirs of Baber》。但拖到1826年才正式出版。由于后来有更完备的译本，故这个英译本没有再版，现在很难得到，也不为学界术所利用。厄斯金先生精通波斯文，他在写作《莫卧儿人统治下的印度史》一书的过程中，还节译了米儿咱·海答儿的《拉失德史》。

2. 根据突厥文本译成的英译本　译者是蓓沃丽吉女士。她根据的是海德拉巴抄本。她的译本题为《The Babur nama in English (Memoirs of Babur)》，1922年在伦敦出版。她的译文不但比较完整，而且加了大量详博的注释，并根据对大量其他史料的研究，补叙了阙简时期的事实。书中还有附录的考证二十三则，以及详细的人名、地名、专题索引。这是迄今最为完备、适于供研究工作者使用的一个英译本。

(四)俄译本及其他

完备的俄译本是1958年在塔什干出版的,译者为萨里耶(M. САЛЬЕ),题为《巴布尔纳玛》。这个译本也是根据海德拉巴抄本,并参照蓓沃丽吉译本译出的。我的汉文译本,则以萨里耶的俄译本为工作本,并对照蓓沃丽吉英译本译成,并作了注释。在阙简的部分,增入了英译本的补阙注文。

俄国人对中亚以南印度次大陆的研究和了解,总的说要比英国人晚一些,所以,《巴布尔回忆录》的俄译本也出得比较晚。但在这里,有必要附带介绍一下帝俄时期研究的情况。

俄国从彼得大帝时起,就企图经过中亚向印度扩展,为此也就必须了解印度。1721年,以别涅维尼为首的俄国使团访问中亚,到了布哈拉。使团秘书处的成员帖木儿·普拉德在市场上买到一部突厥文的稿子,题为《Waqi-nama-i-padshahi》(皇家实录),稿子上的题记说,其编写者是毛拉·阿卜杜耳·瓦哈布,此稿编成于回历一一二一年赖哲卜月五日(即公元1709年8月31日)。

帖木儿·普拉德向卖书的人询问巴布尔是何许人,卖者既讲不清楚,买者也听不明白,遂错误地将这份抄本当成巴布尔写的回忆录,后来被称为"布哈拉本巴布尔回忆录"(Bukhara Babur-nama 或 Bukhara Compilation)。其实,这不过是作者阿卜杜耳·瓦哈布杂钞阿不都热衣木·米儿咱的波斯文本、卡姆兰藏本以及散见于各处的资料,编辑而成,以记述巴布尔和胡马雍父子二人的事迹。

然而,这份稿子却在当时和以后二百年当中,被错误地当成是巴布尔本人写的《回忆录》。其原因在于俄国人起初对印度和巴布尔其人并没有研究,也缺乏了解。而《巴布尔回忆录》原本又没有被发现,无法与之校对。

1725年,这个所谓的《布哈拉本巴布尔回忆录》被送到俄国外交部,1737年为俄国东方语学校突厥语部员凯尔(George Yacob Kehr)所得。他将其抄写一份,准备将其译为拉丁文。他的拉丁译文虽然很糟,但伊耳明斯基(Ilrminski)却在1857年据以编辑出版了喀山本。1871年,帕维·德·库特勒(Pavet de Courteille)又据喀山本将其译为法文,题为《Les Memoires de Baber》。1824年,俄国学者森可夫斯基得到该书的一个抄本,在其上了题记(即说明作者姓名和编写年代的题记),是为森可夫斯基本(Senkovski Babur nama)。以上诸人都未对布哈拉本是否为巴布尔原作的问题有所置疑,只是在海德拉巴抄本出世以后,才消除了以前的误解。

另外,在国外还出版过德译本、土耳其文译本、日文节译文等等。

巴布尔的表弟米儿咱·海答儿也因其叙述蒙兀儿人历史的著作《拉失德史》而被称为一个历史家。在他搜集的大量历史资料中,《巴布尔回忆录》是主要的一种。《拉失德史》也是第一部大量引用了巴布尔书中资料的历史著作。《巴布尔回忆录》阙简部分的史实,大量地见于《拉失德史》中。所以,蓓沃丽吉在补叙阙简时期的事实时,主要利用了《拉失德史》中的史料。如果说,米儿咱·海答儿是抄袭了巴布尔,那么,现在蓓沃丽吉则是用米儿咱·

海答儿的书来补巴布尔的书。总之这两部书是必须互相参阅的。伊莱亚斯在他写的《拉失德史》英译本绪论中对这两位历史家作了一番比较,他说:“任何一位风云人物只要有意于记述自己的生平事迹,都不难成为历史家。印度莫卧儿王朝的开国君主巴布尔,正是我们所说的这样一个人,他留下了一部描写自己时代的著述,这部著述在亚洲的著作中如果不是绝无仅有,也是凤毛麟角。巴布尔被认为既是军事家又是历史家,同时还是自传作家;公道地说一句,他的姨表弟米儿咱·海答儿也是这样。但是,巴布尔是一个比米儿咱·海答儿更高明的自传作者,而他作为一个更伟大的军事家则是不能与之相比的,历史证明了这点。但另一方面米儿咱·海答儿可以认为是一个更好的历史家,这话是不失公平的。巴布尔只是在自己的回忆录中附带地写历史,这和米儿咱·海答儿的情况正好相反。米儿咱写自己的种族和家族的历史是具有明确目标的。当他写到自己那个时代时,他把亲身参与的历史事件同自己生平所经历的风霜交织起来,使之互相印证。因此,他的生平的确可以说是包含在他的历史中。”(《拉失德史》汉译本,第一编,第3—4页。)这段话,不但对这两位历史家进行了比较,而且中肯地点出了《巴布尔回忆录》这部书的寓历史于自传之中的特点,可为我们节省许多概述该书梗概的笔墨。

四、《巴布尔回忆录》的史料价值

《巴布尔回忆录》历来受到学术界的重视,有多方面的原因。首先,作为当代人写当代事的一部著作,它具有第一手史料的价值。第二,巴布尔本人就是他那个时代历史的参与者、推动者和创造者,写那个时代的历史必然要写到他;而他作为一个帝国的奠基人,总揽全局,当然对历史事件的了解比别的人更加全面,他的叙述当然也更有价值。第三,这部著作是编年体,它与其他穆斯林学者写的历史著作相比,叙述的事实都有确切的时间,年代、月份和日期都记载得比较清楚。在这方面,它毋宁说更像汉文的历史著作。第四,它的内容不但上下涉及几个世纪,而且广泛地谈到中亚、阿富汗、巴基斯坦和印度等地区。不但谈他自己所属的民族和地区,而且对他新接触的和新征服的地区的自然和社会情况作了令人极感兴趣的叙述。这些对于研究当时的社会和历史以及将其与现代相比较,是甚为重要的。第五,《巴布尔回忆录》对于研究当时的语言、文化、察合台语文学语言的发展,以及文学、史学、诗歌和文风,都是极好的材料。凡此诸端,不过是我能想得到的,但不一定能概括此书的价值。现仅就理解到的方面言之。

《巴布尔回忆录》的写法,是以时间为经,以事实为纬,逐年叙述自己的经历。在叙述的过程中,对于某些人物、事件的历史、缘由以及某些地区的自然、人文情况进行了详细的介绍。巴布尔的故乡是费尔干纳,自他于1494年即位以后,曾夺取过撒马尔罕,统治过喀布尔,最后征服了印度。他对这些地区都作了描写。如在第一部分(回历八九九年),对费尔干纳的描述竟达五叶(f. 1b—5b)之多。其中讲到费尔干纳的地理、山脉、河流和几个城镇,也讲到当地的民族、语言、物产和气候。费尔干纳与中国新疆紧相邻接,我国古称大宛、霍罕、浩罕、安集延等。从巴布尔的描写看,那里的风俗、物产与生活状况,与我国新疆极为近似。其民族、语言、宗教,亦与新疆大同小异。如,他说:“安集延人,全是突厥人。在城镇和集市上无人不懂突厥语”;“尽管阿利·失尔·纳瓦依是生长于也里(赫拉特),但他的作品都是用这种语言写的。”(f. 2b)这里说的突厥语,其文字即察合台文,在新疆称之为老维吾尔文,在中亚则被称为老乌兹别克文。如果说,从未到过费尔干纳的阿利·失尔·纳瓦依,说着费尔干纳流行的突厥语,用这种察合台文从事写作,那么,新疆的维吾尔人及其知识分子也能做到这一点。

在讲到自己于回历九〇三年第二次攻取撒马尔罕时,巴布尔描写了该城。他对该城给予高度赞美,说:“在世界上所有可居住的地区中,很少有哪个城镇像撒马尔罕这样令人喜爱。”又说蒙兀儿人和突厥人称该城为 Simiz-kint。这正可说明中国古代为何将其称为“薛米思坚”(《元秘史》)、“薛迷思干”(《亲征录》、《元史》)。八世纪中叶以后,撒马尔罕接受从中国唐朝传人的造纸技术,成为中亚、西亚的一个造纸业中心。而此书则说“世界上最好的纸张出自撒马尔罕”。巴布尔特别对帖木儿以后撒马尔罕的建设作了详细描写,所有这些都可以从存留至今的建筑物和考古发现的文物得到印证。

喀布尔是巴布尔征服印度以前的根据地,又是他逝世后归葬之所。他对喀布尔的自然条件、民族和社会情况及其政治、经济和贸易地位的报道,足以帮助我们了解今日阿富汗的民族、宗教和政治形势及各种矛盾和问题的历史根源。据称,在喀布尔地区生活着各种各样的部落,说着十一种或十二种语言。蒙兀儿人、突厥人(指今乌兹别克人、土库曼人等)、塔吉克人等主要生活在兴都库什山以北今阿富汗北部地区,“南部则是阿富汗人的居住区。”(f.

131b)喀布尔处于交通要冲,但地势险峻。它与坎大哈是印度与呼罗珊之间的两个商业中心,从中国的喀什噶尔,以及从费尔干纳、土耳其斯坦、撒马尔罕、布哈拉、巴里黑、喜萨尔和巴达赫尚等地都有商队来喀布尔。(f. 129a)但喀布尔又是一个外敌难以进入的地区,兴都库什山横亘于其北部,山中有七条山路以通南北;除经过锡伯图的山路外,所有的山路在冬天都要封闭三、四个月。(f. 130a-b)阿富汗人富于反抗精神。故在历史上,入侵的外敌多半总是以失败而告终。从巴布尔的叙述也可以看到,今阿富汗境内的各个部族,由于宗教、文化、种族和自身利益的不同,也经常发生纠纷和争斗。他们的统一,是一个艰难的历程。

巴布尔对于自己创立新帝国的地区——印度斯坦作了最详尽、最全面的描写。其内容包括历史、山脉、河流、水利、灌溉、动物、植物、花卉、节候、计数系统、度量衡、民族、宗教、风俗习惯、贡赋、优缺点,等等,竟达二十三页(f. 270b—f. 293)之多。他所描述的这些情况,不但对研究印度史的人说是珍贵的史料,即使在今天,仍未失去其价值和意义。

在历史上,任何国家的统治者和对外的征服者,都无一例外地注意了解其统治和征服的地区的历史,因为这是其制定和实施内外政策所必需的。如巴布尔就在其日记中的长篇印度志中谈到,当时印度有五个信奉伊斯兰教的君主和两个异教的君主。在山区和丛林里还有许多大大小小的王公和罗阇。最大的统治者是罗地王朝的苏丹·伊伯拉欣,其首都为德里。其次是古杰拉特地区的坦克王朝,第三是德干地区的巴赫马尼王朝,第四是马尔瓦地区的希耳吉王朝,第五是孟加拉地区的统治者努斯拉特·沙。他们都信奉伊斯兰教。不信伊斯兰教的君主则有尉迟纳噶尔的罗阇以及吉杜尔地区的拉纳·桑伽。巴布尔对这些王朝的来由、历史和他进军印度时各地统治者的实力都做了记载,故能克敌制胜,在七、八年中征服了印度。

巴布尔以日记体裁来写历史,其本身即具有时间记载明确的特点,这是别的穆斯林著作所不具备的,如米儿咱·海答儿的书就没有这个优点。但他的书并不是一本流水账,而是在叙述中插入了对某些重要历史人物个人特色的描绘,给某些重要历史事件或重要战役提供生动的画面。如他在介绍速檀·忽辛·拜哈拉这位呼罗珊的帖木儿后王时,说他"两眼外斜,身材不高,像狮子那么结实"。"到老年时,虽胡须灰白,但还穿大红大绿的绸缎衣服。"(f. 164a)他"由于患关节炎,不能(下跪)做礼拜。……他为人活跃欢快,爱逗笑取乐,性格无所节制"。"在其统治呼罗珊的四十年当中,他每天在晌礼之后都必饮酒。""他是一个英武骁勇的人,没有一次不是亲自挥刀上阵。……他还有赋诗的天才,甚至编了一部诗集。"(f. 164b)

关于速檀·忽辛·拜哈拉的同学好友,大伯克和大诗人阿利·失儿·纳瓦依,巴布尔说他"知名于世。自他用突厥文写诗以来,没有任何一个人写得他那么多那么好"。(f. 170b)他还是"学者和艺术家的赞助者和保护人"。"他既无妻室,又无子女,无所牵挂地孤独地过了一辈子。他最初任掌玺大臣,中年官居伯克,有一段时期监治阿斯塔拉巴德,晚年放弃军务。在速檀·忽辛·米儿咱远征回来时,阿利·失儿·纳瓦依出去迎接。他向米儿咱(下跪)行礼,想起身时,却因体力不济而站不起来,人们把他扶起来抬走了。医生说不出来他究竟患了什么病,第二天早晨他就谢世了。”(f. 171)这些描写,使我们在脑子里对上述历史人物有一种栩栩如生的形象。

对其征服印度的著名的战役——帕尼伯特战役,巴布尔不但对双方的军力及部署情况作了详细的记述,甚至对敌方首领苏丹·伊伯拉欣个人也作了描写,说:“他是一个没有经验的年轻人;他毫未作战斗准备,无论行军和驻扎,都是杂乱无章;无论攻城和野战,一概漫不经心。”“敌人现有的军队,估计有一拉克(即十万人)。”但伊伯拉欣“悭吝成性,又贪心不足”。“不同意把自己库藏的钱分给士兵,”他“只想无限地积累钱财,又怎能使其士兵得到满足呢?”(f. 246—265)所以,在决战的那天上午(1526 年 4 月 20 日),巴布尔竟以少胜多,将苏丹·伊伯拉欣的大军击溃。巴布尔在书中欢呼:“感谢伟大的、至仁至慈的真主,这一艰难之事,竟轻易地解决了。数量如此众多的一支军队,竟在半天之内被打垮。仅在伊伯拉欣身边的一个地方,就有五、六千人被杀;其他地方倒毙者的数目,我们估计,大约近一万五至一万六千人。后来,在我们到达亚格拉后,听印度居民说,在这次战役中,有四、五万人被杀。”(f. 267a)巴布尔是这些历史事件的创造者、参加者和目击者。故他的记载读来绝无枯燥无味和晦涩失真的感觉。

把《巴布尔回忆录》作为一部编年体的历史看,我们从中不仅是读到对于各种历史事件和历史人物的描写,而且可据以了解到十五、六世纪整个中亚、南亚的历史进程,如帖木儿王朝的覆亡,蒙兀儿人的没落,乌兹别克人和哈萨克人的兴起,伊朗萨非王朝的强盛和莫卧儿帝国的创建等。

巴布尔的时代，正当我国明朝成化至嘉靖年间。由于当时蒙兀儿人占据新疆，与明朝争夺哈密，明朝不能统治西域，故汉文史料中关于吐鲁番以西各地的记载甚少。现在只有米儿咱·海答儿的《拉失德史》这部书，才使我们对于当时新疆蒙兀儿人的情况有较全面的了解。如果说，《拉失德史》中的材料，一可以印证和补充汉文史料之不足，二可以用来补充《巴布尔回忆录》中阙简时期的空白，那么，《巴布尔回忆录》中的记载，则可以以其年代的准确和事实的确凿来参证或纠正《拉失德史》中的偏颇、夸饰与不实。

巴布尔虽未去过新疆，但他在回忆录中却说，他"从孩提时代起就希望去中国"。当他滞留在塔什干，经受贫困与屈辱，陷于绝望之时，他就决定去新疆投奔他的舅父阿黑麻·汗。只是刚好在这时阿黑麻·汗前来援助他们抵抗乌兹别克人，他去新疆的打算才未实现。可见，巴布尔同其外祖父羽奴思汗的家族，也即同新疆的蒙兀儿诸汗，是有血缘上和思想上的密切联系的，故从研究明代西域史的角度说，《巴布尔回忆录》对我们也是不可或缺的史料。

我国学术界过去对西域的研究，多偏重于史地考证。往往为了搞清一个地名及其汉文译法，或其四至地望，烦费篇牍。而此书在述及费尔干纳、喀布尔和印度斯坦时，对各该地区的城镇、山脉河流都言之綦详。如在描写费尔干纳地区时讲到，新城即诸书之"讹答剌"，非那坎即沙鹿海牙，阿黑昔即西犍，卡散在阿黑昔之北；又说，撒马尔罕地区的渴石城，因"屋顶与城墙，皆绿草如茵，青翠迷人，故亦名叫沙赫里夏勃兹（翠绿的城）"。（f. 49a）卡尔施，亦称那色波与那黑沙不。卡尔施是一个蒙兀儿语的名称。在蒙兀儿语中，称一个墓地（或作宫殿）为卡尔施。这个名称可能是在成吉思汗征服[河中]以后出现的。(f.49b)此书将赫拉特写作Heri,使我们知道《元史》译为也里,《明史》译作哈烈的缘由。又今阿富汗境内的加兹尼,作者说有些人也写作Ghaznin(故《元史》译为哥疾宁),也称为Zabulistan(《唐书》译为谢飓),等等。这对我们读懂中国汉文古书也是有帮助的。所以,此书也受到地理家和地名学家们的重视。

此书材料丰富,涉及社会生活的各个方面,无论农业、牧业、作物耕种、牲畜牧养、狩猎、放鹰、饭食、衣着、饮酒、弈棋、斗鸡、走狗、洗澡,总之,是经济生活、社会制度和文化娱乐的各个方面,靡不记载。它对于研究十五、六世纪中亚、南亚的经济制度、阶级关系和宗教文化,可说是极好的资料,同时代的其他著作鲜能与之相比。就是研究民族学、民俗学的学者对之也极为珍视。

此书是用察合台(突厥)文写的。这种文字到十五世纪时形成其古典的时代。纳瓦依和巴布尔二人的作品代表了成熟的和规范化的察合台文。所以,此书也被看成是研究当时突厥语言和文字的重要根据,而为语言学家和文学史家所重视。巴布尔不但是散文大家,而且会写诗。《回忆录》中保存了他写的许多诗篇,可以见到他的诗作之一斑。

此书所记事实,皆作者之亲身经历,而所记的自然和社会情况,则皆其亲自观察的结果。他用他那简洁的语言,不尚虚华的文风,加以表述,故明赅紧凑,读之令人感觉质文相应,不像别的穆斯林作者那样,文风铺张,辞藻夸饰,于年代事实反而不甚准确。

对于我国读者说来,此书的难处在于人名、地名和各种专门术语比较生疏。穆斯林的姓名很长,还附上各种称呼,加以同名的人又特别多，这就给我们造成很大的麻烦。必须将人名索引放在手边随时备查，才比较清楚。除此以外，总的说，此书还是易读的。读者在通读此书以后，将会对其作出应有的评价。

这部书和米儿咱·海答儿的《拉失德史》一样，都是头一次被译成汉文。如果说，《拉失德史》的汉文本已引起学者们的很大兴趣并且在研究中被频繁引用，那我们也希望，《巴布尔回忆录》的出版，将能为研究中亚、南亚史和西域史的学者们提供重要的第一手资料，并促进这些学科在我国的发展。

目　录

费 尔 干 纳

回历八九九年(公元1493年10月12日至公元1494年10月2日)的事件

以大仁大慈真主之名!

我于回历八九九年赖买丹月(公元1494年6月)做了费尔干纳的国君①,时年十二岁②。 1b*

费尔干纳③,位于第五气候带④,在农业定居地区的边境。东为喀什噶尔,西为撒马尔罕,南接巴达赫尚边境诸山,北面过去虽肯定有一些城镇如阿力麻里、阿拉木图和新城(诸书称之为讹答剌)⑤,然现在均已荒废。由于蒙兀儿人和乌兹别克人的蹂躏,故不复有定居的居民存在。

* 这是海德拉巴抄本编码。——译者

① 国君,原文为帕的沙(pad-shah)意为护君,至高的君主。一般将此字译为大帝或皇帝。在回历九一三年(公元1507年)以前,任何一个帖木儿后王都不称为帕的沙,而是称米儿咱。故巴布尔是称为巴布尔·米儿咱。

② 巴布尔生于回历八八八年穆哈兰月六日(公元1483年2月14日),其父乌马尔·沙黑于回历八九九年赖买丹月四日(公元1494年6月8日)去世,巴布尔继其位。

③ 费尔干纳,面积约二万平方公里。分属于乌兹别克,塔吉克与吉尔吉斯三共和国。

④ 中世纪的学者认为,世界按其宽度分为七个气候带。

⑤ 英译本,讹答剌作塔拉斯,在今阿吾里也·阿塔之地,阿雷斯河注入锡尔河处。

费尔干纳，地方不大[①]，但富产谷物与水果。除西面通忽毡与撒马尔罕的一方之外，皆群山环抱。在冬天，敌人只能从西面进入该地。

2a 细浑河[②]一般称为忽毡河，自东北方入境，向西流经其地，在过了忽毡以北及非那坎[③]（今名沙鹿海牙）之南以后，即转向北，流往土耳其斯坦。该河不入海[④]，而是在土尔克斯坦（城）以下相当远的地方没入于沙漠中。

费尔干纳共有七城[⑤]，五个在细浑河之南，两个在该河之北。

河南诸城之一为安集延。此城位居中央，为费尔干纳之首府。安集延盛产大量谷物、水果、优质的葡萄和甜瓜。在甜瓜成熟的季节，习惯上并不在瓜地里卖瓜。[⑥] 没有哪里见过有比安集延梨更好的梨。安集延城堡的规模，在河中地区说来，仅次于撒马尔罕和渴石。城堡有三道门。要塞门在南面。水流分九个渠道流入城内。奇怪的是，（后来）没有一个地方有水再流出来。城壕外缘有一条沙石大路环绕城堡，该大路之外就是该城周围的郊区了。

2b 安集延的狩猎条件很好；那里的野鸡长得特别肥。人们传说，四个人都吃不完一只加了配料的野鸡。

---

① 舒勒《突厥斯坦》（第二卷，第 54 页）谓费尔干纳谷地长约 160 英里，最宽处为 65 英里。

② 锡尔河的中世纪的名称。

③ 英国博物馆的李约博士（Dr. Rieu）说其地亦称为赭时（shash），应指旧塔什干。

④ 实际上，细浑河（锡尔河）是流入咸海，巴布尔误以为是没入沙漠中。

⑤ 实为城邑，指设防的、有人居住并耕种了的绿洲。

⑥ 因甜瓜丰富，当地人把它当饭吃。关于这种情况，参看米儿咱·海答儿著《拉失德史》第二编，第四十二章，新疆人民出版社，1986 年 10 月出版，第 217 页。

安集延人全是突厥人,在城镇里和集市上无人不懂突厥语。人民的口语同文学语言相似,所以,尽管密尔·阿利·失儿·纳瓦依是生长于也里(赫拉特),但他的作品都是用这种语言写的。

安集延的居民中有许多美男子;著名音乐家和卓·玉素甫就是一个安集延人。其地多瘴气,人们在秋天也常得病发烧。

另有奥什城,位于安集延东南偏东,距其地有四伊尕奇[①]的路程。奥什气候宜人,流水甚多,春天极美。有许多传说讲到奥什的美妙。

其城堡东南有一座美丽的山,称为巴拉·库赫。速檀·马哈木·汗在该山山顶建了一个亭子(hajra)。回历九〇二年(公元1496年),我又在这个亭子下面的山肩处建了另一个带门廊的亭子。他建的那一个虽然处在高处,但我建的那一个位置较好,整个城镇和郊区都在其脚下。

安集延地区的河流在流过奥什郊区以后,进入安集延城。河 3a
流两岸果园广布,所有花园皆临于河上,园中的紫罗兰很美。

奥什地方流水奔腾,春天很好,到处开着美丽的郁金香和玫瑰。在巴拉·库赫山的山脚下,该山和(奥什)城之间,有一清真寺,名叫交扎清真寺(Twin Mosque)。有一条大渠沿山坡流过。在清真寺外厅之下,有一片阴凉喜人的草地,为过往游人休息之所。在奥什,有这样一个游戏:任何在草地上睡觉的人,都让渠水流到他的身上。

在乌马尔·沙黑·米儿咱的晚年,巴拉·库赫山发现带有白

① 一伊尕奇等于6公里。

色和红色纹理的石头。这是很好的石头。人们用它来制作刀把、带扣和其他东西。在费尔干纳地区,就气候和景致而言,没有其他城镇能与奥什比美。

还有一个城镇,是马尔格兰[①],在安集延之西,相距七伊尕奇的路程。这是一个美不胜收的好城。所产杏子和石榴最好。有一种石榴,他们称为大子石榴(Dana-i-kalān);这种石榴的甜味中,有
3b 一种轻微的小杏子的香味,可以认为比塞姆南[②]的石榴更好。

那里还有一种杏子,去核后晾干,再将核仁放入杏肉内,他们称之为苏卜汗尼(subhāni),非常好吃。

那里的野味很好;附近就有白羊(àq kiyik)

马尔格兰的居民为萨尔特人,这种人善拳击,生性好动。在马尔格兰盛行打拳搏斗。在撒马尔罕和布哈拉,大部分著名的拳击家(jang ralar)都是马尔格兰人。

《法学指南》(*Hidayat*)一书的作者是马尔格兰地区里什丹村的人[③]。

另一城是伊斯法拉,在靠山的地区,其地有奔流的水渠与美丽的小花园(baghcha)。[伊斯法拉]在马尔格兰西南,两地相距有九伊尕奇的路程。那里果树很多,但果园里绝大部分是杏树。

伊斯法拉的居民全都是操波斯语的萨尔特人。该城以南约一

① 旧译作马耳亦囊,在乌兹别克共和国,为州辖市。

② 旧译作西模娘,在伊朗北部,德黑兰以东 110 英里。

③ 指舍黑·包尔汉·丁·阿利·克利奇,约生于回历五三〇年(公元 1135 年),死于回历五九三年(公元 1197 年)。

沙里[①]的山中,有一块大石头,称为镜石,长约十卡里[②],有些部分有一个人高,另一些部分则有腰高。这石头对一切东西都反映清晰如镜。

伊斯法拉在山区又分为四个分区(baluk),一个称为伊斯法拉,另一个称为瓦鲁赫,第三个称为苏赫,第四个称为胡什雅尔。在穆罕默德·昔班尼·汗打败速檀·马哈木·汗和阿剌札·汗后,夺取了塔什干和沙鹿海牙时,我就进入苏赫和胡什雅尔山区, 4a
在那里过了约一年,忍受贫穷困苦,然后从那里前往喀布尔。

另一城是忽毡,在安集延以西二十五伊尕奇,撒马尔罕以东二十五伊尕奇之地。该城为诸古老城镇之一。舍黑·马斯拉哈特与和卓·卡马耳都是忽毡人。

该地的水果很好,忽毡石榴以质优著闻。人称"撒马尔罕的苹果","忽毡的石榴",二者媲美。但现在,马尔格兰的石榴被认为要好得多。

忽毡城堡位于一个高地上。细浑河从北面流过忽毡,距城堡约一箭之地。城堡与河流之北有一山,名叫穆图·吉耳山;据说,此山有绿松石矿和其他矿藏,山上且多蛇。

忽毡有很好的狩猎场所,那里有众多的白羊、鹿、赤鹿(bughu-marāl)、野鸡和野兔。忽毡多瘴气,许多人秋天发烧打摆子。人们传说,就是麻雀也发烧。据说那里的瘴气是由于北面的山(即穆图·吉耳山)。

① 一沙里约等于2公里。

② 一卡里约等于70公分,或1阿尔申(俄尺)。

忽毡有一属地，名杏仁村（Kand-i-badām）[①]。虽然这不是一
座城，但却是一个很好的小镇。其地杏仁极好，因之而得名。所有
4b 的杏仁都输往霍尔木兹或印度。其地在忽毡以东五、六伊尕奇。

在杏仁村和忽毡之间，为一片荒地，名叫哈·德尔维希。那里一年四季刮风；风从那里向东刮到马尔格兰；向西，又从那里继续刮到忽毡。那里有狂暴的旋风。据说，有些德尔维希[②]在这片荒漠中遇上旋风，相互找不到，就高喊："Hai，德尔维希！Hai，德尔维希！"直至他们全部死亡。从那时起，这片荒漠就被称为哈·德尔维希。

细浑河以北诸城中，有一城名叫阿黑昔，诸书写作西鞬（Akh-
sikit）[③]，因此，诗人阿昔鲁丁就被称为西鞬人。在费尔干纳，除安
集延外，就数该城最大了。它在安集延以西九伊尕奇处。乌马
尔·沙黑·米儿咱以之为首府。细浑河在其城堡下流过。城堡位
于深谷的峭壁上，深谷就代替了城壕。乌马尔·沙黑·米儿咱定
5a 都于其地后，又在城堡以外一再挖掘新的壕谷。在费尔干纳全境，
没有一个城堡有阿黑昔那么坚固。从城堡起，城郊向外延伸一沙
里（2 公里）多远。语云："哪里是村庄？哪里是树木。"这句成语
就是人们用来讲阿黑昔的。这里的甜瓜很好；有一种甜瓜称为密
尔·帖木里；不知道世界上是否还有别的甜瓜能与之媲美。布哈
拉的甜瓜也很有名；但在我夺得撒马尔罕时，曾命令带了一些布哈

---

① 即卡尼巴达姆（Kanibadam），在塔吉克共和国，列宁纳巴德地区，位于北纬40°20′，东经70°18′。

② 伊斯兰教的托钵僧人。

③ 见冯承钧《西域地名》，中华书局 1980 年版，第 2 页。

拉甜瓜和一些阿黑昔甜瓜去，在一次招待会上切了这两地的甜瓜，相比之下，布哈拉甜瓜还是不如阿黑昔的甜瓜。

阿黑昔的狩猎条件也很好。细浑河的阿黑昔城那一边为草原；那里白羊很多。而在安集延那一边茂密的灌木林中，则多赤鹿，野鸡和野兔，都长得很肥。[①]

另一城是卡散，在阿黑昔之北。此城较小。正如安集延的河是从奥什流来一样，阿黑昔的河是从卡散流来。卡散空气很好。美丽的花园全都坐落于河岸，故被称为“羊羔皮做的外套”。奥什和卡散的居民竞夸各自城镇的景色之美和空气之清洁。

费尔干纳周围的山中有美好的夏牧场。那里生长的一种红皮树，称为 tabalghu(红柳或柽柳)，为他处所无。人们用它做手杖，或作鞭子的把手，或作鸟笼，或削之以为箭。这是一种极好的木料，被作为礼物带到遥远的地方。 5b

有的书上说，这些山中有曼陀罗华(yabruju's-sannam)，但现在却绝未听说过。我听说过一种草，生长在“七村”(Yiti-kint)的山中。那里的人称这种草为“阿伊克·乌提”，它具有曼陀罗华(爱草，mihr-giyāh)的特性。这确实就是曼陀罗华(mihrgiyāh)，而人们却称之为[阿伊克·乌提]。这些山中也有绿松石矿和铁矿。

如果政通人和，则费尔干纳地区的赋税收入可以供养三、四千人。

---

① 由于卡散河缺水，中亚地区干燥、风蚀以及卡散河谷耕地增多，社会变迁，战争破坏等等原因，阿黑昔城今已不复存在。但中世纪的伊斯兰作者则都提及该城。

*　　　*　　　*

由于乌马尔·沙黑·米儿咱是一个野心很大和好大喜功的君主,所以他经常企图侵夺[别国的]领土。他曾几次率军进攻撒马尔罕,有时失败,有时被迫撤退。他不止一次地要求自己的岳父羽奴思汗到费尔干纳来。此汗即我的外祖父,是成吉思汗次子察合台汗的一个后裔。他当时是蒙兀儿人的汗,驻牧于察合台的领地。乌马尔·沙黑·米儿咱每次把这位汗请到费尔干纳来时,都赠给
6a 他一些土地。但事情并不如米儿咱所愿望的那样,有时由于乌马尔·沙黑性行乖戾,有时由于蒙兀儿人反对[去农业区定居,羽奴思汗]不能在其地居留下来,只得又返回蒙兀儿斯坦。

当乌马尔·沙黑·米儿咱最后一次请羽奴思汗前来时,他将塔什干地区拨给了这位汗。该地区当时归乌马尔·沙黑·米儿咱统治。在典籍中,塔什干写作赭时(Shash),有时写作者舌(Chāch),所谓"者舌弓"即由此而得名。自那时(回历八九〇年即公元1485年)以后,直到回历九〇八年(公元1503年),塔什干和沙鹿海牙地区都是处在察合台系诸汗的统治之下。这时(回历八九九年,即公元1494年),在位的蒙兀儿汗是羽奴思汗的长子、我母亲的同父异母兄弟速檀·马哈木·汗。因乌马尔·沙黑·米儿咱之兄、撒马尔罕的君主速檀·阿合马·米儿咱与蒙兀儿汗速檀·马哈木·汗二人都受到乌马尔·沙黑·米儿咱的触犯,他们就互结同盟。速檀·阿合马·米儿咱早已将一个女儿[①]嫁给了速檀·马哈木·汗,这时,翁婿二人就都各自率领他们的军队去进攻

① 该女名拉比亚·速檀,嫁于回历八九三年(公元1488年)。

乌马尔·沙黑·米儿咱,前者从忽毡河以南前进,后者从该河之北进军。

这时发生了一件奇怪的事。前面已经谈到,阿黑昔城堡是坐 6b
落在一个深谷的峭壁上。宫殿建筑就在峭壁的边缘。那年赖买丹
月初四,礼拜一(即 6 月 8 日),乌马尔·沙黑·米儿咱同他的鸽
子和鸽子笼一起,飞往沟谷而死,享年三十九岁。[①]

[乌马尔·沙黑]的出生和家世

他于回历八六〇年(公元 1456 年)生于撒马尔罕,是速檀·卜撒因·米儿咱的第四子。他有几位兄长,即:速檀·阿合马·米儿咱,速檀·马黑麻·米儿咱和速檀·马合谋·米儿咱。其父速檀·卜撒因·米儿咱为速檀·穆罕默德·米儿咱之子,米兰沙·米儿咱之孙,而米兰沙·米儿咱则为异密·帖木儿·伯克的第三子,只罕杰儿·米儿咱与乌马尔·沙黑·米儿咱之弟,沙哈鲁·米儿咱之兄。

卜撒因·米儿咱起初将喀布尔赐给了乌马尔·沙黑·米儿咱,任命喀布尔人巴巴为其傅相,让其赴任。在行割礼时,乌马尔·沙黑·米儿咱被其父从塔马里斯克河谷(Dara-i-gaz,在巴里黑以南)召回,送往撒马尔罕。割礼过后,卜撒因·米儿咱参照帖木儿·伯克曾将费尔干纳地区赐给年长的儿子乌马尔·沙黑·米儿咱的先例,便也将安集延地区赐给自己的儿子乌马尔·沙黑·米儿咱,并任命胡代·拜尔地·图格奇·帖木儿为其傅相,命其前往封地。

① 乌马尔·沙黑·米儿咱之死,实际是由于悬崖峭壁坍塌导致宫殿倒塌所致。

[乌马尔·沙黑]的外貌与特征

乌马尔·沙黑身材矮胖，白脸圆须。他常穿紧身外衣，腰带系
7a 得很紧，把腹部都捆得收进去了。以至于在他放松时，往往把腰带崩断了。

他在穿和吃的方面并不讲究。有一个专人为他缠头巾；那时所有的人都缠四次头巾；他们缠的头巾没有折痕，将其一端吊下。除非在宫廷里，他在夏天一般都是戴蒙兀儿皮帽。

[乌马尔·沙黑的]性格和习惯

乌马尔·沙黑·米儿咱是一个哈尼非派，信仰虔诚；他每天一定要做五次礼拜，终生都要补做因故未履行的宗教义务，并常读古兰经。他是和卓·乌拜都拉（阿赫拉里）的一个弟子，有幸能常常同他交谈。尊敬的和卓甚至称他为儿子。

乌马尔·沙黑·米儿咱颇有文化，他常读的书是两部"五宝诗"（Quintets）①和马斯纳维（押韵的对句）②。历史方面他主要读"波斯诸王纪事"（Shāh-nāma）。他有作诗的才能，但无诗意。

他贤明公正。有一次，一个商队从中国返回，在安集延以东的

---

① 舍黑·尼札米（Sheikh Nizami）所著《五宝诗》（Quintet，即 Khamsah 或 Five Treasures），由以下五篇组成：1.《神秘物之仓库》（*Makhzannul Asrar*），2《胡思老与希玲》，3.《赖拉与马吉农》，4.《亚力山大纪事》，5.《七美》（*Haft Paikar*）。舍黑·尼札米为十二世纪后半期至十三世纪初的作者（1135—1203 或 1213）。

② 马斯纳维的作者是波斯神秘派诗人贾拉鲁丁·鲁米（1207—1273），他的诗包括三万对句，被称为"波斯文中的古兰经"。参看 Nicholson ed. The Mathnawi of Jalalu'ddin Rumi, Book I and II, London, 1925, 1926.

山麓遭遇大雪,一千人中只有二人得救。乌马尔·沙黑·米儿咱听到这个消息后,就派出人员,去照看该商队的所有货物。尽管就近没有这些货物的继承人,乌马尔·沙黑·米儿咱自己也很需要 7b
这类货物,但他还是将其保管好。一、两年后,他把继承人从撒马尔罕和呼罗珊召来,将其货物完整无损地交给了他们。

他慷慨大度,其性格与他大方相合。这是一个和蔼可亲,言辞优雅,而且勇敢果毅的人。他有两次曾身先士卒,拔剑上阵:一次在阿黑昔城门,另一次在沙鹿海牙城门。他射箭的技术中等,但拳击则很厉害;任何一个勇士无不在他的拳击下被打倒。

由于总想夺取土地,他常使和平转变为战争,使友谊变成敌对。他早年嗜酒多饮,常在醉中,但以后则一个星期只宴会一、两次。他很健谈,有时流利地背诵诗句。他在晚年酷嗜烈性酒,在喝醉时常发酒疯。他好色,常为爱情而苦恼。他也常下跳棋,有时还掷骰子。

他进行过的战争

他进行过三次战争。第一次是同羽奴思汗作战,地点在细浑河岸、安集延之北的羊跳村(tika sikritku)。这个村子之所以叫做 8a
羊跳村,是因为其附近山麓之水流很狭窄,人们说羊也能跳过。

乌马尔·沙黑·米儿咱战败被俘,但羽奴思汗善遇之,将他释放,让其返回自己的故地安集延。这次战斗发生于该地,于是羊跳村战役就成为该国的一个纪念日。

第二次战役发生在土耳其斯坦的阿雷斯河畔,是同攻掠撒马尔罕附近后返回的乌兹别克人作战。乌马尔·沙黑·米儿咱踏冰渡过阿雷斯河，打了一个漂亮仗，大败乌兹别克人，俘其人员与牲畜，但他自己并未贪取一物，又将所有的东西归还了原主。

第三次是在沙鹿海牙与乌拉提尤别之间的哈瓦斯村同速檀·阿合马·米儿咱作战，他被击败。

乌马尔·沙黑·米儿咱的领土

他父亲赐给他费尔干纳地区；其兄速檀·阿合马·米儿咱赐给他的塔什干和赛兰（赛拉姆）有一段时间也处在乌马尔·沙黑·米儿咱的管治下。乌马尔·沙黑·米儿咱以计谋夺得沙鹿海牙，在那里统治了一个时期。后来，他又失掉了塔什干与沙鹿海牙，他的领土只剩下了费尔干纳，以及忽毡与乌拉提尤别。此城原

8b 名苏对沙那，或称为乌苏鲁什；有的认为忽毡不属于费尔干纳。

在速檀·阿合马·米儿咱去塔什干进攻蒙兀儿人，（于回历八九三年，即公元1488年）在乞儿河上被打败时，驻守乌拉提尤别的是哈非兹·［穆罕默德］·伯克·杜耳代；他将该城献给了乌马尔·沙黑·米儿咱，从那时起米儿咱即占有其地。

他的儿女

米儿咱身后留有三个儿子、五个女儿。我，咱喜鲁丁·穆罕默德·巴布尔，是他的长子，我的母亲是库特鲁克·尼格尔·汗尼木。次子名只罕杰儿·米儿咱，比我小两岁，他的母亲法提玛·速檀，出身于蒙兀儿部的万户长。第三个儿子是纳昔儿·米儿咱。其母乌密德，安集延人，是一个妾。纳昔儿·米儿咱比我小四岁。

乌马尔·沙黑·米儿咱的长女罕匝答·别昆，是我的胞姊，比

我大五岁。在我第二次(于回历九〇五年,即公元 1500 年)夺得撒马尔罕时,虽在萨尔普勒吃了败仗,我还是返回该城,守卫城堡达五个月之久。周围和相邻地区的君主和伯克们谁也没有给我任何支援与帮助。我乃在绝望之下弃城离去。在那没有君主的日子里,罕匝答·别昆落到穆罕默德·昔班尼·汗的手中。她为昔班尼汗生了一个儿子,名叫胡兰姆·沙,是一个可爱的孩子。[昔班尼·汗]赐给他以巴里黑之地,但他在其父(于回历九一六年,即 9a
公元 1510 年)死后一、两年亦死去。[1]

当波斯王伊斯迈耳(于回历九一六年,即公元 1510 年)在谋夫城附近打败乌兹别克人时,罕匝答·别昆正在该地。伊斯迈耳看我的面子,待她很好,派卫队将她护送到昆都士同我会合。我同姐姐已经分别十年了。我同穆罕默地·库克耳塔什前去看她。尽管我说了[自己的名字],罕匝答·别昆和她身边的人都不认识我。过了一些时候,她们才认出我来。

[乌马尔·沙黑的]另一个女儿是米黑里·巴努·别昆,她同纳昔儿·米儿咱是同母的兄妹。她比我大两岁(英译本作小两岁)。

另一个女儿是沙黑里·巴努·别昆,也与纳昔儿·米儿咱为同母所生。她比我小八岁。

另一个女儿是牙的格尔·速檀·别昆。其母为一妾,名阿尕·速檀。

另一个女儿是鲁开雅·速檀·别昆。其母马胡姆·速檀·别

① 胡兰姆·沙约在回历九一一年(公元 1505 年)五岁时受封巴里黑,死时约十二岁。

昆,被称为黑眼睛别昆。后两个女孩都是米儿咱死后出生的。牙的格尔·速檀·别昆是由我的祖母伊散·道拉特·别昆抚养大的。在昔班尼汗(于回历九〇八年,即公元1503年)夺取安集延和阿黑昔时,牙的格尔·速檀·别昆落到邯匝·速檀的儿子阿不都·拉提夫·速檀的手中。在我(于回历九一七年,即公元1511年)在珂咄罗(Khutlan)地方打败邯匝·速檀为首的诸速檀,并夺得喜萨尔时,她才得以同我会合。在那没有君主的时间里,鲁开
9b 雅·速檀·别昆落到(乌兹别克的)札你别·速檀手中,为他生了一、两个儿子,但未养活。最近听说她已亡故。

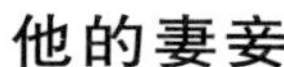

他的妻妾

一个是库特鲁克·尼格尔·汗尼木;她是羽奴思汗的第二个女儿,也即速檀·马哈木·汗和速檀·阿黑麻·汗的(同父异母)姐姐。羽奴思汗是成吉思汗次子察合台汗的后裔。察合台汗生子木阿秃干,木阿秃干生也孙都哇,也孙都哇生八剌,八剌生都哇,都哇生也先不花,也先不花生秃黑鲁帖木儿,秃黑鲁帖木儿生黑的儿火者,黑的儿火者生马哈麻汗,马哈麻汗生失儿·阿里·乌黑阑,失儿·阿里·乌黑阑生歪思汗。羽奴思汗即歪思汗之子。

这里既有机会,我就叙述一下羽奴思汗的生平。

羽奴思汗(死于回历八九二年,即公元1487年)与也先不花汗(死于回历八六六年,即公元1462年)都是歪思汗的儿子(歪思汗死于回历八三二年,即公元1428年)。羽奴思汗的母亲是舍黑·努鲁丁·伯克的女儿或孙女,此人是上耳其斯坦的一钦察人,为帖木儿·伯克所宠爱。歪思汗死后,蒙兀儿人的兀鲁思分为两部分:一部分

拥护羽奴思汗,大部分拥护也先不花汗。在这以前,兀鲁伯·米儿咱曾为其子阿不都·阿昔思娶羽奴思汗之姊为妻。由于这个缘故,八邻部的一个万户长亦剌赞·伯克和察拉斯部万户长米剌黑·突厥蛮把[羽奴思]汗及蒙兀儿人三、四千户主,带往兀鲁伯·米儿 10a
咱处,以寻求援助,重新夺取蒙兀儿兀鲁思。但兀鲁伯·米儿咱对他们并不好:一部分蒙兀儿人被拘禁,其余的则逃散到各地去了。亦剌赞的蒙难(Viram)遂成为蒙兀儿兀鲁思的历史性事件。

羽奴思汗本人被打发去伊剌克[1]。去那里后,他在大不里士待了一年多。那时大不里士的君主是黑羊部的哲罕·沙·巴拉尼。接着羽奴思汗又从大不里士去失剌思,那里的统治者是沙哈鲁·米儿咱的次子亦不剌金·速檀·米儿咱。五六个月后,亦不剌金·速檀·米儿咱死(死于回历八三八年闪瓦鲁月四日,即公元1435年5月3日),其子阿不都剌·米儿咱继位。羽奴思汗就做了阿不都剌·米儿咱的伴当,在其手下效力。他在失剌思和那些地区待了十七、八年。

在兀鲁伯·米儿咱同其诸子不和时,也先不花汗就乘机侵掠费尔干纳,至于杏仁村。他攻下费尔干纳,将所有居民俘虏。速檀·卜撒因·米儿咱在夺得撒马尔罕的王位后,就率军去进攻也先不花汗。在养夷(塔拉斯)以远蒙兀儿斯坦境内的阿斯帕拉,他 10b
打败了也先不花汗。为了制止这种侵扰,他想了如下的一个办法:由于他刚娶了羽奴思汗的姐姐,即阿不都·阿昔思的前妻哈尼木为妻,所以,他就把羽奴思汗从伊剌克和呼罗珊请来。设宴招待,

① 伊剌克指伊朗西南部。

同他做朋友。速檀·卜撒因·米儿咱宣布羽奴思汗为蒙兀儿人的汗并把他送到蒙兀儿斯坦去。这时,撒噶里奇部的所有万户长因对也先不花汗抱怨不满,都来到了蒙兀儿斯坦;羽奴思汗到他们当中去。那时撒噶里奇部的大伯克是失尔·阿吉·伯克(英译本作阿利·失尔·伯克)。羽奴思汗娶了他的女儿伊散·道拉特·别昆为妻。按照蒙兀儿人的习俗,[羽奴思]汗和伊散·道拉特·别昆被安排坐在同一条白毡上,被抬起,拥立为汗。

这位伊散·道拉特·别昆为羽奴思汗生了三个女儿。长女为米黑里·尼格尔·汗尼木,嫁给速檀·卜撒因·米儿咱的长子速檀·阿合马·米儿咱,未生子女。在那没有君主的时候(回历九〇五年),她落到了昔班尼汗手中。在我到喀布尔时,米黑里·尼格尔·汗尼木偕同沙·别昆一起(在回历九〇七年)从撒马尔罕到达呼罗珊,(又于回历九一一年)从呼罗珊转到喀布尔。[1] 在昔班尼汗围攻坎大哈的纳昔儿·米儿咱时,我(在回历九一三年)前往兰姆甘;汗·米儿咱、沙·别昆和米黑里·尼格尔·汗尼木则去
11a 巴达赫尚。在木八剌沙邀请米儿咱·汗进入哈剌札法儿堡(胜利堡)时,他们遇到喀什噶尔阿巴·乢乞儿派来的人。沙·别昆、米黑里·尼格尔·汗尼木与所有[随行人员的]妻女家眷都被俘虏,备遭折磨,多在该匪帮的监禁中丧命。(其事约发生于回历九一三年,即公元1507年。)

羽奴思汗的次女库特鲁克·尼格尔·汗尼木是我的母亲。在

① 昔班尼汗为了使自己能同侄女罕匝答结婚,便在回历九〇七年同米黑里·尼格尔·汗尼木离婚。

我过流浪生活和那无君主的时期,她大部分的时间都是同我在一起。在我夺取喀布尔五、六个月以后,她就于回历九一一年穆哈兰月(公元1505年6月)逝世。

羽奴思汗的第三个女儿是忽布·尼格尔·汗尼木。她(于回历八九九年)嫁给了杜格拉特部的穆罕默德·胡赛因·古烈干,为他生了一子一女。(乌兹别克的)乌拜德·汗娶了她的女儿(哈比巴)[①],当我(在回历九一七年,即公元1511年)夺得撒马尔罕和布哈拉时,她留了下来[②]。在她的堂叔杜格拉特部的赛亦德·穆罕默德·米儿咱作为速檀·赛德·汗的使者到撒马尔罕我处来时,她就同这位使者一起到喀什噶尔去了。在那里,速檀·赛德·汗娶她为妻。

忽布·尼格尔·汗尼木的儿子是海答儿·米儿咱。他在父亲被乌兹别克人杀害以后来投奔我,在我手下效力三、四年之久。以后,他(在回历九一八年,即公元1512年)请求允许他离去,前往喀什噶尔速檀·赛德·汗御前。

"世间万物皆返于其原,

无论是纯金,白银或锡。"[③]

据说,他现在已经长大成人,走上了正道。[④] 他是一个多面手,善于写作、绘画,又会制作弓箭、箭镞和开弓器。他还有诗人的

① 参看《拉失德史》中译本,第六十二章,新疆人民出版社,1983年6月,第一版,第332—333页。

② 同上书,第二编,第三十一章,第165—166页。

③ 意指海答儿返回其祖先的故地。

④ 意指海答儿在回历九三三年(公元1527年)前后成了一个正统派(逊尼派)的穆斯林。

11b 天赋。他曾写给我一纸呈文,其文体不错。

羽奴思汗的另一个妻子是沙・别昆。他虽尚有别的妻妾,但他的儿女皆为沙・别昆与伊散・道拉特・别昆所生。沙・别昆是巴达赫尚君主沙・速檀・穆罕默德的女儿(六个女儿之一)。据说,巴达赫尚的君主们自称为腓勒库斯(腓力普)之子伊斯堪达尔(亚历山大)的后裔。

速檀・卜撒因・米儿咱娶了沙・别昆的姐姐,即这位巴达赫尚君主的另一个女儿为妻,生子阿巴・比克儿・米儿咱。

沙・别昆为羽奴思汗生了二子二女。长子为速檀・马哈木・汗,但他比伊散・道拉特・别昆生的上述三个女儿都较年幼。在撒马尔罕及其附近地方,人们都称呼他为汗尼卡・汗(意为汗的儿子)。速檀・马哈木・汗的胞弟为速檀・阿黑麻・汗,以阿剌札汗之称著闻。据说,他得到这个称号的原因是由于在喀尔木克语和蒙兀儿语中,称杀人者为阿剌奇。而速檀・阿黑麻・汗曾几次打败喀尔木克人,杀死他们许多人,故他也就被人称为阿剌奇。经过经常的这么称呼,阿剌奇就变成了阿剌札。

这两位汗的行事和处境,将于相应的场合在本书中提及。

速檀・尼格尔・汗尼木是羽奴思汗的小女儿(只有一女儿比
12a 她小),嫁给了速檀・马合谋・米儿咱,生子速檀・歪斯(即汗・米儿咱),此书将谈到他的事实。

在速檀・马合谋・米儿咱(于回历九〇〇年,即公元 1495 年)死后,速檀・尼格尔・汗尼木带着自己的儿子,没有通知任何人,前往塔什干她的兄弟那里去了。几年后,她的兄弟把她嫁给了哈萨克的阿迪克(翁格)・速檀。这位速檀是成吉思汗长子术赤的后裔。在昔班尼汗打败两位汗(指她的两位兄弟),(于回历九〇八年)夺取了塔什干和沙鹿海牙时,她就带领十二名蒙兀儿伴当逃往阿迪克·速檀那里。她为阿迪克·速檀生了两个女儿:一个嫁给了昔班尼汗家族的一个速檀;另一个嫁给了赛德汗的儿子拉失德·速檀。

阿迪克·速檀死后,(速檀·尼格尔·汗尼木)又嫁给(阿迪克·速檀的兄弟)、哈萨克的哈斯木汗。据说,在哈萨克所有的汗和速檀当中,没有一人能像哈斯木汗那样,把哈萨克部落治理得井然有序。他的军队计有三十万人。哈斯木汗死后,汗尼木就去喀什噶尔速檀·赛德汗那里。

道拉特·速檀·汗尼木是羽奴思汗最小的女儿。在(回历九 12b
〇八年)塔什干遭难时,她落到昔班尼汗的儿子帖木儿·速檀的手中,为他生了一个女儿。他们同我一起(于回历九一八年,即公元1512年)离开撒马尔罕。在巴达赫尚过了三、四年。然后(在回历九二三年,即公元1517年)去喀什噶尔速檀·赛德·汗那里。

乌马尔·沙黑·米儿咱还有一个老婆是兀鲁思·阿孞。她是和卓·胡赛因·伯克的女儿。她生了一个女儿,幼殇。一年或一年半后,她就被送出宫廷。

另一个老婆是法提玛·速檀·阿孞,她出身于蒙兀儿万户伯克的家庭,她是头一个成为米儿咱的老婆的。

另一老婆是哈拉·古兹(玛赫杜姆·速檀)别昆,米儿咱到暮年才娶了她,很受宠爱。为了讨米儿咱的喜欢,她被说成是速檀·卜撒因·米儿咱之兄米努奇赫尔·米儿咱的后裔。

乌马尔·沙黑·米儿咱有许多姬妾。一个是乌密德·阿噶察，她比米儿咱早死。米儿咱在暮年还娶了一个蒙兀儿女人，名通·速檀（或写作云速檀）。此外，还有一个妾名阿尕·速檀。

乌马尔·沙黑·米儿咱手下诸异密

一个是胡代·拜尔地·帖木儿·塔什；他是（帖木儿·伯克任命的）也里（Hiri，即赫拉特）长官阿黑·不花·伯克的兄长的后裔。速檀·卜撒因·米儿咱（曾于回历八六八年，即公元1462年）围攻沙鹿海牙的朱基·米儿咱（此人为沙哈鲁后裔，兀鲁伯之孙，阿不都·剌迪甫之子），其后，卜撒因即把费尔干纳地区赐给乌马尔·沙黑·米儿咱时，他（乌马尔·沙黑）就任命这位胡代·

13a 拜尔地·伯克为米儿咱的掌门官（Aishik Aghasi，这是帖木儿朝宫廷的一个高级官职）。当时胡代·拜尔地·帖木儿·塔什只有二十五岁。他虽年轻，但在他的治理下，制度秩序都维持得很好。一、两年后，伊不拉欣·伯克契克攻掠奥什附近地区，胡代·拜尔地·帖木儿·塔什蹑其后，与之交战，兵败阵亡。此时，速檀·阿合马·米儿咱正在撒马尔罕以东十八伊尕奇乌拉提尤别之阿克·卡奇盖夏牧场；而速檀·卜撒因·米儿咱则在也里以东十二伊尕奇的巴巴·喀基。关于帖木儿·塔什覆亡的消息由阿布都勒·瓦哈布·希噶瓦耳火速送到米儿咱处；一百二十六（英译本作120）伊尕奇的距离，只用四天就走到了。

另一位异密是哈非兹·穆罕默德·伯克·杜耳代，他是喀什噶尔人速檀·马利克之子，阿黑麻·哈吉·伯克之弟。胡代·拜尔地·伯克死后，他被派往［费尔干纳］继任乌马尔·沙黑·米儿咱的掌门官。但是他同安集延的伯克们搞不好关系，所以在速檀·卜撒因·米儿咱死后,他就前往撒马尔罕,去速檀·阿合马·米儿咱手下效力。速檀·阿合马·米儿咱在乞尔河被打败时,他正在乌拉提尤别;当乌马尔·沙黑·米儿咱进军撒马尔罕逼近乌拉提尤别时,穆罕默德·伯克就将乌拉提尤别拱手送给了乌马尔·沙黑·米儿咱,并投效于米儿咱。米儿咱则任命他管治安集 13b
延。后来,穆罕默德·伯克去塔什干速檀·马哈木·汗那里。汗委托他管教米儿咱·汗(歪斯),并将吉札克封给他。在这以前我(于回历九一〇年,即公元 1504 年)夺得喀布尔时,[穆罕默德·伯克]决定去麦加朝觐,并取道印度前往;但他在路上去世。他平易近人,话不多,并无[特别]才智。

另一位异密是和卓·胡赛因·伯克,为人谦逊,和蔼可亲。据说,按当时的习俗,他在宴会时常能即席歌唱,美妙动听。

另一位是舍黑·马即德·伯克。他是我的第一个师傅。他办事能干,事事井井有条理。他曾在(沙哈鲁后裔)巴卑尔·米儿咱手下效力,在乌马尔·沙黑·米儿咱手下以他的地位最高。他为人贪淫好色,蓄养了孌童。

另一位异密是阿利·马即德·伯克,出身于库钦(Quchin)部落。他曾两度反叛,一次在阿黑昔,另一次在塔什干。他为人口是心非,贪婪好色,忘恩负义,卑鄙无耻。

另一位是哈三·雅库布·伯克,是一个才智平庸,但性情开朗,机灵活跃的人物。下面的诗句就是他写的:

"回去吧,胡马鸟[①],因为没有你鹦鹉学舌似的说谎

① 胡马鸟是寓言传说中的一种鸟,据说在其羽翼的影荫下能得好运。哈三此诗似是写给他想从其得到好处的某某人的。

14a 乌鸦定会很快将我的骸骨搬走。"

他勇武善射，娴于马球(chaughan)，并很会作跳背游戏。在乌马尔·沙黑·米儿咱因事故身亡后，就是他担任我宫廷的全权大臣。他颇无心计，狭隘不能自制，又好搬弄是非。

另一位异密是哈斯木·伯克。他属于库钦部落，出身于安集延军队伯克的古老家族。他继哈三·雅库布·伯克之后担任我宫廷的全权大臣，终身飞黄腾达，声势显赫。

他是一个英勇刚毅的人。有一次，在对卡散附近进行袭击时，他追上乌兹别克人，将他们击溃。他在乌马尔·沙黑·米儿咱跟前用马刀斯杀。在雅锡·克吉特(Yasi-Kijit，在费尔干纳，意为宽渡口)(约于回历九〇四年，即公元1499年)发生的一次战斗中，他也打得很漂亮。在流浪游击的时期，我曾决定从马恰(在泽拉夫善河上游)山区到速檀·马哈木·汗那里去，哈斯木·伯克就同我分手，到胡思老·沙那里去了。回历九一〇年(公元1504年)，我俘虏了胡思老·沙，并围攻喀布尔的谟乞木时，哈斯木·伯克又回到我处，我对他仍恩宠如初。当我(于回历九一一年)在达拉·伊·胡什(在喀布尔地区)进攻土库曼·哈札拉抢劫者时，哈斯木·伯克虽然年老，还是比年轻人表现得更好，因此，我赏赐给他以班加什之地(在喀布尔地区，为万户)。以后，在回到喀布
14b 尔时，我又任命他为胡马雍的师傅。在我(约于回历九二八年，即公元1522年)夺得札明·达瓦尔(在坎大哈地区)时，哈斯木·伯克死了。

哈斯木·伯克是一个虔诚的穆斯林，他敬畏真主，不吃一切可疑的食物。他的意见和决定都是很好的。他虽不能读书写字，但

常开玩笑,说些令人发笑的俏皮话。

另一位异密是巴巴·阿利·伯克的儿子巴巴·库利。他是舍黑·阿利·巴哈杜尔的后裔。在舍黑·马即德·伯克死后,他被任命为我的师傅。在速檀·阿合马·米儿咱(于回历八九九年)率军进攻安集延时,[巴巴·库利]转到米儿咱那一边,并将乌拉提尤别献给了他。速檀·马合谋·米儿咱死后,巴巴·库利又离开撒马尔罕,(于回历九〇〇年)前来投奔我。速檀·阿里·米儿咱自乌拉提尤别出,与之战,打败并杀死了他。在他的治下,管理和装备都很好。他给自己的伴当待遇优厚。[巴巴·库利]一不做礼拜,二不封斋,为人残暴,就像是一个异教徒。

还有一个异密是阿利·多斯特·塔海,是萨噶里奇万户的一个伯克,我外祖母伊散·道拉特·别昆的一个本族亲戚。他在我手下受到的恩宠胜过其在乌马尔·沙黑·米儿咱的时期。人们说,“事情都是他做的”。但他在我手下效力的那些年中,他并未做出一件值得称道的事。他曾为速檀·卜撒因·米儿咱效力,自 15a
称有用扎丹石作雨的法力。他是一个鹰猎者(qushchi),为人卑鄙、吝啬,好挑拨是非,愚笨,口是心非,自负,粗暴,残酷无情。

另一个异密是撒马尔罕人外斯·拉噶里,出身于图格奇部落。在乌马尔·沙黑·米儿咱晚年,他与之很接近。在我流浪的时期,他又在我的手下。他的意见和决断都很好,但他有些闹宗派。

另一位异密是密尔·吉雅斯·塔海,是阿利·多斯特之弟。在速檀·卜撒因·米儿咱的宫廷中,没有哪一个蒙兀儿米儿咱比他的地位更高。密尔·吉雅斯·塔海曾为速檀·卜撒因·米儿咱掌管四方形的大印。在乌马尔·沙黑·米儿咱晚年,密尔·吉雅斯·塔海与之很接近。他同外斯·拉噶里颇有交情。自(回历八九九年,即公元1494年)卡散被给予速檀·马哈木·汗的时候起,他都在汗的手下效力,直到去世,其间,他颇得汗的关怀。此人诙谐,好说笑,且色胆包天。

另一位异密是阿利·德尔维希。他是呼罗珊人,曾在速檀·卜撒因手下呼罗珊青年军团中服役。在速檀·卜撒因·米儿咱统
15b 治呼罗珊与撒马尔罕后,他征这两个都市的适合服军役的青年人组建这两支特别的部队,称为"呼罗珊青年军"和"撒马尔罕青年军"。阿利·德尔维希在我的宫廷中干得也很出色。

他很英勇,写得一手好字。阿利·德尔维希巧言令色,性格卑鄙。

另一位异密是马厩官员康巴尔·阿利,蒙兀儿人。其父来费尔干纳地区后从事过一个时期的剥畜皮的工作,因此,他就被人们称为康巴尔·阿利·伊·萨拉赫(意为剥皮者康巴尔·阿利)。

他曾在羽奴思汗的手下充任执水瓶隶的职务,后来成了伯克;他在我手下颇受厚遇。他只要一动手做事,就极为勤奋,但一旦做成,他就懒散了。他好多嘴,胡说八道;一个多嘴的人肯定是胡说八道的。他是一个没有耐性和鲁钝的人。

在乌马尔·沙黑·米儿咱死亡事故发生时,我正在安集延的察尔·巴格(四个花园)。这消息于赖买丹月五日(6月9日)礼拜二传到安集延。我立即上马,带领我的仆役和伴当,前往该城堡。在我走近米儿咱的宫门时,希里姆·塔海抓住我的马缰,带往礼拜场地(Namazgah)。他想,速檀·阿合马·米儿咱乃是一个伟
16a 大的君主,如果他率领大军前来,那伯克们就一定会将我和费尔干

纳地区献给他。因此,应将我送往乌兹根的山麓地区。如该地区也被献出,那我无论如何也不会落到敌人的手中,并且可以到我的舅父——阿剌札汗或速檀·马哈木·汗那里去。

和卓·大毛拉·卡孜,是速檀·阿黑麻·卡孜的儿子,舍黑·包尔汉丁·阿利·克利奇的后裔。从母亲这一边说,其世系可追溯到速檀·伊列克·马即。[①] 这个家族的成员按世袭的权利一定曾是费尔干纳地区的庇护者和教主。这在以后还将多次谈到。当和卓·大毛拉·卡孜和城堡中的伯克们听到(他们打算离开)的消息时,就派和卓·穆罕默德·达尔济(裁缝)来我处。这个裁缝乃是乌马尔·沙黑·米儿咱的一个老仆,也是他的一个女儿的养父。他打消了伯克们心中的恐惧,并在我走近做礼拜的场地时,把我带往回走。我进入城堡下马。和卓·大毛拉·卡孜和诸伯克来到我跟前,经交谈商议取得一致意见后,就着手加固和整顿城楼和城堡的防御工事。数日后,先前奉命前往侦察马尔格兰及其附近地方的哈三·雅库布、哈斯木·库钦以及其他几个伯克到来,为我效力,同心协力地努力从事城堡的防卫工作。 16b

速檀·阿合马·米儿咱在夺得乌拉提尤别、忽毡和马尔格兰之后,来到距安集延四伊尕奇的库巴(今库瓦,在苏联费尔干纳地区),并在那里停驻。这时,一个名叫德尔维希·高的安集延大官因出言不当而被处死。经过这种镇压,所有的人都被慑服了。

① 帖木儿时代,马尔格兰地区有一个统治者名伊列克汗,似是沙兔克·波格拉·汗的后裔。

我派和卓·[大毛拉]·卡孜和和卓·胡赛因的兄弟乌宗·哈三[①]出使于[速檀·阿合马·米儿咱],传达如下建议:“您应当任命您的一个臣仆来统治这个地区。我既是您的臣仆,也是儿子。您如委任我担任此职,那您就能最容易地达到这个目的。”

速檀·阿合马·米儿咱是一个话语不多,温和软弱的人。没有伯克们的参谋和协助,他无能力发表任何意见,也不能签订协议和采取行动。伯克们不采纳我提的上述意见,给我以粗暴的回答,仍向前进军。然而至高无上的全能的真主,总是使我的事业获得良好的结局,使得那时出现了这样一些事,由于这些事,敌人竟对(从库巴)进军感到厌恶,他们真的后悔举行这次进军,就无所作为地回去了。

17a 首先,在库巴,有一条污浊不流动的河,除非走桥上,是不能通过的。大军到来时,人们拥挤到桥上,许多马匹和骆驼掉到河中淹死。三、四年以前,速檀·阿合马·米儿咱的军队在渡乞尔河时也曾遭到同样的失败。这次的事件使他们想起了那时的情况,故士兵们充满了恐惧。

还有一件事:这时马匹中发生疫病,以至于聚集在一起的马成群地倒毙。

还有一件事:敌人见到了我方士兵和臣民完全同心同德,只要他们一息尚存,就不会惧不献身。

由于这些原因,当时距安集延一伊尕奇的敌人就不得不派遣

① 巴布尔称此人为长于(乌宗)哈三,宽德密尔称此人为和卓·哈三。他似乎是乌马尔·沙黑一个岳父和卓·胡赛因的兄弟。

德尔维希·穆罕默德·答尔罕[①]到我这里来。哈三·雅库布从城堡里出去。双方在做礼拜的地方会面,签订了某种类似和约的协定。然后,速檀·阿合马·米儿咱的军队就撤退了。

这时,速檀·马哈木·汗正沿着忽毡河的北岸前进,前来围攻阿黑昔城。驻守该城的是只罕杰儿·米儿咱。在阿黑昔的伯克们,有:可利·德尔维希·伯克,米儿咱·库利·库克耳塔什,穆罕默德·巴基尔·伯克和掌门官舍黑·阿布杜拉;外斯·拉噶里和密尔·吉雅斯·塔每(起初)也在那里,但因惧怕(阿黑昔)诸伯克,他们离开该地,前往外斯·拉噶里管治的卡散地区。外斯·拉噶里是纳昔儿·米儿咱的师傅,因此,纳昔儿·米儿咱也在卡散。在速檀·马哈木·汗到达阿黑昔附近时,这些伯克就向汗投降,并将卡散城献出。密尔·吉雅斯留在汗的手下效力,外斯·拉噶里把纳昔儿·米儿咱带到速檀·阿合马·米儿咱那里:[这位王子]被托付给穆罕默德·马即德·答尔罕。 17b

逼近阿黑昔的汗,几次开战,但毫无所得:驻守阿黑昔的伯克与战士们成功地进行了抵抗。这时,速檀·马哈木·汗突然患病;加之对战争感到苦累厌倦,故返回自己的据地(塔什干)去了。

喀什噶尔杜格拉特部的阿巴·乩乞儿,傲慢、目中无人,已统治喀什噶尔与和田数年。这时,他企图夺取我的领地,便逼近乌兹根,建筑堡垒,并开始破坏该地区。和卓·卡孜与所有的伯克奉命前去驱逐喀什噶尔的阿巴·乩乞儿。在他们临近该地时,喀什噶

① 关于答尔罕,见《拉失德史》中译本,新疆人民出版社,1983年第一版,第一编,第229页,注②。

尔人知道无力抵抗。阿巴·乩乞儿请和卓·卡孜做调停人,借助于无数阴谋诡计,他才得以脱身。

在发生这些重大的事件时,乌马尔·沙黑·米儿咱死后留下的伯克们和战士们都紧密地团结在一起,勇于献身。米儿咱的母亲沙·速檀·别昆,只罕杰儿·米儿咱,宫眷和伯克们从阿黑昔来到安集延,他们举行了习惯的哀悼仪式,给穷苦的人发放了食物和
18a 施舍。我在做这些事情的余暇中,开始转注于着手整肃吏治和整顿军队。安集延监治官与掌门官的职务派给了哈三·雅库布,奥什封给了哈斯木·库钦,阿黑昔与马尔格兰交给了乌宗·哈三和阿利·多斯特·塔海。至于乌马尔·沙黑·米儿咱的其他伯克和战士,皆按各人的情况与地位,俱有封赏,或赐予土地、城邑,或委以职务、品级,支以薪俸。

速檀·阿合马·米儿咱撤军返回,在路上走了二、三程时,他突然健康恶化,发高烧。终于在行至乌拉提尤别附近的阿克·苏时去世,享年四十四岁。时为回历八九九年闪瓦鲁月月中(公元1494年7月中)。

[速檀·阿合马·米儿咱]的出生和系出

他生于回历八五五年(公元1451年)。是年,其父速檀·卜撒因·米儿咱(在撒马尔罕)即位。他是长子。其母为乌尔都·不花·答尔罕之女,德尔维希·穆罕默德·答尔罕之姊,是米儿咱的最敬爱的一位妻子。

外貌与特征

他个子高高的,长着棕褐色的胡子,赤红脸,肥胖。胡子是长在下巴上,两颊反而没有胡子。他是一个和蔼可亲的人。按当时 18b 的习惯,把缠头巾折成四折,头巾的一端搭在眉上。

性格与习惯

速檀·阿合马·米儿咱是一个虔诚的哈尼非派穆斯林,每天绝不耽误五次礼拜,甚至在饮酒时也不忘背诵礼拜经文。他是尊敬的和卓·乌拜都拉(阿赫拉里)的弟子,这位和卓给他以教导和支持。速檀·阿合马·米儿咱谦恭有礼,特别是同和卓在一起的时候。据说,在和卓的任何招待会上,他从不将一个膝盖放于另一个膝盖上[①]。有一次,同尊敬的和卓在一起,他反常地并腿而坐。[阿合马]·米儿咱起来时,尊敬的和卓命对他坐过的地方进行察看。可能他们在那里发现一块骨头。[②]

速檀·阿合马·米儿咱没有读过书,故目不识丁。他虽是在城镇中长大,但却粗犷质朴,绝无才干。他为人公正,经常受到尊敬的和卓的监督。他对绝大多数的重要事务都是依法决断,信守承诺,从不食言。他骁勇异常,虽说他从未有机会亲自动手从事; 19a
但据说在某些战役中他确表现出这种勇敢。他善射,无论用羽箭还是用没羽箭,他一般都能射中野鸭子。在骑马从赛马场的一端

① 穆斯林的习惯是跪下,然后坐在两脚的后跟上。

② 因其反常地并腿而坐,故和卓命察看那里有何脏东西,结果发现该处有块骨头。

驰至另一端时，他在大多数的场合也能射中（作射击目标用的）葫芦瓜。后来他胖了，用棒子打野雉和鹌鹑，也鲜不命中。

他喜欢鹰猎，捕鸟甚多；技术很好。除兀鲁伯之外，没有另一个鹰猎者比他更高明。

他很有礼貌；据说，他甚至在家内的私生活中和在亲密友好中也总是把脚盖住。有一次，开始喝酒，他竟接连不断地喝上二、三十天；有时戒酒，他也会二、三十天滴酒不沾。他一饮宴，有时会通宵达旦，昼夜不停。他是一很好的饮者[①]，在不喝酒的日子里，他不用宴乐也吃得很多。

他生性吝啬；为人软弱寡言；其意愿受伯克们的控制。

速檀·阿合马·米儿咱进行过的战争

他进行过四次战争。［第一次］是在扎明附近的阿卡尔·土即（在撒马尔罕地区）对舍黑·贾马耳·阿儿浑之弟尼阿马特·阿儿浑作战，获胜。第二次是在哈瓦斯同乌马尔·沙黑·米儿咱作战，亦胜。第三次是（在回历八九五年，即公元 1489 年）在塔什干附近的乞尔河畔与速檀·马哈木·汗遭遇，那次实际上并没有
19b 进行战斗。只有蒙兀儿游骑若干人驰至速檀·阿合马·米儿咱军队的后面抢劫辎重；而他的这么一支大军却一次也未交锋，也未进行任何战斗，就互不照应地转身逃跑；大部分战士都淹死在乞尔河中[②]。第四次是在雅尔·伊拉黑（在撒马尔罕）附近同（蒙兀儿

① 可能指不好吵闹。

② 关于此次战役，参看《拉失德史》中译本，第一编，新疆人民出版社，1983 年 6 月，第一版，第 330—331 页。《拉失德史》的说法是归罪于昔班尼。

人)海答尔·库克耳塔什作战,获胜。

速檀·阿合马·米儿咱的领地撒马尔罕与布哈拉,是他父亲赐给他的。在(杜格拉特部的)阿布都勒·库杜斯杀了舍黑·贾马耳(阿儿浑)后,他夺取了塔什干、沙鹿海牙和赛兰。他统治这几个城有一个时候,以后便将塔什干和赛兰赐予其弟乌马尔·沙黑·米儿咱;忽毡与乌拉提尤别有一个时期也属于速檀·阿合马·米儿咱。

速檀·阿合马·米儿咱的子女

他的两个儿子幼殇。他的五个女儿,有四个为卡塔克·别昆所生。

长女是拉比亚·速檀·别昆,人们称她为黑眼睛别昆。速檀·阿合马·米儿咱本人在世时就把她嫁给了速檀·马哈木·汗。她同汗生了一个儿子,名巴巴·汗,是一个很好的孩子。汗(于回历九一四年,即公元1508年)在忽毡被乌兹别克人杀害时,巴巴·汗与另外几个也未成年的青年人也同时遇害。在速檀·马哈本·汗死后,拉比亚·别昆则落到了(乌兹别克的)札尼·伯克 20a
手中。

速檀·阿合马·米儿咱的次女是萨利哈·速檀·别昆,人们称他为白别昆(白皙美貌之意)。在速檀·阿合马·米儿咱死后,速檀·马合谋·米儿咱大摆宴会,为其长子速檀·麻素提·米儿咱娶她为妻(在回历九〇〇年)。后来,萨利哈·速檀·别昆同沙·别昆及米黑里·尼格尔·汗尼木一起流落到了喀什噶尔。

第三个女儿是阿依霞·速檀·别昆。在我五岁时去撒马尔罕时，她被付托给我。后来过流浪生活时，他来到忽毡，我就（于回历九〇五年）在那里娶了她为妻。我第二次夺得撒马尔罕时，她为我生了唯一的一个女儿。但这个女婴在出生后几天就死了。还在塔什干的混乱局面之前，阿依霞·速檀·别昆就在其姐姐的教唆下离开了我。

第四个女儿是速檀尼木·别昆。嫁给了速檀·阿利·米儿咱，以后再嫁于（乌兹别克的）帖木儿·速檀，其后又第三次嫁给（乌兹别克的）马赫地·速檀。

幼女名马苏麻·速檀·别昆。其母哈比巴·速檀·别昆，属于阿儿浑氏族，是速檀·胡赛因·阿儿浑的兄弟的女儿。我（在回历九一二年，即公元 1506 年）去呼罗珊时见到她，爱之，向其求婚，遂将她带到喀布尔，（于回历九一三年，即公元 1507 年）娶之为妻。她为我生一女，当即因难产去世。即以其名名其女。

速檀·阿合马的妻妾

第一个妻子是米黑里·尼格尔·汗尼木，是他父亲速檀·卜撒因·米儿咱给他娶的。她是羽奴思汗的长女，也是我的亲姨妈（即我母亲的唯一的亲姐姐）。另一个妻子出身于答尔罕家庭，故
20b 称为答尔罕·别昆。另一个妻子卡塔克·别昆，是这位答尔罕·别昆同奶母的姊妹。速檀·阿合马·米儿咱是她的情夫，娶了她。她深受宠爱，有很大的权力。她喝酒。在她得宠的时期，速檀·阿合马·米儿咱从不到别的妻子那里去。最后，他杀死了她，从而免于受人谴责。

另一位妻子罕匝答·别昆,出身于旧密诸汗的家族。在我五岁去撒马尔罕时,他刚娶她。她仍然戴着面罩。按突厥习俗,他们要我为她揭去面罩[①]。

另一位妻子是拉提夫·别昆。她是(巴鲁剌思部)阿黑麻·哈吉·伯克·杜耳代的外孙女。米儿咱死后,邯匝·速檀娶了她,她为他生了三个儿子。我打败邯匝·速檀和帖木儿·速檀后(于回历九一六年,即1510年)夺得喜萨尔,这些王子和另外几个速檀的孩子都被我俘获。我把他们都放了。

另一个妻子是哈比巴·速檀·别昆,她是速檀·胡赛因·阿儿浑的侄女(其兄弟的女儿)。

速檀·阿合马·米儿咱手下诸异密

(巴鲁剌思部)札尼·伯克·杜耳代是喀什噶尔人速檀·马
利克之弟。速檀·卜撒因·米儿咱命他管治撒马尔罕,而速檀·
阿合马·米儿咱则任命他为掌门官。札尼·伯克·杜耳代性情古 21a
怪,行为乖张,关于他有许多奇闻。其中之一说,在他任撒马尔罕
的长官时,乌兹别克人派了一个使者前来。这位使者在乌兹别克
国以膂力过人著闻。据说,乌兹别克人称大力士为"牛"。札尼·
伯克就问这位使者:"你是一头牛吗?如果你是一头牛,那么,来,
让我们来进行一场友好的角力赛。"不管这位使者怎样反对,他都
不同意。他们终于进行了角力,札尼·伯克把他摔倒了。他真是

① 按突厥习惯,一个新娘,甚至在她自己家中,在结婚以后一个时期中,仍然戴着面罩。要叫一个小孩去揭掉她的面罩,这小孩揭了面罩后就跑开了。人们认为,这会导致这小孩自己婚姻成功。

一个勇士！

另一个异密是（巴鲁剌思部）阿黑麻·哈吉·伯克·杜耳代，他是喀什噶尔人速檀·马利克之子。速檀·卜撒因·米儿咱几次委任他管治也里（赫拉特）。在其叔札尼·伯克死后，又派他去撒马尔罕接替其叔的职务。他性格欢快、骁勇。他写过一本诗集，笔名叫瓦法伊。他的诗写得不坏。如有这么两行：

“穆赫塔西布[1]呀，我醉了，今天请放了我吧
改日发现我清醒时请处罚我。”

密尔·阿利·失儿·纳瓦依在从也里（赫拉特）到撒马尔罕时，是投在阿黑麻·哈吉·伯克的门下。速檀·忽辛·米儿咱（拜哈拉）（于回历八七三年，即公元1468年）即位后，他又回来投
21b 效于其门，备受宠信。阿黑麻·哈吉·伯克畜养了良种好马，且骑术高明。这些马匹绝大多数都是他家养的。他虽骁勇，但其指挥能力却不相称。他遇事漫不经心，一切必要的事务他都交给手下的臣仆与伴当们去办。

当伯升豁儿·米儿咱（于回历九〇一年）在布哈拉与速檀·阿利·米儿咱作战失败时，阿黑麻·哈吉·伯克被俘。他被指控对德尔维希·穆罕默德·答尔罕之死负有责任，就被凌辱处死。

另一位异密是德尔维希·穆罕默德·答尔罕（阿儿浑）。他是乌尔都·不花·答尔罕之子，速檀·阿合马·米儿咱与速檀·马合谋·米儿咱兄弟的亲舅父。在米儿咱手下所有的伯克中，以

① 穆赫塔西布，是伊斯兰国家的一个宗教职务，等于警察。他带领助手，巡行街市，对违犯教规者、欺行霸市的商人以及各种违法人等进行处罚。

他地位最高,最受尊崇。他是一个正统派的穆斯林,仁慈和蔼,是一个[真正的]德尔维希。他经常抄写古兰经,常下棋,弈艺甚高。又精通鹰猎之术,善于放鹰。最后,在伯升豁儿·米儿咱同速檀·阿利·米儿咱之间发生争斗时,他在身居高位中死去,留下恶名。

另一位异密是阿不都耳·阿利·答尔罕,他是德尔维希·穆罕默德·答尔罕的近亲。后者的妹妹嫁给了他,她就是巴基·答尔罕的母亲。

德尔维希·穆罕默德·答尔罕虽然在官阶和品级上都高于阿不都耳·阿利·答尔罕,但这位法老(Pharoah)却对他绝不尊敬。22a
他管治布哈拉若干年。他的伴当达三千人,他对伴当们关怀备至。他的馈赠、出访、接见、宴请与集会之豪华,皆与帝王无异。他为人专权、残忍、腐化,而且傲慢。

昔班尼汗虽非他的伴当,但曾几次成为他的部属,而许多速檀——昔班的后裔,或大或小的贵胄,都曾充当他的伴当。昔班尼汗之所以能如此飞黄腾达,这么古老的王朝之所以覆亡,就是由于这个阿不都耳·阿利·答尔罕的关系。

另一位异密是赛伊德·玉素甫·奥格拉克奇(猎灰狼者)。据说,他的祖父系来自蒙兀儿部,他的父亲得宠于兀鲁伯。他明于决断,有主见和勇气。善弹六弦琴。

在我第一次来喀布尔时,赛伊德·玉素甫跟随着我。我很信任他,他确也值得信任。在我初次进军印度的那年,我把他留在喀布尔。他就在那时死于其地。

另一位异密是德尔维希·伯克,他是帖木儿·伯克的宠臣艾库·帖木儿·伯克的后裔。他是和卓·乌拜都拉(阿赫拉里)的 22b

一个弟子，懂乐理，他自己也会弹奏几种乐器，自然也会作诗。在速檀·阿合马·米儿咱败于乞尔河上时，德尔维希·伯克掉入河中淹死。

另一位异密是穆罕默德·马即德·答尔罕。他是德尔维希·穆罕默德·答尔罕的异父同母弟。他曾管治土耳其斯坦若干年；昔班尼汗就是从他的手中夺去土耳其斯坦的。他明察有主见，但腐化堕落。

在我第二次和第三次夺得撒马尔罕时，他来投效于我，我对他也颇为关注。他（于回历九一八年，即公元1512年）在（布哈拉的）库耳·马利克战役中阵亡。

另一位异密是巴基·答尔罕。他是阿不都耳·阿利·答尔罕之子，同速檀·阿合马·米儿咱是表兄弟。其父死后，他被赐给布哈拉之地；他在速檀·阿利·米儿咱时飞黄腾达起来，其伴当达五、六千人之多。他对速檀·阿利·米儿咱既不服从，也不很忠诚。（回历九〇五年）他与昔班尼汗战于达布西堡，大败。由于他被战败，昔班尼汗才得进军夺取布哈拉。

巴基·答尔罕极好鹰猎；据说，他养了七百只打猎用的鸟。他并没有值得一说的品质与习惯。他在富贵尊荣中长大，因其父曾
23a 有恩于昔班尼汗，故巴基·答尔罕前去投奔这位汗。但那个无人性的忘恩负义之徒却绝未以恩义报之。巴基·答尔罕终于在阿黑昔地区悲惨屈辱地死去。

另一位异密是速檀·胡赛因·阿儿浑。他曾管治卡拉库耳一个时期，故得到速檀·胡赛因·卡拉库利的称号。他的见解和判断都很好，也曾在我的手下效力很久。

另一位异密是库耳·穆罕默德·布格代,库钦部人,以骁勇称。

另一位异密是阿不都·克里木·伊什里特,他是一个畏兀儿人,任速檀·阿合马·米儿咱的掌门官,为人勇武,豁达大度。

*　　　*　　　*

速檀·阿合马·米儿咱死后,伯克们经过商量,派遣一名急使取山路前去邀请速檀·马合谋·米儿咱。速檀·卜撒因·米儿咱之兄米努奇赫尔·米儿咱的儿子马利克·穆罕默德·米儿咱企图夺取政权。他纠集了一些流氓无赖,离开(速檀·阿合马·米儿咱的)军营,前往撒马尔罕。他什么也干不了,却导致了自身及王族中一些无辜成员的灭亡。

速檀·马合谋·米儿咱在听到其兄的死讯后,便立即前往撒马尔罕,在那里轻易地登上了王位。他的一些作为,迅即使得朝野人士——无论贵族或平民,士兵和农民,都感厌恶。其中第一件事是,他把上述马利克·穆罕默德·米儿咱送到库克·撒莱(兰宫)[①]去了,而这位马利克·穆罕默德·米儿咱却是他的叔伯兄 23b
弟,也是他自己的女婿。还有其他人被他一起送去,一共是四位米儿咱,其中二人让其活着;马利克·穆罕默德与另一人则被他杀害。这四人中有的甚至不属于统治者阶层,他们没有一点夺取权力的欲望。马利克·穆罕默德·米儿咱虽有一点错误,但其余的人完全是无辜的。

另一件事是:他统治的方法和规章制度虽然很好,他在税收事

① 著名的兰宫,在撒马尔罕的城堡内,实为一监狱,进去后就没有希望出来。

务和管理艺术上虽为行家,但他的性格倾向于专制和腐败。他一到撒马尔罕,就立即开始制定新的规章制度并开征新税。加之,(已故)和卓·乌拜都拉阁下的追随者,无论穷人和赤贫者,过去在和卓的庇护下,许多人都能免除苛捐杂税,而现在却受到虐待和压迫。这种压迫和虐待甚至加之于和卓本人的子孙。他们为什么应 遭受这样的苦难呢?

还有一件事:他手下的伯克们,无论大小,以及他的伴当和臣仆,也都像他一样残酷和腐化。喜萨尔人,特别是胡思老沙手下的
24a 人,经常酗酒淫乱。有一次,胡思老沙的某一个伴当抢走了某人的妻子。这个妇女的丈夫到胡思老沙那里提出控诉。可是,他回答说:“她同你共同生活已好几年了,现在就让她同他过几天吧。”

还有一件事,没有胡须的青年人——城镇居民和商人的孩子,甚至包括突厥人和军人的孩子,由于害怕被征去做娈童,而不敢出门。撒马尔罕的居民,在速檀·阿合马·米儿咱统治时期过了二十五年安居乐业的生活,那时他们的事情在大多数的情况下都是由尊敬的和卓合法公正地加以解决。现在,他们由于这种压迫和腐朽统治而受到伤害,心灵为之不安。无论平民和贵族,穷人或一无所有的赤贫者,统统放声诅咒,个个举手要求纠正。

“当心不要触动内伤,
因内伤终将显现;
尽可能不要伤人之心,
因一声叹息能使世界震动。”

速檀·马合谋·米儿咱,由于暴虐腐化,声名狼藉,故在位时间不过五、六个月。

回历九〇〇年(公元1494年10月2日至公元1495年9月21日)的事件

是年,速檀·马合谋·米儿咱为其长子速檀·麻素提·米儿咱娶其兄长速檀·阿合马·米儿咱之次女(萨利哈·速檀)白别昆为妻,举行盛大豪华的庆祝。他派了一个名叫阿布都勒·库杜斯·伯克的使者来我处送礼,礼物有黄金和白银做的杏仁和阿月浑子。

来使看来同哈三·雅库布有亲戚关系;派这个人来显然是为
了以某种美好的诺言使哈三·雅库布转向速檀·马合谋·米儿咱
一边。哈三·雅库布给他的回答是模棱两可的,装作好像是倾向 24b
于他那一边,而让其离去。五、六个月以后,他的态度就完全变了;
他开始欺侮我周围的人。他甚至企图把我赶下台,而以只罕杰儿·
米儿咱来取代我。哈三·雅库布同其他异密以及士兵们的关系也
不好;他的意图已是路人皆知。和卓·卡孜、(赛伊德·)哈斯
木·库钦、阿利·多斯特·塔海、乌宗·哈三和其他几个好心人,
在我外祖母伊散·道拉特·别昆那里集会商量,决定将哈三·雅
库布撤职,以平息叛乱。

在所有的妇女中,很少有人像我外祖母伊散·道拉特·别昆那样明察有主见。她非常聪明,眼光远大,我的大部分事务都是根

据她的意见而决定的。

哈三·雅库布住在城防堡垒之内,我母亲和外祖母伊散·道拉特·别昆则住在城堡以外的防御工事中。我去城防堡垒[执行
25a 将哈三·雅库布撤职的决定]。哈三·雅库布出外打猎去了。当他得知发生的情况后,就从那里直接前往撒马尔罕。哈三·雅库布的部众和他手下的伯克们都被逮捕;其中有穆罕默德·巴基尔·伯克和速檀·穆罕默德·杜耳代的父亲速檀·马黑木·杜耳代。另外还有几个人。有几个人获准前往撒马尔罕;哈斯木·库钦被授予掌门官的称号和安集延监治官的职务。

前往撒马尔罕的哈三·雅库布,到达杏仁村,数日后,就不怀好意地朝阿黑昔前进,来到浩罕区附近。我们闻讯后,就派了几个伯克和勇士去迎战。伯克们令几名勇士先行,侦察情况。哈三·雅库布得知后,夤夜出兵来进攻这些侦察兵,包围他们的营地,放箭射击。在黑夜中,他自己的人一箭射中他的面颊。故哈三·雅库布没有来得及逃跑就成了自己的行为的俘虏。

“在你做了坏事时,可不要以为万事大吉,

因果报应乃是不可抗拒的自然规律。”

是年,我开始拒食一切可疑的食物,甚至仔细挑选刀、勺和桌
25b 布。我也不做晚上的礼拜(tahajjud)。

在赖比儿·尼勒·阿赫鲁月(公元 1495 年 1 月),速檀·马合谋·米儿咱患重病,六天后就死了。享年四十三岁。

[速檀·马合谋·米儿咱的]出生和家世

他生于回历八五七年(公元 1453 年),是速檀·卜撒因·米

儿咱的第三个儿子,也是速檀·阿合马·米儿咱的异父同母兄弟。

外貌和特征

他身材矮胖,长着稀疏的长胡子,寡于言笑。他的风度与才干俱佳,总是坚持做礼拜,他办事的规章和方式优长。他精于计算,不经他的同意,一个迪勒木(dirham)或一个迪纳尔(dinar)都不能开支,他给伴当们支付的薪饷从不拖欠。他召开的会议,赏赐的礼品,以及招待和宴会,都是很讲究的。他所有的事情都安排得井井有条理。没有一个士兵或农民能丝毫违犯速檀·马合谋·米儿咱实施的规章和法令。

过去速檀·马合谋·米儿咱非常迷恋于猎鸟,后来则经常去猎取巨大野兽。他暴虐腐化,至于疯狂的程度,时时刻刻饮酒贪杯,养着许多孪童。在他领土内的任何地方,只要见到长得漂亮脸上没有胡须的小伙子,米儿咱就会采用任何手段将其强行要来做
孪童。无论是自己的伯克的儿子,自己的儿子的伯克的儿子,甚至 26a
自己的同乳兄弟的儿子,他都拿来当孪童,用以从事这种勾当。这样的恶习,在他那个时代是如此流行,可说没有哪个[富人]不养孪童。养一个孪童被认为是一件好事,不养一个孪童却被认为是一个缺陷。速檀·马合谋·米儿咱的暴虐和腐化给他自己带来了不幸,他所有的儿子都是在青年时就死去了。

速檀·马合谋·米儿咱爱写诗;他有一本诗集,但他的诗平淡无味。写这样的诗还不如不写。

速檀·马合谋·米儿咱信仰不虔诚,对和卓·乌拜都拉(阿赫拉里)也不尊敬。他胆小,无耻,为群小所包围。那些人在宫廷

里和众目睽睽之下干着下流的勾当。速檀·马合谋·米儿咱拙于言辞,他的话是一下子听不懂的。

他进行过的战争

他进行过两次战争,都是同速檀·忽辛·米儿咱(拜哈拉)作战。第一次战役发生在阿斯塔拉巴德,战败;第二次战役发生在俺都淮[①]附近一个名叫察克曼的地方,亦战败。他曾两次对巴达赫
26b 尚南部的卡菲利斯坦进行圣战,因此在他发出的公文上写着:圣战者速檀·马合谋。

他的领土

速檀·卜撒因·米儿咱曾赐给他以阿斯塔拉巴德之地;伊剌克事件(指其父丧命)之后,他前往呼罗珊;那时,喜萨尔长官康巴尔·阿利·伯克,曾奉速檀·卡撒因·米儿咱的命令,征集印度斯坦[②]的军队,随其进入伊剌克;他在到达呼罗珊后,与速檀·马合谋·米儿咱相会合。但呼罗珊的居民在听说速檀·忽辛·米儿咱接近快要到来时,就立即起义,把速檀·马合谋·米儿咱逐出呼罗珊。于是他就前往撒马尔罕其兄速檀·阿合马·米儿咱处。几个月后,阿黑麻·穆什塔克率领赛伊德·巴德尔、胡思老·沙和另外几个勇士,带着速檀·马合谋·米儿咱逃往喜萨尔投奔康巴尔·阿利·伯克。自那时以后,速檀·马合谋·米儿咱就占有了卡赫

① 俺都淮城在阿富汗北部的迈马纳地区,巴里黑之西。或写作安德胡伊。

② 这里的"印度斯坦"应即克拉维约游记中所说的"小印度斯坦",指呾密,时为康巴尔·阿利的领地。

卡(库赫鲁噶)与库赫坦山以南诸地区——呾密、石汗那、珂咄罗、昆都士和巴达赫尚,直到兴都库什山。在其兄速檀·阿合马·米儿咱死后,其领土亦转归速檀·马合谋·米儿咱所有。

他的子女

他有五个儿子和十一个女儿。长子速檀·麻素提·米儿咱,他的母亲是呾密大密尔(密尔·布素若格)的女儿汗·扎答· 27a
别昆。

另一个儿子伯升豁儿·米儿咱,其母名帕夏·别昆。

另一个儿子速檀·阿利·米儿咱。其母祖赫拉·别姬·阿尕,是一个乌兹别克女人,为其父之妾。

另一个儿子是速檀·胡赛因·米儿咱;其母汗·匝达·别昆,是上述呾密大密尔的孙女。还在速檀·马合谋·米儿咱在世时,此子就以十三岁的年龄早逝。

还有一个儿子是速檀·歪斯·米儿咱(米儿咱·汗);其母速檀·尼格尔·汗尼木,乃羽奴思汗之女,也即我母亲之妹。关于这四位米儿咱的活动情况,将在本书叙述相应年代的事件时提到。

[速檀·马合谋·米儿咱的]三个女儿,与伯升豁儿·米儿咱为异父同母所生。其中一个,即伯升豁儿·米儿咱之姊,由速檀·马合谋做主,嫁给了其叔父米努奇赫尔·米儿咱之子马利克·穆罕默德·米儿咱。(以下稿本有空缺。巴布尔似有一些不清楚的情况等待补充。)

* * *

另外五个女儿是呾密大密尔的孙女汗·匝达·别昆所生。大

女儿在速檀·马合谋·米儿咱死后嫁给了喀什噶尔的阿巴·乩乞
27b 儿。二女儿别尕·别昆，在速檀·忽辛·米儿咱（在回历九〇一年）围攻喜萨尔时，让其子海达尔·米儿咱娶了此女为妻①。海达尔·米儿咱为速檀·卜撒因·米儿咱之女帕扬达·速檀·别昆所生。事后，速檀·忽辛·米儿咱即签订和约，撤离喜萨尔。

他的第三个女儿是白别昆（漂亮的别昆），第四个女儿是艾别昆。（约在回历八九五年），速檀·忽辛·米儿咱进攻昆都士，乌马尔·沙黑·米儿咱就派其子只罕杰儿·米儿咱率领安集延军队前来援助速檀·马合谋·米儿咱，后者即以艾别昆许配给只罕杰儿·米儿咱。回历九一〇年（公元1504年），石汗那人巴基·伯克来阿姆（奥克苏斯）河畔投效于我；上述两位别昆当时同她们的母亲一起正在呾密，便也同巴基·伯克的家眷一起前来与我相会合。在我们到达卡赫马尔德时，只罕杰儿·米儿咱娶了这位别昆为妻；他们只生了一个小女孩，这个女孩现在同自己的外祖母汗·匝达·别昆一起在巴达赫尚。

第五个女儿是宰纳卜·速檀·别昆。我（在回历九一〇年，即公元1504年10月）夺取喀布尔时，由于我母亲的坚持，我娶了她为妻。她与我性情不合，两、三年后即因出痘死去。

还有一个女儿是玛赫杜姆·速檀·别昆，她是速檀·阿利·米儿咱的异父同母姐姐，现在在巴达赫尚。

28a 另外两个女儿皆庶出，一个叫拉贾布·速檀，另一个叫穆希布·速檀。

---

① 当时仅仅是订婚。正式结婚是在回历九〇三年举行的。

速檀·马合谋·米儿咱的妻妾

他的大老婆是咀密大密尔的女儿,名叫汗·扎答·别昆;米儿咱很爱她,生子速檀·麻素提·米儿咱。她死后,米儿咱为之痛哭不已。以后他又娶了咀密大密儿的孙女,即她兄弟的女儿汗·匝达·别昆为妻(她与姑妈同名)。她生了五个女儿,一个儿子。

另一个妻子是帕夏·别昆,是黑羊巴哈尔鲁部一个土库曼伯克阿利·舒克尔·伯克的女儿。她曾经嫁给黑羊土库曼人的贾汗·沙·米儿咱·巴拉尼之子穆罕默德·米儿咱为妻。在白羊部的乌宗·哈三(长子哈三)伯克(在回历八七二年,即公元1467年)从贾汗·沙·米儿咱的儿子们手中夺取阿塞拜疆和伊剌克时,阿利·舒克尔·伯克的儿子们带领黑羊部土库曼人四、五千户来投效于速檀·卜撒因·米儿咱。在速檀·卜撒因·米儿咱(于回历八七三年被乌宗·哈三)打败后,他们即在这些地区定居下来。及速檀·马合谋·米儿咱自撒马尔罕来到喜萨尔,他们又去投效速檀·马合谋·米儿咱。米儿咱就在此娶了帕夏·别昆。她生了一个儿子和三个女儿。

另一个妻子是速檀·尼格尔·汗尼木。关于她的出身详见于[察合台蒙兀儿]诸汗的部分。 28b

他的姬妾很多。其最受宠者为一个名叫祖赫拉·别姬·阿尕的乌兹别克女人。速檀·卜撒因·米儿咱健在时,他还年轻就娶了她。她为他生一子一女。速檀·马合谋·米儿咱的爱妾也很多,其中两人为他生了两个女儿,前已述及。

速檀·马合谋·米儿咱手下的异密

胡思老·沙，是土耳其斯坦的钦察人。他在年幼时曾充当伯克·答尔罕们的近侍，实为娈童。后来成为马即德·伯克·答尔罕·阿儿浑的伴当，极受宠爱。在伊剌克灾难事件时，胡思老·沙同速檀·马合谋·米儿咱联合，并在米儿咱前往呼罗珊的路上给米儿咱以帮助，因此，速檀·马合谋·米儿咱对他也很宠信。后来胡思老·沙飞黄腾达。还在速檀·马合谋·米儿咱在位时，他个人的伴当就达五、六千人之多。除巴达赫尚以外，从阿姆河到兴都库什山之间的所有地区都归他管辖。这是连成一片的领土。

他私吞了所有的税入。他虽为突厥族出身，但他举行宴会极为豪华，馈遗施舍，挥金如土。他贪得无厌，金钱得来容易，花得也快。

在速檀·马合谋·米儿咱死后其子当政时，[胡思老·沙]势力暴升。其伴当的人数接近两万。他虽戒酒并做礼拜，但还是一
29a 个卑鄙无耻、腐化堕落、愚蠢笨拙、不讲信用和忘恩负义的家伙。为了获得转瞬即逝的尘世生活的幸福，他把自己的恩人的一个儿子的眼睛弄瞎，而另一个儿子则被他杀死。在真主面前他是一个罪人；对广大信徒说，他是一个令人深恶痛绝的家伙，人们诅咒他、憎恨他，要直到所有死者复活的那一天。为了今世的享受，他干了那么多的坏事！他虽拥有如此广阔的领土和这么多装备精良的扈从，但他还是一只鸡也没有抓到。此书还将对他加以叙述。

[速檀·马合谋·米儿咱的]另一位异密是穆罕默德·额里

齐·不花,出身于库钦部落[①]。他曾在巴里黑的城门边当着速檀·卜撒因·米儿咱的面,打赌与[皮儿·德尔维希]哈扎拉斯庇进行拳击。他是一个勇敢的人,一直为[马合谋]·米儿咱效力,米儿咱也照他的意见行事。在速檀·忽辛·米儿咱围攻昆都士时,穆罕默德·额里齐·不花为了同胡思老·沙竞争,率领少数人员,既无武器,又不带盔甲,发动夜袭[②]。他毫无所得。在那里,面对这么一支大军,他能有什么作为呢?他遭追击,遂自投于河而死。

另一位异密是(蒙兀儿别乞克)艾育伯。他曾在速檀·卜撒因·米儿咱的呼罗珊近卫军团中服役,为人骁勇,曾任伯升豁儿·米儿咱的侍卫。他讲究吃穿,喜欢谈笑。外号叫"无耻之徒",这或许是速檀·马合谋·米儿咱喊出来的。 29b

另一位异密是胡思老·沙的异父同母弟瓦利。他待自己的伴当很好。将速檀·麻素提·米儿咱的眼睛戳瞎和杀害伯升豁儿·米儿咱,就是由他执行的。他说一切人的坏话,诽谤中伤,无所不至。他自我陶醉,但笨拙愚庸。他除自夸以外,对谁也不加称许。

(回历九一〇年,即公元1503年)我从昆都士地区来杜希(在兴都库什山北)附近,使胡思老·沙同其伴当仆役分开,并让他离去,这时,瓦利因害怕乌兹别克人,也来到安达拉卜(安呾罗缚)和萨里阿卜。当地的游牧人袭击和抢劫了他,并让我知闻,然后继续前来喀布尔。瓦利去昔班尼汗那里,在撒马尔罕被昔班尼汗斩首。

① 英译本作:皮儿·穆罕默德·额里齐·不花·库钦。额里齐为和田一城,额里齐·不花意为额里齐的强人。

② 这里巴布尔搞混了。穆罕默德·额里齐·不花是由速檀·马合谋·米儿咱派遣,率领一千人,自喜萨尔出动,而非自昆都士出动。他的死,不早于回历八九五年。

另一位异密是巴鲁剌思部人舍黑·阿布都拉。他娶了(巴达赫尚的)沙·速檀·穆罕默德的一个女儿为妻,她就是(米兰沙后裔)阿巴·比克儿·米儿咱和速檀·马哈木·汗的姨妈。他身穿漂亮的长袍,是一个温文尔雅的人。

另一位异密是农达克[①]巴鲁剌思族的马赫穆德·巴鲁剌思。他也曾是速檀·卜撒因·米儿咱的一个伯克。当速檀·卜撒因·米儿咱征服伊剌克诸地时,他将克尔曼献给米儿咱。其后,马即
30a 的·伯克·阿儿浑与黑羊部土库曼人的伯克们一起加入阿巴·比克儿·米儿咱的队伍,前来进攻喜萨尔。速檀·马合谋·米儿咱退往撒马尔罕他兄长速檀·阿合马·米儿咱处,这时,马赫穆德·巴鲁剌思并没有献出喜萨尔,而是勇敢地坚持守卫。他还是一个诗人,并撰写了一本诗集。

速檀·马合谋·米儿咱死后,胡思老·沙秘不发丧,放手夺取其国库的资财。但这样的事件怎能保密呢?这消息立即传遍全城。那天是撒马尔罕居民的重大节日。士兵和普通群众聚集起来进攻胡思老·沙,但阿黑麻·哈吉·伯克和伯克·答尔罕们却把起义镇压下去,并将胡思老·沙转移出去,送往喜萨尔。速檀·马合谋·米儿咱在世时曾将喜萨尔赐给自己的大儿子速檀·麻素提·米儿咱,将布哈拉赐给伯升豁儿·米儿咱,命他们前往封地。所以,在发生上述事件时,他们二人谁也不在。在把胡思老·沙送走后,撒马尔罕和喜萨尔的伯克们经商量后派人去布哈拉伯升豁

① 农达克,在石汗那(恰甘尼安)附近,《传记之友》作纳万达克,其地有巴鲁剌思家族。

儿·米儿咱那里，把他请来，拥护他登上撒马尔罕的王位。伯升豁儿·米儿咱即位为国君时，才十八岁。

当时，（察合台的）速檀·马哈木·汗听信速檀·朱乃德·巴
鲁剌思和撒马尔罕一些大人物的意见，率领军队来到康拜附近，意 30b
欲夺取撒马尔罕城。另一方面，伯升豁儿·米儿咱也率领一支装备精良的强大的军队自撒马尔罕出动，与之战于康拜附近。蒙兀儿军的中坚人物海答儿·库克耳塔什指挥其前锋部队。他的人员全部下马放箭。许多撒马尔罕和喜萨尔的骑兵满怀激情地策马向前，海答儿·库克耳塔什·伯克手下已下马的所有蒙兀儿人，被踏在马蹄之下。当［海答儿·库克耳塔什·伯克］被抓获时，蒙兀儿人便不能再战，终于被打败了。许多蒙兀儿人被杀。伯升豁儿·米儿咱命令在自己面前将那么多的人斩首，由于尸体太多，使得他的营帐不得不三次挪地方。

就在这时，明格部落的伊不拉欣·萨鲁进入阿斯法拉（伊斯法拉）堡，以伯升豁儿的名字念虎土白，采取与我敌对的立场。（作者自注：）伊不拉欣·萨鲁这个人从其童年时代起就在我父亲
的手下效力，一直升到伯克的品级，但后来因过失被解职。舍尔邦 31a
月（5 月）我军出动去镇压伊不拉欣·萨鲁的叛乱。是月末，我军包围阿斯法拉，并扎营。我军的战士们在刚一到达的头一天就鲁莽地夺取城堡外加固的新墙。那天，掌门官赛伊德·哈斯木超越其余的人员，冲到前面，挥刀砍杀。速檀·阿黑麻·檀巴勒与穆罕默德·多斯特·塔海也都挥刀入阵，但赛伊德·哈斯木夺得了“英雄的一份”。（作者自注：）所谓“英雄的一份”是蒙兀儿部落中一个古老的用语。在每次宴会或招待会中，谁如能超出队列，以

刀搏击，便能得到这一份。在我去沙鹿海牙会见我的舅父速檀·马哈木·汗时，赛伊德·哈斯木在那里得到英雄的一份。

在战斗的头一天，我的师傅胡达·拜尔地被弩箭射中毙命。因战士们进行这次攻击时未穿戴盔甲，故有一些人阵亡，多人受伤。伊不拉欣·萨鲁手下有一个弩机手射箭技术极好；绝未见过有能与之匹敌者。绝大多数的受伤敌人都是被他射伤的。在攻下阿斯法拉城堡后，他就在我手下效力。

围城之战旷日持久。乃下令在两、三处地方建筑土墙，挖掘坑
31b 道，并努力置备攻城用的工具。围城延续了四十天。最后伊不拉欣·萨鲁无力坚持，乃请和卓·大毛拉·卡孜进行调停，向我表示臣服。闪瓦鲁月（公元 1495 年 6 月），他把军刀和箭袋挂在颈上，出来献城，并为我效力。

长期以来忽毡也是服属于乌马尔·沙黑·米儿咱的政府。但在这王位虚悬的时期，[费尔干纳]地区的政权削弱了，忽毡的居民就转向速檀·阿合马·米儿咱一边。这样合适的时机一来，我也就向忽毡进军。时驻守忽毡城堡者为密尔·蒙兀儿的父亲阿不都勒·瓦哈布·希噶乌耳。在我到来时，他毫无推托地立即献城投降。

当时速檀·马哈木·汗正在沙鹿海牙。前面已经谈到，在速檀·阿合马·米儿咱（于回历八九九年）来到安集延附近时，汗也来该地并围攻阿黑昔。我忽然想起："汗好比我的父亲和兄长。我们相互间既如此亲近，如果我去为他效劳，如果让过去的怨恨一风吹，那远近的人听着和看着都会认为是好事。"我就抱着这样的想法来到海答尔·[库克耳塔什·]伯克在沙鹿海牙附近建造的

花园。汗坐在花园中一座四面有门的大毡房里。我进入毡房后，32a
三次下跪。汗起身还礼。我致敬并后退，（又复）下跪。汗命我坐在他的身边，对我表示十分慈爱。

一、两天后我取道肯迪尔利克山口（在东哈萨克）前往阿黑昔与安集延。在到达阿黑昔时，我去父亲的坟地扫墓。我在礼拜五做礼拜时（即约中午时）离开阿黑昔，途经班地·萨拉尔路，于昏礼和宵礼之间的时分到达安集延。这条路，即经过班地·萨拉尔的路绵延达九伊尕奇之长。

在安集延地区的游牧部落中有一个札喜剌黑部落[①]。这是一个有五、六千户人口的大部落。他们生活在费尔干纳和喀什噶尔之间的山中，拥有众多的马匹和羊只。在这些山中，放牧的是牦牛，而不养普通的牛。他们也有许多牦牛。

因他们所在的山区难于通行，又位于边境地带，故他们习惯上不以牲畜纳税。我派（赛伊德）·哈斯木·伯克率领一支军队去札喜剌黑人那里征取牲畜，并分一部分给士兵。他去那里夺得约两万只羊和一千到一千五百匹马，全分给了部队。

这支军队从札喜剌黑部返回后，即前往乌拉提尤别。该地长 32b
期以来属乌马尔·沙黑·米儿咱统治，但在他死的那一年这地方就丧失了。现在，是速檀·阿利·米儿咱以其兄长伯升豁儿·米儿咱的名义驻守其地。

速檀·阿利·米儿咱得知我军出动，就退往帕耳噶尔和马恰

① 关于这个部落的名称，有不同的拼写法。俄译本作 Чограк，英译本作 Jigrak，《拉失德史》英译本作 Jagirak。兹采用《拉失德史》汉译本的现成译法。见新疆人民出版社，1986年10月第一版，第二编，第24页注①。

山区，而让自己的师傅舍黑·宗农·阿儿浑留守乌拉提尤别。我经过忽毡来到去该地的半程时，派遣喀利法作为使者去舍黑·宗农那里。但那个毫无理性的家伙（指宗农）不但没有给他一个过得去的答复，反而下令将其拘留处死。可要喀利法死并非天意，他经受了千辛万苦，备遭折磨，终于逃脱，在两三天以后赤身露体地徒步返回。

我们进军到乌拉提尤别附近。因冬季临近，人们已将所有的粮食和饲草运走。故我们在几天后又返回安集延。

在我们撤走后，汗的人马就向乌拉提尤别开来。驻守该地的人不能坚持，弃城而逃。[速檀·马哈木·]汗就将乌拉提尤别赐给了杜格拉特部的马黑麻·忽辛·古烈干。从此时起到回历九〇八年（公元1503年），乌拉提尤别一直属于马黑麻·忽辛·古烈干。

回历九〇一年(公元1495年9月21日至公元1496年9月9日)的事件

速檀·忽辛·米儿咱自呼罗珊出兵进攻喜萨尔,于是年冬天 33a
到达呾密对面驻营。速檀·麻素提·米儿咱也征集一支军队(自喜萨尔出),来到呾密,在速檀·忽辛的对面扎营。驻守昆都士的胡思老·沙,派其弟瓦利来援。敌对的双方在河岸度过了大部分冬季,未能过河。速檀·忽辛·米儿咱是一个精明而有经验的君主;他沿河岸上行去昆都士。他以此转移对面敌军的注意,又分出五、六百精卒由军需官阿不都拉提夫率领,去下游的基利夫渡口。在速檀·麻素提·米儿咱得知这种情况之前,阿不都拉提夫军需官及其率领的人员已经由基利夫渡口过了阿姆河,并已在河对岸掘壕据守了。而在这个消息传到速檀·麻素提·米儿咱那里时,尽管胡思老·沙的兄弟瓦利多方督促他出兵进攻过了河的敌军,但由于速檀·麻素提·米儿咱胆怯,或由于瓦利的敌人巴基·石汗那的对他的压力,[速檀·麻素提·米儿咱]竟没有出兵去进攻过了河的敌人。他的部队混乱地撤往喜萨尔。

速檀·忽辛·米儿咱过了河后,就派遣巴迪斡思咱蛮·米儿咱、伊不拉欣·忽辛·米儿咱、穆罕默德·瓦利·伯克和宗农·阿儿浑先行,去进攻胡思老·沙;他又调穆扎法尔·胡赛因·米儿咱 33b

和穆罕默德·巴兰杜克·巴鲁剌思去进攻珂咄罗,而他自己则向喜萨尔进军。

喜萨尔那里的人得到了他快要来临的消息。速檀·麻素提·米儿咱认为留在喜萨尔没有好处,便沿卡姆·鲁德河谷往上撤离,经过萨拉·塔格山口,前往撒马尔罕他弟弟伯升豁儿·米儿咱那里去。瓦利也撤往(自己的领地)珂咄罗。巴基·石汗那、马赫穆德·巴鲁剌思和库奇·伯克的父亲速檀·阿黑麻则坚守着喜萨尔堡。(乌兹别克首领)邯匝·速檀与马赫地·速檀几年以前曾叛离昔班尼汗,投效于(故)速檀·马合谋·米儿咱;现在,在这动乱的时期,就率领手下所有的乌兹别克人前往喀尔提锦。同他们一起前往那里的还有(赛亦德)·马黑麻·杜格拉特、速檀·忽辛·杜格拉特[1]以及生活在喜萨尔地区的所有蒙兀儿人。

速檀·忽辛·米儿咱得到这个消息后,就派阿布勒·穆赫辛·米儿咱率领若干精兵沿卡姆·鲁德河谷而上追赶速檀·麻素提·米儿咱。在那人进入一个峡谷时,他们从后面追上了他,但却无所作为。米儿咱·伯克·非林吉·巴兹在那里挥刀厮杀。

伊不拉欣·答尔罕、雅库卜·阿尤布和另外几个人被派遣率军去喀尔提锦进攻邯匝·速檀与蒙兀儿人。他们在喀尔提锦追上了敌人,互相交锋战斗。速檀·忽辛·米儿咱的前锋部队被打败;其大部分伯克被击落马,但又被放走。

---

① 俄译本以(赛亦德)·马黑麻·杜格拉特为速檀·忽辛·杜格拉特之子,非是。今从英译本改。按(赛亦德)·马黑麻·杜格拉特实为喜萨尔人。

他们[从喜萨尔]出走,结果是邯匝·速檀及其子马马黑·速 34a
檀、马赫地·速檀与(后来被称为喜萨尔人的)马黑麻·杜格拉特及其兄弟速檀·忽辛·杜格拉特,以及附属于这些速檀的乌兹别克人和居住在喜萨尔地区的蒙兀儿人、速檀·马合谋·米儿咱的伴当们,都想起了我们,遂于赖买丹月(5—6月)来到安集延。这时我按照帖木儿王朝王子的习俗升座,在邯匝·速檀与马赫地·速檀和马马黑·速檀进来时,我起身向这些速檀致礼,并下位同他们寒暄。速檀们搭着腿坐在我的右手边。

许多的蒙兀儿人,也在喜萨尔人马黑麻·[杜格拉特]的率领下前来;他们统统表示愿意在我的手下效力。

速檀·忽辛·米儿咱一到,就将喜萨尔城堡包围起来,并安营扎寨。他们挖坑道,对城堡发动进攻,发射弩石、大炮,日夜不停。他们在四、五个地方挖了坑道。通向城门的一条坑道加紧向前掘
进;城堡里的人也在相对的一边挖坑道。他们发现了城外人挖的 34b
这条坑道,就从上面朝米儿咱的人放烟。后者将洞堵死,使烟回冒,迫使城堡里的人像逃命似的从坑道里跑了出去。最后,他们把一罐一罐的水灌进坑道来淹他们,才把围城者赶出坑道。

另一次,一支部队从城内冲出,把米儿咱的人从他们自己的坑道口赶走了。

另一次,在[速檀·忽辛·]米儿咱所在的城北边安了大炮,并发炮把一个塔楼打穿。该塔楼于宵礼时倒塌。有些战士性急,请求立即攻城,米儿咱拒绝说:“已是晚上了。”到次日天亮前,城内的人又将塔楼完全修复了。所以,那天早晨也没有攻城。

在这两个月或两个半月当中,除了挖坑道、修土堤和发射石弹

等围城作业外，实际上什么也没有做。[速檀·忽辛]并没有进行很好的战斗。

巴迪斡思咱蛮·米儿咱率领曾被派去进攻胡思老·沙的军队来到昆都士以下三、四伊尕奇(18—24公里)的地方，这时，胡思老·沙整军列队，自昆都士出。他在路上停了一夜，即准备战斗，
35a 开向米儿咱的部队。呼罗珊方面的人虽不说有胡思老·沙的部队的两倍，但比其多一半(即相当于一倍半)是没有问题的。尽管如此，米儿咱同那么多的指挥官和伯克们还是宁愿谨慎行事，留在堑壕里没有出击。而胡思老·沙手下，包括贵族和平民，大人物和小人物在内，总计只有四、五千人。

胡思老·沙，为了这转瞬即逝的尘世生活，为了自己那些翻云覆雨的不忠诚的伴当们，选择这样的耻辱和恶名而做出这样残暴和不公正的事，他抢夺了如此广阔的土地，豢养了这些伴当和仆从，到胡思老·沙的晚年，其伴当与扈从的数目竟达两、三万人之多，而其领土与封地也超过了他自己的宗主及其诸王子，他一辈子就完成了这一大功业。因此，胡思老·沙及其追随者竟以娴于指挥和骁勇善战而扬名于世，而那些停在堑壕中不敢出击的迟疑者，却蒙上了胆小怯懦之名。

巴迪斡思咱蛮从昆都士进军，经几站路到达塔里寒附近的阿鲁忽山，在那里驻扎。胡思老·沙驻于昆都士城堡，派其弟瓦利率精卒去伊什卡米施(不是巴达赫尚的那个)、富鲁耳及其附近的山麓地带，以便从外面骚扰米儿咱。穆希布·阿利·库尔奇亦领精
35b 锐部队至珂咄罗河河岸，与巴迪斡思咱蛮·米儿咱的人遭遇，攻之，将一些人打下马，斩首数级而去。

另一次,赛伊迪姆·阿利·达尔班(守门者)[①],他的弟弟库利·伯克、艾育伯之子布赫鲁耳率一支精兵来到和卓·昌噶耳附近的安巴尔·科赫山麓,同呼罗珊方面的人搏斗,同他们扭打在一起。许多呼罗珊人从营里赶来。他们中有许多被摔倒;赛伊迪姆·阿利、库利·伯克和其中几个最好的战士被打下马来。

这方面的消息传到速檀·忽辛·米儿咱那里时,他的军队由于喜萨尔春雨连绵也陷于困境,于是他就讲和。马赫穆德·巴鲁剌思从城堡中被围者中出来;试食侍从哈吉·皮儿则从城堡外前来;诸大统领和那里所有的演奏家和歌手都聚会在一起。速檀·忽辛·米儿咱为自己的儿子海达尔·米儿咱举行婚礼,娶速檀·马合谋·米儿咱的长女(别忢·别昆,汗·扎答·别昆所生)为妻。海达尔·米儿咱是帕扬达·别昆所生,他的外祖父是速檀·卜撒因·米儿咱。

办完这件事之后,速檀·忽辛·米儿咱即撤离喜萨尔,前往昆都士。到昆都士后,他也建造围攻工事,打算攻城。最后,由于巴迪斡思咱蛮·米儿咱的出面调停,双方才交换战俘,各自撤离。胡思老·沙之所以能如此飞黄腾达并在其境外干出这么多事情的原 36a
因,就在于速檀·忽辛·米儿咱两次来攻都未能抓获他,就撤回去了。

速檀·忽辛·米儿咱在到达巴里黑时,因河中地区的利益关系,就将巴里黑赐给了巴迪斡思咱蛮·米儿咱,而将巴迪斡思咱蛮·米儿咱的领地阿斯塔拉巴德赐给(幼子)穆札法尔·胡赛

① 即赛伊德·穆罕默德·阿利。

因·米儿咱。在同一个集会上,他命二人跪下受封,一个接受巴里黑,一个接受阿斯塔拉巴德。这事使巴迪斡思咱蛮·米儿咱深为抱怨,导致了多年的敌对和叛乱。

同年赖买丹月,在撒马尔罕发生了答尔罕的叛乱。其详情是这样的:伯升豁儿·米儿咱对待撒马尔罕的伯克和士兵们不如他对待喜萨尔的伯克和士兵们那么友善和亲信。舍黑·阿布都拉·巴鲁剌思是居首位的掌权伯克;他的几个儿子同伯升豁儿·米儿咱极为亲近友爱,以至于被当成情人和爱恋者看待。答尔罕们和一些撒马尔罕的伯克因此深感不快。德尔维希·穆罕默德·答尔罕从布哈拉前来撒马尔罕,下令把速檀·阿利·米儿咱从卡尔施

36b 请来,宣布他为国君。住在新花园中的伯升豁儿·米儿咱,被送到城堡中像囚徒一样禁锢起来,其伴当与仆役都被同他隔离。两位王子被安排在一个地方。晚上,晡礼时分,他们决定把伯升豁儿·米儿咱转移到兰宫(Guk Sarai)去。伯升豁儿·米儿咱借口某种必要,进入布斯坦宫东北部分的一个建筑物中。该屋的门外站着一些答尔罕。穆罕默德·库利·库钦与哈三·沙尔巴特奇(供饮料的侍从)同米儿咱一起进入这个房子。简言之,伯升豁儿·米儿咱因必要而进入的那个房间的后部,有一道门通到外面,而这道门已用砖砌死了。他当即打掉这个障碍,经过水道(āb-muri)爬到朝加特法尔的城墙上,从城墙的双层梯墙上跳下,前往和卓·卡夫希尔的和卓基·和卓①的房子。

① 和卓基·和卓即和卓·阿赫拉里的长子穆罕默德·乌拜都拉,死于回历九一一年。

站在厕所门口的人过了一些时候之后往里看,发现米儿咱跑了。次日,答尔罕们集合起来,去和卓基·和卓的门前。和卓说:"他不在此",他不交出这位王子。而答尔罕们也不能将他强行带走——因和卓的威望太高,他们是不能采用武力的。

一、两天后,和卓·阿布耳·马卡拉姆、阿黑麻·哈吉·伯克,以及其他几个大小伯克、士兵和所有市民,群起暴动,将伯升豁儿·米儿咱从和卓的房子抓走,并将速檀·阿利·米儿咱和答尔 37a
罕们包围在要塞里。可他们一天也没能守住这要塞。穆罕默德·马即的·答尔罕经四马路大门前往布哈拉去了,速檀·阿利·米儿咱和德尔维希·穆罕默德·答尔罕则被俘。伯升豁儿·米儿咱正在阿黑麻·哈吉·伯克的房子里,这时人们把德尔维希·穆罕默德·答尔罕也带到那里来了。米儿咱向他提了几个问题,德尔维希·穆罕默德·答尔罕不能给以恰当的回答。他干的事,就是不能做回答的事。伯升豁儿·米儿咱下令将他处死。德尔维希·穆罕默德·答尔罕沮丧地抱着廊柱。他既抱住了廊柱,他们会放过他吗?他还是被牵出处决了。伯升豁儿·米儿咱还下令将速檀·阿利·米儿咱送往兰宫,在那里用烧红的铁钎(火笔)将其双目戳瞎。

[作者自注]:兰宫位于撒马尔罕的要塞里,是帖木儿·伯克建造的一所高大建筑物。其特点是:所有登王位为君的帖木儿后裔,都是在那里就座。如果某人因觊觎王位而丧命,也就是在这里丧命;因此,兰宫一名具有一种隐喻的意义。如说:"已把这个王子送到兰宫去了",那就是说把他处死了。

速檀·阿利·米儿咱被送往兰宫,并执行以火笔刺目之刑。37b

不知是由于行刑者有意，还是由于疏忽，速檀·阿利·米儿咱的眼睛竟没有受到伤害。他没有让人知道这点，就立即去和卓·雅海亚家，二、三日后逃往布哈拉答尔罕处。由于这个原因，在尊敬的和卓·乌拜都拉诸子之间就产生了竞争：其长子（穆罕默德·乌拜都拉，和卓基·和卓）庇护大王子，幼子（雅海亚）支持年幼的王子。

数日后，和卓·雅海亚也去了布哈拉。伯升豁儿·米儿咱出兵，去布哈拉进攻速檀·阿利·米儿咱。在他接近布哈拉时，速檀·阿利·米儿咱和伯克·答尔罕们也列阵出战。发生了一次小的战斗。速檀·阿利·米儿咱获胜，伯升豁儿·米儿咱被击败。阿黑麻·哈吉·伯克与另外几个最好的战士被俘。其部下大部分人被杀。阿黑麻·哈吉·伯克耻辱地被处死，以为德尔维希·穆罕默德·答尔罕报血仇。速檀·阿利·米儿咱紧跟在伯升豁儿·米儿咱之后到达撒马尔罕。

关于这些事件的消息于闪瓦鲁月（6 月中到 7 月中）传到安集延我这里。我们因觊觎撒马尔罕，便也在这个月的四日向该城进军。

速檀·忽辛·米儿咱已从喜萨尔和昆都士撤军，故速檀·麻
38a 素提·米儿咱和胡思老·沙放了心。速檀·麻素提·米儿咱也想夺取撒马尔罕，便进军到沙赫里夏勃兹。胡思老·沙派其弟瓦利来支援米儿咱。我们从三方面围困撒马尔罕城达三、四个月之久。速檀·阿利·米儿咱派和卓·雅海亚来我处商量达成一个具有共同目的的协定。此事经商量决定在一次安排好的会见中解决；我率军来到粟特以下二、三沙里（4 至 6 公里）处。速檀·阿利·米

儿咱则率军从另一个方面到达。速檀·阿利·米儿咱和我,各自带了四、五个人,从科希克河[①]的两岸渡河,到达该河中央。我们骑在马上直接对面互致问候,然后各自退回自己的一边。这时,我见到了在和卓·雅海亚手下效力的毛拉·比纳伊[②]和穆罕默德·萨利赫。我见到穆罕默德·萨利赫只此一次,而毛拉·比纳伊则后来长期在我的手下效力。

同速檀·阿利·米儿咱会见后,因冬季将届,而撒马尔罕的居民并无特别匮乏之虞,我们就各自返回;我回安集延,速檀·阿利·米儿咱则回布哈拉。

速檀·麻素提·米儿咱倾心爱慕舍黑·阿布都拉·巴鲁剌思的一个女儿;在把她弄到手后,他就放弃夺取领土的念头,返回喜萨尔去了。也许他来撒马尔罕的目的仅在于此。 38b

马赫地·速檀从设拉子村和康拜村附近逃到撒马尔罕。邯匝·速檀也获准离开札明前往撒马尔罕。

① 科希克河是泽拉夫善河的旧名。

② 关于毛拉·比纳伊,见本书编叶 179b。

回历九〇二年(公元1496年9月9日至公元1497年8月30日)的事件

是年冬,伯升豁儿·米儿咱的事业兴旺。因速檀·阿利·米儿咱的支持者阿不都克里木·伊什里特来到库芬及其附近地方,故马赫地·速檀率领伯升豁儿·米儿咱的先头部去迎击之。阿不都克里木·伊什里特与马赫地·速檀对面相遇。马赫地·速檀以其彻尔克斯军刀刺中阿不都克里木的坐骑,这马当即倒下。在阿不都克里木站起来时,马赫地·速檀把他的手从手腕处砍了下来。他们抓住他后,就将这支先锋部队彻底打败了。这些(乌兹别克)速檀,见撒马尔罕和(帖木儿王朝)诸速檀宫廷的事态日非,乃于早春时节去投奔昔班尼汗。

此后,撒马尔罕人就联合起来,出兵进攻速檀·阿利·米儿咱。伯升豁儿·米儿咱去萨尔·普勒(桥头),速檀·阿利·米儿咱则去和卓·卡尔宗。这时,和卓·阿布耳·马卡拉姆在奥什的和卓·穆尼尔的挑唆下,率同安集延诸伯克外斯·拉噶里与穆罕
39a 默德·巴基尔,以及哈斯木·杜耳代与伯升豁儿·米儿咱的一些近臣,迅速进军布哈拉。在他们快到时,布哈拉人闻讯提高戒备;他们不能再有所进展,乃撤退。

在(去年)我同速檀·阿利·米儿咱会见时曾决定,春天时他

们从布哈拉出动,而我则从安集延前来,一起去围攻撒马尔罕。我按约定的时间在赖买丹月(5月)从安集延出师。在到达雅尔·伊拉黑附近时,我们得知(两位)米儿咱正互相对阵,就派蒙兀儿伯克土伦·和卓率二、三百侦察兵先行。在他们快到时,伯升豁儿·米儿咱听到了我们进军的消息,就仓皇地撤退了。那天晚上,我军战士追及(敌军)侧翼,射死和抓获他们许多人,并带回大量战利品。

两天后,我们到达设拉子堡。该地当时属于哈斯木·杜耳代。他任命的达鲁花(长官)不能坚守,献出设拉子投降。设拉子堡遂委任伊不拉欣·萨鲁守之。

次日早晨,我们在那里做过开斋节的礼拜后,就朝撒马尔罕进发,并在阿比雅尔(权力之水)保留地(qūrugh)扎营。那天,哈斯木·杜耳代、外斯·拉噶里、哈三·纳比拉、速檀·穆罕默德·西噶耳与速檀·穆罕默德·外思同三、四百人一起前来,投效于我。39b
他们说:"伯升豁儿·米儿咱出来,又退回去了。所以我们就离开他,前来投效于陛下。"但后来得知,他们是奉命离开伯升豁儿·米儿咱,前来守卫设拉子堡的;现设拉子的情况既已如此(已如前述),他们已无可守,乃不得已来向我投诚。

在我们停驻于哈拉·布拉克时,有几个蒙兀儿人被带到我处,他们是因突然前来并逞强侮辱村庄长老而被捕的。哈斯木·伯克为了严肃纪律(siyāsat),下令将其两、三个人砍成碎块。四、五年后,我在流浪中(回历九〇七年)从马恰到(蒙兀儿)汗那里去,哈斯木·汗因曾经做了此事遂离开我,去了喜萨尔。

我们从哈拉·布拉克进军,渡过(泽拉夫善)河,到雅姆对面驻营。就在那天,几名御前的伯克在林荫道上同伯升豁儿·米儿咱手下的人扭打起来。阿黑麻·檀巴勒被矛刺中喉部,但未落马。和卓·卡兰的长兄和卓基·毛拉·沙得尔的后颈被箭射中,当即毙命。他是一个很好的人。我父亲也庇护他,曾任命他为掌印官。
40a 他爱好学术,精通阿拉伯语,文笔也很好。他还会驯养猎鹰,并会用札丹石作雨。

当我们驻扎在雅姆附近时,许多市民,商人和非商人,从城里出来进行买卖,以致我们的营地变成了集市。一天晡礼时,忽然一片骚乱,所有那些穆斯林(商人)都遭到了抢劫。但我军纪律严明,在下令不准任何人抢劫别人的东西后,一切都归还了原主。第二天早晨,战士们手中已绝未留下任何别人的东西,甚至一针一线,一切都归还了原主。

我们从雅姆出发,到撒马尔罕以东的汗营停下。其地距撒马尔罕三库罗赫(约6公里)。我们在此地待了四、五十天。在这段时间中,我军与敌人在林荫道几次进行厮杀。一天,伊不拉欣·别乞克在厮杀中被砍中脸部,此后,人们就称他为“伊不拉欣·察普克”(Balafré)。另一次,也是在那条林荫道上,阿布勒·哈斯木·库赫布尔在马噶克桥(城河桥)边以大头棒搏击。还有一次,在林
40b 荫道的水渠边开始战斗,密尔·沙·库钦也是挥舞大头棒。他的脖子几乎一半被打脱,幸运的是主动脉没有被打断。

我们在汗营时,城堡内的守军派人来欺骗我们说:“请在今晚到情人洞(噶尔·伊·阿希坎)那边来,我们献城投降。”

为此,我们晚上乘马去马噶克桥。并从那里派了一队青年人,有的骑马,有的步行,去指定的地方。敌人把我方四、五个步行的

人带走了，这时其余的人才发觉其事。他们是很勇敢的。其中一个名叫哈吉·（皮亚达），从孩提时就跟随在我身边；另一个名叫马黑木·昆都尔·桑噶克。他们统统被杀害了。

当我们驻在汗营时，有那么多的市民和商人从撒马尔罕前来，使得我们的营地变成了一个城镇。一切只有在城镇中才能买到的东西，在这里都能找到。

那时，除撒马尔罕一地之外，所有的城堡、山地与平原，都已转到我们的控制之下。但在夏夫达尔（或夏德瓦尔）山麓的一个名叫乌尔古特的城堡，有一帮人在那里坚守。我们乃不得不拔营前
去进攻乌尔古特。他们守不住，就以和卓·卡孜做斡旋人，表示投 41a
降。我们宽恕了他们的过错，又回去围攻撒马尔罕。

那年，速檀·忽辛·米儿咱同巴迪斡思咱蛮·米儿咱之间的不和终于导致发生了战争。其详情如下：前已提到，去年速檀·忽辛·米儿咱将巴里黑和阿斯塔拉巴德赐给巴迪斡思咱蛮·米儿咱和穆扎法尔·米儿咱，并令他们下跪受封。从那时至今，已多次交换使节。最后，甚至阿利·失儿·伯克也奉使至巴迪斡思咱蛮·米儿咱所，但无论他怎么努力，巴迪斡思咱蛮·米儿咱还是不同意将阿斯塔拉巴德交给其弟。他说："米儿咱在为我的儿子穆罕默德·穆明·米儿咱举行割礼时，已经［将阿斯塔拉巴德］赐给他了。"

有一次，阿利·失儿·伯克同米儿咱谈话，从中可以看到米儿咱目光锐利，而阿利·失儿·伯克则感觉灵敏。阿利·失儿·伯克对米儿咱附耳谈了许多秘密的话后，又说："忘掉这些吧！"米儿咱当即问道："忘掉什么？"阿利·失儿·伯克深为感动，哭泣者久之。

父子之间的谈判终于导致其父（指忽辛）对其父（指穆明之

父)、其子(指穆扎法尔)对其子(指穆明)为了巴里黑和阿斯塔拉巴德而兵戎相见。速檀·忽辛·米儿咱从下方(即从赫拉特),巴
41b 迪斡思咱蛮·米儿咱从上方(即从巴里黑),都来到了噶尔扎万山麓的普利·奇拉格草地。赖买丹月一日(5月2日),礼拜三,阿布勒·穆赫辛·米儿咱率领(其父)速檀·忽辛·米儿咱的几个伯克和一支骑兵前进。甚至还没有开始真正的战斗,巴迪斡思咱蛮就被打败了;他的许多精锐士卒被俘。速檀·忽辛·米儿咱下令将所有的俘虏斩首。

不仅该处如此,任何时候,只要速檀·忽辛·米儿咱战胜其叛乱为敌的儿子,他都要下令将俘获的所有伴当斩首。为什么不这么做呢?他有权力。这些米儿咱如此荒淫无度,腐化堕落,甚至在他们的父亲这样一位富有阅历,经见过那么多战争的君主距离他们只有半日路程,离那幸福神圣的赖买丹月只有一个晚上的时候,他们还只知道饮酒作乐,既不畏君主,亦不惧真主。这样的人永将覆败,这样堕落沉沦的人,谁都可以战而胜之。这是天理。

在巴迪斡思咱蛮·米儿咱统治阿斯塔拉巴德的数年中,他的亲信、随从,甚至家奴园丁,皆锦衣肉食,生活奢华。他有大量用黄
42a 金,白银制成的酒杯和器皿;锦绣坐垫与良种马匹,则不计其数。而现在,他一切都失去了。他取山路仓皇逃走,遇上悬崖峭壁。他本人虽极为艰难地走下了悬崖,但他手下的许多人却于此丧生。

速檀·忽辛·米儿咱,在打败自己的儿子后,前往巴里黑。巴迪斡思咱蛮·米儿咱派驻巴里黑的守将为舍黑·阿利·塔海。该人什么也不能干,就献出巴里黑投降。速檀·忽辛·米儿咱将巴里黑交给伊不拉欣·忽辛·米儿咱,并让穆罕默德·瓦利·伯克

和侍从(chuhra)沙·忽辛留下,同他一起驻守该城。[速檀·忽辛·米儿咱]自己则返回呼罗珊去了。

巴迪斡思咱蛮·米儿咱失败后,被剥夺了一切,乃率其精骑与步卒,前往昆都士胡思老·沙处。胡思老·沙对他颇为效忠:帮助了他,给米儿咱及其扈从提供大量马匹、骆驼、大小毡房以及各种战争装备。据目击者说,这里提供的装备与他以前的装备,区别仅在金、银器具之不同。

速檀·麻素提·米儿咱与胡思老·沙,由于一个多行不义,另一个妄自尊大,故相互间发生争执与不和。胡思老·沙派其弟瓦 42b
利和巴基去巴迪斡思咱蛮·米儿咱那里,打发他们去喜萨尔进攻速檀·麻素提·米儿咱。他们甚至不能接近该城堡;在其郊外与通往喜萨尔的几条路上,曾交兵一、两次。有一次,在喜萨尔北面猎鹰屋场(Bird-house)旁边,穆希布·阿利·库尔奇身先士卒,挥刀出击。在他落马,眼看就要被俘时,他的部下攻上来,将他救出。

数日后,敌人签订"带强制性的和约",就退去了。

再过数日,巴迪斡思咱蛮·米儿咱走山路撤退,去坎大哈与札明·达瓦尔投奔宗农·阿儿浑及其子沙·叔佳·阿儿浑。宗农尽管吝啬小气,但对米儿咱还殷勤效力;一次就给他贡献了四万只羊。

当时有几件奇怪的巧合事件:礼拜三是速檀·忽辛·米儿咱打败巴迪斡思咱蛮·米儿咱的一天,也是穆扎法尔·胡赛因·米儿咱在阿斯塔拉巴德打败穆罕默德·穆明·米儿咱的一天。更为奇怪的是,那个将穆罕默德·穆明·米儿咱打下马并将其俘虏回来的人,竟名叫礼拜三(Char-shamba)。

回历九〇三年(公元1497年8月30日至公元1498年8月19日)的事件

我们停驻在巴格·伊·迈丹(平原上的花园)后面的库耳巴(犁过的)草地。撒马尔罕的居民——士兵和市民成群地出城来到穆罕默德·察普桥附近。因我们的人没有准备,所以在战士们
43a 尚未装束好时,速檀·库利和巴巴·库利就被打下马,并被抓进城堡里去了。数日后,我们前进到科希克后面的库耳巴草地边缘。那天,赛伊德·玉素甫被派遣从撒马尔罕城来到我的驻地,向我投诚。撒马尔罕人以为,我们从那一驻地转移到这个驻地来是一种退却。大群的士兵和市民出城来,(从绿松石门)到米儿咱桥,又经过舍黑·札答门到达穆罕默德·察普桥。我令所有的士兵都装束好,上马出击。他们遭到两个方面——即遭到米儿咱桥和穆罕默德·察普桥方面的进攻,但真主使局面好转:敌人被打败了。许多高贵的伯克和勇敢的战士被我们打下马,抓获回来。其中有哈非思·杜耳代的儿子穆罕默德·密斯金;他是在被打下马、食指被砍掉后被抓获的。穆罕默德·哈斯木·纳比拉之弟哈三·纳比拉则将[其兄]打下马,抓捕回来。像这类在市民和士兵中著名的勇
43b 士还有许多。被抓获的城市暴民有裁缝迪万纳和卡耳·喀舒克,二人都是街头打斗和暴乱的首领;他们都被酷刑折磨然后处死,以

为在情人洞被杀的我军步兵报血仇。

对撒马尔罕人说来,这是一次彻底的失败。以后,城内再也不进行出击了。甚至在我们的人去到城壕边上,把他们的男女奴隶都带回来时,他们也不进行出击。

太阳进入天秤宫,寒冷降临人间[1]。我召集御前的所有伯克议事。经商量认为:该城居民已如此削弱,以至于我们在真主的帮助下,可在今天取之,亦可在明天取之。与其待在该城堡之外挨冻受苦,不如离开该城,去某个城堡里过冬。即使我们要离开那里,那时也能安稳无扰地离开。

考虑到和卓·迪达尔城堡适于过冬,我们就拔营来到该城堡前面的草地停留。进入城堡后,我们确定了盖房子和搭毡房的地方,在那里派驻了工匠和监工,然后返回营地。在冬居尚未准备好之前,我们在草地住了几天。

那时,伯升豁儿·米儿咱不断地派人去土耳其斯坦昔班尼汗那里求援。

冬屋建好后,我们就进入该城堡。当天早晨,昔班尼汗自土耳 44a
其斯坦迅速进军前来,在我军营地对面驻下。我的军队并不在附近;一些人到和卓·拉巴特过冬去了,另一些人去了喀布德,还有一些人则去了设拉子村。尽管如此,我们还是把那里现有的人员组织了起来,进行出击。昔班尼抵挡不住,便拔营向撒马尔罕开出,直驰至城堡下。

事情并没有像伯升豁儿·米儿咱所愿望的那样发展,所以他

---

① 厄斯金说:"时在9月末与10月初。"

没有很好地接待昔班尼汗。于是，昔班尼汗在几天后即失望地返回土耳其斯坦，什么也没有做。

伯升豁儿·米儿咱经受了七个月的围攻。他只有一个希望，即寄望于昔班尼汗。这个希望他也丧失了。于是，伯升豁儿·米儿咱就率领二、三百饥饿的亲属，前往昆都士，投奔胡思老·沙。

当他们在呾密附近渡阿姆河时，呾密长官赛伊德·胡赛因·阿克巴尔闻信出兵狙击。这位长官乃是速檀·麻素提·米儿咱母方的亲戚，也是他的亲信。米儿咱本人已经渡过了河。但米里姆·答尔罕却在河中被淹死。[赛伊德·胡赛因·阿克巴尔]夺取了伯升豁儿·米儿咱余下的人员、辎重和财产。甚至伯升豁儿·米儿咱心爱的侍从穆罕默德·塔喜尔也被俘。胡思老·沙待
44b 伯升豁儿·米儿咱尚好。

伯升豁儿·米儿咱刚一离开撒马尔罕，我们就得到了消息。我们便离开和卓·迪达尔，前往撒马尔罕。在路上，有各种显贵人物、伯克和战士们一个接一个地出来迎接我们。赖比儿·尼勒·安外鲁月月末（公元 1497 年 11 月底）我进入布斯坦宫，在要塞停驻。蒙至尊的真主之助，我们遂夺得和占据了撒马尔罕城和撒马尔罕地区。

在世界上所有可居住的地区中，很少有哪个城镇像撒马尔罕这样令人喜爱。它位于第五气候带，其经度为 99 度 56 分，纬度为 40 度 40 分①。

---

① 英译本作：纬度 40°6′，经度 99°。撒马尔罕现在实际的经纬度是 N39.40，E66.57（或作 39°7，67°0），巴布尔当时的地理学家不知根据什么定的这个经纬度。

［该地区的主要］城镇为撒马尔罕，而整个地区则被称为马维阑纳尔。因从未有哪一个敌人曾以武力战胜攻取过撒马尔罕，所以该城被称为“真主保留之城”（Baldat-i-mahfuza）。撒马尔罕在最尊敬的信士首领、奥斯曼陛下的时期信奉伊斯兰教，圣门弟子之一库珊·伊本·阿巴斯即死于其地。他的坟墓在铁门之外，现称为沙赫·晶达（活着的沙赫，即法基尔）之墓。

撒马尔罕城为伊斯堪达尔（亚历山大）所建。蒙兀儿人和突厥人称之为薛迷思干[1]。帖木儿·伯克以之为首都。过去，从未有一个像帖木儿·伯克这样伟大的君主曾建都于撒马尔罕。我曾下令步量城堡内墙上面的长度，为一万零六百步。

撒马尔罕所有的居民，都是逊尼派，信仰纯正，守法虔诚。从至圣先知［穆罕默德］时代起，没有哪一个国家出过马维阑纳尔地区那么多的伊斯兰教伊玛目（宗教领袖人物）。 45a

神学导师之一舍黑·阿布耳·满速儿出生于撒马尔罕近郊的马塔里德区。诸神学导师分为两派：一派称为马塔里德派，另一派称为阿什阿里亚派。马塔里德派即得名于这位舍黑·阿布耳·满速儿[2]。

《布哈里圣训》一书的作者和卓·伊斯迈耳·喀尔坦克也出生于马维阑纳尔。《法学指南》（*Hidāyat*）一书的编撰者是费尔干纳地区的马尔格兰人[3]。这是一部解释法律的书。在阿布·哈尼非派中，很少有一本书像这本书那样受到穆斯林的尊重。费尔干

---

① 薛迷思干，意为肥城。

② 舍黑·阿布耳·满速儿，中世纪神学家，死于回历333年（公元944年）。

③ 见前3b。

纳地区虽位于定居地区的边缘,但却是马维阑纳尔的一部分。

撒马尔罕之东为费尔干纳与喀什噶尔;西为布哈拉与花拉子模;北为塔什干与沙鹿海牙,在诸书中亦写作赭时与非那坎;南为巴里黑与咀密。科希克河[在撒马尔罕]的北面流过,该河距撒马尔罕城二库罗赫(约4公里)。在此河与撒马尔罕之间有一小丘,名科希克;因此河在此山丘之下流过,故称为科希克河。

有一条巨大的灌溉渠,确切地说是一条小河,自科希克河分流出来,称为达尔噶姆河。它在撒马尔罕以南流过,距城一沙里(2公里)。它灌溉着撒马尔罕的花园和郊区,以及一些土绵。

45b 由于有科希克河的灌溉之利,故直到布哈拉和卡拉库耳的广阔地带,即约三、四十伊尕奇路程(180—240公里)的土地,都成为了可居住的耕种之地。这么大的一条河,除供应灌溉用水之外,并没有更多的水;在夏天,它的水有三、四个月甚至不足以供应布哈拉。

撒马尔罕的所有水果,无论葡萄、甜瓜、苹果、石榴,都很好。其中有两种水果最为著名,即苹果与萨希比(葡萄)。

撒马尔罕冬天很冷,虽下雪,但不如喀布尔雪多。夏天的天气好,也不如喀布尔。在撒马尔罕城内和郊区有许多优美的建筑物,还有帖木儿·伯克时期与兀鲁伯·米儿咱时期建的花园。

在撒马尔罕城的城堡中,帖木儿·伯克曾建筑了一所四层的巨大楼房,称为兰宫。是一座很高的优美建筑。他还在城堡内的铁门附近用石头建造了一个大清真寺。大量从印度抓来的石匠在那里为之劳动。该清真寺前面的拱门上镌有古兰经的诗句云:“这是伊不拉欣奠立的基础”,全文是用巨大的字母写成的,以至于在一库罗赫(2 公里)之外也能看得清。这也是一所高大美好的建筑。

[帖木儿·伯克]在撒马尔罕城东辟了两个花园:[一个]较远,名巴格·伊·布兰地,另一个,较近,名巴格·伊·迪耳库夏。从迪耳库夏花园到绿松石门,铺了一条林荫大道,道路两边皆命栽种白杨。迪耳库夏花园内也修了一个巨大的亭阁,亭阁内墙上绘制了反映帖木儿·伯克在印度作战的壁画。 46a

帖木儿·伯克还在科希克山山麓坎·伊·吉耳大渠上辟了另一花园。该水渠也称为阿比·拉赫默特(仁慈之水);这个花园名叫纳黑失只罕("世界的图景")。我见到这个花园时,它已成为废墟。除了它的名称以外,一切皆已荡然无存。

在撒马尔罕以南城堡不远处还有一个花园,名巴格·伊·察纳尔,在撒马尔罕的下部还有巴格·伊·夏马耳(北花园)和巴格·伊·比希什特(天国花园)。

帖木儿·伯克之孙、只罕杰儿·米儿咱之子、马黑麻·速檀·米儿咱在撒马尔罕城墙外的外堡处建造了一个宗教学校。帖木儿·伯克的陵墓和曾在撒马尔罕为君的他的后裔的坟墓,都在这个宗教学校中。

兀鲁伯·米儿咱在城堡以内兴建的建筑物,只留下一个宗教学院和一个寺院(Khanqah)[1]。该寺院的圆屋顶很高,世界上很少见到有这么高的圆屋顶。

在距宗教学院和寺院不远处,他建造了一所很好的澡堂,称为

[1] Khanqah,是接待游方的德尔维希的地方。

“米儿咱的澡堂”。该澡堂内的地面是用五颜六色的石头铺镶而
46b 成的。在呼罗珊和撒马尔罕未听说另有这样的澡堂。

在[兀鲁伯·米儿咱]宗教学院之南建筑了一个清真寺,称为“雕刻的清真寺”。其所以称作“雕刻的”,是因为它的顶篷和墙壁都覆以黑石(islimi),并用由木块组成的中国画装饰起来。清真寺的正向与宗教学院的正向大不相同。清真寺的朝向也许是根据星象而确定的。

兀鲁伯·米儿咱的另一高大建筑物是位于科希克山脚下的天文观测台[①],那里有他编撰天文历表的工具。该天文台有三层。兀鲁伯·米儿咱在其中写成了《古烈干历表》[②],至今为全世界所通用。其他的历表则极少被采用。过去曾被采用过的《伊儿汗历表》,是和卓·纳昔尔·徒西[③]在旭烈兀汗时期于马拉格编成的。旭烈兀汗就是也被称为伊儿汗的那位汗。

(作者自注):世界上建成的天文观测台不过七、八座。其中一座为哈里发马蒙所建,在其中编成了《马蒙历表》。(托勒密朝的)巴塔耳缪斯也建了一座天文台;另一座天文台在印度,是在罗阇·毗讫罗摩阿迭多时期建造的,地处乌苌和塔尔,即马尔瓦,今称为曼杜。印度斯坦的印度人使用这个天文台的历表。自建造这个天文台起,已过了一千五百八十四年。同上述另几种天文表相
47a 比,[毗讫罗摩阿迭多]天文表较不完备。

[兀鲁伯·米儿咱]还在科希克山麓的西面辟有一个花园,称

---

① 兀鲁伯天文台建于公元1434年。

② 《古烈干历表》编成于回历847年(公元1444年)。

③ 和卓·纳昔尔·徒西,著名天文家,死于回历672年(公元1273年)。

为平原的花园(Bagh-i-maidan)。在这花园的中央,他建了一所两层的高大建筑物,称为乞耳·苏通。其柱子全都是石头的。四角的塔楼,形状如唤拜尖塔。这四个塔楼各有梯子可通。在其他地方,到处都有石柱;有的呈螺旋形,有的为多面形。上面一层,四面有敞开的走廊,围绕着一个有四道门的大厅(char-dara);其廊柱统统是石头的。这一建筑上面的地板也都是用石头镶成的。

在这个建筑物的旁边,科希克山麓,兀鲁伯·米儿咱还辟了一个小花园。他在那里建了一个大厅,其中设了一个石头造的巨大王座,王座长约十四、五卡里(9.8 公尺至 10.5 公尺),宽七、八卡里(4.9 公尺至 5.6 公尺),高一卡里(0.7 公尺)。这么大的一块石头是从很远的地方运来的。其中央有一裂缝;据说是在这块石头被运到该地以后出现的。

在这个公园里也有一个亭子,称为支那厅(瓷厅),因其前面 47b
矮墙(izara)的下部都为瓷砖所铺砌。这些瓷砖是他派人去中国采办来的。

撒马尔罕城堡内还有一个古建筑,称为“回声清真寺”(Masjid-i-laqlaq)。谁如果在该清真寺圆屋顶之下以足顿地,便有回声从整个圆顶传来。这是一件怪事,谁也不知其奥秘。

在速檀·阿合马·米儿咱时期,大小伯克们也在撒马尔罕建造了大大小小的许多花园。在这些花园中,很少有哪个像德尔维希·穆罕默德·答尔罕的花园(Char-bagh)那么美丽,空气清新和景观开阔。他把花园建在库耳巴草地一个高地上的迈丹花园之下,整个草地尽收眼底。在花园里开辟了一个一个呈对称形的阶梯场地,遍植美丽的叶榆、柏树和白杨。真是一个旅游胜地,唯一的缺点是没有大的溪流。

撒马尔罕是一个特别美丽的城镇。该城有一特点,为其他城镇所罕见;即每一行业各自划分了集市,互不混杂。这是一个很好的习惯。那里有高明的烤匠,烤出的馕很好。

世界上最好的纸张出自撒马尔罕;造纸坊的水皆来自康·伊·
48a 吉耳。康·伊·吉耳位于西雅赫·阿巴(哈拉苏)岸边,此河亦称为阿比·拉赫默特(仁慈之水)。还有一种撒马尔罕的商品是深红色的天鹅绒。行销于世界各地。

撒马尔罕周围有美好的草地。其中之一即著名的康·伊·吉耳。位于撒马尔罕以东稍北处,延伸达一沙里(2 公里)。流经康·伊·吉耳的一条河也称为阿比·拉赫默特水;那里的水可带动七、八个水磨。

该河岸边尽是沼泽。有人说,该草地本名康·伊·阿布吉尔(沼泽坑),但在史书中却都写作康·伊·吉耳。这是一片极好的草地。撒马尔罕的速檀们常宣布该地为禁区,每年到那里去住一、两个月。

在这片草地以上东南方另有一片草地,称为汗营,位于撒马尔罕以东,距城约一伊尕奇(6 公里)。(哈拉苏)河经过该草地流往康·伊·吉耳。它在汗营附近回流,绕一大圈,在那里剩下一刚够扎营的地方,其出口处很狭窄。我在围攻撒马尔罕时,见该地地形有利,就在那里驻营了一个时期。

另一片草地是布达纳·库鲁格(Budana-quruq 鹌鹑专用地),
48b 位于撒马尔罕和迪耳·库夏之间。另一块草地库耳·伊·马噶克(深池草地)则在该城以西稍偏北二沙里(4 公里)处,这也是一片很好的草地。其边缘有一大水池,故称为深池草地。在围攻撒马尔罕时,我驻于汗营,而速檀·阿利·米尔咱则驻扎在这个草地。

另一片草地是库耳巴(犁地)。这片草地较小。其北为库耳巴村和科希克河,南为迈丹花园和德尔维希·穆罕默德·答尔罕的花园,东为科希克高地。

撒马尔罕地区有很好的城区与土绵。其最大的一个区是布哈拉区,在撒马尔罕以西二十五伊尕奇(150公里),其大小与之相若。布哈拉也辖有几个土绵,是一个美好的城镇。那里水果又多又好,甜瓜最好。就甜瓜的产量与质量而言,在河中没有一个城镇能与之相比。在费尔干纳地区的阿黑昔,出产一种甜瓜,称为密尔·帖木儿,虽较布哈拉甜瓜更甜更好吃,但布哈拉甜瓜的品种最多最全,质量也好。布哈拉的李子也很著名,没有其他地方能与之相比。人们将李子去皮,晾干,作为稀见的礼物从一地带到另一地。这是一种极好的通大便的药物。 49a

布哈拉鸡鹅甚多。在河中,没有哪里的酒比布哈拉生产的酒浓烈。我在撒马尔罕第一次饮酒时,就是喝的布哈拉酒。

[撒马尔罕所属的]另一个区是渴石,位于撒马尔罕以南九伊尕奇(54公里)处。在撒马尔罕与渴石间有一山,名艾特马克·达坂。建筑用的所有石头皆采自此山。渴石周围的草原及渴石城,其屋顶与城墙,皆绿草如茵,青翠迷人,故渴石也名叫沙赫里夏勃兹(翠绿的城)。

因帖木儿·伯克出生于渴石,所以他费了很大的努力以使渴石成为自己的首都和主要的城镇。他在渴石兴建了高楼大厦。他建筑了一座巨大的拱顶大厅,作为他自己的宫廷,而其左、右的走廊则为他手下诸将领、伯克和内阁大臣就座的地方。他又建造了两个较小的厅子作为参加宫廷朝拜的人的坐席。并在宫廷的四边建筑了很小的休息室,供来宫廷请愿者用。世界上这样高的建筑物不多,据说,它比基斯里(Kisri,古波斯王的称号)的宫殿还要高大[①]。

帖木儿·伯克还在渴石建筑了一个宗教学院和一所陵园,其
49b 中有只罕杰儿·米儿咱和他的其他子孙的陵墓。

由于渴石没有撒马尔罕那样的成为主要都会的有利条件,所以帖木儿·伯克最后还是选定撒马尔罕作为自己的首都。

还有一个区是卡尔施,亦称为那色波与那黑沙不。卡尔施是一个蒙兀儿语的名称。在蒙兀儿语中,称一个墓地(Kurkhana)为卡尔施[②]。这个名称可能是在成吉思汗征服[河中]以后出现的。这是一个缺水的地方。春天时景色美丽,谷物和甜瓜都很好。

卡尔施位于撒马尔罕以南略偏西十八伊尕奇(108 公里)处。那里有一种类似黑胸沙鸡(baghri qara)的小鸟,称为马尾鸟(qilquyirugh)。因这种鸟在卡尔施地区多得不计其数,故也被称为"卡尔施小鸟"。

还有一个区是胡札尔,另一个区是起儿漫。[起儿漫]位于布哈拉与撒马尔罕之间。

另一个区是卡拉·库耳,在所有其余地区以下,供水较多。其地位于布哈拉西北七伊尕奇(42 公里)处。

① 基斯里宫殿(Taq-i-Kisri)在巴格达以下,高 105 英尺,宽 84 英尺,深 150 英尺。

② 卡尔施意为城堡或帝王的住地。《帖木儿武功记》说卡尔施是阿拉伯文皇宫(qasr)的同义语。

撒马尔罕地区有几个好的土绵。其中有粟特土绵及其附近的土绵。从雅尔·伊拉黑,延伸至布哈拉。其间没有一伊尕奇的地方没有村庄和耕地。这些土绵很著名,帖木儿·伯克有一句话,说“我有一个延伸三十伊尕奇(180公里)长的花园”,也许就是讲粟特的这些土绵。

还有一个土绵是夏夫达尔(或写作夏德瓦尔),靠近[撒马尔
罕]城,与城郊相连。这是一个很好的土绵。它的一面是山(艾特 50a
马克·达坂),耸起于撒马尔罕与沙赫里夏勃兹之间。大部分的村庄皆坐落于该山山麓。它的另一边则是科希克河(即达尔噶姆渠)。这真是一个优美的土绵,其地空气宜人,风景美丽,供水充足,物价低廉。曾经去埃及和叙利亚观光过的旅游者也不能说出有其他地方能与此地比美。

撒马尔罕地区虽还有其他土绵,但都不能与上述诸土绵等量齐观。上面讲过的[已足够]令人惬意了。

帖木儿·伯克曾(于回历七七六年,即公元1375年)令其长子只罕杰儿·米儿咱管治撒马尔罕,只罕杰儿·米儿咱(于回历八〇五年,即公元1403年)死后,又令其长子马黑麻·速檀·伊本·只罕杰儿袭职。马黑麻·速檀·米儿咱死,撒马尔罕转归帖木儿·伯克的幼子沙哈鲁·米儿咱。沙哈鲁·米儿咱又(于回历八七二年,即公元1467年)将整个河中地区赐给其长子兀鲁伯·米儿咱。阿不都·剌迪甫·米儿咱从其父兀鲁伯·米儿咱手中夺取河中之地。他为了这转瞬即逝的尘世荣华而弑父,使这样一位年高德劭的学者成了殉教者。兀鲁伯·米儿咱逝世的纪年文为:

兀鲁伯——知识与智慧的海洋

尘世生活与宗教信仰的支柱
喝下阿巴斯手中的殉教蜜酒
其死期乃是:“Abbas kasht(阿巴斯所弑)。”[①]

[阿不都·剌迪甫]自己统治的时间虽不超过五、六个月,但关于他却有如下两句有名的诗:

弑父与君权并不相宜
他即使做了国王,也不会超过六个月。

关于[阿不都·剌迪甫]死期的纪年文也写得很好:

50b 阿不都·剌迪甫曾像胡斯劳和哲母希
德那样扬名显赫,(注:后二人皆为古波斯王)
在他众多的奴隶中有法里顿和札尔杜
什特(注:即瑣罗斯特)
巴巴·忽辛在礼拜五的晚上将他射死
写下他的死期为:“Baba Husain kasht
(巴巴·忽辛所杀)。”[②]

阿不都·剌迪甫·米儿咱死后,阿不杜拉·米儿咱(于回历八五五年主马达·勒·巫拉月二十二日,即公元1450年6月22日)即位为君。此人是沙哈鲁·米儿咱之孙,亦不剌金·速檀·米儿咱之子,在位约一年半或两年,其后速檀·卜撒因·米儿咱(于回历八五五年,即公元1451年)夺取了他的政权。[速檀·卜

① 纪年文是一种游戏,文中的字母各代表某一年,合起来即表示所要表达的年代。下同。兀鲁伯被弑在回历八五三年赖买丹月九日,即公元1449年10月27日。

② 阿不都·剌迪甫的死期为回历八五四年赖比儿·尼勒·安外鲁月二十六日,即公元1450年5月9日。

撒因·米儿咱]在世时即已将撒马尔罕赐给了自己的长子速檀·阿合马·米儿咱。

在速檀·卜撒因·米儿咱(于回历八七三年,即公元 1469 年)死后,速檀·阿合马·米儿咱继续在位进行统治。速檀·阿合马·米儿咱(于回历八九九年,即公元 1494 年)死,其后速檀·马合谋·米儿咱登上了撒马尔罕的王位。速檀·马合谋·米儿咱(于回历九〇〇年,即公元 1495 年)死后,伯升豁儿·米儿咱继位为君。在(回历九〇一年,即公元 1496 年发生)答尔罕叛乱时,伯升豁儿·米儿咱被拘系,其弟速檀·阿利·米儿咱被拥登王位一两天。然后伯升豁儿·米儿咱又夺回了政权,这在此书中业已谈到。而我又(于回历九〇三年,即公元 1497 年)从伯升豁儿·米儿咱手中夺得了王位。以后事件的详情将在下文述及。

我在撒马尔罕即位以后,那里的伯克们在我面前享受的恩宠一如以前。对跟随我前来的伯克们,我按他们的地位也给叙以相应的品级和关怀。

速檀·阿黑麻·檀巴勒是享受最大恩遇的一个。他原是一个 51a
一般的宫廷伯克,现在我却给予他以大伯克的待遇。

在经过七个月的艰苦围攻拿下撒马尔罕后,我们初次进入撒马尔罕,战士们夺得各种各样的战利品。除了撒马尔罕本城以外,所有其他地区[过去已经]服属于我或速檀·阿利·米儿咱;这些已臣服的地区没有遭到抢劫,可是经受这么久的蹂躏和破坏的地方又有什么东西可供抢劫呢?

战士们抢得的战利品[很快就]消耗尽了;在我们攻下撒马尔罕城时,其破坏程度竟达到[居民]缺少种子粮需要贷款的地步。

这种地方还有什么可抢呢?

因此,我们的士兵贫困不堪,而我们又不能给他们供给任何东西。加之,他们思念家乡,于是,开始三三两两地逃走。头一个开小差的是伯颜·库利的儿子汗·库利,接着是伊不拉欣·别乞克。蒙兀儿人全都跑了,以至于后来速檀·阿黑麻·檀巴勒也走了。

为了平息这场骚乱,我们派了和卓·卡孜[去安集延乌宗·
51b 哈桑那里],因为乌宗·哈桑认为自己同和卓·卡孜是真诚而又忠实的朋友。和卓·卡孜在同乌宗·哈桑达成协议后,可以惩办一些开小差的人,把其他一些人送回到我们这里来。但是这次骚乱不安的挑唆者和开小差的鼓动者看来正是这个忘恩负义的乌宗·哈桑。在速檀·阿黑麻·檀巴勒走后,他们统统对我公然采取敌对的态度。

在我们坚持出兵以图夺取撒马尔罕的那些年里,速檀·马哈木·汗未曾给我提供过任何重要的帮助与支持。然而,在我已征服了撒马尔罕后,他却觊觎安集延。在我的大部分士兵和所有的蒙兀儿人开小差逃回安集延和阿黑昔时,乌宗·哈桑和檀巴勒就梦想为只罕杰儿·米儿咱接收这些地区。但由于多种原因,不可能将那些地方交给[乌宗·哈桑和檀巴勒]。第一,我虽未答应将这些地区让给[速檀·马哈木·]汗,但他却已要求得到这几个地方,如要在汗已提出要求的情况下把这些地区交给只罕杰儿·米儿咱,那就应与汗进行商量。第二,正当开小差的人逃到这些地区
52a 的时候,[只罕杰儿·米儿咱]就企图以武力夺取之,这无异于是一种命令。如果在事先将此事提出来,那一般还有安排的余地,但谁能容忍这种强迫的方式呢?

蒙兀儿人和安集延的军队,以及一些伯克和眷属也已去了安集延。随我留在撒马尔罕的伯克和武士,贵族与平民,约有一千人。因不可能[给予]他们要求的东西,所以[乌宗·哈桑和檀巴勒]就邀请所有这些开小差的懦夫加入他们的队伍。而在这种情况下,这些胆小鬼却因自己恐惧而祈求真主。乌宗·哈桑和檀巴勒率军前去进攻阿黑昔和安集延,公然采取敌对立场,进行叛乱。

出身于[蒙兀儿]八邻部的土伦·和卓是一个最大胆、骁勇的武士。我父亲乌马尔·沙黑·米儿咱曾经关注他,并一直予以厚待。我也关怀他,任为伯克。这真是一个异常骁勇善战的武士。他确值得如此宠信!

因土伦·和卓是我的人,得到蒙兀儿人的尊敬和信任,所以,在蒙兀儿人开始四散奔逃,离开撒马尔罕时,我就派土伦·和卓去劝说以打消他们的顾虑,而人们并没有消除恐惧。那些煽动者和忘恩负义的人对蒙兀儿部落影响很大,以至于无论威胁、规劝和恫吓,皆无济于事。 52b

土伦·和卓的家眷和什物在两河之间的地区,称为拉巴提克·乌尔钦。乌宗·哈桑与速檀·阿黑麻·檀巴勒派一支骑兵去进攻土伦·和卓,出其不意地将其抓获,带到[自己的营地],将其处死。

乌宗·哈桑与檀巴勒遂挟持只罕杰儿·米儿咱前来围攻安集延。我出兵去进攻撒马尔罕时,曾将阿利·多斯特·塔海留在安集延,而乌宗·哈桑则留在阿黑昔(回历九〇二年赖买丹月,即公元 1497 年 5 月)。后来和卓·卡孜也来到安集延。在从撒马尔罕逃来安集延的战士中,也有我手下的一些[剽悍的]武士。在守卫城堡的过程中,和卓·卡孜出于对我的善意,将一万八千只羊拨给那里的战士和我身边军人的家属。

在围城进行当中,我的诸位母亲以及和卓·卡孜,不断来信报告:"我们正遭到残酷的围攻,在我们呼叫时你如不来,那事情的
53a 结局将是一场灾难。安集延军既攻下了撒马尔罕,如果安集延留在我们的手中,那么,借真主之助,也将能再度夺得撒马尔罕。"

这样的信一封接一封地寄来。那时,我曾一度患病并已开始康复。在康复期间,我由于对自己未多加注意,就又病了。这次病情很严重,以至于我有四天不能讲话,人们用棉花拧水一滴滴地滴进我的口里。

我身边的大、小伯克和勇士们,对于我是否能康复已感失望,故各人开始考虑自己的问题了。那时,伯克们由于判断的错误,竟将我的情况给一个伴当观看,然后又打发他离去。这个伴当本是乌宗·哈桑派来提出各种无理要求的使者。四、五天后,我的病情有所好转,但仍口齿不清。再过几天,我就完全好了。

这么些来信!我的近亲们,即我母亲和我外婆伊散·道拉特·别昆来的信,以及我的老师和精神导师,即和卓·大毛拉·卡孜的来信,如此恳切地向我求救,谁能不为之感动呢?于是,我们
53b 就在赖哲卜月礼拜六(2—3 月)离开撒马尔罕,前往安集延。这次我在撒马尔罕城统治了一百天之久。

我们到达忽毡时也是礼拜六。当天有一人从安集延带来消息说,七天前,即我们离开撒马尔罕的那个礼拜六,阿利·多斯特·塔海已将安集延城堡献给了敌人。

其详情如下:乌宗·哈桑的伴当在我患病时见过我后获准离

去,他来到安集延,时敌人正围攻城堡,他就对[安集延人]说:"主上已不能言语,人们用棉花拧水滴进他的口中。"他带着这类的消息到来,向阿利·多斯特发誓作证。阿利·多斯特时在可汗门(Khākān Gate)。他因听了这些话就丧失了坚定性,便邀请敌人入城,与之签订条约,交出了城堡。当时安集延城堡内绝不缺少给养和兵员,整个事情都是由于这个虚伪而忘恩负义的小人胆怯所致。上面提到的那些话,不过是他为自己投降制造的借口。

敌人在夺取安集延后,听到我到达忽毡的消息,就可耻地将和卓·大毛拉·卡孜吊死在城防堡垒的门上。 54a

和卓·大毛拉·卡孜本名阿不都拉,但这个名字更为著名。他父系方面的祖先可追溯到舍黑·包尔汉丁·克利奇[①],其母系可追溯到速檀·伊列克·马即;在费尔干纳,该族的成员都是宗教导师(muqtada)、教主(shaikhu'l-islām)和法官(qazi)。大毛拉·卡孜是宗师和卓·乌拜都拉(·阿赫拉里)阁下的一个弟子,受到他的培养。我绝无疑问地认为,和卓·卡孜是一个圣人;所有蓄谋要害死他的人,都很快就消失得无影无踪,还有什么比此更足以表明他是一个圣人呢?

和卓·大毛拉·卡孜是一个奇怪的人:从未见过有另一个人像他那样勇敢,可人们并不惧怕他。这一品质也表明他是圣人。所有的人,不管他多么英勇大胆,仍然有焦虑和恐惧,但和卓却从来没有。

在和卓被害死后,所有同他有关系的人,即他的伴当、门徒、亲

① 此人即《法学指南》的作者。

属和仆役，都遭到拘捕和抢劫。

我们为救安集延而放弃了撒马尔罕，可是安集延也丧失了。事情的结果正如一句成语所说的："两头失踏。"（原文为："傻瓜被逐出此地，他却到不了彼处。"）我无可奈何地陷于艰难困苦之中：
54b 自我为君以来，我从未像现在这样同自己的伴当和祖国分离。自我记事时起，我也从未感知过这样的痛苦和艰难。

在我到达忽毡时，有几个口是心非的人因未能在我的门前见到喀利法，就对（杜格拉特部的）马黑麻·忽辛·米儿咱与另外几个人说，喀利法是被遣送到塔什干去了。我们曾派哈斯木·伯克·库钦去塔什干[速檀·马哈木·]汗那里，请求汗出兵进攻安集延。

汗率军经过阿汉加兰（或作安格连）谷地，到肯迪尔利克山口脚下扎营。我从忽毡前去同我的舅汗见面。然后我们越过肯迪尔利克山口，驻军于阿黑昔附近。敌人方面，也整军前往阿黑昔。这时，帕普城堡的人因对我寄以希望，遂固守该堡。但是，由于汗进军迟缓，帕普堡被叛军攻陷。

汗的其他品质和习性虽然很好，然作为一个军官和统帅他却毫无天才。当时事情正处在这样一个关头，只要他再前进一步，该地区有可能无需战斗就唾手而得。正在这个时刻，汗却倾听了敌
55a 人的欺骗之词，开始言和。他派和卓·阿布耳·马卡拉姆和自己当时的掌门官阿黑麻·檀巴勒之兄伯克·提耳巴作为使者[去他们那里]。这些人（指乌宗·哈桑和阿黑麻·檀巴勒）为了自救，就说了许多真真假假的话，并同意给汗和调停人致送礼品和贿赂。这样，汗就撤回去了。

跟随在我身边的伯克、内眷和战士们的家属大部分都在安集
延。因对我们能否夺取安集延感到失望，七、八百个大小伯克和战
士遂离开了我。其中有阿利·德尔维希·伯克、阿利·马即德·
库钦、穆罕默德·巴基尔·伯克、掌门官舍黑·阿布杜拉与密里
姆·拉噶里；选择留下随我一起过流亡和艰苦生活的有贵族，也有
平民，在二百人至三百人之间。其中的伯克有：哈斯木·伯克·库
钦、外斯·拉噶里·伯克、伊不拉欣·萨鲁·明格利克·伯克、希
里姆·塔海、赛伊德·哈拉·伯克，内臣有：密尔·沙·库钦、掌门
官赛伊德·哈斯木·札剌亦儿、哈斯木·阿加布、穆罕默德·多斯
特（及其父）阿利·多斯特·塔海、穆罕默德·阿利·穆巴希尔、
蒙兀儿人胡达·伯尔地·图格奇、雅拉克·塔海、速檀·库利的儿
子巴巴·库利、皮儿·外思、舍黑·外思、雅尔·阿利·巴拉耳、哈 55b
斯木·密尔·阿黑武尔（总管）和海达尔·里卡不达尔（提马镫
者）。我的处境遂极艰难，我多次为之哭泣不已。

此后我即返回忽毡；他们将我的母亲、我外婆，以及我随行人员的家眷送到忽毡我这里来了。那一年的赖买丹月（4—5 月），我们是在忽毡度过的。我派了一个人去速檀·马哈木·汗那里请求援助，就前往撒马尔罕。汗指派他的儿子速檀·马黑麻·（速檀）·汗尼卡以及阿黑麻·伯克率领四、五千人去进攻撒马尔罕，他自己也出征到达乌拉提尤别。我在那里同舅汗见了面后，就取道雅尔·伊拉黑前往撒马尔罕。速檀·马黑麻·速檀和阿黑麻·伯克走另一条路比我先期来到雅尔·伊拉黑，而我则经布尔卡·伊拉黑堡来到桑格札尔。这个城堡是雅尔·伊拉黑长官的驻地。速檀·马黑麻·速檀和阿黑麻·伯克听说昔班尼·汗到来并正在进

攻设拉子村及其附近地区，便往回撤。我也不得不转身返回忽毡。

在我有一种夺取政权的野心和征服领土的欲望时，即使事情一两次不能成功，我也绝不会坐待观望。我想进攻安集延，就前往塔什干向舅汗请求帮助。我已有七、八年没有见到沙·别昆[1]和其他亲戚了；我就利用这个机会同他们也见了面。几天后，舅汗指
56a 派杜格拉特部的赛亦德·马黑麻·米儿咱、艾育伯·别乞克和占·哈散·八邻率领七、八百人（英译本作七、八千人）来帮助我。有了这种支持，我们就起程出发，过忽毡时未停，迅速前进，把杏仁村丢在左边。晚上，我们到达忽毡以外十伊尕奇（60 公里）距杏仁村三伊尕奇（18 公里）的纳苏赫城堡。我们在城墙下架起云梯，进行突然袭击，将其攻下。

当时正是甜瓜成熟时节。纳苏赫有一种甜瓜，称为“伊斯迈耳·舍黑”，黄皮，摸去像粗糙的皮革。这是一种味道非常香美的甜瓜。其子像苹果子，肉有四指厚；其附近地区没有这样的甜瓜。

次日早晨，蒙兀儿的伯克们对我说：“我们人很少，为何要攻取这么一个城堡呢？”

情况也确是这样。考虑到停留在那里和加强该城堡并没有好处，我们就返回，再来到忽毡。

是年，胡思老·沙挟持伯升豁儿·米儿咱挥师前去以狡黠和欺骗的手段夺取了石汗那。以后，胡思老·沙就遣使去速檀·麻
56b 素提·米儿咱那里，说：“你来吧，我们去进攻撒马尔罕。如果我们得到了撒马尔罕，那就让一个米儿咱统治撒马尔罕，另一个米儿

① 沙·别昆是羽奴思汗之妻，速檀·马哈木·汗之母，也即巴布尔的继外祖母。

咱统治喜萨尔。”

速檀·麻素提·米儿咱手下的伯克、亲信和武士们,由于下述的原因,都很抱怨:舍黑·阿布都拉·巴鲁剌思脱离伯升豁儿·米儿咱前来投奔速檀·麻素提·米儿咱,米儿咱对自己的这位岳父过于恩宠。喜萨尔虽是一个小小的地区,但速檀·麻素提·米儿咱却让阿布都拉·巴鲁剌思享有的薪俸达一千万小铜钱,并让他全权统治珂咄罗地区。而速檀·麻素提·米儿咱手下不少伯克和亲信的财产都在珂咄罗地区。阿布都拉·巴鲁剌思得以完全支配了这些财产;他和他的儿子们也全部或部分地夺取了米儿咱的宫廷大权。那些因此而抱怨的人,一个接一个地背离,转向伯升豁儿·米儿咱一边。[胡思老·沙和伯升豁儿·米儿咱]以虚伪欺骗的言辞使速檀·麻素提·米儿咱解除警卫,他们在黎明时迅速从石汗那出动,包围并拿下喜萨尔城堡。速檀·麻素提·米儿咱时在城堡以外郊区他父亲建造的道拉特·撒莱宫。因不可能进入城堡,他就同舍黑·阿布都拉·巴鲁剌思一起逃往珂咄罗。

在路上,速檀·麻素提·米儿咱与舍黑·阿布都拉·巴鲁剌 57a
思分手,在乌巴吉渡口过河,前往速檀·忽辛·米儿咱那里。

[胡思老·沙]刚一夺得喜萨尔地区,就把伯升豁儿·米儿咱扶立为喜萨尔的统治者,将珂咄罗给予自己的弟弟瓦利。几日后,胡思老·沙出兵前去围攻巴里黑。他派自己的一名著名伴当纳札尔·巴哈杜尔率领三、四千人先行,到巴里黑附近。三、四天后,胡思老·沙也带着伯升豁儿·米儿咱到达,包围巴里黑。驻守在巴里黑的是伊不拉欣·忽辛·米儿咱;该城还有速檀·忽辛·米儿咱的许多伯克。

胡思老·沙给其弟瓦利一支大军,并派他去围攻希巴尔甘,攻击与抢掠其附近地区。瓦利出动前往,但甚至未能接近和包围希巴尔甘;他派手下的战士们去抢掠生活在札尔达克·楚耳地方的部落。他攻掠其地后,带回十多万只羊和约三千骆驼。

其后,瓦利还劫掠和攻破了桑·契里克地区,俘虏一部分在山中设防坚守的居民,并去巴里黑附近同其兄(胡思老·沙)会师。

在围攻巴里黑时,胡思老·沙有一次曾派前面提到的那位伴
57b 当纳札尔·巴哈杜尔去破坏该城的水渠。速檀·忽辛·米儿咱的宠信伯克腾格里·拜尔地·萨曼奇,率领七、八十名勇士从被围的城中出击,同纳札尔·巴哈杜尔对面相遇,把他打下马,斩其首级,带回城堡中去了。这是一次勇敢大胆的袭击,他立了一大功。

同年,速檀·忽辛·米儿咱率军去讨平宗农·阿儿浑及其子沙·叔佳。宗农是巴迪斡思咱蛮·米儿咱的伴当,他把自己的女儿献给了这位米儿咱,并举行了叛乱。

速檀·忽辛·米儿咱到布斯特城下扎营。其军队无从获得粮食。在布斯特的长官献城投降时,他的士兵已因饥饿而疲惫不堪。由于得到布斯特城中储备的粮食,速檀·忽辛·米儿咱才得以返回呼罗珊。

像速檀·忽辛·米儿咱这样一个伟大的君主,以如此充足精良的装备,几次挥师进攻昆都士、喜萨尔和坎大哈,却都无功而回,所以,他的各位儿子和伯克乃胆敢发动叛乱。那年夏天,速檀·忽辛·米儿咱不得不出兵去征讨据有阿斯塔拉巴德进行叛乱的儿子穆罕默德·忽辛·米儿咱。[速檀·忽辛]派穆罕默德·瓦利·
58a 伯克率领诸伯克和一支大军先行,他自己则驻于(赫拉特附近的)

尼兴草地。这时,巴迪斡思咱蛮·米儿咱与宗农·伯克的儿子沙·叔佳·伯克(阿儿浑)率军突然出现在面前。幸运的是,速檀·麻素提·米儿咱在丧失喜萨尔后来与速檀·忽辛·米儿咱相会,正好在那天到达。他自己的一支军队也在这一天从阿斯塔拉巴德回来与之会合。敌对双方对面,甚至没有发生战斗,巴迪斡思咱蛮·米儿咱就和沙·叔佳·伯克一起逃走了。

速檀·忽辛·米儿咱很好地接待了速檀·麻素提·米儿咱,让他像自己的女婿那样行跪拜礼,对他宠爱有加。然而,速檀·麻素提·米儿咱受到胡思老·沙之弟、在以前就已来投效于速檀·忽辛·米儿咱的巴基·石汗那的挑唆,没有留在呼罗珊;他以某种借口未经允许就离开速檀·忽辛·米儿咱,前往投奔胡思老·沙。

这时,胡思老·沙已将伯升豁儿·米儿咱从喜萨尔召来。同时,曾因反叛其父而去哈扎拉人当中的兀鲁伯·米儿咱之子密兰·沙·米儿咱,因行为无状,不能再在哈扎拉人中住下去,故也来到胡思老·沙处。一些目光短浅的人认为,应当杀掉所有这三位王子并承认胡思老·沙为君主。这个忘恩负义的小人认为这样做不利,就为了转瞬即逝的夏日福利(他和其他任何人都没有和不一 58b
定有的福利),把速檀·麻素提·米儿咱抓起来,并用铁钎刺瞎了他的眼睛。而这位米儿咱是由他护卫,从小教养成人的。速檀·忽辛·米儿咱的一些同乳兄弟、好友和老仆来到渴石,意欲把他带往撒马尔罕交给速檀·阿利·米儿咱,但因[速檀·阿利·米儿咱的]人对速檀·麻素提·米儿咱也不怀好意,所以他便逃离渴石,在查尔周渡口过了(阿姆河),去投奔速檀·忽辛·米儿咱。

图谋并干出这样伤天害理的事,真应遭到千百万人的诅咒,直到复活之日。让凡是听说胡思老·沙这种暴行的人都诅咒他;谁如听说这种暴行而不诅咒,那么这个人自己也该受到诅咒。

胡思老·沙在干出这一暴行后,就拥立伯升豁儿·米儿咱为君,让他去喜萨尔。他还指派密兰·沙·米儿咱去巴米羊帮助赛伊德·卡米耳。(英译本作:他派密兰·沙·米儿咱与赛伊德·哈斯木同去巴米羊帮助他。)

回历九〇四年（公元1498年8月19日至公元1499年8月8日）的事件

我们曾几次进军撒马尔罕与安集延，但都毫无所获，故又返回忽毡。忽毡是一个穷地方；一个人率领一、二百（英译本作：二、三
百）伴当在那里都难于得到供应以生活。一个有远大抱负的大丈 59a
夫又怎能在那里安处待出呢？

杜格拉特部的马黑麻·忽辛·古烈干驻在乌拉提尤别；我因打算去撒马尔罕，便派人去那里同他商谈。我们请求他在今年夏天暂时将雅尔·伊拉黑土绵所属的帕夏噶尔村交给我们；这个土绵原为和卓（阿赫拉里）阁下的领地，在动乱无君的时期落到了杜格拉特部马黑麻·忽辛的手中。［我们是想］在那里驻扎下来，在有可能时就向撒马尔罕推进。

马黑麻·忽辛·米儿咱同意了，于是我就从忽毡出发前往帕夏噶尔。在到达札明时我患病发烧；尽管发烧，我还是从札明出动，取山路，迅速地到达夏夫达尔土绵长官的驻地拉巴特·伊·和卓，目的是想在该堡墙下架云梯突袭占领之。我们到达该处是在黎明时，但其居民已得到消息，所以我们就又撤退，在路上马不停蹄地回到帕夏噶尔。我虽然发烧，但仍在经受剧烈痛苦的情况下骑马行走了十三、四伊尕奇（78—84公里）。

数日后，我派伊不拉欣·萨鲁、外斯·拉噶里和希里姆·塔海率领眷属、伯克和武士们先行，[命令他们]或通过谈判，或以武力夺取雅尔·伊拉黑城堡。那时，雅尔·伊拉黑处在赛伊德·玉素
59b 甫·伯克的管辖下。在我从撒马尔罕出走时，[赛伊德·玉素甫]留在那里；速檀·阿利·米儿咱也厚待他。赛伊德·玉素甫·伯克派自己的侄子去管治雅尔·伊拉黑堡。（这个侄子）阿赫马·玉素甫，当时（回历九三三年以后）为锡亚耳科特的长官，于是就占据了该城堡。我们的伯克和战士们整个一冬出徇各地；有些城堡以和平手段取得，有的城堡则经过战斗以强力夺之，另一些城堡系以计谋占有之，他们成了那里的统治者。为了防御蒙兀儿人和乌兹别克人，在那些地区没有一个村庄没有设防。那时，[速檀·阿利·米儿咱]因我而怀疑赛伊德·玉素甫·伯克及其侄儿，就把他们打发到呼罗珊去了。

那年的一整个冬天，就是在这样的战斗中度过的。在春天到来时，他们派遣和卓·雅海亚来同我签订和约，而[速檀·阿利·米儿咱]自己则在（撒马尔罕的）军队的怂恿下，进军到设拉子村和喀布德附近。我的军队数量在二百至三百人之间，四面被强敌所包围。当我在安集延周围游荡时，命运未给我以任何支持。而在我向撒马尔罕伸手时，也毫无结果。出于必要乃不得不签订某
60a 种和约，从帕夏噶尔返回[忽毡]。

[前已讲过]忽毡是一个穷地方。那里要供养一个伯克也很困难。我带着家属和随从曾在那里几乎住了半年。该地的穆斯林那时尽可能地给我们提供生活费用并周到地为我们服务。我现有何脸面再到忽毡去，到了忽毡又怎么办呢？

何处可以投奔

何处可以停留?

最后,我以同样的焦虑心情和对前途的不确定感,前往乌拉提尤别以南的夏牧场。我们在那里过了些日子,惊慌失措,不知道怎么办,是走呢?还是留下?我在那里的时候,有一次,像我一样被赶出(撒马尔罕)在外流浪的和卓·阿布耳·马卡拉姆来看我。我问他,并向他了解是到我这里来,或是住下,做了什么,还有什么没有做。他对我们的处境感到不安,他走了,走前为我念了“法谛海”一章(指古兰经第一章)。我也深为感动,觉得他可怜。

那天晡礼时,有一骑马的人出现于山谷边。此人原来是阿利·多斯特·塔海的一个伴当,名叫玉耳·楚克。阿利·多斯特·塔海派他来表示说:“我虽犯了重大错误,但我希望您不计前愆,赐临鄙处。我将把马尔格兰交给您,并向您臣服和忠心效力,以洗刷 60b
我过去的罪过和耻辱。”

在我如此失望和惊慌的时候,竟有这样的消息传来!当时太阳开始西落,我们毫不思索,也未一刻迟延,便立即起程,迅速前往马尔格兰,就好像进行一场突袭。从我们的出发地到马尔格兰,约有二十四、五伊尕奇(144—150公里)的路程。我们走了一整晚直到黎明之前,又走了一个早晨,直到晌礼时,沿路一刻也没有停顿。我们于晌礼时到达忽毡一个名叫唐格·阿布的村子扎营。我们在此让马匹休息和喂料,当(黄昏)鼓敲响时,我们又离开唐格·阿布村。我们走了一整晚,直到黎明,次日走了一整天,直到日落,再又走了一个通宵,到天亮前,我们离马尔格兰就只有一伊尕奇(6公里)的路了。外斯·(拉噶里·)伯克和其他人以疑虑的心情对我说："阿利·多斯特是一个干尽坏事的家伙。他同我们之间没有任何人员交往，一、两次也没有，既没有进行过谈判，也没签订过任何条约和协议，那我们前去有何指望呢？"

他们的疑虑确是有道理的。我们停留了一些时间以进行商
61a 量。最后认为，疑虑虽属有理，但早应如此。我们已三昼夜，既未休息，也未停留，走了二十四、五伊尕奇(144—150 公里)，人马均已疲惫不堪。我们又怎能从此转回呢？即使转回，我们又何所投适？我们既已走了这么远，就只有继续前进。没有真主的旨意，什么事情也不会发生的。

对此事进行商量后，我们就继续前进，寄望于真主的安排。

我们于天亮前到达马尔格兰城堡的城门。阿利·多斯特·塔海紧闭城门，要求订立条约。经谈判签订了条约后，他才打开城门，站在城门口向我致敬。在同阿利·多斯特会见过后，我就在城堡内一个合适的宅院里安顿下来。当时我身边的贵族和平民共有二百四十人。

乌宗·哈桑和速檀·阿黑麻·檀巴勒对该地区的居民肆行暴虐，为政不仁，故该地人民盼望我的到来。

我在到达马尔格兰两、三天以后，就将一百多帕夏噶尔士兵、我新收的伴当以及阿利·多斯特·伯克的部属交给哈斯木·伯克
61b 指挥，并派他去臣服安集延以南的山民：阿什帕尔人、图鲁克夏尔人、乞克拉克人以及该地区的其他人。为了使这些人归服于我，哈斯木·伯克无论采取说服办法或强力手段都行。伊不拉欣·萨鲁、外斯·拉噶里、赛伊德·哈拉以及他们的约一百士兵则被派往阿黑昔方面，渡忽毡河，以一切手段使那边城堡的居民和山民归顺

于我。

数日后,挟持着只罕杰儿·米儿咱的乌宗·哈桑和速檀·阿黑麻·檀巴勒把现有的士兵和蒙兀儿人召集起来,并号召安集延和阿黑昔的居民参军出战,到马尔格兰以东一沙里(2公里)处的撒潘村扎营,打算围攻马尔格兰。一、两天后,他们全副武装,以战斗队形前进,到达马尔格兰城郊。

虽然派遣哈斯木·伯克·伊不拉欣·萨鲁和外斯·拉噶里率领人员朝两个方面去了,留在我身边的战士很少,但现有的战士们还是列阵出击,不让敌人进一步逼至近郊。那天,御前侍从哈里
勒·楚赫拉英勇战斗得手。[敌人]毫无办法;他们两次进攻,但 62a
这也不能进至城堡跟前。

在哈斯木·伯克进入安集延以南的山中时,阿什帕尔人、图鲁克夏尔人、乞克拉克人和该地山区和平原的所有游牧人和定居居民都臣服于我。敌军士兵也一个、两个地来归。伊不拉欣·萨鲁和外斯·拉噶里率领的一支部队渡河去阿黑昔,那方面的帕普城堡和另一、两个城堡都向他们献城投降。乌宗·哈桑和檀巴勒都是暴虐、邪恶的人,就好像异教徒;农民和所有的居民在他们的压迫下痛苦不堪。阿黑昔的一个有名望的人哈桑·迪克察,率其部众,并唆使一帮阿黑昔的无业游民,用大头棒做武器,打垮了外堡的敌人,并把他们赶入要塞。然后他们就邀请伊不拉欣·萨鲁、外斯·拉噶里和赛伊德·哈拉部下的士兵,将他们带入阿黑昔的外堡。

速檀·马哈木·汗曾指派海答尔·库克耳达什的儿子班达·阿利和哈吉·喀孜·曼格特来帮助我们。哈吉·喀孜·曼格特和

八邻部的战士及其伯克们从昔班尼汗那里逃来投奔马哈木·汗，正好在这时到来。乌宗·哈桑得知这消息后失去了勇气，乃派自
62b 己亲信的伴当和精干的武士去阿黑昔堡支援。他们于黎明时到达河岸。我军以及蒙兀儿士兵得知后准备让他们的部队卸下马鞍子，渡河（去安集延那边）。

前来支援的[乌宗·哈桑的人]仓促中未将渡船拉向上游，所以就从登岸处驶开去，遂不能渡过河到城堡，反而顺流而下驶去了。我军和蒙兀儿战士，卸下马鞍子，开始从两边冲入河中。坐在船上的人完全吓坏了，不能自卫。（军需官）喀尔鲁噶奇（或写作喀尔布噶奇）·巴赫什把一个蒙兀儿伯克的儿子叫来，一手抓住他，把他砍死。这有什么好处呢？事有更甚于此者。他的行动就是船中大多数战士致死的原因。所有在河中的人遂一下子都被拉到岸上，[几乎]全部处死。在那里的乌宗·哈桑的亲信人物有喀尔鲁噶奇·巴赫什、喀里勒·迪万、喀孜·古兰姆。其中的喀孜·古兰姆自称是一个获得解放的奴隶，遂得以逃脱。那里还有一个亲信的武士，是赛亦德·阿利，现在我的手下效力，颇受信任；还有
63a 海答尔·库利和库利卡·喀什噶里，则逃走了。其手下的七、八十个精锐武士，获释者不过此寥寥五、六人而已。

[乌宗·哈桑和檀巴勒]听说这种情况后，不能再留在马尔格兰附近，乃仓皇狼狈地驰往安集延。他们把乌宗·哈桑的姐夫纳昔尔·伯克留在安集延。纳昔尔·伯克即使不是仅次于乌宗·哈桑的第二号人物，那他也是第三号人物，这是没有说的！此人是一个阅历丰富，而又勇敢的人。

纳昔尔·伯克得知全部情况后，认为大势已去，乃紧闭安集延

城门,派了一个人来我处。那些人到达安集延,见城门紧闭,他们没能商量,就陷于一片慌乱之中。乌宗·哈桑乃前往阿黑昔他妻子处,速檀·阿黑麻·檀巴勒则退往奥什自己的地盘。只罕杰儿·米儿咱的一些亲近人员和武士,带着他离开乌宗·哈桑,前去与阿黑麻·檀巴勒会合,时后者尚未到达奥什。

安集延城门紧闭的消息传到我处。我就绝不停留地立即于清晨时从马尔格兰出动,到快入夜时抵达安集延。我在那里同纳昔尔·伯克及其二子多斯特·伯克与马里亚姆·伯克见了面,询问他们的健康状况,以宠爱和慈祥之情使他们受到鼓舞。就这样,由 63b
于真主的恩典,我于回历九〇四年助勒·盖儿德月(公元1498年6月)收复并重新占有了已丧失两年的我祖先的故土。

速檀·阿黑麻·檀巴勒带着只罕杰儿·米儿咱前往奥什;他们刚一进入该城,那里的群众也掀起暴乱。暴动者用大头棒把檀巴勒的人打出城来,他们为我保住了奥什城堡,并派了一个人来我处。只罕杰儿和檀巴勒仅带了少数人在混乱中离去,进入乌兹根城堡。

未得进入安集延的乌宗·哈桑,前往阿黑昔去了。得到消息说,他好像进入到了阿黑昔要塞以内。因这次叛乱的罪魁祸首正是他,所以,我们一得到这个消息就立即朝阿黑昔进发,在安集延我们逗留的时间不过四、五天。我们到达阿黑昔时,乌宗·哈桑已无能为力,乃请求订约和宽恕,并献出城堡。在阿黑昔停留的几天中,我整顿了阿黑昔、卡散以及河那边一般的事务,其后,我就让前来援助我的蒙兀儿伯克们返回(塔什干),带着乌宗·哈桑及其家眷随从来到安集延。我命哈斯木·阿加布(奇怪的哈斯木)留在阿黑昔一个时期，此人过去是我亲信随从中的一员，被晋升到了伯克的品级。

因同乌宗·哈桑订立了条约，故他的生命财产均未遭到损害，
64a 他还被允许取道喀尔提锦前往喜萨尔。只有少数人随他去了喜萨尔；他其余的所有伴当都与他分手留了下来。这就是在动乱无君的时期曾掳掠我的家眷，以及和卓·卡孜与其随从的那些人。我在同几个伯克商量后，对他们做了如下处理：这些人曾违法作乱，掳掠我们的虔诚的穆斯林臣民。他们何曾效忠于自己的（蒙兀儿）伯克，以致能效忠于我？我们如下令逮捕他们，剥夺他们的一切，又有什么不对？特别因为他们会骑着我们的马匹，穿我们的袷袢，并吃我们的羊肉，在我们眼底下走来走去。这谁能容忍？而如果我怜悯他们，不下令逮捕他们并剥夺之，那就有必要下令，在我流浪蒙受苦难的时期跟随我的同伴们的财产，经辨认尚存者，全部都应归还原主。他们如以此代价而得免罪，那是应感恩的。

这看来确是合理的，我遂下令“让曾跟随我的那些人去取回他们认为是属于自己的东西”。

这虽然是公正合理的，但却做得稍微急促了些。在只罕杰儿·
64b 米儿咱这样一个险恶的人留在我的身边时，这样去吓唬人是毫无意义的。在进行征服和治理国家方面，有些行动从外表上看可能是公正合理的，但一切事情的内在实质却必须要进行千百次的考虑。由于这一次考虑不周的命令，竟产生了多大的麻烦！我第二次不得不离开安集延的原因，归根到底正是由于我下了这个欠考虑的命令。

因此，蒙兀儿人产生了恐惧和不安，便从拉巴提克·乌尔钦

(亦称为“两河之间的地区”)出走,前往乌兹根,并派了一个人去檀巴勒那里。我母亲手下约有一千五百或两千蒙兀儿人,又有差不多同样多的蒙兀儿人随马赫地·速檀、耶匝·速檀和杜格拉特部的(赛亦德·)马黑麻从喜萨尔前来。蒙兀儿人动乱成性,迄此以前,他们曾五次造我的反。但不可认为他们仅仅因为与我不相得而叛乱,他们也同样一而再再而三地反叛他们自己的汗。

速檀·库利·楚纳克给我送来[蒙兀儿人叛逃]的消息。他
已故的父亲胡达·拜尔地·布卡克是我特别宠信的一个蒙兀儿 65a
人。[速檀·库利]在其父死后,仍留在蒙兀儿人中。他能离开自
己的部落来给我报信,这是做得对的。但他后来却干出那么可耻
的勾当,足使他以前立下的百件功劳黯然不彰。这以后还要讲到。
他后来的卑鄙行为乃是其蒙兀儿人本性的表现。

这消息一传来,我就集合伯克们进行商量。伯克们说:“这是一件小事,一个君主何必为之兴师动众!让哈斯木·伯克率领所有的伯克和军队去吧。”

事情就这样决定了。他们认为这不过是一件微不足道的小事,但这种看法是一个错误的判断。

哈斯木·伯克当天即率领伯克们和军队出动了。还在他们出
发以前,檀巴勒本人即已到来与蒙兀儿人会合。次日一大早,我们
的人刚刚在雅锡·克吉特(宽渡口)渡过艾拉密什河(即锡尔河的
支流哈拉河),立即与敌人对面相遇。我军勇猛砍杀。同速檀·
穆罕默德·阿儿浑对阵的哈斯木·伯克,挥刀两三次砍之,使其
抬不起头。我军许多战士表现很出色,但最后还是被打败。哈斯 65b
木·伯克、阿利·多斯特·塔海、伊不拉欣·萨鲁、外斯·拉噶里

与赛伊德·哈拉以及另外三、四个伯克和家臣[幸得]逃脱,其他大部分伯克和部属则都被俘。其中有阿利·德尔维希·伯克、密里姆·拉噶里、图卡·伯克及其父(希里姆·)塔海·伯克、穆罕默德·多斯特、密尔·沙·库钦和密里姆·迪万。

在这次战役中,有两个武士互相厮杀得[特别]出色:我方是伊不拉欣·萨鲁的一个弟弟萨马德,对方是一个喜萨尔的蒙兀儿人沙赫·苏瓦尔。他们相对搏击,沙赫·苏瓦尔挥刀猛刺,穿透萨马德的头盔,刀刃深深扎进其头部;萨马德尽管受伤,但仍力战,将沙赫·苏瓦尔的头骨削掉一块,有手掌那么大。沙赫·苏瓦尔一定是没有戴头盔。他接受治疗,头伤得以痊愈。但却没有人为萨马德治疗,故他在三、四天后即因头伤而死去。

当时我刚从流浪和穷困中摆脱出来,收复了我的故国,在这些日子里吃这一败仗,可真不是时候。我的主要支持者蒙兀儿人康

66a 巴尔·阿利,在拿下安集延后,就返回他自己的地方去了,所以他这时不在我身边。

在这样的情况下,挟持着只罕杰儿·米儿咱的[阿黑麻·]檀巴勒,来到安集延以东一沙里(2公里)处爱喜山(喜悦山)前的平原上驻营。他一而再地以战斗队形前进,经过乞耳·杜赫塔兰,到达爱喜山脚下。我军也列阵出动,到郊区和花园以外。檀巴勒便不能再向前进,就撤退到山的那一边去了。他在头一次到达那地方时,曾杀了他俘虏的两个伯克密里姆·拉噶里和图卡·伯克。

檀巴勒在该地附近待了约一个月,但无所作为,乃撤往奥什。他曾将奥什给予伊不拉欣·萨鲁。那时伊不拉欣·萨鲁的人仍在那里,他们设防守卫着奥什城。

回历九〇五年（公元1499年8月8日至公元1500年7月28日）的事件

我们派了征募人员和监督人员骑马或步行急速前往驻于各地
的军队那里；在打发那些热心的征募人员去康巴尔·阿利那里和
已返回自己故地的战士们那里后，我即指派一些活动分子去征集
盾牌、铁铲、斧子及其他军事装备和粮食储备。我从各地区把应从
军作战的步、骑兵征召起来，又下令将已经散往各地去忙自己事务
的士兵和伴当集合在一起。我怀着对真主的希望，于穆哈兰月十
八日（8月25日）出发去哈非思·伯克的花园（Char-bagh）。在该 66b
花园停留数日以准备好装备和粮食后，我们就将部队部署为右翼、
左翼、中军、前锋，或步行，或骑马，前往奥什方面攻击敌人。

我们在到达奥什近处时，听到消息，说檀巴勒因不能在该地区坚持，已将其军队撤往奥什以北的拉巴特·伊·萨尔汉格去了。那天晚上，我们就在拉特干村驻营。次日晨，在我们列队通过奥什时，又有消息说，檀巴勒据认为已去了安集延。我们也前往乌兹根，派兵先行分徇其附近各地区。前往安集延的敌人，晚上进入壕沟并于内墙上架设云梯，这时，城堡内的人发现了他们。他们什么也未能做就撤退了。我军亦出动攻掠乌兹根附近地区，毫无所得，故亦返回。

奥什地区的马都城堡,在该地以强固难攻著称。檀巴勒以其
67a 弟哈利勒率二、三百人留守其地。他紧闭城门。我们返回时对马都城堡进行攻击。这是一个防御工事非常坚固的城堡。其北面很高,那里有一条小河的河床;如从该河床放箭,可射到城堡的壁垒上。排水沟就在那边。那排水沟好像一条街巷,其两边都建了土墙,从城堡往下,通到水流处。高地四周都有壕沟。因该河床就在城堡附近,故守堡者把大如大炮弹的石头从河床里搬到城堡里。我们围攻过其他的城堡,但从未见有哪一个城堡像马都城堡,发射过这么大的石弹。基塔·伯克(小伯克)之兄阿布杜耳·卡都思·科赫布尔前进到土墙脚下;从其上向他抛来一个这么大的石头,使无处驻足的阿布杜耳·卡都思一个觔斗,头朝下脚朝上,从那么高的地方滚下来,一直滚到城堡前的斜坡底下。但他一点也没有丧气,而是立即跨马离开了。在双水道的排水沟底,雅尔·阿利·巴拉耳的头部被石头击中——后来他不得不去进行治疗。有
67b 许多人还被石头砸死。

攻城战从一早开始,还不到中午我们就夺取了排水沟,战斗一直继续进行到晚上。在我们夺取排水沟后,敌人不能再坚持下去,就在次日早晨出来求饶。我们把檀巴勒的兄弟哈利勒及其手下的七十、八十或一百人逮捕,解送安集延严密看管。因我方也有一些伯克、近臣和精锐的士兵被俘,故这次的马都之战得到好的结果。

夺得马都后,我们即到奥什的翁柱提尤别村驻营。檀巴勒撤出安集延,驻营于拉巴特·伊·萨尔汉格的阿比汗村。两军相去有一伊尕奇(6 公里)的距离。

在这些日子里,康巴尔·阿利由于生病,就到奥什去了。我们

在该地待了一个月或四十天，没有发生战斗，但在双方的征粮人员间却每天都有冲突。

在整个这段时间里，我们的营地及其附近地区在夜里都进行了仔细的警卫；[我们]挖了壕沟，在没有壕沟的地方则设置了障碍。我们现有的全体战士，都全副武装地沿着壕沟边巡逻。尽管如此警戒，但在营地里还是每三、四天就在夜间发出喧嚷声，并听 68a
到战斗的呼喊。

有一次赛伊地·伯克·塔海（即希里姆·塔海）前去迎击[敌方]征粮人员；敌方人员似较强，他们在战斗中突然捕获了赛伊地·伯克·塔海。

* * *

胡思老·沙打算率军进攻巴里黑，乃在是年邀请伯升豁儿·米儿咱来昆都士，一同出征巴里黑。但在他们到达乌巴吉渡口时，胡思老·沙这个忘恩负义的异教徒，竟企图篡夺君权——这么一个卑劣的小人又能掌什么权呢？他既无功勋，又非出身贵胄，既乏决断之才，又无宽宏的度量，他心术不正，图谋非法，竟将伯升豁儿·米儿咱及其手下的伯克们拘捕起来，用弓弦将伯升豁儿·米儿咱勒死。时为穆哈兰月十日（8 月 17 日），他将这么一个有才能，富有德行，而且功勋卓著、出身高贵的王子杀害。胡思老·沙还将米儿咱的几个伯克和近臣也杀了。

伯升豁儿·米儿咱的身世

他于回历八八二年（公元 1477 年）生于喜萨尔地区。他是速檀·马合谋·米儿咱的次子。他比速檀·麻素提·米儿咱年幼，

比速檀·阿利·米儿咱、速檀·胡赛因·米儿咱及速檀·歪斯·
68b 米儿咱(亦称为汗·米儿咱)都年长。他的母亲是帕夏·别昆。

他的外貌和特点

他眼睛大大的,胖脸庞,中等个子,简直是一个带有土库曼脸型的漂亮武士。

他的性格和习惯

他为人公道,和蔼可亲,是一个令人尊敬的王子。他的导师赛伊德·马赫穆德据说是一个什叶派,因此伯升豁儿·米儿咱也被人指责[为异端]。后来又听说,他在撒马尔罕放弃了那个邪恶的信仰,转信正教。

他经常沉溺于酒,但在不喝酒时,就按规定做礼拜。他慷慨大度,馈赐适宜。他写得一手很好的纳思塔里克(naskh-taliq)体字,绘画也不错。他以阿迪利的笔名写了许多好诗,但尚不够编成一部诗集。下面就是他写的开篇对句:

我像一个摇曳的影子东倒西歪

如果不是被一堵墙挡住,我就会直倒在地上。

在撒马尔罕,伯升豁儿·米儿咱的嘎泽拉体诗是家喻户晓的,几乎在所有的房子里都可见到。

他进行过的战役

他打过两次仗,一次是同速檀·马哈木·汗作战。在他(于回历九〇〇年,即公元1495年)头一次即位时,速檀·马哈木·汗因

受到速檀·朱乃德·巴鲁剌思和其他人的煽惑和挑动,出兵前来,
企图夺取撒马尔罕。他渡过阿克·库塔耳河,到达拉巴特·伊·粟 69a
特和康拜附近。伯升豁儿·米儿咱自撒马尔罕出,与之战于康拜,大败[敌军]。他下令将三、四千蒙兀儿人斩首。[速檀·马哈木·]汗的贴身侍者(hall u'aqdi)海答尔·库克耳塔什死于是役。

另一次,伯升豁儿·米儿咱(于回历九〇一年,即公元1496年)在布哈拉附近同速檀·阿利·米儿咱作战。这次他被打败。

他的领地

他父亲速檀·马合谋·米儿咱曾将布哈拉赐给了他。其父死后,遗留下来的伯克们集合进行商量,宣布伯升豁儿·米儿咱为撒马尔罕的君主。在一段时期中,布哈拉与撒马尔罕并受他的管治;(回历九〇一年,即公元1496年)答尔罕叛乱之后,他失去对该城的统治。我(于回历九〇三年,即1497年)夺得撒马尔罕时,伯升豁儿·米儿咱就前去投奔胡思老·沙。胡思老·沙将喜萨尔之地给了他。

伯升豁儿·米儿咱身后无有子嗣。他在到达胡思老·沙那里时,曾娶其叔速檀·哈里勒·米儿咱之女为妻。他再无其他妻妾。

伯升豁儿·米儿咱从未享有过独立的权力,足以按自己的意见提升某个人,使之成为自己的亲信伯克;他手下的伯克都是其父
亲和伯父(阿合马)遗留的旧臣。 69b

伯升豁儿·米儿咱死后,库奇·伯克之父速檀·阿黑麻·卡拉乌耳率其兄弟、家眷与部属自喜萨尔取道喀尔提锦地区来投奔我。原在奥什患病的康巴尔·阿利,亦于康复后来归。阿黑麻·

卡拉乌耳及其部众在这样的时候到来，我们以为是天助和良好的先兆，乃于次日早晨整军出动，去进攻敌人。敌人在阿比汗不能坚持，便从其营地撤走了，我军得到一些[敌军留下的物品]：帐篷，毛毡和行李。我们来到[阿比汗]后，就在[敌人]的营地驻扎下来。

当天晚上，挟持着只罕杰儿·米儿咱的檀巴勒，从我们的右边绕过，进入胡班(或作胡南)村。该村位于朝安集延的那一边，距我们有三伊尕奇(18公里)的路程。次日晨，我们也将军队布列为右翼、左翼、中军和前锋，人和马匹都披上铠甲，步兵则带上盾牌，朝敌人推进。我军右翼为阿利·多斯特·塔海及其部众，左翼则
70a 有伊不拉欣·萨鲁、外斯·拉噶里、赛伊德·哈拉、穆罕默德·阿利·穆巴希尔、和卓·卡兰·伯克之兄克乞克·伯克以及另外几个亲信的伯克。速檀·阿黑麻·卡拉乌耳与库奇·伯克及他们的弟兄也编在左翼，随我在中军的是哈斯木·伯克·库钦，在前锋的是康巴尔·阿利与另几个亲近的伯克。

我军行进到胡班东南的萨卡村，其地距胡班一沙里(2公里)；在敌军以战斗队形自胡班村出动时，我们也加速前进。我们的步兵手持盾牌，小心谨慎地列队在前，但在两军遭遇时却落在后面了。蒙真主的恩典，这时还不需要他们。在我军主力赶到之前，我军左翼战士已同敌军右翼打了起来。和卓·卡兰之兄克乞克·伯克英勇杀敌，其次是穆罕默德·阿利·穆巴希尔。敌人无力抗拒，就逃跑了。在我军右翼和前锋方面，实际也没有交锋。敌军的许多战士被我们俘虏过来，我下令将他们全部斩首。我们的哈斯木·伯克和阿利·多斯特，特别是阿利·多斯特，既遇事谨慎，又

娴于军事艺术,他们认为不宜穷追敌军,因此,许多敌人得以逃脱。70b
我们就在胡班村驻扎。

这是我进行的第一次战役。伟大的真主以其大仁大慈使这一天成为胜利凯歌的一天。我们认为这是一个极好的征兆。

次日晨,我的祖母沙·速檀·别昆自安集延前来,她是想来为只罕杰儿·米儿咱讲情,如果他被我们俘获了的话。

因冬天已经来临,原野上已不再存留有谷物和饲料。我们认为前去进攻乌兹根是不利的,乃返回安集延。几天后,我们集会商讨,达成如下决定:因为我们在安集延过冬,敌人将不会受到任何伤害与损失,他们反而可能会通过盗窃和劫掠而变得更为强大。我们应当在这样的地方过冬,在那里我军不但不会由于缺乏粮食而削弱,而是能通过某种封锁手段使敌人陷于困境。

为了这种目的,我们自安集延出动,意欲到拉巴提克·乌尔钦
区的阿尔米扬和努什·阿布附近过冬。拉巴提克·乌尔钦也称为 71a
两河之间地区。我们在到达上述两个村庄时,就安排建造过冬的
房屋。

这些地方是极好的狩猎场所。在艾拉什(即艾拉密什)河附近的密林里有许多马鹿(bughumaral)与野猪,小灌木丛中散布着很多野兔和野鸡;附近高地上有许多黄色的狐狸,它们比任何其他地方的狐狸都跑得更快。

我们住在这个冬窝子时,总是两三天就出去打一次猎。我们焚烧茂密的丛林,猎马鹿;或绕行于小灌木林中,放鹰抓野鸡。那里的野鸡取之不尽;我们在该地过冬时,野鸡肉一直是很丰富的。

在该冬营驻留期间,我不久前加恩提拔为伯克的胡达·伯尔

地·图格奇曾两三次进攻檀巴勒手下的袭击者,将他们击溃,并带回一些斩获的首级。我方年轻的勇士也从安集延和奥什附近出动,勇敢地坚持驱赶敌人的马群,使敌人大为削弱。如果说我们是在该冬营度过了整个冬天,那么我们的敌人更可能是没有经过战
71b 斗就在夏天到来之前瓦解和被击败了。

就在敌人被我们削弱,失去战斗力的时候,康巴尔·阿利却请求允许他回到自己的地方去。不管我怎样挽留他,反复向他说明局势可能的发展前途,他还是愈益坚持要走。这真是一个出奇的轻率和反复无常的人。我不得不同意他返回自己的故地去。过去他的领地是忽毡,这次我夺得安集延后,又将阿斯法拉和杏仁村赐给了他。在我手下的伯克当中,只有康巴尔·阿利领有这么广阔的地方和许多伴当;没有一个人的领土和人众能与他相比。

我们在这个冬营已经度过了四、五十天。由于康巴尔·阿利的离去,又有一些士兵获准离开。我自己也返回安集延。

无论我们在该冬营时,或是在安集延时,檀巴勒的人员都不断地来往于他和塔什干[速檀·马哈木·]汗之间。汗的儿子速檀·马黑麻·速檀的老家臣及汗的宠信伯克阿黑麻·伯克,乃是檀巴勒的叔父;汗的掌门官伯克·提耳巴是檀巴勒的同父异母兄。经过所有这些来往拉拢,这两个人终于说服汗愿意支援檀巴勒。
72a 在前来支援之前,伯克·提耳巴一直是生长在蒙兀儿斯坦,在蒙兀儿人当中长大成人,从未到过费尔干纳地区,也未为这个地区的君主效过力,但自始至终是在两位汗的手下服役,这时,他就将自己的妻子眷属、家私什物都留在塔什干,亲自率领一支援军来与其弟檀巴勒相会合。

就在这个时候，发生了一件奇怪的事。暂时留在阿黑昔城堡的哈斯木·阿加布（奇怪的哈斯木）有一天出去追赶几个强盗；他紧跟其后，在巴赫拉塔处渡过忽毡河，同檀巴勒的一支部队相遭遇，被俘。

檀巴勒听说我军已经遣散，又听说其兄伯克·提耳巴在同汗商定后已前来支援他，他确信援军很快就会到达。他就从乌兹根出动，来到两河之间的地区。这时，从卡散传来确实的消息说，汗已指派其子速檀·马黑麻·（速檀）·汗尼卡（通常叫做速檀尼木）和阿黑麻·伯克率领五、六千军队前来援助檀巴勒。他们经过阿尔察干后，正在围攻卡散。所以，我来不及等待远处的我军人员，就立即率领现有的那些人，冒着冬天的严寒，以对真主的信念，从安集延出动，取道班地萨拉尔路，去抵抗速檀尼木和阿黑麻·伯 72b
克。我们整夜马不停蹄地行进，又走了一个通宵，于清晨到阿黑昔下马。那天晚上气候是如此严寒，使几个人冻掉了手脚，许多人冻坏了耳朵，所有的人的耳朵都冻得像苹果一样。我们在阿黑昔并未停留，让雅拉克·塔海留在那里以暂时代替哈斯木·阿加布，便继续前往卡散。在到达距卡散一沙里（2公里）的地方时，有消息传来说，阿黑麻·伯克听说我们到来，就急急忙忙地同速檀尼木一起狼狈地撤走了。檀巴勒得知我们出动，就迅速进军前去援助他的兄长。

那是在两次礼拜之间的时间里，远远见到檀巴勒的军队像一个黑点从纽肯特方面显现出来。对其兄的轻易撤离和我们到来的迅速，檀巴勒感到惊讶和困惑，就停止前进。我们想："是真主使他们变成这样！他是在他的马脖子僵硬时到这里来的。如果我们前去同他们厮斗，那在真主的帮助下，他们一个也跑不掉。”

但外斯·拉噶里和另外一些人说：“现在天已黑了，即使我们今天不出战，他们明天又能上哪儿去呢？明天早晨，不管他在哪

73a 里，我们一定能与之遭遇。”

他们这么说，并没有想到当即开战是有利的。敌人也是这样，他们如此及时地到来，却一点也没有受到损伤地溜掉了。有一句（突厥语的）成语说：“谁不抓住到手的机会，谁就将终生感到遗憾。”

（波斯文）对句：行事当及时，

拖拉无用处。

敌人抓紧天亮前的暂息时机，夤夜溜走，一路没有停留，进入阿尔希安城堡。

第二天早晨，我们前去进攻敌人，却不见一人。在追击中，我们却未想到紧密围攻阿尔希安堡为有利，而是在距该堡一沙里(2公里)处的纳曼干纳停下来。我们在该处待了三、四十天，而檀巴勒则驻扎在阿尔希安堡；那时，时时刻刻都有一些人从双方出动，在半路上互相射击，然后返回。有一天晚上，敌人驰近我方，朝通往我军营地的要冲放箭，又返回去了。我们在营地周围挖了壕沟，设了障碍，并采取了一切预防的措施，所以敌人未能得手。

我们扎在这个营地时，康巴尔·阿利因感到委屈，曾两、三次

73b 想离去以返回自己的地区。有一次，他甚至已经上马，怒气冲冲地出发了；我派了几个伯克去追他，费了很大的劲才使他转回。

这时，马察姆的赛亦德·尤素福派了一个人去速檀·阿黑麻·檀巴勒那里，向他表示臣服。安集延山的山麓，有两个堡坞，称为畏兀儿和马察姆；赛亦德·尤素福是马察姆堡的头人。他后

来在我的宫廷里也出了名，他的作用超过了其他头人，他想获得伯克的头衔，但没有人任命他为伯克。他是一个异常卑鄙和反复无常的小人；从我最后一次（于1499年6月）夺取安集延，到此时（1500年2月），他确曾两、三次反叛檀巴勒而投奔我，但以后又两、三次反叛我去投奔檀巴勒。这次是他最后一次反叛。同他一起出走的有许多定居的居民和游牧部落。我们想："只要不让他们同檀巴勒联合在一起就行了"，便出动到他们中间去。我们只过了一夜就到了比什哈兰附近；据传，檀巴勒的人已进入比什哈兰城堡。奉命先行的我的一些伯克——阿利·德尔维希·伯克和库奇·伯克以及他的兄弟们——一直进至比什哈兰的城门边，并在
那里同敌人搏斗起来。库奇·伯克及其兄弟打得很漂亮。在多数 74a
的情况下，他们都很得手。

我们停驻在距比什哈兰一沙里（2公里）的高地上。挟持着只罕杰儿·米儿咱的檀巴勒则停在比什哈兰堡的前面。三、四天后，与我为敌的伯克阿利·多斯特和康巴尔·阿利及其随从与部属开始提出进行和谈。无论是我，还是我的同情者，都坚决不想言和，所以都明确反对以上提议。那两个小人不管怎样总是我手下的两个大伯克，如果我绝不倾听他们的意见，也不言和，那么他们之中就可能会发生其他［对我不利的］事情。所以，必须签订这样的和约：忽毡河的朝阿黑昔一边的地区划给只罕杰儿，而朝安集延一边的地区则划给我。在他们离开乌兹根后，该地区也划归我管治。在确定了我们的领地的界限后，我同只罕杰儿·米儿咱就一同去
进攻撒马尔罕。我一旦夺得和征服了首都撒马尔罕，就将安集延 74b
交给只罕杰儿·米儿咱。

我们就这样达成了协议。次日晨,只罕杰儿·米儿咱和檀巴勒前来,于赖哲卜月的月末(公元1500年2月末)向我称臣效力。按已作的决定签订条约。我允许只罕杰儿·米儿咱前往阿黑昔,我自己则返回安集延。我一到安集延,即释放了檀巴勒之弟哈利勒以及被拘禁的他的部属,并赐给他们以贵重的服饰,让其离去。他们那方面也释放了我们的伯克和近臣,如:(希里姆·)塔海·伯克、穆罕默德·多斯特·(塔海)、密尔·沙·库钦、赛伊德·哈拉·伯克、哈斯木·阿加布、密尔·外思(或作皮儿·外思)。密里姆·迪万及其部属亦获释,并被送回我处。

在我们返回安集延后,阿利·多斯特的态度和行为就完全变了。他开始同在流浪和患难时期追随我的人相处不好。首先,他把喀利法支开,然后又无缘无故地把外斯·拉噶里和伊不拉欣·萨鲁抓起来,剥夺他们的领地,抢夺他们的财产,还将他们削职送走。他同哈斯木·阿加布也有争执,同哈斯木·伯克发生冲突。阿利·多斯特表面上借口说,喀利法和伊不拉欣是和卓·卡孜的忠实信徒,将会为他向我报仇[①]。穆罕默德·阿利·多斯特的儿
75a 子穆罕默德·多斯特,飞扬跋扈,像一个国王。他接见来宾,宴请官员,其器皿用具,庭院作坊,一切都是仿照速檀的模样。他们父子,由于依靠檀巴勒为其后盾,都是这样僭越逾制,而我却没有权力来禁止他们的这种胡作非为:因为在檀巴勒这样一个与我为敌的人的庇护和支持下,他们就得以为所欲为。处境是极其微妙的,我什么也不能说,这时我只能忍受他们父子的许多侮辱。

① 关于和卓·卡孜之死,见f54。

速檀·阿合马·米儿咱的女儿阿依霞·速檀·别昆在其父和我父在世时即已被许配于我,(这年)她来到忽毡。我于舍尔邦月同她结了婚。我娶她时虽对她不错,但这是我初次结婚。由于羞怯,我只是十天、半月或二十天才去她那里一次,后来,甚至这种倾爱也没有了,而我的羞怯却愈增。我的母亲(库特鲁克·尼格尔·)汗尼木就催促和强迫我每一个月或四十天去她那里一次。

这时,军营集市中有一个人,他有一个儿子名叫八部里。他的 75b
名字看来是很合适的。我对他非常倾爱,甚至为他忧伤而丧失理智。迄此以前,我从未对人如此爱慕过,甚至既未听说过,也未谈及过爱恋和激情。那时,我间或也用波斯文写一、两副对句。下面就是其中的一副对句:

没有一个人像我这样蒙受屈辱,忧伤和钟情。

也没有一个情人像你那样,对我残忍和漠不关心。

八部里有时到我这里来,但我由于羞怯,甚至不能正面地瞧他一眼;我又怎能同他来往和交谈呢?我在欢乐和激动时不能感谢他的到来,那么我又怎么可能责备他的离去。谁有权力强令他留下呢?

有一次,在我充满爱恋和激情的时候,有几个人在我身边。我们沿着一条街弄走去,忽然同八部里对面相遇。我立即陷于如此困窘之中,以至于几乎要拔腿就跑。我完全不敢正视他,也不敢同
他交谈。我在极不好意思而又激动中走过去了。我想起了穆罕默 76a
德·萨利赫[①]写的如下一副(波斯文的)对句:

① 穆罕默德·萨利赫是《昔班尼汗纪事》一书的作者。

我见到自己的朋友时总是感到难为情，
我的同伴看着我，我却望着别处。

这副对句与情况怪相适合。在那种爱恋和追求的激情中和青年人的狂妄驱迫之下，我常常光着脑袋，赤着脚在大街小巷和果园的葡萄架下漫游。不管对朋友还是对陌生人，我都不与为礼，我既不关心自己，也不关心别人。

（突厥文）恋爱使我疯狂不能自持，不知道
漂亮的情人是否也钟情一致。

有时候，我就像一个疯人，在山地和平原独自漫游，有时候，我穿过一条又一条的街巷，走到花园和郊外。我如此走走停停，并非出于自己的意愿；无论在漫游中，还是在停留时，我同样没有宁静。

（突厥文）我既无力行走，也无耐心停留；
这是你，我的心，使我成为这种状况的俘虏。

就在这一年，速檀·阿利·米儿咱同穆罕默德·马即德·答尔罕闹翻了。其原因是：答尔罕们业已享有很大的权力和影响，布哈拉完全掌握在巴基·答尔罕手中，他将布哈拉的赋入全部据为
76b 己有，不给任何人一个铜钱。穆罕默德·马即德·答尔罕在撒马尔罕同样专权。他将撒马尔罕的所有分区分给自己的儿子们和部属、随从。速檀·阿利·米儿咱仅能享有指定给他的一小部分城市[收入]，此外他没有任何办法得到一个铜板。可速檀·阿利·米儿咱已是一个成年人了，他怎么能够容忍答儿罕们的这种做法呢？

他与几个亲信近臣制定了一个反对穆罕默德·马即德·答尔罕的计划。后者对此渐有所闻，便同其伴当、仆役、部属、随从及其

手下的伯克人等一起离开该城,其中有速檀·胡赛因·阿儿浑、皮儿·阿黑麻、乌宗·哈桑之弟和卓·胡赛因、哈拉·巴鲁剌思、萨利赫·穆罕默德和另外几个伯克与勇士。

这时汗派了许多蒙兀儿伯克随马黑麻·忽辛·杜格拉特和阿黑麻·伯克前来支援汗·米儿咱,并派他们去进攻撒马尔罕。哈非思·伯克·杜耳代及其子塔希尔·伯克是汗·米儿咱的老家人;哈三·纳比拉、印都·伯克与几个武士因同哈非思·伯克和塔希尔·伯克有同族之谊,乃脱离速檀·阿利·米儿咱,来投奔米儿 77a
咱·汗(即汗·米儿咱)。

穆罕默德·马即德·答尔罕派人来邀请汗·米儿咱和蒙兀儿军,他来到夏夫达尔附近;他会见汗·米儿咱后,又与蒙兀儿诸伯克见了面。但在蒙兀儿诸伯克中并没有产生对穆罕默德·马即德部下的友好关系,相反地,蒙兀儿人甚至想把他抓起来。

穆罕默德·马即德得知这一情况,就以某种借口离开了蒙兀儿军。在他们离去后,蒙兀儿军也不能坚持下去。在他们撤退,驻营于雅尔·伊拉黑时,速檀·阿利·米儿咱率领一小支部队,迅速地从撒马尔罕出动,去追击米儿咱·汗和蒙兀儿军队。他们甚至不能作战,就仓皇地逃走了。这是速檀·阿利·米儿咱在其晚年所做的唯一一件好事。

穆罕默德·马即德·答尔罕和他手下的人,既对米儿咱们和蒙兀儿人感到失望,就派以前在我手下做过事的阿不都勒·瓦哈布·希噶乌耳之子密尔·蒙兀儿来我处;此人在(回历九〇三年,即公元1498年)围攻安集延的时期,是和卓·卡孜的忠实追随者,并冒过生命的危险。我们也为此事受了苦,并曾为之而同(只罕

杰儿·米儿咱)签订了和约,我们遂决意去进攻撒马尔罕。我立即派密尔·蒙兀儿去阿黑昔只罕杰儿·米儿咱那里,以指定会师
77b 地点,准备向撒马尔罕进军。

我军于助勒·盖尔德月(6月)出发,在路上过了两夜,到达卡巴扎营。那天晡礼时分,有消息传来说,速檀·阿黑麻·檀巴勒之弟哈利勒已来,并偷偷地攻下了奥什城堡。

其详情如下:前已提到,在签订和约后,以檀巴勒之弟哈利勒为首的那些俘虏已经获释。檀巴勒派哈利勒到乌兹根去把留在那里的家眷和亲属接走。哈利勒口头上说:"我们今天一定走!我们明天一定离城!"心里却盘算着各种诡计,并不离开。在我们出兵去进攻撒马尔罕之后,哈利勒乘机夤夜来到奥什,在该城空虚时,袭取之。我们得到这个消息后,由于许多原因,认为停止进军或又同这些人去纠缠是不利的,乃继续直接向撒马尔罕进军。首先是,我手下的单身士兵已全部分派到各地去置办军事装备去了,而有家眷的人则已回家;由于相信签订的和约,我解除了顾虑,没有先
78a 料到那些人的狡诈和叛变行为。其次是,前已提到,我们的几个大伯克,像阿利·多斯特和康巴尔·阿利这样的人,几次胡作非为,使我对他们不再信任。第三,以穆罕默德·马即德·答尔罕为首的所有撒马尔罕的伯克已派了密尔·蒙兀儿来邀请我去他们那里。既然有像撒马尔罕这样一个首都在,那么,又有什么能使人为了安集延这么一个地方去浪费时间呢?

我们从卡巴继续进军到马尔格兰。马尔格兰曾被赐给库奇·伯克之父速檀·阿黑麻(·卡拉乌耳)·伯克。由于各种各样的牵挂与障碍,他未能追随我而留在马尔格兰。他的儿子库奇·伯

克和他的几个兄弟则与我同行。我们前往阿斯法拉，来到阿斯法拉所属的马汉村，就在该处驻营。幸运的是，哈斯木·伯克与阿利·多斯特带着他们各自的部属，赛伊德·哈斯木率领大队武士那天晚上正在马汉村。他们好像是按预先约定的地点前来同我们会合。

我们从该地出发后，走喀思班平原，过楚潘(羊倌)桥，到达乌拉提尤别。康巴尔·阿利因信赖檀巴勒，从自己的领地忽毡来阿
黑昔同他商讨军务。此事刚一发生，檀巴勒就对康巴尔·阿利下 78b
手，把他抓起来，带着他去进攻他的领地。正如一句突厥成语所说的："不要相信你的朋友，他会用麦草充实你的皮囊。"

康巴尔·阿利在被带往忽毡的路上徒步逃脱，经历千辛万苦到达乌拉提尤别。

我们在乌拉提尤别时有消息传来说，昔班尼汗已在达布西堡打败巴基·答尔罕，正向布哈拉进军。我军乃离开乌拉提尤别，经布尔卡·伊拉黑到桑格扎尔。该地长官献堡投降。因康巴尔·阿利是在被抓被抢之后来投，所以我们就将他留在桑格扎尔，我们自己则继续前进。在我们到达汗营驻扎时，撒马尔罕的伯克们在穆罕默德·马即德·答尔罕的率领下前来向我投诚。我同他们商讨怎样攻取撒马尔罕的问题。他们说："和卓·雅海亚也盼望陛下，如有他的支持，撒马尔罕城可不战而得。"

因此，我几次派人去和卓·雅海亚那里进行谈判。和卓·雅海亚没有肯定地说让我们进入撒马尔罕城，但也没有说使我们失望的话。我们离开汗营，来到达尔噶姆河岸。图书管理员和卓·穆罕默德·阿利奉命从达尔噶姆河岸去和卓·雅海亚那里。他带

79a 回口信说:“让他们来,我们献城。”

我们于黄昏时离达尔噶姆河,驰往撒马尔罕城。速檀·穆罕默德·杜耳代的父亲速檀·马黑木·杜耳代从我军驻营地逃走,去给敌人通风报信。由于他们得知了情况,所以最初想出的计划未能实现。我们就又撤回达尔噶姆河岸驻扎。我的一个宠信伯克、出身于明格部落的伊不拉欣·萨鲁,曾遭阿利·多斯特的逮捕和驱逐。在我来到雅尔·伊拉黑时,他偕同赛伊德·玉素甫·伯克的长子穆罕默德·玉素甫前来投效于我。我的一些老仆、伯克和近臣,一个接一个地前来我处集会。他们都是阿利·多斯特的敌人,有的曾被他驱逐,有的遭其抢劫,还有些人则被他拘禁。这时阿利·多斯特就感到害怕了。因他在檀巴勒的支持下,曾对我和我的同情者进行过折磨和迫害,而我也生性厌恶这种小人。他由于感到羞愧和恐惧,无法再同我们相处,乃请求离去。我恩准了他,让他走。

79b 阿利·多斯特和他的儿子穆罕默德·多斯特获准后就去了檀巴勒那里。他们父子成了檀巴勒的亲信,对我满怀恶意,与我为敌。一、两年后,阿利·多斯特因手上长疖子溃烂而死。穆罕默德·多斯特则逃到乌兹别克人当中去了,在那里一般说还过得不坏。但他忘恩负义,后来又从乌兹别克人那里逃出,去安集延山前地带,在该地掀起叛乱,制造麻烦。他最后还是被乌兹别克人抓住抉目致盲。这正是:“盐掏吃了他的眼睛。”

我让这两个人走后,就派古里·巴鲁剌思带了几个武士去布哈拉探听消息。他送来消息说,昔班尼汗已拿下布哈拉,正向撒马尔罕进军。我们认为在那一带停留没有好处,就向渴石进发。撒马尔罕诸伯克多数人的家属也在渴石。

我们在渴石只过了一、两个礼拜就听到消息，说速檀·阿利·米儿咱已将撒马尔罕城献给了昔班尼汗。其详情如下：速檀·阿利·米儿咱的母亲祖赫拉·别姬·阿尕由于愚昧无知，曾秘密地派人致书于昔班尼汗说："昔班尼汗如娶她为妻，则其子将以撒马尔罕城奉献。昔班尼汗在接收其父之领地时，也应分赐给她的儿 80a
子速檀·阿利·米儿咱以领地。"她的这个计划，阿布·玉素甫·阿儿浑是知道的，或更确切地说，这个叛贼乃是她这个计划的设计者。

回历九〇六年(公元1500年7月28日至公元1501年7月17日)的事件

昔班尼汗按照那妇人(指祖赫拉·别姬·阿尕)的条件前来,在巴格·伊·迈丹(平原花园)扎营。正午时,速檀·阿利·米儿咱既未对自己手下的大小伯克和武士们说一声,也未同任何人商量,就带着几个贴身侍从出察尔·拉赫门(四路门),来到昔班尼汗那里。昔班尼汗并没有很好地接待他;汗同他打招呼后,就让他在下手就座。

和卓·雅海亚得知米儿咱出城去了,很着急。他没有任何其他办法,便也出城去。昔班尼汗在接见他时,甚至没有起身行礼,还说了一些语含责备的话。在和卓·雅海亚起身离去时,昔班尼汗才欠身为礼。

和卓·阿利·拜的儿子江·阿利在拉巴特·伊·和卓(地名)听说米儿咱出城去了,就也来到昔班尼汗那里。至于那个不幸的妇人,由于愚蠢,热烈地希望有一个丈夫,竟将自己儿子的家
80b 庭和财产弃之于不顾。而昔班尼汗却根本不把她放在眼里,认为她做自己的小老婆或情妇都不配。

速檀·阿利·米儿咱因自己出城来的行动失误,悔恨到了极点。他的一些亲信,在听说事情的原委后,就谋划同米儿咱一起逃

走之计,但速檀·阿利·米儿咱对此又不同意。因他的末日已经来临,他已是不可能得救了。他住在帖木儿·速檀处;四、五天后,他就在库耳巴草地(意为犁过的草地)被杀。速檀·阿利·米儿咱为了那转瞬即逝的靠不住的幸福,竟蒙恶名而死,他听信妇人之言,使自己不再是令名显贵中的一员。关于这种人的所作所为,已不值得再写下去,对于如此可耻的行径,人们不要再听。

速檀·阿利·米儿咱被杀以后,昔班尼汗也杀死了江·阿利。因昔班尼汗畏惧和卓·雅海亚,所以他就打发和卓同他的两个儿子——和卓·穆罕默德·扎卡里亚与和卓·巴基一起去呼罗珊。他派了几个乌兹别克人尾随其后,在和卓·卡尔宗附近将尊敬的和卓及其两位年轻的儿子一起加以杀害。关于此事,昔班尼汗曾说:"和卓遇害的事,并非我的过错,那是康巴尔·比和库普克·比干的。"尽管这么说,但事情比这更糟。语云:"他的辩解比他的罪行更坏。"如果伯克们不征得汗与君主的同意就擅自干这种事,那么汗权与王权以后又将安在? 81a

在乌兹别克人占领了撒马尔罕后,我们就离开渴石,前往喜萨尔。穆罕默德·马即德·答尔罕率领撒马尔罕诸伯克,带着妻室、眷属和亲戚一起,跟随我前往。在我们到达石汗那的楚耳图草地停留时,穆罕默德·马即德·答尔罕就带领撒马尔罕诸伯克离开我们,去做胡思老·沙的附庸和伴当。我们丧失了都城和国土,不知何去何从。

尽管胡思老·沙曾经给我的家族造成这么大的灾难,我们因没有其他的办法,仍不得不经过他的领地。我曾打算取道喀尔提锦和阿赖岭去我满舅父阿剌札汗那里,但未成行。我们决定沿卡

姆·鲁德河谷而上，越过萨拉·塔格山口（达坂）。在我们来到农达克（或写作纳万达克）附近时，胡思老·沙的一名伴当给我送来
81b 九匹马和九块衣料。在卡姆·鲁德河谷谷口的驻营地时，侍从官希尔·阿利逃到胡思老·沙的兄弟瓦利那里去了。次日，库奇·伯克也离开我们，前往喜萨尔。

进入卡姆·鲁德河谷后，就往上走。在峡谷和悬崖中，弯曲陡峭的山路沿线遗留着马匹和骆驼。我们过了三、四夜，到达萨拉·塔格山口。正是这个山口，多么险的一个山口呀！从未见过这么高峻和狭窄的山口，也从未走过这样的深谷悬崖。我们经历艰难困苦才走过险峻的峡谷和陡峭的深渊，到达范山附近。范山之中有一大湖（伊斯堪达尔湖）。这个美丽的湖周匝约一沙里（2公里），不乏特色。

有消息传来说，伊不拉欣·答尔罕在设拉子堡闭城不出。康巴尔·阿利与阿布勒·哈斯木·库赫布尔则驻在雅尔·伊拉黑堡，后者以前是在和卓·迪达尔堡，在乌兹别克人夺取撒马尔罕后，他就不能再留在和卓·迪达尔了。他们来到雅尔·伊拉黑，占据其地，固守其以下诸堡坞。

我们离开右边的范山，前往克什图德。范山的头人以慷慨好
82a 客，乐善好施著称。在速檀·忽辛·米儿咱进攻喜萨尔时，速檀·麻素提·米儿咱就是走这条路去撒马尔罕投奔其弟伯升割儿·米儿咱的，范山的头人向他贡献了七、八十匹马。对别人他也提供同样的服务。他给我送来一匹次等的老马，而且他没有亲自来同我见面。那些历来以慷慨好施著闻的人们，在事情涉及我时竟变得吝啬了，而被人们认为是殷勤仁义的人也忘记了殷勤仁义。胡思

老·沙过去也以慷慨好施著称;他曾给巴迪斡思咱蛮·米儿咱提供尽量的服务,在前面已经讲过;他对巴基·答尔罕和其他的伯克也表示了极大的仁义。我曾有机会两次经过他的领地,他对我甚至没有表示过对我最低级的伴当曾表示过的礼貌,更不要说对我的族人了。他对我的关怀甚至还不如对我的伴当。

(突厥文):我的心呀,谁见过世俗之徒存有善心?

绝不要期望毫无善心的人会有善行。

过了范山以后,我们以为有乌兹别克人驻在克什图德堡,便赶紧向该堡前进。然克什图德堡似已遭残破,当时空无一人。我们 82b
继续前进,来到科希克河岸,在那里停驻。然后,我们就经雅里对面那座桥渡过科希克河;我在该处派了哈斯木·伯克·库钦率领几个伯克去突袭拉巴特·伊·和卓堡。过了雅里并翻越兴喀尔·汗山(鹰巢山)后,我们就到了雅尔·伊拉黑。

在派去攻取拉巴特·伊·和卓堡的伯克们架设云梯时,城里的人得到了消息,就迫使他们撤退;他们既未能攻下城堡,便回来了。

康巴尔·阿利(仍)驻守着桑格扎尔,他前来看我。阿布勒·哈斯木·库赫布尔与伊不拉欣·答尔罕表示效忠和服从,并送来一些经过挑选的人为我效力。

我们进入雅尔·伊拉黑地方的阿斯非杜克村。那时,昔班尼汗驻在和卓·迪达尔附近,他手下有三、四千乌兹别克人,还有从地方部队中征集到的同样数目的人员。昔班尼汗授予江·瓦法·米儿咱以撒马尔罕长官的职务,后者率领五、六百战士驻守在撒马尔罕城堡内。耶匝·速檀与马赫地·速檀则率其部属随从驻于距撒马尔罕不远的布丹·库鲁克(鹌鹑地)。我们的人,好歹有二百 83a

四十之数。在同伯克们和士兵们商量后，我们肯定：因昔班尼汗攻占撒马尔罕不久，撒马尔罕人同昔班尼汗之间还不至于互相亲附。如果我们能现在就攻城，也能得手！如果我们架云梯，对撒马尔罕城堡进行突然攻击，撒马尔罕的居民将会支持我们；［否则］他们又做什么呢？他们即使不支持我们，也不会为乌兹别克人而战。我们一旦夺得撒马尔罕，真主想要怎样，就会怎样。

根据这一考虑，我们于晌礼过后从雅尔·伊拉黑出动，从天黑到半夜，我们进抵汗营。考虑到城内居民已得知一切情况，当天晚上我们没有接近该城堡，反而从汗营折回。在我们于拉巴特·伊·和卓堡的下面渡过科希克河，再又回到雅尔·伊拉黑时，已是清晨了。

有一天，所有的近臣［伯克］在阿斯非杜克城堡集会，其中有：多斯特·纳昔尔、努扬·库克耳达什、克里木·达德的儿子汗·库利、舍黑·德尔维希、胡思老·库克耳达什、密里姆·纳昔尔。他们坐在我的旁边，谈论着各方面的问题。我说：

83b “好，你们说说，如果真主帮忙，我们应何时攻取撒马尔罕？”

有的回答说：“当在夏天”（而此时正当晚秋季节），另外的人说：“一个月以后，”有的则说：“四十天后，”“二十天后！”努扬·库克耳达什说：“十四天后我们就应攻城。”真主也帮了忙，我们刚好是在十四天后真的夺得了撒马尔罕城。

这时，我做了一个奇怪的梦：我梦见，尊敬的和卓·乌拜都拉（阿赫拉里）朝我走来。我出去迎接他，他进来自己就座。和卓面前给铺了一块桌布，这看来是过于简慢了。因此，尊敬的和卓有些不满。毛拉·巴巴朝我看了一眼以示意。我也示意回答说：“这不是我的错，这是那个铺桌布的人的疏忽。”

和卓表示理解并接受了上述的道歉。他起身走时，我出去送他。在那房子的厅堂里，他握着我的左、右臂，把我举起，使我的一只脚离开了地面。和卓用突厥语说：“舍黑·马斯拉哈特[1]已赐给你（撒马尔罕）。”数日后，我真的夺得了撒马尔罕城。

一、两天后，我们从阿斯非杜克城堡转移到瓦斯曼德城堡。我
们虽曾一度接近撒马尔罕并让［其居民］对我们有所了解，而又返 84a
回，然我们还是寄望于真主，在晌礼过后从瓦斯曼德出动，前去攻取撒马尔罕城。和卓·阿布耳·马卡拉姆也伴随着我们。我们于午夜时抵达林荫路上的深堑桥（Deep-fosse-bridge）。我们从该处派出一支由七、八十名精兵组成的先遣队，去情人洞（Lover's Cave）对面的城墙上架云梯登城，进城进攻那些守在绿松石门的敌人，夺取该城门后派人来给我送信。

这些精兵在情人洞对面架上云梯，登上城堡，无人知晓。他们又从那里进至绿松石门。守门者是法即耳·答尔罕。此人并非［撒马尔罕的］答尔罕，而是土耳其斯坦的商人答尔罕。他以前曾在土耳其斯坦昔班尼汗手下效力，颇得该汗的宠信。我派去的精兵把法即耳·答尔罕及几个伴当砍死，用斧子打掉城门上的锁，打开了城门。正好在这时我赶到并进入绿松石门。阿布勒·哈斯木·库赫布尔自己没有来，但派了自己的弟弟阿黑麻·哈斯木和三、四十个伴当来了，伊不拉欣·答尔罕则没有派一个人来。当我

① 关于舍黑·马思拉哈特，见本书f.4a，其坟墓在忽毡，巴布尔于回历九〇三年曾在该处躲避，至今犹被人们视为圣地。

84b 们进入城并在寺院里安顿下来后，他的弟弟阿黑麻·答尔罕才带了几个伴当到来。

城中的居民仍在睡梦之中。有几个小铺老板从其店铺往外探看，猜透了是怎么回事，就做礼拜。没有多久，全城居民就都知道了。我军战士和市民们一片激动和异常的欢腾。他们在街巷中用石头和棍棒像打疯狗一样打杀乌兹别克人；大约有四、五百乌兹别克人就这样被打死了。

［撒马尔罕］城的长官江·瓦法当时在和卓·雅海亚的房子里。他逃出了城，跑到昔班尼汗那里去了。

进入绿松石门后，我直奔宗教学校。进去后，我坐在门廊下；天刚破晓，就听到四面高声叫喊，喧嚣大起。一些显贵人物和店铺老板，得知正在发生的事后，兴高采烈地前来同我打招呼，他们送来食品，并为我祈祷。

一大早就有消息传来说，据守在铁门(内外)门之间的乌兹别克人正在那里战斗。我立即上马前往铁门。随同我一起去的共有十、十五或二十人；人们已饿坏了，他们既又掌握了该城，每个人就
85a 在城市的一切角落搜寻财物。

在我赶到时，人们已将乌兹别克人从铁门驱逐出去了。昔班尼汗得知这种情况，就率领一百或一百五十人于清晨急忙地前往铁门。他在一个异常有利的时刻到达，但是，前面已经提到，我带的人很少。昔班尼汗见无能为力，就立即撤退了。其后，我就返回，到布斯坦宫的要塞里住下。城里的贵族、显要和头目人等前来同我打招呼，并致祝贺。

近一百四十年以来，撒马尔罕城一直是我朝的首都。不知道

哪里冒出来的乌兹别克人,外来者与敌人,竟来夺占了该城。我们丧失了领土,而真主又将其赐还给我们。这领土已经过蹂躏和劫掠,可又归我统治了。

速檀·忽辛·米儿咱像我们夺取撒马尔罕那样,以突然袭击的方式攻下了赫拉特。但是一切洞明事实和公正的人都清楚,这两者的战果有很大的不同。

首先,速檀·忽辛·米儿咱是一个年老的国君,曾阅历过许多
战争,积有不少经验。第二,他的敌手牙的格尔·穆罕默德·纳昔
尔·米儿咱是一个十七、八岁缺乏经验的青年。第三,(牙的格尔
手下的)密尔·阿利总管,对整个局面了如指掌,他生活在敌人当 85b
中,曾派人去速檀·忽辛·米儿咱那里,意外地引导他(米儿咱)
的军队去进攻敌人。第四,他的敌人不是驻守在城堡内,而是在扎
甘花园。在速檀·忽辛·米儿咱夺取了赫拉特时,牙的格尔·穆
罕默德·米儿咱及其扈从正喝得烂醉。那天晚上总共只有三个人
为他把门,而且这三个人也喝醉了。第五,速檀·忽辛·米儿咱是
头一次进攻该城,他是出其不意地到来并夺得该城的。

至于我:[第一],我在夺取撒马尔罕时,才十九岁。我战争阅历少,没有经验。第二,我的敌人昔班尼汗是这么一个人,他不但年纪大,而且经历过多次的战争。第三,撒马尔罕城内没有一个人到我这里来;城内的居民虽然心向着我,但由于惧怕昔班尼汗,谁也不敢作此设想。第四,我的敌人驻守在城堡中,我们不但攻下了城堡,而且将敌人赶跑了。第五,我曾来进攻过一次撒马尔罕,让敌人有所防备;在我第二次来时,真主帮了我的忙,撒马尔罕被我攻下来了。

86a 我讲这些，并不是要贬低哪个人，事实确是像我讲的那样。我将这些全部著之于书，也不是想要抬高自己，事实的真相也确是这里叙述的那样。

关于这一胜利，诗人写了纪年诗，我记得其中的一首。

智慧呀，你再告诉我，其纪年如何？

你知道，那就是“巴布尔·巴哈杜尔的胜利。”

攻下撒马尔罕以后，夏夫达尔、粟特及附近诸土绵开始一个接一个地归顺于我。乌兹别克的长官由于恐惧，抛弃一些城堡逃走；另一些城堡的居民，把乌兹别克人赶走，转而投降于我，有的地方，则把城堡的长官抓起来，为我闭城守卫。

这时，昔班尼汗的族人、家眷和所属的乌兹别克人从土耳其斯坦到来；昔班尼汗[本人]驻在和卓·迪达尔与阿利·阿巴德附近。昔班尼汗见城堡如此[轻易地]就投降，人众如此乐意地归顺于我，遂离开其驻扎的地方，前往布哈拉。感谢真主的帮助，粟特与米安卡耳诸城堡在三、四个月后全都归顺了我。

巴基·答尔罕也乘机前来，占据卡尔希堡。乌兹别克人也丧失了胡扎尔与卡尔希（？渴石）。阿布勒·穆赫辛·米儿咱的人
86b 从谋夫前来夺得了卡拉库耳。我的事业欣欣向荣。

在我（于去年）离开安集延后，我母亲、族人和家属经历了千辛万苦，来到乌拉提尤别。我派人去那里，命将他们送到撒马尔罕。在他们到来后的那几天，我的第一个妻子，速檀·阿合马·米儿咱的女儿阿依霞·速檀·别昆为我生了一个女儿，取名为法赫隆·尼莎（意为妇女的首饰）。这是我的头一个孩子，我当时十九岁。但此女只活了一个月或四十天，即殇逝了。

夺得撒马尔罕后,我就不断派遣使者和信差,一个接一个地反复去周围地区的汗、速檀、异密和边远地带的领主那里请求援助和支持。有些领主,尽管经验丰富,却轻率地拒绝了我;另一些人过去对我的家族有过冒犯和失礼的行为,由于恐惧,也不作答;另外一些人虽给了帮助,但这种帮助乃是不关重要的,其情况将在各自有关的地方逐一提到与叙述。

我这次重又夺得撒马尔罕时,阿利·失儿·伯克还健在。有 87a
一次,他甚至给我来了一封信。我也写了一封信给他,在信的背面写上我用突厥文作的一首诗;可他的回答还没有来得及到达,就开始发生分裂(tafarqa)与动乱(ghugha)[①]。

昔班尼汗占领撒马尔罕后,曾以毛拉·比奈为亲信;他遂留在昔班尼汗手下效力。在我夺得撒马尔罕以后数日,毛拉·比奈来到撒马尔罕。哈斯木·伯克对[比奈]有怀疑,就打发他去沙赫里夏勃兹。因他是一个能干的人,又没有干什么错事,所以,不久后我就下令把他送回撒马尔罕。他经常作一些颂诗(喀西达诗与嘎泽拉体诗)献给我;他曾献给我一支纳瓦调的歌,并当面为我演唱。

这时,毛拉·比奈撰写并朗诵了如下的一首四行诗(柔巴依):

我饥欲食苦无粮(noshid)
更复无衣护健康(poshid)
无食无衣苦如我
何能献身艺术科学之殿堂(koshid)?

---

① 阿利·失儿死于公元 1501 年 1 月 3 日。这里所说的分裂,可能指阿利·失儿与比奈的争执。

在那些日子里，我写过一、两首诗，但未写成过一首嘎泽拉体的颂歌。为了奉答毛拉·比奈，我用突厥文作了一首四行诗（柔巴依）送给他。

一切能如你想望（bulghusidur）
将颁命令发薪赏（buyurughusidur）
丰衣足食无问题
你的苦处我体谅（tulghusidur）

87b 为应答我，毛拉·比奈采用我上面这首诗的 tulghusidur 韵脚同韵的另一个韵脚写了一首四行诗献给我，诗云：

我的米儿咱，你将是海洋与大地的君主
（yir bulghusidur）
你将成为全世界的首领，正是由于你
的英武（samar bulghusidur）
我只说了一句无意思的话，就得到如
此的报酬，
假如我说些有道理的话，其奖赏又何
可数（nilar bulghusidur）？

这时刚从沙赫里夏勃兹来到撒马尔罕的和卓·阿布耳·巴尔卡·法拉基说：“比奈应当用［他］那首诗的韵来写诗。”以下就是和卓·阿布耳·巴尔卡写的那首四行诗：

时运于我何相薄？（surulghusidur）
当求速檀能开脱。（gulghusidur）
我杯从来未满斟，
而今应当浮大白。（tulghusidur）

这年冬天，我们的事业蒸蒸日上，而昔班尼汗则走着下坡路。这期间还是发生了一两件不好的事。谋夫人曾来夺取了卡拉库耳，但不能在那里坚守，故卡拉库耳又被乌兹别克人夺回。伊不拉欣·答尔罕之弟阿黑麻·答尔罕驻守在达布西堡，昔班尼汗前来围攻之。在我们未及集合军队、准备和整装好之前，昔班尼汗就攻下了该城堡，并对其全体居民进行了大屠杀。

在我攻下撒马尔罕时，我手下有二百四十名经过考验的战士。
在以后的五、六个月当中，由于真主的帮助，我们甚至在萨尔普勒 88a
（桥头）同昔班尼汗这样的人打了一仗；其情况下文将要谈到。周围和邻近地区的首领们曾给我以帮助：（马哈木·）汗派来了艾育伯·别乞克、喀什卡·马赫穆德和四、五百八邻部的（蒙兀儿）人。只罕杰儿·米儿咱派了阿黑麻·檀巴勒之弟哈利勒率一、二百人来援。速檀·忽辛·米儿咱是一个阅历丰富的君主，谁也不如他对昔班尼汗的为人行事更了解，可是他却没有派一个人来援。巴迪斡思咱蛮·米儿咱也没有派人来，胡思老·沙则由于惧怕未派人来。他曾给我的家族造成许多不幸，这在前文业已谈到过，故他很害怕我，甚于害怕昔班尼汗。

闪瓦鲁月[①]，为了同昔班尼汗作战，我进军至新花园。我们在新花园停留了五、六天，以征集军队，完善装备。从新花园出发后，我们走了一站又一站，经过萨尔普勒，停了下来。我们为谨慎起见，遂
以障碍和壕沟作为营地周围的防御工事。从另一方面前来的昔班 88b
尼汗，停驻于和卓·卡尔宗附近。我们相距约一伊尕奇（6公里）。

① 回历九〇六年的闪瓦鲁月始于公元1501年4月20日。

我们在这个营地停驻了四、五天。敌我双方的人员从各自的一方出动，互相射击。

有一天，敌人大队前来。发生了激烈的战斗，不分胜负。我方的一个旗手，太大意地后退入壕沟；有的人说，他打的是赛伊德·哈拉·伯克的旗帜。赛伊德·哈拉，是一个嘴巴子厉害，但打起仗来却不行的人。

那时，昔班尼汗对我们进行了一次夜袭。我方营地周围都已由壕沟和水渠设防，故昔班尼汗到后无能为力。敌人站在壕沟以后几次大声呼喊战斗口号，对我方密集放箭，然后就退走了。

我［那时］对军事很热心努力，康巴尔·阿利亦然。巴基·答尔罕率领一两千武装人员驻在渴石，两天后他就前来同我会师。杜格拉特部的赛亦德·马黑麻·米儿咱从我的舅汗那里带了一、
89a 两千人前来援助我，正驻扎在四伊尕奇（24 公里）以外的迪玉耳。次日晨，他来与我会合。这样，我们就赶紧开战。

正是：谁轻率地急忙拿起刀剑，

谁就会要咬痛懊悔之手。

我之所以如此急于开战，是因为战斗的那天八颗星（Sikiz Yilduz）正在两军之间；如果我们错过了这一天，那么八颗星就有十三、四天是在敌人的后方去了。这些考虑是毫无意义的；急于开战没有任何道理。

我们于天亮时让士兵和马匹披上铠甲，将部队排列为右翼、左翼、中军和前锋，出动向前，打算开战。右翼的将领有：伊不拉欣·萨鲁、伊不拉欣·札尼、阿布勒·哈斯木·库赫布尔和另外几个伯克；左翼的将领有：穆罕默德·马即德·答尔罕、伊不拉欣·答尔

罕与其他撒马尔罕的伯克们,还有速檀·胡赛因·阿儿浑、哈拉·巴鲁剌思、皮儿·阿黑麻与和卓·胡赛因。和我一起在中军的有哈斯木·伯克及另外一些亲信伯克;前锋的将领有:康巴尔·阿利·锡拉赫(剥皮者)、班达·阿利、和卓·阿利·(拜)、密尔沙赫·库钦,守门官赛伊德·哈斯木、班达·阿利之弟喀耳达尔(长痣者)和海达儿·伊·哈斯木的儿子胡契·伯克。所有现在的勇士和近臣也都被编入前锋。

当我们整队出动时,敌人也以战斗队形自对方出现。他们的右翼将领是:马黑木·速檀、札你·伯克与帖木儿·速檀;左翼将 89b
领是:罕匝·速檀、马赫地·速檀与另外一些速檀。

当两军接近时,敌人开始将其右翼转向我们的后方;在这种情况下,我也转向,把由现存所有富于作战经验的陌刀手组成的前锋调转到敌方正面,成为右手军;使我方中军的前面空无一人。尽管如此,我们还是将先上来的敌人打退,迫使敌人回到自己的中军去了。战斗达到如此地步,以至于昔班尼汗手下的一些老将对昔班尼汗说:"我们必须撤离!在此坚持已不是时候了。"但他仍然坚持着。

敌人的右翼击退我军的左翼后,又转到我们的后方。(正如前面讲过的),因我军前锋也留在右手边,故我方中军的前面已暴露无遗。敌人从前面和后方对我军进行夹击,箭如雨一般的射来。但是前来援助我的蒙兀儿军却毫无用处。他们不去打仗,却开始抢劫我们的士兵并夺取其马匹。这样的事不止发生过一次。这些丧门星似的蒙兀儿人的一贯的习惯就是如此。胜利了,他们就抢夺战利 90a
品;失败了,他们就对自己的人进行抢劫,夺取马匹,也抢战利品。

我们不止一次地打退了敌人,我军前锋部队也发动了进攻。

绕到我们后方的敌人逼近我们直朝着我军旗帜放箭；他们对我前后夹击，使我军动摇。这种“迂回运动”就是乌兹别克人作战艺术的最大优点。他们没有一次战争不采用这种“迂回战术”。

[乌兹别克人的作战方法]还有一个特点是：他们的人，无论前锋和后队，无论伯克和伴当，都是尽力地一同疾驰，攻击时一齐放箭；撤退时，也绝不散乱，如同一体地驱驰而走。

我身边只留下了十一、二人。附近就是科希克河，我军右翼至此河为止。我们便直接前往该河。当时正是河里发大水的时节；我们到达该河后，即让人马披上铠甲，进入水中。在河流半渡过后之前，我们还可踏着河底走渡，再往前就是深水，必须泅渡了。我们引着带甲的马匹，挽着马具，泅水一箭之远，才过了河。

90b 出水后，我们卸掉铠甲。在渡至河的北岸时，我们才摆脱了敌人。可我军大部分战士被从马上打下，抢劫一空。干这种事的人不是敌人，而是一些卑劣的蒙兀儿人。蒙兀儿人把伊不拉欣。答尔罕和我军另外许多最好的战士抢劫一空，夺去他们的马匹后，又把他们杀死①。

我们沿着科希克河的北岸前进，在库耳巴[草地]附近重新渡过该河。我经舍黑·匝答门入城，在抵其城堡要塞时，正是晌礼与晡礼之间的时分。

① 此书厄耳芬斯通抄本此处的页边，有一首波斯文的诗，似为胡马雍所写，而非巴布尔手笔。其诗如下：

蒙兀儿人纵为神裔，其种亦劣，
蒙兀儿之名纵书以黄金，其名亦恶，
慎勿取蒙兀儿人之一穗，其种实可咒！

我的一些显贵的伯克,最好的战士——许许多多的人在这次的战役中阵亡。伊不拉欣·答尔罕、伊不拉欣·萨鲁与伊不拉欣·札尼俱殁,奇怪的是,在同一战役中丧命的三位显贵伯克,都名叫伊不拉欣。在这次战役中死去的还有:海达儿·伊·哈斯木伯克的长子阿布勒·哈斯木·库赫布尔,以及胡达·伯尔地·图格奇与前已多次提及的阿黑麻·檀巴勒之弟哈利勒,另有许多人则四散逃走了。其中穆罕默德·马即德·答尔罕逃到喜萨尔和昆都士投奔胡思老·沙。剥皮者,蒙兀儿人康巴尔·阿利,(是我最宠爱的伯克,)曾蒙受我的恩惠与关怀,可他这次却没有与我同心同德。他返回后,就从撒马尔罕接取自己的家眷,也投奔到胡思老·沙那里去了。

还有一些亲近伯克和武士,如胡代达(英译本作胡达拜尔地)· 91a
土库曼的儿子克里木·达德、贾纳卡·库克耳达什与毛拉·巴巴·(帕夏噶尔人)则逃到乌拉提尤别去了。那时,毛拉·巴巴并非我的伴当,而是我门下的客卿。另有一些人,如希里姆·塔海及其部属,[都这么做了]。他们同我一起回到撒马尔罕,我们经过商量决定,在撒马尔罕城堡内闭门坚守,誓与该城共存亡。当时我的母亲与姊妹都留在城堡里。虽然如此,希里姆·塔海还是把自己身边的家属、亲戚和其他人等送到乌拉提尤别去了,他自己只带了几个士兵轻装地留在城堡。这种做法并不是仅有的一次,无论什么时候,在遇到困难的局面时,希里姆·塔海总是这样缺乏意志,不能同心同德。

次日早晨,我召见和卓·阿布耳·马卡拉姆、哈斯木·伯克与所有的伯克、近臣,以及能议政的士兵和武士,进行商量。我们决

定闭城固守，与城共存亡。我，哈斯木·伯克与我的亲信近臣和武
91b 士组成为后备队。为此，在城中兀鲁伯学院的屋顶上搭了帐房，我就住在那里。其他的伯克和武士则安排住在城门边和城堡周围的壁垒上。

两、三天后，昔班尼汗来到城堡外一段距离的地方驻营。撒马尔罕的平民百姓自城郊和街道里弄成群地拥出，来到宗教学校门口，喊着拥戴我的口号，投入战斗。策马出战的昔班尼汗甚至未能接近城堡。

就这样过了几天。那些平民百姓，既不知道箭射刀砍的厉害，也从未见过野战交锋和杀人的场面，因而大胆参战，进一步远出攻击敌人。如有打过仗的战士阻挡这些人去进行这种轻率无益的出击，他们就会挨骂。

有一天，昔班尼汗进攻铁门。那些变得很大胆的百姓，像往常那样鲁莽地出城很远。我们派了几个骑兵跟随在他们的后面。我的同乳兄弟和亲近伯克，如努扬·库克耳达什、库耳·纳札尔·塔海、（密尔·）马即德·（塔海）和另几个人前往骆驼颈[1]（Shutur-
92a gardan），以便掩护他们撤退。两个乌兹别克人纵马从敌方冲向他们；他们同库耳·纳札尔短兵相接，但［其他的］乌兹别克人则下马冲向那些老百姓，把他们赶回铁门。胡契·伯克和密尔·沙赫·库钦在和卓·黑孜儿清真寺旁边下马停驻。在老百姓被乌兹别克步兵逐回时，一队走在前面的乌兹别克骑兵到和卓·黑孜儿

① 这是一条坎儿井的名称，该处的一个设防堡坞亦因而名叫骆驼颈。（Shutur-gardan，舒图尔·噶尔丹）

清真寺集合。胡契·伯克先出,同这些冲上来的乌兹别克人厮杀,打得很出色。他立了大功。所有的居民都在那里观战。下面那些逃跑者只顾自己逃命;对他们说,要放箭或坚持战斗的时间已经没有了。我站在城门上放弩箭,我的一些随从人员也放箭。我们从上面的射击,使敌人不能越过和卓·黑孜儿清真寺再向前进,只好从那里撤退了。

在围城期间,我们每晚都沿着壁垒对城堡周围进行巡视。有时我去,有时哈斯木·伯克去,有时则是我的某个伯克或近臣去。从绿松石门到舍黑·匝答门虽可骑马沿壁垒行走,但其他的地方只能步行。徒步绕城巡视的人,不等巡行一周完毕就天亮了。 92b

有一次,昔班尼汗在铁门与舍黑·匝答门之间发动进攻。作为后备队的一员,我在那里的战斗刚一开始时,就前往该地。但我没有关注漂白地(伽祖里斯坦)和制针者门(苏赞甘兰门)。那天,我站在舍黑·匝答门上,用弩箭对着一个百人马队队长的坐骑进行了准确的射击;那马当即被射死。其间,敌人的进攻甚为猛烈,以至冲到了骆驼颈旁边的壁垒下。我们因忙于此处的战斗,就把该城的其他方面给忘了。敌人在那里准备了二十五、六架云梯。每架这样的云梯,其宽度可容两、三个人并排攀登。昔班尼汗在漂白地门和制针者门之间埋伏了七、八百配备着这种云梯的精兵,而他自己则在其他方面作战。当我们全都忙于在这个地方应战,诸
壁垒皆空无一人时,那些人就从埋伏中冲出,迅速地到达,在穆罕 93a
默德·马即德·答尔罕的府第对面两道城门之间的城墙上架起了云梯。这个地方是穆罕默德·库利·库钦率领一支部队驻守之地,他们就驻在穆罕默德·马即德·答尔罕的府第。驻守制针者

门的是哈拉·巴鲁剌思,驻守漂白地门的是希里姆·塔海及其兄弟和库特鲁格·和卓·库克耳达什。因战斗是在该城的另一边进行,所以部署在这几个驻地的人员都漫不经心,他们的仆役下人都四散各干各的事去了,有的回家,有的逛市场。只有驻地的首长、伯克们同一、两个市井平民留在那里。

胡契·伯克、穆罕默德·库利·库钦、沙赫·苏非和另一个武士在战斗中表现很好,很勇敢。敌军有的人已爬上壁垒,另外一些人还在往上爬;这里提到的四个人跑上来,给予他们以痛打,将他们打下城去并迫使他们逃走了。胡契·伯克干得最出色,这是他立下的最突出的和众所公认的一大功劳。在这次的围城战中,胡契·伯克两次立了大功。

93b 哈拉·巴鲁剌思也单独留在制针者门的驻地;他也很好地坚持了下来。库特鲁克·和卓·库克耳达什和库耳·纳札尔留守在漂白地门驻地。他们也以少数的人员坚持得很好,并从侧面向敌人放箭。另一次,哈斯木·伯克率领其手下的青年战士从制针者门出击,把乌兹别克人赶到和卓·卡夫什尔,把几个人打下马来,斩其首级而回。

这时已是谷物成熟的季节,但却没有人把新收的谷物运进城来。围城旷日持续下去,使城内居民陷于严重匮乏;以至于贫穷的人开始以狗肉和驴肉为食。又因为马料缺少,人们只得以树叶来喂马。经验表明,最适合喂马的树叶乃是桑树和榆树的叶子。有些人则刨干枯的木头,把刨木花丢到水中,以喂马。

昔班尼汗有三、四个月没有临近城堡;而是从远处将城堡包围起来,并从一地到另一地巡回绕行。一天晚上,我们的人没有预料

到他会来,他却在午夜时从绿松石门那边到来。敌人敲起战鼓,呼
喊战斗口号。当时我正在宗教学院。城里一片惊恐与慌乱。在那 94a
以后,敌人每晚都来,以战鼓声和战斗口号的喧嚣声来骚扰我们。我派遣使者和信差到各地和各个方面去,但没有任何人给我送来帮助与支援。在我有权有势并且没有蒙受失败和匮乏的时候,尚且没有人来帮助和支援我,那么,在这么[困难的]时候我又有什么理由会得到帮助呢?

寄希望于[别人的]帮助以在围攻中守城和坚持下去,是没有根据的。古人云:"欲守其城,须有一头、两手与两足。头者,统帅也;两手者,来自两方面的支援与帮助也;两足者,城堡内之饮水与粮食也。"

我们期望毗邻和边远地区的领主能给予帮助和支援,但他们却各有自己的打算。像速檀·忽辛·米儿咱那样勇武而富有经验的君主,不但未给我任何帮助,甚至也没有派一个使者来鼓励我,反而在围城时派了卡马鲁丁·胡赛因·伽祖尔噶希出使去昔班尼汗那里。

(是年)檀巴勒自安集延来到别什干(意为五个村子,在从忽毡去塔什干的大路上)附近。阿黑麻·伯克及其部下引汗去迎击
檀巴勒。他们在拉克·拉坎附近和图拉克花园对面相遇,但没有 94b
发生战斗就分开了。速檀·马哈木·汗不是一个娴于战阵的人,完全缺乏军事才能;他在面对檀巴勒时,表现得既拙于言辞,又怯于行动。阿黑麻·伯克虽为庸才,但勇敢忠诚。他很尖锐地提出意见说:"檀巴勒这个人有什么了不起,竟使你如此惊恐不安。如果你不敢看他,那你就绑着眼睛去同他对阵好了。"

回历九〇七年（公元1501年7月17日至公元1502年7月7日）的事件

围城的时间拖得很长，任何地方也没有给我们送来粮食与供给，任何人也没有给我们提供帮助与支援。战士们和人民因感到失望，开始三三两两地跳出围墙，逃离城堡。昔班尼汗听说城内居民的境况后，就来到情人洞附近扎营。而我，则前往下街马力克·穆罕默德·米儿咱的府第，就住在昔班尼汗的对面。

在那些日子里，和卓·胡赛因的兄弟乌宗·哈桑带了十至十
95a 五名伴当进入城堡。前面已经提到，正是此人曾唆使只罕杰儿·
米儿咱叛乱，也是他曾逼迫我（于回历九〇三年—公元1498年3
月）离开撒马尔罕。他的到来是一个很大胆的行动；士兵们和城
镇居民的境况越来越困苦，我身边的一些亲信人员也开始溜出城
堡逃逸。其中甚至有知名的伯克和老仆，如皮儿·外思·舍黑和
外斯·拉噶里。从任何方面得到帮助的想法已完全失望，对其他
任何地方也不再有希望。我们的粮食和给养少得可怜，所有的一
切即将告罄，无所补充。

这时，昔班尼汗提出议和。如果有得到援助的一线希望，如果我们有粮食，那谁还愿意接受议和呢？可是现在非议和不可。在签订了一种类似和约的条约后，我们仍在夜里二更时分（午夜）经

舍黑·匝答门离城。我带着我的母亲汗尼木一起出城,另外两个女人也同我一起离开,一个是别什卡·喀利法,另一个是明格利克·库克耳达什。我这次[从撒马尔罕]出走时,我的姐姐罕匝答·别昆落到了昔班尼汗的手中①。

我们于黑夜中在粟特的几个主要灌溉渠中间打圈子,迷了路。经历千辛万苦才于天明时走过和卓·迪达尔,在晨礼时分爬上卡 95b
拉布格高地。我们又从卡拉布格高地北坡继续前行,经朱都克村边缘,直下进入伊兰·乌提平原。在路上,我与康巴尔·阿利和哈斯木·伯克一起策马奔驰。我走在前面。当时我想看一看走在后面的他们,就转过身来,可能是肚带松了,马鞍子翻了过来,我落马,头撞在地上。我虽当即起来,重新上马,但直到晚上神智仍未恢复平静。至今,这世界上发生的事件仍然像梦幻和幽灵一样闪现在我的眼前和心目中。

晡礼时分,我们到伊兰·乌提下马停留。在那里宰了一匹马,烤其肉,并储备了一些烤肉,让我们的马休息一阵,然后继续赶路。天亮前我们到达喀利拉村停留。我们又从喀利拉村到了吉扎克。当时,哈非思·穆罕默德·伯克·杜耳代的儿子塔希尔·杜耳代正在吉扎克。该地肥羊肉和白面面包都很便宜,甜瓜和优质葡萄都很丰富。我们在经受了极度的贫乏之后,竟见到这么便宜的东西,在忍受过如此的穷困之后,现在却处在如此安逸的[地方]。

在恐惧和贫乏之后,我们得到了安全(amani taptuq)

① 离城前,经罕匝答本人和她母亲同意,她嫁给了昔班尼汗,而非被俘后逼迫成亲的。

一个新世界的新生活展现在我们面前(jahani taptuq)
死亡的恐惧已从我们的心中消失(rafa' buldi)
我们的人已不再挨饿忍饥。(dafa' buldi)

96a 我平生从未得到过这样的休息,我有生以来也从未见过如此便宜的物价和如此的安逸。忧伤以后的欢乐,劳累以后的安逸,总是最安乐、更欢欣。我曾经有四、五次转危为安,由苦而乐。这是第一次。我们终于摆脱了这样一个敌人的折磨和饥饿的痛苦,得到安全的休整和富足的宽慰。

在吉扎克休息三、四天后,我们出发前往乌拉提尤别。帕夏噶尔位于大路一边不远。因我以前(于回历九〇四年)曾在那里待过一段时间,所以,我在经过其地时,就去那里游历了一番。在帕夏噶尔城堡,我遇见曾长期在我母亲汗尼木身边服役的一个贵妇,她是一个教师,由于没有坐骑,这次留在了撒马尔罕。我同她见了面,询问她的情况,才知道她是步行从撒马尔罕来到帕夏噶尔的。我母亲的妹妹忽布·尼格尔·汗尼木已经死了,只是到乌拉提尤别后他们才将此事告诉我和汗尼木。我的祖母也在安集延去世,
96b 他们也是在乌拉提尤别告知我们的。

自我的外祖父[羽奴思]汗(在回历八九二年)去世以来,汗尼木从未见到过自己的继母,弟弟和姊妹,即沙·别昆、马哈木·汗、速檀·尼格尔·汗尼木和道拉特·速檀·汗尼木;他们已离别十三年,或十四年。于是她就前往塔什干同他们相见。

在同马黑麻·忽辛·米儿咱商量后,我决定在乌拉提尤别附近的迪赫·卡特村过冬。我把行李什物放在迪赫·卡特,就出发亲自去拜谒沙·别昆,我的舅汗和一些亲戚。我在塔什干过了几

天,侍候沙·别昆和我的舅汗。我母亲的胞姊米黑里·尼格尔·汗尼木也从撒马尔罕来到了塔什干。我母亲汗尼木[在塔什干]患病,病情很严重。曾经生命垂危。

尊敬的和卓基·和卓,逃出撒马尔罕后,来到法尔·卡特住下。我曾到那里去看望他。

我曾希望我的舅汗对我关怀施恩,能赐给我一块地盘或一个大邑。他确曾答应以乌拉提尤别之地赐我,但马黑麻·忽辛·米 97a
儿咱不予交付。不知道是因为他自己不想交付呢,还是上面指示他不要交付。

几天后,我们返回迪赫·卡特。这个村子在乌拉提尤别山区,位于乌鲁·塔格山脚下。过了该山,就是马恰地区。迪赫·卡特村的居民,虽是定居的萨尔特人,但他们却像突厥人一样,也牧放羊群和马匹。他们的羊只计有四万。

我们停驻在该村的农民家中;我住在那里的一个长老的家里。此人年寿已高,有七、八十岁,但他的母亲仍然健在;这位长寿的老太太,已有一百一十一岁。在帖木儿·伯克远征印度时,这位老太太的一个亲戚曾从军随去。她至今记得此事,并常常谈及之。仅在迪赫·卡特一地,就有她的子孙九十六人,包括她的孙子、曾孙、玄孙……等等;如把她的已死去的子孙合计,则其后裔达二百人之多。她孙子的孙子是一个二十五、六岁的青年人,长着满脸黑胡子。

我在迪赫·卡特时,常步行到该村周围山中及其附近去游逛。 97b
我一般是赤脚步行。由于这样走得多了,我的脚变得很粗糙,以至于无论是山岩也好,石头也好,我都无所感觉。有一次,我在晡礼与婚礼之间出去游逛,见一头公牛从一条几乎看不见的狭仄小路下来。我问道:“这条路通往何处?请看着这条公牛,别把它赶走了,那就会知道这条路通往何处。”和卓·阿萨都拉打趣说:“如果这条公牛突然迷了路,那我们又怎么办呢?”

这年冬天,我的一些士兵因不能继续同我们一起过流浪生活,要求离开我们前往安集延。哈斯木·伯克经常劝我说:“这些人既打算去安集延,就把你自己穿戴中某件特别的东西作为礼物托他们捎给只罕杰儿·米儿咱。”于是我就将我的貂皮帽子给他送了去。哈斯木·伯克又来对我说:“如果您给檀巴勒也送点什么,那又有什么害处呢?”我虽很不愿意,但因他一再要求,我就给檀巴勒送去一把宽面大刀,这把刀是努扬·库克耳达什在撒马尔罕为自己打制的。就是这把刀,后来砍中我的头部。此事在叙述翌年的事件时将要谈到。

98a 数日后,我的外祖母伊散·道拉特·别昆同留在撒马尔罕的我的家眷、行李和少数几个又瘦又饿的随从人员来到迪赫·卡特村。她是在我撤离撒马尔罕后留在那里的。

那年仲冬时节,昔班尼汗踏冰渡过忽毡河,到沙鹿海牙和别什干附近进行劫掠。我们刚一听到这个消息,就不顾我们人员少,立即出动,驰往忽毡城下游哈什特·雅克(八分之一)对面的村庄。时天气严寒。该地经常有从哈·德尔维希刮来的大风,从不减弱。严寒达到如此的程度,以至于在这两三天之内冻死了两三个人。

我需要净身。一条水渠岸边的水都冻结了,渠的中央因水流湍急未冰冻。我即进入渠中净身,在水中浸泡十六次。冰冷的水刺骨地冲洗着我。

次日天刚破晓时我们在喀思拉尔(Khaslar)对面踏冰渡过了忽毡河。过河后,我们又走了一整夜,来到别什干。看来,昔班尼汗在抢劫了沙鹿海牙附近地区以后,已经返回去了。那时,别什干是归毛拉·海达尔的儿子阿不杜耳·米南管辖。他的另一个儿子比阿不杜耳·米南小,名叫穆明,是一个放荡不羁的混蛋,我在撒马尔罕时,他曾在我手下效力。我曾有恩于他。不知道努扬·库克耳达什在撒马尔罕怎样得罪了他,这个专搞鸡奸的家伙竟对 98b
[努扬·库克耳达什]深怀仇恨。

关于乌兹别克抢劫者撤回去了的消息刚一传来,我们就派人去汗那里[报告],并从别什干出动,到阿汉加兰(铁匠谷地)的村子里过了两、三天。毛拉·海达尔的儿子穆明邀请努扬·库克耳达什、阿黑麻·哈斯木与另外几个人到他那里,以酬答他在撒马尔罕时受到的殷勤款待。在我离开别什干时,这些人仍留在该地。穆明在一个悬崖的边缘为他们举行招待酒会。我们来到阿汉加兰的萨姆·西拉克村驻营,第二天一早就有消息传来说,努扬·库克耳达什由于喝醉了坠崖而死。我们派努扬·库克耳达什的亲舅父哈克·纳札尔和另外几个人到那里。哈克·纳札尔去察看了努扬坠崖的地方,把死者埋葬在别什干,他们就回来了。这些人是在距举行宴会处一箭之地的深谷谷底找到努扬的尸体的。有些人怀疑,是心怀撒马尔罕积怨的穆明把努扬害死的;可谁也不知道事实的真相。

他的死使我非常悲伤;我很少为别的人的死如此哀痛过。在一个礼拜至十天当中,我一直为之哭泣。努扬[去世]的纪年文为"Faut shud Nuyan"(意为,努扬已死,指回历九〇七年)。几天后, 99a

我们回到迪赫·卡特村。

春天回暖时，有消息传来说，“昔班尼汗正前来进攻乌拉提尤别。”因迪赫·卡特村位于一个平原上，所以我们就取道阿比·布尔丹山口而进入马恰山区。阿比·布尔丹是马恰地区最下边的一个村子。其下有一泉，泉边有一玛札尔（坟墓）。泉以上的地方属马恰，泉以下的地方属帕耳噶尔。我在该泉源头旁边的石头上刻了这样三个对句，都是我自己写的：

我听说，尊贵的哲母希德①
曾在泉源边的一块岩石上镌刻道：
“许多人像我们一样在这泉水处歇息
可一眨眼就离开了人世。
我们以勇武和强力夺得了这个世界，
但我们并不能把它带进坟墓里。”

在岩石上镌刻诗句和其他各种铭文，是该山区的一种习惯。

我们在马恰时，诗人毛拉·希吉里自喜萨尔前来投效于我。那时，我作了如下的一首诗：

你的肖像不会比你更美，你的相
　貌比肖像美甚（andin artuqsin）
人们把你称作是他们的灵魂，但你
　无疑要高于灵魂（jandin artuqsin）。

昔班尼汗来乌拉提尤别附近掳掠抢劫之后，就退去了。当他
99b 在该地时，我们把行李什物留在马恰，不顾自己的人员少和缺乏武

① 哲母希德是一位古波斯王的名字。

器,又[重新]越过阿比·布尔丹山口,前往迪赫·卡特村,就近聚集力量,以便我们能不失掉次日晚上的一个战斗机会。但昔班尼汗急忙地撤退。我们则又越过山隘,回到马恰。

这时我意识到,“在群山中流窜,无家无房,也没有领土,像这样生活是不行的。不如直接上塔什干到我舅汗那里去。”

哈斯木·伯克不同意去那里。前已提到过,他曾在哈拉·布拉克杀了两、三个蒙兀儿人以儆效尤,也许是由于这个缘故,他不愿意去塔什干。不管我们怎么坚持,也没有用。哈斯木·伯克还是带领自己的兄弟和随从、亲信,一起到喜萨尔去了。我们也就越过阿比·布尔丹山口,去塔什干投奔我的舅汗。

在那些日子里,檀巴勒率领他的军队,进入阿汉加兰谷地。他的军队的一些首领人物,如杜格拉特部的(赛亦德·)马黑麻(人们称他为喜萨尔人马黑麻),及其弟速檀·忽辛·杜格拉特,同康巴尔·阿利·锡拉赫(剥皮者)密谋加害于檀巴勒。在檀巴勒发觉了这个阴谋后,他们便不能再留在他的身边,遂去投奔于汗。我们在沙鹿海牙过了宰牲节(库尔班节,时在助勒·希哲月十日,即公元 1502 年 6 月 16 日),但不能再停留,我们便启程前往塔什干我舅汗那里。

那时我作了一首四行诗(柔巴依);我对诗中用的韵有些疑
问,因为那时我对作诗的规则没有特别深入的研究。汗是一个有 100a
天赋的人,也作诗,不过其中完善的戛泽拉体诗不多。我把这首四行诗读给汗听,告诉他我的一些疑问,但却没有得到他能令我心安的明确回答;[看来],汗对作诗的规则也没有多少研究。下面就是这首四行诗:

一个倒霉者绝不会想起别的人,(mihnat-ta kishi)
流放在外谈不上有什么高兴,(ghurbat-ta kishi)
我自己在流浪中也总是郁郁不乐,
置身异国他乡对什么也不会有好的心情。(albatta kishi)

后来我才懂得,在突厥文的诗中,为了押韵,ta 与 da 是可以互换的,ghain,qaf 与 kaf 也可以互换。

数日后,檀巴勒去了乌拉提尤别。汗听到这个消息后,立即率军自塔什干出动。他在别什干与萨姆·西拉克之间的地方将军队划分为右翼和左翼,并举行阅兵。其后,即按蒙兀儿的方式展旗。汗下马。在他的前面,地上插了九面旗。一个蒙兀儿人把一条长长的白布系在一头牛的前腿骨上,并手执白布的另一端;还有三条长白布系在三面旗子的旗杆的穗带下,其中一条白布的另一端由汗踏着,另外两条白布各由我和速檀·穆罕默德·汗尼卡踏着。
100b 那位手执牛腿上拴的白布的蒙兀儿人,看着旗子,用蒙兀儿语说了些什么,然后向他们示意。于是,汗和站在他身边的所有的人就朝旗子泼马奶子。一下子鼓乐齐鸣,站列成行的战士一齐呼喊战斗口号。这一共进行了三次,然后上马,喊着口号,绕营奔驰。

在蒙兀儿人当中,这些规矩仍像成吉思汗制定它们的时候那样被遵行着。右翼的[战士]仍站在右翼,左翼的仍站在左翼,中军的仍居中央。所有的人都像其祖先一样,历代都按照[成吉思汗]札撒规定的地方各就各位。最可靠的站在右翼和左翼的最前端。为了谁站在右翼的一端,察拉思部和别乞克部经常进行争执。那时,察拉思万户的伯克喀什卡·马赫穆德,是一个很勇敢的人。别乞克万户的伯克艾育伯,在其他万户中很著名。此二人为了谁应当站在最前端的问题互相打起来,以致拔刀相斗。最后,解决的办法似乎是,一个在围猎时占据最高位置,另一个在战斗队列中占据最高位置。

次日早晨,在萨姆·西拉克附近举行围猎。我们到达那里后, 101a
在图拉克花园扎营。那天,我就在该营地完成了我创作的第一首戛泽拉体诗。该诗开头的一副对句如下:

除了我的灵魂外,我未见过知心的
　朋友(wafadar tapmadim)
除了我的心外,信得过的人也从来
　没有。(asrar tapmadim)

这首诗共有六副对句。我以后作的每首戛泽拉体诗,都是按[头一首]的这个方式写的。

我们(英译本作汗)从萨姆·西拉克出发,一程一程地进达忽毡河畔。有一天,我们信步地过了河,下令煮饭,让战士和扈卫们快乐一阵。那天,有人偷走了我腰带上的金纽扣。次日晨,伯颜·库利的儿子汗·库利与速檀·穆罕默德·外思逃到檀巴勒那里去了。虽然未曾得到确证,但每个人都肯定是他们干了这件坏事。阿黑麻·哈斯木·科赫布尔也请求允许他离开,去了乌拉提尤别。他离去后也未再回来,投奔到檀巴勒那里去了。

回历九〇八年(公元 1502 年 7 月 7 日至公元 1503 年 6 月 26 日)的事件

汗这次出征全无所得,既没有夺到城堡,也没有打败敌人;他出而复返。

在我滞留于塔什干的时期,我经受了极度的贫困与屈辱。我没有领地,也没有得到领地的希望;我的伴当绝大多数已经散去,留下来的少数伴当,忍受着穷困,也不能同我一起再走。在我去舅汗的宫门时,有时只带一个人,有时则带两个人。好在他并
101b 不是外人,而是我的至亲。我在对我的舅汗施礼以后,总是去沙·别昆那里,我光头赤足进入她的房子,就好像回到自己家里一样。

这种无家可归的流浪生活终于使我陷于绝望中。我想:"与其在如此悲惨的境况中活着,还不如信步所之地离去;与其在人们的眼底下忍受贫困与屈辱,还不如走,能走多远就多远。"

我打算去中国,决定立即就走。我从孩提时代起就希望去中国,但因政务及亲故缠身而未能成行。现在,我已不是国君,我母亲则到她[继]母和她弟弟那里去了。我不再有旅行的障碍,我对我母亲也不必挂念了。我通过和卓·阿布耳·马卡拉姆转告[沙·

别昆和舅汗]说:"现在出现了像昔班尼汗这样一个敌人;突厥人①和蒙兀儿人同样受到他的危害。现在,在他尚未完全侵占我们的领地和尚未变得很强大时,很需要考虑一下他的问题。正如以下诗句所说的:

> 今天,在你能扑灭这火时,就应将其扑灭,
> 一旦这火蔓延,它就会烧遍全世界。
> 别让你的敌人张弓搭箭,
> 自己赶紧一箭将他送上阎王殿。

他们(指我的那些亲戚)自见过我的满舅汗(阿黑麻·阿剌札)以来,已有二十四、五年;而我则从未见过他。如果我到满舅那里去,那我是否能不仅自己可同满舅见面,而且能安排你们同他会见呢?"

我的目的是:如果我以这种借口离开此地,那么,我一旦到了 102a
蒙兀儿斯坦和吐鲁番,就不会再有什么障碍与忧虑了;我就能自己掌握我的缰绳。

任何人也不知道我的这个打算,也不能将其告知任何人;因为甚至是我的母亲,我也不可能对她谈及这一计划。而我身边那些曾跟随我过流浪生活的少数人,包括贵族和平民,却有其他的打算,把我的计划告诉他们也是完全不愉快的。

在和卓·阿布耳·马卡拉姆将此事告知沙·别昆和我舅汗时,他也知道,他们[是会]同意的。当时,他们想,可能的话,我应请求允许才走,因为我还没有得到什么关怀照顾。所以,他们出于

---

① 这里的"突厥人",是巴布尔对自己部族的称呼。所以,后来把印度的帖木儿朝统治者称为莫卧儿(蒙兀儿)朝是不合适的。

礼貌,就迟迟没有允许我走。

就在这个时候,我满舅那里来了一个人,通知说,满汗会到这里来。这就使我的计划未能实现。接着另一个人又来报告,说满汗已到附近,于是沙·别昆,汗的妹妹速檀·尼格尔·汗尼木与道拉特·速檀·汗尼木,我,以及穆罕默德·汗尼卡与(歪斯·)米儿咱·汗统统立即出去迎接我的满舅汗。

在塔什干和赛兰之间,有一牙格村(或作牙格玛)和另外几个小
村庄;伊不拉欣(亚伯拉罕)教父和伊斯哈克(艾萨克)教父的坟墓
就在那里。我们到了这些村庄。我因不确知我的满舅汗马上会到,
102b 就不经心地迅速骑马出去溜达,可突然地与满舅对面相遇;他们刚
刚扎下营帐。我走到他跟前。在我下马时,我的满舅汗当即明白
了,他很激动;也许,他是想在某处安营并住下来以后,再隆重地同
我们会见。但因我已到了他的跟前,并已下了马,这就使得他已来
不及下马施礼了。我屈膝前去拜见他。舅汗感到激动而又不好意
思,当即就命速檀·赛德·汗和巴巴·汗·速檀二子下马,下跪与
我相见。舅汗只带了这两个速檀(儿子)来,他们约有十三、四岁。

见过这两位速檀后,我就上马,同他们一起去见沙·别昆。他们一起坐到半夜,共叙过去的事情和经历的事件。

次日早晨,满舅汗赐给我一些礼物:一件蒙兀儿样式的袷袢,一条宽腰带和自用的一匹带鞍子的马,以及绣花的蒙兀儿帽子,用中国锦缎制的长袍,带有老式口袋的中国腰带。口袋挂在腰带的左边,还挂了三、四件小东西,如妇女们常挂在衣领上的香囊与提包。同样,右边也挂了三、四件小东西。

103a 我们从该地前往塔什干。我的大舅汗也从塔什干走了三、四

伊尕奇(18—24公里)前来相迎。大舅汗在一个选定的地方扎营，住下。满舅汗一直走到毡帐正面跟前。他在快接近毡帐时,从右边到左边绕着大汗走了一圈,然后在大汗的前面下马;满汗走到拜见的地方,向大汗跪拜九次,然后相见。

在满汗走近时,大汗也起身,他们互致问候,站立拥抱者久之。满汗在退下时又下跪九次;在献礼时,他又多次鞠躬。然后他才走到大汗身边坐下。

满汗手下的人员全都是蒙兀儿式的打扮:戴蒙兀儿帽子,穿中国锦缎制的绣花长袍。他们带着蒙兀儿的箭袋,用绿革制的马鞍子,骑蒙兀儿马。全都配有特别的装饰。

满汗带来的人员不很多:约莫有一千多人,不到两千人。我的满舅汗是一个非凡的人,骁勇,善使刀剑。在所有的武器中,他最看重剑。他常说:"武器有六叶锤、大头棒、短锤、鞍形斧、战斧;用这类武器只能击中一处;但是剑呢,只要一击中,就能从头砍到脚。"他从来都是利剑不离身;或是挂在腰间,或是握在手中。满 103b
舅汗是在边远地区长大成人的,所以有些土气,语言粗鲁。

我也穿着上述的蒙兀儿服装,同满舅汗一起去见大舅汗。和卓·阿布耳·马卡拉姆在我的大舅汗那里。他不认识我,就问道:"这位尊贵的速檀是谁?"在我说明以后,他才与我相识。

在回到塔什干后,两位汗迅即率军去进攻俺的干(安集延)的速檀·阿黑麻·檀巴勒[①]。他们取道肯迪尔利克山口前进。在我

---

① 汗率军于穆哈兰月十五日(公元1502年7月21日)从塔什干出发,目的是去驱逐檀巴勒,以便恢复巴布尔的王位。

们抵达阿汉加兰谷地时，我与满舅汗奉命先行。在过了山口后，我们又都在卡尔南的札尔坎附近会师。两位汗在这里举行了阅兵，清点军队，计有三万人。

从前面的部队传来消息说，檀巴勒也征集了一支军队到达阿黑昔。两位汗经过商量，决定拨给我一支部队，要我在渡过忽毡河后去奥什与乌兹根方面，从檀巴勒的后方绕过去。这样安排后，他们就把以下的部队拨给我指挥：艾育伯·别乞克及其土绵，占·哈散及所属的八邻部（俄文译本作纳林部），杜格拉特部的穆罕默德·喜萨里，杜格拉特部的速檀·忽辛与杜格拉特部的速檀·阿赫马·米儿咱（他手下没有杜格拉特土绵的士兵），以及康巴尔·阿利。亦塔尔只部的黄头米儿咱被指派为军队的长官。

我们在卡尔南告别两位汗后，在萨坎附近乘木筏渡过忽毡河，
104a 经过胡坎分区（乌尔钦），夺得了卡巴，又取道阿赖分区，突然降临于奥什。我们于天亮时出其不意地进入奥什城堡；奥什的居民束手无策，只好投降。该地区的居民自然是很希望我们到来的，但由于害怕檀巴勒，又因我们相距遥远，所以不能给我们以任何帮助。

我们刚一来到奥什，生活在安集延东面和南面山区和低地的定居居民和游牧人就都来归附于我。

乌兹根城过去是费尔干纳的首府，有很好的城堡，位于［费尔干纳的］边境。该地居民愿意为我效力，派了一个人向我表示臣服。数日后，马尔格兰人打败并驱逐他们的长官，也臣服于我。于是忽毡河以南所有的城堡，除安集延之外，都承认了我的政权。

在那些日子里，尽管发生了这些反对檀巴勒的动乱，但檀巴勒仍不醒悟，反而带领他的步兵和骑兵驻于阿黑昔与卡尔南之间，掘壕设障布防，与两位汗相对阵。在那里几次发生小的接触和打斗，但互无决定性的胜负。

在安集延地区，大多数的部落和氏族、城堡和土地既已臣服于
我，所以，安集延的居民自然也希望向我称臣，但他们却找不到方 104b
式。我忽然想到，如果我们在晚上接近安集延，派一个人去那里同
城内的和卓和上层人物进行商讨，他们可能会让我们在某处进城。
抱着这个打算我们就从奥什出动，于半夜来到距安集延一库罗赫
（2公里）处的乞耳·杜赫塔兰（意为四十个女儿）对面的驻地。

康巴尔·阿利与另几个伯克奉命先行，以便他们能小心地派人进城去同和卓与显贵人物商谈。我们骑在马上等待派出的伯克，有的人打瞌睡，另一些人则干脆睡着进入了梦境。

入夜渐深，大约到三更时分，忽然战鼓声和呼喊声大作。我们
的人从睡梦中惊醒，不知敌人人多还是人少，互不相顾地转身就
逃。我甚至来不及制止他们，就策马奔向敌人。密尔·沙·库钦、
巴巴·舍尔札德（幼虎）与多斯特·纳昔儿立即跟着我冲了上来。
除我们四人外，所有的士兵都转身逃跑了。在我朝后稍退时，敌人
冲过来了，喊着口号，对我们放箭。一个敌人，骑着一匹额上有白
斑的马，来到我的跟前，我朝它放了一箭，那马滚倒在地死了。敌
人稍却，似欲撤退。 105a

跟随我的三个人说："天这么漆黑，敌人是多是少，全不清楚。我们所有的人都离去了，我们四个人能给敌人造成什么伤害呢？我们应先赶上那些逃跑了的人，然后才能作战。"

我们飞马赶上了我们的人，并用马鞭抽打他们，但不管我们怎样，他们都不肯停下来集合。我们四个人只得又转回朝敌人放箭；

敌人乃稍却。他们经过一、两次出击，见我们只有三、四个人，没有更多的部队，就又开始追赶我们，把我的人打下马来。就因为这样，我三、四次企图制止我的人员逃散，但都徒劳，没法使他们重整队伍；我又同那三个人转回，向敌人射箭以阻其追击。

敌人追击我们的人，追了二、三库罗赫(4—6 公里)，一直追到喀拉布克和帕夏蒙对面的高地。我们在那里遇到穆罕默德·阿利·穆巴希尔。我说："他们人不多。让我们停下来，把我们的马匹放给他们。"我们这样做了。在我们驰至敌人跟前时，他们坚持不动。

我的那些四散的士兵从各个方面集合拢来；但有些很管用的年轻战士，在这次的攻击中逃散，直奔奥什去了。

此事似是这样发生的：艾育伯·别乞克土绵所属的一些蒙兀儿人，在奥什离弃我后，去安集延附近进行抢劫。他们在听到我军的嘈杂声时，就小心地朝我们走过来，并喊口令。口令有两种：一
105b 种口令是每个部落专用的，如一个部落的口令为"达尔瓦纳"(Darwana)，另一个部落的口令为"图开"(Tuqqai)，第三个部落的口令为"鲁路"(Lulu)①。另有一种口令是供全军使用的。在战争中，用两个字做口令；在战斗中相遇时，一个人说出一个字，另一个人说出第二个预定的字作答，以便判别和区分是朋友还是敌人，是自己人还是外人。在这次的进军中确定的口令是"塔什干"与"赛兰"。如一个人喊"塔什干"，另一个人即喊"赛兰"作答，如喊"赛兰"，则以"塔什干"作答。在这次的乱战中，和卓·穆罕默德·阿利走在前面。蒙兀儿人上来时，喊"塔什干"、"塔什干！"和卓·穆

① 达尔瓦纳(Darwana)，或写作杜尔·达纳(dur-dana)。

罕默德·阿利是一个萨尔特人①,他当时太急躁了,也喊"塔什干"、"塔什干"!蒙兀儿人以为他是敌人,就高喊战斗口号,擂起他们的鞍鼓,向他放箭。由于这个假警报,我们只好散去。预定的计划既未成功,我们就又后退,回到奥什。

由于各城堡和山区平原的居民,都已归顺于我,檀巴勒及其追随者就丧失勇气,无心坚持了。在以后的五、六天中,他的士兵和部众开始离散,三三两两地逃往偏僻的山区和广阔的草原。有些人从他那里叛逃过来说:"檀巴勒的事业行将崩溃;三、四天后他们将完全垮台,檀巴勒一定会撤退。"

听到这个消息后,我们立即出动去进攻安集延。时驻守在安集延城堡的是檀巴勒之弟速檀·穆罕默德·尕耳普克。我们取道图特鲁克路(Tutluq-yul 意为桑树路),于晌礼时分驰至安集延以南的喀坎渠。在那里组织了一个搜索队。我自己则跟在这个搜索 106a
队的后面从喀坎渠来到爱喜山的山坡。我们的侦察兵送来消息说,速檀·穆罕默德·尕耳普克及其部属已从爱喜山坡旁的花园和近郊出动。当时搜索队的人尚未集合起来;我来不及等他们集合,就迅速前去进攻敌人。尕耳普克手下约莫有五百多人;我们的人虽然较多,但许多人已分散到各地搜索去了。在我们遭遇时,双方的人数大约相等。我们没有整顿部队的秩序,也没有布阵,就纵马疾驰冲向敌人。在我们互相接近时,敌人竟不能坚持,甚至只交刃一两次,就逃跑了。我的部队追击尕耳普克的人,差不多追到了喀坎门,把他们一个一个地打下马来。

---

① 海德拉巴抄本写作 Sairt kishi。

我们击败敌人，进抵城郊边缘的和卓·基城，已是昏礼时分。我想径去城堡门口；但生活经验丰富的伯克们——多斯特的父亲纳昔儿·伯克和康巴尔·阿利·伯克——对我说："现在已是晚上了，在黑暗中大家都到城堡中去是不明智的。让我们稍作退却扎营。到明天早晨，他们除了献城投降，又能怎样？"

我当即采纳了这些阅历丰富的伯克们的意见，退到城郊边缘。
106b 如果我们那时进至城堡门下，那安集延城堡肯定会被我们拿下。

这时已是宵礼时分。我们前进，渡过喀坎渠，在拉巴特·伊·早拉克（或写作鲁札克）村边驻营。我们虽知道檀巴勒已仓皇撤退，并正在前往安集延，但我们却因缺乏经验而犯了错误：我们没有在喀坎渠这样有防御工事的地方驻扎，却渡过渠去，到拉巴特·伊·早拉克村边的平坦地带驻营。我们就在该处疏忽大意地住下［休息］，既未派兵巡逻，也未部署后卫。

黎明时，人们尚在熟睡中，康巴尔·阿利突然疾驰过来喊道："敌人来了，快起来！"

他呼唤着，一刻也不停地向前奔驰，再也没有回来。我即使在和平时期也总是不脱长袍并戴着帽子睡觉。这时，我就立即起身，拿起刀剑和箭袋上马；我的旗手甚至来不及将旗帜绑在旗杆上，抓起旗子就上马。我们直接朝敌人出动的那边奔去，跟随在我身边的只有十至十五个人。

我们驰至距敌人一箭之地时，与敌人的斥候兵相遭遇；这时，我身边约有十名战士。我们迅速前冲，一边放箭；再往前，抓获了敌军的前锋人员。又追击敌人一箭之地，到达敌军的中军所在处。
107a 速檀·阿黑麻·檀巴勒及其手下的一百战士正在那里等待我们，

檀巴勒自己和另一个战士稍稍出列,站在队伍的前面;檀巴勒站在那里喊:"打,打!"但他的人绝大多数都侧身向后转,好像拿不定主意:"是跑掉呢?还是不跑掉?"

这时,留在我身边的只有三个人:一个是多斯特·纳昔儿,另一个是米儿咱·库利·库克耳达什(俄译本作阿利·库克耳达什),第三个是胡代达·土库曼(英译本作胡达拜尔地)的儿子克里木·达德。我将弓弦上的一支箭对准檀巴勒的头盔射出,又将手伸入箭袋。我的满舅汗曾赠给我一个全新的矫弓器(goshagir),正被我伸手摸着。将其扔掉甚为可惜;但在我将其重新放入箭袋前,还有时间可以射两箭。我将另一支箭搭在弦上,并向前走;那三个人则留在后面。我对面站着两个战士,其中一个似乎是檀巴勒,他也向前走着;我们之间有一条宽阔的大路。我与他从各自的一方面走上大路,面对面相遇,两人都侧着身子,互相都以右手对着对方。檀巴勒是全副武装,只有坐骑未披铠甲;我只有军刀和箭袋,此外没有任何武器。我将搭在弦上的箭射出,力图把檀巴勒的盾牌射附于箭袋的皮带上。这时,一箭射来,射穿了我的右腿。我头上戴了衬帽,檀巴勒猛砍我的头部,使我在打击下失去了知觉。107b
我的衬帽虽然一根线也没有被砍断,但我的头部却出现了一个大的伤口。我没有给自己的剑安把,剑在鞘中,拔剑已来不及;待我将剑拔出时,我已是单身一人处在众多的敌人之中。我不能再停在那里不动,乃掉转马头;又是一刀砍来,这次是砍着了我的箭。

我走了七、八步后,那三个人又来与我会合。檀巴勒用刀砍了我以后,也砍了多斯特·纳昔儿。敌人追赶我们,与我们相距有一箭之地。

喀坎渠是一条巨大的主渠,水流很深,并不是每处都可渡过。但由于真主的帮助,我们直接走到了该渠的一个渡口处。我们过了渠,多斯特·纳昔儿的坐骑因很疲弱,淹没了。我们停下,让他骑上[我们的一匹]马,然后沿着喀拉布克与法拉吉纳之间的高地,前往奥什。在我们登上这个高地时,马即德·塔海前来与我们会合。他也曾被箭射中右小腿,虽未射穿,但却是忍受了很大的困难才勉力到达奥什。我手下的一些好战士曾被打下马,如:纳昔儿·伯克、穆罕默德·阿利·穆巴希尔、和卓·穆罕默德·阿利、胡思老·库克耳达什、纳曼·楚赫拉(侍从)都在这次的进军中落马。除他们之外,还有许多武士阵亡。

108a 追赶檀巴勒的两位汗在安集延附近驻营。大汗驻于我外婆伊散·道拉特·别昆的花园内的保留地(quruq)旁边。这花园称为鸟磨坊(Qush-tigirman)。满汗驻于巴巴·塔瓦库耳救济院附近。

两天后,我从奥什来同驻在鸟磨坊的大汗见面。就在我们相见时,汗把一些转归我所有的地方给予满汗。他对我解释说:"像昔班尼汗这样的敌人,已夺取了撒马尔罕那样的城市,其权势仍在增长。为了我们的利益他才把满汗从那么远的地方请来。满汗在这里没有任何领土,他自己的领土很遥远。所以应当把忽毡河以南从安集延起往下的地方给予满汗作为停驻之地。"汗答应让我占有忽毡河以北阿黑昔以下之地,并说,在这里站稳脚跟后,两位汗就去进攻撒马尔罕地区,夺取其地后交给我,以后,整个费尔干纳就转归满汗。也许,这些话是想诓骗我的花招,因谁也不知道,在一切实现之后,还会发生什么事。

我那时毫无办法,不管我愿意不愿意,也只好同意了。在我离

别大汗前去同满汗见面的途中，号称剥皮者（silakh）的康巴尔·
阿利赶来说："看见了吧？他们现在把你所有的土地都夺走了。
同他们在一起是不会有好结果的；现在，奥什、马尔格兰、乌兹根，108b
以及听命于你的地区，你属下的游牧部落和农业居民都还掌握在你手中，可赶在此时到奥什去，固守那里的城堡，派人去速檀·阿黑麻·檀巴勒那里，同他和解，然后攻打蒙兀儿人，把他们驱逐出去，再将你的领地按兄弟的方式［同檀巴勒］中分。"

我说："那样合适吗？两位汗是我的至亲；与其为了檀巴勒而坐天下，还不如当汗的臣仆。"康巴尔·阿利·伯克见他的话没有能影响我，就后悔地转身返回［自己的地方］去了。

我继续前去同满舅汗见了面。在我们前次见面时，我是突然出现的，以致满汗来不及下马，接见我时没有任何礼仪。这次我虽走到更近的地方，但满汗跑到了毡房围栏的一端。我因腿上有箭伤，拄着拐杖，行走困难。满汗走来同我打招呼说："我的小兄弟，据说，你是一个英雄。"他把着我的手臂，让我进入毡房。因为他搭的那个毡房很小。

［满］汗因为是在边远地区长大的，所以，他住的那顶毡房简朴无华。甜瓜、葡萄、马具等物，统统都放在他住的毡房中。

我离别满汗，前往自己的驻地。他们派了一个蒙兀儿医生为
我治伤。这医生名叫阿塔卡·巴赫什（或作阿提卡）——蒙兀儿
人称医生为巴赫什。他的正骨术很是高明。即使一个人的脑髓从
头骨里出来了，这个医生也能医治。任何血管上的伤，他都能轻易 109a
地治好。对某些伤，他的方法是贴膏药，对另外的伤则用内服药。他吩咐在我腿上的受伤处绑上绷带，并不用泄液线。此外，他有一

次还给我吃一种小菜根似的东西。

这位巴赫什亲自讲："某人的腿最细部位骨折，大如手掌的一块骨头粉碎。我把肌肉割开，把骨头碎块取出，在骨头所在处放置药粉。这些药粉就在真骨处变为骨头，创伤也[愈合了]。"这类奇异惊人之事，他讲过很多。在我们这里，没有一个正骨医生能与之相比。

三、四天后，康巴尔·阿利因自己曾对我讲过的那些话而恐怕致祸，就逃到安集延去了。又过了几天后，两位汗经商量后派我去阿黑昔；奉命同我一起去的有艾育伯·别乞克及其土绵，八邻部的占·哈散及八邻土绵（俄译本作纳林）——总共一千人或两千人。黄头米儿咱被指派为军队的伯克。

阿黑昔的守将为檀巴勒之弟舍黑·拜牙即，卡散的守将为沙赫巴兹·葛逻禄。这时，沙赫巴兹来驻于纽肯特堡前。我们在巴赫拉塔对面渡过忽毡河，迅速前往纽肯特进攻沙赫巴兹。在我们

109b 于天亮前到达纽肯特时，伯克们对我说："此人肯定已得知全部情况。如果我们以混乱的队伍在白天前去进攻，那是不适宜的。"

于是，我们就放慢行进的速度。沙赫巴兹似乎毫无所觉。在我们接近纽肯特时，他才得到消息，遂逃离纽肯特城郊，进入城堡之内。事情往往是这样的：说"敌人有戒备"，这是轻易推诿之词，而行动的时机就失掉了。经验证明了这一点。一句话，行动的机会一旦到手，就不要放松任何努力。后悔是没有用处的。

天亮时在城堡周围进行了小的战斗，但我们没有发动大的进攻。

我们从纽肯特前往比什哈兰方面的山中进行抢劫。沙赫巴兹·葛逻禄乘机放弃纽肯特，逃往卡散。我军返回后，进驻纽肯特堡。

在那些日子里,我的部队几次出去对周围地区进行了攻掠。有一次,他们劫掠了阿黑昔地区的村庄,另一次则前去劫掠了卡散。沙赫巴兹与乌宗·哈桑的养子密里姆出来迎战,他们被打败,[密里姆]阵亡。

帕普城堡是阿黑昔所属的一个强固难攻的要塞。帕普的居民
紧闭城门,派了一个人前来我处。我们派赛伊德·哈斯木率领几 110a
个武士去那里。他们在阿黑昔上游一个村子的对面过了河后,即
进入帕普城堡。

几天后,发生一件奇怪的事情。那时,同舍黑·拜牙即一起驻守在阿黑昔的还有伊不拉欣·察普克(疤脸)·塔海、阿黑麻·哈斯木·科赫布尔和哈斯木·喀提卡·阿儿浑。舍黑·拜牙即另以二百精卒与上述诸伯克相会合,于一天晚上派他们去对帕普堡进行突然袭击。赛伊德·哈斯木没有采取任何预警措施,就睡觉了。那七、八十个披盔戴甲的武士,到达该堡后,架起云梯,爬上并占领了城门,放下吊桥,进入城堡内。这时,赛伊德·哈斯木才得到消息,当时他正睡得昏沉沉的,只穿了一件衬衣,于是就与五、六名武士上马出去打击敌人,并把他们赶出去了。他斩首数级,带来见我。他这样疏忽大意地睡觉在军事上虽属重大错误,但他能以如此少的几个骁勇战士打败和驱逐了敌人,确也是很勇敢的。

那时,两位汗正忙于围攻安集延城堡。该堡居民不让他们接近。安集延的士兵还骑马出来在城堡前同他们对射。

这时,舍黑·拜牙即开始从阿黑昔派人前来向我表示善意。
他恳切地邀请我们去,其目的是设计离间我同两位汗的关系;因我
如离弃汗,两位汗在安集延便不能立足。他是在其兄檀巴勒同意 110b

后发出这种邀请的。

我们认为,同两位汗分离并同这些人结盟,乃是不可能的。我把他们邀请我的事暗示地告知了两位汗。两位汗对我说:“去吧!你不管用任何手段都要抓住舍黑·拜牙即!”我不习惯于搞欺骗和诡计,何况我同舍黑·拜牙即有约在先,我又怎能如此背信弃义地毁约呢?

我想,我们应当设法进入阿黑昔,那样,我们就能使舍黑·拜牙即脱离檀巴勒,转而支持我们,或者事情也会转变得对我们有利。

于是我们就派了一个人去舍黑·拜牙即那里,与之签订条约。舍黑·拜牙即邀请我们进入阿黑昔,我们去了。舍黑·拜牙即携同我的弟弟纳昔儿·米儿咱出来迎接,让我们进入阿黑昔城堡,给我们指定一个扎营地点,并把外堡中我父亲的一所房子给了我。我去那里住了下来。

檀巴勒派自己的哥哥伯克·提耳巴去昔班尼汗那里,向他称臣,并邀请他来费尔干纳。这时,昔班尼汗的答书送到,他写道:“我一定来!”

两位汗一得到这个消息,就为之心神不安;他们在安集延再也坐不住了,就开始行动起来。

满汗为人,以公正虔诚著称,但他手下的蒙兀儿人留在奥什、马尔格兰和其他臣属于我的城堡,则与人民的期望相反。那些蒙
111a 兀儿人开始肆行暴虐与压迫。当两位汗拔营离开安集延时,奥什和马尔格兰的居民就掀起暴动,进攻城堡里的蒙兀儿人,抓住他们,进行抢劫和殴打,并把他们驱逐出去。

两位汗没有过忽毡河,而是去马尔格兰和杏仁村,在忽毡过河。檀巴勒尾追之,一直追到马尔格兰。这时,我们感到疑惑不定:留下来吧,对两位汗不能有什么指望;无缘无故地抛弃他们而离去吧,也不好。

一天早晨,只罕杰儿·米儿咱从马尔格兰檀巴勒那里逃来。这时我正在洗澡。我们见了面。当时,舍黑·拜牙即也来了,他很激动,也很惊慌。米儿咱和伊不拉欣·伯克说:"应将舍黑·拜牙即抓起来,我们必须占领这个要塞。"这个建议实际是很明智的。

我说:"我们订有条约,我们怎能毁约?"舍黑·拜牙即就进到要塞里去了。在桥上本应部署人员,但我们却没有在桥上派一个人。这是由于缺乏经验所犯的错误。

天明时,檀巴勒率领两、三千武装人员到来,他们过了桥,进入要塞。起初,我手下人员很少,而在来到阿黑昔后,我曾派了一些人去其他城堡,另一些人或被任命为指挥官,或被派往各地征税。111b
同我一起留在阿黑昔的大约只有一百多人。

我率领这些人上马出动,把战士们部署在各条街弄的尽头,准备战斗。这时,舍黑·拜牙即、康巴尔·阿利和穆罕默德·多斯特从檀巴勒那里疾驰而来进行和谈。

我将人员部署在指定的地方以备战斗以后,就前往我父亲的坟地开会。只罕杰儿·米儿咱也应邀与会;穆罕默德·多斯特回到檀巴勒那里去了,但舍黑·拜牙即和康巴尔·阿利则出席了会议。我们在陵墓南面的门廊就座,进行商量,只罕杰儿·米儿咱似乎同伊不拉欣·察普克已商量好要把这些人抓起来。只罕杰儿·米儿咱对我附耳说:"应把他们抓起来。"但我答道:"别急!事情现在就要进一步发展到拘捕他们。你瞧,可能会发生某种比言和更好的事。为什么呢?因他们人多,我们人少。而且他们以这么强的力量驻在要塞内,而我们以孤弱之众则处于外堡。”

舍黑·拜牙即与康巴尔·阿利也出席了会议。只罕杰儿·米儿咱对伊不拉欣·伯克瞩目,示意他暂不动手。不知道伊不拉欣·伯克是对他的暗示作了反面的理解呢,还是故意装作[没有看到他的暗示],他立即就动手抓捕舍黑·拜牙即。站在那里的武士们从
112a 四面八方扑向那两个人,将其按倒在地。这样一来,要谈和平与协议,就已晚了。我们把那两个交与警卫看管,就上马出去迎战。

该城的一边委任只罕杰儿·米儿咱守卫。他手下的人很少,我指派自己手下的一部分青年人去帮助他。首先,我去他那边,部署人员应战,然后才去该城的其他部分。

阿黑昔城的中央有一平坦的广场。我在那里部署一队士兵后,就继续往前。有一支人数众多的敌军步、骑兵进攻他们,把他们赶出广场,迫使他们退入一条小巷。这时我正好来到那条小巷处。我立即纵马冲向敌人;敌人不能坚持,就仓皇地逃走了。在我们把敌人逐出小巷,赶到广场,并开始砍杀时,我的坐骑腿上中箭。马蹶,将我摔到地上,落到敌人当中。我迅速跃起,搭弓放箭。帮我携带武器的侍从(萨希布·卡达姆)卡希耳骑的是一匹驽马。他下来把那匹马让给了我。我骑上他的马,将人员留在那里,奔向另一条街。速檀·穆罕默德·外思见我骑的马不好,就下马将自己的坐骑让给我。我又骑上他那匹马。这时,哈斯木·伯克的儿子康巴尔·阿利,带着伤从只罕杰儿·米儿咱那里前来。他说:
112b “不久前只罕杰儿·米儿咱遭到袭击,被驱逐。只罕杰儿·米儿

咱逃走了。我们不知所措。"

这时,留驻帕普堡的赛伊德·哈斯木来了。他离开那里很不是时候!因为在这样一个时候,我们要有一个坚固难攻的城堡才好。

我对伊不拉欣·伯克说:"现在怎么办?"他受了轻伤。不知道是由于这伤的关系呢,还是由于惊慌失措,他竟不能作明确的回答。我决定过桥,然后拆桥,前往安集延。巴巴·舍尔札德当时表现很好。他说:"我们应奋力冲出城门。"我们听巴巴·舍尔札德一说,就朝城门走去。和卓·密尔·米兰那时也说了勇敢的话。在我们行经街巷时,赛伊德·哈斯木与多斯特·纳昔儿同巴基·克孜互相厮杀起来。我同伊不拉欣·伯克和米儿咱·库利·库克耳达什走在队伍的前面。我在来到城门对面时,见到舍黑·拜牙即身着马甲,外穿套头衬衣,带着三、四个骑士进城。[他一定是在早晨被俘时曾违背我的意愿,交由只罕杰儿·米儿咱的人看管,他们又带着他逃离出来。他们曾想,最好是把他杀掉,但还是把他释放了。他被释放后,我正好在城门边遇见了他。][①]我张弓搭箭,射出的箭正好从他的脖子上擦过,射得真好!舍黑·拜牙即慌忙地进入城门,右拐,沿着一条街道疾驰而去。我们也跟在他后面奔
跑。米儿咱·库利·库克耳达什用狼头棒击中一个步兵;另一个 113a
步兵在米儿咱·库利经过时朝伊不拉欣·伯克放箭。伊不拉欣·伯克喊道:"嗨!嗨!"并走了过去;那个步兵一箭射中我的腋窝。我身上披的两片喀尔木克铠甲被射穿;他转身逃走,我朝他的背后放箭。这时,[另一个]步兵沿着城墙逃跑;我放箭,瞄准他的附在

① 括号里的几句话,不见于俄文译本。

墙垛上的帽子;他让帽子被钉在墙上,将包头巾绕在手上逃走了。还有一个骑马的战士从我身边疾驰而过,朝舍黑·拜牙即逃走的那条街走。我用剑刺穿了他的后脑壳。他身子一歪,但靠在了街道的墙上,没有倒下。他仍然骑在马上,好不容易地逃脱得救。

我们将城门边的敌方步、骑兵赶走后,就占据了城门。因城堡要塞中有两、三千武装的敌人,而我们在外堡的人员不过一、二百人,所以,已没有时间反复进行考虑了。加之,还不到煮开牛奶的时间之前,只罕杰儿·米儿咱即已被击败和被驱逐,我手下的人一半都跟他走了。

尽管如此,我们还是由于缺少经验而停留在城门边,并派了一个人去对只罕杰儿·米儿咱说:“如果你就在附近,你就来吧!让我们再向敌人发动进攻。”但事情早已成为过去了。伊不拉欣·伯克,既因坐骑太羸弱,也因自己受了伤,所以就对我说:“我的马已疲惫不堪!”穆罕默德·阿利·穆巴希尔有一个伴当,名叫速来
113b 蛮。在同样困难的情况下,虽然并没有人强求于他,他却自动下马,将坐骑让给伊不拉欣·伯克。他真是做了一件好事!

当我们驻守在城门边时,现任(印度)戈埃尔地方征税官的小阿利表现得很勇敢。那时,他是速檀·穆罕默德·外思的伴当。以前在奥什和在此地,他两次都打得很漂亮。

我们停在城门边,等待派往只罕杰儿·米儿咱那里的人回来。那人回来后说:只罕杰儿·米儿咱早就逃走了,我们再待在这里已无意义。所以,我们也就出发前进;在这里停留这么久,实属判断错误。留在我身边的只有二、三十个人了。

我们刚刚开拔,就有许多武装人员集合朝我们冲来。在我们

渡过吊桥时,敌人就到达吊桥下边。哈斯木·伯克的儿子哈姆札·伯克的外祖父班达·阿利·伯克对伊不拉欣·伯克喊道:“你总是目空一切,自我吹嘘!现在就让我们操起刀剑吧!”伊不拉欣·伯克当时同我并肩骑行。他回答说:“来吧!有什么了不起!”真是一个疯子!在吃过这么一场败仗之后,还如此好斗。不合时宜的好斗!再迟延和稽留,已不是时候。

我们迅速地奔驰向前。敌人全速地追赶我们,把我们的人打下马来。

距阿黑昔一沙里(约2公里)处有一个地方,名叫草地拱北
(Gumbaz · i-chaman)。当我们经过该地时,伊不拉欣·伯克突然
喊我。我朝后一看,见到舍黑·拜牙即的一个卫士正在打伊不拉 114a
欣·伯克。我掉转马头。但我身边的伯颜·库利的儿子汗·库利
说:“现在往回走不是时候。”他抓住我的马笼头,拉向前走。

在我们到达桑格时,我们的人大部分已被打下马。桑格距阿黑昔二沙里(约4公里)。过了桑格之后,就不见有敌人的追兵了。

我们沿桑格河岸向上前进。这时我身边只剩下八个人了。多斯特·纳昔儿、哈斯木·伯克的儿子康巴尔·阿利、伯颜·库利的儿子汗·库利、米儿咱·库利·库克耳达什、夏汗木·纳昔儿、赛伊德·哈拉的儿子阿布杜耳·卡都思、和卓·胡赛因和我自己,一共是八个人。

我们沿着河往上走,发现一条很好的小路。干涸的河床距我们经过的那条路很远。我们顺着干涸河床边的偏僻小路上行,走河流的左方,进入另一个干涸的河床。次日晡礼时,走出河床,来到一个平地。我们放眼朝这平原望去,见远处现出了一个黑点。

我让我的人隐蔽起来,我自己则步行到一个高地放哨,这时突然有些骑马的人疾驰着来到我们后面的一个小山上。未及搞清他们人多人少,我们就上马离开了。这些追兵无疑有二十人至二十五人,而我们呢?前已谈到,只有八个人。如果我们一下子就搞确实了他们的人数,那就会同他们好好地搏斗一番,但我们当时想,
114b 有其他的追兵紧紧地追赶我们。因此,我们就向前飞驰。逃跑中的敌人,即使人多,也不能抵抗人数少的追兵。这正是:

"对败军喊一声'啊呵'就够了。"

汗·库利说:"绝不能这样,他们会把我们全都抓走的。你可挑两匹好马同米儿咱·库利·库克耳达什一起赶快走,每人带一匹马备换。你们可能走脱。"他讲得不错,因既已不发生战斗,那就可以这样脱险,但我不想把任何人的马匹带走,让他在没有坐骑的条件下留在敌人当中。

最后,所有的敌人都一个一个地退去了。我骑的那匹马有些疲乏,汗·库利就下马将他的坐骑让给我。我下马换乘他的坐骑,汗·库利则骑上我的马。这时,落在后面的多斯特·纳昔儿和赛伊德·哈拉的儿子阿布杜耳·卡都思被打下马来。汗·库利也落在后面,没有时间来保护他和给他提供帮助。

我们纵马向前奔驰。谁的马不走,谁就落伍。多斯特·伯克的马也疲惫力尽而掉队了。我的坐骑也开始疲乏。康巴尔·阿利下马将坐骑让给我。我们互换马匹,而他却落后了。

和卓·胡赛因是一个跛子。他慢慢地走向一个高地。我和米
115a 儿咱·库利·库克耳达什留了下来;我们的坐骑已不能奔驰,就小跑前进。米儿咱·库利的马也开始疲惫无力。我说:"我如把你扔

下,又往哪儿去呢?一起走吧!死活都让我们在一起。"我一边走,一边时时回头看米儿咱·库利;最后他说:"我的坐骑已不行了,不能再走了。不要为我难过,继续往前走吧,你可能会走脱的。"

我落到一种可悲的处境:米儿咱·库利也掉队了,我成了孤独一人。这时见到两个敌人:一个是赛兰人巴巴,另一个是班达·阿利。他们渐渐向我靠近;我的坐骑已疲惫无力,离山还有整整一库罗赫(2公里)。我见路上有一堆石头,就想:"我的马已经乏了,而到山那里却还有相当远。我该走哪条路呢?我的箭袋里还有二十支箭。是否下马,从这个石堆上射箭把他们赶开。"这时我又想到,我可能勉强走到山那里,只要我走到那里,我就将几支箭插在腰带里,爬上山去。我对自己的腿有充分的信心。

我抱着这样的打算继续往前走;我的坐骑已无力作小跑前进
了;那两个追兵已逼近到一箭之地。我因珍惜箭,没有放射;而敌 115b
人则出于谨慎,没有进一步靠近我,只在我身后尾随。

我于日落时走到山前。追赶我的人忽然喊道:"再往前你往哪儿去?只罕杰儿·米儿咱已被俘获带走了,纳昔儿·米儿咱也在他们手中。"

这些话使我深为惊慌,因我们如果都落到[檀巴勒]手中,那就是很危险的。我没有回答他们,继续朝山走。在走了好长一段路后,他们又开始说话了,但这次比以前较温和。他们下马,试图同我交谈。我不听他们的,继续往前走,在到达一个峡谷后,就朝上走。

我走到昏礼时,最后来到一个大如房屋的岩石处。我绕着这岩石走了一圈;其形陡峻,马匹上不去。而[敌人]下了马,更温和地同我说话,他们恭恭敬敬地重复说:"天已夜了,又没有路,你往哪儿走呢?”他们信誓旦旦地对我担保说:“速檀·阿黑麻·[檀巴勒]会拥护你做君主。”

116a 我说:“我不放心,不能到他那里去。如果你们想适时地为我效力,那不要许多年就会有另一次这样的机会。请指引我去两位汗那里的道路,我将对你们加以恩宠,超出你们的期望。否则,你们就循原路回去吧!那样也是为我很好地效力。”

他们说:“当然,最好是我们没有到这里来,但现在我们既已来了,又怎么能把你丢下转回去呢?如果你不同我们一起走,那我们就在你的手下效力,你无论去哪里我们都追随你。”

我提出要求说:“你们发誓,表明自己讲的是真话!”于是他们就对古兰经隆重地发了誓。我当即感到放了心,并说:“有人已经告诉我在这个峡谷附近的一个宽阔的谷地里有一条路。你们就领我上这条路去吧!”

尽管他们已起了誓,但我还是不十分放心,便命他们在前面带路,我在后面跟着。我们走了一、二库罗赫(2—4 公里)后,来到一条山洪流过的河床。我说:“这不会是通到那个宽阔谷地去的路。”他们装作诧异的样子答道:“那条路还在前面很远。”然而这条路也确是通到那个宽阔谷地去的路,但他们想哄骗我,没有说真话。

我们走到半夜,来到另一条河处;这次他们说:“我们疏忽了。没有看出通往那个宽阔谷地的路似乎是在后面。”

116b 我问:“那现在怎么办?”他们回答说:“就在前面不远有一条通往伽瓦的路。走这条路可以翻山去法尔·卡特。”

他们领我去这条路。我们继续前行,于晚上三更时来到从伽瓦流来的卡尔南溪谷。赛兰人巴巴说:“你在这里等一下,我去察看一下通伽瓦的那条路,就回来。"

过了一些时候,他回来说:"有一些戴[蒙兀儿]帽子的人已来到这条路边,那里过不去。"

我听到这些话就惊慌起来:快到早晨了,我还在半路上,距目的地还很远。我说:"你们领我去一个白天可以躲藏的地方,到晚上,我们再去那里弄几匹马来,渡忽毡河,到忽毡那边去。"他们答道:"那里有一个高地,可在那里躲藏。"

班达·阿利是卡尔南地方的长官。他说:"没有吃的,我们的马匹和我们自己都没法应付;我到卡尔南去,能搞到什么,就带什么来。"

我们往后走,返回卡尔南。我们到距卡尔南一库罗赫(2公里)的地方停下来,班达·阿利离去,很久不在。天亮了,仍不见他回来。我们很不安。天大亮后,班达·阿利骑马回来了。他带回来三个馕,并未带来马料。我们把馕揣在怀里,赶紧向后转,把马拴在干涸的河床里;登上高地,各自放哨警戒着。

快到中午时候了。阿黑麻·库什奇(放鹰者)率领四个骑士 117a
[突然]从伽瓦前往阿黑昔。我想:"把阿黑麻·库什奇叫来,向他做许诺,说好话,要他的马匹。因我们的马匹已经在战斗和武装冲突中过了整整一个昼夜,甚至饲料也没有找到,马匹已疲惫不堪。"但我又感到不放心:我们不能信任这些人。

我同我的同伴们商量认为:他们(英译本作:赛兰人巴巴在路上见到的几个人)那天晚上应已留在卡尔南过夜。晚上我们小心地潜至该处,把阿黑麻·库什奇和其同伴的马匹带来,我们每人要一匹,这样,我们就有可能离去。

中午时分，在肉眼能见的距离处，像骑马者的甲胄在闪闪发光。我们不能完全辨明那是谁。看来那是曾同我们一起在阿黑昔的穆罕默德·巴基尔·伯克。当我们从阿黑昔出走，各自分飞离散时，穆罕默德·巴基尔·伯克看来是到了这个地区，并正在转移到一个隐蔽地点去。

班达·阿利和赛兰人巴巴说："马匹已经两昼夜没有喂饲料了。让我们到这个谷地里去，把马放到那里吃草。"于是我们就上马进谷，把马放到草地。

晡礼时，有一个骑马的人走过来，登上我们隐藏的那个高地。我认识他，这是伽瓦地方的统治者喀的儿·拜尔地。我说："你们叫喀的儿·拜尔地。"他们叫他，他来到跟前。我同他打招呼后，问他的情况，说了[许多]抚慰与宠爱的话，对他做了一些许诺。
117b 我派他去取绳索、篙竿、斧子和一切过河需用的东西，以及马料和食品，还命他在可能时带几匹马来。我同他约定，要他在昏礼时分到该地来。

昏礼时分，有一个骑马的人从卡尔南方面来，经过此地去伽瓦。我们问他："你是谁？"他作了回答。他可能就是那个穆罕默德·巴基尔·伯克。他于中午时从我们见到他的那个地方来，正在转移到另外的躲藏地去。但他的嗓音变了，变得我们完全听不出他来了，尽管他曾在我手下待过好几年。如果我认出了他，而他又能加入我的队伍，那当然很好。

这个人的出现引起了我们的恐慌。现在，我们就不能等到同伽瓦[头人]喀的儿·拜尔地约定的时间了。

班达·阿利说："在卡尔南近郊有僻静的花园，谁也不会怀疑我们藏在那里。我们到那里去,并派人把喀的儿·拜尔地也叫到我们那里来。”

抱着这种打算,我乘马来到卡尔南近郊。时值严冬,气候寒冷。他们找来一件旧皮袄,我把它穿上。接着他们弄来一碗玉米粥,我喝了感到精神怪好。

我问班达·阿利:“派了人去找喀的儿·拜尔地吗?”他答道:“派了。”但这些不幸的笨拙小人实际上是互相商量后派人到阿黑昔檀巴勒那里去了。

我们走进一所房子,生上火,我很快就合眼睡着了。这些小人假心假意对我说:“在没有得到喀的儿·拜尔地的消息以前,你不要急于离开此地。这地方位于城郊,其边缘有空旷的果园;如果我 118a
们到那里去,没有人会怀疑的。”

我遂于半夜上马前往那里的果园。赛兰人巴巴在墙头上[放哨],朝左右张望。快到中午时,他从墙头上下来,前来对我说:“优素福长官正在往这里来。”我很惊骇,说:“请弄清楚,他是否是了解我的情况才往这里来的。”赛兰人巴巴出去,同[优素福]交谈了一会,回来说:“优素福长官说他在阿黑昔城门边遇见一个步兵,该步兵说主上现在在卡尔南的这么一个地方。他没有将情况告诉任何人,却把这个人同战争中俘虏的国库保管员瓦力一起锁在一个房间里,他自己则飞驰到您这里来了。关于此事,伯克们毫无所知。”

我问赛兰人巴巴:“你对此事怎么看?”他说:“所有这些人都是你的伴当。他们能干出什么名堂?您应当[同他们]在一起。他们会拥护你做国君。”

我回答说："我们之间发生了这样的纠纷和冲突，我怎能信任他们并到那里去？"

在我们正进行交谈时，优素福突然出现，他跪在我的面前说："干吗要躲避我们？速檀·阿黑麻·檀巴勒一点也不知道[你的情况]，但舍黑·拜牙即·伯克听说了关于你的消息，是他派我到这里来的。"

在优素福把这个情况说给我听时，我陷入了可怕的[绝望]之中：世界上真没有什么事比怕死更为吓人了。我说：

"你说实话！如果事情会进一步恶化，那我就要进行[死前的]净身！"

优素福发誓，并矢口否认，但谁会相信他的誓言呢？我自感孤
118b 弱无援，就起身，走到花园的一个角落。我自思自忖，说："即使一个人活一百岁或甚至一千岁，最终还是要死的。"①

不管你能活上一百岁或只活一天，

所有的人都必须离开这使人怡悦的宫殿。

我自分必死。这花园中有一条小河流过。我便净了身，再拜(ra'kat)念祈祷文，然后抬头默祷。这时我合眼入梦，见到和卓·雅海亚之子，即尊敬的和卓·乌拜都拉之孙和卓·雅库伯骑着一匹花斑的马走来，站在我的对面，同他一起来的有一大群骑花马的骑士。他说："不要忧伤！和卓·阿赫拉尔(即乌拜都拉)派我到你这里来。"他说："我们已为他(指巴布尔)向真主求援，一定扶他

① 突厥文原本至此处中断，使此后十六个多月的叙述阙佚。这后面的一段文字见于海德拉巴抄本与凯尔－伊耳明斯基本，其内容讲巴布尔如何得救，开头是一个波斯文的对句。此书英译者认为这段文字是假的。但俄译本仍将其作为正文。

登上王位；不管他在哪里遇到困难，可让他眼睛望着我们，心里想着我们。这时我们就会在那里出现。现在，在这个时刻，胜利与成功乃是在你一边。抬起头，觉醒起来吧！”

我立即醒来，兴高采烈。正在这时，优素福及其同伙在互相商量，他们说：“我们一定得想出一个进行欺骗的借口；要抓住他，把他捆绑起来。”

我听到这些话后说：“看你们议论些什么！不过我倒要看看你们谁敢前来抓我。”

我的话还没有说完，就忽然听到从花园墙外传来越来越近的骑士的马蹄声。优素福长官说：“如果我们将你缚送给檀巴勒，那
我们的事业也许还有进展。而现在，他又派了许多人来抓你。”他 119a
确信，上述的声音是檀巴勒派来的骑士们的马蹄声。

我听了他的这些话后，就更为焦虑不安，不知如何是好。正在这个时刻，那些没有找到花园门的骑士，就推倒一处旧墙进来了。我一看，见进来的是库特鲁克·穆罕默德·巴鲁剌思和巴巴·伊·帕尔噶里，他们是我的忠实伴当，同他们一起到来的还有十个、十五个或二十个人。

他们走近前来，翻身下马，老远就下跪，拜倒在我的脚下以致敬。在这种情况下，我顿感欣慰，就好像真主又重新赐给了我生命。我说：“把这个优素福和他那些微不足道的爪牙抓起来，捆绑拘禁。”

这些不中用的家伙开始逃跑，但他们一个一个地在各处被（救兵）抓获带回。我问他们（指救兵）：“你们是从何处来的？你们怎么得到了消息？”库特鲁克·穆罕默德·巴鲁剌思说：“在我们逃离阿黑昔，在逃跑中与你离散后，我们就去了安集延。当时两

位汗也已经来到了安集延。我在睡梦中见到和卓·乌拜都拉,他对我说:'巴布尔·帕的沙现正在卡尔南村。你到那里去,把他带
119b 回来,因为王位是属于他的。'"

我做了这个梦后,高兴极了,并把它告诉了两位汗。我对两位汗说:"我有五、六个兄弟和几个儿子。请再派给我几个武士,我一定前往卡尔南,把一切情况打听到。

两位汗回答说:"我们也认为,他一定是走那条路去了。"他们派了十个人给我,说:"你到那边去,好好进行检查和侦察。无论如何一定要弄到情报。"在我们谈论此事时,巴巴·伊·帕尔噶里说:"我也去找他。"他也同自己的两个兄弟(武士)商量好了,我们就骑马上路了。到今天,我们在路上已走了三天。感谢真主,我们终于找到了你!"

他们谈了这一切后,就说:"走吧!离开这里!把这些拘系的人也带走,留在这里不好。檀巴勒已得到消息,知您已来到此地。请动身,不管怎样,都要同两位汗会合。"

于是,我们立即上马,朝安集延方面前进。我已有两天没有吃任何东西了。这时已是晡礼时分,我们找到一只绵羊,就停下来,把羊宰了,作烤羊肉串。我把烤肉串吃了个饱。接着就又上马迅速前进,在两昼夜中走了五天的路程,来到安集延。我向我的舅父大汗和满汗施礼问候,给他们叙述经过的一切情况。

我同两位汗一起过了四个月。曾经离散的我的伴当们,现皆
120a 重新来集,总共有三百多人。我想:"在这费尔干纳的土地上,我究竟将踯躅流浪到何时呢?我应到别的地域去碰碰运气。"说过之后,我便在穆哈兰月起程前往呼罗珊,我是从费尔干纳出发的。

英译者补回历九〇八年至九〇九年（1503—1504）的事件

朋友们像是把巴布尔从其危险的孤立处境中拯救了出来。无论在伽瓦和阿黑昔，人们都知道他在卡尔南；穆罕默德·巴基尔·伯克就在身边（f. 117）；在逃跑过程中失散的一些人，当其马匹得到休息之后，仍会来跟随他的；只罕杰儿·米儿咱带着前巴布尔的部队的一半驻在河北某地（f. 112）；两位汗进军的路线很长，可能正在卡尔南附近的大道上。优素福如在通阿黑昔的路上俘虏巴布尔，那他就有遇见朋友们的各种机会。

他的危险躲避过去了；他同舅舅们会合，并同他们在一起，率领着一千人（《昔班尼纪事》，第 268 页），那时他们（指两位汗）在阿尔希安被（昔班尼汗）打败，其事正在巨蟹座的季节或其以前，即约在 6 月。（见《拉失德史》中译本，第二编，第 22 页。新疆人民出版社，1983 年 6 月第 1 版）。在卡尔南寒冬（f. 117b）和 6 月之间的这段时间里，他在做些什么，这可能记在其失佚的文稿中。（《昔班尼纪事》一书的作者）穆罕默德·萨利赫曾详细叙述了这段时期中的一件事——只罕杰儿占领忽毡，及其被昔班尼汗包围并攻下。昔班尼汗攻下忽毡是发生在两位汗被其打败之前一个多月的时候。（见《昔班尼汗纪事》，第 230 页。）

要确定他们是在回历九〇八年的哪一个月进入费尔干纳和他们的出征延续了多长时间，是不容易的。巴布尔记载的进军前的一系列事件，一定占了一段时间。越过肯迪尔利克山口的那条路被攻下，这条路在巴布尔时期曾经关闭（f. 1b）①不过，现在则整个冬天都开通。他自己在费尔干纳进军迅

---

① 本书 f. 1b 说“敌人只能从西面进入”费尔干纳，这就是说，肯迪尔利克山口不通。但到近代该山口则是常年开通的。

速，这似乎表明，该山隘是在以后才关闭，而不是在其关闭时期以前进入的。如果是这样的话，那这次进军可能费时四、五个月之久。穆罕默德·萨利赫的关于昔班尼汗作战的记载证明了这一看法。关于阿黑麻汗和马哈木汗在塔什干会师(f. 102)的消息，传到了当时正在胡思老·沙领土上的昔班尼汗那里。昔班尼汗认为，两位察合台兄弟联合起来要恢复巴布尔在费尔干纳的权力，这使自己在撒马尔罕的利益受到了威胁，所以，就北来帮助檀巴勒。然后他在撒马尔罕准备了一个月(《昔班尼纪事》第230页)，围攻只罕杰儿，又返回，在撒马尔罕停了很久，让其部属有时间筹足一年战争的装备(前引书，第244页)，然后去阿黑昔，也就去阿尔希安。

巴布尔(在f. 110 b)记述说两位汗从安集延前往锡尔河上的忽毡渡口，这一记载引人注意，因为如果他们曾经想经由米儿咱·拉巴特离开费尔干纳，那他们是可能这么做的，但随后又听说他们是在阿黑昔。他们为什么要绕行这么远呢？为什么不在阿黑昔的对面或在桑格渡河呢？如果他们曾想撤退，又是什么因素使他们再又向东走？他们把只罕杰儿留在忽毡了吗？巴布尔的失佚的书页，无疑能回答这些问题。他们在阿黑昔以东某处扎营，这对他们是有利的，因为在该处，他们的旁边就有一条路，喀什噶尔方面可以经这条路给他们送来支援，也可以经这条路撤退。阿黑昔人告诉昔班尼汗说，如果他预先不予警告地前往，如果两位汗没有经固尔札路撤退(《昔班尼纪事》第262页)，那他就能轻易地战胜这两位汗。随同阿黑麻汗来塔什干的少数人(f. 103)，由于走那条路，人数可能增加了，即增至穆罕默德·萨利赫(在《昔班尼纪事》第五十三章中)描写那次战役时所说的那支部队的人数。

两位汗被俘时，巴布尔逃脱，"前往蒙兀儿斯坦，"这句话所指的是一个模糊的去向，似乎是指塔什干，但是，他发现去路不通。而昔班尼汗又发布了逮捕他和阿布耳·马卡拉姆的命令，他顺从这一命令往回走，经一条人迹罕至的路，进入苏赫和胡什雅尔山区。他在那里千辛万苦地过了约一年(f. 14及《传记之友》，ii，318)。关于这时困苦之状，海答尔亦曾写到。在那几个月当中他在费尔干纳即使做过一些事，也由于巴布尔的手稿散佚而失载。那时他不但贫困如丧家之犬，而且被敌人所围困。只有山区部落的仁义和忠顺才能挽救他和他的少数随从。那时他的母亲同他在一起；还有他部下的家眷。库特鲁克·尼格尔怎样设法从塔什干来同他会合，这在历史上虽属小事，但也是他要记载的。蒙兀儿人被打败之后,该地发生的事情是:部落已开往喀什噶尔,而沙·别昆则留下来照看她的几个女儿,乌兹别克的首领们想同这几个女儿缔结婚姻。昔班尼汗发布的要她留下来以及关于大逃亡的命令,由她的儿子马哈木汗传达给了她。穆罕默德·萨利赫曾引用该命令的大意,将其描写为一纸正确而漂亮的书信。(《昔班尼纪事》第296页。)

库特鲁克·尼格尔设法与巴布尔会合,也许是由于客观情况的帮助,那就是因她的女儿罕匝答乃是昔班尼汗的妻子。在那极为艰难的几个月中,她至少有一段时间是同他在一起,而这时他正是处在时运不济的时期。动一下变得很急迫,这群衣衫褴褛与穷困潦倒的人乃在公元1504年6月中(即回历九一〇年穆哈兰月)出发,踏上那危险的山路之行。海答尔曾用先知的一句格言来描写:"旅行是地狱的预尝之药。"但这次旅行的结果却是在印度建立了一个帖木儿王朝。看一看从困顿的巴布尔到阿克巴、沙日汉与奥朗则布的那些年代,这就是看到一条人世生活的巨大溪流,从其源头流出,决心力争向上,以获得他永不枯竭的勇气与他的充沛活力。不到二十二岁的年龄,这是老年人玩弄阴谋之时,而他在这个年龄就已从失败、困乏与危险之中得到了锻炼。

他离开苏赫是想到呼罗珊的速檀·忽辛·米儿咱那里去,但他改变了这个计划。他的新计划使他到了喀布尔。作为一个帖木儿的后裔,他在那里有权废黜阿儿浑族统治者而占有其地,因为他的叔父乌鲁伯·米儿咱·喀布里已在回历九〇七年死去了。

喀　布　尔

回历九一〇年(公元1504年6月14日至公元1505年6月4日)的事件

我于穆哈兰月离开费尔干纳的地域,前往呼罗珊,在喜萨尔地 120a
区的一个夏牧场——伊拉黑夏牧场停了下来。

在这个停留地,我刚进入二十三岁的年纪,初次用剃刀刮脸。对我抱有希望、跟随我流亡的人员,包括贵族和平民,在二、三百人之间。他们绝大多数都是徒步行走,手执拐杖,脚穿粗皮鞋,肩披长长的袷袢。我们很贫穷,以至总共只有两顶毡房(chadar)。我自己的那一顶通常总是支起来供我母亲用,人们只是在每一个停留地架一个小窝棚(alachuq)供我用。我虽打算去呼罗珊,但在这样的处境中,也觊觎喜萨尔地方的[财富]和胡思老·沙的伴当。每过几天就有人来投奔我,谈及该地方及部落、民众的情况,他们的话使我产生了希望。

正当这个时候,曾作为我的使者被派到胡思老·沙那里去的,毛拉·巴巴回来了。他从胡思老·沙那里没有带回任何令人放心的消息,但却带回了有关[喜萨尔地方]的部落与民众的情报。离 120b
开伊拉黑后,我们走了三、四站,来到喜萨尔附近的和卓·伊马德地方停留。胡思老·沙派使者穆希布·阿利·库尔奇来此地。胡思老·沙素以慷慨大度著称;我曾有两次路过他的领地,但他却从

未对我表示过他曾对待最低贱的人的仁义。我因觊觎这片土地的人民及其土地的财富,故经过每一站时都作了停留。在这关键的时刻,我手下最大的人物希里姆·塔海因无勇气去呼罗珊,想离弃我而去。当我们(在回历九〇六年)败于萨尔普勒后返回[撒马尔罕]时,他却把自己的家眷从撒马尔罕送走,自己则无所拖累地留了下来,躲在城堡里。他就是这么一个胆小的人,几次干出这类的事。

在我们到达卡巴迪安后,胡思老·沙的一个弟弟、石汗那、沙赫里萨法与呾密三地的领主巴基·石汗那派遣卡尔施的读经师来我处,表示亲善和希望与我联合之意。我们在乌瓦吉渡口过了阿姆河以后,他又亲自前来投效于我。按照他的请求,我们沿河下行到了呾密对面。在那里,他无所惧怕地把自己所有的家眷及什物运过阿姆河来同我会合。我们就从那里出发前往卡赫马尔德与巴米羊。那时,这些地方是属胡思老·沙的外甥(妹妹的儿子)、即巴基的儿子阿赫麻·哈斯木管辖。我们打算把巴基·石汗那的家眷留在卡赫马尔德地区坚固难攻的阿札尔城堡,然后在有适当的

121a 机会时,[尽可能地]采取相应的行动。

在我们到达艾巴克(译注:现代作海巴克)时,雅尔·阿利·巴拉耳(见 f. 67a)带了几个武士逃离胡思老·沙,前来我处。此人以前本在我的部下,善使刀剑,是在乱亡的时期离开我而投到胡思老·沙手下去的。他转达胡思老·沙手下的蒙兀儿人对我的良好祝愿。在我们到达津丹河谷后,康巴尔·阿利·伯克(称为剥皮者 Silakh)也逃来投奔我。我们走了三、四程后,到达卡赫马尔德,就把自己的家眷留在阿札尔堡。

我们在阿札尔时,只罕杰儿·米儿咱娶了速檀·马合谋·米儿咱与汗·匝答·别昆的女儿(艾·别昆),她是在几位米儿咱(指马合谋与乌马尔·沙黑)在世时就已许配给了只罕杰儿的。

那时巴基·伯克总是一再地说:“一国二君或一军两帅,是纷拏动乱的原因和纠纷溃灭的来由。”这正是:

十个德尔维希能盖一条毯子睡觉,
可两个君主却不能在一个地方共存。
一个真主的子民会吃半个馕,
把另外半个馕送给一个德尔维希。
可一个国王如统治了一个地方,
他定会还要去夺取另一个地方。

巴基·伯克还进一步陈述说,胡思老·沙的所有伴当和仆从可望在今天或明天到这里来,投效于主上。他们当中有不少挑拨
离间分子,这些人,像艾育伯·别乞克的儿子和其他一些人一样, 121b
历来都是我们的米儿咱们相互间发生敌对与不和的挑动者和罪魁祸首。现在,在这个时刻,就应以各种友善良好的方式将只罕杰儿·米儿咱打发到呼罗珊去,以免他将来成为悔憾的因由。

不管他怎么说,我还是不接受他的建议。因为即使我的兄弟或任何一个亲戚与我之间发生了某种不愉的事情,但要伤害他们却不合我的性格。我与只罕杰儿·米儿咱之间过去尽管为了领地和臣民的问题常常发生争执与不和,但这一次他从故国(费尔干纳)前来投奔我,对我表现了兄弟的情义,并准备为我效力;在这段时间中,他并没有做任何引起不满的事。因此,不管巴基·伯克怎样重复申述自己的理由,我还是没有同意。

最后,事情正如巴基·伯克所预言的,那些挑拨者,即艾育伯的儿子尤素福与艾育伯的儿子布赫鲁耳,从我手下叛逃到只罕杰儿·米儿咱那里。他们采取敌对的立场,使只罕杰儿·米儿咱与我分离,并把他带到呼罗珊去了。

这时,速檀·忽辛·米儿咱给巴迪斡思咱蛮·米儿咱、我、胡
122a 思老·沙和宗农各送来一封同一内容的长信。我至今仍保存着这些信。其内容是说,"当速檀·阿合马·米儿咱、速檀·马合谋·米儿咱、乌鲁伯·米儿咱及其兄弟们商量好来进攻我时,我在木尔加布河岸设防固守。米儿咱们来到附近,无能为力,就撤退了。现在,如果乌兹别克人来攻,我也能再次守住木尔加布河岸。巴迪斡思咱蛮·米儿咱可将得力的人员留在巴里黑、希巴尔甘与俺都淮诸城堡,自己则去固守噶尔札万、赞格河谷及其整个山区。"

速檀·忽辛听说我也在该地,就写信给我说:"你既固守着卡赫马尔德、阿札尔和整个山区,就要胡思老·沙把可靠的人留在喜萨尔堡和昆都士,他同他的兄弟瓦利去固守巴达赫尚和珂咄罗。乌兹别克人就将无能为力而撤退。"

速檀·忽辛的这些信使我感到很失望,因为在帖木儿·伯克原来的领土上,这时没有比速檀·忽辛更强大的君主,没有哪个君主在年资、领土的广阔与军队的数量方面能与之相比。所以,我曾等待,急使和信差将会一个接一个地赶来传达这样的命令:"在咀
122b 密、基利夫和克尔基诸渡口建造多少多少船只,并置备多少架桥用的木料。好好看守托古兹·乌隆上游的渡口。"那样,那些因遭到乌兹别克人的多年压迫而心情沮丧的人,可能会再次因感到有希望而精神振奋起来。但是,像速檀·忽辛·米儿咱这样一位高居

帖木儿·伯克的位置的伟大君主,不号召出兵进击敌人,反而却要人们固守,这怎能激起人们的希望呢?

我们将跟随我一起来的所有饥饿的亲戚以及巴基·石汗那·伯克的部属的家眷和牲畜,还有他儿子穆罕默德·哈斯木与同部落的人,统统留在阿札尔,然后我们就挥师出征了。从胡思老·沙手下的蒙兀儿人那里不断有人投奔过来说:“我们是蒙兀儿人,曾在塔里寒寻求明主的赏识,现撤离该处,前往伊什卡米施和富鲁耳。请主上尽可能快地赶来,因胡思老·沙的部下大部分现正处于涣散状态,他们一定会投效于主上的。”

这时有消息传来,说昔班尼汗已夺取了安集延,他的军队正前
来进攻喜萨尔和昆都士。胡思老·沙听到这个消息后,不敢留在
昆都士,就率领他手下的人员撤出该地,前往喀布尔。胡思老·沙 123a
刚一撤出昆都士,昔班尼汗的老部下、能干而可信赖的土耳其斯坦
人毛拉·穆罕默德就在该城闭门固守,以便将城池献给昔班尼汗。

在我们经过沙姆图和克兹勒苏时,有三、四千隶属于胡思老·沙并驻守在昆都士的蒙兀儿人,带着家眷前来投奔于我。前已屡次提及过的蒙兀儿人康巴尔·阿利是一个吹牛皮大王,巴基·伯克很不喜欢他的这种习气。为使巴基·伯克满意,我打发他走了。康巴尔·阿利的儿子阿布达舒库尔是后便成了只罕杰儿·米儿咱的亲信。

胡思老·沙听说[自己]手下的蒙兀儿人投到我的部下,感到心烦意乱。他想不出任何其他办法,就派遣自己的女婿、艾育伯的儿子雅库卜出使来我处,表示亲善之意和为我效力的愿望,并说:“您如同我签订条约,我就前来为您效力。”因巴基·石汗那是一

个有影响的人物，他不管怎样对我好，也从不会忘记照顾他兄长的利益，所以我接受了他的提议。我们签订了这么一个条约：饶恕[胡思老·沙]不死，不管他要挑选多少牲畜带走，也都可以同意。

123b 打发雅库卜走了之后，我们就顺克兹勒苏河往下走，到该河与安达拉卜河汇合处的附近停下。次日，赖比儿·尼勒·安外鲁月月中(即公元 1504 年 8 月末)，我在杜希附近轻骑渡过安达拉卜河，在一棵枝叶繁茂的悬铃木树下坐下。而胡思老·沙则带着一大群随从，盛服华丽，从另一个方面到来。他按照礼仪和规矩，老远就下马，步行到我的跟前。胡思老·沙同我见面打招呼后，三次下跪，退去时也三次下跪；他在问候身体安康和贡献礼物时，又下跪一次。他在只罕杰儿·米儿咱和米儿咱·汗面前也行了跪拜礼。

这个肥胖的老贼，在这么多年中，为所欲为，只差一点没有在星期五做礼拜时以自己的名字念虎土白了。现在，他竟连续不断地下跪二十五、六次，在我面前前趋后退，以致精疲力竭，几乎站不稳摔倒。他多年当伯克有权有势的样子完全不见了。

在我们相见，他贡献礼物后，我命胡思老·沙坐下。我们在那里坐了一、二噶里(一噶里相当于二十四分钟)，互相交谈。胡思老·沙因心里畏惧和不怀好意，故语无伦次，空洞乏味。这时，他的一些亲信伴当在他的眼底下一批一批地转投到我的部下，而他的事业则濒于溃败，以致这个沐猴而冠的小人乃不得不低声下气
124a 地前来见我，表示尊敬，他终于说了两个古怪的意见：一个是，在我就他的伴当离开他而对他表示安慰时，他竟说："这些伴当曾四次这样离开我，但又回来了。"另一个是，我问及他的弟弟瓦利——何时到来，在何处渡过阿姆河。胡思老·沙说："如果他找到渡

口,就会很快到来,但如果涨大水,渡口就会改变地方。有一句(波斯)谚语说'大水把这个渡口冲走了'。"在他丧失了权力和自己的伴当以后,真主就让他说出这样的话来。

一、二噶里之后,我就上马回营。胡思老·沙也返回自己的驻地。从那天起,胡思老·沙手下的伯克和伴当,无论大的小的,高贵的和贫贱的,都离弃他,带着自己的家眷和牲畜,开始一批一批地前来投奔我。到次日晌礼或晡礼时分,他手下就连一个人也不剩了。"你说,真主啊!国权的主啊!你要把国权赏赐谁,就赏赐谁;你要把国权从谁手中夺去,就从谁手中夺去;你要使谁尊贵,就使谁尊贵;你要使谁卑贱,就使谁卑贱;福利由你掌握;你对于万事,确是全能的。"①

主的权力真是神奇!该人手下曾拥有二、三万伴当,曾占有从
库赫鲁噶(亦称为铁门)到兴都库什山的原速檀·马合谋·米儿 124b
咱的领土。他手下有一税吏,名叫哈山·巴鲁剌思。连个老贼,以一个税吏的粗暴手段,在伊拉黑与乌巴吉之间将我们从一地驱赶到另一地。可是,真主只在一天半的时间内,既未经过战斗,也未遭到抵抗,就把这个权倾一时的人物贬黜为一个再无任何权力与伴当,亦无牲畜与财产的光棍,只好在我这个只有二、三百个人的无权无势的穷人面前低首下心,无所作为。

在我接见了胡思老·沙后返回营地的那个晚上,米儿咱·汗来我处要求为其兄弟之被杀报仇。我手下的许多人也支持他。的

① 《古兰经》,第三章,第26节。马坚译本,中国社会科学出版社1981年出版,第38页。

确，无论从法律还是从习俗而论，这样的人都是应当予以惩罚，但因我已承担了约定的义务，所以只好下命令让胡思老·沙携带一切财物离去。他于是装了三、四队毛驴和骆驼的宝石、黄金、白银和珍贵物品，一起带走了。我还派希里姆·塔海与之同行，以护送胡思老·沙经古尔与达哈纳去呼罗珊，而他自己则去卡赫马尔德，并带领我的家眷随我去喀布尔。

我们从那个驻扎地出发前往喀布尔，来到和卓·载德地方停驻。那天，乌兹别克曼格特部的哈木札·比率领人员抢劫了杜希
125a 附近地区。守门官赛伊德·哈斯木与阿黑麻·哈斯木·科赫布尔被派遣带领一些武士去那里，他们去后痛击了乌兹别克抢劫者，斩获数级而回。

在这个驻营地，把胡思老·沙武器库中所有的盔甲都分了。那里约有七、八百副锁子甲(joshan)与马匹用的铠甲(kuhah)，其中一部分是胡思老·沙丢下的。另外，我们还得到许多瓷器；但除此以外，就再没有值得一顾的东西了。

自和卓·载德往前走四、五程后，我们到达古尔奔得。我们在乌什图尔城驻营时，得知谟乞木手下的掌权大伯克希拉克·阿儿浑集合军队，驻于巴兰河岸。他并未得知我们的动向。他是打算阻挡经潘吉希尔来的任何人到阿布都尔·拉札克·米儿咱那里去。这位米儿咱那时已从喀布尔逃了出来，正在兰姆甘附近的塔尔卡兰部的阿富汗人当中。(英译本作：他是要阻挡阿布都尔·拉札克·米儿咱经过潘吉希尔路。)

我们得知这种情况后，就在下午两次礼拜之间的时刻拔营出发，走了一夜，于天亮时越过了胡便山口。以前我还从来没有见过

老人星(Suhail)。[①] 在我登上山时,见到南方出现一颗又亮又低的星。我问道:"那莫不是老人星吗?"人们回答我说:"正是老人星。"巴基·石汗那背诵了这么两句诗:

老人星呀,你的光芒照往何方,你从哪里升起?

当你的眼光落到谁的身上,这就是幸福的征兆。

在太阳升到一梭镖高时,我们到达桑吉德(Jujube)河谷,并驻营。走在前面的我方侦察兵与另一些战士,在艾卡里·雅尔附近 125b
的卡拉·巴格下面与希拉克相遭遇,立即与之进行交手战。他们放箭,经过小战,迅速前进。希拉克与另外七、八十个或一百敌军精卒被打下马,带到我的面前。我饶恕希拉克不死,他也就在我的手下效力。

在胡思老·沙不关心自己的人而从昆都士出走,前往喀布尔时,其所属的部落分为五、六支。其中属于巴达赫尚的一支,为鲁斯塔·哈札拉部落,在赛伊迪姆·阿利·达尔班的率领下,经过潘吉希尔山口,来到这个驻营地,向我表示臣服和效力。另一支是艾育伯之子尤素福与艾育伯之子布赫鲁耳手下人员,他们也到这个驻营地来为我效力。还有一支则由胡思老·沙之弟瓦利率领自珂咄罗来投。第四支是原居于伊兰察克、尼库达里、卡什卡耳和昆都士的(蒙兀儿)部众(爱马克),也来投效。后两支是经安达拉卜来的,他们打算翻越潘吉希尔山口。在萨里阿布,部落走在前面,瓦利在后面跟了上来。部落挡住瓦利的去路,与之战斗,将其打败。他自己便逃到乌兹别克人那里去了。昔班尼汗下令将他在撒马尔

① 老人星属船底星座,其亮度仅次于天狼星。在中东和阿富汗,老人星指南方。

罕的市场上斩首。他手下的伴当和仆从被抢劫得精光,遂同蒙兀儿部众一起来这个驻营地为我效力。赛伊德·玉素甫·伯克·奥
126a 格拉克奇(灰狼)亦与之同来。

我们从这个驻营地出发,到卡拉巴格旁边的阿克·撒莱草地扎营。胡思老·沙手下的人,是一些习惯于进行压迫和专横暴虐的人。他们开始欺负[该地的]居民。最后,赛伊迪姆·阿利·达尔班的一个勇敢的伴当拿走了某人一罐子油,我便下令把他带到我毡帐的入口处,以木棍责打。他竟死于棍下。经这次威慑之后,人们才完全平静下来。

我们在这个驻营地进行了会商:是否立即去进攻喀布尔。赛伊德·玉素甫与另一些人认为,寒冬临近,时下应进入兰姆甘,以后在有机会时再相应地采取行动。

[然而]巴基·石汗那与其他一些人却决定去进攻喀布尔。[这个计划被采纳。]我们从该地出动,到阿巴·库鲁克地方停驻。曾被留在卡赫马尔德的我母亲汗尼木与诸亲眷,经历巨大的危险来到这个驻营地与我会合。其详情如下:我曾派希里姆·塔海送胡思老·沙去呼罗珊,然后再去把我的亲眷带来。希里姆·塔海在到了达哈纳后,便身不由己,他与胡思老·沙一起继续前行到卡
126b 赫马尔德。胡思老·沙的外甥(妹妹的儿子)阿赫麻·哈斯木时正在卡赫马尔德。胡思老·沙暗地里教唆阿赫麻·哈斯木,他们便开始欺负我的亲眷。在卡赫马尔德有许多蒙兀儿人——他们是巴基·石汗那的伴当,带了家眷。他们秘密地同希里姆·塔海商量好,决定把胡思老·沙和阿赫麻·哈斯木抓起来。这两个人闻讯后就取道阿札尔峡谷逃往呼罗珊去了。蒙兀儿人对我如此好的

原因看来是他们想脱离胡思老·沙和阿赫麻·哈斯木。我的亲眷们身边的人员,由于解除了对胡思老·沙的担心,就离开阿札尔出来。在他们到达卡赫马尔德时,萨康奇(或作阿西康奇)部落的人发动叛乱,堵截道路,对我的家眷和巴基·伯克部属的大部分人进行了抢劫。当时尚年幼的库耳·拜牙即的小儿子提札克被俘虏,他只是在三、四年后才来到喀布尔。

被抢得精光的我的家眷,走我们走过的那条路,经乞卜察克山口,来到阿巴·库鲁克,同我们会合。

我们又离开那里前进,在路上休息了一个晚上,到察拉克草地,商量后决定开始围攻[喀布尔]。拔营后,我个人带领曾属中军的人员留在海答尔·塔基花园与试食侍从库耳·拜牙即的墓地之间。只罕杰儿·米儿咱带领右翼人员停于我的四大花园(Char-
bagh),纳昔儿·米儿咱率左翼人员则驻于库特鲁克·卡达姆的坟 127a
墓后面的草地。

我们的人经常去谟乞木那里同他谈判。谟乞木有时提出附带条件,有时不作肯定。这在很大程度上是由于在我们拿获希拉克后,谟乞木立即就派了信使到他父亲和兄长那里(指去坎大哈)。谟乞木寄望于其父与希拉克的兄弟来援,故拖延其事。

有一天,我命令中军、右翼和左翼部队的人员和马匹披戴盔甲,开到城边,以显示兵马装备之盛,而震慑城内的居民。只罕杰儿·米儿咱率领右翼部队一直向前,经库车花园推进。① 因中军

① 库车花园在喀布尔西北,距城约四英里,有一低矮的山隘将其与城分开。路上有一桥。

部队前面有一条河,我就率领该军沿着库特鲁克·卡达姆坟墓的旁边,进至小山前面的一个高地。敌人的前锋部队开始在库特鲁克·卡达姆桥(那时还没有这座桥)边集结。武士们莽撞地驰至皮匠门。人数不多的敌军不等开战就逃入城堡内。许多喀布尔的居民,出来,到要塞的高堤上观战。敌人从高堤上往下奔驰,在坡
127b 上扬起巨大的飞尘。在桥与城门之间的高丘上,路中间挖了许多深坑,坑上盖了干柴。速檀·库利·楚纳克和几个武士在疾驰中掉入坑中,互相挤压。右翼的两三个战士同那些从花园和街道里出来的敌人几次挥刀进行厮杀。但因为并没有下达战斗的命令,所以他们杀了一阵之后就回来了。

城堡内的居民甚为惊慌。谟乞木通过伯克们前来表示愿向我称臣和献出喀布尔的意愿。经巴基·石汗那居间调停,他前来向我投诚。由于我对他宽厚仁慈,他的一切恐惧都消失了。当即决定,要谟乞木在次日率领其所有的伴当、仆从,并家什、财物,出来投降献城。

胡思老·沙所属的[蒙兀儿人],是一些习于逞强抢掠的家伙。为了[安全地]将谟乞木的家人送出城堡,我将此事委托给只罕杰儿·米儿咱与纳昔儿·米儿咱率同显贵伯克和亲近人员,要他们护送谟乞木本人及其部属连同家什财产一起离开喀布尔。我指定提帕地方①作为他的驻地。

早晨,米儿咱们和伯克们进至城门边,见到老百姓们群起暴动。他们派一个人来对我说:“除非你亲自到来,谁也无力制止这

① 提帕在喀布尔以北约九英里,位于去阿克·撒莱的路上。

些暴民。”我终于亲自前去,下令将三、四个[暴民]射死,另有一、
两个人则被砍成碎块。这样暴动才被镇压下去了。谟乞木及其部 128a
属才得以安全地出城,搬到提帕居住。那是在赖比儿·尼勒·阿赫鲁月的最后十天(公元1504年10月),伟大的真主以其博爱仁慈之恩惠,使我不经战斗就征服了喀布尔和哥疾宁及其所属的地区。

喀布尔地区位于第四气候带,处于有人耕种和定居地区的中心。它东邻兰姆加纳特、帕拉沙瓦尔(白沙瓦)、哈什特纳加尔与印度斯坦的某些地区。西为山区,包括卡尔努德(?)和古尔;在这些山区中现在居住着哈扎拉部落和尼克德里(或写作尼库德里)部落。

[喀布尔]之北为昆都士地区和安达拉卜地区,由兴都库什山与之分隔。南面,则是法尔穆耳、纳格尔(或写作纳格兹)、本努和阿富汗。①

喀布尔地区本身范围不大;自东至西呈长方形,处于群山环抱之中。喀布尔的城堡背靠着山。因喀布尔的一个(印度族的)国王曾在山顶的城堡上建了一所房子,所以这山就被称为喀布尔沙(沙即国王)。此山自杜林(达瓦林)狭地起延伸至于德赫·伊·雅库布狭地。其周围约有二沙里(4公里)。此山的山坡上满是果园。在我叔父乌鲁伯·米儿咱统治的时期,他的傅相外斯·阿塔卡在山上开了一条灌溉渠;山坡上所有的果园都是由这水渠来灌

① 巴布尔这里所说的阿富汗是指阿富汗部落居住的地区,在从喀布尔去白沙瓦的大路的南面。

溉的。水渠的尽头有一个地方,名叫库耳·基纳。这是一个偏僻
128b 的角落,人们在那里过着放荡淫佚的生活。关于这个地方,人们有时用和卓·哈非思的打油诗来形容:

在库耳·基纳那些好色之徒当中
不顾名誉地放浪形骸
待上几日,那真是美好的时候。

在城堡之南与喀布尔沙山之东有一巨大的湖,湖周约一沙里(2公里)。有三条小河自喀布尔沙山流向喀布尔,其中两条河即在库耳·基纳附近。在一条河旁边是和卓·夏穆的坟墓,另一条河的旁边则有和卓·黑孜尔圣人的足迹。喀布尔的居民常来这些地方游历。还有一条河,在和卓·阿布都·萨马德的坟墓对面流过,该河所在的地方称为和卓·劳沙奈。

喀布尔沙山支脉有一个突出的山岩,名叫乌卡拜因。除乌卡拜因外,那里还有一个小的支脉。喀布尔城堡的要塞就屹立在这个山上,要塞之北有巨大的防御工事。要塞在特高处,空气很好,俯瞰前述的大湖及三个草地,即:西雅·桑格(黑岩)、孙克·库尔干(堡背)与察拉克(强盗),全都展伸于要塞脚下。在草地一片青翠时,景色真是美极了。夏天,在喀布尔不时有北风吹来,称为"来自八鲁湾的风"。要塞北边有带窗户的房子,那里空气很好。

毛拉·穆罕默德·塔利布·穆阿迈曾作过这么一首称赞喀布
129a 尔城堡的诗以献给巴迪斡思咱蛮·米儿咱。

在喀布尔城楼中饮酒——向周围一一举杯,
因为喀布尔有山,有河,既有城邑,又有草原。

正如阿拉伯人把阿拉比亚以外的所有地方都称为阿札姆,印

度人则将印度以外的地方称为呼罗珊。在印度和呼罗珊之间的陆上通路上有两个商业城:一个是喀布尔,另一个是坎大哈。从喀什噶尔[①]、费尔干纳、土耳其斯坦、撒马尔罕、布哈拉、巴里黑、喜萨尔和巴达赫尚都有商队来喀布尔。到坎大哈的商队则来自呼罗珊。喀布尔地区位于印度和呼罗珊之间的中间地带,是一个很好的贸易中心。商人们如果去北中国,或去罗姆(指今土耳其),他们可能赚不到更高的利润。每年赶到喀布尔来的马有七、八千或一万匹。从下印度来的商队每年要带来一万、一万五或两万商人。印度方面供应奴隶、白布、糖块、沙子糖和香料。许多商人并不满足于三、四倍的利润。

在喀布尔,能买到呼罗珊、伊剌克、罗姆和中国的产品;它好比印度的一个商港。

喀布尔地区的炎热地带和寒冷地带相距很近。出了喀布尔城,一个人可以在一天之内走到从不下雪的地方,也可以在两个时辰之内走到冰雪从未融化的地方,不过,有时也出现极为炎热的夏
天,那时一点雪也留不住。在喀布尔城附近的地方,既有炎热地带 129b
的水果,也有寒冷地带的水果,数量都很多。在喀布尔及其附近的农村中出产的寒冷地带的水果有:葡萄、石榴、杏、苹果、榅桲、梨、桃、李、乳果(sinjid)、杏仁与核桃。我曾下令将樱桃树苗运到该地种植,长得很好。现在樱桃树还繁茂起来了。

炎热地带的水果,有:橘、橙、莲子(diospyrus lotus),与甘蔗,这些都是从兰姆甘输入的;我曾下令将甘蔗运到喀布尔种植。从

① 此书的各种抄本都未提及此地,兹据英译本补。

尼吉劳(尼吉尔河)输入的有松子。从喀布尔周围的山区运来大量蜂蜜,那里有养蜂场,但哥疾宁周围的山区不供应蜂蜜。喀布尔产的大黄很好,那里的榅桲与李子也好吃,黄瓜尤美。

那里有一种特别的葡萄,称为水葡萄;这种葡萄很好,可用以制烈酒。其中产于和卓·哈完的、赛德山山坡的那种酒以纯烈著名。不过,现在我只能用其他人的赞词来形容之:

> 只有醉汉才懂得该酒的香味;
>
> 醒者有何机会知道酒香呢?

喀布尔不富产谷物,有一个四倍或五倍于种子的收成就被认为是不错的了。该地产的甜瓜也不是最好的,但如用呼罗珊的种子,那长出来的甜瓜就不坏。喀布尔气候宜人。就我们所知,世界上还没有另一个地方有喀布尔这么好的空气。在夏天,甚至不盖皮大衣不能过夜。在冬天,虽然雪下得很多,也不太寒冷。撒马尔

130a 罕与大不里士,虽亦以气候宜人著称,但却极为寒冷。

喀布尔四面都有很好的草地。苏纳克·库尔干草地在喀布尔东北,距城二库罗赫(4 公里),这是一片很好的草地。那里长着适于马吃的牧草,而且蚊子少。

西北为察拉克草地,距喀布尔一库罗赫(2 公里)。这片草地大,但到夏天蚊子多,使马匹不能安宁。

西面为杜林草地和另两个草地——提帕和库什·纳的尔(或写作纳瓦尔)。如果这样算,则共为五块草地。这两块草地都各距喀布尔一沙里(2 公里);面积都不大,其草适于养马,且无蚊子。喀布尔的草地没有像这两块那么好的了。

[喀布尔]之东为西雅·桑格草地;库特鲁克·卡达姆的坟墓

在皮匠门与该草地之间。因那里夏天蚊子很多,故这块草地没有圈起来使用。与西雅·桑格这块小草地相连的是卡马里草地。如把这块草地也算上,则喀布尔周围共有六块草地,不过[特别]著名的是四块。

喀布尔是一个外敌难于进入的地区;兴都库什山横亘于巴里黑、昆都士、巴达赫尚和喀布尔之间;该山中有七条山路可以通过。其中三条经过潘吉希尔;最上为哈瓦克山隘,以下为吐耳山隘,再下为巴札拉克山隘。在这三个山隘中,最好走的是吐耳山隘,但经 130b
过这个山隘的路稍长;也许就因这个缘故才称之为吐耳山隘。

经过巴札拉克山隘的那条路最直;吐耳与巴札拉克都下通撒里阿布。因巴札拉克山隘通帕兰地村,故撒里阿布的居民称之为帕兰地山隘。还有一条路是经过八鲁湾。因在大山隘(Baj-gah)和八鲁湾之间还有七个山隘,故被称为哈夫特·巴查。有两条路从安达拉卜方面过来,与大山隘相接,再经过哈夫特·巴查,通往八鲁湾。这条路险峻难行。还有三条路来自古尔奔得;其中通往八鲁湾的最近的一条路,称为新路山口,是经过瓦连去兴姜;另一条路是经过乞卜察克山口,通往克兹勒苏(苏尔哈布)河与安达拉卜河的汇合处。这条路也好走。第三条路是经过锡伯图山隘。夏天涨大水时,(旅行者)过锡伯图山隘要取道巴米羊和赛甘,冬天水落时则取道阿布达拉。

除经过锡伯图的山路外,所有的山路在冬天要封闭三、四个月;经过这个山隘,是走阿布达拉。夏天涨水时,这些路的状况也像冬天那样没法走,因为河床里的路由于水位高是不通的。如想不涉水而过兴都库什山,那确是难以通行的。只有在秋天的三、四

131a 个月当中,雪少,水落,这些路才是[最好]走的时期。不管是在山上还是在谷底,总是有许多异教的盗匪出没。

从呼罗珊方面来的路经过坎大哈;这条路平坦,沿路无山隘。

从印度方面有四条路通喀布尔。一条路经过兰姆加纳特。这条路在开伯尔山有一个不大的山隘。另一条路经过班加什,第三条路经过纳格兹(或写作纳格尔),还有一条路,是经过法尔穆耳。在这些路上也有不高的山隘。走这几条路可在三个渡口过印度河。如在尼耳·阿布渡口过印度河,则要途经兰姆加纳特;但在冬天,就要在喀布尔河与印度河汇合处以上的地方渡过印度河与喀布尔河。我率军进攻印度,走得最多的是这几个渡口。在我(于回历九三二年,即公元1525年)前来,击败并俘虏了速檀·伊伯拉欣和征服印度的那一次,我是坐船在尼耳·阿布过的河。除在上面提到过的地方外,在任何地方都必须坐船才能过印度河。

如在丁·科特(今加拉巴格不远处,在印度河东岸)渡口过河,就要经过班加什;在焦巴拉过了河后,如走法尔穆耳,就可去哥疾宁,如取道达什特(即今达曼),就前通坎大哈。

在喀布尔地区生活着各种各样的部落。爱马克人(指蒙兀儿游牧人)、突厥人和阿拉伯人生活在山谷和平原地带。萨尔特人
131b 生活在城镇和一些乡村中。在另一些乡村和地区则住着帕夏伊部落、帕拉吉部落、塔吉克部落、比尔基部落和阿富汗部落。在哥疾宁的山区生活着哈扎拉部落和尼库德里部落;这两个部落中有些人是讲蒙兀儿语。

在东北山区有异教徒的村落,如卡图尔人和吉布里克人;南边则是阿富汗人的居住区。

喀布尔地区有十一或十二种语言:阿拉伯语、波斯语、突厥语、蒙兀儿语、印地语、阿富汗语、帕夏伊语、帕拉吉语、吉布里语、比尔基语、兰姆甘语。就我所知,其他任何地方都不见有这么多不同的部落,说着这么多不同的语言。

喀布尔地区有十四个土绵。在撒马尔罕、布哈拉,以及一般地在那些边远的小地区,是把任何大地区所属的首府称为土绵。在安集延、喀什噶尔及那些地区之间,称阿尔钦;在印度则称为帕尔干。巴焦尔、萨瓦德、白沙瓦与哈什特纳加尔诸地,过去虽曾属于喀布尔,但现在有的已遭到阿富汗人的破坏,有的则转属于阿富汗人,已不再成为农耕的地区了。

喀布尔之东是兰姆加纳特。这个地区由五个土绵和两个布鲁克组成。其中最大的土绵是宁格纳哈尔,在史书中有时也写作纳加拉哈尔。其长官驻于喀布尔以东约十三伊尕奇(78 公里)的阿迪纳普尔。在喀布尔与阿迪纳普尔之间只有一条很坏而又难走的
路。路上三、四个地方有小的山隘,两、三个地方是峡谷。沿路没 132a
有耕作地区,故希里耳契人和其他阿富汗盗匪常拦路抢劫。

这些地方[过去]是有居民点的。我下令在库鲁克塞以下的喀拉图地方安置居民后,这条路就变得安全了。

巴达姆·察什马(杏仁泉)山口是这条路上炎热地带与寒冷地带的分界。这个山口的朝喀布尔一边下雪,朝库鲁克塞和兰姆加纳特的一边则不下雪。过了这个山口以后,人们看到的[完全是]另一个世界:那里的树木、植被、动物以及居民的风俗习惯全都不同。

宁格纳哈尔就是九条河(tuquz-rud);那里出产的稻米与小麦

都很好，柑橘、柠檬与石榴多而味美。回历九一四年（公元1508—1509年）我在阿迪纳普尔城堡南面的高地上建了一个大花园，称为巴格·伊·瓦法（忠诚花园）。它坐落在一条河上；该河（苏尔赫·鲁德）从花园与阿迪纳普尔城堡之间流过。那里也盛产柑橘、柠檬与石榴。我在击败帕哈尔（比哈尔）·汗和征服拉合尔与迪巴耳普尔那一年，曾将香蕉树运到这个花园栽种，结果长得很好。在这以前的一年，我还在那里种了甘蔗，也长得好。这种甘蔗有些还被送往布哈拉与巴达赫尚。该花园地势高，就近常有活水，冬天气候温和。花园当中有一个小丘。足够一个水磨用的一条小
132b 河，经常有水流过这个小丘。小丘上建了四个花坛。

花园的西南有一个十平方卡里的水池（按，一卡里等于70公分），其周围到处长着橘子树，也有少量的石榴树。水池旁边全是红三叶草地，这是花园中最好的地方。在那柑橘变黄的时候，花园的景色真是美极了。这花园坐落的地方甚好。

科赫·伊·萨非德山位于宁格纳哈尔之南。此山将宁格纳哈尔与班加什隔开。那里没有供骑马者行走的路，有九条河自此山流出。在此山中，雪从不少降。可能即因此故而被称为科赫·伊·萨非德山。在山下的谷地里，则从不下雪。从雪线到不下雪的地带有半日的路程。

此山的山坡上有许多地方空气极好。那里的水很凉，无需用冰。在阿迪纳普尔城堡之南为苏尔赫·鲁德河；城堡是坐落在一个高地上。自城堡往下，山坡陡峻，下临河谷，高达四、五十卡里（28—35公尺）。此山的北面有一支脉分出。

阿迪纳普尔是一防御工事很坚固的城堡。那座山位于宁格纳

哈尔与兰姆加纳特之间;每当喀布尔下雪之时,此山的山顶上便也下雪。因此,兰姆加纳特的居民就知道,喀布尔下雪了。[至于] 133a
从喀布尔通兰姆加纳特的几条道路:如果途经库鲁克塞,则一条路要经过迪里山口,在布兰地方渡巴兰河,然后进入兰姆加纳特;另一条路是在库鲁克塞以下经过喀拉图,在乌鲁格努尔渡巴兰河,取道巴德·伊·皮奇山口(旋风山口)进入兰姆加纳特。

如果途经尼吉劳,则要在卡兰格里克过巴德劳河,再往前翻越巴德·伊·皮奇山口。

宁格纳哈尔虽是兰姆加纳特的五个土绵之一,但只有[以下]三个土绵才称为兰姆加纳特。一个是阿力申土绵,其北为终年积雪、难于攀登的高山,与兴都库什山相连;山中到处住着异教徒。与阿力申最接近的异教徒居住的地方是密耳。阿力申的河流出自密耳。至圣先知努赫(诺亚)之父伟大兰姆的坟墓就在阿力申土绵。在一些史书中,伟大的兰姆也被称为兰马克和兰马坎。常常见到,该地的居民在某些场合把“卡夫”(kaf)读作“噶因”(ghain,即将 k 读为 gh)。也许,就是由于这个缘故,这个地区才被称为兰姆甘。

还有一个土绵是阿兰噶尔。最靠近阿兰噶尔的异教徒居住区为卡瓦尔(Gawar 或 Kawar)。阿兰噶尔的河流(Gau 河,或 Kau 河)发源于卡瓦尔。该河与阿力申的那条河相汇,两河在第三个 133b
土绵即曼德拉瓦尔土绵之下注入巴兰河。

努尔河谷(Dara-i-nur)是上述两个布鲁克(buluk)之一。这是一个独一无二的地方。其堡垒是建立在河谷入口处的山嵘上,两边各有一河。山麓的梯田里种了许多稻米,那里只有一条路通行。该地也有柑橘、柠檬，及其他热带的水果，间或还见到有海棠树。

从城堡两边流过的河流岸上，树林密布；那里多数是莲荷（amluk），其果实突厥人称为哈拉·伊米什（qara-yimish）；在努尔河谷这种果实很多，但别处不见有。那里也有葡萄，都是长在树上。在兰姆加纳特，努尔河谷产的酒很出名。那里的酒有两种，称为阿拉赫·塔什（arah-tashi）与苏汉·塔什（suhan-tashi）；前者为金黄色，后者为鲜红色。然而阿拉赫·塔什较浓烈。不过，两种酒的浓度都是名实不副。

往高处走，在一个峡谷中见到有猿猴，往下，在印度的一边，也常见有猿猴，但在这些河谷以上则无。那些地方的居民（即努里人）过去养猪，但现在已不养猪了。

还有一个土绵是库纳尔与努尔加勒。这个土绵是一个边远地区，距兰姆加纳特较远，处在异教徒居住的地方。尽管其地域的面积与兰姆加纳特土绵相当，但由于其所处地位遥远，故其所交的贡
134a 赋不多，其居民纳税较少。察甘·撒莱河从东北方经过异教徒居住的地方流入，经过这个地区，在卡马布鲁克与巴兰河汇合，向东流去。努尔加勒在此河之西，库纳尔在河以东。哈马丹人密尔·赛伊德·阿利——愿真主宽恕他——在漫游中来到此地，死于库纳尔以上一沙里（2 公里）处。他的弟子把他的尸体从那里转移到珂咄罗。在他死去的地方，现在建立了一个陵墓。我在回历九二〇年[①]前来夺取察甘·撒莱时，曾在此陵墓绕行一周。那里富产

① 各种稿本记载的年代不同，总在回历九二〇至九二五年之间。英译者认为都不正确。回历九二五年纪事始于穆哈兰月，时巴布尔在巴焦尔以东，故英译者以为这个年代应在回历九二四年年末。

柑橘、柠檬与香菜。从异教徒居住的地区向该地输入烈性酒。

该地居民曾讲过一件奇怪的事,这件事似乎不大可能,但人人都反复对我讲述这个故事。[努尔加勒]土绵的下部称为穆耳塔·昆地;再往下的地区属于努尔河谷与阿塔尔。穆耳塔·昆地以上的整个山区,即在库纳尔、努尔加勒、巴焦尔、萨瓦德及其周围地区,流行着这样一个习惯:当一个女人死去后,她就被置于担架上,四个人将她抬起。如果死者没有做过坏事,她就会使抬担架的人不由自主地的摇晃,即使他们尽力使自己站稳,死者仍从担架上掉下。如果她曾经做过坏事,尸体就安稳不动。我不仅曾听到库纳尔人这么讲,而且也在巴焦尔、萨瓦德和那里的整个山区一再地听到人们讲到这样的事情。巴焦尔的速檀海达尔·阿利,为政清 134b
明,其母死时,他不哭泣,不举行追悼,也不缠黑头巾,只是说:"去吧,将她放到担架上;如果不动弹,我一定将其火化。"死者被放到担架上,她果如所期望地颤动起来。她的儿子一听到这种情况,就立即缠上黑头巾,并举行追悼仪式。

还有一个布鲁克是察甘·撒莱。这是一个小地方,整个只有一个村子。察甘·撒莱是通往异教徒居住区的入口。其居民与异教徒通婚,虽为穆斯林,也遵行异教徒的习惯。有一条大河,称为察甘·撒莱河,从巴焦尔以后自东北方流入其境。另一条小河,称为皮奇河,从西边异教徒的地区流来,注入察甘·撒莱河。察甘·撒莱出黄色的烈性酒,这种酒绝不能与努尔河谷产的酒相比。察甘·撒莱本地既不产葡萄,也无果园。葡萄都是从河流上游异教徒的地区和皮奇地区输入的。在我攻取察甘·撒莱时,皮奇的异教徒曾来援助该地的居民。该地居民普遍嗜酒,每个异教徒都在颈上挂一个皮制的酒囊。他们以喝酒来代替喝水。

卡马虽不是单另的一个地区,并属于宁格纳哈尔,但这个地方也称为一个布鲁克。

135a 另一个土绵是尼吉劳。它位于喀布尔东北山中。尼吉劳后面的山中全是居住着异教徒。这是一个与世隔绝的偏僻地区。那里富产葡萄与水果,酒也不少。但他们把酒煮开。在冬天,那里养了许多母鸡。尼吉劳的居民,都是酒徒,不做礼拜,无所畏惧,类似多神教徒。在尼吉劳的山中,长着许多红松、笠松、柞树与乳香树。红松、笠松和柞树也生长于尼吉劳以下的地区,其以上的地区则完全不见有;这是印度树。

该山区的居民都点燃笠松木以照明;它烧起来像蜡烛。这颇奇怪。

在尼吉劳山中还见到一种飞狐。这种飞狐比猫稍大;其前腿间与后腿间有一张像蝙蝠翅膀那样的薄膜;人们常给我带一个[飞狐]来。据说,它们向下飞一箭之遥,从一棵树飞到另一棵树。我没有亲自见过它们如何飞动;有一次,我们把一个飞狐放在一棵树上,它迅即飞起离去了;但当人们追赶它时,它就展翅下翔,就如它曾飞起那样,绝不伤及自己。

尼吉劳山中另一种奇物是鲁喀(或写作鲁加)鸟,这种鸟也称为"布-卡拉蒙(Chameleon)"鸟。它从头到尾有五、六种颜色并经常变色,斑斓如鸽子的脖子,它大如山鸡(Kabg-i-dari),看去似是印度的沙鸡。该地的居民曾谈到有关的怪事:冬季来临时,这种鸟来到山麓。如果它们飞过葡萄园的上面,那就完全不能再往前飞

135b 了,于是就被捕获。尼吉劳还有一种老鼠,称为麝鼠。据说,它散

发一种麝香味，但我从未见过。

另一个土绵是潘吉希尔。潘吉希尔位于道路沿线，距异教徒居住的地区很近。异教徒强盗经常路过其地，因他们距其地近，故向潘吉希尔征税。在我上次（于回历九三二年，即公元 1526 年）前来征服印度时，异教徒曾进入潘吉希尔，在那里杀了许多人，并大肆蹂躏破坏。

另一个土绵是古尔·奔得。该地称山口为奔得。去古尔方面要经过这个山口，也许就是由于这个原因而把[这个土绵]称为古尔·奔得。哈扎拉人占据了古尔·奔得河谷的上部。那里村落少，故能征收的税也少。据说，古尔·奔得山中有银矿和青金石矿。

在（兴都库什山的）山坡地带有一些村庄：上面的是密塔·卡察与八鲁湾，下面的是杜尔·纳马。总共有十二、三个村庄。这些村庄富产水果，那里出产的酒比其他任何地方的酒都更为浓烈。

因上述所有的村庄都位于山坡地带，或在山中，所以它们虽然也纳税，但纳得不多。

往下，在山与巴兰河之间，村庄都位于平坦草原的两个地带。一个地带名叫库拉特·塔即扬，另一个地带名叫舍黑平原（Dasht-i-Shaikh）。那里播种黍稷，春来长得青翠美观，故为（蒙兀儿）爱 136a
马克和突厥人常去之地。那时山坡上满是五颜六色的郁金香，我有一次命人计算了一下，看来总有三十二、三种罕见的郁金香。那里有一种郁金香，其散发的清香似红玫瑰，我们称之为“玫瑰香。”这种郁金香在舍黑平原只长于一块土地上，他处绝无。在八鲁湾以下的山坡上有百叶郁金香，生长于古尔·奔得狭地出口处的一块土地上。

在上述两个平原之间有一低山。从其山顶到山麓延伸着一条沙地,称为“流沙的和卓”(Khwaja-i-regrawan)。据说,在夏天时,这片沙地发出鼓乐之声。

那里还有一些村庄是属于喀布尔的。喀布尔西南有大雪山;那里雪上积雪;不雪上加雪的年景是极少见的。在喀布尔冰室告罄时,就从雪山把雪运来制作冰饮料。此雪山距喀布尔约有三沙里(6公里)。

巴米羊山与此山都难于攀登。赫尔曼德河、印度河、昆都士的杜噶巴河与巴里黑·阿布河都发源于这些山中;据说,在一天之内可以喝到所有四条河的水。

上述诸村庄多数位于此山的山坡地带。那里的果园中盛产葡萄,各种水果也不少。这些村庄中没有一个能与伊斯塔利夫和阿
136b 斯塔尔噶奇相比。据说,乌鲁伯·米儿咱曾将这后两个村庄称为他的呼罗珊和撒马尔罕。

帕姆甘也算是这些村庄中的一个,该村产的葡萄与水果虽不如其他村庄的好,但该村的气候之好则为其他村庄所不能比。帕姆甘山是一个雪山。不知道,各地是否有像伊斯塔利夫这样的村庄。有一条大河流过帕姆甘,该河的两边有果园;那里有青翠宜人的小花园。园中之水冰凉,无需用冰使之变冷,而且这水多是清澈的。

在这个村子里,有一花园,称为巴格·伊·卡兰,是乌鲁伯·米儿咱从花园主手中强夺过来的。我给花园的所有者付了价钱,然后才将其接收过来。该花园的前面长着巨大的悬铃木,其下是一片青翠喜人、树荫覆盖的草地。园的中央经常有一股流水,足以推动一个水磨。此水渠的两岸栽种了悬铃木和其他树木。过去,这条水渠弯曲不平。我下令将其疏浚整直,使其地变得很美观。

在这些村庄以下,平原以上一库罗赫(2公里)或一库罗赫半(3公里)处的山坡上,有一泉水,称为三友泉(Khwaja Sihyaran)。此泉旁边及其周围长着三种树。泉水之上有浓密的悬铃木,树林阴翳。山坡两边的小丘上有许多高大的柞树;除这两块生长有柞 137a
树林的地段外,在喀布尔以西的山中完全没有柞树。而该泉水前面的平坦地带边缘,则有大的紫荆树林(arghwan)。除这些树林外,紫荆树再不见于喀布尔地区的任何地方。据说,这三种不同的树,乃是三个圣人赠送的礼物①,因此得名为三友泉。我下令用石头将泉水围起来,并用石膏和水泥在泉边砌出十平方卡里的面积。在泉水的四边建一正方形平台,朝着紫荆树林;在紫荆树开花时,真不知世界上是否还有另外一个地方有如此处的美丽。那里也有许多黄色的紫荆。在山坡上,黄色紫荆与红色紫荆同时开花。

有一条溪流经常有水从河谷流向该泉水之西南,其水量只够一个磨坊所需水量的一半。我命令挖一条水渠,把小山上的溪水引向三友泉的西南。我在这小山上修了一个大圆台,圆台四周栽种柳树;这个地方就变得很令人喜爱了。在水池以上的小山旁边,我还吩咐种了葡萄。记载挖掘这个水渠的时间的纪年文为juikhush(意为"仁爱渠")②。

---

① 三个圣人指契什特的和卓·毛杜德、和卓·哈完的·赛德与流沙的和卓。

② jui-khush 表示的年代为回历九二五年。参看此书 f. 246b.

喀布尔的另一个土绵是鲁胡古尔(今名卢格尔),其最大的一
137b 个村庄是察尔赫村。尊敬的大毛拉·雅库伯就是这个村子出生的人。毛拉·乌斯曼的儿子毛拉·札答也出生于察尔赫村。

萨加旺德村,也是鲁胡古尔的一个村庄。和卓·阿黑麻与和卓·尤奴斯都出生于该村。察尔赫村花园很多,而在鲁胡古尔的其他村子则没有花园。

鲁胡古尔的居民被称为“阿富汗·沙耳”,这个名称在喀布尔常见使用。[正确的称谓]可能是“阿富汗·沙阿尔”,被讹称为“阿富汗·沙耳”了①。

那里还有一个地区是加兹尼。许多人认为加兹尼是一个土绵。加兹尼曾是色布克·特勤、速檀·马合木及其后裔的首府;有些人也写作哥疾宁。据说,加兹尼也曾是古里王失哈布丁的政府驻地。在《纳昔里表》(*The Tabaqat-i Nasiri*)②一书及某些印度史的著作中,速檀·失哈布丁被称为穆伊祖丁。

加兹尼位于第三气候带。这地区也称为谢飓;有的人认为,坎大哈是它的一部分。从喀布尔朝西[南]方向去加兹尼有十四伊尕奇(84 公里)的路程。如清早从加兹尼出发,走这条路,可在晌礼和晡礼之间的时间(即下午)到达喀布尔。从阿迪纳普尔到喀布尔只有十三伊尕奇(78 公里)的路程,由于这条路不好,所以一

① 参看下文 f. 139 b。

② 《纳昔里表》,作者为十二世纪末至十三世纪中叶阿富汗西北朱兹江尼人明哈吉,这是一部用波斯文写成的亚洲伊斯兰王朝通史,现有英译本。The Tabaqat-i Nasiri: A General History of the Muhammadan Dynasties of the Asia... by the Maulana, Minhaj-ud-Din, Abu-Umar-i-Usman, Transl. by H. G. Raverty, vol, III.

天的时间走不到。

加兹尼地方不大;其地河流中的水只够四、五个水磨用。这条河灌溉加兹尼城及四、五个村庄;还有四、五个村庄是靠坎儿井灌溉。加兹尼出产的葡萄比喀布尔的好;那里的甜瓜也比喀布尔的 138a
好吃。加兹尼的苹果也很好,输往印度。

[在加兹尼]从事耕种很困难,因不管土质如何,每年都必须给播种的地方盖上新土;但在加兹尼播种的收获却比喀布尔高些。那里播种茜草,输往全印度,给播种者带来很大的利润。

加兹尼的牧民是哈扎拉人和阿富汗人。与喀布尔相比,加兹尼什么都较便宜。该地区的居民信奉哈尼非派,是正统而虔诚的穆斯林;那里坚持封斋三个月的人很多,他们谨慎地将自己的妻子眷属关在闺房里。

毛拉·阿布都拉赫曼是加兹尼的著名人物之一。他学问优长,经常传道授业,是一个很正统、虔诚和品德优良的人。他与纳昔尔·米儿咱于同一年(回历九二一年,即公元 1515 年)谢世。

速檀·马合木的陵墓在加兹尼近郊;因那里有速檀的陵墓,故其地称为"绕匝"(Rauza,陵园)。最好的加兹尼葡萄即产于绕匝。马合木的后裔速檀·马萨乌德和速檀·伊伯拉欣的陵墓也在加兹尼。加兹尼有许多极好的陵墓。

在我夺取喀布尔和加兹尼的那一年,我劫掠了科哈特、本努平原与阿富汗人的地区,杀了许多人,又沿阿比·伊斯塔达河岸,经杜吉,到达加兹尼城。人们告诉我说,在加兹尼的一个村子里,有一所陵墓,只要有向先知祝福的声音,其墓石就晃动。我们来到该
处,果然见到了石头的摆动。后来才明白,这是守墓人员搞的名 138b

堂。他们在墓上安了一个站台；每次只要触动这个站台，它就会摆动，而人们却感觉好像是墓石在摆动。这正如以前从未坐过船的人，在坐船行进时，感觉好像是河岸在动。我命令守墓人远离站台。以后不管你如何一再向先知祝福，也不再见到墓石摆动了。我命拆掉那个台子，在坟上建一拱顶。我还威胁地禁止守墓人员再搞这种把戏。

加兹尼地区微不足道。我常感惊异的是，君临印度和呼罗珊的君主，占有那么多的土地，为何偏要选择这么一个小地方作为首府。在速檀·马合木的时期，那里有三、四个水坝。速檀在加兹尼河上游离城以北三伊尕奇（18 公里）处建了一个大水坝。该坝高约四十或五十卡里（28 或 35 公尺），长约三百卡里（210 公尺）。在其中蓄水，并视需要程度将水放到田地里。古尔王朝国王阿拉乌丁·哲罕苏兹（在回历五五〇年，即公元 1152 年）征服该地时，毁掉了这个水坝，焚烧了速檀后裔的许多陵墓，焚毁了加兹尼城，

139a 其居民遭到掠夺和杀戮。总之，屠杀破坏，无所不用其极。自那时以来，这个水坝一直处于毁坏状态。我在征服印度的那年，曾经经和卓·卡兰之手送钱去重建这个水坝。我希望，在真主的帮助下，这个水坝将会建好重新使用。

还有一个水坝——萨汗水坝，在加兹尼以东。距加兹尼亦为两、三伊尕奇（12—18 公里），亦久已毁废，甚至已不可能修整。

第三个是萨里德赫（村头）水坝，完好无损。

书籍中曾记载，加兹尼有一眼泉水，如向该泉水中投掷污泥和不洁净的东西，就会立即发生风暴、洪水，雨雪交作。在另一种史籍里，我也见到记载说，色布克·特勤在加兹尼遭到信德王（Jaipal）的包围时，他就下令将污泥与不洁净之物投入此泉水中，遂引起了风暴、洪水和雨雪；他就用这一计策打退了敌人。不管我在加兹尼怎么查访，仍没有人能告知我该泉水之所在。

在我们的国土里，加兹尼与花拉子模都以寒冷出名，正如在两伊剌克和阿塞拜疆，苏丹尼耶和大不里士亦以寒冷著名。

［喀布尔］还有一个土绵是祖尔穆特，位于喀布尔以南，加兹尼之东南。自喀布尔去祖尔穆特为十二、三伊尕奇（72—78公里），去加兹尼则为七、八伊尕奇（42—48公里）。祖尔穆特有八个
村子；其长官驻于格尔德兹（加德兹）。格尔德兹城堡内的房子， 139b
大部分都是三、四层。该城的防御工事修得不错；在格尔德兹人举行反抗纳昔尔·米儿咱的起义时，此城给米儿咱造成很多麻烦。

祖尔穆特的居民是阿富汗·沙耳人。他们播种粮食，从事农业。但他们既无果树，也无果园和菜园。

该土绵以南有一山，称为巴拉基斯坦山。此山山坡的一个高地上有一道泉水；舍黑·穆罕默德·穆苏耳曼的坟墓就在这个地方。

［喀布尔］还有一个土绵是法尔穆耳。地方不大，出产好苹果，输往木尔坦与印度。“舍黑的子孙”（即舍黑·穆罕默德·穆苏耳曼的后裔）皆出生于法尔穆耳，他们在阿富汗人统治印度的时期受到尊敬。

还有一个土绵是班加什。其四周有一些强盗，他们是属于胡吉安尼、希里耳奇、图里与兰达尔诸部落的阿富汗人。他们居地偏僻，所以不乐意纳税。我们有大事情要做，如要去征服坎大哈、巴里黑、巴达赫尚和印度，因此没有时间去敉平班加什。但是，在有

机会时，我们无疑会在真主的帮助下去救平班加什及那里的盗贼。

阿拉塞是喀布尔所属的一个布鲁克。其地距尼吉劳二、三沙里（4—6 公里）。从尼吉劳方向往东的道路很平坦；在到达一个名叫库拉的地方后，再经过一个不大的山隘而进入阿拉赛。在这个地方，库拉山口是炎热地带与寒冷地带的分界线。早春时节，鸟类飞过该库拉山口。尼吉劳所属的皮奇甘地方的居民在这个山
140a 口捕捉许多鸟，其办法是：他们在山隘的出口附近到处安设石头砌的掩体，捕鸟者躲在这些掩体的后面，并把捕网的一端固定在距掩体五、六卡里（350—420 公分）的地方。用石头把网的一边压在地上；网的另半边，即三、四卡里（210—280 公分）长的半边则拴在一根棍子上。棍子的一端由坐在掩体中的人握着；他通过掩体上的窟窿可以看见鸟的动静。在鸟接近时，网立即就被拉开升起，鸟就自己飞入网中；这样捕得的岛很多，以至于他们都来不及宰杀。

该地没有任何石榴比阿拉塞出产的石榴更好；阿拉塞石榴输往全印度各地。那里的葡萄也不错；阿拉塞出的酒比尼吉劳的酒更浓烈，色味更佳。

还有一个布鲁克是巴德劳（Tag-au），与阿拉塞毗邻。巴德劳不产水果，异教徒在从事耕作，播种粮食。

正如同在呼罗珊和撒马尔罕有游牧的突厥人和（蒙兀儿）部落（爱马克）那样，在喀布尔地区也有游牧的哈扎拉人和阿富汗人。那里的哈扎拉人，绝大多数是速檀·马萨乌德的部众，而阿富汗人则多属马赫门德部。

喀布尔的赋入，即土地税、关税和游牧税，共达八拉克的沙哈

鲁币[①]。 140b

喀布尔地区东面的山有两类;西面的山也有两类。安达拉卜山、霍斯特山与巴达赫尚诸山到处是松树林(archa),泉水很多,还有不很陡的山坡;喀布尔以东,无论在高山、丘陵与河谷,都是绿草如茵。绝大部分是布塔·卡赫草(buta-kah),很适合喂马。在安集延地区,这种草称为"布塔·卡赫",不知何故,但在喀布尔我才明白了:这种草因为是丛生的灌木,故被称为"布塔·卡赫"[②]。

喜萨尔、珂咄罗、撒马尔罕、费尔干纳和蒙兀儿斯坦的夏牧场,与喀布尔地区的夏牧场分布一样;虽然费尔干纳与蒙兀儿斯坦的夏牧场不能同喀布尔的夏牧场相比,但都同样是在山上。而尼吉·劳、兰姆加纳特、巴焦尔与萨瓦德诸地的山中,则生长着许多松树、柞树、冬青槲、橄榄树与乳香树。那里的草也与那些山里的不同,长得又密又高,但无用,羊与马都不能吃。

这些山虽不如[上述]诸山之高,看来毫不巍峨,但却极难攀登;山坡虽平缓不陡,但大小山皆甚险峻,尽是坚岩,其上不能骑马行走。

这些山中,有许多印度鸟和印度的动物,如鹦鹉、椋鸟(mi-
na)、孔雀、鲁加鸟(luja)、猿猴、兰牛(nil-gau)、短腿鹿(kutapai); 141a
除上述这些动物外,那里还有其他各种在印度没有听说过的鸟、兽。

喀布尔西面诸山,如津丹河谷、苏夫河谷、噶尔扎万与噶尔吉

① 一拉克,即一十万。一个沙哈鲁币相当40金戈比,或十便士。2.5沙哈鲁币等于一个卢比。

② buta,波斯语意为灌木丛。kah,意为植物。

斯坦等地的山，都属一个类型。其牧场绝大多数是分布于河谷地带；高山丘陵上长的草与北部诸山的草不同；那里也没有这么茂密的树木和松林，但那里的草却适于给羊、马吃；这些山的上面都能骑马行走，山上有各种耕地。

这些山上有许多野羊（kiyik）；河床经过人迹难到的山谷狭地；这种峡谷大部分都很陡峻，从上面无处可进入。奇怪的是，在所有其他山区，难以攀登的据点都是在居高临下之处，而此山的据点却是设在谷底。古尔、卡尔努德（或写作 Kuzud）与哈扎拉诸地山区也是这样，其牧场是位于这些山的谷地。那里树也很少，松树林（archa）则完全没有；牧场上的草适合喂养马、羊，他们牧养了大量的羊。

在前述诸山区，难攻的据点是设在山下，而在这些山中，则情况不是这样的。

和卓·伊斯迈耳、达什特、杜吉以及阿富汗人居住区（在喀布尔东南）诸山，情况都相同，山都低而又低，草少，水不够；没有树，
141b 荒凉，到处都是不毛之地。那里的人颇像那里的山，这正是："如不相似，即不会相遇。"像这样荒凉无用与令人厌恶的山世界上确实很少。

喀布尔在冬天虽然下雪很深，但其附近有很好的劈柴，在一天之内就可以去砍一次柴并将其带回。那里砍作柴火的有乳香树、柞树、杏树与盐木（qarqand）。其中以乳香木（khanjak）为最好，烧起来有明火，并有香味；烧后留有大量热灰，烧成的木炭很耐烧。

柞树也是很好的柴火；烧起来虽然没有那么大的明火，但一样的热量大；用柞树烧成的木炭很多。柞树有一奇怪的特性：如将翠

绿的柞树枝从叶子上点着,它就会噼啪声大作,立立熊熊大火地从下到上地烧起来。烧柞树很好看。杏树最多,用的也最普遍,用杏树烧成的木炭不耐烧。盐木是一种多刺的低矮灌木,烧起来又干又旺。加兹尼的所有居民都用盐木作柴火。

喀布尔地区处于群山之中;那里的山如同长满三叶草的桥梁(英译本作:如同通往谷底的大坝),居民点即散布于其中。那里很少有羚羊与野兽。在秋天和春天,红羚羊(即 arqar ghalcha)活
动于冬、夏牧场,它们有一定的转移路线;武士们带着猎狗和猎鹰 142a
在这些路上守伺,以便捕捉它们。

在小喀布尔(Khurd-kabul)与苏尔赫·鲁德(或 Surkh-ab)地区也有野驴,但那里绝无白羚羊。在加兹尼[有时]可见到白羚羊与野驴,很少有哪个地方的白羚羊有加兹尼的白羚羊那样肥。

在春天,喀布尔有许多猎鸟的地方。过境的鸟群绝大多数都沿着巴兰河岸飞过。因为东西两边,皆高山耸立,而正对面巴兰河岸延伸之处,则为穿过兴都什山的巨大山隘。此外没有别的山隘。因此,所有的鸟类都要从该处飞过。如果刮风或兴都库什山的山隘上起一点云时,鸟就飞不过去,全都停在巴兰河的河岸上。这时该地的居民就能捕获大量的鸟。

到冬末,有大量的野鸭飞来巴兰河岸,它们很肥。随后到来的有无数大群大群的仙鹤(turna)与白鹭。在巴兰河岸可用网、索捕获仙鹤,也可捕到大量鸟类、鹳、白鹭与鹈鹕。猎捕这类大鸟的方法很独特:搓一根长约一箭之地的绳索,在绳索的一端安一支镖
枪,另一端系一角制的环,然后拿一根一腕节厚一拃长的木棍,把 142b
绳子从镖枪的一头起绕在该木棍的一端。在绳子全都绕到了木棍

上，一直绕到了系角环那一头时，然后把这根一腕节厚的木棍从缠绕着绳索中拔出，使那卷绳子中空。角环握在手中，把镖枪对着飞鸟抛去，镖枪打中鸟的翅膀或脖子，绳子将鸟缠绕，鸟就会掉下来。巴兰河畔的所有居民，用这种方法捕到许多鸟，但这种捕鸟的方法却很难。必须在下雨的黑夜里进行；那时，鸟类由于害怕猛禽和野兽，所以直到天明都不肯止息，而是整夜的飞着，不过飞得很低；在黑夜里，流水就成了鸟类的道路，因为在黑暗中，能看得见的只有河水的流动。由于害怕，鸟类在天明以前，总是在水上忽前忽后，忽高忽低地飞着。在这个时候就可抛掷绳索了。有一天晚上，我也这样抛绳捕鸟，但绳子断了，鸟没有逮着。天亮时，人们找到断绳上的鸟，给我送来。巴兰河的人们以这种方式捕到许多白鹭。速檀们就用白鹭的羽毛来做帽子。在输往伊剌克和呼罗珊的喀布尔产品当中，就有这些速檀制作的这种帽子。

那里还有二、三百户的人从事捕捉奴隶的营业；帖木儿·伯克
143a 的一个后裔从木尔坦附近运来奴隶。这些奴隶从事的唯一事情，就是捕鸟；他们挖掘水池，在池底插许多竿子，在池中的[竿上]张网，以捕捉各种各样的鸟。不仅这些猎人捕鸟，所有生活在巴兰河畔的人也都抛绳张网，并用一切的办法来捕捉各种各样的鸟。

在同一季节，巴兰河中有众多的鱼。用网，或在水中安设拦网，都可捕到许多鱼。秋天，野驴尾（gulan quyirughi 一种植物）成熟并开花结子时，人们就把 10—20 捆的野驴尾和 20—30 捆青葱的枝条（guk-shibak），带到河流的上游，将其劈碎，投入水中；刚一投水，河中游鱼吃了中毒，这就可以捞鱼了。在下游适当的地方则安设拦网。即用手指粗的柳条编成围栏似的网，把这个拦网以漏斗的形式安放在水往下流的地方,在其周围压上石头使之固定不动,水流汹涌,冲过拦网,奔泻而下。而鱼则留在网上了;被震昏的鱼可在水面捡到。用这样的拦网能捕到许多鱼。在古耳·巴哈尔、八鲁湾和伊斯塔利夫诸地,都用这个办法在河里捕鱼。

在兰姆加纳特,冬天用另一种奇怪的办法捕鱼。即:在瀑布下 143b
面的河底挖一房子那么深的坑,用石头将其围成一个厨房的形状,在这个坑的上面周围砌上石头,只留一个出口。除这个出口外,鱼儿再无进出的通道。但水却可以从石头的缝隙间流过。这样就造成了一个像鱼池的东西,在冬天需要的时候,能一次一下捕到三、四十条鱼。除了留在方便处的那个口子外,鱼池的各边都已用稻草填死,稻草上压了石头。在上述的进出口处安了一个柳条编织的鱼篓,其各边被锁在一起,另一个编织的小篓子(一根管子)又塞入其中,其口子与之正好大小一样,但只及其深度的一半。经过这个小篓进入大篓的鱼,不能再从其中出来。第二个小篓朝其内口越来越狭仄,其尖端渐收紧,故鱼儿一旦进入,即不能转身,而是
必须继续向前游,一个一个地进入大篓中。因之,鱼儿因小篓尖端 144a
口子很窄狭,而不能回转。柳条织网固定,稻草已将鱼池周围填死,不管什么鱼在内都能取出。鱼儿想逃,也会进入大篓中,故任何鱼,由于没有出口,都会在篓中被逮住。这种捕鱼的方法,我们在任何别的地方都未曾见过。

* * *

夺取喀布尔之后数日,谟乞木就请求让其前往坎大哈。因他出城前来投降时签订有条约,故他被允许带着他的所有部属及完整无损的财产、什物前去投奔他的父亲(宗农)和他的兄长(沙·

伯克)。

打发谟乞木走后,我就将喀布尔地区分配给各位米儿咱和所有的客卿。只罕杰儿·米儿咱被分赐以加兹尼及其附属的地区;纳昔尔·米儿咱则分得宁格纳哈尔、曼德拉瓦尔、努尔河谷、库纳尔、努尔加勒(岩村?)与察甘·撒莱;那些曾跟随我过流浪生活并
144b 来到喀布尔的伯克们和武士们,则有的赐予村庄,有的赐予采邑,但整个(喀布尔)地区却未赐给任何人。我每次蒙真主赐福时,都加恩于客卿和外来的伯克,更胜于对待自己的老仆和安集延人,这已不止一次了。尽管如此,人们总还是埋怨我,他们说我除了对老仆和安集延人以外,从未对任何人加恩。这真是怪事。(一句突厥语)成语云:"什么敌人不会说,什么不会入梦来!"另一句波斯语的成语则说:

"你可以将城门关闭,
但你却不能堵住敌人的嘴。"

因为从撒马尔罕、喜萨尔和昆都士来喀布尔地区的人员和部族很多,所以我们便做了这么一个决定:喀布尔地方不大,它只听命于刀剑,而不听命于笔杆子,为了所有这些人向该地征收金钱是不可能的。为给这些人员的家属提供一点粮食,只有让战士们去徇略。于是,我们就决定向喀布尔和加兹尼及其附属地区征取三万驴驮(khar-war)的粮食。我并不了解喀布尔的收成和赋入究竟有多少,看来,该地区因要缴纳这么多的赋税而遭到严重破产。

在那些日子里,我构思了巴布尔札记(即指本书)的写法。

我们向速檀·马苏德所部的哈扎拉人征收大量的马匹和羊
145a 只,并派了征税人员前去提取。他们去后数日就送来消息说,哈扎

拉人不愿缴纳,并进行抵抗;过去他们还曾多次抢劫过格尔德兹与加兹尼大路上的行人。因此,我们就出动去抢劫速檀·马苏德所属的哈札拉人。

我们经过迈丹后,在尼尔赫山口过了一夜,于晨礼时在察图附近进攻了哈扎拉人。这次的攻略,并非如所期望。我们经隧道岩(Sang-i-Surakh)返回,打发只罕杰儿·米儿咱去加兹尼。在我们回到喀布尔时,达里亚汗的儿子雅里·忽辛自比拉前来投效于我。

几天后,我检阅军队,并召集熟悉当地水土情况的人来询问附近及相邻地区的详情。有些人建议进军达什特;另一些人认为应进军班加什;第三种人则提议进军印度。经过商讨后,决定进军印度。舍尔邦月(回历九一〇年,即公元1505年1月),太阳正在宝瓶星座,我们从喀布尔出动,向印度进军。

我们取道巴达姆·察什马与贾格达力克,沿路过了六个晚上,来到阿迪纳普尔。以前,我还从未到过一个炎热带的地区,也从未到过印度的边境。一到宁格纳哈尔,另一个完全不同的世界就呈现在我们的眼前:那里无论花草、树木、野兽、鸟类以及人民的风俗习惯,都不一样。我感到惊异,那里的事物确也令人惊异。 145b

在这以前即已来到自己的分地的纳昔尔·米儿咱,赶到阿迪纳普尔来伺候我。从寒冷地区来的(蒙兀儿)部落(爱马克)统统转移到兰姆加纳特的冬牧场去了。我在阿迪纳普尔停留了一、两天,以便让他们和后面的士兵能赶来与我的军队会合,然后,就经过朱伊·沙希,到该地以下的库什·拱北停驻。到该地后,纳昔尔·米儿咱请求离队,留在后面,他说在为自己的部属准备一些给养之后,就会在几天之内跟上大军的队伍。我们从库什·拱北继续进军，到温泉（噶尔姆·察什马）停驻，这时噶吉安部落的一个头人，名叫法吉（Fajji）被带到我的面前，他是率领他的商队来到该地的。我们把法吉带在身边，以便让他充当向导。我们走了一、两站后，翻越开伯尔山口，到贾姆（今贾姆鲁德）停留。我听到一些关于古拉·喀特里的故事；据说，那里有一个约吉人（Jogis）和印度人的神庙；他们从老远的地方前来，在古拉·喀特里剃头刮脸。

我在到达贾姆后，有一次骑马去比格拉姆游历。在那里观赏了一棵巨大的树，并且周游了比格拉姆附近各地。马力克·布·赛德·卡马里当时是我的向导。但是，不管我怎样问他古拉·喀
146a 特里的情况，他还是什么也不说。在我们回到营地后，他却对和卓·穆罕默德·阿明说："古拉·喀特里就在比格拉姆近旁，但因那里山洞狭窄，地方危险，所以我对他什么也没有说。"和卓立即低声下气地把他的话学给我听，但当时已是晚上了，而路又很远，我们遂未能前往该地。

我们在这个驻营地商量，是渡印度河呢？还是到别的地方去？巴基·石汗那提议，我们不应过河，而应从此地前进，途中做一次停留，前往一个名叫科哈特的地方，因据说那里居民众多，而且富庶，养了大量牲畜。巴基·石汗那还带了一些喀布尔人来，他们讲的同巴基·石汗那介绍的情况一样。我个人以前从未听说过这个地方，但他这样一个受人尊敬的长者既然认为去科哈特为好，而且还有一些见证人支持他的意见，我也就放弃渡印度河进军印度的计划。我们便从贾姆出动，过巴拉河，在靠近穆罕默德·法吉山口时，停下来。

那时，噶吉安的阿富汗人分布于白沙瓦，他们因害怕我的军

队,已撤退到山麓地带去了。他们的一个头人胡思劳·噶吉安尼到这个驻营地来投效于我。我把他带在身边,像法吉一样,充当我 146b
们的向导。

我们于午夜离开该营地,在太阳初升时越过穆罕默德·法吉,于正午时进攻了科哈特。我军夺得许多公牛和水牛,并俘虏许多阿富汗人,但我把他们全都集合起来,释放了。在科哈特人的房子里发现储存的粮食不计其数。我军徇略了直至印度河岸的所有地方,在过了一夜后,前来与我会合。战士们没有得到如巴基·石汗那所约许的那么多好处,故巴基伯克为自己的主张感到很羞愧。

我军攻略回来,在科哈特过了两夜后,我们又在一起进行商量,下一步如何行动。我们决定进攻班加什和本努附近地区的阿富汗人,然后取道纳格尔或法尔穆耳返回[喀布尔]。

曾来喀布尔投效于我的达里亚汗之子雅尔·忽辛向我提出请求说:"如果陛下颁诏命迪拉扎克、玉素甫寨和噶吉安诸地皆听命于我,那我就以陛下的名义兴兵进攻印度河彼岸之地。"我便照他的请求颁布了诏令,让他离开科哈特前往。

我们从科哈特出动,走韩古路,前往班加什。科哈特与韩古之 147a
间有一河谷;那条路从该河谷穿过,两边高山耸峙。在我们进入这个河谷时,科哈特及其附近地区的阿富汗人全都集合在河谷两边的山上,高喊战斗口号,呼声动地。在这次进军中充当向导的马力克·布赛德·卡马里,很熟悉整个阿富汗的情况,他提出:"前面大路的右边,有一不太高的山。如果阿富汗人从那些山上转移到前面这个山前来,那我们就可以将其包围并俘虏之。"

由于真主的帮助,阿富汗人在到达该山时,果然向山上走去。

我派出一支精卒，命令他们立即夺取两山之间的地颈；其余的战士则奉命从四面八方包围阿富汗人。在我们的战士从几个方面向他们逼近时，阿富汗人甚至都不能为战了。刹那间，我们砍杀敌人，俘获一百或一百五十个阿富汗人；有的是生俘，但大部分是斩获其首级。

以前我曾听说，阿富汗人在不能进行抵抗时，就在口中咬着草来到自己的敌人面前，他们好像是说："我是你的牛。"这次我们就
147b 看到了这个习惯：无力抵抗的阿富汗人都咬着草前来。生俘过来的那些人都被我下令斩首，用他们的头颅在驻营地堆成一个尖塔。

次日晨，我军又开拔，至韩古驻营。当地的阿富汗人在一个山岭上建了一个桑固尔(Sangur)。我是在来到喀布尔以后才头一次听说桑固尔这个词，那里的人把在山上设防固守称为建一桑固尔。我军攻破了这个桑固尔，冲入其内，斩杀了一、二百反叛的阿富汗人，取其首级而回。也在那里用人头堆了一个尖塔。

从韩古再前进，在路上过了一夜，到上班加什下部的提耳(Thal)地方驻留。在该处，我军战士也出去攻掠附近地区的阿富汗人；他们中有些人竟从一个桑固尔很轻易地撤回来了。

离开提耳后，我们不走大路前进，在途中过了一夜，沿着陡急的山坡向下走，经过一长长的峡谷，于早晨到达本努驻营。人员、马匹和骆驼在峡谷里行军中已筋疲力尽，给我驮送虏获物的公牛大部分都留在那里了。

大路是在我们右边一、二库罗赫(2—4 公里)以外的地方；人们常走的这条路并不适于骑行。牧羊人和牧人有时赶着自己的畜
148a 群和羊群走这条路往下，经过峡谷，因此，称这条路为羊路(Gos-

fand-liyar),阿富汗语称路为里亚尔(liyar)。马力克·布赛德·卡马里是我们的向导;大多数战士都认为,是由于该人的坏主意我们才被引导走左边的路。

本努在班加什山和纳格尔(或纳格兹)山的南面,位于这两山山后附近的平原地带;班加什河流入本努,溉其土地。本努之南为焦巴拉与印度河,东为丁·科特,西为达什特(平原),亦称为巴扎尔与塔克。在本努地区从事耕作的阿富汗部落是库兰尼部、基威部、苏尔部、伊萨海耳部与尼亚寨部。

在本努扎营后,我们立即得到消息:平原(Dasht)的部落正在北部山中构筑桑固尔以固守。我派只罕杰儿·米儿咱率领一支军队前往该地。只罕杰儿·米儿咱去进攻基威人的桑固尔,瞬即夺取其地,进行了大屠杀,多所斩获而归;战士们得到许多白布;在本努也用人头堆成一个尖塔。

在这个桑固尔被我军攻下后,基威部的一个头人沙地·汗口中咬着草来到我的面前投诚。我将所有的俘虏都交给了他。

在进攻科哈特时,我们曾决定对班加什和本努附近的阿富汗 148b
人进行攻掠,然后再取道纳格尔和法尔穆耳返回[喀布尔]。在我们攻掠本努时,了解当地水、土情况的居民向我报告:"附近就是达什特(平原),那里的居民很富庶;通往那里的路也好走,这条路一直通法尔穆耳。"于是,我们就决定进攻该平原,然后走那条路[返回喀布尔]。

我们于次日早晨出发,到河畔的伊萨海耳村驻扎。伊萨海耳人闻讯后即到焦巴拉山中去了。我们离开伊萨海耳村,去到焦巴拉山山麓驻营。我军人员从该地出动,进山,毁掉一个伊萨海耳人的桑固尔，虏获众多羊只、牲畜和布匹而回。那天晚上，伊萨海耳部的阿富汗人对我们进行了一次夜袭，但是，由于我们在这次行军中，凡事极为谨慎小心，故敌人什么也未能得手。我们警惕到这种程度，无论在右翼和左翼，或是在中军和前锋，任何被派定了一定岗位的人，都必须坚持职守。武装守卫人员，人人都须恪尽责任，站立在大营周围，距离毡帐一箭之地。整个夜晚都是这样部署的。每天晚上，我军所有的战士都这样被带出布防，我的三、四个最亲
149a 近的伯克每晚都轮流手执火把在营地周围巡逻，我自己也每晚参加一次巡逻。那些不去放哨巡逻的人，则被穿鼻，牵着绕营游行示众。右翼军的指挥者是只罕杰儿·米儿咱、巴基·石汗那、希里姆·塔海、赛伊德·胡赛因·阿克巴尔及其他伯克。左翼的指挥者是米儿咱·汗、阿布都尔·拉札克·米儿咱、哈斯木·伯克与另几个伯克。中军没有大伯克，全是一些亲信的伯克。前锋的指挥者则是守门官赛伊德·哈斯木、巴巴·乌古力、阿拉赫·库利·布兰与另一些伯克。整个军队分为六个分队，轮流由每个分队进行一昼夜的巡逻。

从那里又向西进军，到达什特与本努之间的一个干涸的河床里停驻。战士们为了获得饮水和供牲畜喝的水，向地下挖了一至一卡里半(7—105 公分)深，水就出来了。这并不是仅见的情况。印度所有的河流都有这个特点，即：只要向河床底下挖一至一卡里半深，就一定会出水。这可说是真主提供的奇异的储备。在印度，没有流水的地方，水是就近地存留在干涸的河床底下，当然大河除外。

我们于次日早晨轻装离开那条干涸的河床，我们的骑兵于晡

礼时分到达达什特的村庄。他们攻掠了几个村子,带回羊只、布匹和马匹。落在后面的满载的骆驼、公牛和步兵,赶了上来,从夜晚
到天明,从早晨到中午,不断地在行进。在我们停留于该地的那 149b
天,外出攻略的士兵从达什特各村庄赶回大量牛、羊。他们在路上遇到阿富汗商人,夺来许多白布、草药、冰糖、沙子糖、纯种马以及供出卖的马。蒙兀儿人信迪(或作明迪,马恩迪)将一个受人尊敬的著名阿富汗商人和卓·黑孜尔·努汗尼打下马,并斩其首级带回。希里姆·塔海也跟着外出攻掠者去了。一个徒步的阿富汗人同他对面相遇,用剑砍掉了他的一个食指。

次日早晨,我们又继续前行,走了不多远,到达什特的一个村庄停下来。离开该地后,我们又在古马勒河岸驻营。从达什特通加兹尼有两条路:一条路是隧道岩路(sang-i-surakh),经过巴拉克,继续往前,通到法尔穆耳。另一条路沿古马勒河延伸,也通往法尔穆耳,但不走巴拉克。有些人称赞沿古马勒河岸走的那条路。

在我们停驻于达什特时,连续不停地下了两、三天的雨。古马勒河涨大水,使我们很难找到一个渡口以渡河到对岸去。熟悉道路情况的人报告说,如走古马勒河沿岸的那条路,就得过几次河;若老这么涨大水,那是很难走的。我对这条路也产生了一些疑问。所以,关于这两条路究竟应走哪一条,一直没有决定下来。我决定
到次日早晨,进军的鼓声敲响,大家已骑马待发时再商量确定。那 150a
天是开斋节(公元1505年3月7日),我正在沐浴净身;只罕杰儿·米儿咱同伯克们在讨论走哪条路的问题。有些人说:“达什特以西的梅赫塔尔·苏莱曼山,位于达什特(平原)与杜基(山区)之间。如果绕过该山的突出部分,那再往前道路就平坦了。当然,

这里有一、两站路程的差别。”

他们的意见统一起来，乃决定朝那山的突出部分出发。我净身还没有完，全军就已上路了。他们大多数都渡过了古马勒河。我们因对道路不熟悉，不知是近还是远，所以纯系根据虚假的传闻而上路的。我们在古马勒河畔做了开斋节的礼拜。开斋节过后，很快就是新年节，两节相隔只有一、两天。因此，我（用突厥文）吟了这么一首戛泽拉体的诗：

在节日里，既能见到新月又能见到朋
　友的月亮般的脸儿，那真是愉快，
但我因与你远离不得谋面，节日的月
　亮对我只意味着伤怀。

巴布尔呀！你要利用新年与她见面，
　利用节日同她相会，
因为即使有一百个新年和节日，你也不
　会有什么日子比这更美。

在过了古马勒河后，我们就沿着山坡向南前进。我们走了一、
150b 两库罗赫（2—4 公里），这时，有几个倒霉的阿富汗人出现在山麓的小丘上。我们纵马向他们驰去；他们多数都逃跑了，但有些人却愚蠢地坚守在山麓和山坡的小丘上。一个阿富汗人站在高处，看来，他的背后是悬崖绝壁，他无路可逃。速檀·库利·楚纳克（独耳）全身披挂，跃上小丘，与之厮杀，竟将其擒获。这就是速檀·库利在我身边干过的唯一的一件好事。这也就是我信任他和提升他的原因。

库特鲁克·卡达姆在另一个山的山坡上同一个阿富汗人进行厮杀,他们二人扭在一起,从十至十二卡里(7—8.4 公尺)高的地方一同滚下;最后,库特鲁克·卡达姆将这个阿富汗人的头砍下,带了回来。

苦普克·伯克在另一个山上同一个阿富汗人徒手肉搏,二人都滚到半山腰。苦普克取其首级而回。这些阿富汗人有许多被我们俘虏,所有被俘者都被释放。

我们离开达什特,顺着梅赫塔尔·苏莱曼山的山坡向南进军,沿途过了三个夜晚,才到达一个名叫比拉的小地方;这地方位于印度河岸,属于木尔坦。比拉地方的人一般是乘船渡河,有些人则是入水泅渡。

该村对面有一岛;见到该村一些走在后面的居民站在岛上。
我军大部分战士,带着马匹和武器,一起投入水中,泅向该岛。有 151a
些人在泅渡中淹没。其中有一个是我的伴当库耳·阿鲁克,他是主要的御前侍臣;只罕杰儿·米儿咱的伴当开特马斯·突厥蛮也被淹死。战士们在岛上夺得一些布匹和家私什物。

该地的所有居民都是坐船渡河到印度河的彼岸。在岛的对面渡河的那些人,以为该处河水很深,故挥舞刀剑,趾高气扬。[我军的]一个泅渡到岛上的人,库耳·拜牙即·巴卡乌耳(尝膳者),单独一人,骑着未披铠甲的光背马,在他们的对面跳入水中。岛那边的河道有我们这边河道的两、三倍宽。库耳·拜牙即让马泅水,有些阿富汗人站在那边,他走出水面来到阿富汗人对面的一个浅水处,该处水深只及马肚,距敌人一箭之遥。库耳·拜牙即在该处停留了大约有煮开牛奶的时间,后面并没有人上来支援他,连支援的希望也没有。可库耳·拜牙即却迅即冲向敌人。敌人对他射了一、两箭,但并未能坚持就逃跑了。单独一人,骑着光背马,后无援兵,他竟渡过了印度河这样的一条河,把敌人赶走,夺得他们的土地。这真是立了一宗非常勇武的大功劳!

151b 战士们把敌人赶跑后,渡过河去,夺取他们的家什和牲畜作为战利品。库耳·拜牙即曾经立过功并多次表现作战勇敢,为此,我对他倍加眷顾与恩宠,将其由一个炊事员提升为尝御膳侍者,虽然如此,但在这一次他又立了这么大的功劳后,我对他更加尊重,备予优待,予以提升。这在以后还要提到。他确是值得加恩和宠信的。

我们沿着印度河岸再又走了一、两站,然后顺流而下前进。战士们不断地四出疾驰进行攻掠,把马都累坏了;他们抢到的大多是一些公牛,都抵不上纵马奔驰所受到的损失。在达什特,他们确夺得一些羊只;在另外的地方,则夺得各种各样的东西,例如布匹之类。过了达什特以后,除了牛以外,就什么也没有。而在我们停驻于印度河畔时,一个人有时就能赶来三、四百头牛。赶来的牛很多,以至于在每一个停驻地都有差不多同样多的牛被遗弃。

我们沿着印度河岸走了三程,在到达皮儿·卡努的陵墓对面时离开河岸,到该陵墓处停驻。有些战士伤害了几个守陵人,为儆
152a 效尤,我下令将一个战士砍成碎块。这所陵墓在印度受到人们的极大尊敬,它位于与梅赫塔尔·苏莱曼山相接的山麓。

离开这个陵墓后,我们到一个山口停下,接着,又到一条流入杜基地区的河上扎营。在我们离开这个驻营地时,我们的人抓来二十个人,这些人都是沙·伯克的伴当、锡比城(或作 Siwi)长官

法即耳·库克耳达什的部属。他们是出来进行侦察的。因那时我们同沙·伯克之间并无任何敌意,所以我把他们连同马匹和武器一起都释放了。

过了一夜后,我们又到杜基地区的一个名叫楚恰力的村庄附近扎营。我们的人虽然在抵达印度河以前和沿着该河河岸进军时,都不断地出去进行奔袭,但马匹并没累垮,原因是喂马的粮食和青饲料都很多。在我离开印度河,朝皮儿·卡努走去时,就再没有青饲料了。在走了两、三程后,有时只能找到一点蘖枝新发的青草,却找不到一点马料。这样,在过了上述的驻营地后,我们的马匹就开始疲惫不继了。在过了楚恰力后的第一个驻地,由于没有驮畜,我自己的毡房也不得不丢弃。在该驻营地,有一天晚上下大雨,毡帐里水深没踝。一个地方堆了很高的一堆毛毡,我就坐在上面,通宵达旦,极不舒服。

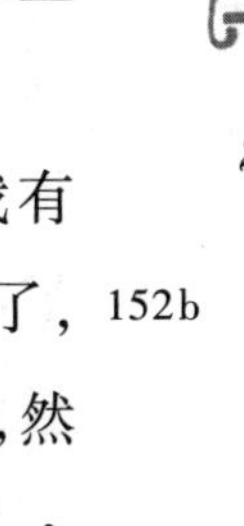

又往前走了两程,只罕杰儿·米儿咱前来对我耳语说:"我有话要同你单独谈。"我俩私下会见时,他说:"巴基·石汗那来了, 152b
他对我说:'你可让主上带七八个或十来个武士渡过印度河去,然后自己做皇帝。'"我问他:"关于此事,还同谁商量过?"只罕杰儿·米儿咱答道:"巴基·伯克刚才将此事告诉我,我尚未见到其他任何人。"

我说:"去调查一下,看还有谁参与其事。可能,赛伊德·胡赛因·阿克巴尔、速檀·阿力·楚赫拉(侍从官)以及原胡思老·沙手下的一些伯克、大臣和武士也与这个阴谋有关。"

实际上,只罕杰儿·米儿咱表现很好;他尽了至亲兄弟的义务。他的所作所为是对于我以前在卡赫马尔德的同样的行动的报答。在卡赫马尔德发生的那件事,是由于一个倒霉小人的挑拨与阴谋所引起的。

在我们离开这个驻地到另一个驻地扎营时,我挑选了一支青年人组成的骑兵队交只罕杰儿·米儿咱率领,并派他们去攻略住在该地的阿富汗人。在这些驻地我军有许多人的马匹开始掉队;有时,一天有二、三百匹马掉队;精选出来的最好的武士只好步行。我的一个最好的亲卫军伯克赛伊德·马赫穆德·奥格拉克奇,在其所有的马匹都掉了队后,就步行而来;一直到加兹尼,我军的马匹都是处于这样一种状态。只罕杰儿·米儿咱走了三、四程,抢劫
153a 了一些阿富汗人,赶回一群羊只。

再往前走一、两程,我们到达阿比·伊斯塔达(意为死水)。一条大河呈现在眼前。河的那一边则完全见不到平原。河水好似与天相连。河那边的高山低丘,又好似见于海市蜃楼中者,悬于天地之间。流入卡塔·瓦兹河谷与祖尔穆特河谷的河流,以及加兹尼河与哈拉巴格河谷,都在此地汇合;春雨后出现的洪流与汛期泛滥的河流把水带到此地,灌溉田地后留下。

我们在距离阿比·伊斯塔达一库罗赫(2公里)的地方,看见一个奇异的现象:有一红如晚霞的东西,在水、天之间时隐时现。这现象继续如此,直到我们不向河流靠近时为止;在我们走近时,才知道那是野鹅;既不是一万只也不是二万只,而是多得不计其数。在飞翔中的大量野鹅振翼时,其红色的羽毛就时显时隐。那里不但见到这种鸟,而且有不计其数的其他各种鸟类出现于河岸。

岸上有大量的鸟蛋。到岸边来收集鸟蛋的两个阿富汗人一看
153b 见我们,就纵身投入水中。我们的几个人游水追之半库罗赫(1公

里),把他们带回。他们说,就他们经历的地方而言,到处的水都是一样浅,仅深及马腹。那里的河流,由于河底平,看来都不深。

我们来到一条流水处,在其地扎营。这条流水来自卡塔瓦兹平原,流往阿比·伊斯塔达。该河床是干涸的,那里常不见有流水;我们曾几度经过该处,都没有见到该河床有流水。但这一次,由于春雨,河床里发大水,竟找到渡口。河水虽不太宽,但却很深。只好让所有的马匹和骆驼泅渡,有些东西和家什则用绳索捆起来,拖至彼岸。

过了这条河后,我们继续进军,经过老纳尼(库赫纳·纳尼)与萨里德赫水坝,来到加兹尼。在此,只罕杰儿·米儿咱接待了我们,为我们设宴款待,并贡献礼物。

那年,绝大多数的河流都涨大水,找不到渡口来过德赫·伊·雅库布河。因此,我们就取道萨加旺德山口,直接去卡马里。我曾经在卡马里造了一艘船放在湖上,我下令把那艘船送来,将其置于卡马里对面的德赫·伊·雅库布河中。这样,我们的人员才都过了河。

我们乘船过了萨加旺德后,于助勒·希哲月(公元1505年5 154a
月)到达喀布尔。在此以前数日,赛伊德·玉素甫·奥格拉克奇因患胃病死去。

前已提及,纳昔儿·米儿咱获准留在库什·拱北。他说:"我到附近地区取些东西给我的臣仆和伴当之后,就会在三、四天内跟上队伍的。"但是,纳昔儿·米儿咱在离开我们后,就立即派了自己的一支军队去努尔河谷,进攻那里的不顺服的居民。努尔河谷堡坞强固,其周围地区尽是稻田,很不平整,这在前面已经讲过。

[征剿]部队的指挥官[德尔维希·穆罕默德·]法兹利指挥军队不够谨慎:在这样一条崎岖不平的山路上,他竟让自己的士兵去抢劫。努尔河谷的居民把四出抢劫的士兵赶走,其余的人也不能抵抗,遂被击败。一部分人被杀,敌人夺去了许多马匹和武器。任何一支军队,如果让法兹利这样的人指挥,其处境都会是这样的。也许是由于这个缘故,或是由于感到内心有愧,所以,纳昔儿·米儿咱一直没有赶上我们的队伍,而留在后面。

我曾将阿兰噶尔(土绵)赐给尤素福,将阿力申(土绵)赐给布赫鲁耳,这两个人都是艾育伯的儿子(世界上再没有像他们这样
154b 好煽动,愚蠢和狂妄自大的人了)。他们二人也打算从自己的领地抢夺一些东西,随纳昔儿·米儿咱一起前来。因纳昔儿·米儿咱没有来,所以他们也就没有来。那一年的整个冬天,他们都同纳昔儿·米儿咱在一起饮酒作乐。

他们在冬天曾有一次去进攻塔尔卡兰尼部的阿富汗人;夏天到来时,纳昔儿·米儿咱把所有的爱马克部众与所有带着畜群、家眷前来宁格纳哈尔与兰姆加纳特过冬的外来部落撤离该地,并带着他们一起来到巴兰河岸。当纳昔儿·米儿咱在巴兰河岸的营地时,有消息传来说,巴达赫尚人联合起来举行起义,杀死许多乌兹别克人。其详情如下:

昔班尼汗将昆都士地方赐给康巴尔·比,而他自己则到花拉子模去了[①]。康巴尔·比为了安抚巴达赫尚的居民,就把穆罕默德·伊·马赫杜米的儿子马赫木派到巴达赫尚去。木八拉克·

① 参看本书 f. 163 及《拉失德史》中译本,第二编,第 76 页。

沙，其祖先据说是巴达赫尚诸王手下的伯克，他根本不买账，杀了马赫木及另几个乌兹别克人，并固守其城堡。该城堡过去称为沙夫·提瓦尔，他将其改名为哈剌札法儿。那时，胡思老·沙的一个军械士穆罕默德·库尔奇控制着喀马兰甘。他在鲁斯塔克杀了昔
班尼汗的一个“沙得尔”（宗教首领）及其他几个乌兹别克人，固守 155a
喀马兰甘。祖拜尔·拉格的祖先也是巴达赫尚诸王的伯克，他也在拉格地方发动起义。哲汗吉尔·突厥蛮是胡思老·沙的弟弟瓦利的一个伴当，他在这个动乱的时候，脱离自己的伯克，将一些逃兵和瓦利丢下的士兵和爱马克（游牧）人收集起来，同他们一起撤到一个据点中。纳昔尔·米儿咱得到这个消息后，就企图占领巴达赫尚。在几个愚蠢而又缺乏远见的人的挑唆鼓励下，他驱赶着从［阿姆河］那一边来到［喀布尔的］所有人员的家眷和牲畜，经过锡伯图和阿布达拉向前进军。

逃离阿札尔的胡思老·沙和阿赫麻·哈斯木在前往呼罗珊方面时，在路上遇到巴迪斡思咱蛮·米儿咱和宗农·伯克，遂同他们一起去赫拉特投奔速檀·忽辛·米儿咱。

这些人曾多年与米儿咱为敌；都曾对米儿咱极不礼貌；他们对米儿咱什么祸害没有做过！可现在他们由于我的关系如此低首下心和可怜地前去投奔米儿咱。因为如果不是我使胡思老·沙脱离其臣仆而变得如此虚弱，如果不是我从宗农之子谟乞木手中夺取
了喀布尔，那他们的出走及与米儿咱的会见就会是不可能的。巴 155b
迪斡思咱蛮·米儿咱就好比捏在他们手中的面团，不能不听他们的话。速檀·忽辛·米儿咱对他们所有的人都采取了宽厚的态度，不计前嫌，甚至给他们以赏赐。不久后，胡思老·沙又请求离

去以返回自己的领地。他说:“如果我去,就能将那些地区全部掌握在自己手中。”但因他来[赫拉特]时既无武器又无钱财,故他们对他的请求尽力避不应允。在迟迟得不到应允时,胡思老·沙又一再提出请求。因他求去之心甚为坚决,穆罕默德·巴兰杜克就径直地答复他说:“当你手下有三万伴当,那地区也全在你的控制之下时,你做了什么?你现在是在乌兹别克人统治的地区,手下整个地只有五百人,你又能做什么呢?”

然而,不管对胡思老·沙怎么进行劝告和对他讲多少开导的话,也不起作用,因为他的末日到了。他还是进一步坚决要求,最后,只好允许他走。他于是率领三、四百人,直接朝达哈纳边境而去。

那时,纳昔尔·米儿咱也去了那边。胡思老·沙来到该地后,在达哈纳附近遇见了纳昔尔·米儿咱。巴达赫尚的首领们只邀请了纳昔尔·米儿咱一人,他们并没有邀请胡思老·沙。米儿咱试图说服胡思老·沙前往山区,但完全了解当时情况的胡思老·沙无论如何也不同意去[喜萨尔]山区。胡思老·沙的打算是:挟持
156a 纳昔尔·米儿咱作掩护,前去占领[喜萨尔]地区。但最后他们并未取得一致的意见;他们各人在伊什卡米施附近将自己手下的人员列阵披挂,拉出去战斗,但他们刚一交锋,就四散离去了。

纳昔尔·米儿咱继续前往巴达赫尚。胡思老·沙又将一帮乌合之众收集拢来,包括好人和坏人,共有一千之数,就去围攻昆都士,在距和卓·察尔塔克城一、二伊尕奇(6—12 公里)的地方扎营。

穆罕默德·昔班尼汗在安集延抓获了速檀·阿黑麻·檀巴勒

后,就向喜萨尔进军,这时[胡思老·沙]不经战斗就弃地而逃。昔班尼汗遂进入喜萨尔;当时,舍里木·楚赫拉(侍从官)率领一支精卒驻守在喜萨尔。尽管他们的伯克已弃地而逃,但他们却不交出喜萨尔城堡,仍固守之。昔班尼汗命邯匜·速檀与马赫地·速檀二人负责围攻喜萨尔,他自己则去昆都士,把昆都士交给其弟马黑木·[汗]·速檀,然后立即马不停蹄地前往花拉子模,以进攻真·琐非。但他还没有到撒马尔罕,他的兄弟马黑木·速檀就在昆都士去世;昔班尼汗便将昆都士交给了谋夫的康巴尔·比。

在胡思老·沙进攻昆都士时,康巴尔·比正在该地。他立即派
遣一个一个的急使去征召邯匜·速檀和其他的速檀来援。邯匜· 156b
速檀来到阿姆河畔的撒莱,派自己的儿子们及伯克们率领军队去
昆都士。在他们逼近该城时,敌人立即出来迎战,但甚至未能开
战,那个微不足道的肥胖小人就已逃之不及;邯匜·速檀立即就把
他打下马来。胡思老·沙的外甥(妹妹的儿子)阿赫麻·哈斯木、
舍里木·楚赫拉与另几个精壮战士均被杀,而胡思老·沙本人则
被带到昆都士处斩。他的首级被送到花拉子模昔班尼汗那里。

过去,只要胡思老·沙说他要去昆都士,那么,留在我手下的那些臣仆对我的态度就完全变了。[①] 他们绝大多数都驰往和卓·伊·里瓦吉[②]附近地区。留在我手下的那些人大部分原来都是胡思老·沙的伴当和臣仆。蒙兀儿人则表现很好,与我同心协力;在胡思老·沙的死信传来时,他们就像以水泼火那样立即平静下来了。

① 参看 f.124。

② 和卓·伊·里瓦吉,意为大黄的和卓。可能是大黄地的一个圣地,参看 f.129b。

回历九一一年(公元1505年6月4日至公元1506年5月24日)的事件

穆哈兰月[①],我母亲库特鲁克·尼格尔·汗尼木患病发烧。
给她放血,但[血液]看来不多。她身边有一个呼罗珊医生,名叫
赛伊德·塔比布。他按照呼罗珊的习惯,给她西瓜吃,但看来她年
157a 寿已尽,所以,六天以后她就在礼拜六那天与世长辞了。

乌鲁伯·米儿咱曾在[帕姆甘]山麓建一花园,称为新年花园。我与哈斯木·库克耳达什在征得其继承人的许可后,于礼拜天将她的遗体移置于这个花园中安葬。在举行追悼仪式时,人们还通知我说,我的满舅父阿剌札汗和我的外祖母伊散·道拉特·别昆也已去世。

在[我母亲]汗尼木的第四十个忌日时,(两位)汗的母亲沙·别昆,偕同我的姨妈(速檀·阿合马·米儿咱之妻)米黑里·尼格尔·汗尼木以及马黑麻·忽辛·古列干·杜格拉特,一同从呼罗珊到来。于是,又重新哀恸悼念起来,离别之痛达于极点。哀悼仪式完了之后,便给穷人和下层群众发放食物,念古兰经,为死者灵魂的安息进行祈祷。

---

① 回历九一一年穆哈兰月为公元1505年6月4日至7月4日。

在对亲属进行了安慰,把丧事办完之后,由于巴基·石汗那的坚持要求,我们便挥师向坎大哈进发。一开始我们就来到库什·纳的尔(或写作纳瓦尔)。在该地驻营时,我患病发烧。这种病颇为奇怪。不管在什么时候,人们用力将我唤醒,我又会立即闭目入睡。一般经过四、五天,我就好了。

这时发生了这么一次大地震,使大多数城堡的壁垒和花园的围墙都倒塌了。在城镇和乡村,有许多房屋被夷为平地,许多人丧
命于废墟之下。在帕格曼村,所有的房屋都被震塌,有七、八十个 157b
富裕的房主被墙压死。在帕格曼与伯克·图特之间,有一片约一投石远那么宽的土地裂开,陷落一箭远的距离。在塌陷的地方有泉水涌出。从伊斯塔尔噶奇到迈丹,即大约六、七伊尕奇(36—42公里)的距离中,有的地方土地隆起有象那么高,另外的地方则裂陷;到处有人掉进地缝中去了。在地震发生时,山顶上尘土飞扬。鼓手努鲁拉当时在我面前弹三弦琴,他还带了另一把三弦琴,[努鲁拉]手握两琴,由于握不稳,故两琴互相叩击作响。

只罕杰儿·米儿咱这时在提帕,坐在乌鲁伯·米儿咱所建一所房子上层的门廊里。地震发生时,他摔了下来,但未受伤。只罕杰儿·米儿咱的一名亲信人员也在那所房子里,墙壁倒塌,却未将他压死,由于真主的救助,他竟没有受伤。在提帕,大部分的房屋都被夷平。

头一天,地震达三十三次,伯克们和士兵们奉令将(喀布尔)
城堡塔楼和壁垒震出的裂口修理好;在二十天或一个月之内,他们 158a
经过辛勤努力把城堡的裂缝和破口全都修复了。

由于我患病和发生地震,早先计划的对坎大哈的进军,被搁置

了下来。在我的病痊愈和城堡修复以后,我又开始实施以前的打算。我当时尚未决定,究竟是去坎大哈呢,还是去山区和平原进行攻略。当我们在夏尼兹下面驻营时,我把只罕杰儿·米儿咱和伯克们召来,进行商量,决定进军卡拉特。只罕杰儿·米儿咱与巴基·石汗那二人强烈主张这一行动。

到达塔济后,我们得到情报说,希尔·阿利·楚赫拉(侍从官)、小巴基·迪万纳,与另外几个人想开小差。我立即下令将他们抓了起来。因希尔·阿利·楚赫拉这个人,无论是在我的手下和不在我的手下,无论是在此地还是在别处,都胡作非为,制造动乱,所以被处死。其他几个人,剥夺其马匹与武器后,均被释放。

我们在到达卡拉特时,既无武器,又无攻城的装备,就立即从各个方面开始进攻的战斗。仗打得很漂亮。和卓·卡兰之兄克乞克·和卓是一个很骁勇的武士;正如在此书中已经提到的,他曾几

158b 次在我面前挥刀厮杀。这次他爬上卡拉特西南面的塔楼,并差一点登了上去,但却被一支矛刺穿了眼睛。在攻下卡拉特以后一、两天,他就因眼伤毙命。因曾打算同希尔·阿利一起开小差而被捕的小巴基·迪万纳力图在这一战役中改过自新,[曾几次]走到壁垒下的城门口,但被一个石头砸死。还有一、两个人也在那时阵亡。

我们这样战斗到晡礼时分。当我军战士在攻城战斗中感到精疲力竭时,城堡内的人却求和投降。

卡拉特城曾由宗农·阿儿浑给予谟乞木;当时驻守该城的是谟乞木的伴当法鲁赫·阿儿浑和(阿富汗人)哈拉·比鲁特。他们颈悬刀剑和箭袋前来投诚,我饶恕了他们的过错。我并不想把

这些人逼入绝境,因为在身边有乌兹别克人这样的敌人的时候,如果我们这么做,那么听到和看到我们这么做的远远近近的人们又会怎么议论呢?

因这次是根据只罕杰儿·米儿咱和巴基·石汗那的坚决要求而进军卡拉特的,所以我就委任米儿咱负责守卫卡拉特。他不同意;巴基也不能就此事作出一个满意的答复。所以,虽经过如此残酷的战斗而攻下了卡拉特,看来也是无用的。

我们攻略了卡拉特以南萨瓦·桑格和阿拉·塔格及其附近地 159a
区的阿富汗人之后,就返回喀布尔。我赶到喀布尔后,就在当天晚上进入城堡。我的毡房与马厩安顿在察尔·巴格(花园);有一个赫里耳奇(Khirilchi)部的贼,潜入这个花园,盗走了我的一匹栗色马和一头骡子。

自巴基·石汗那到阿姆河畔投奔我以来,我手下没有一个人比他是更受尊敬和更重要的人物了。在我们的一切言论和所做的事当中,他说的乃是决定性的,他做的也是决定性的。然而,他却从未对我效忠尽力,也从未对我表示应有的礼貌,恰恰相反,他却干尽了坏事,毫无臣节。这是一个吝啬小人,粗野无礼,嫉妒贪婪,恶劣阴险。以下的事情就可以说明他吝啬到什么程度:当他放弃咀密,带着家眷和畜群前来投奔我时,他个人可能有三万到四万只羊。他在每一个驻营地都赶着大群的羊只从我们面前走过,但是,他却从未给我手下那些忍受饥饿之苦的战士们送过一只羊。最后,到卡赫马尔德,他才给了五十只羊。他虽承认我为君主,却下令在自己的营门擂鼓。他对任何人都无真诚,对任何人都不关心。

159b 喀布尔全部收入现在都来自塔姆加①。巴基·石汗那却拿走了所有的塔姆加;喀布尔长官的职务,向潘吉希尔征税之权,向克迪(或作 Gedai)部、哈扎拉部和库什卡克部征税之权,以及宫廷大权,所有这些权力都属于他。他享受到这样的尊荣,但他却绝不知满足和感恩。正如前面已经提到的,虽然他满肚子坏主意,但我们全没有把它放在心上,也没有当面责备他。好挑剔的他,常常要求允其离去。我们容忍他的古怪念头,原谅地拒绝了他。这样虽然使他安静几天,但他随即又开始请求允许。巴基·石汗那的这种古怪念头和强求终于过了头。我们也对他的性格和行为感到厌恶,于是就允许他离去。他既请准,可又开始后悔和不安,但这已是枉然了。他派人来对我说:“我们曾订有条约,在我没有犯九大罪时,将不对我进行处罚。”我命毛拉·巴巴去向他指出,他过去相继犯了十一件罪过。这样,他也就没有说的了。我们让他带着家眷和财产去印度。他的几名伴当送他过了开伯尔山口后,就回来了。巴基同加吉亚尼部落的商队结伴,一起过了尼耳·阿布。

这时,达里亚汗的儿子雅里·忽辛正在卡恰·科特。他根据在科哈特接到的我的诏令,接纳了迪拉札克部落(或作 Dilah-zak)和玉素甫寨部落的一些阿富汗人,以及一些札特人和古朱尔人作为自己的伴当,用这些人开路,重创了拦路抢劫者。忽辛在听到关
160a 于巴基的事情后,就封锁了道路,轻易地把巴基及其同伴都抓了起来。他杀了巴基,又娶了巴基之妻;我们虽然没有伤害巴基,让其

① 塔姆加,是一种对商品货物征收的关税。商品、货物过境时,缴纳关税后就在货物上打一个印记。塔姆加(tamgha),就是“印记”的意思。

离去,但他自己的恶行终于得到报应,他是自取灭亡。

把那对你干了坏事的人交给命运去安排,

因命运是你的仆人,他会为你报仇除害。

这年冬天,直到下了一、两次雪,我们都驻扎在察尔·巴格。

自我们回到喀布尔以来,突厥蛮·哈扎拉人干了各种各样的坏事,并拦路进行抢劫。我们打算去进攻他们,就入城,到乌鲁伯·米儿咱建造的一所名叫布斯坦·撒莱的建筑物,又于舍尔邦月(公元1506年2月)从那里出动,去进攻突厥蛮·哈扎拉人。在达拉·伊·胡什(快乐的河谷)谷口的江格力克附近,我们进攻了哈扎拉人,并抢劫了他们的一个小分队[①]。在距达拉·伊·胡什不远处的一个山洞里,隐藏了几个哈扎拉人。舍黑·德尔维希·库克耳达什以前在我过流浪生活的时期大部分时间都同我在一起(他担任库尔伯克 gur-begi 即军械官的职务,力能挽强弓,善射箭),这次他不小心地走到了山洞的入口处。早已隐藏在那里的一个哈扎拉人一箭射中他的乳头。他当天就死了。

大部分突厥蛮·哈扎拉人都在达拉·伊·胡什过冬。所以,我们向那里进军。达拉·伊·胡什是一个奇异的谷地。一条将近半库罗赫(1公里)的狭窄通道,自该谷地的谷口向内延伸,道路处
在山坡上。其下为五、六十卡里(35—42米)高的悬崖峭壁,其上 160b
则为羊肠小道,骑马只能单人通过。

我们经过这个峡谷后,继续前行,到两次礼拜之间的时候(下午3点),没有遇到一个哈扎拉人,乃在一个地方过夜。我们发现

① 参看 f. 135b。

一头属于哈扎拉人的肥骆驼，把它牵来宰杀，用部分驼肉作烤肉，其余的肉则用锅煮吃了。我们从来没有吃过这么好吃的骆驼肉。有些人还分辨不清这是不是羊肉。

次日晨，我们拔营向哈扎拉人的冬窝子进军。初更①时分（上午9时），有一个人从前面走来。他说：“哈扎拉人在一个峡谷中设了障碍，以固守河流的渡口。他们在那里守候我军，并在同他们打斗。”我们听到这个情况后，就迅速前进，经过一段路，到达该地。哈扎拉人在那里守伺我们的人，与之厮打。那年冬天，下了很深的雪，不走大路是难以行进的，河岸与河道全已冰冻；由于到处冰天雪地，只能在有道路处的对面过河。哈扎拉人砍了许多树枝，
161a 置于水源处，他们或骑马，或徒步，站在河道中或河岸上，从两边放箭，与我军作战。

穆罕默德·阿利·穆巴希尔·伯克是我不久前提升到伯克等级并颇得宠信的一个伯克。他骁勇善战，是一个很好的武士。他未戴盔甲，沿着丢满树枝的道路前进，被箭射中睾丸，立即就死了。

我们迅速前行，绝大多数人都未戴盔甲。一支一支的箭从我们头上呼啸飞过；阿赫马·玉素甫·伯克很激动，对每一个人都说：“你这是赤膊上阵，我看见有两、三支箭紧挨着你的头上飞过！”我回答说：“大胆些，已有不少的箭从我头上飞过去了。”

这样说着说着往前走，披戴了盔甲的哈斯木·伯克发现右岸有一个渡口，就渡河到另一边去了。他纵马出击，哈扎拉人就不能坚持而逃跑了；与哈扎拉人徒手厮杀的战士们飞速地进行追击，把

① 在印度，将一昼夜分为八段，每段三个小时，称为 πaxp，今译为“更”。

他们一个一个地打下马来。为酬赏哈斯木·伯克的这一功劳,将班加什之地赐给了他[作为采邑]。哈提姆·古尔奇(军械士 qurchi)在这次战役中也表现不错,因此被授予舍黑·德尔维希·库克耳达什那样的官位,即古尔伯克(qur-begi)。苦普克·库利·巴巴因在这次作战中表现勇敢被赐予村庄。

速檀·库利·楚纳克(独耳)开始追击哈扎拉人,但由于雪大,找不到走出这个山谷的平坦道路。我也同他手下的战士们一起行进。在距哈扎拉人的冬窝子不远处,我们发现了哈扎拉人的 161b
羊群和马群;我收集了四、五百只羊和二十五匹马。速檀·库利·[楚纳克]和[我个人的]两、三个仆人就在我身边。

我亲自两次参加了攻击。这是第一次;另一次是我(于回历九一二年)从呼罗珊回来时对突厥蛮·哈扎拉人的进攻;那次[也]赶回许多羊只和马匹。

哈扎拉人的妇女和小孩徒步登上大雪覆盖的山丘;我们懒得再追,而天也黑了。于是就往回走,就在哈扎拉人的房子里住下。

那年冬天下雪真多。在路旁的那些地方,雪深及于马肚。晚上出去巡逻的战士们因雪太深只好一直骑在马上直到天明。

早晨,我们往回走,在达拉·伊·胡什哈扎拉人的冬窝子过夜。离开那里后,我们又在江格力克停留。雅拉克·塔海与另外几个人随后才到。我命令他们将那些曾经射杀舍黑·德尔维希的哈扎拉人抓来。这些该死的倒霉家伙似乎都还躲在那个山洞里。我们的人前去,朝山洞里放烟,抓获了七、八十个哈扎拉人。他们大部分都成了刀下鬼。

从出征哈扎拉人回来,我们就前往巴兰河下游的艾·图格底

附近地区,向尼吉劳地方的[居民]征收赋税。当我在艾·图格底
162a 附近时,只罕杰儿·米儿咱从加兹尼到那里来为我效力。

那时,我在赖买丹月十三日(2月7日)开始患肋骨剧痛,卧床四十天,要特别安排一个人帮我翻身。

尼吉尔河流域有(七个)河谷。其中皮奇甘河谷的居民,特别是这个河谷噶因村的长老(头人)忽辛·噶因尼以及他的兄弟们,都以顽强粗野著名。因此,我派只罕杰儿·米儿咱率领一支军队去进攻他们。哈斯木·伯克也同他一起去了。军队前进,登上山顶(Sar-i-tūp),猛攻夺得一个设防据点(Sangur),镇压了部分敌人。

因为我肋骨痛,人们为我做了一副担架,把我抬着,沿巴兰河岸,一直抬到城内,并把我送到布斯坦·撒莱。那年冬天,我就在布斯坦·撒莱过了几天。

这个病还没有好,我的右脸颊上(英译本作左脸)又长了一个疖子;用针将其刺穿,为了治好它,我还服了泻药。

身体康复后,我即动身去察尔·巴格。只罕杰儿·米儿咱前来为我效力。艾育伯的儿子尤素福和布赫鲁耳,从其叛投到米儿咱的部下时起,就教唆他进行叛乱和干坏事。这次我看到,只罕杰儿·米儿咱已不是从前那样了。他在几天之内就全身披挂盔甲,离开提帕,急忙赶回加兹尼。他夺取了纳尼城堡,在那里杀了一些
162b 人,并抢劫了所有的居民。其后,他就带领身边现有的人出发,经过哈扎拉人的地区,朝巴米羊而去。真主知道,我和我的部属并没有做任何事,也没有说任何话,可以成为他不满与怀恨的理由。后来我听说,只罕杰儿·米儿咱离去的原因是:在他从加兹尼到来

时,哈斯木·伯克和其他的伯克出去迎接他。米儿咱放了一只鹰去抓一只鹌鹑。正在这只鹰飞近鹌鹑,伸出爪子要抓它时,这个鹌鹑却掉到地上。人们都喊道:"抓着了吗?抓着了吗?"哈斯木·伯克说:"他既已使猎物精疲力竭,难道还会把它放掉吗?当然要逮住它。"(英译本作:谁会把已经到手的敌人放掉。)在米儿咱听来,这些话是不吉利的,这似乎也就成为他离去的原因。他还提及另外一些更加不足挂齿和更加无关紧要的话。

米儿咱在加兹尼干了上述那些事后,就取道哈扎拉人的地区,前往蒙兀儿部(爱马克)。那时,这些蒙兀儿部落已离开纳昔儿·米儿咱,但尚未与乌兹别克人汇合;他们正在雅伊、阿斯塔拉布及附近的夏牧场中。

当时,速檀·忽辛·米儿咱决心驱逐穆罕默德·昔班尼汗,就把自己所有的儿子都召集拢来。他也派了赛伊德·阿力·华布宾(占梦者)的儿子赛伊德·阿夫札耳来我处,召我赴援。对我们说来,确有一些原因必须前往呼罗珊。第一,像速檀·忽辛·米儿咱
这样一位据有帖木儿·伯克的皇位的伟大君主,征集军队,把自己 163a
的儿子们和伯克们从各个地区和各个方面召集拢来,以便出动去抵抗像昔班尼汗这样的敌人,如果其他的人是用腿走着去,那我们就应用头走着去。如果别的人带大头棒去,那我们就应带石头去。第二,只罕杰儿·米儿咱既如此不满和愤恨地离去了,就有必要或消解他的不满,或反击他的来犯。

那年,昔班尼汗在花拉子模对真·琐非围攻达十个月,夺其城。在围城期间,曾进行大规模的战争。花拉子模的战士英勇抗战,绝无怠忽。他们箭无虚发,多次射穿盾牌与盔甲,有时甚至射

穿两层锁子甲。他们没有希望从任何方面得到援救,竟坚持达十个月之久。有些武士因丧失信心,乃与乌兹别克人进行谈判,并让敌人进入城堡。真·瑣非听到这个情况,就亲自来到那里。正当他与敌人打斗,把进入城堡的乌兹别克人打下马的时候,他自己的卫士在他身后放箭,将他射死了。再没有人活下来进行战斗了,城
163b 堡被攻下。让真主赦宥真·瑣非吧!他打得很勇敢,他的一切表现都是值得称道的。

昔班尼汗把花拉子模交给库普克·比,而他自己则回撒马尔罕去了。

是年年末助勒·希哲月(回历九一一年助勒·希哲月十一日,即公元1506年5月5日),速檀·忽辛·米儿咱率军前去抵抗昔班尼汗,但在抵达巴巴·伊拉希时就死去了。

速檀·忽辛·米儿咱的出生和身世

他在沙哈鲁当政时于回历八四二年(公元1438年6—7月)生于赫拉特。速檀·忽辛·米儿咱是满速儿之子,拜哈拉之孙,乌马尔·舍黑之曾孙。乌马尔·舍黑·米儿咱则是帖木儿之次子。满速儿·米儿咱与拜哈拉·米儿咱均未即位为君。[速檀·忽辛·米儿咱]的母亲菲鲁札·别昆,是帖木儿·伯克的曾外孙女(nabira)[①]。速檀·忽辛·米儿咱也是米兰沙·米儿咱的外孙,是

① 菲鲁札·别昆的父系世系是:其父为速檀·胡赛因·康巨特,祖母为阿卡·别昆,阿卡·别昆即帖木儿之女。其母系世系是:其母为库特鲁克·速檀·别昆,外祖父为米兰沙,米兰沙即帖木儿之子。她死于回历八七四年穆哈兰月二十四日(公元1489年7月25日)。

一个父母皆出身高贵的君主。(满速儿与菲鲁札)结婚后生二子二女:二子为拜哈勒·米儿咱与速檀·忽辛·米儿咱,二女为阿哈·别昆与(巴迪乌耳·贾马耳)巴德卡·别昆,巴德卡嫁给了阿赫马·汗。拜哈勒·米儿咱是速檀·忽辛·米儿咱的兄长,也是他的伴当,但并不到宫廷任职效力;在宫廷以外,他们兄弟却平起平坐。弟弟把巴里黑地区给予了拜哈勒·米儿咱,他统治其地数年。拜哈勒有三个儿子,即:速檀·马黑麻·米儿咱,速檀·歪思·米儿咱与速檀·伊斯堪达尔·米儿咱。

阿哈·别昆是速檀·忽辛·米儿咱之姊。她嫁给了米兰沙· 164a
米儿咱之孙速檀·阿黑麻·米儿咱,生一子,名小米儿咱(即马黑麻·速檀·米儿咱)。此子起初在其舅父手下效力,但后来却弃戎读书;据说,他是一个学者。他也有作诗的天赋;下面就是他用波斯文写的一首四行诗(柔巴依):

我一辈子自诩信教心虔,

坚持封斋,自守谨严,

但在爱情到来时是否还信教自制呢?

感谢真主,我幸而经受住了考验。

这首四行诗令人想起了毛拉·札米所写的那一首。① 小米儿咱在晚年曾去朝觐,绕行克而白。

[巴迪乌耳·贾马耳]巴德卡·别昆也比米儿咱年长。在打游击的时期,他把她嫁给了哈吉·塔尔罕(即阿斯特拉罕)的阿赫马·汗,生了两个儿子(速檀·马赫穆德·汗与巴哈杜尔·速

① 按小米儿咱的诗是抄袭札米的诗。

檀)。这两个儿子到赫拉特后,曾长期在米儿咱的手下效力。

他的外貌与习惯

他两眼外斜,身材不高,像狮子那么结实,自腰部以下纤细。他到老年时,虽胡须灰白,但还穿大红大绿的绸缎衣服,戴黑色的羊羔皮帽子或土库曼毡帽(qalpaq)。在节日里,他有时是戴一小的头巾,胡乱地缠为三折,插上鹰羽,去做礼拜。

他的性格

他在头一次夺得赫拉特时,起初是想在做礼拜讲道(虎土白)时念十二位伊玛目的名字(即想信奉什叶派)。但阿利·失儿·
164b 伯克及其他一些人阻止了他。以后他所有的行为都遵守逊尼派的规范。

由于患关节炎,[速檀·忽辛]不能做礼拜,也不封斋。他为人活跃欢快,爱逗乐取笑,性格无所节制。他的言谈也像他的为人。他在几次行动中都很遵循法律。有一次,他的一个儿子杀了人,他就把他交给被杀者的亲人,并交付审判。

在夺得王位以后的六、七年中,他戒了酒,以后才饮酒。在其统治呼罗珊的将近四十年当中,他每天在晌礼之后都必饮酒,但早晨则从不饮酒。他的儿子们、士兵们以及市民们,也是这样:过度地酖于逸乐,溺于淫佚。

他是一个英武骁勇的人,没有一次不是亲自挥刀上阵;甚至在每一次战斗中,他都多次操刀搏杀。在帖木儿·伯克的后裔当中,不知有谁在操刀对阵方面能与速檀·忽辛·米儿咱相比。他还有赋诗的天才,他甚至编了一本诗集。他以忽辛尼的笔名用突厥文写诗。他的一些诗写得不错,但他的诗集中的诗则全是用同一个格律写的。他在位的年代虽长,统治的地域虽广,但他却像小孩那样,畜养斗羊,放鸽子,甚至斗鸡。 165a

他进行过的战争

他在打游击的时期,有一次曾泅水渡过泛滥的[古尔甘]河[①],并打败了一支乌兹别克人。另一次,速檀·卜撒因·米儿咱派穆罕默德·阿力·巴赫什率领三千人为先行。速檀·忽辛·米儿咱率六十人与之遭遇,战而胜之(时在回历八六八年)。这是速檀·忽辛·米儿咱打过的一场极为漂亮出色的仗。

另一次,(回历八六五年),他在阿斯塔拉巴德附近迎战并打败了速檀·马合谋·米儿咱。还有一次,也是在阿斯塔拉巴德,他战胜了胡赛因·突厥蛮的儿子赛德力克·赛德(回历八七三年?)。他(在回历八七三年赖买丹月,即公元1469年3月)夺得赫拉特的王位后,曾(在回历八七四年)在察拉兰(马什哈德西北)打败牙的格尔·穆罕默德·米儿咱。另一次,他从木尔加布河桥头(Sar-i-pul)急行军来到[赫拉特]。当时牙的格尔·穆罕默德·米儿咱正躺在饕餮花园喝酒。速檀·忽辛·米儿咱突然来袭,将其俘获(回历八七五年)。此后,他就控制了整个呼罗珊。

再者(回历八七六年),他还在希巴尔甘和俺都淮附近的契克曼·撒莱地方战胜了速檀·马合谋·米儿咱。

① 古尔甘河,意为狼河,在里海东南角。

另一次,阿巴·比克儿·米儿咱同来自伊剌克的土库曼·黑羊部落汇合,在塔卡纳与希马尔打败乌鲁伯·米儿咱·(喀布里),并夺取了喀布尔,而后来,他又因伊剌克发生动乱而放弃喀布尔,越过开伯尔、胡什阿布与木尔坦,前往锡比,又从那里前往卡尔南,并夺取其地,但未能在那里坚持下去,遂又去呼罗珊地区。
165b 速檀·忽辛·米儿咱(于回历八八四年)迅速到那里,将他俘获。

另一次,他(于回历九〇二年)在普利·奇拉格击败自己的儿子巴迪斡思咱蛮·米儿咱;(回历九〇四年),他又在哈耳瓦泉打败自己的另两个儿子阿布勒·穆赫辛·米儿咱和库浦克(圆肩膀)·米儿咱。

有一次,他进军昆都士,围其城,但未能将其攻下,乃撤回;另一次,他围攻喜萨尔,亦未能拿下该城堡,从其地班师(时在回历九〇一年)。

还有一次,速檀·忽辛·米儿咱进入宗农的领地,布斯特地方的长官将布斯特献给他,但速檀·忽辛·米儿咱再未做什么事,就(于回历九〇三年)离开布斯特返回。[①] 速檀·忽辛·米儿咱这样一位英武伟大的君主,在这两、三次的战争中,竟没有表现出一位国王应有的决心,却始终无所作为地撤退了。

另一次,他的儿子巴迪斡思咱蛮·米儿咱同宗农的儿子沙·伯克一起(于回历九〇三年)来到尼兴草地,他在该地与之作战,打败了他。这当中,发生这样一些巧合的怪事:速檀·忽辛·米儿咱带的军队很少:他将自己的人马大部分留在阿斯塔拉巴德附近。

---

① 参看 f. 33 及 f. 57b。

在这次战争发生的那天,有一支军队从阿斯塔拉巴德回来与速檀·忽辛·米儿咱汇合。另一方面,速檀·麻素提·米儿咱在把喜萨尔交给伯升豁儿·米儿咱后,前来速檀·忽辛·米儿咱这里,也于同一天到达。海达尔·米儿咱在去萨布札瓦尔对巴迪斡思咱蛮进行侦察后返回,也是在这一天到来的。

速檀·忽辛·米儿咱的领地

他的领地就是呼罗珊。其地东为巴里黑、加兹尼,西为比斯坦姆与达姆甘,北为花拉子模,南为坎大哈与锡斯坦。在他一旦据有 166a
了赫拉特这样的城镇时,他唯一的事情就是日夜无休地享受与取乐;他手下的仆役和跟班,也没有一个不是如此。由于他不再过艰苦的日子,也不再经受行军作战之苦,所以,他的扈从和领土也就自然地随着时间的推移而缩小,而不是扩大。

速檀·忽辛·米儿咱的子女

他有十四个儿子,十一个女儿。长子为巴迪斡思咱蛮,系谋夫桑札尔·米儿咱之女(别噶·速檀·别昆)所生。另一个儿子是沙赫·噶里布·米儿咱,他是一个驼子。他虽形貌寝陋,但性格善良;虽体弱多病,却娴于辞令。[沙赫·噶里布·米儿咱]以“噶里比”为笔名,他甚至编撰了一部诗集。他用波斯文和突厥文写诗。下面就是他写的一副对句:

我经过时见到一个貌如天仙的女子,不禁为之发狂;

我不知她的名姓,也不知其住在何方。

速檀·忽辛·米儿咱曾几度任命沙赫·噶里布·米儿咱管治

赫拉特。他先其父而死,没有子女。

另一个儿子是穆札法尔·胡赛因·米儿咱。他是速檀·忽辛·米儿咱的爱子,但其人品与行为却都不副所爱。正因为速檀·忽辛·米儿咱溺爱此子甚于他子,遂引起其他诸子的反叛。这两个儿子(指沙赫·噶里布·米儿咱与穆札法尔·胡赛因·米儿咱)均为喀迪恰·别昆所生。她曾是速檀·卜撒因·米儿咱之
166b 侧室,并曾为其生一女儿,名叫阿克·别昆(姣好的郡主)。

速檀·忽辛·米儿咱还有两个儿子是阿布勒·穆赫辛·米儿咱与库浦克·米儿咱,库浦克名叫穆罕默德·穆赫辛。此二子皆为拉提夫·速檀·阿噶察所生。

他的另一个儿子是阿布·土拉布·米儿咱。此子早年即有令誉。当其父病情日益严重时,阿布·土拉布·米儿咱听到各种警告,乃同其弟穆罕默德·忽辛·米儿咱逃往伊剌克。在那里,他放弃了军事,而过德尔维希的生活。此外再未听到关于他的消息。他有一个儿子,名叫苏赫拉布·米儿咱。在我(于回历九一七年,即公元1511年)打败以邯匝·速檀和马赫地·速檀为首的诸(乌兹别克)速檀而夺得喜萨尔时,苏赫拉布·米儿咱正在我的手下。他眇一目,相貌奇丑,其性格亦丑如外貌。他喜怒无常,曾干了一些不成体统的事,故不能再留在我的手下,而离去了。由于他行为无状,尼吉姆·萨尼在阿斯塔拉巴德附近将其处死。

还有一个儿子是穆罕默德·忽辛·米儿咱。(俄译本作穆罕默德·穆赫辛)。在伊剌克,他一度曾同沙·伊斯迈耳住在同一个地方;他就在那时成了沙·伊斯迈耳的信徒,后来他变成一个粗鄙的异端派。尽管他的父亲和兄长都是逊尼派,但他还是变成了

这个样子,他坚持错误的道路与荒谬的信仰,终于作为一个异端派死于阿斯塔拉巴德。他被称为勇士和英雄,但他却没有做过一件值得书写记载的事。他能写诗,下面就是他写的一副对句:

你风尘仆仆,何所追逐而来?

你汗流浃背,出自何等心态?

还有一个儿子是法里顿·忽辛·米儿咱。他能挽强弓,百发 167a
百中。据说,要有四十巴特曼[①]的力量才能拉开他的那张弓。他本人很勇敢,但在战争中却常不顺利,到处吃败仗。(回历九一三年?)法里顿·忽辛·米儿咱同其弟伊本·忽辛·米儿咱在拉巴特·伊·杜兹德(或作杜都尔)被帖木儿·速檀、乌拜德·速檀和昔班尼汗的先头部队战败。在这次战役中,法里顿·忽辛·米儿咱表现很好。法里顿·忽辛·米儿咱和穆罕默德·札曼·米儿咱在达姆甘被昔班尼汗俘获;昔班尼汗没有杀他们,把他们都放了。后来,沙·穆罕默德·迪万纳固守克拉特(Qalat-i-nadiri)时,法里顿·忽辛·米儿咱前往该地。在乌兹别克人攻陷克拉特时,他被俘,乌兹别克人把他杀了。

上述三个王子,都是速檀·忽辛·米儿咱的一个乌兹别克族侧室明格里·比·阿噶察所生。

另一个是海达尔·米儿咱;其母为速檀·卜撒因·米儿咱的女儿帕扬达·速檀·别昆。海达尔·米儿咱在其父在世时曾有一段时期任马什哈德与巴里黑的长官。速檀·忽辛·米儿咱(在回

① 巴特曼,是突厥族的一种计重量的单位。一巴特曼相当于13英镑,另一种说法说相当15英镑。

历九〇一年)回攻喜萨尔时,让海达尔·米儿咱娶速檀·马合谋·米儿咱与汗·札答·别昆所生的女儿(别尕·别昆)为妻,签订和约,然后从喜萨尔撤退。海达尔·米儿咱身后只遗有一个女儿,名叫夏德·别昆,后来她去了喀布尔,嫁给阿迪耳·速檀为妻。
167b 海达尔·米儿咱先其父而去世。

另一个是穆罕默德·马苏姆·米儿咱。其父赐给他以坎大哈之地。因此,其父为他求娶乌鲁伯·米儿咱的一个女儿(别噶·别昆)为妻。当她(于回历九〇二年)被送来赫拉特时,(速檀·忽辛·米儿咱)举行了大规模的宴会,并为此搭了一个巨大的毡帐(Chartaq)。

其父虽将坎大哈给予了穆罕默德·马苏姆·米儿咱,但他既无实权,也无影响;因为不管好坏,一切都是沙·伯克·阿儿浑在那里做主的。因此,他就离开坎大哈,去了呼罗珊。他亦先其父而去世。

还有一个儿子是法鲁赫·忽辛·米儿咱。他比自己的弟弟伊不拉欣·忽辛·米儿咱先死。

另一个儿子是伊不拉欣·忽辛·米儿咱。他能力不错,但无节制地嗜饮赫拉特酒,故亦先其父而死。

其他的儿子是伊本·忽辛·米儿咱和穆罕默德·哈思木·米儿咱。关于他们的情况,将在后文提到。上述五个王子皆为帕帕·阿噶察妃子所生。

速檀·忽辛·米儿咱的长女是速檀尼姆·别昆。她没有同胞的兄弟和姊妹。她的生母名楚利·别昆,是一个阿札克·伯克的女儿。速檀尼姆·别昆娴于辞令,她从未说过错话。她父亲(俄文本作,其兄)把她嫁给自己的兄长拜哈拉·米儿咱之仲子速檀·歪思·米儿咱为妻,生一子一女;女儿嫁给了昔班族诸速檀之一伊勒·巴尔斯之弟伊散·库力·速檀为妻,生子穆罕默德·速檀·米儿咱,我现已将曲女城(喀瑙奇,Qanauj)地区赐给了他。就在那时,速檀尼姆·别昆带着自己的孙子离开喀布尔前往印度,不 168a
幸路过尼耳·阿布河时去世。她手下的人将其遗体运回,而其孙则亦来到我处。

帕扬达·速檀·别昆为速檀·忽辛·米儿咱生了四个女儿。长女为阿赫·别昆,嫁给了巴卑尔·米儿咱的妹妹别伽·别昆之孙穆罕默德·卡斯木·阿尔拉特为妻,只生了一个女儿,名叫哈拉·古兹(黑眼睛)·别昆。纳昔儿·米儿咱娶了此女为妻。

第二个女儿是基乞克·别昆,速檀·麻素提·米儿咱对此女极为爱慕,但不管他怎样追求,对他感到厌恶的帕扬达·速檀·别昆还是没有把这个女儿嫁给他。后来,基乞克·别昆嫁给了赛伊德·阿塔的后裔毛拉·和卓。第三个女儿为别加·别昆,第四个女儿为阿尕·别昆,速檀·忽辛·米儿咱将她们嫁给了自己的妹妹拉比亚·速檀·别昆的儿子巴不儿·米儿咱和速檀·穆拉德·米儿咱。

明格里·比·阿噶察为速檀·忽辛·米儿咱生了两个女儿。大的名叫拜兰·速檀,嫁给了拜哈拉·米儿咱的外孙、出于俺都淮赛伊德家族的赛伊德·阿布杜拉赫·米儿咱。她生了一个儿子,名叫赛伊德·巴尔卡。我(于回历九一七年,即公元1511年)夺取撒马尔罕时,巴尔卡在我的手下效力;后来他去乌尔根齐争夺王位,红头们在阿斯塔拉巴德将他杀了。

另一个女儿名叫法提玛·速檀;嫁给了帖木儿·伯克的后裔牙的格尔·米儿咱。

帕帕·阿噶察[为速檀·忽辛·米儿咱]生了三个女儿。大的名叫速檀·尼加德·别昆;速檀·忽辛·米儿咱把她嫁给了伊斯堪达尔·米儿咱,此人是[速檀·忽辛·米儿咱的]兄长的幼子。

第二个女儿是别昆·速檀(沙阿达特·巴赫特)。速檀·麻
168b 素提被抉目之后,娶了别昆·速檀,生一子一女。女孩由速檀·忽辛·米儿咱之妻阿帕克·别昆抚育成人。她从赫拉特来喀布尔,嫁给了赛伊德·米儿咱·阿帕克。别昆·速檀在其夫速檀·麻素提·米儿咱被乌兹别克人杀害后,就携其子去朝拜克尔白。现有消息传来(约在回历九三四年)说,她本人和他的儿子似是在麦加。他的儿子已在成为一个大人物。

第三个女儿则嫁给了俺都淮的一个赛伊德,该人更知名的称呼是赛伊德·米儿咱。

他还有一个女儿,名艾伊霞·速檀·别昆。其母为米儿咱之侧室,名祖拜达·阿噶察,是忽辛(俄译本作哈三)·舍黑·帖木儿之孙女。艾伊霞·速檀·别昆嫁给了昔班家族的一个速檀——哈斯木·速檀,为他生了一个儿子,名叫哈斯木·忽辛·速檀。他到印度来我的手下效力,并参加了对拉纳·桑伽的圣战。我赐给他以巴达云之地。哈斯木·速檀死后,艾伊霞·速檀又嫁给其夫的一个同族人布兰·速檀。她为布兰·速檀生一子,名阿不都拉·速檀。他现在我的手下效力,虽然年轻,但干得不错。

速檀·忽辛·米儿咱的妻妾

他的第一个妻子是别噶·速檀·别昆,她是谋夫桑札尔·米儿咱的女儿。巴迪斡思咱蛮·米儿咱就是她生的。她好吵嘴;她执拗的性格使米儿咱极为难受,终至于失望,而将其休弃。他有什 169a
么办法呢,他是对的。

好丈夫的家中有一个坏老婆,

遂使这个世界变成他的地狱。

让真主使每个穆斯林摆脱这种灾难!脾气这么坏又好吵嘴的老婆一个也不要让其留在世界上!

另一个妻子是楚利·别昆;她是阿札克诸伯克的一个女儿,生了速檀尼姆·别昆。

另一个妻子是沙赫尔·巴努·别昆,她是速檀·卜撒因·米儿咱的女儿。速檀·忽辛·米儿咱是(在回历八七三年)夺得王位后娶她为妻的。在契克曼战役中,米儿咱的所有妻子都不坐轿而骑马,但沙赫尔·巴努·别昆因相信自己的弟弟(速檀·马合谋·米儿咱),仍然坐轿不骑马。人们将此事报告了米儿咱,为此,米儿咱将沙赫尔·巴努·别昆休弃,而娶其妹帕扬达·速檀·别昆为妻。在乌兹别克人(于回历九一三年)侵占呼罗珊时,帕扬达·速檀·别昆去了伊剌克,在异乡悲惨地死去。

另一个曾是速檀·卜撒因·米儿咱的侧室喀迪恰·别昆,并曾为卜撒因生一女儿,名阿克·别昆。速檀·卜撒因·米儿咱(于回历八七三年,即公元1468年)在伊剌克战败后,她便来到赫拉特,在赫拉特嫁给速檀·忽辛·米儿咱,颇受宠爱。她从一个侧室被擢升到别昆(夫人)的等级,后来变得很有权势。穆罕默德·穆明·米儿咱就是她主张而被杀掉的。速檀·忽辛·米儿咱的儿子们,主要是因为她的关系,而发动了叛乱。她自以为聪明,但实则是一个愚蠢而又饶舌的妇人。她可能还是一个异端派。[沙
169b 赫]·噶里布·米儿咱与穆札法尔·胡赛因·米儿咱二人皆为她所生。

另一个是阿帕克·别昆,她没有生育儿女。米儿咱的爱妾帕帕·阿噶察,与她是奶姊妹;阿帕克·别昆因无子女,乃抚育帕帕·阿噶察之子女,犹如己出。在米儿咱患病时,她对他服侍照料极为周到。其他的妻妾没有一个能这样。在我进入印度的那一年(回历九三二年),阿帕克·别昆自赫拉特来到那里。我对她备极尊敬。我在(回历九三四年)围攻金代里时得到消息说,她在喀布尔去世。

还有一个侧室是拉提夫·速檀·阿噶察。她出身于察尔·商姆巴族,生子阿布勒·穆赫辛·米儿咱与库浦克·米儿咱(即穆罕默德·穆赫辛)。另一个是明格里·比·阿噶察,她是一个乌兹别克女人,曾为沙赫尔·巴努·别昆之女仆。她生了阿布·土拉布·米儿咱、穆罕默德·忽辛·米儿咱和法里顿·忽辛·米儿咱。此外,她还生了两个女儿。

还有一个是帕帕·阿噶察,为阿帕克·别昆的同奶姊妹。米儿咱对她一见钟情,就娶了她。她生了五儿四女,这在前面已经讲过了。

另一个是别姬·速檀·阿噶察,无子女。

此外,米儿咱还有许多姬妾,有好的,也有差的。上面提到的

那些,乃是受到尊敬的几位。

奇怪的是,像速檀·忽辛·米儿咱这样一位在赫拉特这个伊斯兰城据位称尊的伟大君主,其十四个儿子中,只有三个是合法的婚生子。[①] 他自己,他的儿子们以及城镇的居民,都过着放荡淫佚的生活,腐朽糜烂,以至于这么大的一个家族,在经过七、八年之后 170a
除了穆罕默德·札曼·米儿咱以外,竟一点遗留与迹象也没有存留下来。

速檀·忽辛·米儿咱手下诸异密

一个异密是出身于察库·巴鲁剌思氏族的穆罕默德·巴兰杜克·巴鲁剌思,即阿力之子,巴兰杜克之孙,哲汗·沙之曾孙,察库·巴鲁剌思之玄孙。他曾经是巴不儿·米儿咱手下的一个伯克,后来速檀·卜撒因·米儿咱也宠信他:他把喀布尔赐给了他和哲汗吉尔·巴鲁剌思,并任命他为乌鲁伯·米儿咱的傅相。速檀·卜撒因·米儿咱死后,乌鲁伯·米儿咱存心反对这两个巴鲁剌思人;他们得知了这种情况,便加强对米儿咱的控制,将其部属支开,并前往昆都士。他们从兴都库什山上有礼貌地把乌鲁伯·米儿咱打发回喀布尔,而他们自己则去呼罗珊投奔速檀·忽辛·米儿咱。后者给予了他们以极大的恩宠。

穆罕默德·巴兰杜克非常聪明,是一个伟大的指挥官。他很喜爱猎鹰,达到了这种程度,以至于在他的一只鹰死亡或丢失时,

① 俄文译本作:只有三个不是通奸所生。这三个儿子指巴迪斡思咱蛮、海达尔与穆札法尔·忽辛。

穆罕默德·巴兰杜克·巴鲁剌思就会提起自己的儿子们的名字，并说："与其让这只鹰死掉或丢失，还不如让某个儿子因故死亡，或因故折颈。"

还有一个异密是木札法尔·巴鲁剌思。在米儿咱打游击的时期，此人即在米儿咱的手下。不知道，他以何德行获得米儿咱的宠爱，但他对米儿咱是极为尊敬的。他竟达到如此重要的地位，以至于在打游击的时期，速檀·忽辛·米儿咱同他签订了如下的一个条约：任何一个将被征服的地区，由米儿咱得六分之四，由木札法
170b 尔·巴鲁剌思得六分之二。这真是一个奇怪的条约！何时见过一个近臣竟与君主分享对领土的统治？甚至同兄弟和儿子也不可能签这样的条约，何况是同一个伯克，又怎么可能呢？速檀·忽辛·米儿咱在夺得王位以后曾后悔签订了这样一个条约，但没有用。这个已经如此尊荣的卑鄙小人（木札法尔·巴鲁剌思），在米儿咱的面前骄横自大，从不按米儿咱的旨意行事。据说，他终于被毒死，事情的真相只有真主知道。

还有一个异密是阿利·失儿·伯克·纳瓦依；与其说他是米儿咱的伯克，不如说是他的朋友。他俩在童年时同窗读书，当时即已成为亲密好友。不知道因何过失，速檀·卜撒因·米儿咱把阿利·失儿·伯克逐出了赫拉特。他就前往撒马尔罕。在他停留于撒马尔罕的几年中，阿黑麻·哈吉·伯克曾给他以保护与支持。

阿利·失儿为人谨慎不苟，知名于世。人们说这是由于他命交鸿运，但实际并非如此。他生来就有这种品格。当他在撒马尔罕时，就可见到同样的表现。

阿利·失儿·伯克是一个独一无二的人。自他用突厥文写诗

以来,没有任何一个人写得他那么多、那么好。他写了六本诗集:其中有五本是答和[舍黑·尼札米所著]《五宝诗》的;另一本是以同样的韵律和[法里杜丁·阿塔尔所著]《鸟语》(*Mantiqu' t-tair*)诗,亦题为《鸟语》(*Lisanu' t-tair*)。他还编撰了四部嘎泽拉体诗集,其标题为:《童年的怪异》(*Ghara' ibu' s-sighar*)、《青年的珍奇》(*Nawadiru' sh-shahab*)、《中年的古怪》(*Bada' i' u' l-wasat*)与《老年的教益》(*Fawa' idu' l-kibr*)。他还有写得很好的柔巴依(四 171a
行诗)。他另外的一些作品则不如上述的那些。其中包括他的书信集,仿照大毛拉阿布杜拉黑曼·札米的书信那样,把他历来给任何人写过的各种内容的书信收集起来辑为一集。

他还写了一本关于作诗法的书,题为《诗律准绳》(*Mizanu' l-auzan*)。此书可以指责之处不少;其中在讲述二十四首柔巴依(四行诗)的格律时,有四首讲错了;在讲其他一些韵律时,也有错误。任何注意诗律学的人对此都有了解。

他还编撰了一本波斯文的诗集;他在写波斯文诗时用"法尼"为笔名。这本集子中的某些诗写得不坏,但大部分平庸,格调不高。在音乐方面,他做过些好的曲子(nima),其中有极好的歌曲与前奏曲(nakhsh u peshrau)。

以前从未听说有过像阿利·失儿·伯克这样的学者和艺术家的赞助者和保护人。琵琶手库耳·穆罕默德大师、吹笛手舍黑·奈伊(Shaikhi nayi)、琵琶手胡赛因(Husain audi),都是由于他的帮助和支持,才得以显身扬名。毕赫札德大师和沙·穆札法尔也是由于他的关怀和努力才得以在绘画方面取得这么大的成就和名誉。很少有人能像他那样为了未来而兴建如此有用的建筑物。

他既无妻室，又无儿女，无所牵挂地孤独地过了一辈子。他最初任掌玺大臣，中年官居伯克，有一段时期监治阿斯塔拉巴德，晚年放弃军务。他没有得过米儿咱的任何东西，恰恰相反，他每年还给米儿咱贡献大量的金钱。在速檀·忽辛·米儿咱远征阿斯塔拉
171b 巴德返回时，阿利·失儿·伯克出去迎接。他向米儿咱（下跪）施礼，想起身时，却因体力不济而站不起来；人们就把他扶起来抬走了。医生说不出来他究竟患了什么病，第二天早晨他就谢世了。

他有两句诗正好表述这种情况：

我因病去世，但因病情不明，
对此医生又何能为力？

还有一位异密是阿赫马·塔瓦卡勒·巴鲁剌思。过去他有很长一个时期管治坎大哈。

还有一位是瓦力·伯克，他是哈吉·赛福丁·伯克的一个后裔。曾任米儿咱手下的大伯克。在速檀·忽辛·米儿咱（于回历九七三年）登位之后，瓦力·伯克没有活多久，很快就死了。他是一个正统派的穆斯林，认真地做礼拜。为人朴实，真诚。

还有一位是胡赛因（俄文译本作哈三）·舍黑·帖木儿，颇得巴不儿·米儿咱的信任，被提升到伯克的等级。

还有一位是诺颜·伯克。其父为咀密的一个赛伊德。在母系方面，他同速檀·卜撒因·米儿咱和速檀·忽辛·米儿咱都有亲戚关系。速檀·卜撒因·米儿咱尊重他。在速檀·阿合马·米儿咱的手下，他也是一位受到尊敬的伯克。当他投附于速檀·忽辛·米儿咱手下时，又得到很大的赏识。他游手好闲，好吹牛皮，开玩笑，又是一个酒徒。哈三·雅库布因曾在其手下（英译本作在其

父手下)效力,故也被称为哈三·伊·诺颜(即诺颜之子哈三)。

还有一位异密是哲汗吉尔·巴鲁剌思。他有一段时期曾与穆罕默德·巴兰杜克共同管治喀布尔,后投靠于速檀·忽辛·米儿 172a
咱,颇为受到尊重。他的举止与态度(harakat u sakanat),风雅和蔼,是一个令人可亲的人物。他因娴于打猎放鹰之术,故速檀·忽辛·米儿咱将这类事情大部分委任给他。他是巴迪斡思咱蛮·米儿咱的一个宠臣。这位米儿咱每念及同他的交往时,必称赞他。

还有一位异密是米儿咱·阿黑麻·阿力·法尔西·巴鲁剌思。他虽不写诗,但却有天赋,懂得什么是诗。他思想敏锐,而又雅致风流。

还有一位是阿不都勒·喀力克·伯克。其祖父是沙哈鲁·米儿咱大为宠信的一位伯克非鲁兹·沙。因此,人们称阿不都勒·喀力克为阿不都勒·喀力克·伊·非鲁兹·沙。他曾一度管治过花拉子模。

还有一位是伊不拉欣·杜耳代。他精通军事及治国之术。他是第二个穆罕默德·巴兰杜克。

还有一位是宗农·阿儿浑。他是一员勇将。在速檀·卜撒因手下诸大员中,他善使刀作战,后来他也常常参加战斗。关于他的作战勇敢,这是人无异词的。但他却是一个有点性情乖张的人。他脱离我们的米儿咱前去投奔速檀·忽辛·米儿咱,忽辛将古儿和尼库德里[地区]赐给了他。他率领七、八十人在那些地区以武力很好地进行了统治,并用很少的人员打败了很多的哈扎拉人和
尼库德里人。从来没有一个人能像他那样使哈扎拉人和尼库德里 172b
人臣服不乱。

过了一段时期,他又受封札明·达瓦尔。宗农的儿子沙·叔加·阿儿浑从年幼时起,就同父亲一起到各地舞刀使剑。速檀·忽辛·米儿咱尊重其父的意愿,委任他与其父一同管治坎大哈。后来,他们父子在那些父子之间挑起仇恨①,掀起动乱。

最后,在我制服胡思老·沙,使之与其臣仆伴当分离,并从宗农·阿儿浑之幼子谟乞木手中夺得喀布尔时,宗农和胡思老·沙由于孤弱无援,就去见速檀·忽辛·米儿咱。在速檀·忽辛·米儿咱死后,宗农·阿儿浑又更高升了,他又受赐赫拉特附近的一些山前地带,如乌巴与察赫察朗。在巴迪斡思咱蛮·米儿咱与穆札法尔·[胡赛因]·米儿咱两人共和为君时,宗农·阿儿浑被任命为巴迪斡思咱蛮·米儿咱宫廷的全权大臣;而穆札法尔·米儿咱宫廷的全权大臣则是穆罕默德·巴兰杜克·巴鲁剌思。

宗农·阿儿浑虽然勇敢,但为人乖戾糊涂;如果他不如此,则岂能听阿谀奉承,而使自己蒙受耻辱?事情的详细经过是这样的:当宗农·阿儿浑在赫拉特掌权并享有巨大的尊荣时,有几个舍黑和毛拉来到他那里说:“我们同天堂(Spheres)有来往,您已被赋予‘安拉之狮’(Hizabru'l-lah)的称号。您将要俘获乌兹别克人。”

[宗农·阿儿浑]完全听信了这种花言巧语,就把浴巾(fūta)
173a 绕在脖子上,并向安拉致谢。当昔班尼汗在八的吉思附近向米儿咱们发动进攻,把他们一个一个地击溃之后,宗农·阿儿浑还信赖着舍黑们的鬼话,竟以一百至一百五十人之众,在哈拉·哈巴特附近去抵抗昔班尼汗。[昔班尼汗]率大军上来,当即将他们击溃。宗农·阿儿浑本人被俘处死。

---

① 见 f. 41 及注。指挑起速檀·忽辛·米儿咱及其诸子之间的不和。

宗农是一个正统派的信徒,从不漏做礼拜,而且还常常多做礼拜。他嗜奕如狂,如果说别的人是用一个手下棋,那他(可以说是)用双手下棋。他心里怎么想,就怎么下。他生性吝啬,一毛不拔。

还有一个异密是德尔维希·阿力·伯克,他是阿利·失儿·伯克的胞弟。他有一段时期管治着巴里黑,在那里表明自己是一个好伯克。但他是一个智力驽钝,一无所能的人。在速檀·忽辛·米儿咱第一次远征昆都士与喜萨尔时,德尔维希·阿力由于笨拙无能而妨碍军务,故被撤销了巴里黑长官的职务。在我于回历九一六年(公元1510年)到昆都士时,德尔维希·阿力来投奔于我。此人愚顽,不过是一丑类,完全无力充任伯克,也没有做一个宫廷侍臣的资格。他之所以如此受到尊重,看来不过是由于阿利·失儿·伯克的面子。

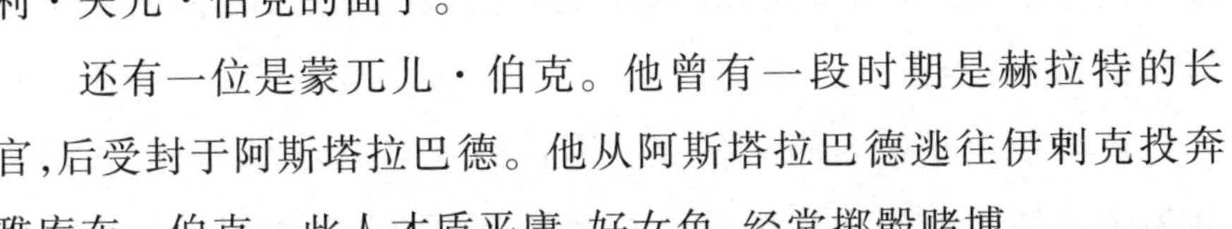

还有一位是蒙兀儿·伯克。他曾有一段时期是赫拉特的长官,后受封于阿斯塔拉巴德。他从阿斯塔拉巴德逃往伊剌克投奔雅库布·伯克。此人才质平庸,好女色,经常掷骰赌博。

还有一位是赛伊德·巴德尔(满月)。这是一个异常强壮有 173b
力的人,可举止优雅,形态秀美,舞跳得非常好。他曾跳过一场很独特的舞,就好像是他自己设计出来的。[赛伊德·巴德尔]经常在米儿咱身边效力,也是他狂饮时的酒友和取乐时的谈伴。

还有一位是伊思利姆·巴鲁剌思。这是一个平凡的人物,但娴于鹰猎。有些事他还办得很完美。他能拉开三、四十巴特曼的弓,以射穿木板。他从射击场(qabaq-maidan)的一端驰到另一端,把弓放松,再将弓拉紧,一射中的。他还将一个铁环系在一根长一卡里(70 公分)至一卡里半的绳子上,绳子的另一端则拴在一棵树上[并把绳子拧紧]。绳子一放开,他就放箭,竟能使箭穿过铁环。他做过不少这样稀奇古怪的事。

伊思利姆·巴鲁剌思经常在米儿咱的身边,所有的饮宴他都在场。

还有一位是米儿咱·速檀·朱耐德·巴鲁剌思,他后来投奔到速檀·阿合马·米儿咱那里去了。他的儿子也叫速檀·朱耐德·巴鲁剌思,现在部分地掌管着军普尔的政府。

还有一位是舍黑·布赛因·汗·达尔米扬。他之所以得名为达尔米扬,不知道是因为他在一次战斗中牵了一匹马给米儿咱呢?还是因为他把一个企图谋杀米儿咱的敌人赶走了?

还有一位是别赫布德·伯克。他起初是充任禁卫军卫士。在

174a 过流浪生活时,因功得宠,故米儿咱对他如此加恩,将他的名字泐诸戳记,铸于钱币。

还有一位是舍希姆·伯克。因他的笔名为苏海力,故人们称他为舍希姆·苏海力。他什么样的诗都写,诗中常用令人惊恐的词汇与比喻。下面就是他写的两句诗:

在我极度悲痛的夜晚,我叹息的旋风席卷了太空;

我的泪水像一条龙,将世界的一角吞噬干净。

大家都知道,有一次,他在大毛拉·阿布杜·拉黑曼·札米在场时朗诵了这两句话。这位大毛拉问他:“米儿咱,你这是朗诵诗句呢?还是要吓唬人?”

舍希姆·苏海力编撰了一部诗集;他写的马斯纳维诗(masnawis)也还存在。

另一位是穆罕默德·瓦利·伯克,他是前述瓦力·伯克的儿子。他在晚年成了米儿咱御前的大伯克,尽管如此,但他从未放下对米儿咱的效忠;他日夜守在宫门,甚至于他的便餐和宴会都是在宫门附近举行。如此勤勉地尽忠效力的人当然理应博得这样的宠信。真是怪事!在我们的时代,一个人因身后跟随着五、六个癞痢头瞎子而被称为伯克,这样的人必须费一番劲才能进入宫门。像过去的这种服务哪里有?而在我们不幸的伯克们那里已经见到了!

穆罕默德·瓦利·伯克的施舍和宴请是很讲究的。他让自己的伴当们穿着豪华,礼貌得体,并亲手将许多食物分给穷人和赤贫者。但他语言下流,好骂人。 174b

在我于回历九一七年(公元1511年10月)夺取撒马尔罕时,穆罕默德·瓦利·伯克和德尔维希·阿力·基塔布达尔(图书管理员)在我的手下效力。那时,他中风麻痹;他语言无味,毫无风趣。他已不大受人尊敬了;他之所以能提升到这么高的地位,也许只是由于他勤勤恳恳,尽忠效力。

还有一位是巴巴·阿力·伊什克·阿噶(守门官)。起初,他得到阿利·失儿的重视,被提升为伯克。他的一个儿子玉努斯·阿力现在(约回历九三四年)正在我的手下效力,此子为一个伯克,是我的近臣和内侍。以后会要常常提到他。

还有一位是巴德鲁丁·伯克。过去他曾在速檀·卜撒因·米儿咱的大法官(沙得尔)米拉克·阿布都拉赫曼的手下做事。他机灵敏捷,据说一下子能跳过七匹马。他同巴巴·阿力是好朋友。

还有一位是哈三·阿力·札剌亦儿。他本名胡赛因·札剌亦儿,但更以哈三·阿力知名。其父阿力·札剌亦儿曾受到巴不儿·米儿咱的重视,被任命为伯克。后来,在牙的格尔·穆罕默德夺取赫拉特时,没有一个人的地位比阿力·札剌亦儿更高。

哈三·阿力·札剌亦儿是速檀·忽辛·米儿咱手下的库什·伯克(大法官)。他是一个诗人,笔名为突飞来(意为不速之客)。他擅长写颂诗,独步于当时。在我于回历九一七年(公元1511年)夺取撒马尔罕时,哈三·阿力·札剌亦儿前来投奔我,在我手
175a 下五、六年。他也给我献颂诗。他厚颜无耻,挥霍无度,蓄养娈童,经常掷骰子,下跳棋。

还有一位是和卓·阿不杜拉·马尔瓦里德(珍珠)。过去他是一名大法官(沙得尔),后来成为米儿咱的一名宠信的家臣和伯克。此人长处很多:他善弹琴,无与伦比。洋琴上的颤音器,就是他发明的。他写得一手好字,其中最好的是塔力克体(ta' liq)。他擅长写公文,娴于辞令。又是一个很好的谈伴。他也写诗,笔名为巴雅尼。他写的诗与他的其他长处相比,则远不及。不过他对诗颇能鉴赏。

和卓·阿不杜拉是一个贪淫好色,厚颜无耻的人。由于生活淫荡糜烂,他患了花柳病,满身是杨梅疮,手脚都烂掉,饱尝了各种痛苦与折磨,达数年之久。他最后被这种病夺去了生命。

还有一位是穆罕默德·赛伊德·乌鲁思。其父乌鲁思(俄罗斯人?)·阿儿浑,在速檀·卜撒因·米儿咱登位时是掌权的大伯克。那时,有[不少]善于射箭的青年勇士,其中最杰出的一个就是穆罕默德·赛伊德·乌鲁思。他用强弓,长箭,一定曾是一个强壮的射手,一个射箭高手。有一段时间他曾任俺都淮的长官。

还有一位是马官密尔·阿利。这就是那位曾派一个人去速檀·忽辛·米儿咱那里，要他反对牙的格尔·穆罕默德，并出其不意地将米儿咱捕获的人。

还有一位是赛伊德·哈三·奥格拉克奇。他是赛伊德·奥格拉克奇之子，赛伊德·玉素甫·伯克之弟。他有一个儿子，名叫米儿咱·法卢赫，是一个能干而又可敬的人。当我在回历九一七年 175b
（公元1511年）夺取撒马尔罕时，赛伊德·哈三来到我处；他虽然只写了少量的诗，但都是佳作。他通晓天文与星象，同他谈话与交往也是令人愉快的。赛伊德·哈三在酒醉时有些暴躁。他在伽吉达坂战死（回历九一八年赖买丹月三日，即公元1512年11月12日）。

还有一位是腾格里·拜尔地·萨曼奇（看守仓库的人）。他是一个平平常常的人，勇敢，善使刀剑。前面已经讲过（回历九〇三年），他曾在巴里黑的城门边同胡思老·沙的著名伴当纳札尔·巴哈杜尔大战并将其擒获。

［米儿咱］还有几个土库曼族的伯克，他们是来投米儿咱后得宠的。最先来投的是阿利·汗·巴扬达尔，再就是阿萨德·伯克和塔哈姆·唐（意为体格强壮的）伯克；这两个人是亲兄弟。巴迪斡思咱蛮·米儿咱娶了塔哈姆·唐·伯克的女儿，生子穆罕默德·札曼·米儿咱。

另一位是伊不拉欣·察合台。

还有一位是乌马尔·伯克。此人后来在巴迪斡思咱蛮·米儿咱的手下效力。他是一个勇敢、大胆的好人。他的一个儿子，名叫阿布勒·法特赫，自伊剌克来投奔我，现在他也在我的手下。这是一个很软弱,胆小,毫无果断的人。如此的父亲竟生出如此的儿子!

在波斯王伊斯迈耳(约于回历九〇六年,即公元1500年)夺取伊剌克和阿塞拜疆后来到呼罗珊的那些人当中,有一人是阿布都勒·巴基·米儿咱。他出身于帖木儿·伯克的家族,是米兰沙的后裔。到达该地的这位宗王的后裔早就打算夺取统治权,便为
176a 宠信他们的当地君主效力。这位阿布都勒·巴基·米儿咱的伯父帖木儿·乌斯曼,是(白羊·土库曼)雅库布·伯克手下一位受尊敬的大伯克。有一次,他甚至征集大军,打算进攻呼罗珊。

当阿布都勒·巴基·米儿咱来投时,速檀·忽辛·米儿咱立即对他加以宠信,并把自己的女儿速檀尼姆·别昆嫁给了他。这位别昆就是穆罕默德·速檀·米儿咱的母亲。[①] 以后来投的伯克中,有一位是穆拉德·伯克·巴扬达里。

米儿咱手下的法官(沙得尔),有一个是密尔·萨里·巴尔哈纳(意为光头未戴帽子);他生于安集延的一个村子,据说,还宣称自己是一个赛伊德(圣裔)。此人是一个令人可亲的谈伴,有才能,善辞令。在呼罗珊的学者与诗人当中,他的意见和他讲的话最起作用,被认为是最合理。他把自己的时间浪费在编撰像《关于异密哈姆札的故事》那样的长篇虚构小说。这一作品完全不合情理。

另一位法官是卡马鲁丁·胡赛因·伽祖尔·噶希。他虽不是

---

① 速檀尼姆·别昆于回历八九五或八九六年以前嫁给歪斯,生穆罕默德·速檀·米儿咱。她嫁给阿布都勒·巴基是在回历九〇八年。

一个苏非,但却是一个神秘主义者。像他这样非专业的苏非群集于阿利·失儿·伯克的门下,进行活动,如醉如狂。卡马鲁丁的出身,比[这些苏非]的大部分人都要高贵。也许,他的受到赏识就是由于他的出身好,因为他并没有可以一提的其他优点。他有一部作品存世,题为《情人的集会》(*Majalisu' l-' ushshaq*),他(在该书的序言中)说这书是速檀·忽辛·米儿咱写的;这书写得很不
好,绝大部分是虚构,毫无趣味。他写出如此粗俗的东西,使得某 176b
些人怀疑他不信宗教。例如,他把许多先知——愿先知们安宁!——和圣人描写成沉溺于肉欲,并说他们每人有一个宠物和情妇。另一件令人惊异和荒诞的事情是:他在序言中说,这部著作是速檀·忽辛·米儿咱自己写的,而在该书的一开头,他仍然引用他自己的诗句和嘎泽拉体诗,并到处写明:"此书全部是由下面签名的作者所作。"由于这个卡马鲁丁·胡赛因对宗农·阿儿浑阿谀奉承,遂获得"安拉之狮"的称号。

速檀·忽辛·米儿咱手下诸大臣

他手下的大臣,有一个是马吉都丁·穆罕默德。此人是沙哈鲁·米儿咱的财政大臣皮儿·阿合马·喀瓦非之子。起初,在速檀·忽辛·米儿咱的财政部并无适当的规章制度,盗用公款现象严重,奢侈浪费惊人。农民无不贫困,士兵尽皆不满。那时,马吉都丁·穆罕默德仍担任帕尔瓦纳契(parwanchi,即负责草拟诏令的秘书)的职务,被称为密拉克(Mirak,即小密尔)。有一次,米儿咱需要一些钱,就向财政大臣要,他们回答说:"没有钱,拿不出钱来。"马吉都丁·穆罕默德当时在场。他笑了笑。米儿咱问他,是

怎么回事。马吉都丁同他单独谈了他心中想的一切,并说:“如果米儿咱同我签订一个契约,保证加强我的权力,并不反对我发布的
177a 命令,那么我就能在短期内使国家繁荣,人民感戴,国库充实,军队供应充足。”米儿咱按照马吉都丁·穆罕默德的愿望签订了契约,让他管治整个呼罗珊地区,把一切重要的政务都交给他负责。这样,马吉都丁·穆罕默德就想尽一切办法,尽了一切努力,在短期内竟使人民与军队都满意与感恩,使国库钱财充足,国内所有的地区皆建设完美,繁荣兴旺起来。然而,马吉都丁·穆罕默德却遭到以阿利·失儿·伯克为首的伯克们和高级官员们的反对,因此,人们都不喜欢他。他们用告密和搞阴谋等手段叫人把马吉都丁·穆罕默德抓起来,并将其撤职,另外任命尼札木·阿勒·穆耳克取代他的职务。但不久,尼札木·阿勒·穆耳克也被捕,并被处死。他们又把和卓·阿夫札耳从伊剌克弄来任此职。在我(于回历九一〇年)来到喀布尔时,和卓·阿夫札耳被任命为伯克。他在阁部也签字盖章。

还有一位是和卓·阿塔。他虽不像前述人员那样官居高位,也不是财政大臣,但在呼罗珊的所有地区,不经和卓·阿塔同意,是不能决定任何一件重要事情的。他是一个敬神和虔诚的信徒,认真做礼拜。做事也勤奋。上述的几位大臣,就是速檀·忽辛·米儿咱的主要亲信和追随者。

177b 速檀·忽辛·米儿咱的时代,是一个奇怪的时代。呼罗珊,特别赫拉特城,人才荟萃,充满了学者和无与伦比的人物。每一个干事的人都打算和希望把事情做得尽善尽美。

大毛拉·阿布杜拉黑曼·札米就是这样一个人。他精通通俗

的和秘传的各种学术,独步于一时。他写的诗甚为闻名,大毛拉·札米的长处实非我的才力所能描述。我只能在这不值得一顾的篇幅中,提一下他高贵的名字及他的某些优点。这只是为了表达我的祝福与祈祷。

还有一位是舍黑·阿勒·伊斯兰·赛福丁·阿赫马。他出身于毛拉·萨都丁(马苏德)·塔夫塔赞尼的后裔。而毛拉·萨都丁·塔夫塔赞尼的后裔早已是呼罗珊的舍黑·阿勒·伊斯兰(伊斯兰的教长)了。他是一个很有学问的人,特别精通阿拉伯文学(指文法与修辞)以及基于传说的学术。赛福丁笃信安拉,非常虔诚。他虽是一个沙斐派[①],但却尊重一切其他的教派。据说,他在七十年当中,从未有一次不参加聚礼。在波斯王伊斯迈耳(于回历九一六年)夺取赫拉特时,赛福丁·阿赫马殉教身亡;现该地没有遗留他的一个后裔。

还有一位是大毛拉·舍黑·忽辛。他的初露头角和被提升虽
然是发生在速檀·卜撒因·米儿咱的时期,但到速檀·忽辛·米 178a
儿咱的时期他仍然健在,所以在此提及之。他精通哲学、逻辑学和神学。以不多的言辞表述精微的含义,这就是他的特点。他同速檀·卜撒因·米儿咱很接近,并对米儿咱颇有影响力。他曾参与米儿咱领土内发生的一切重要事务,没有人能比他更为胜任穆赫塔西布[②]的职务。由于他同速檀·卜撒因·米儿咱的关系密切,

① 沙斐派是伊斯兰教中四大主要派别之一,流行于下埃及、东非、巴勒斯坦、阿拉伯、印度等地。

② 穆赫塔西布,警督,负责检查市场,看是否短斤少两,查禁赌博、酗酒。也察看人们是否遵教法规。

所以，这个无与伦比的人在速檀·忽辛·米儿咱时期遭到屈辱。

还有一位是毛拉·乌斯曼的儿子毛拉·札答。他出生于喀布尔的一个土绵——鲁胡古儿土绵的察尔赫村。因为在乌鲁伯·米儿咱时期，即在他十四岁时，他业已从事教学，故人们称他为“天生的毛拉（Mulla-zada）”。在他离开撒马尔罕，对克而白进行了朝拜，后来到赫拉特时，速檀·忽辛·米儿咱强制把他留在那里。他是一个很有学问的人，当代无人能比。据说，毛拉·札答已达到了穆吉塔希德的等级[①]，但他并未以穆吉塔希德的身份出现。人们传说，他似乎说过：“如一个人听到了什么，他怎样才能忘却它呢？”他的记忆力是很强的。

另一位是圣训学者（muhaddas）密尔·贾马鲁丁。他对伊斯兰教的传说具有丰富的知识，在呼罗珊无人能与之相比。他活到高年，现仍健在（回历九三四至九三七年）。

还有一位是密尔·穆尔塔兹。密尔·穆尔塔兹精通哲学与玄
178b 学。他因经常斋戒，故得名穆尔塔兹（禁欲主义者）。他酷好下棋，达到这种程度，如果他遇到两个棋手，那他就一面同其中一个下棋，同时抓住另一个的衣裾“不让走”。

还有一位是失儿湾人毛拉·马苏德。另一位是拉尔（在波斯）人毛拉·阿不都耳·加富尔。他既是大毛拉·阿布杜拉黑曼·札米的门徒，又是他的学生。毛拉·阿不都耳·加富尔在札米那里读过大毛拉·札米的大部分诗作（masnawi），并写了一篇对《潮流》（*Nafahat*）作讲解的作品。他熟悉通俗的学问，对秘传的学问

① 穆吉塔希德，伊斯兰教中精通法学的人，有权解释各种法律问题。

也有丰富的知识。他是一个很随便又不拘礼仪的人。他不耻下问,即使对一个不是毛拉的人,他也会请他讲解一段(古兰经),并向他请教。而且,不管哪里有一个德尔维希,他都要到那里去,否则他是不会安心的。我(在回历九一二年)到呼罗珊时,毛拉·阿不都耳·加富尔正在病中;我在大毛拉·札米坟墓的周围绕行一周后,就去看望住在毛拉·札米学院的毛拉·阿不都耳·加富尔。几天后,毛拉·阿不都耳·加富尔即因该病而逝世。

此段之后,(俄文本)为贾马鲁丁,英文本置于穆尔塔兹之前,已译出。

还有一位是马什哈德人密尔·阿塔乌拉。他精通阿拉伯的学问,曾用波斯文写过一篇《论诗韵》的文章。这篇文章写得不错,缺点是全以自己写的诗作为例句来引用并认为是正确的。此外,
他还在每一例句之前加以说明说:“正如以下要谈到的鄙人的诗 179a
句。”某些不同意他的见解的人对他这篇关于诗韵的文章提出了有根有据的批评。此外,密尔·阿塔乌拉还写过一篇关于诗的修辞的论文,题为《诗艺珍奇》(*Badai‘u’s-sanai*),写得很好。他在信仰方面有点背离正统。

另一位是喀孜·伊赫提雅尔,是一个好法官。曾用波斯文写过一篇《论法理学》的文章,写得极好。他还把古兰经中各种内容的诗句搜集起来以备引用。

在我(于回历九一二年)在木尔加布河上同米儿咱们相遇时,喀孜·伊赫提雅尔与穆罕默德·玉素甫与之同来看我。在谈及《巴布里》的书法时,喀孜·伊赫提雅尔向我询问每个字的写法,我一个字一个字都写给他看。他在这次集会中把这些字朗读一

遍，掌握了书写规则，自己又写了些字。

还有一位是密尔·穆罕默德·玉素甫。他是[赛福丁·阿赫马]舍黑·阿勒·伊斯兰的一个学生，后来舍黑·阿勒·伊斯兰指定他接替自己的职位。在有些集会上，喀孜·伊赫提雅尔坐上位，而在另一些集会上则密尔·穆罕默德坐上位。他在晚年迷恋于军事和指挥作战，以至于除了这两件事以外，他是无话可谈，无事可写。尽管他在这两方面既无天才，又无能力，但他最终还是因
179b 自己的热心而将房屋、财产，甚至生命都置之于不顾。据说他是一个什叶派。

在速檀·忽辛·米儿咱手下的诸多诗人当中，大毛拉·阿布杜·拉黑曼·札米是一个领袖人物。此外，[知名的还有]舍希姆·苏海力与哈三·阿力·札剌亦儿·察合台（俄译本作：忽辛·阿力·图费利·札剌亦儿）。他们的名字在叙述速檀·忽辛·米儿咱身边诸伯克及家臣时已经提到过。还有一位是阿萨非，他用阿萨非为笔名是因为他是一个大臣（wazir）的儿子。他写的诗并不缺乏情调，但却没有那种爱恋与沉迷的感情。他自己曾宣称："我从未想要把自己的戛泽拉体诗收拢成集"，但这也许只是一种夸耀。他的弟弟和他的亲戚把他写的戛泽拉体诗收集起来了。除戛泽拉体外，别的诗他写得很好。在我（于回历九一二年）去呼罗珊时，他在我手下效力。

还有一位诗人是巴纳伊，赫拉特人。因其父为建筑师穆罕默德·萨布兹·巴纳（Sabzbana），故以巴纳伊为笔名。他写的戛泽拉体诗富有灵感和色调，他编了一个集子。他写了一首咏各种水果的诗（masnawi），是用穆塔卡里布（mutaqarib）的韵律。这首诗

是随便写的,讲了一些无益的事。他另有一首短诗,是用喀非夫(khafif)韵律。还有一首稍长,也是用喀非夫韵律。他这首诗是在临终时写成的。

起初,巴纳伊完全不懂音乐,因此,阿利·失儿·伯克据说还嘲笑过他。有一年,米儿咱去谋夫过冬,阿利·失儿·伯克也去了,巴纳伊则留在赫拉特。那年冬天,他就专心研究音乐,到春天时,他已懂得了音乐,甚至作了一些曲子。春暖时,米儿咱返回赫
拉特,巴纳伊就演奏和歌唱这些作品,曲调优美,阿利·失儿·伯 180a
克为之惊讶,颇称赞之。巴纳伊在音乐方面有一些好的作品,其中有一首称为努赫·朗(Nuh-rang,意为九个变调)。在称为拉思特(rast?)的曲调上,既有主旋律(tukanash),也有变调(yila)。

巴纳伊常与阿利·失儿·伯克意见相左,因此也受到许多压制。他终于不能再在赫拉特居留下去,乃去伊剌克与阿塞拜疆投奔雅库布·伯克。他在雅库布·伯克那里生活得不坏,参加他所有的集会。在雅库布·伯克(于回历八九六年即公元1491年)死后,他没有继续在该地停留,仍返回赫拉特。他一如既往地还是喜欢讥讽和开玩笑。有这样一件事:有一次,阿利·失儿·伯克在下棋时把脚伸出触及巴纳伊的背部。阿利·失儿·伯克开玩笑说:"真糟,在赫拉特,一伸腿就会碰到一个诗人的背部。"巴纳伊反唇相讥说:"把脚抬起来,也会碰到一个诗人的背部。"由于这样讽刺讥笑,他终于又不得不离开赫拉特,前往撒马尔罕。

阿利·失儿·伯克常想出许多各类新鲜事,也想出一些好事。任何人只要在自己的事业中有新的发明,他就把它称为"阿利·失儿的",以便保证其能获得成功。有的东西被称为"阿利·失儿

的”，则是为了取笑。例如，阿利·失儿·伯克因耳朵有病痛，包头巾，妇人们就把斜着包缠的蓝色三角头巾称为“阿利·失儿头
180b 巾”。巴纳伊既决定离开赫拉特，也就向鞍匠为自己的毛驴定做了一副完全新型的鞍子，并将其命名为“阿利·失儿鞍”。

还有一位诗人是布哈拉的大毛拉赛非。一般地说，他是有些学问。他常把自己读过的许多书的书单拿来给人们看，以表明自己有资格得到毛拉的称号。赛非编撰了一本诗集，另有一本诗集是他为各种手艺人撰写的。他也写过许多寓言，但他的如下一首诗表明他没有写过马斯纳维（masnawi）体。

马斯纳维虽是正统的诗体
我却认为戛泽拉体为真主的圣训
我认为五首令人心旷神怡的诗
胜过两部《五宝诗》。

他用波斯文写过一本论诗律的著作，过于简略，但在某些方面又写得很啰唆。所谓简略，是说该讲的没有讲；所谓啰唆，是说明显易懂的事又写得很详细，甚至于标点符号以及阿拉伯文的符号也绝不忽略。赛非很能喝酒，但醉时发酒疯。他的拳击很厉害。

还有一位是写马斯纳维诗的阿不杜拉。他生于札木，其舅父为毛拉·札米，其笔名为哈提非。他仿照[尼札米的]《五宝诗》[①]写马斯纳维。他自己写的诗两行一段，系仿照“哈夫特·排卡尔”（Haft-paikar，意为七个美人），他称之为“哈夫特·曼札尔”（Haft-manzar，意为七张脸）。他又仿照《伊斯堪达尔纪事》写了《帖木儿

① 参看本书171a注。

纪事》。在他写的这些马斯纳维诗中,最著名的是《莱利与马吉农》,不过就该诗的魅力而言,是名不副实。

还有一位诗人是密尔·胡赛因·穆阿马伊(编作谜语者)。可能,在制作谜语方面,无人能与之相比。他时时都在设想编作谜语。他为人异常谦恭,简朴与和蔼。 181a

还有一位诗人是巴达赫尚人毛拉·穆罕默德。他生于伊什卡米施。伊什卡米施并不属于巴达赫尚的范围,故他用巴达赫什作为自己的笔名是颇奇怪的。他写的诗不如前述诸位诗人的作品。他虽写过一篇《论谜语》的文章,但他编制的谜语并非上乘。他是一个令人可亲的谈伴,(回历九一七年)在撒马尔罕时他在我的手下效力。

还有一位诗人是玉素甫·巴迪(意为怪人玉素甫)。他是费尔干纳人。他写的喀西达诗(颂诗或劝善诗)不坏。

还有一位诗人是阿喜。他的戛泽拉体诗写得很好。他后来在伊本·忽辛·米儿咱的手下效力。他撰写了一本诗集。[①]

还有一位诗人是穆罕默德·萨利赫。他写的戛泽拉体诗颇有趣味,但流畅则不足。他也用突厥文写诗,而且写得不错。他后来去投奔昔班尼汗,颇得宠。为了祝贺昔班尼汗,穆罕默德·萨利赫用突厥文写了一首马斯纳维,用的是六韵脚诗律,即[札米作]《念珠》[②]一诗的韵律(按,即 Subhat 的韵律)。这诗写得不好,平淡无力。尊重他的人便不再相信穆罕默德·萨利赫的诗了。下面是他

① 指他投效于伊本·忽辛·米儿咱之前献给前主人沙赫·噶里布的那本诗集。

② 札米的诗题为 Subhatu'l-abrar,意为《正人的念珠》。

写的一首较好的诗。

> 一个胖子(指檀巴勒)夺得了费尔干纳,
>
> 他把费尔干纳变成了胖人(檀巴勒·汗纳)的家园。

安集延地区也叫做“胖人之家”(Tambalkhana)。在这首马斯纳维诗中没有见到其他这样的诗句。穆罕默德·萨利赫是一个残忍、无情的恶人。

还有一位诗人是沙·胡赛因·卡米。他的诗也不坏。他写戛泽拉体诗,似乎也编撰了一部诗集。

还有一位诗人是希拉利(意为新月),今犹健在。他写的戛泽拉体诗流利且多文采,但人们对它没有什么印象。他也有一本诗集。他写了一首马斯纳维诗,是用的喀非夫(Khafif)律,题为《国

181b 王与德尔维希》。其中的某些对句虽然写得还好,但这首马斯纳维诗的内容和结构却空洞而又松散。过去的诗人在写爱情诗时,总是把情人描写成为一个大丈夫,把被爱的人写成一个妇女。但希拉利却把情人写成为一个德尔维希,把被爱的人写成为一个国王。结果,他在诗中谈到国王的言语和行为时,竟把国王描写成为一个荒淫无耻的人物。很不像话的是,希拉利为了自己的两行诗竟把一个年轻人,而且这位年轻人是一个国王,描写成为一个荒淫无耻、道德败坏的人。

希拉利似乎记忆力很好,他好像记得三、四万首诗。据说,他记得两部《五宝诗》的大部分。在作诗法及诗韵学的领域,他都是修养有素的。

还有一位诗人是阿赫利。平民出身,诗写得不坏,也有一本诗集。

在速檀·忽辛·米儿咱的宫廷里,虽有许多书法家,但其中写纳赫什·塔利克(nakhsh ta'liq)字写得最好的要数马什哈德人速檀·阿力。他曾为米儿咱和阿利·失儿·伯克抄了许多书,每天为米儿咱书写三十首诗,为阿利·失儿·伯克书写二十首。

毕赫札德是[米儿咱宫廷中]最著名的画家。他的作品精致细腻,但画无胡须的脸则画不好,总是把下巴画得很长。他画大胡子的脸画得很出色。

另一位画家是沙·穆札法尔。很会画像,把头发画得很美。182a
他未能永年,刚要成名,即离人世。

[米儿咱手下的]音乐家,没有一人能比得上和卓·阿不杜拉·马尔瓦里德之善弹洋琴。这在前面已经提到过了。

另一人是琵琶手库耳·穆罕默德。他还善弹六弦琴,给它另外加上三根弦。当时的音乐家和演奏家,没有人编过他那样多好的序曲(peshrau)。但除序曲以外,库耳·穆罕默德的其他作品不多。

另一人是吹笛手舍黑·奈伊。琵琶与六弦琴他也弹得很好。他从十二岁或十三岁时起就吹笛。有一次,在巴迪斡思咱蛮·米儿咱举行的宴会上,舍黑·奈伊优美地吹奏了一个曲子。库耳·穆罕默德用六弦琴弹不出这个曲子来,就说:"六弦琴是一种不完善的乐器。"舍黑·奈伊当即把库耳·穆罕默德手中的六弦琴接过来,极其优美动听地把这个曲子演奏出来。

关于舍黑·奈伊,人们还有其他的传说。说他对音乐极为精通,只要他听到某一个曲调,他就能说出:"什么曲调是什么样的笛子吹出来的。"但他自己作的曲子不多,只有一、两首曲子据说是他作的。

另一位是六弦琴演奏者沙·库利。他生于伊剌克，来到呼罗珊，从事演奏，获得成功。他作了许多曲子、序曲和其他乐曲。

另一位是琵琶手胡赛因。他兴之所至，又作曲，又演奏。他有
182b 时能将琵琶上的几根弦拧成一根进行演奏。他的缺点是扭捏不愿演奏。有一次，昔班尼汗命令他演奏。胡赛因开始扭扭捏捏，演奏得很不好。而且，他用的不是自己的乐器，而是别人的劣质乐器。昔班尼汗了解到了这一切情况，就下令在宴会上狠揍他的脖子。这是昔班尼汗一生中所做的唯一一件好事。的确，他干得好极了。这样一个傲慢的小人应当受到更严厉的惩罚。

歌唱家夏迪的儿子古兰·夏迪也是一个作曲家。他虽演奏乐器，但不如上述那些演奏家。他作了一些极好的主旋律(sut)和漂亮的曲调(nakhsh)。当时，没有一个人作过这样的主旋律和曲调。最后，昔班尼汗把他打发到喀山汗穆罕默德·阿明那里去了，再没有听到过关于他的消息。

另一位作曲家是密尔·阿祖。他不是演奏家。他的作品虽不多，但却很有趣味。

巴纳伊也是一个作曲家，他作了一些极好的歌曲和主旋律。巴列完(角力士)·穆罕默德·布·赛德是当时一个无与伦比的人物。他是一个杰出的角力士，也写诗，并作曲。他作过一首极好的乐曲，是四拍子的(char-gah)。巴列完·穆罕默德和蔼可亲。奇怪的是，他有这样的特长，竟然又是一个角力士。

速檀·忽辛·米儿咱逝世时，在场的王子只有巴迪斡思咱蛮·米儿咱和穆札法尔·胡赛因·米儿咱。因穆札法尔·胡赛

因·米儿咱是[先父王]的爱子,[速檀·忽辛·米儿咱]手下掌大权的伯克穆罕默德·巴兰杜克·巴鲁剌思乃是他的舅父。其母喀迪恰·别昆曾是米儿咱的最尊敬的妻子,故米儿咱的亲戚也亲附于穆札法尔·米儿咱。由于这些原因,巴迪斡思咱蛮·米儿咱曾犹豫不决,不想前来[大营]。但穆札法尔·胡赛因·米儿咱与穆罕默德·巴兰杜克·伯克却亲自出马去请,这就消除了他的恐惧,使他前来大营。速檀·忽辛·米儿咱的遗体被送往赫拉特,按照国王的仪礼葬于他自己建的宗教学院中。 183a

当时,宗农·伯克也在赫拉特。穆罕默德·巴兰杜克·伯克、宗农·伯克、速檀·忽辛·米儿咱的旧臣以及两位王子手下的伯克,集会商量,决定拥立巴迪斡思咱蛮·米儿咱与穆札法尔·胡赛因·米儿咱在赫拉特共同执政。在巴迪斡思咱蛮·米儿咱的宫廷中掌大权的是宗农·伯克,在穆札法尔·胡赛因·米儿咱的宫廷中掌大权的是穆罕默德·巴兰杜克·伯克。由巴迪斡思咱蛮·米儿咱派出的赫拉特城长官是舍黑·阿利·塔海,由穆札法尔·胡赛因·米儿咱派出的赫拉特城长官则是玉素甫·阿利·库克耳达什。这是一件古怪的事:两个国王共同执政,这是从来没有听说过的。舍黑·夏迪在《古利斯坦》中说过:

十个德尔维希可盖一条毯子睡觉

两个国王在一个地方实无容身之所。

这话正与这种情况相反。

回历九一二年（公元1506年5月24日至公元1507年5月13日）的事件

穆哈兰月，我们取道古尔·奔得与锡伯图前往呼罗珊，以驱逐
183b 乌兹别克人。因只罕杰儿·米儿咱是怀着［对我们］的某种恶感离开了［加兹尼］地区，所以，我想："如果他将爱马克部众都纠集到自己手中，那就不知道所有的叛乱者和坏人会掀起什么样的乱子。"

［因此］，我就把行李辎重丢在乌什图尔城，交给国库长官瓦力和斥候官道拉特·卡达姆负责，而我自己则轻装速进，以便更快地把爱马克部众召集拢来，掌握在自己手里。我们于当天到达札哈克堡，从那里出动，越过拱巴札克山口（Gumbazakkutal），下行经过赛甘，又经过丹丹·什坎山口，到卡赫马尔德草地扎营。我从该处命速檀·穆罕默德·杜耳代同解梦人（khwab-bin）赛伊德·阿夫札耳一起携书信到速檀·胡赛因·米儿咱那里去，报告我们已从喀布尔出动的情况。只罕杰儿·米儿咱稍滞后。因为他在到达巴米羊对面的地方时，带了二、三十人去巴米羊观光。只罕杰儿·米儿咱在走近巴米羊时，看见我留在后面的辎重营帐。他以为我们［驻扎在那里］，就立即后退，返回自己的营地，谁也不顾地拔营

离去。他也不顾后面的部队,直奔雅卡草地。①

昔班尼汗这时正在围攻巴里黑。驻守在该城的为速檀·库耳纳察克。昔班尼汗派了两、三个速檀带领三、四千人去进攻巴达赫尚。其间,木八拉克·沙和祖拜尔又来同纳昔儿·米儿咱相会合, 184a
尽管他们相互间过去曾有怨恨与不和。他们率军驻在基什木河东岸基什木城下的沙赫丹,突然,有一支乌兹别克部队在早晨进攻了他们后,又渡过基什木河,向纳昔儿·米儿咱进攻。纳昔儿·米儿咱当即朝小山上撤。他在山冈上集合人员,下令吹响进军的号角,立即前进,在进军中俘获了乌兹别克人。基什木河正涨大水;乌兹别克人前来渡河。有许多人被箭射死,或被砍死,许多[乌兹别克人]被[纳昔儿·米儿咱的人]俘虏,也有不少士兵在水中淹死。

木八拉克·沙和祖拜尔驻在朝基什木城方向的米儿咱的上游。被派去进攻他们的另一支乌兹别克人把他们赶往高地。纳昔儿·米儿咱在驱赶敌人时得知这种情况,就去进攻那些乌兹别克人。当时,库什斯坦的伯克们,征集了骑兵和步兵,也溯河而上来攻,[乌兹别克人]不能抵抗,就逃跑了。这支部队中也有许多人被俘,不少[乌兹别克]人被箭射刀砍而死,或葬身河中。[总起来],大约有一千到一千五百个乌兹别克人丧了命。这是纳昔儿·米儿咱取得的一大胜利。当我们驻扎在卡赫马尔德草地时,纳昔儿·米儿咱的一个人前来向我们报告了这一消息。

在停驻于该地(卡赫马尔德)时,我军战士去古里和达哈纳,
从那里搞来粮食。在那里,我们接到曾被派往呼罗珊的赛伊德· 184b

① 参看《拉失德史》,中译本,第二编,第十一章,第69—71页。

阿夫札耳和速檀·穆罕默德·杜耳代的来信。他们报告的是关于速檀·忽辛·米儿咱逝世的消息。尽管得到这消息,我们还是朝呼罗珊前进。这样做,虽有其他的目的,但决定的还是为[帖木儿王朝的]荣誉着想。我们穿过阿札儿谷地,越过图普与曼达甘,渡巴里黑河,登上萨夫山。我们在那里听说乌兹别克人正进攻桑·契里克,就派哈斯木·伯克率军去进攻他们。[我们的人]前去,将他们拿获,狠揍之,斩首甚多而回。

我们派了一些人去只罕杰儿·米儿咱和爱马克部落那里。在得到他们的消息以前,我们在萨夫山的夏牧场停驻了几天。那些地方有很多野羊与山羊;我们去打了一次猎。

两天后,所有的爱马克部落都前来投效于我。不管只罕杰儿·米儿咱怎样派人到爱马克部落去,——有一次,他甚至派了伊马都·丁·马苏德去,但爱马克部落还是没有去投奔他,而是前来投效于我。最后,他自己也被迫来投。在我从萨夫山下来到帕伊谷底时,他前来与我相见。因我们焦急地关注于呼罗珊,所以既未对他多加注意,也没有关注于爱马克部落,而是取道古尔兹万、阿耳马尔、凯沙尔、乞乞克图继续前进。在法赫鲁丁渡口过了河后,
185a 我们来到八的吉思境内的巴姆谷。因这个世界处于四分五裂状态,所有的人都从各地区与居民中抢夺财物,所以我们也就向居住在该地的爱马克部落和突厥人征取贡赋,并开始赊购东西;在一两个月内竟拿到三千怯伯土曼①。

① 土曼为一万。此处指迪纳尔。怯伯为察合台后王(1318—1326)。怯伯币为十四世纪初他发行的货币。

在我们到达(巴姆谷?)以前数日,一些呼罗珊的轻骑部队与宗农·伯克的人员在彭狄(Pand-dih或即Panj-dih?)和马鲁察叶可地方大败乌兹别克侵略军,杀了许多乌兹别克人。

巴迪斡思咱蛮·米儿咱、穆札法尔·米儿咱、穆罕默德·巴兰杜克·巴鲁剌思、宗农·阿儿浑及其子沙·伯克,坚决要去进攻当时正在巴里黑围攻速檀·库耳纳察克的昔班尼汗。他们派人来召唤速檀·忽辛·米儿咱的所有的儿子,甚至为此目的而从赫拉特出动。当他们到达八的吉思时,来自谋夫的阿布勒·穆赫辛·米儿咱在契耳·都赫塔兰地方与他们相会合。伊本·忽辛·米儿咱也随后从通(Tun)与开因(Qain)前来。库浦克·米儿咱在马什哈德。不管派多少人请他,他还是不来,还说了些没意思的话,表现胆小害怕。他对穆札法尔·米儿咱心怀嫉妒,他想:“一旦他做了国君,我怎好到他跟前去(称臣?)”由于有这种厌恶嫉妒之心,甚至在这样一个危机时期,当他所有的兄弟,都聚集在一起,商量,决 185b
定进攻昔班尼汗这么一个敌人时,他还是没有前来。库浦克·米儿咱出于这种荒谬的嫉妒心而不来。现在谁又会以此归之于他的嫉妒呢?人人都会说这是因为他胆小。我想说,在这个世界上,这样的事在一个人死后仍将传之久远。如果一个人有任何理智,为什么他要做出这种死后留下恶名的行为呢?如果他哪怕是有一点点理智,他为什么不热心地做点事,让人在自己死后加以赞扬呢?一个聪明的人总是能通过自己的令名而见到自己的第二生命。

也有使者派到我这里来;然后穆罕默德·巴兰杜克·巴鲁剌思也来了。至于我——我为什么不去呢?我正是为此事而走了一、二百伊尕奇(600—1200公里)的路。于是我就同穆罕默德·

巴兰杜克·伯克一起立即出发。

当时,诸米儿咱到了木尔加布河。我在主马达·勒·阿赫赖月八日礼拜一(公元1506年10月26日)会见了他们。阿布勒·穆赫辛·米儿咱走出半库罗赫(一公里)外来迎接我。我们互相走近,各自下马,向前见面互致问候,再上马前行。穆札法尔·米儿咱与伊本·忽辛·米儿咱则在营地附近迎接我。他们比阿布
186a 勒·穆赫辛·米儿咱年轻,应当更早地出来迎接;他们出迎迟了,可能是由于喝醉了酒而感到头昏,而不是由于傲慢。这一疏忽不是由于对我不满,而是因为取乐消遣去了。

穆札法尔·米儿咱对此很重视;我们在马上互致问候;同伊本·忽辛·米儿咱互相祝贺时也未下马。我们一起骑行至巴迪斡思咱蛮·米儿咱的毡帐前下马,那里正聚集着大群大群的民众。非常拥挤,以至于有些人被挤得双脚不能着地达三、四步之高,另一些人因有事想要挤出人群返回,却不由自主地被挤向后四、五步。

我们到达巴迪斡思咱蛮·米儿咱接见宾客的大毡房。当时曾确定,我在进入该毡房时,应下跪一次,巴迪斡思咱蛮·米儿咱则应起身,走到台边,然后互致问候。我进帐下跪一次后,立即向前走。巴迪斡思咱蛮·米儿咱有气无力地起身,慢腾腾地向前来[迎接我]。哈斯木·伯克因对我很好,与我共荣辱,所以就拉住我的腰带。我懂得了他的意思,就放慢前进,这样就使我们能在指定的地方互相致礼。

在这个大毡房中安置了四个坐垫。巴迪斡思咱蛮·米儿咱的毡房一定有一个出口;米儿咱总是坐在这个出口旁边。这时,在出

口处放了一个坐垫，巴迪斡思咱蛮·米儿咱与穆札法尔·米儿咱 186b
都坐在这个坐垫上。另一个坐垫放在右前边，我与阿布勒·穆赫辛·米儿咱坐于其上。巴迪斡思咱蛮·米儿咱的左下方也放了一个坐垫，坐着伊本·忽辛·米儿咱与乌兹别克人哈斯木·速檀，此人是昔班尼家族的一个速檀，巴迪斡思咱蛮·米儿咱的女婿和哈斯木·忽辛·速檀的父亲。我的右下边又放了一个坐垫，坐着只罕杰儿·米儿咱与阿布都尔·拉札克·米儿咱。在哈斯木·速檀与伊本·忽辛·米儿咱的右下边则坐着穆罕默德·巴兰杜克·伯克、宗农·伯克和哈斯木·伯克。这时端了食物进来。这虽非宴会，但却在放食物的地方铺了席布，放了金、银制的酒杯。

过去，我们的祖先和族人非常遵守成吉思汗的法令。无论在集会中，法庭中，婚礼上，或吃，或坐，或起，都绝不做违犯它的事情。成吉思汗的法令规章虽非[老天爷的]法令，必得遵守，不可违反；但是，不管什么人在身后留下好的习惯，就应谨遵恪守；如若父亲做了坏事，就应用好事以替代之。

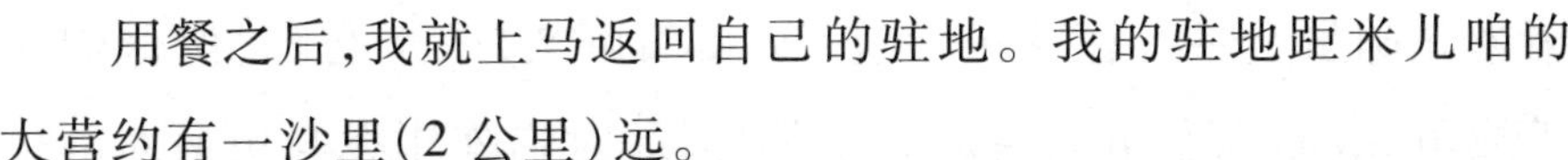

用餐之后，我就上马返回自己的驻地。我的驻地距米儿咱的大营约有一沙里(2公里)远。 187a

在第二次晋见时，巴迪斡思咱蛮·米儿咱对我就没有像上次那么尊重。我命人对穆罕默德·巴兰杜克·伯克和宗农·伯克说：“我虽年纪不大，但出身高贵；在我先人的都城撒马尔罕，我曾经过战斗两度登位为君。谁会像我这样为了[我们的]宗族来同外来的敌人抗争和战斗呢？对我怠慢不恭，这是无理的。”

这些话转达过去了。因说的有理，巴迪斡思咱蛮·米儿咱立即承认了[自己的错误]，遂乐意地对我表示了应有的尊敬。

有一次,我在晌礼后去巴迪斡思咱蛮·米儿咱处,那里正举行宴会。那时,我不喝酒。这宴会很讲究。桌上摆了一切下酒应有的菜肴,还有各种各样的食物——烤鸡、烧鹅。

人们很称赞巴迪斡思咱蛮·米儿咱举行的宴会,这确是一个安静宁谧的宴会,既无阴谋,也无欺骗。我在木尔加布河畔时,曾有两、三次出席过米儿咱举行的宴会。因为大家都知道我不喝酒,所以也就没有人硬要我喝。

我也出席过一次穆札法尔·米儿咱举行的宴会。忽辛·阿
187b 利·札剌亦儿和密尔·巴德尔二人在穆札法尔·米儿咱的手下效力,他们都出席了这次宴会。巴德尔醉后跳舞,跳得极好;这种舞好像是他密尔·巴德尔发明的。

诸米儿咱经过互相商量,征集军队,从赫拉特出动,来到木尔加布河,一共花了三、四个月的时间。陷于绝望的速檀·库耳纳察克(?)以巴里黑城堡降于乌兹别克人;但乌兹别克人在拿下巴里黑后听说我们联合起来进行抵抗,就匆忙地返回撒马尔罕去了。诸米儿咱虽会举办豪华的宴会,又和蔼可亲,乐于交际,但他们对于战争、战略和军事装备却完全是外行,对临阵作战与勇敢对敌也根本不懂。

当我们驻扎在木尔加布的时候,有消息传来说,哈克·那匝尔·察巴率领四、五百人正前来劫掠乞乞克·图附近地区。诸位米儿咱皆集会于该河畔,可是不管他们怎么做,还是派不出一支部队去反击那些劫掠者。从木尔加布河去乞乞克·图,有十伊尕奇(60 公里)的路程。我请求去完成这个任务,但几位米儿咱因觉得不好意思,也就没有允许我去。

在昔班尼汗后撤时,已是接近年末了。米儿咱们决定各自到合适的地方过冬,到来年夏天再集结去驱逐敌人。他们劝我也在呼罗珊过冬,但喀布尔与加兹尼两地区充满动乱与不安,那里聚集了各种各样的部落与部族:突厥人、蒙兀儿人、爱马克人、[其他 188a
的]游牧人、阿富汗人、哈扎拉人。加之,从呼罗珊去喀布尔的捷径是一条山路,即使不受大雪或其他的阻碍,也要走一个月的时间;另一条经过平原地区的道路则要走四、五十天;再者,这些地方尚未完全征服。所以,关怀我的人,谁也不认为我在呼罗珊过冬有什么好处。我去请求米儿咱原谅,但他们不同意,仍坚持要我留下来。不管我怎样托词解释,米儿咱们还是固执地挽留我。最后,巴迪斡思咱蛮·米儿咱、阿布勒·穆赫辛·米儿咱与穆札法尔·米儿咱,策马亲自来到我的住处,[再次]劝我[在呼罗珊]过冬。要我对米儿咱们当面表示拒绝是不可能的,因米儿咱们毕竟身为君主,而且又是亲自前来挽留我。

加之,在这个可居住的世界上,还没有其他的城市能与赫拉特相比。在速檀·忽辛·米儿咱当政时期,由于他英明的治理和努力,赫拉特城的繁荣与美丽,[比过去]增长了十倍,甚至二十倍。我很想观光一下赫拉特城,故同意留下来。

阿布勒·穆赫辛·米儿咱返回自己的领地——谋夫,伊本·忽辛·米儿咱也去了他的领地通与开因。巴迪斡思咱蛮·米儿咱与穆札法尔·米儿咱则动身去赫拉特。两、三天后,我也取道契耳·都赫塔兰和塔什·拉巴特前往赫拉特。

所有的贵妇人,如:我的姑妈帕扬达·速檀·别昆、姑妈哈底
彻·别昆,以及其他的别昆即速檀·卜撒因·米儿咱的女儿也即 188b

我的诸位姑妈,都聚集在速檀·忽辛·米儿咱的宗教学院。当我去看望她们时,她们正在米儿咱的寝陵里。我首先向帕扬达·速檀·别昆下跪敬礼,然后与阿帕克·别昆相见,但未下跪。然后,又向哈底彻·别昆下跪致候。在那里坐了一些时候,在诵经者朗读了古兰经之后,我们就去南面哈底彻·别昆驻扎的那所宗教学院。哈底彻·别昆为我们备了饭,我用过饭后就去帕扬达·速檀·别昆的毡房,并在那里过夜。起初,他们让我住在新年花园,我在那里扎营安歇。在此过了一夜,我觉得这地方不合适,他们就让我住阿利·失儿·伯克的寓所。在我离开赫拉特以前,我一直是住在那里。每两、三天我就要去哲汗·阿拉花园见巴迪斡思咱蛮·米儿咱一次。

几天后,穆札法尔·米儿咱邀我到他的住所去。他住在白花园。哈底彻·别昆也住在那里。只罕杰儿·米儿咱同我一起前去。在吃过哈底彻·别昆设的酒宴后,[①]穆札法尔·米儿咱又领我们到巴卑尔·米儿咱建造的一所称为塔拉布·哈纳(意为快乐的厅堂)的建筑物中。在那里举行了宴会。塔拉布·哈纳是一所不大的建筑物,坐落在一个小小的花园当中。这所建筑物总共只有两层,但相当漂亮。其上层装饰得更为豪华。四角各有一个休
189a 息室(hujra),这四个休息室之间的整个空间和距离是一个内室和一个房间,四个休息室之间还建造了四个龛形的阳台(shah-nishin)[②]。这房子的四边都有画装饰着。这所建筑物虽为巴卑

① 见《拉失德史》中译本,第二编,第69页。巴布尔怀疑哈底彻·别昆在酒中下了毒药。

② 国王可站在这阳台上与人民见面。

尔·米儿咱所建造,但其中的图画却是卜撒因·米儿咱命令绘制的;画中描写着他自己进行过的战争。

在北面的阳台上放了两个坐垫,两两相对;坐垫是朝北放置的。穆札法尔·米儿咱同我坐了一个,速檀·麻素提·米儿咱和只罕杰儿·米儿咱坐了另一个。因为我们是穆札法尔·米儿咱家的客人,所以他让我们坐在自己的上位。把盏者将酒杯斟满,开始献到在座者的面前,在客人中来回走动斟酒,客人们饮下这纯醪,就如同喝下了生命之水。

宴会进行得很热烈时,酒也上了脸。[宴会的参加者]想强使我饮酒,把我也拉入[酒徒的]一伙;迄此以前我虽从未喝醉过酒,也不知道喝醉时的快感是什么情况,但我还是想喝,这种心情终于导使我去走那条深谷。我在孩提时并不想喝酒,也不知道喝 189b
酒的快乐;在我父亲有时要我喝酒时,我就提出[各种]借口而不喝。父亲死后,由于和卓·卡孜的良好影响,我一直不喝酒。那时,我甚至不吃那种可疑的食物,又何况是喝酒呢?后来,由于青年人的要求和内心的嗜好,我也产生了喝酒的欲望,但这时并没有人来拉我喝酒,甚至也没有人知道我想喝酒。所以,尽管我很想喝酒,我也很难自动地开始做我过去不做的事。[现在]我想,(各位米儿咱)如此强求,而我已来到赫拉特这样一个华美的城市,这里备有一切享受的条件和奢侈豪华的用具,此时不喝,又何时能喝呢?

我这么想着,就下决心喝酒了。我决定去这一深谷走走(指喝酒),但是忽又想起:“巴迪斡思咱蛮·米儿咱是兄长,我却没有在他的家里喝他的酒。如果我现在在他的弟弟家中喝酒,那[巴迪斡思咱蛮·米儿咱]又会作何想法?”

我把自己的疑虑说了出来。他们承认我的辩解是合理的,于是不再强求我在这次宴会上喝酒。但他们决定,当巴迪斡思咱
190a 蛮·米儿咱和穆罕默德·忽辛·米儿咱二人都在场并且都要我喝酒时,我就应喝。

出席这次宴会的音乐家有哈非思·哈吉、吹笛手贾拉鲁丁·马赫木德、古兰·夏迪之弟古兰·巴察。古兰·巴察弹锵克琴,哈非思·哈吉则善歌唱。赫拉特人唱歌声音低微,轻柔,平稳。只罕杰儿·米儿咱的一个歌手,也出席了那次宴会,此人系撒马尔罕人,名叫密尔·江,他总是大声歌唱,声音刺耳难听。只罕杰儿·米儿咱喝醉了,令密尔·江歌唱;他唱了,歌声又高又尖,难以为听。呼罗珊人颇有教养,彬彬有礼,但如有人在听到这种歌声时堵住耳朵,那其他人就会扭过脸去;但出于对只罕杰儿·米儿咱的尊重,谁也没有想要制止他唱。

婚礼过后,我们离开塔拉布·哈纳,去穆札法尔·米儿咱为过冬而建造的新房子。当我们来到这所房子时,玉素甫·阿利·库克耳达什在酣醉中起身跳舞。他是一个懂得音律的人,故舞跳得很好。在这里,宴会搞得更为热烈。穆札法尔·米儿咱赠给我一把带鞘的剑,一件羔羊皮外套和一匹灰色马;在我们到来时,贾纳克用突厥语歌唱。穆札法尔·米儿咱有两个奴隶——卡塔·马赫(大月亮)与克奇克·马赫(小月亮)。他们喝醉了,做了各种下流的动作。宴会在热烈欢快的气氛中延续到深夜,直到[最后]与会者散去。我就在那所房子里过夜。哈斯木·伯克听说人们给我敬了酒,就派了一个人去宗农·伯克那里,去劝宗农·伯克和穆札法

尔·米儿咱,结果米儿咱们同意不再要我喝酒。 190b

巴迪斡思咱蛮·米儿咱听说穆札法尔·米儿咱设宴招待我,就在哲汗·阿拉花园中的穆考维大厅举行宴会,邀请我出席。他还请了我的一些亲信伯克与武士。由于我不喝酒,所以我的亲近人员也不喝酒,即使在一个月或四十天中喝那么一次,也是紧闭房门,在十分小心的情况下喝的。正是这样一些人现在也被邀请来参加巴迪斡思咱蛮的宴会!他们来到宴会上,在饮酒时也是小心翼翼,忐忑不安,他们或是尽力将我的注意引开,或是用手掩盖[不让我看见]。当时,我还是允许他们随俗[喝酒],因为这个宴会对我说毕竟犹如父兄的人安排的。宴会时,人们带来了垂柳树,其树枝不知是真的还是人造的,在这些树枝之间插了树枝那么长的切成很细很细的金叶,看起来真是好!

在这次宴会上,在我面前摆了一道烤鹅。因我从未切过,也未撕吃过,所以也就没有动这只鹅。巴迪斡思咱蛮·米儿咱问道:"你不喜欢吃鹅吗?"我回答说:"我不会切。"巴迪斡思咱蛮立即就把我面前的那只鹅切开撕碎,递给我吃。在这方面,巴迪斡思咱 191a
蛮·米儿咱真是熟练无比。

宴会结束时,他赠给我一把饰有宝石的短剑,一件花缎外衣(char-qab)和一匹良马(tipuchaq)。

我在赫拉特的二十天当中,每天都骑马出去观看未曾亲自见到过的地方。这些出行的向导是玉素甫·阿利·库克耳达什。不管我们在什么地方停留,玉素甫·阿利都给我做些[新的]菜肴。在那二十天中,除了速檀·忽辛·米儿咱的救济院以外,可能没有一个著名的地方我没有去参观过。在短短的时间里,我看了伽祖尔·噶赫[①]、阿利·失儿·伯克的小花园、制纸的磨坊、塔赫特·伊·阿斯塔纳(驻跸之地)、普利·噶赫、卡哈德斯坦、纳札尔·噶赫花园、尼马塔巴德(娱乐场),伽祖尔·噶赫林荫道、速檀·阿合马·米儿咱的大厦、塔赫提·萨法尔、塔赫提·纳瓦伊、塔赫提·巴尔卡尔、塔赫提·哈吉·伯克、舍黑·巴哈乌丁·奥马尔的陵墓、舍黑·宰努丁的陵墓、大毛拉·阿布杜·拉黑曼·札米的陵墓、纳马兹·噶赫与穆赫塔尔(礼拜场)、鱼塘、萨克·伊·萨耳曼、布鲁里——原名应为阿布耳·巴力德——即伊玛姆·法赫拉的坟墓、林荫大道上的花园、[速檀·忽辛]·米儿咱的陵墓与宗教学院、古哈尔·夏德·别昆的宗教学校与坟墓、大清真寺、札甘花园、新花园、祖拜德花园(可能得名于哈仑·拉什德的妻子祖拜

191b 德)、速檀·卜撒因·米儿咱建于伊剌克门之外的白宫、普兰、射手活动场、察尔格(鹰的)草地、密尔·瓦希德墓、马兰桥、和卓·塔克、白花园、塔拉布·哈纳宫、哲汗·阿拉花园、库什克[②]、马考维·哈纳、苏萨尼·哈纳(百合宫)、杜瓦兹达·布尔吉(十二塔)、哲汗·阿拉花园北面的大水池及该花园四边的四栋建筑物、[赫拉特]城堡的五个城门,即:马利克门、伊剌克门、非鲁兹门、胡什(或作库什克)门与钦察门、马利克市场、察尔苏、舍黑·阿耳·伊斯兰的宗教学校、马利克门边的大清真寺、城镇花园、因吉耳水渠边的巴迪斡思咱蛮·米儿咱的宗教学校。阿利·失儿·伯克的寓

① 伽祖尔·噶赫,即和卓·阿布杜拉·安沙里(死于回历四八一年)的坟墓,位于赫拉特以北约二英里。

② 库什克,为一建筑物,位于胡什门与钦察克门之间。参看《拉失德史》汉译本,第二编,第 407 页所列举的赫拉特(哈烈)诸园林及建筑。

所称为翁息雅(安宁之意),他的坟墓和大清真寺则称为库德息雅(神圣之意),他所建的宗教学校和救济院则称为喀拉息雅与伊赫拉息雅(意为自由与真诚),他建的澡堂与医院称为萨法伊雅与希法伊雅。在那段时间里,我参观了所有这些地方。

速檀·阿合马·米儿咱的小女儿马苏麻·速檀·别昆的母亲哈比巴·速檀·别昆,还在这丧乱时期之前就已将这个小女儿带来呼罗珊(赫拉特)。有一次,我去看望我的阿卡(我对帕扬达·速檀·别昆的称呼),马苏麻·速檀·别昆同其母也来到她那里,看见了我;她对我一见钟情。[她们]秘密地派人通信,我的阿卡 192a
和我的因卡(指哈比巴·速檀·别昆)经过互相商量决定,因卡带领自己的女儿随我到喀布尔去。

穆罕默德·巴兰杜克·伯克与宗农·伯克坚持地劝我"在呼罗珊过冬",但他们并不照料如何过,既没有给我安排一个过冬的地方,也没有为我准备过冬所必需的东西。[当时]冬天已经来临,[呼罗珊与喀布尔]之间的群山中已经下雪。我对喀布尔愈益挂念不安,而这些人既没有为我提供过冬居住的适当地方,也没有在适当的地方准备过冬的住房。最后,事情已到了迫不得已的地步。我们既不能公开讲明,就只好[离去],乃于舍尔邦月七日(公元1506年12月24日)以寻找驻冬地为借口离开赫拉特。在八的吉思一带,我们每走一站就停驻一、两天,以便使我们的人能前来与我会合,那些人是为了搜集食物或因自己的事情而分散到各地去了。因此行军速度缓慢,停滞,以至于离开密尔·吉雅斯的兰噶尔[1]

① 密尔·吉雅斯的兰噶尔,是一所救济院,建于帖木儿统治时期。

后，走了两、三站才见到赖买丹月的新月。因个人私事前去各地的那些武士，有的回到了[我的身边]，另外一些人则在二十天或一个月之后才来到喀布尔。其他的人留在呼罗珊，成了米儿咱们的伴当，其中有一人是赛伊迪姆·阿利·达尔班（门卫）。他留在呼罗珊，作巴迪斡思咱蛮·米儿咱的伴当。过去胡思老·沙的伴当，没有一个像他这样得到我如此的关怀。在只罕杰儿·米儿咱放弃加兹尼离去时，我曾将该地赐给赛伊迪姆·阿利，而他则让自己的
192b 内弟多斯特·安古·舍黑留在加兹尼，他自己便率军来到[我的身边]。在胡思老·沙的众伴当中，实际上没有一个比这个赛伊迪姆·阿利·达尔班和穆希布·阿利·库尔奇（提盔甲侍者）更好的人。赛伊迪姆人品出众，仪态优雅，善使刀剑，作战勇敢。在他的家里，无日无有聚会。他慷慨大度，学识优长，富有魅力，聪明机智，含蕴多方，且善于谈吐交际，令人可亲。他为人欢快，好开玩笑。缺点是好色成性，淫佚无度。在宗教信仰方面，他有点背离正统，是一个两面派的人物。有些人以他的两面倾向归因于他爱开玩笑，但对他的指责看来并不是无效的。当巴迪斡思咱蛮·米儿咱拱手将赫拉特让给昔班尼汗而去投奔沙·伯克时，沙·伯克便下令将赛伊迪姆·阿利处死，并因为他在米儿咱与沙·伯克之间搬弄一些两面派的言辞而把他的尸体抛入赫尔曼德河中。在此书的后文中还将述及一些关于赛伊迪姆·阿利的故事。

我们离开密尔·吉雅斯的兰噶尔，经过噶尔吉斯坦边境诸村庄，到达察赫·察朗。从我们经过兰噶尔时起，直到噶尔吉斯坦本地，到处都下雪；我们越是往前走，雪就越大。在察赫·察朗附近，雪深超过马膝。

察赫·察朗服属于宗农·伯克,当时由宗农·伯克的伴当密列克·江·艾尔地驻守。我们夺取了宗农·伯克留在那里的全部粮食储备,但不打折扣地付了价钱。

我们离开察赫·察朗继续前行一、两程,雪下得很深,高过马
镫,在许多地方甚至马足触不到地面;而且那雪还是继续不停地下 193a
着。过了奇拉格丹以后,雪下得很多,以致看不见道路了。我们在密尔·吉雅斯的兰噶尔附近曾商量,应走那一条路返回喀布尔。我同多数人都一致认为:“现届寒冬,山路艰险难行。去坎大哈的路虽然稍远,但较安全易走。”哈斯木·伯克说:“那条路漫长,我们还是走这条路吧!”因他争论不休,所以我们只得走山路。一位名叫皮儿·速檀的帕夏伊为我们充当向导。不知是由于年老,还是由于心神慌乱,或是由于积雪太深,他竟迷了路,不能再为我们做向导。因为是哈斯木·伯克的一再坚持我们才走这条路的,所以,哈斯木·伯克为了自己的面子,就同自己的儿子们下马步行,将雪踏平,再度找到了道路,带头前进。有一天,雪下得很多,道路也看不清了,无论我们怎样努力,也不能再继续前进。没有办法,我们只好向后转,步行到一个地方,那里存有许多柴火。我们挑出六、七个好战士,派他们顺着我们的足迹下到山谷里去寻找在谷底过冬的哈扎拉人,把他们带来为我们指路。这些战士三、四天后才返回,在这几天中我们不敢离开该地。可他们并没有带来能为我
们引路的人。我们只好寄望于真主,再命速檀·帕夏伊率一支队 193b
伍前行,走我们返回时走过的那条路,可又迷了路。在那几天中,我们经受了许多艰难困苦;这是我一生中都未曾经历过的。我当时口占了这么两句诗:

世上有过我未见过的上苍的压力和严酷吗？

世上有过我受伤的心灵所不知道的苦难和忧伤吗？

我们踏雪前进，继续走了将近一个星期的时间，但一天中行进的速度不能超过一沙里（2 公里）或一沙里半（3 公里）。我自己、十个或十五个我的亲近人员、哈斯木·伯克和他的两个儿子——天格里·伯尔地和康巴尔·阿力，以及他的两三个伴当，都踏着雪前进。上述这些人步行前进，并将雪踏实；每个人向前走七、八或九沙里（14、16 或 18 公里），用脚蹬雪；每走一步都陷入雪中，没及腰部或胸部。先头的人走了几步后就因精疲力竭而停下来。另一个人就继续领头往前走。在这十个、十五个或二十个人用脚踩雪时，就已能牵着马前进了；他们拉着这匹轻装的马前进；马会陷进雪里，没及马镫或马腹，走不过十步至十五步，也就疲惫不堪了。人们就将这匹马牵到一边，而让另外一匹马牵着前进。

194a 我们十个、十五个或二十个人，就这样踏着雪，牵着这十四、十五匹或二十匹马前进。其余的骑手，全是好战士和男子汉，受人尊敬的伯克，甚至人不离鞍，垂着头，顺着已清扫和踩平了的道路走。这时，不是督促或强迫任何人的时候；所有有热忱和勇气的人都自告奋勇地做这些事。

我们这样踩雪铺路，经过了一个名叫安朱坎（令人苦恼）的地方，在两、三天后到达则林山口下面的喀瓦耳·伊·库提山洞（神圣的洞穴）。那天大雪纷飞，狂风怒吼，所有的人都担心生命的安全。该地居民把洞穴和山上的凹地称为喀瓦耳。在我们到达这个喀瓦耳时，暴风雪变得极为狂烈，我们就在这个喀瓦耳的旁边下马。雪深，路窄。甚至在那踩实的路上，也难以行马。

因这时白天很短,所以,我们的先行人员虽在天黑前已到该山洞前,但其余的人却直到昏礼和宵礼时才到来。后到的人随地下马;许多人一直在马背上等到天明。

这山洞似很狭窄;我取了一把铁铲子,将雪刨开,在山洞的入口处为自己挖一个小跪毯那么宽的地方。我虽在雪里挖了一个深
及胸部的坑,但仍未挖到地面。这样我才能在其中避风。我坐在 194b
那里,不管人们怎样劝我“到山洞里面去”!我还是没有进去。我心想:“人们都在暴风雪当中,而我却在那暖和的地方休息;整个部落(aulus)都忍受着艰辛困苦,而我却在那里睡觉和享受。这绝非一个大丈夫的行为,也不像是袍泽的关系。我也要经受一切艰难困苦,要忍受别人所忍受的一切。”有一句波斯的谚语说得好:“与朋友同死,是一种享受。”

在那样的大风雪中,我坐在为自己挖掘的坑中。大雪一直下到昏礼时,以至于我弯着身子坐在那里,我的背部、头部和耳朵上都盖上了四指厚的雪。这个晚上,寒冷影响了我的耳朵。昏礼时,有一个人朝洞里仔细观看,他喊道:“这洞很宽敞,我们全都坐得下!”我听到这话后,就抖掉身上的积雪,进入洞中,并把留在洞穴附近的战士们也叫了进去。其中约可坐四五十个人。他们拿出吃的东西:熟肉、焖肉块,以及他们手中有的一切。在如此寒冷和暴风雪中,我们竟来到了一个非常温暖、安全和舒适的地方。

次日晨,风雪停了。我们一清早就出发,仍照以前那样,踩雪
开路,登上山口。道路顺着山坡蜿蜒而上。[这山口]称为库塔 195a
耳·伊·则林(则林山口)。我们没上山,而是往下走去谷底。

在我们到达山口的底下时,又刮起了大风;我们就在山谷的入

口处过夜。那天晚上气候严寒。我们在极为困苦中过了一夜,许多人冻坏了手和脚;那天夜里,苦普克(或写作 kipa,意为驼背)冻掉了双脚,西雍杜克·土库曼冻掉了双手,阿希冻掉了双脚。

次日早晨,我们沿着峡谷往下走。我们虽知道并看到那里没有路,但因寄望于真主,还是踏着险恶的羊肠小道向下走进山谷。当我们走到该山谷的另一端时,已经天黑,到昏礼的时候了。现在的成年人和老年人都不记得,曾有人在那么深的雪中走过这一山隘,甚至不知道有人曾想过要在一年中的这个季节经过这个山隘。

我们虽有好几天深受大雪之苦,但正是由于这深雪我们才得以到达目的地。何则?如果没有这么大的雪,我们怎能走过那险

195b 峻陡峭的不成为道路的道路呢?还有,如果没有这么大的雪,那我们所有的马匹和骆驼就将遗留在头一个深渊中。

现存的所有邪恶与所有美好,
如果细看,都会导向幸福。

在我们到达雅卡·乌兰并扎营时,已是宵礼时分。关于我们的到来,雅卡·乌兰的居民立即就知道了。该地有暖和的住处,肥大的羊只,无尽的饲草和马料,无限的饮水,丰富的劈柴和作燃料用的粪块。摆脱深雪严寒后,找到这么一个村庄和暖和的住处;从苦难中得救后,竟得到这么多的粮食和肥羊;——这是[只有]那经受过相似困苦的人才理解的幸福,是那经历过这种灾难的人才理解的喜悦。

我们心情平静满怀喜悦地在雅卡·乌兰停留了一天。离开该地,走了二伊尕奇(12 公里),我们[又]停下来。次日,是赖买丹节(约在公元 1507 年 2 月 14 日,是巴布尔的二十四岁生日)。

我们继续前行,经过巴米羊,度越锡伯图山口,在抵达江格力克之前停下来。哈扎拉部落的土库曼人及其家属、畜群正好在我们前来的路上安扎冬营,他们完全不知道我们的到来。次日,我们拔营出发,走他们的毡房和羊圈中经过。他们的两、三组毡房和羊圈遭到抢夺与洗劫;其余的哈扎拉人则抛弃房子和财物,带着自己 196a
的孩子向山中逃走。

先行的人送来消息说,一些哈扎拉人在我军前面设路障,放箭,不让任何人通过。我闻讯迅速前去,但并未见有任何路障,只见几个哈扎拉人站在山上的一个土堆上放箭,就像作战的勇士。

他们看见前面的敌人黑压压一片,
感到倒霉慌乱,呆若木鸡。
我走上来,迅速地朝那边前去,
我一边向前走,一边喊道:"前进! 前进!"
我的目的是督促我的人员前去
与敌人进行战斗。
我督促人们前进,自己身先士卒,
可没有一个人听我的话。
我既无盔甲和马甲,也没有武器,只带了弓箭和箭袋。
我向前走,但其余的人,也许是所有的人,
都站着不动,就好像是被敌人杀死了。
你雇养伴当,乃是为了时时刻刻
用他的武器和他的生命以[保卫]自己。
并不是要让伯克前驱,而伴当却站着不动,
也不是要让伴当休息,而伯克则吃苦。

如果伴当是这个样子,哪能期望他有什么保卫行动?
他既不能为你守门,也不会成为你的汤匙。
最后只有让我自己策马前冲,
196b 策马登山。
我的人员见我如此,便也前进,
把他们的恐惧抛在脑后。
他们随我迅速地往上爬,
不顾敌人放箭,往上登山。
我们有时步行,有时骑马,
勇敢地前进。
敌人从山上放箭,
他们看到了我们的力量,就都放弃阵地逃跑了。
我们登上了山,驱逐哈扎拉人
在山地和原野,像赶鹿一样驱赶他们,
像射鹿一样射我们前面的敌人,
赶走他们的牛羊,
歼灭土库曼·哈扎拉人,
把他们的人抓了过来,
男人与长老被转为俘虏,
妇女和儿童被我们占有。

我也夺取了哈扎拉人的一部分牛羊,交给雅拉克·塔海看管,自己则率队先行。我们赶着哈扎拉人的马匹和羊只经过山岭和谷地,到帖木儿·伯克的兰噶尔(救济院),就在那里停驻。有十四个或十五个带头反抗和当强盗的哈扎拉人被我们抓获。我曾想在这个驻地用各种酷刑将他们处死,以警告其他的强盗和反抗者,但在路上遇着哈斯木·伯克,他表现不适当的慈悲,竟把他们放了。197a

盐碱地上不会长出甘松,
不要在它上面浪费希望的种子。
对坏人行善与对好人行恶,
其实一也。

出于怜悯,他将[其他的]俘虏也释放了。

在袭击哈扎拉人时,我们听到消息说,杜格拉特部的马黑麻·忽辛·米儿咱、速檀·桑札尔·巴鲁剌思及其部属,把留在喀布尔的蒙兀儿人纠合到自己手下,宣布拥立米儿咱·汗为君主,并围攻喀布尔。他们散布谣言说:"巴迪斡思咱蛮·米儿咱和穆札法尔·米儿咱已把主上(指巴布尔)抓起来,将其送到伊赫提雅鲁丁堡(今名阿拉·库尔干)去了。"当时驻守喀布尔城堡的将领是毛拉·巴巴·帕夏噶里、喀利法、穆希布·阿利·库尔奇、阿赫马·玉素甫和阿黑麻·哈斯木。这些人表现很好:他们加强了城防,坚持进行守卫。

我们从帖木儿·伯克的兰噶尔派遣哈斯木·伯克的一个名叫穆罕默德的伴当(此人为安集延人,属土格拜部落)去喀布尔诸伯克那里,传达[如下通知]:"兹决定,我们从古尔奔得峡谷出动去进攻围城的人。我们给你们的信号是:在我们经过密纳尔山时,立即点起大火。你们也在今国库所在的伊斯基·库什卡(老库什卡)屋顶的拱门上点起篝火,让我们知道你们已觉察到我们的来临。在我们从自己的一方面走近来时,你们就从堡内出动,并尽你 197b
们所能地干,什么也不要放过。"

我们把这一切都在信中写明，派安集延人穆罕默德送往［喀布尔］。我们一天亮就上马，［出动］，到乌什图尔城的对面停下来。次日一大早，我们又从那里出发，约在中午时走出了古尔奔得峡谷，到桥头停驻，于其地饮马和休息，到晌礼时分又从桥头前进。在我们抵达图特卡瓦耳（tutqawal，警卫所）之前，一直没有下雪。但过了该处以后，越往前走，雪就越深。在札马·牙赫西与密纳尔之间，天气很冷；我一辈子也没有经历过这样的严寒。

我派信使（yásāwal）阿黑马和补匠（yurunchi）哈拉·阿黑马［去通知］喀布尔诸伯克："我们按以前约定的时间来了，请你们做好准备，并勇敢行动。"

我们从密纳尔山上下来，在该山山麓扎营。因不堪寒冷，我们生火取暖；生火虽然［完全］不是时候，但我们是由于受不了如此的冷冻，才这么做的。快天亮时，我们就离开了密纳尔山山麓。在密纳尔山和喀布尔之间，雪深及于马膝，而且已完全冻结了；所以，
198a 离开道路就难以行进。整个这一段路，我们是鱼贯走过的；因此，我们好不容易地到晨礼时分才得以到达喀布尔。我们还未及到达比比·马赫·鲁伊，就见城楼的拱门上升起了大火；这样我们就明白，那里已知道［我们的来临］。我们到达赛伊德·哈斯木桥时，就从右翼部队派出舍里姆·塔海率所部人员去毛拉·巴巴桥，而我则亲自率领右翼和中军部队取道巴巴·鲁利前进。那时，在喀利法花园所在的地方另有一个小花园；乌鲁伯·米儿咱建造了这个小花园，并在其中建筑了一所类似救济院的房子。那里虽无树林和灌木，但围墙却完整地保存了下来。

米儿咱·汗［那时］就住在这个花园里，马黑麻·忽辛·米儿

咱则在乌鲁伯·米儿咱所建造的比希什特花园。当我沿着毛拉·巴巴花园的弄道到达其附近的墓地时,遇到四个人,正急急忙忙地向前走,进入米儿咱·汗的驻地,他们曾遭到鞭打,是被迫退回来的。这四个人,一个是总管大臣赛伊德·哈斯木,另一个是哈斯木·伯克的儿子康巴尔·阿力,第三个是蒙兀儿人舍尔·库利·卡拉乌耳(斥堠官),第四个是舍尔·库利部队中蒙兀儿人速檀·阿赫马。这四个人无所畏惧地闯入米儿咱·汗住的那个院子,米儿咱·汗听到喧嚣声,就急忙上马逃走了。阿布耳·哈三·库尔 198b
伯克之弟穆罕默德·胡赛因也是米儿咱·汗身边的一个伴当,他进攻上述四人中的一个舍尔·库利,将其打下马,正要取其首级,但舍尔·库利却跑掉了。

这四个人,或被刀砍,或遭箭射,全都受了伤,来到上述地点与我会合。我们的骑士在狭窄的街弄中挤成一团,站在那里,进退不得。我对身边的一个战士说:"下马去开路。"于是,多斯特·纳昔尔、图书管理员和卓·穆罕默德·阿利、巴巴·舍尔札德(幼虎)、沙·马赫穆德及另外几个战士,下马向前,并放箭,立即打通了道路。敌人急忙逃跑了。

我们等待那些在城堡中的伯克出来,等了很久,但他们未能及时赶上开始的战斗;在敌人逃跑时,他们才开始三三两两地到来。我还没有来得及进入米儿咱·汗[以前]驻扎的那个花园,赛伊德·玉素甫的儿子阿赫马·玉素甫就到来了。他是守城者之一。我们一同进入米儿咱·汗的花园,我见米儿咱·汗已经不在那里了,他已逃走了。于是我们立即向后转,阿赫马·玉素甫紧跟着我时手中持刀的萨尔普勒(意为桥头)人多斯特正跑进花园的入口。

此人原是一个步兵，曾因作战勇敢引起我的注意，我便任命他担任（喀布尔）城堡的长官（kotwal），并命其留守该地。此人直奔我而来。我穿了锁子甲，但既未穿护身的铁铠（gharicha），也没有戴头
199a 盔。我几次喊："呃！多斯特，呃，多斯特！"阿赫马·玉素甫也喊。不知道是因为我在雪中过夜受冻[变了形象]使他不认识我了呢，还是因为多斯特因战争而[过于]慌乱，他还是挥刀朝我裸露的手臂砍来。由于真主的关照，未伤及我的一根毫毛。

刀剑即使能撼动整个大地
但如没有真主的意愿，它一根血管也割不断。

[那时]我念了一个祷词，由于这个祷词，真主——伟大的主——就使我得以消灾避难。下面就是这篇祷词：

"奉至仁至慈的真主之名！真主，您是造物主，除了您就没有主。我寄望于您，您是伟大王权之主。真主希望什么，就有什么，不希望什么，什么就不会发生。除至尊伟大的真主的权力外，再没有权力。须知，真主君临万物，他确为全知至睿，能洞察一切，算计到一切。我的真主呀，我寻求您的保护，以免受我内心和别人的恶念之害与一切恶人和一切动物之危害，因为您抓住了恶人的头发。您确实是伟大王权之主。"①

从[米儿咱·汗的花园]出来后，我来到比希什特花园。马黑麻·忽辛·米儿咱的驻地就在那里。他已经逃匿。在马黑麻·忽
199b 辛·米儿咱所在的小花园围墙豁口处站着七、八个带弓箭的人。我以马靴刺策马向这些人冲去。他们不敌而逃。我追上其中一

① 这个祷词中的话，都来自《古兰经》，兹据俄译本重新译出。

人,以马刀砍之,他滚到地上,那样子使我以为他的头颅已被砍了下来,乃向前飞驰。被我用马刀砍的那个人似乎是米儿咱·汗的同乳兄弟图力克·库克耳达什,马刀砍着了他的肩膀。

在我走近马黑麻·忽辛·米儿咱住过的房子门边时,有一个蒙兀儿人站在房顶上。此人曾是我的伴当,我认识他。他拉紧弓弦,在近距离内瞄准我的面部。人们从四面八方喊道:"呃!呃!这是主上。"这个蒙兀儿人就朝一边放箭,逃走了。事情已不止是放箭:他的米儿咱与长官们已经逃跑或已被俘,他为什么放箭呢?

就在那里抓获了速檀·桑札尔·巴鲁剌思。此人我曾赐以宁格纳哈尔·土绵以示关怀。他这次也同其他人一起参加了叛乱。他被绳索套着脖子牵了进来。他[非常]激动,喊道:"我犯了什么罪?"[我回答说]:"在这些人的同谋者和谋士之中,你是最著名的一个。难道说还有比这更为严重的罪行吗?"因速檀·桑札尔·巴鲁剌思是我外婆(我舅汗的母亲)沙·别昆的姨侄子(其妹之子),也即我的表舅父,所以我说:"不要以如此屈辱的方式牵着他,他还不到死罪。"

在离开[比希什特花园]时,我派留在城堡中的一名伯克阿黑麻·哈斯木·科赫布尔率一小队武士去追缉米儿咱·汗。沙·别 200a
昆与[库特鲁克·尼格尔·[1]]汗尼木在比希什特花园旁边搭了毡房居住。我从该花园出来后,就去看望沙·别昆和汗尼木。当时该城居民与市井群氓,胡作非为,无所不至:在城隅偏僻之处抓过

① 英译本作米黑里·尼格尔·汗尼木,是巴布尔的姨妈。库特鲁克·尼格尔·汗尼木是巴布尔之母。英译本似较正确。

路的行人,并抢劫别人的财产。我便在各处部署人员,把这类抢劫者打死或把他们赶走。

沙·别昆与汗尼木待在一个房子里。我在通常习惯的距离以外就下马步行,像往常那样毕恭毕敬地进屋去向她们请安。沙·别昆和汗尼木无限激动,不好意思,感到羞愧和慌张。她们不能为自己作出合理的辩解,也无法温和地向我问好。我从未预料到她们竟会如此[不忠];的确,这些人处境不幸,但并没有不幸到要不听别昆和汗尼木的话的地步。米儿咱·汗是沙·别昆之孙,日夜都生活在她的身边;如果他不听她的话,那她完全能够不让他离开,并把他留在自己的身边。

由于命运的冷酷和无情,我曾不止一次地失去王位、国土、伴
200b 当与仆从,在他们那里寻求避难之所,我的母亲也同我一起去了他们那里,但我却没有得到过他们的任何眷顾与关怀。那时,我的堂弟米儿咱·汗和他母亲速檀·尼格尔·汗尼木拥有富庶的和建设完美的领地,而我同我的母亲不但没有任何领地,甚至连一个小村庄或几个牛轭也没有。难道我的母亲不是羽奴思·汗的女儿,我不是他的外孙吗?这些人中的任何人(指察合台汗的后裔),不管何时来访问我,我总是按照亲戚的情分,尽可能地给他们以更好的接待。[例如],在沙·别昆前来投奔我时,我曾把喀布尔地区最好的地方之一帕姆甘给了她,没有忽略做子孙辈的孝顺,对她效劳。在喀什噶尔的汗速檀·赛德·汗,带着五、六个身无衣着的随从[于回历九一四年]徒步前来投奔我时,我像亲兄弟一样接待了他,并将兰姆甘所属的一个土绵——曼德拉瓦尔土绵赐给了他。当波斯王伊斯迈耳在谋夫杀了昔班尼汗,我(于回历九一六年,即

公元1511年)去了昆都士时,安集延地区的[伯克们]转向我一边。有的将他们的(乌兹别克)长官赶走,有的人则坚守城池,派人到我这里来。我把自己一些经过考验的老伴当赐予速檀·赛德·汗,给他一支部队以加强他的力量,又把我祖传的领地安集延赐给他,派他到那里去任汗。直到现在(约回历九三四年),对该家族中一切前来投奔我的成员,我都是像亲人一样地看待他们。例如,真·帖木儿·速檀、伊散·帖木儿·速檀、图赫塔·不花·速檀与巴巴·速檀现在仍在我的手下效力。我对他们所有的人, 201a
[总是]比对自己的本族人更好,我对他们倍加关怀,厚爱与庇护。

我写这些,并不是要埋怨。我这里所写的一切,都是事情的真相。这些话的目的不是要自夸,一切确实是像我写的这样。在这部纪年史中,我认为自己有责任使我写的每一句话都是真话,我叙述的所有事实都是像其发生的那样。因此,我写了有关的亲戚和兄弟们的那些众所熟知的好事和坏事,也谈出了我的亲信人员和陌生人的缺点和优点,写了那实际有的事。请读者谅解我,对我不要苛责。

从[比希什特花园]出来后,我就前往米儿咱·汗住的那个花园。我给自己的领地,其部落及我的亲信人员送去了捷报。其后,我就上马前往城堡的护城楼。马黑麻·忽辛·米儿咱因恐惧逃到汗尼木的一个放床垫的储藏室,并藏匿在一大堆床垫中。我命密里姆·迪万同另外几个在城堡中的[伯克]去搜查[汗尼木的]房子,发现了马黑麻·忽辛,并把他带到我的面前。他们在到达汗尼木的房门边时,相当粗鲁,并无礼地同她说话,终于在汗尼木的储 201b
藏室中发现了马黑麻·忽辛·米儿咱,把他带到护城楼中我的面前。我仍像以前那样尊敬他，起身相迎，甚至没有发出特别粗暴的言辞。马黑麻·忽辛·米儿咱干出如此卑鄙与恶劣的行为，并卖力掀起这场哗变与叛乱，即使将他碎尸万段也是完全适当的。完全应当对他加以一切酷刑与拷问，然后处死。[但]因为我们之间有各种亲戚关系，我的亲姨妈为他生儿育女，所以，我念亲戚的情谊，就释放了马黑麻·忽辛·米儿咱，并让他前往呼罗珊。这个卑鄙小人，却不记得做一个人的义务，完全忘记了我饶他性命所给予他的恩典，竟去向昔班尼汗控诉我，诽谤我。但是，并没有过多久，昔班尼汗就杀了他，给了他应得的报应。

让那对你做过坏事的人去接受命运的安排，
因为命运是你的仆人，他会为你报仇了债。

阿黑麻·哈斯木·科赫布尔与那几个被派去追缉米儿咱·汗的武士在卡尔噶·依拉克丘陵追上了他。他逃不了了，既无力量
202a 也无勇气动手，遂被带[到我的面前]。我坐在旧政府大厦东北面的廊柱下。

我说："到这儿来，我们见见面！"在这以前，米儿咱·汗即已惊慌失措，以至于他还没有走上前来下跪就两次跌倒。我同他打招呼后就让他坐在我的身边，使他打起精神。端来了饮料。为了打消米儿咱·汗的恐惧，我自己先饮了一杯，然后给了他一杯。因米儿咱·汗属下的士兵、农民、蒙兀儿人和察合台人都满怀恐慌，人心动摇，所以，我为了谨慎起见，就命令米儿咱·汗在他姐姐的房子里过几天。但上述人员仍然使我疑虑和不安，所以，在过了几天之后，我因考虑到米儿咱·汗留在喀布尔是不利的，就让他前往呼罗珊。

把这两个米儿咱打发走了之后，我就去巴兰、察什·丘别和古耳·巴哈尔山麓等地游逛。在春天，察什·丘别草原和古耳·巴哈尔山坡景色很美。其地一片青翠，比喀布尔地区的其他地方要好得多，那里开着各种各样的郁金香花。有一次，我命点一下郁金香的种类，计有三十四种之多。我曾口占这样两句诗来赞美这些地方：

在春天，喀布尔是花草满地的乐园，
而巴兰与古耳·巴哈尔此时尤为美甚。

在这次游逛时，我写成一首戛泽拉体诗，它是这样［开头］的

我的心，像红玫瑰的蓓蕾，被上了一层鲜血 202b
能让我心的蓓蕾开放一万个春天之久吗？

的确，很少见过有这样的地方，如此适于春游、放鹰行猎和捕鱼；关于这点，有的已在我描述喀布尔和加兹尼地区时述及和提到。

是年，巴达赫尚诸伯克穆罕默德·库尔奇、木八拉克·沙、祖拜尔与哲汗吉尔因纳昔儿·米儿咱及其宠信人员胡作非为而感到愤怒，以致变成了他的敌人。他们一起商议，调动军队，把自己的骑兵和步兵带到库克恰河畔的平原上，向雅夫塔耳和拉格推进。他们列队取道低矮的丘陵地到达喀姆昌附近。纳昔儿·米儿咱和追随他的那些毫无经验的武士，既无警觉也不加思考，就出来在那低矮的丘陵地同这些人作战。这战场高低不平，伯克们手下有许多步兵。纳昔儿·米儿咱的人几次纵马冲向敌人，但敌人屹立不动，而且反击过来，迫使米儿咱的人向后转；他们坚持不住而逃跑了。

巴达赫尚方面的人既打败了纳昔儿·米儿咱,就放肆毁灭和抢劫他的臣民和亲眷。纳昔儿·米儿咱及其亲近、部属被打败,又被抢劫一光,乃取道伊什卡米施和纳林,前往基拉·噶希。从那
203a 里,溯克兹勒苏河而上,走阿布达拉路出来,越锡伯图山口,来到喀布尔;与之同来者有七、八十个伴当与仆从,皆残兵败将,衣履无着,饥寒交迫。他的命运真奇怪!两、三年以前,纳昔儿·米儿咱发动和驱使所有的游牧部落叛乱,从喀布尔出走。他到达巴达赫尚后,在山地和河谷筑堡固守,他什么样的打算没有呢![可现在],他回来了,垂头丧气,对自己过去做过的事感到羞愧,对自己的背叛行为感到难为情与没脸见人。我并没对他当面说什么,而是温和地询问他的健康情况,以打消他的困窘。

回历九一三年（公元1507年5月13日至公元1508年5月2日）的事件

我们从喀布尔出动，去抢劫吉耳吉。① 当我们在萨里德赫停留时，有消息传来说，有许多马赫曼德人（阿富汗人）盘踞在距萨里德赫一伊尕奇（6公里）处的马什特与锡赫卡纳，他们对我们一无所知。同我在一起的伯克们和武士们认为，应当去进攻马赫曼德人，但我说："岂可！我们为什么要去？去进攻自己的农民。达不到目的，再回来！这是不可能的。"

离开萨里德赫后，我们在漆黑的夜晚来到卡塔瓦兹平原。时
伸手不见五指，地方很平；既看不到山地，也见不到丘陵，无论是道
路，还是人踏过的痕迹，都看不清。没有一个人能为我们领路。最
后，我只好亲自带路。以前我曾几度到过那些地方，我凭记忆判
断，北极星是在我的右方，乃向前走。感谢真主的帮助，我们走对
了，直接去察克图与乌拉巴图河，即前往吉耳济人盘踞的地方——
和卓·伊斯迈耳山脉。通往那里的道路要经过乌拉巴图河。我们
在该河附近停下来，让我们自己和马匹睡一会儿，稍作休息，到天
亮时再前往该地。当太阳升起时，我们走出那些丘陵与河谷，来到 203b

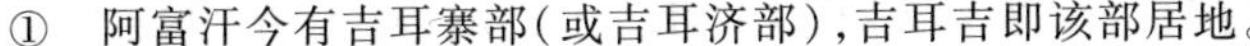

① 阿富汗今有吉耳寨部（或吉耳济部），吉耳吉即该部居地。

平原地区。又从那里到达吉耳吉人驻扎的地方,总足有一伊尕奇(6 公里)的路程。我们一走到平原地带,就能看见远处的黑东西,那或者是大群的吉耳吉人,或者是他们生火升起的烟雾。我军全体战士[立即]急速向前冲去。我在他们后面一、二库罗赫(2—4 公里)处奔驰,或朝人,或朝马放箭,[最后]才遏制住他们。五、六千人纵马疾驰,要遏止他们是很困难的,但由于真主的帮助,人们终于安静下来。我们再向前走近一沙里(2 公里),就见到黑压压的阿富汗人群,遂向他们发起进攻。在这次的攻击中,我们得到许多羊只;而在其他任何一次的袭击中,从未掳获过这么多的羊只。

在我们赶着掳获的牲畜,打道返回喀布尔时,有一队又一队的阿富汗人从四面八方开始向我们靠近。他们下山来到平原,向我们挑战。有几个伯克和家臣去进攻一队阿富汗人,把他们全都杀了。纳昔儿·米儿咱去进攻另一队阿富汗人,也将其斩尽,用被杀的阿富汗人的头颅堆成一个塔。前已提及的城堡统领、步军多斯特,被箭射穿了腿,他在返回喀布尔时死去。

我们从和卓·伊斯迈耳继续前进,再次来到乌拉巴图停留。在该地,我命令几个伯克和家臣前去从[掳获的]牲畜中,仔细地[为我]挑出五分之一来;出于对哈斯木·伯克和另外几个人的功
204a 劳的照顾,没有向他们挑取五分之一的牲畜。经过点算,五分之一的战利品,有一万六千,也就是说,这是八万只羊中的五分之一。加上损失的和已赐给[伯克们]的,掳获的牲畜总数毫无疑问达到了一拉克(即十万)。

次日一清早我们从这个营地出动,在卡塔瓦兹平原建一围场

以打猎。这围场的范围内有许多野驴与鹿,许多被猎杀。

我在打猎时曾追赶一个野驴,在驰近它时,我放了一箭,接着,又放一箭,但这两处伤并未使这个野驴倒下,仅仅使它比以前跑得慢些了。我刺马快跑,至其跟前,以刀砍其脖子,正中耳后,砍断了喉管。这野驴向上一蹦,然后倒下,翻身死了,其后腿差点绊着了我的马镫。我的马刀砍得很好。这只野驴异常的肥!其肋骨的长度约一拃稍短。希里姆·塔海和其他几个在蒙兀儿斯坦见过野驴的人,都惊奇地说:“甚至在蒙兀儿斯坦我们也很少见到过这么肥的野驴。”

是日,我还射杀了另一个野驴。在这次行猎中打下的鹿和野驴,绝大多数都很肥。但是却没有一个有我射杀的那个野驴那么肥。从这次攻袭返回后,我们在喀布尔扎营停留。

去年年底,昔班尼汗挥师自撒马尔罕出动,意欲夺取呼罗珊。
沙·曼苏尔·巴赫什,是一好男色的忘恩负义之徒,他当时正在俺 204b
都淮。他派了一人去昔班尼汗那里,催促他尽快出兵。在昔班尼汗到达俺都淮附近时,这个无耻小人以为他曾派人去乌兹别克,就穿上好衣服,头发插上羽毛,带了礼物和贡品出城。不顾一切的乌兹别克人群从四面八方冲向这个淫荡之徒,抢走了他的礼物、贡品和人员。

巴迪斡思咱蛮·米儿咱、穆札法尔·米儿咱、穆罕默德·巴兰杜克·巴鲁剌思和宗农·阿儿浑,都率军驻于巴巴·喀基附近。他们不打算作战,不想固守(赫拉特)城堡,什么也不做,也不知道怎么办,只是惶恐不安地留在那里。穆罕默德·巴兰杜克·伯克是一个明白人,他说:“让我们同穆札法尔·米儿咱去固守赫拉特城堡;巴迪斡思咱蛮·米儿咱与宗农·伯克到赫拉特附近的山中去,去把速檀·阿利·阿儿浑从锡斯坦召来,把沙·伯克和谟乞木及其军队从坎大哈与札明·达瓦尔召来。让他们去征集尽可能有的哈扎拉部及尼克德里部,充分武装之。敌人会看到很难进山,他们因害怕驻在城堡外的军队,就不能前去进攻(赫拉特)城堡。"他
205a 讲得很好,他的想法是合情合理的。

宗农·阿儿浑虽是一个勇敢的人,但贪婪自私,而又吝啬,远非通情达理,或者说是愚蠢而又乖僻。前面(f. 172b)已经讲过,在巴迪斡思咱蛮·米儿咱及其弟在赫拉特共同执政的时期,宗农·阿儿浑是巴迪斡思咱蛮手下掌握大权的伯克。出于自私,他不同意让穆罕默德·巴兰杜克留在赫拉特,决定自己留在城里,但在那里他也不遵守礼节。

他曾听信一些贪婪狡黠之徒和骗子对自己的阿谀奉承和欺骗,从而使自己蒙受耻辱。有什么事能比这更能表明他的愚蠢和乖僻呢?此事的详情如下:当宗农·阿儿浑在赫拉特有权有势的时候,有几个舍黑和毛拉来到他跟前,对他说:"我们同天堂有交往,上天赐你以'安拉之狮'(Hizabru'l-lah)的称号,并说你一定会战胜乌兹别克人。"宗农·阿儿浑相信这些话,竟用浴巾围在自己的脖子上,向真主致谢。由于这个原因,他不同意穆罕默德·巴兰杜克的合理意见,不去加强城堡的防卫,不准备作战的武器,也不派人放哨与巡逻,以便在敌人临近时发出警报,也不整饬军队使其能有准备地安心迎击敌军。当昔班尼汗在穆哈兰月(回历九一三年,即公元1507年5—6月)渡过木尔加布河后,只是等到他逼近
205b 谢腊赫斯附近时才得知消息。在赫拉特,一片惊慌,不知所措——

既未征集人员,也未整饬军队。所有的人都开始四散奔逃。宗农·阿儿浑,由于听信阿谀奉承,率领一百或一百五十名战士驻于哈拉·拉巴特,以抵抗四、五万乌兹别克人。众多的敌人向[赫拉特人]进攻,宗农的部队当即被驱逐和俘虏,宗农本人被杀,斩其首级。

米儿咱们的母亲、姊妹、妻子与库藏,都在伊赫提雅鲁丁堡,[现]名阿拉库尔干。米儿咱们入夜时抵达该城,睡觉,并让马匹休息到半夜,天亮时又离开该城,甚至未想要加固城防。他们虽有这么多的时间,却没有把自己的母亲、姊妹、妻子、儿女带走,反而把她们留下成为乌兹别克人的俘虏。帕扬达·速檀·别昆、喀迪恰·别昆以及速檀·忽辛·米儿咱的其他妻室,巴迪斡思咱蛮·米儿咱与穆札法尔·米儿咱的妻子、儿女以及他们现存的所有财宝与家什,都在阿拉库尔干。米儿咱们并没有加固城防,也未作应有的准备以对付[围攻];派去支援的军队也未到达。马即的·伯克之弟阿希克·穆罕默德·阿儿浑,开小差徒步逃跑,来到城堡。异密·乌马尔·伯克之子阿力·汗、舍黑·穆罕默德·阿卜都拉·巴卡乌耳(尝味侍者)、米儿咱·伯克·凯胡思老伊与密拉 206a
克·库尔·迪万也在那里。

当昔班尼汗在两、三天后到来时,伊斯兰教的教长和[赫拉特的]显贵大员,拟好一个条约前去他那里,并给他带去外城的钥匙。但阿希克·穆罕默德却继续坚守内城达十六、七天之久。敌人从马市外面向城内挖一坑道,放火并炸掉一个城堡的塔楼。守堡者失掉信心,不能再守,乃投降。

昔班尼汗夺取赫拉特以后,不但对[两位]君主的妻室、儿女很坏,而且对所有的人都很坏。为了这转瞬即逝的五天享乐,他干出了一切粗暴下流的勾当。昔班尼汗在赫拉特做的头一件不合适的事是这样的:为了这腐朽的世界(chirk dunya),他把喀迪恰赐给色狼沙·曼苏尔·巴赫什去摧残和折磨。他把舍黑·普兰这位虔诚圣洁的人交给蒙兀儿人阿布都耳·瓦哈卜,将舍黑·普兰的儿子们一个一个地分给所有的人。昔班尼汗把所有的诗人和有才干的人都交给毛拉·巴纳伊去支配。对此,呼罗珊有人写了这么一首广为流传的诗:

除了阿卜都拉这个笨蛋(kir-khar)

今天没有一个诗人见过黄金

巴纳伊想从诗人们榨取黄金

206b 可他得到的不过是基尔·哈尔(kir-khar)①

此外,昔班尼汗娶了穆札法尔·米儿咱的一个妻子汗札达·汗尼木为妻,甚至不等月经期期满。②[昔班尼汗]虽然没有文化,但他却教赫拉特两个有才能的知名学者喀孜·伊赫提雅尔和穆罕默德·密尔·玉素甫讲解古兰经;他提笔修改马什哈德人速檀·阿利的书法和画家毕赫札德的绘画。他有时作几首索然无味的诗,还命令在讲经坛上宣读,然后把这些诗悬挂在集市的广场上,接受人民的献礼。他虽黎明即起,但并不漏做五次礼拜。他娴于读经艺术,但却口中发出许多糊涂、不当,毫无意义和亵渎神灵的言辞,做出上述那类坏事。

① kir-khar,波斯语,“白费”、“徒劳”之意。

② 或作 adat,期满。伊斯兰教法律规定,妇女在离婚或丧夫后,在一定期间(adat)内,不允许再嫁。

[昔班尼汗]在夺取赫拉特以后十天半月,即从卡哈德斯坦来到普利萨拉尔,从该地派遣帖木儿·速檀和奥拜都拉·速檀率领自己所有的军队去进攻当时疏忽大意地驻扎在马什哈德的阿布勒·穆赫辛·米儿咱和库浦克·米儿咱。这两位米儿咱一度曾决定加固克拉特(Qalat-i-nadiri)的城防,另一次,在听到敌军逼近的消息后,就打算走另一条路去进攻昔班尼汗——这可能是一个怪好的打算。

在他们留在马什哈德不作任何决定时,帖木儿·速檀和奥拜都拉·速檀即率军迅速到来。米儿咱们亦整军出战。阿布勒·穆赫辛迅即被击溃,库浦克·米儿咱率领一支小部队冲向其兄长的 207a
对手,亦被[乌兹别克人]击败;兄弟二人均被俘。当他们被带到一个地方去处斩时,兄弟互相拥抱、吻别。阿布勒·穆赫辛·米儿咱当时表现很沮丧,库浦克·米儿咱看去是完全无所谓的样子。两位米儿咱的首级被送到普利萨拉尔那里。

在那些日子里,沙·伯克·[阿儿浑]及其弟穆罕默德·谟乞木,因害怕昔班尼汗,几次派使者来我处送信,表示忠心与善意。穆罕默德·谟乞木在他的每一封信中都明确地邀请我前去。在这整个[呼罗珊]都被乌兹别克人侵占了的时候,我若袖手旁观,显然是不合适的。因他们多次派使者来我处,致书,邀请我[去呼罗珊],可见,这些伯克无疑是准备投效于我。我同自己手下的伯克们及参赞人员商量后,决定率军出动,与阿儿浑诸伯克会师,根据他们的意见,或是进攻呼罗珊,或是采取其他任何更适当的行动计划。我们就抱着这样的打算前往坎大哈。

前已提及的哈比巴·速檀·别昆,我叫伯母(yinka)。她按以

前在赫拉特的约定①,把自己的女儿马苏麻·速檀·别昆带到我
207b 处。我们曾在加兹尼见过面。胡思老·库克耳达什、速檀·库利·楚纳克(独耳)和噶代·巴拉耳曾逃离赫拉特,投于伊本·忽辛·米儿咱门下,后来又脱离他去投奔阿布勒·穆赫辛·米儿咱,在他那里他们也待不住,现在又到另一个地方去。(即随同别昆一起来我这里。)当我们同这些人一起来到克拉特时,许多来此做买卖的印度商人尚未来得及逃走。我军的战士们当即向他们进攻。许多人坚持认为,在这样一个混乱的时期,应当抢劫一切曾去过敌区的人。我不同意这种意见,说:"这些商人有什么罪过呢?如果我们看上帝善意之面而放弃部分虏获物,那伟大的真主定会给我们完完全全的报偿的。须知现在距我们出动进攻吉耳吉人没有多久,马赫曼德部落的阿富汗人及其畜群、财产与家属距我军只有一伊尕奇(6公里)远。你们中许多人都一致地要去抢劫他们。就由于这个原因,我也不同意。就在明天,伟大的真主便要把敌对的阿富汗人,即吉耳济人的大量羊只送给你们,其数量要比我们在任何一次攻掠中所能得到的更多。"

在我们走过克拉特后扎营时,就以贡献(peshkash)的名义向这些商人索取了一些东西。

以前在夺取喀布尔后,米儿咱·汗曾获准前往呼罗珊;在我离
208a 开呼罗珊时,阿布都尔·拉札克·米儿咱仍留在那里。在我过了克拉特以后,从坎大哈逃出来的这两位米儿咱前来与我会合。只罕杰儿·米儿咱之子皮儿·穆罕默德·米儿咱由他的母亲带着也

① 参看本书 f. 191b。

随同这两位米儿咱来到我处。此子也即是帕哈尔·米儿咱的外孙。① 我派人去沙·伯克和谟乞木那里送信,通知他们说:“我们按照你们的传话到这里来了。乌兹别克人这样的敌人已夺取了呼罗珊。你们来吧!让我们共同商量,齐心协力,采取符合国家利益的决定。”

然而,沙·伯克和谟乞木却否认他们曾写过信邀请我,而且还给我们送来一个粗暴无礼的回答。他们态度粗暴的表现之一是:沙·伯克在写给我的第一封信中,把印章盖在信页中央的反面,那是异密们互相通信,或大伯克给小伯克写信时盖章的地方。如果他没有这样无礼,也没有如此粗暴致答,那事情又何至于达到这样的结局呢?这正是:

言语不当挑起纠纷,可导致

一个古老王族的灭亡。

这些伯克的无礼言辞和粗暴行动正是他们毁灭自己的家族和使他们在四、五十年中积累起来的财富风吹云散的原因。

有一次,在沙赫里·萨法附近,军营中掀起一片喧嚣之声。全军战士都拿起武器,上马准备战斗。当时,我正在作净身礼。异密 208b
们陷于极大的惊慌之中。我净过身后也跨上战马。这警报看来是假的,所以过了一会儿就都安静下来了。

我们一程一程地前进,到古札尔停下来。在该处,我们又再同[阿儿浑们]谈判,但他们并不把我们当一回事,继续采取顽固不化的态度。一位很了解当地水土的好心人对我说:“流往坎大哈

① 此子当时尚在襁褓之中。前来请求巴布尔保护。

的河流发源于巴巴·哈三·阿不达耳与喀利沙克附近;应当转向那方面前进,并完全截断流往坎大哈的河流。”我们根据这个意见,乃决定于次日早晨将军队分为左右两翼,朝喀利沙克方面进军。

沙·伯克和穆罕默德·谟乞木在坎大哈山的山嘴前面搭了一个大毡房,[后来]我也曾在那里为自己凿了一个石室居住。谟乞木的人员从树林中急忙地向我们靠近。曾在沙赫里·萨法附近投奔我的图番·阿儿浑单独一人出阵,走近阿儿浑们的军队。有一个名叫伊什克·阿拉赫的人率领七、八个人,朝我们前来。他自己与那七、八个人脱离,一个人走在前面。图番·阿儿浑单独与他对面;他们挥刀厮杀。图番·阿儿浑把伊什克·阿拉赫打下马来,取其首级,带到我跟前。当时我正经过桑格·伊·拉赫沙克之地。我们认为,这是一个好的预兆。

这地方周围为树木和果园所环绕。我们认为不适于作战场,
209a 乃继续沿着山坡往下走,在坎大哈一边的河岸,喀利沙克对面的平原上选择一个驻地。当我们在那里扎营时,巡逻兵舍尔·库利向我飞驰而来,报告说,敌人正以战斗队形向我们开来。

从我们走过克拉特时起,战士们饥饿不堪,忍受了很大困苦。在到达喀利沙克附近后,大部分战士离队四散,有的往上走,有的往下走,以便弄到牛羊和粮秣。我们不待把军队召集拢来,就立即上马驰去。我身边的军队总计约有两千人,但在我扎营时,许多战士正如前面讲过的,已经散去了,有的往上走,有的往下去。到战斗时,他们还不能来与我会合,所以,参加战斗的我军人数,不过一千人。我手下的战斗人员虽少,但将他们做了很好的部署,排成一定的坚强队列。而在以前,我的军队从来没有这样良好地安排过。我挑选所有适于作战的战士组成由我直接指挥的特别部队,按十人一组、五十人一队地把他们编成册,然后任命十人长和五十人长来领导他们。每个十人长和五十人长都知道自己在右翼部队或左翼部队中的位置;所有的人员都知道在战斗时自己应做什么,他便站[在自己的位置上]观看。所以,在上马以后,右翼和左翼,右手军和左手军,右边和左边的战士们都能毫无困难地排成队列,不需塔瓦赤(tawachi[①])之助。战士们[自己]会直接走到指令给他们的 209b
地方。

(作者自注)baranghar, aūng qŭl, aūng yān 和 aūng[诸词](右翼,右手,右边和右)虽然是一个意思,但我还是在不同的意义上来使用它们,以便在改变用词时以示区别。因[阿拉伯词]maimana 和 maisara,即[突厥词的]barānghar 和 jawanghar(右翼和左翼),在军队的队列体系中,不包括在中军[qalb(阿拉伯词)即 ghul(突厥词)]当中,所以,中军自成队列。仅以中军的队列而言,中军的 yamin 和 yasar(阿拉伯语,意为右与左),我称之为 aūng qŭl 与 sŭl qŭl(右与左)。再者,中军中的 Khāsa tābin(阿拉伯语,意为皇家部队),也自有 yamin 和 yasār,我称之为 aung yan 和 sul yan(右边和左边,yan,突厥语)。再者,在 Khasa tabin 中,还有 bui(ning) tikini(突厥语,意为贴身近卫);其 yamin 和 yasar 称为 sūng 和 sul. 在突厥语中,人们称一个单独的事物为一个 bui,但此处的

① 塔瓦赤,御前高级官员之一,其职责是监军,传达命令,监督命令的执行情况等。

bui 不是此意;此处的 bui 意为贴近(yaqin)。

在右翼(barānghàr)的将领有:米儿咱·汗(歪斯)、希里姆·塔海、雅拉克·塔海及其兄弟、蒙兀儿人契耳马、艾育伯·伯克、穆罕默德·伯克、伊不拉欣·伯克、阿力·赛伊德·蒙兀儿及其手下的蒙兀儿人、速檀·库利·楚赫拉、胡达·巴赫什与阿布耳·哈三及其兄弟。

在左翼(jawânghâr)的有:阿布都尔·拉札克·米儿咱、哈斯木·伯克、天格里·伯尔地、阿赫马·伊耳奇·不花、古里·巴鲁剌思、赛伊德·胡赛因·阿克巴尔,及密尔·沙·库钦。

在前队(airāwal)的有:纳昔儿·米儿咱、掌门官赛伊德·哈斯木、穆希布·阿利·库尔奇、巴巴·乌古力、土库曼人阿拉威兰、蒙兀儿人舍尔·库利斥候及其兄弟,还有穆罕默德·阿利。

中军(ghul):我的右手边是哈斯木·库克耳达什、胡思老·库克耳达什、速檀·穆罕默德·杜耳代、秘书沙·马赫木、尝膳侍者库耳·拜牙即、送饮料者卡马耳。在我左手边的是和卓·穆罕默
210a 德·阿利、多斯特·纳昔尔、密里姆·纳昔尔、巴巴·舍尔札德、汗·库利、司库瓦利、斥候库特鲁克·卡达姆、供水侍者马克苏德,以及巴巴·舍黑。在中央的仅是我的家臣,没有一个大伯克,上述诸人也没有一个达到了伯克的等级。

被列入特别部队(bui)的是:希尔·伯克、哈提姆·库尔伯克、苦普克、库利·巴巴、阿布耳·穆赫辛·库尔奇(英译本作:阿布耳·哈三·库尔伯克);蒙兀儿人有:斡鲁思(俄罗斯)·阿利·赛伊德、德尔维希·阿利·赛伊德、胡什·克耳迪、契耳麻、多斯特·克耳迪、契耳麻·塔格奇(鞋匠)、达马奇、明迪;土库曼人有:曼苏

尔、鲁斯坦姆·阿利及其兄弟、沙·纳札尔与西雍杜克。

敌军是分为两队,一队由沙·叔佳·阿儿浑指挥,此人我以后将称之为沙·伯克,另一人是他的兄弟阿儿浑·谟乞木。这两位阿儿浑人手下的部队计有六、七千人;沙·伯克手下无疑有四、五千武装的青年人。

[沙·伯克]与我的中军和右翼相对;谟乞木则直接正对我军的左翼。谟乞木的部队比其兄的部队略少。他对哈斯木·伯克所在的左翼军发起强攻。在战斗进行中,有两、三个人从哈斯木·伯克那里前来求援,但因为我们的前面也有强敌,故不能派出人员去援助哈斯木·伯克。

我们毫不迟疑地向敌人进攻。在开始放箭时,敌人突然进攻
我军前锋,将他们打败,驱之向后转,并冲向我的中军。我军放了 210b
一阵箭之后,就冲向前。敌人也放了一阵箭,似乎是要停了下来。这时,站在我对面的一个人对自己的人喊了些什么,就上马,准备对我放箭;但因为我们不停地前进,所以,他未能坚持下来,便又上马飞奔而去。这个人似乎就是沙·伯克本人。

在战斗中,土库曼人皮里·伯克率同四、五个兄弟,取下缠头巾[1],背弃[我们的敌人],前来投顺于我。(作者自注:)这个皮里·伯克,是在波斯王伊斯迈耳战胜巴颜达尔诸速檀并夺取了伊剌克之地[2]以后,同阿布都勒·巴基·米儿咱和穆拉德·伯克率领的诸土库曼伯克一起来到[赫拉特]的土库曼人中的一个。

---

① 取下缠头巾、拿在手里,是一种归顺的表示。

② 参见f.17b。

我军右翼最先打退了敌人。右翼的一端[似乎]深入到了我
[后来]建造花园的那个地方。我军左翼则前进到巴巴·哈三·
阿不达耳以下很远的林木丛生的大水渠。我军左翼的对面是谟乞
木及其喽啰走卒。我军左翼的人数比敌军谟乞木的部队要少得
多,但真主帮助了我们:在我军左翼与敌人之间有三、四条树林荫
翳的大渠,都流向坎大哈及其附近的村庄。我们的人夺占了渡头,
211a 不让敌人通过。左翼的战士,人数虽少,但打得很漂亮,并坚守住
了阵地。哈耳瓦奇·答儿罕从阿儿浑的那边进入水中,同康巴尔·
阿力和天格里·伯尔地作战。康巴尔·阿力受了伤,哈斯木·伯
克被箭射中前额。古里·巴鲁剌思则被箭射中眉毛上面,箭从面
颊上穿出。这时,我们已把敌人赶走,就渡过水渠,走到穆尔干山
(鸟山)的山嘴处。在我们过水渠时,有一个人,骑着灰色马,沿山
坡奔驰,时而向后,时而向前,不知朝哪个方向走,最后还是朝某处
去了,我认为他就是沙·伯克;也许此人就是沙·伯克。

打败敌人后,我军人员都去追击,并把敌人打下马来。同我一起留下来的计有十一人,其中有一个就是图书管理员阿不都拉赫。

谟乞木仍坚守阵地进行战斗。尽管我军人数少,我们仍寄望于真主,击鼓向敌人前进。

(突厥文)为了少数人或为了多数人,真主的力量充足无比
在尘世的住处里,人是没有力量的。

(阿拉伯文)由于真主的垂顾,常常能够以少胜多。

谟乞木听到战鼓声,知道我军正朝他那方面开去,便忘记了他既定的计划,夺路而逃。

蒙真主的帮助,我们打败了敌人,乃前往坎大哈。我们在法鲁

赫·札德·伯克的花园扎营,这个花园现在一点遗迹也不存在了。211b
沙·伯克和谟乞木逃走时,未能进入坎大哈城堡躲藏。沙·伯克逃往沙耳与马思通(奎达)方面,谟乞木则去札明·达瓦尔。他们没有留下一个人来守卫城堡。库利·伯克·阿儿浑的一个兄弟阿赫马·阿力·答儿罕和其他几个人留在城堡里,他们都很忠诚,我是知道的。在谈判中,他们请求饶恕其兄弟们的生命。上述诸人利用了[我的]宽仁,他们的请求都得到满足。以后,他们就打开城堡的大门——[称为]马舒尔门;因害怕[我军]人员肆虐,故其他的城门没有打开。

我派了希里姆·[塔海]·伯克和雅拉克·伯克(英译本作:雅里姆·伯克)驻扎在这一打开了的城门边。我自己则与数名家臣一起进入城门内攻打那些胡作非为的士兵,下令将他们中的一、两个人斩首,以资镇慑。首先,我前往位于外堡的谟乞木的官库。我将库藏中的一些东西赐给了阿布都尔·拉札克·米儿咱,并派多斯特·纳昔尔·伯克、库耳·拜牙即·巴卡乌耳与军需官穆罕默德·巴赫什诸位将领负责看守官库。我派密里姆·纳昔尔和马克苏德·苏夫奇进入宗农的丞相密尔·姜的房子。这房子是预先为纳昔儿·米儿咱准备的。为米儿咱·汗提供的是舍黑·阿布·赛德·答儿罕的房子。在这些地方,以前从未见过有这么多的银币,甚至没有听说过有人见过这么多银币。212a

那天晚上,我就留在要塞中。沙·伯克的奴隶桑姆巴耳被带到那里。桑姆巴耳虽不过是沙·伯克的一个亲信,却没有享受到特别的恩遇,我委任一个人来[看管他];那个人并没有对桑姆巴耳严加监管,却让他逃走了。次日,我回到我驻营的法鲁赫札德

花园。

我把坎大哈地区赐给了纳昔儿·米儿咱。在官库的库藏经过清点之后，就被装车运出。纳昔儿·米儿咱从中运走了一队骆驼（即七个骆驼）驮的银币，据为己有。我并没有要求他送还这些钱，而将其赐给了纳昔儿·米儿咱。

离开坎大哈后，我们在库什·汗纳草原驻营。我打发辎重队从该处先行，我自己则出去游逛，以后才赶到营地。这不是以前的营地，我已不识其地了。那里有良种烈马，停着一系列的骆驼队，骆驼有公的、有母的，还有毛驴，驮着装满马褡子的丝织品与布匹，红布与丝绒作的毡房，各种各样的帆布篷，每个地方都堆着一大堆一大堆的马褡子和箱子。阿儿浑两兄弟的财产保藏在一个特别的仓库中；每个仓库里都堆着箱子和成捆的各色衣服，装着白银的口袋。在任何帐篷和毡房里，都有许多各类的战利品；羊只也很多，

212b 但未引起人们的特别关注。

我将卡拉特的居民以及他们所有的牲畜和财产都赐给了哈斯木·伯克，这些居民是谟乞木的伴当，受库奇·阿儿浑和他只丁·马合木的指挥。哈斯木·伯克是一个谨慎而又有预见的人。他认为我们长久地留在坎大哈是不利的，并常常谈及这点；由于他的坚决主张，我便命军队离开那里[返回]。

前已谈到，我将坎大哈赐给了纳昔儿·米儿咱；我让纳昔儿·米儿咱去了那里后，就前往喀布尔。我在坎大哈时，没有时间分配战利品；我在卡拉巴格停留了四、五天，就在那里进行分配。钱币的点算很难办，我们就过秤来分。大小伯克、伴当与亲近扈从（tabin），把一箱一箱一袋一袋的白银装驮运走，作为士兵的薪饷

和自己的生活费用。我们满载而归,带着大量的钱财和战利品,光辉荣耀地回到了喀布尔。

回到喀布尔后,我娶了速檀·阿合马·米儿咱之女马苏麻·速檀·别昆,她是我在呼罗珊向她求婚后将她从那里带回来的。

六、七天后,纳昔儿·米儿咱的一个伴当送来消息说,昔班尼汗已前来围攻坎大哈。前已提到,谟乞木已逃往札明·达瓦尔;他到了那里后,就去同昔班尼汗见面。沙·伯克那里也有一个一个的人相继去昔班尼汗那里。在他们的怂恿和挑唆下,昔班尼汗自赫拉特出动,取山路急速地前往坎大哈,他以为我在那里。正是由 213a
于这些考虑,哈斯木·伯克这位具有丰富经验的人才如此坚决地努力要我们离开坎大哈。

(波斯文)年轻人在镜子里看到的一切,

就是老年人在烧砖中所看到的。

[这样]昔班尼汗就前来围攻坎大哈的纳昔儿·米儿咱。这个消息一传来,我就召集伯克们开会。我提出来讨论的事情是,对我们如此陌生的人和真正的敌人,如乌兹别克人和昔班尼汗,占据了以前是属于帖木儿后裔的所有土地。尚留在边远地区和各个角落的突厥人和察合台人,有一些由于贪财,另一些则由于被迫,归附了乌兹别克人。我[一个人]留在喀布尔;敌人很强,而我们则很弱。没有希望签订和约,抵抗也不可能。面对如此强大的敌人,我们应当为自己找一个安身之地,不管什么地方都行。在尚有时间和可能的条件下,我们应当离开如此强大而又可怕的敌人远走高飞。或去巴达赫尚,或去印度;必须决定,这两个国家我们应去哪一个。

哈斯木·伯克、希里姆·伯克和他们的部属主张去巴达赫尚。(作者自注:)那时,巴达赫尚人中的头面人物是木八拉克·沙、祖拜尔、哲汗吉尔·突厥蛮和穆罕默德·库尔奇;他们曾驱逐了纳昔
213b 儿·米儿咱,但并没有归服于乌兹别克人。

但我和几个亲近的伯克宁愿去印度,我们便前往兰姆甘。

我在夺得坎大哈以后,曾将卡拉特和塔尔纳克地区赐给阿布都尔·拉札克·米儿咱,并把他留在卡拉特。当乌兹别克人前来围攻坎大哈时,阿布都尔·拉札克·米儿咱遂不能再留在卡拉特,乃弃城而逃;到我们离开喀布尔时,他也来该地投奔我。我便把阿布都尔·拉札克·米儿咱留在喀布尔。

因巴达赫尚既无君主,亦无王子,故米儿咱·汗想去该地,这是因为他同沙·别昆有亲戚关系,并得到她的赞同。他的这一想法得到许可。沙·别昆也同米儿咱·汗一起去;我的姨妈米黑里·尼格尔·汗尼木也愿去巴达赫尚;因我与她是血亲关系,她似乎更应当同我在一起;但不管我怎样反对,她还是不听劝阻,便也去了巴达赫尚。

主马达·勒·巫拉月(公元 1507 年 9 月),我们离开喀布尔,前往印度。经过小喀布尔,取道苏尔赫·拉巴特,到库鲁克·塞。生活在喀布尔与兰姆甘之间地带的阿富汗人,甚至在和平时期也自己进行偷窃,或支持别人进行偷盗;他们热望,但未能等到这样的[军事]事件到来。当他们得知我离开了喀布尔去印度时,他们
214a 的罪行就成十倍地增加;甚至他们中的好人也转而干坏事。事情竟达到这种地步:在我们离开贾格达力克的那天早晨,那里的阿富汗人竟想要堵截经过该处一山口的道路。他们在北面的山上列

阵,击鼓,挥刀,尖叫着前进。我们刚一上马,我就命令战士们从四面八方登上山去。战士们策马沿丘陵和山脊往上奔驰。阿富汗人一刻也未能坚持;他们甚至未能施放一箭,就逃跑了。我追赶阿富汗人,上了山。一个奔逃的阿富汗人,在我的下面飞快地跑了过去。我放箭射中了他的手臂。这个受伤的阿富汗人和另外几个阿富汗人都被抓住,带了回来。其中有几个被钉死在木橛子上,以惩效尤。

我们在阿迪纳普尔前面的宁格纳哈尔土绵停留下来。我没有先见之明,以前从未想过,应在何处安居落户,既没有确定往哪里去,也没有预定生活的地方。我们只是在尚未得到新的消息时,时而往上时而往下地出动。

时已晚秋,山谷的大部分地区稻谷已经收获。了解当地水、土的人提出,溯阿力申土绵的河流往上,密耳地方的异教徒播种了大量稻米。我们有可能从那里弄到粮食以供军队过冬。

于是我们就走出宁格纳哈尔河谷(julga),迅速地前进,在赛卡耳渡过[巴兰河],到达普拉明(安适)峡谷。战士们夺得大量稻谷。稻田都是在山麓,其主人都逃走了;有些异教徒则被杀。我派 214b
了几个武士到普拉明峡谷的一个高地上放哨。异教徒们在退却中迅速登到山上,并开始放箭。一个人射中了哈斯木·伯克的女婿普兰;异教徒抓住了他,正想用斧子砍死他,但我军的几个武士转回来进攻敌人,将敌人赶走,带走了普兰。

我们在异教徒的稻田里过了一夜,夺得许多粮食,返回营地。

在我们驻于曼德拉瓦尔土绵境内的那些日子里,谟乞木的女儿马赫·楚克同哈斯木·库克耳达什结了婚。这个女人现在又嫁给了沙·哈三·伯克·阿儿浑。

因我们[终究]认为去印度并非必要,乃派帕夏噶尔人毛拉·巴巴率领几个勇士返回喀布尔。同时,我们则离开曼德拉瓦尔地境来到阿塔尔与失瓦。我们在那里住了几天。我从阿塔尔去库纳尔和努尔加勒游历,又乘木筏从库纳尔返回营地。过去我从未坐过木筏,我很喜欢它。以后,我就经常乘木筏。

那几天,法尔卡特人毛拉·八巴从纳昔儿·米儿咱那里前来。他详细报告说,昔班尼汗夺占了坎大哈的外堡,但未能拿下要塞就退去了。在昔班尼汗撤退后,纳昔儿·米儿咱由于某些原因,抛弃
215a 了坎大哈,去了加兹尼。数日后,昔班尼汗突然进攻坎大哈。[守城者]未能守住外堡,将其放弃。[昔班尼汗的军队]在要塞周围的各个地方挖掘地道,并几次发动进攻。在这危急的情况下,和卓·穆罕默德·阿明、和卓·多斯特与穆罕默德·阿力·皮雅达从城堡的墙上跳下来逃走了。守堡者绝望地前来,正准备投降,这时,昔班尼汗却提议讲和,撤离了坎大哈。

昔班尼汗放弃坎大哈的原因是:他在出征时,将自己的妻室送往了尼拉图,后来又有一个人在尼拉图称雄,夺占了该城堡。因此,昔班尼汗才签订某种和约而从坎大哈撤走了。

当时虽是仲冬季节,我们仍取道巴德·伊·皮奇山口返回喀布尔。我下令将我们通过这个山口的时间刻在巴德·伊·皮奇上面的一块石头上,由哈非思·密列克·玉素甫撰文,沙·穆罕默德师傅刻石。由于仓促,铭文刻得不很好。

我将加兹尼赐给了纳昔儿·米儿咱;阿布都尔·拉札克·米儿咱则得到了宁格纳哈尔土绵、曼德拉瓦尔、努尔河谷、库纳尔与

努尔加勒。

直到这时以前,帖木儿的后裔,即使是掌握了王权的我,都是被称为“米儿咱”。现在,我下令,百姓应尊称我为“帕的沙”。

是年年末,助勒·盖儿德月四日星期二(公元1508年3月6日)晚上,太阳在双鱼星座的时分,胡马雍在喀布尔的要塞里出 215b
生。诗人大毛拉·赛伊迪以“速檀·胡马雍·汗”数字来表示其出生的时间。喀布尔的一个诗人则以“沙·非鲁兹·卡得尔”数字来表示之。

三、四天后,[这个婴孩]取名为胡马雍。胡马雍出生后五、六天,我就去花园(Char-bagh)举行宴会为他做生日。各级伯克与大小官员都送了礼。送来的白银堆成一大堆;以前从未见过在一个地方堆积这么多的银钱。那是一次很好的宴会!

回历九一四年(公元1508年5月2日至公元1509年4月21日)的事件

这一年的春天,我在穆库尔①击溃一股马赫曼德部的阿富汗人。在我进行那次攻击回来驻营后不几天,库奇·伯克、法基尔·阿力、克里木·达德与巴巴·楚赫拉就想叛逃。我了解到这一情况,就派人去追赶他们;在阿斯塔尔噶奇以下的地方将他们拘捕带回。当只罕杰儿·米儿咱在世时,人们报告我说,他们也说一些不适当的话;我下令将他们在市曹处死。在将他们押到市场口现场,并已将绳索套到他们的脖子上要吊起来时,哈斯木·伯克派了喀利法来我处,坚持请求饶恕他们的罪行。为了满足这位伯克的愿望,我饶了他们的死罪,下令将他们投入监狱。

216a 胡思老·沙从喜萨尔和昆都士带来的伴当,以及蒙兀儿人的首领们:契耳马、阿力·赛伊德、萨克马、舍尔·库利、伊库·萨拉姆,还有以速檀·阿力·楚赫拉与胡达·巴赫什为首,并深得胡思老·沙宠信的察合台伴当,沙·纳札尔与西雍杜克率领的为数达两、三千人的青年土库曼勇士,所有这些人这时经过商量达成一致,对我采取敌对的态度。我提到的那些人,都在孙格·库尔干草

① 穆库尔,在阿富汗塔尔纳克河上游。

原与察拉克之间的和卓·里瓦吉前面。来自宁格纳哈尔的阿布都尔·拉札克·米儿咱则在迪赫·伊·阿富汗。穆希布·阿利·库尔奇与喀利法曾经一、两次把叛乱者互相勾结之事预先通知了毛拉·巴巴；我也得到关于此事的暗示。但在我看来，是将信将疑，所以我也就没有对他们的话多加注意。

有一天夜里，我坐在花园的客厅里。快到宵礼的时候，穆沙·和卓同另一个人急速地来到我跟前，对我附耳说："蒙兀儿人确已决定发动叛乱。他们是否将阿布都尔·拉札克·米儿咱拉到了自己的一边，我们还不知其确实情况。他们还未决定，是否在今天晚上就行动。"

我装作什么也不知道的样子，稍过了一些时间以后才去家眷的住所。那时，我的妻子们住在希耳瓦特花园和玉龙奇卡花园。当我到达妻室们那里时，卫士们和守卫人员都已离去了。他们既
已离去，我就同主要的奴仆一起进城。我到达城壕与铁门前，这 216b
时，和卓·穆罕默德·阿里从市场那边跑到我跟前……（原稿至此中断，末尾一句不全。）

英译者补回历九一四年至九二五年(1508—1519)的事件

回历九一四年(公元1508年5月2日至公元1509年4月21日)

前文已开始叙述的那场叛乱,由于五百忠于巴布尔的人制服了三千反叛者而被镇压下去。镇压成功的因素之一是巴布尔单独一人与敌方五人交战获胜。① 这次动乱延续的时间不长;舍尔邦月(公元11月)这个月当中,喀布尔平静无事。这时,二十一岁的察合台后王速檀·赛德·汗来到那里寻求其表兄(指巴布尔)的保护。他是在阿拉木图被其兄满速儿打败,幸免于不死而逃脱。他先在费尔干纳昔班尼汗的麾下,以后取道喀尔提锦走了一个冬天到达哈剌札法儿米儿咱·汗那里。当地有人建议他夺取阘弱无能的米儿咱·汗的王位,他拒绝了,便前来喀布尔。他是作为一个一无所有的亡命者来到喀布尔的。在这里,他受到前所未有的关怀,因而享受着无拘无束的欢乐。(参看本书f.200b及《拉失德史》汉译本,第二编,第106页)。这一年,

① 参看《拉失德史》汉译本,第二编,第75页。该处描写了战斗的情况。"他们拥立阿布都尔·拉札克为汗,起来反对大帝,而大帝则只剩下了五百人。他以这五百人和他们对阵厮杀。这是大帝所经历过的最大的战役之一。彼此鏖战许久,短兵相接,冲杀了若干回合之后,大帝终于击溃了敌军。在这次交锋中他一个人单独抵挡对方五个人,其中包括阿里·赛亦德·古儿、阿里·辛纳儿和其他三人。"按,据《费里什塔史》(*Tarikh-i-firishta*)一书的记载,对方五人为:阿里·沙卜·库尔(意为夜盲)、阿里·锡斯坦尼、纳札尔·巴哈杜尔·乌兹别克、雅库卜·特兹江、乌兹别克·巴哈杜尔。其中前二人,即《拉失德史》提到的二人。

对他的家族和海答儿的家族说来,是很不幸的。在这一年中,速檀·马哈木·汗及其六个儿子,马黑麻·忽辛·米儿咱和杜格拉特部的其他首领人物,都被昔班尼汗所杀。

回历九一五年(公元1509年4月21日至公元1510年4月11日)

在这一年,萨非王朝波斯王伊斯迈耳与乌兹别克的穆罕默德·昔班尼汗之间开始了敌对行动,这消息肯定在喀布尔引起了强烈的关注。

同年,巴布尔与同情自己的传记作者杜格拉特部的海答儿·米儿咱开始有了个人之间的交谊,这件事本身虽不过是一件关乎这个小孩安全的小事,但却成为一件具有历史意义的重要事情。像赛德一样,海答儿也是一个前来寻求亲戚庇护的亡命者;他当时十一岁,他是被仆人们从昔班尼汗的迫害下救了性命,转送到巴达赫尚的米儿咱·汗那里。巴布尔派人把他从那里接到较为安全的喀布尔。(参看本书 f. 11,索引;《拉失德史》汉译本,第二编,第107页。)

回历九一六年(公元1510年4月11日至公元1511年3月31日)

一、关于谋夫战役的消息

在喀布尔安静地过了半年多;赖买丹月(公元12月),从米儿咱·汗(歪斯)那里送来激动人心的消息,说伊斯迈耳在谋夫附近打败了昔班尼汗。米儿咱在信中写道:“沙亦乩·汗(即昔班尼汗,沙亦乩为波斯文)是否已被杀之事,尚不清楚。所有的乌兹别克军都已过了阿姆河。当时驻守昆都士的异密·兀鲁思已经逃跑了。将近二万名蒙兀儿人在谋夫摆脱了乌兹别克人之后,也来到了昆都士。我本人也到了那里。”然后他就邀请巴布尔同他联合,以便一起去收复其祖先的领土。(参看《拉失德史》,汉译本,第二编,第121—122页。)

二、巴布尔开始向河中进军

米儿咱的信是经过大雪封闭的山隘传来的;巴布尔就火速发兵,走一条冬季易走的道路,经过阿布达拉,赖买丹月在巴米羊把斋,于闪瓦鲁月(公元1511年1月)到达昆都士。海答儿曾记述这次把斋的详情,可能是抄录巴布尔本人的记载,因为他曾阅读过巴布尔本人在回历九三三年赖买丹月(公元1527年6月)时作的记载。在该记载里,巴布尔说在西克里封斋以前,他从十一岁以后从未在同一个地方两次封斋。(见本书,f. 330)

三、蒙兀儿人的事务

据米儿咱·汗说,驻在昆都士城外的蒙兀儿人是从谋夫来的,又据说,他们大概是来进行支援的。这些蒙兀儿人曾经是巴布尔的舅父马哈木·汗和阿黑麻·汗的部下。在这两位汗于回历九〇八年在阿黑昔被昔班尼汗打败后,他们被迫迁来呼罗珊的远离蒙兀儿斯坦的地方。他们中许多人曾在喀什噶尔效力;但谁也没有在帖木儿后裔中任何一个米儿咱的手下当过兵。昔班尼汗阵亡后,他们获释东来。据海答儿说,当时群龙无首的蒙兀儿人,有两万人,他们手持武器,装备充足,驻在那里,而察合台人却不过五千人。这时,他们同来自喀布尔的蒙兀儿人一起,就利用这个机会返回更适于生活的地方,因一位合法的汗(指赛德汗)正在昆都士而有了带头人,加之,通往蒙兀儿斯坦的门户安集延地方的乌兹别克统治者已被清除。(见本书 f. 200b)这两支蒙兀儿人的首领,一个是希里姆·塔海,一个是艾育伯·别乞克,他们二人提出拥立赛德为蒙兀儿人的汗,并建议甩掉巴布尔,或竟要杀掉他。他们在提出这种主张时,未必是想要在喀布尔这个封闭的国度里居住下来;他们似乎是希望照巴布尔允许的那样,让赛德当他们的汗,并让他们随他到北方去。

赛德汗做了一番解释,以拒绝他们要伤害巴布尔的建议,说他这样做是基于正义和感激之情。但由于那两个(蒙兀儿人)也认为这时正是离去的有利时机,所以,赛德汗就请求派自己去一个地方为巴布尔效力,使他们之间的友谊能继续巩固,则双方都将深受其益。(译按,见《拉失德史》汉译本,第二编,第129页。)正在这时,米儿咱·海答儿的叔父送来迫切要求援助的信,为此,巴布尔就派赛德汗到安集延去,问题才解决了。赛德汗"被拥立为汗",

于次年,即回历九一七年赛法尔月十四日(公元1511年5月13日)出发前往。大部分的蒙兀儿人都随同他去了,但并没有全部都去,因为甚至那些来自谋夫的蒙兀儿人,艾育伯·别乞克以及其他人,在以后有几次被提到是在巴布尔的麾下。

巴布尔常说"是我使他当了汗"(见f. 200b),这话令人想起,他以前曾提到过的似乎是同样性质的任命(f. 10b),即卜撒因任命羽奴思汗为蒙兀儿汗的事件。这两个事件都意味着是帖木儿朝的米儿咱来拥立察合台后裔做蒙兀儿的可汗。

四、头一次试图攻取喜萨尔

在昆都士过了一个短时期后,巴布尔就向喜萨尔进军。驻在该地的是乌兹别克速檀·马赫地与邯匝。他们出动到瓦赫什迎击巴布尔,但由于复杂的原因,双方没有进行交战,就各自撤退了。(见《拉失德史》汉译本,第二编,第122—123页。)

五、巴布尔同萨非朝波斯王伊斯迈耳的交往

巴布尔在昆都士的时候,他的姐姐罕·匝答在波斯王的军队的护送下,安全地返回,到达该地。她是在前后两个丈夫昔班尼汗和赛伊德·哈地在谋夫战役中丧命后被送回来的,与之同来的有伊斯迈耳的一个使者。伊斯迈耳提议建立友好关系,其彬彬有礼可能使巴布尔产生得到波斯支援的希望。巴布尔派了米儿咱·汗赍礼物去报聘致谢。海答儿说,米儿咱·汗郑重传达了修睦之意,并请求军事上的援助。波斯王善遇来使,并同意了他请援的要求。(见《拉失德史》汉译本,第二编,第124页。)后来的事实表明,上述要求是在苛刻的条件下才被接受的。

回历九一七年(公元1511年3月31日至公元1512年3月19日)

一、第二次试图攻取喜萨尔

是年,巴布尔再次进军喜萨尔。苏尔哈布河上的普利桑金(石桥)是其祖先帖木儿有一次进攻强敌获胜的地方。巴布尔就在该地扎营,并在那里停留了一个月以待援军。在河对岸与他对峙的乌兹别克诸速檀,可能也是在待援。也许是由于乌兹别克军人数有所增加,或许是由于乌兹别克人得知巴布尔军没有多大增援,从而认为自己的力量已足以发动进攻,所以乌兹别克人就向前运动。关于这里所说的第二种可能,可以推测他是希望得到比已得到的更大的支援;他似乎是在米儿咱·汗出使于伊斯迈耳返回之前离开昆都士的,不可能期望波斯的援军与米儿咱·汗一起到来,后来米儿咱·汗及时在普利桑金(石桥)同他会合以抗敌,才得到米儿咱·汗自己的部属以及少量(如果有的话)外国援军而增强了自己。宽德·密尔曾经记叙说,波斯王主要的分遣队是根据[后来讲明的]各种条件才派出,而且他还表明,直到波斯王得到普利桑金(石桥)战役的消息之后,援军才出动。宽德·密尔的这个说法证实了上述这些推测。

在待援那个月月末的一天早晨,乌兹别克人在石桥下方泅渡苏尔哈布河;同一天的下午,巴布尔退到阿卜打拉本地众山寨中的一个较好的阵地。在随后的殊死搏斗中,乌兹别克人伤亡惨重,大败逃往卡尔施;巴布尔军追之至喜萨尔边境的铁门(Darband-i-ahanin),乌兹别克败军在路上与继昔班尼汗为乌兹别克可汗的忽春汗率领的会集在卡尔施的大军相会合。米儿咱.海答儿对这次战役作了极精彩的描述。(见《拉失德史》汉译本,第二编,第130—131页。)当时这位作者是一个年仅十二岁的孩子,却能以敏锐的眼光,观察了自己头一次经历的战争。这次战争的敌方曾使他成为他的家族的最后一个幸存的男人。据米儿咱·海答儿说,马赫地、邯匝及邯匝之子马马黑被俘送到巴布尔面前,巴布尔以他们以前对待蒙兀儿诸汗和察合台诸速檀的手段以对待他们,即以血还血,他为许多亲族报了仇。

二、波斯的支援

这次战役过后,巴布尔即去喜萨尔附近,在那里,有许多当地的部落来投,随后不久,又有一支伊斯迈耳的大军来会师,其指挥官为萨非朝的阿赫马·伯克、阿里·汗·伊斯提耳朱,以及伊斯迈耳的掌印官沙赫鲁·速檀·阿夫沙尔。宽德·密尔所述关于派出这支分遣部队的以下情节有助于我们确定事情发生的先后次序,并使我们明了巴布尔为其援军所付出的代价。他将战胜马赫地和邯匝的消息通报给了波斯王,同时他还约许,如果波斯王帮助他重新征服河中的其余地区,那他在礼拜讲道(虎土白)时就念他的名字,并将波斯王与十二伊玛目的名字铸印在钱币上,且要戮力摧毁乌兹别克的势力。这些承诺像是对一种要求的答复;这样一些条件不可能是提出来的;接受这些条件一定是被迫的。宽德·密尔说,在伊斯迈耳充分理解了巴布尔来信的意图后,[该信似已表明波斯王提的给予援助的条件已被接受],他就派遣了上述三位指挥官率军来援。

这几位波斯首领建议直接进军布哈拉与撒马尔罕,巴布尔的谋士们同意这个建议。据米儿咱·海答儿记载,他们说当时布哈拉没有军队驻守,只有一些无用之辈充斥其间。奥拜都拉·汗本人已去固守卡尔施;于是就决定不去进攻他,而是绕过卡尔施,在距该城一站之处扎营。其后,探马不断报告,说奥拜都拉·汗已离开卡尔施堡,正急忙赶往他自己的采邑布哈拉。于是立即迅速追赶他,在商队大路上追了一百英里,进入布哈拉,把他和乌兹别克守军逐出布哈拉城后,又把他们赶入突厥斯坦广漠中。在乌兹别克人逃跑时,巴布尔的部队进行了抢劫。许多速檀会集于撒马尔罕,其中有些速檀,像其长官帖木尔·速檀一样,无疑都是自普利桑金(石桥)逃脱的亡命之徒。他们对巴布尔的第二次成功大为恐慌,纷纷向突厥斯坦奔逃,这就给巴布尔留下一条畅通的大道。(见《拉失德史》汉译本,第二编,第133页。)

三、重新占领撒马尔罕及其同萨非朝波斯王伊斯迈耳的关系

此时,巴布尔一定曾希望能够摆脱他那危险的同盟军,因巴布尔在到达,布哈拉之后,就向他们表示感谢,并厚予赏赐,遣散他们回去。当时在场的米儿咱·海答儿,确定是在布哈拉将波斯军遣散的。(《拉失德史》汉译本,第二编,第133页。)

巴布尔从布哈拉前往撒马尔罕,时在回历九一七年赖哲卜月月中(公元1511年10月),也即在他离开喀布尔以后十个月,离开撒马尔罕九年以后。 居民们兴高采烈,张灯结彩,万众欢呼,以欢迎巴布尔重新进入撒马尔罕城。

当时反对巴布尔的敌对力量有:由逊尼派宗教狂热的激励而团结起来的乌兹别克武装力量,由于害怕什叶派会要使其永远统治下去而强化了的逊尼派对什叶派统治的仇恨。经过八个月后证明巴布尔没有能力保持撒马尔罕以抗拒上述敌对力量。巴布尔是一个逊尼派,可又不掌握一个国家的政权,他对这种地位是颇感不快的。他同伊斯迈耳结盟是危险的,这一点他懂。在河中,到处传播着这样的消息,说伊斯迈耳的军队对虔诚的和有学问的逊尼派人士犯下了疯狂的野蛮罪行,最明显的是在赫拉特(Heri)。这就使巴布尔所冒的危险越来越大。无论在当时和以后,他都曾明白地表示想得到解脱的愿望:当时,他不仅遣散了波斯援军,而且如此地对待波斯王的使者(也即纳吉姆·萨尼的掌门官)穆罕默德·江,以至于这位使者感觉受到了怠慢,便去报告,说巴布尔妄自尊大,怀有敌意,不愿履行协议;后来,他又很想不靠外援战胜奥拜都拉·汗,可是失败了。波斯王在听到穆罕默德·江的报告后,即令纳吉姆·萨尼去对冒犯者进行整肃,这一事实说明,波斯王认为他对巴布尔的关系是一种宗主的关系。

这时,波斯王的条件似在撒马尔罕得到了实现,而巴布尔的奴颜婢膝也表现得明显。其表现是:巴布尔答应后很守信用;因无粮食供应使得逊尼派对巴布尔愤怒不已;巴布尔知道,除非有外援,自己是无能力与乌兹别克人相抗的,他想进攻,正在进行准备;他想听到穆罕默德·江的报告并了解纳吉姆·萨尼奉命前来针对自己的使命。诚挚,贤明与必要,三者合起来就使得协议能贯彻执行。除在讲道(虎土白)中和铸币上用波斯王的名字这两点以外,那个协议中还有些什么明确的条件,这要对史料的文句进行仔细研究后才能确定,否则就会把隐喻当成事实。他面对着群众的巨大激情——如强烈的要求,宗教的狂热,教派的偏执和恐惧。他的问题比那瓦尔的亨利的问题和拿破仑在埃及的问题更大;他们只有表现得保证接受这些条件;他不得不假装接受,但却使自己遭到仇恨。

罕·匝答并非巴布尔家族中嫁给了一个乌兹别克人以后又重新与他会合的唯一成员。他的同父异母姊妹牙德格尔·速檀在回历九〇八年昔班尼汗于阿黑昔附近打败两位汗时曾落入邯匝·速檀之子阿卜杜拉梯夫之手。这次,巴布尔打败了她丈夫的家族,她也就回到了她自己的部族。(f.9)

回历九一八年(公元1512年3月19日至公元1513年3月9日)

一、乌兹别克人卷土重来

波斯军队离去后,乌兹别克人变得大胆了。他们于是年春天从突厥斯坦出动,主要进攻塔什干,然后又指向巴布尔。奥拜都拉·汗向布哈拉进军。他在进军之初曾发誓,如果获胜,他以后将严格遵守伊斯兰的法律。这一誓言是在哈兹拉特·突厥斯坦地方和卓·阿赫麻·雅萨维的陵墓上作的。这位和卓是几百年来在中亚广受崇敬的一位圣人。他约死于公元1120年;帖木儿曾在公元1397年去朝拜他的坟墓,然后建造了一所至今仍俯临该城的清真寺,并仍为朝觐者的里程碑。奥拜都拉的誓言,像巴布尔在回历九三三年的誓言一样,是一个要令对方服从的誓言。这两个人都以圣战者的方式起誓,巴布尔发誓要进攻他视为异教徒的印度人,奥拜都拉发誓要进攻他视为一个异端分子的巴布尔。

二、巴布尔败于库耳·马利克

奥拜都拉于赛法尔月(4—5月)飞速进军,进攻布哈拉周围地区。巴布尔自撒马尔罕前去迎战。随后的一些细节,见于宽德·密尔的记载,但不见于米儿咱·海答儿的书,而且在某些情节上与之矛盾。两位历史家的记载互相矛盾之处是:米儿咱·海答儿说,奥拜都拉只有三千人,而巴布尔却有四万人。(见《拉失德史》汉译本,第二编,第153—154页。)宽德·密尔的相反记载说巴布尔的军力很小,这种说法似较接近事实。米儿咱·海答儿可说并没有出去参加这次战争,他当时在撒马尔罕卧病,而且继续在那里病了一段时间。宽德·密尔记述的细节看来是根据第一手了解的事实,或许是回历九三四年以后在印度向某人作了充分的了解而写成的。

说巴布尔有一支巨大而有战斗力军队驻在库耳·马利克,这与事实不符。符合实际的是宽德·密尔书中关于这事件的如下叙述:“奥拜都拉对于他要与之迎战的对方实力一定有所估量,他带来了三千人。巴布尔能从何处得到进行一次战争估计需要的四万人呢？在几次危急时期，他自己直接掌握的一贯忠诚的部队估计是五百人；但这次由于他干的事情不得人心，当地部众可能增加不多 。一些来自谋夫和喀布尔的蒙兀儿人是在撒马尔罕附近。”（见《拉失德史》汉译本，第二编，第157、161页。）多数蒙兀儿人是随赛德汗在安集延。但不管有多少蒙兀儿人可能留在他的身边，也不能指望他们中有一个人会坚决地为巴布尔获胜而战。如果他有较多实力，他是否会以战败之余众继续坚守撒马尔罕，以待波斯援兵的到来呢？在对所有情况进行思考后，我们有理由接受宽德·密尔的说法，即巴布尔是率领一支小部队去迎战奥拜都拉汗的。

所以，他接着叙述说：“当时有人持谨慎态度，穆罕默德·马即德·答尔罕就是其中之一。他们都说，既无准备，又无援军，就出击，是错误的。与他们的忠告相反，巴布尔仅率领一支小部队，过于莽撞地出动去镇压乌兹别克人。巴布尔不倾听他们，进军布哈拉，在听到消息说敌人已撤退数程时，他就更加大胆了，遂追随之直到他的营地。当时奥拜都拉汗实力雄厚；虽有许多乌兹别克人阵亡，但他们终于还是获得了胜利，巴布尔被迫去布哈拉避难。这次战役于回历九一八年赛法尔月（公元1512年4—5月）发生在库耳·马利克（国王之湖）附近。”

三、巴布尔离开撒马尔罕

要在撒马尔罕继续立足是不可能的；所以，巴布尔就集合他的家属和随从人员前往喜萨尔。当时同他一起去那里的有（妻子）马希姆及其子女胡马雍、米黑里·加汗和巴尔布耳——没有母亲的马苏玛——（妻子）古耳·鲁赫及其子卡姆兰（见古耳·巴丹所著书f.7）。我没有找到关于他走的路线的任何记载。米儿咱·海答儿对这次的旅程也未提及任何情节。他仍在撒马尔罕卧病，没有同巴布尔一起走。没有这方面的记载也许是一个迹象，表明乌兹别克人尚未出现于通往喜萨尔的捷径之上。但本地有一个传说，说巴布尔曾绕过费尔干纳地区。他确有可能去过费尔干纳，是希望与赛德汗合作；塔什干仍然在阿黑麻·哈斯木·科赫布尔的领导下坚持着。很明显，巴布尔军队中的一切活动都没有被镇压下去，因为，在塔什干被围攻期间，多斯特·伯克冲破敌阵，进入了城内。赛兰坚持的时间比塔什干更长。关于巴布尔要进入安集延的任何这类行动,我们得到的唯一线索,可能不过是一种传闻。

四、巴布尔在喜萨尔

在经历了这样的成功和失败之后,巴布尔尚不到三十岁。

在他离去后,乌兹别克人又占据了布哈拉与撒马尔罕,并没有伤害城镇居民。几个星期后,乌兹别克人在主马达·勒·巫拉月(7—8月)尾追他到喜萨尔。这时,他在米儿咱·汗的帮助下,用大量的土建工事将街道封闭起来,使乌兹别克速檀们相信,喜萨尔的守卫者准备固守,直至流尽最后一滴血,所以,没有进攻就撤退了(见 f. 265)。有的史料说,他们撤退的缘由是因为巴布尔从巴里黑方面得到了支援;的确,拜兰·伯克派来了一支军队,不过只有三百人;一支这么小的部队,除非是作为一支更大部队的先锋,是不能令敌人惊恐的。他们究竟是否闻知纳吉姆·萨尼的大军正取道巴里黑前进,这从关于日期的更精确记载可以看出来。

五、卡尔施与伽吉达坂

这时,率领着约一万一千人的纳吉姆·萨尼已出发前来执行整肃巴布尔的使命。他在到达呼罗珊边境时,得到了巴布尔在库耳·马利克被击败,已逃往喜萨尔的消息,就从赫拉特及其他地方征集更多的军队,向巴里黑前进。他同拜兰·伯克在该地停留了二十天,也许部分地是忙于同波斯王及巴布尔进行通信联系。据说,巴布尔一再送来求援的请求;援助是给了,而有的史料则说这并未得到波斯王的允许。确定了一个会师的地点,纳吉姆·萨尼进军到呾密,在那里渡过阿姆河,并于赖哲卜月(9—10月)在铁门(Darband-i-ahanin)附近驻营。在巴布尔经过察克·察赫山口快要到来时,他走出营地数里之外,尊敬地相迎,以示礼遇。

从该地开往布哈拉的联军,夺取了胡札尔,再继续向卡尔施推进。巴布尔想象上次进军布哈拉那样,从该城旁边过去。他也许每次都是想使该城居民免遭屠戮。这些居民过去是他的臣民,他想再次统治之,而且,众所周知,这些居民绝大多数与他同属突厥族。但纳吉姆·萨尼拒绝绕过卡尔施;他说,必须攻取卡尔施,因为该城是奥拜都拉·汗的巢穴;奥拜都拉·汗之叔舍黑姆·米儿咱在该城中;该城就攻下来了。乌兹别克守军都成了刀下之鬼,而且,不顾巴布尔的恳求,该城所有的居民一万五千人,据说“不分老幼”,全被屠杀。当时刚好在城中的巴纳伊也遇难了。这一行为引起人们对纳吉姆·萨尼的极度愤怒;也引起了巴布尔的厌恶,这不仅是因为屠城者太残酷无情,而且是因为现在已清楚知道,与他并肩作战的大将军完全不理会他的意见。

纳吉姆·萨尼从被屠戮的卡尔施城朝布哈拉前进。在到达距该城数英里以内的地方时,他听说可能是从撒马尔罕出动的一支乌兹别克军队,在帖木儿和阿布·赛德的统率下,正要来临。他派拜兰·伯克去进攻他们,他们向北退去,进入伽吉达坂,联军追之。这一移动,使纳吉姆·萨尼渡过泽拉夫善河,到了乌兹别克人熟悉的沙漠边缘,而布哈拉的奥拜都拉·汗便在其侧面了。

随后的情况,史料记载互异,都很简短;其对同一事件的叙述,比其选择要记载的情况,差别较小。厄斯金先生评论说,各种史料记述互异之处,并非是绝对矛盾的。他们之所以有这么大的差异,乃是一个记叙的时间的问题,而所指的两个时期,一个是几天,另一个是四个月,可能并非指同一事件。据说,这次围城为时达四个月之久。如果说只有几天,那就不会是指它了。这次围城似乎坚持了一段时间。

起初,有小的接触,互有胜负。粮秣日益缺少;纳吉姆·萨尼的军官们力请撤退,巴布尔也主张退兵。他谁的话也听不进。最后,奥拜都拉·汗率精兵自布哈拉出;他与伽吉达坂的守军会合,乌兹别克联军遂驻于城郊,那里有围墙,街弄,花园,使战场变得狭窄,纳吉姆·萨尼在人数上的优势遂大为降低了。战斗在赖买丹月,三日,礼拜二(11 月 12 日)进行,他的军队被彻底击败,他本人被杀。

六、巴布尔与雅尔·阿黑麻·纳吉姆·萨尼

有些作者说纳吉姆·萨尼的部队没有打好;但我们必须记住的是,他们可能是由于缺少生活必需品而变弱了,而且他们曾想撤退。巴布尔是后备军,据说,他根本就没有参战。在任何情况下,很难找到他要去冒险损失自己的人员的原因。看来,以下米儿咱·海答儿书中关于这次兵败的强烈言

辞,也可能最适合巴布尔的性格。"伊斯兰的胜利之风吹倒了异端邪说的旗帜……他们大部分人都葬身于疆场,在卡尔施被刀剑砍成的一切伤痕,在伽吉达坂由复仇之箭缝合了。纳吉姆·萨尼和所有的土库曼异密都被送去见阎王了。"(见《拉失德史》汉译本,第二编,第155页。)

在波斯宫廷,坚持认为是巴布尔使纳吉姆·萨尼遭到了失败,因为巴布尔不参战。所以当回历九五一年(公元1544年)他儿子胡马雍去伊斯迈耳之子塔玛斯普那里避难时,波斯王曾对胡马雍进行了指责。巴达云尼讲过一个故事,其中人名地名错误很多,但谈到了那时人们的看法。这个故事的有关部分说,巴布尔在伽吉达坂战役前夜,曾将下面引的两句话用箭射到乌兹别克军营,以表达他对波斯王的敌意,可能还有他表示要抛弃自己穿着的什叶派服装。

我为乌兹别克人充当通向纳吉姆[①]的铺路石,
如果错误在我,我现在已将道路打扫干净。

七、蒙兀儿人进攻巴布尔

巴布尔在第二次回到喜萨尔时,遭遇到巨大的危险。一天晚上,他睡在城外自己的营帐里,蒙兀儿人对他发动了一次突然的袭击。费里什塔(Firishta)曾记述此事,但未谈及袭击的细节。他说,巴布尔曾谴责蒙兀儿人的胡作非为;他的叙述没有谈到这个事件同刚刚遭到的失败有何关系,这就使我们推测,蒙兀儿人的胡作非为乃是后来遭到奥拜都拉·汗惩罚的国民的暴行的一部分。卫队人员抵抗蒙兀儿人突袭的喧闹声,将巴布尔惊醒了,他困难地逃脱,身边未带一个侍从,进了城堡。阴谋者抢劫了他的营帐,撤往喀尔提锦。巴布尔不能抵抗,就留了几个人在喜萨尔,自己则前往昆都士米儿咱·汗那里去了。

巴布尔走后,喜萨尔遭到毁灭性的饥荒,大雪连绵,又受到蒙兀儿人的蹂躏。奥拜都拉·汗为巴布尔向蒙兀儿人进行报复;蒙兀儿人在瓦赫什占了一个阵地,以河流、山地和大雪作防卫。奥拜都拉·汗听说他们的肆虐行为后,

① 纳吉姆,意为幸福,又是波斯军统帅的名字,语意双关。这里可译为"通向幸福的路石"。

就在该阵地之外扎营,等到道路解冻,然后进攻他们,为他们对喜萨尔人所加的一年的苦难报了仇。米儿咱·海答儿谈到他们,说是他们的罪行,使喜萨尔脱离了巴布尔,而落入到乌兹别克人的手中。(见《拉失德史》,汉译本,第二编,第155—158页。)

这些蒙兀儿人是为首领效力,他们在赛德汗去安集延时,自愿留在巴布尔这里。米儿咱·海答儿曾提到三人,其中之一是艾育伯·别乞克。当他在约两年后(回历九二〇年)在英吉沙卧病将死时,对于自己的背叛行为感到后悔,他告诉前来看望他的赛德汗说:"使我肝肠寸断,徒贻噬脐之悔的"是在喜萨尔时没有对巴布尔矢忠不移,"由于这些猪狗畜生",即蒙兀儿首领的蛊惑,"我背弃了自己的誓言"。(《拉失德史》汉译本,第二编,第233—234页。)

是年,在蒙兀儿人叛乱之前,米儿咱·海答儿离开了巴布尔,于赖哲卜月(9—10月)动身前往安集延投靠赛德汗,从此开始了他为后者效力的十九年。

回历九一九年(公元1513年3月9日至公元1514年2月26日)

这一年,巴布尔可能是在赫什姆(Khishm)度过的(《传记之友》,第三卷,第372页)。在是年的两、三个月当中,他的手下有一个波斯王的伴当为自己效力。此人名和卓·哈马鲁丁·马赫木,他曾从伽吉达坂逃到巴里黑,在那里听说巴里黑的居民对一个宣称就要到来的乌兹别克首领有好感,所以就去巴布尔手下。主马达·勒·阿赫赖月(8月),他听说这个乌兹别克速檀已离开巴里黑,他就又返回到那里去,但巴里黑人对他闭城不纳,因为他们害怕由于曾欢迎乌兹别克人而遭到报复,这种害怕的心情可以表明,他曾经是给巴布尔提供了一定的支援的。他继续前往呼罗珊,在那里被杀。德夫·速檀为波斯王重新夺得巴里黑。乌兹别克占领的事实被排除,可帮助我们解释,巴布尔怎么在回历九二三年时又来到了巴里黑。

回历九二〇年(公元1514年2月26日至公元1515年2月15日)

据米儿咱·海答儿的记载,这年,巴布尔好像是在昆都士(《拉失德史》

汉译本,第二编,第158页)。这位作者说,巴布尔历尽了千辛万苦,克己复礼,一如既往,十分忍让。但最后因恢复喜萨尔的希望完全破灭,遂又返回喀布尔。这时他似乎在霍斯特作了停留,他后来(见f.241b)提到其事,在那段时间里,他的女儿古耳·朗出生,这是古耳·巴丹的编年史中说的。

这年年末,在冬季的匮乏过了以后,他到达喀布尔。当回历九一七年他重新占领撒马尔罕时,曾将喀布尔赐给自己的同父异母弟纳昔儿·米儿咱。这次,米儿咱接待了他,表示热烈欢迎,声明对他尊敬和效忠,并说为他守卫了喀布尔,请求巴布尔允许他返回自己的采邑加兹尼。他的表现给巴布尔以深刻的印象,这可说是对巴布尔失败后的伤痛以亲切的安慰。

回历九二一年(公元1515年2月15日至公元1516年2月5日)

加兹尼诸首领的叛变

纳昔儿·米儿咱返回加兹尼后不久去世。于是,在加兹尼的诸将领中便发生了不和。其中一人是希里姆·塔海,动乱的主力出自蒙兀儿人。其他许多人也卷入其中,甚至像帕夏噶尔的巴巴这样一个老仆也参加了。(见本书f.234b;《拉失德史》汉译本,第二编,第297页。)米儿咱·海答儿并不知道这次争执的确切原因,也没有说明这次的争执为何会转而反对巴布尔,因为他说是诸首领中了魔,由此而让虚荣心和邪念支配了头脑。(参看《拉失德史》汉译本,第二编,第298页,注①。)可能是发生了纳昔儿·米儿咱的继承问题。在随后发生的战争中,多斯特·伯克表现得很出色。哈斯木·伯克之子康巴尔·阿力从昆都士赶来,也为巴布尔赢得这次战争作出了很好的贡献。杀了许多叛乱分子。另外一些人则逃到喀什噶尔去了,其中之一就是希里姆·塔海。但赛德汗不欢迎他,所以他不能在那里停留,他又回到深受伤害的巴布尔处。据米儿咱·海答儿说,"巴布尔仍一如既往地对他示以仁厚。他闭愤怒之目,不咎既往,开宠信之眼,悉见前功;直到其不久后离开人世。"(《拉失德史》汉译本,第二编,第298页。)

回历九二二年(公元 1516 年 2 月 5 日至公元 1517 年 1 月 24 日)

这一年,巴布尔可能是在喀布尔和喀布尔附近安静地度过的。这种安静是由于蒙兀儿人散去后而促成的。

在这一年,巴布尔的儿子穆罕默德出生。此子因是在军营里出生,故称为阿斯卡里。他的生母是古耳·鲁赫·别乞克。卡姆兰与他是同胞兄弟。

回历九二三年(公元 1517 年 1 月 24 日至公元 1518 年 1 月 13 日)

一、巴布尔访问巴里黑

关于巴布尔在这一年的行动,仅可从宽德·密尔的著作中,得知少许情况。(《传记之友》第三卷,第 367 页及其以后。)这是在谈及巴迪斡思咱蛮·拜哈拉之子穆罕默德·札曼所做的事时提及的。这位米儿咱游历甚广,部分游历宽德·密尔曾陪同他在一起。回历九二〇年,他为波斯王伊斯迈耳效力,在巴里黑,但未能守住该地。巴布尔邀他到喀布尔去。故邀请的时间应是在巴布尔于回历九二〇年底回到喀布尔之后。这位米儿咱已束装就道,但经马黑地·和卓的劝阻,他终于没有去喀布尔,而是去了噶尔吉斯坦。巴布尔对于他不来喀布尔,甚为震怒,便去追赶他,以便对他进行惩罚,但却未能到达噶尔吉斯坦,乃取道非鲁思·科赫与古尔返回喀布尔。这位米儿咱最后还是被抓获,送到喀布尔。巴布尔以仁厚待之,数月后,又以其女马苏玛嫁之,送他去巴里黑。在宽德·密尔于回历九二四年写到上述事件时,他似乎仍在巴里黑。婚礼在回历九二三年底或九二四年初举行。他当时二十一岁,马苏玛九岁;她肯定没有在当时就去巴里黑。据宽德·密尔说,在回历九二三年的某个时候,巴布尔曾访问该城。

二、试图进攻坎大哈

是年,巴布尔进军坎大哈,但他在逼近该城时忽然患病,乃互致礼物,进行谈判,这次的进攻遂和平了结。

《信德史》一书曾提到沙·伯克对巴布尔一再企图进攻坎大哈的解释大意。他说,因巴布尔没有宽恕谟乞木在十四年前从帖木儿后裔阿布都尔·拉札克手中夺取喀布尔的行为,所以几次去进攻坎大哈,而且以后还会去进攻。又说这就使他在回历九一三年来到坎大哈,使他当时夺走了谟乞木的女儿马赫·楚楚克;又说这时(回历九二三年)喀布尔有许多闲着无事的米儿咱,而在波斯人和乌兹别克人统治的地区又找不到安置他们的职位;又说这些米儿咱的野心和巴布尔自己的野心,要找个较弱的对手来发泄,他自己(指沙·伯克)就是这样的对手。

巴布尔决定在这一年进攻,据说是当沙·伯克仍在赫拉特做波斯王伊斯迈耳的阶下囚时定下来的;当时他一定因自己的奴隶桑姆巴耳极有耐性而解除了负担。

回历九二四年(公元1518年1月13日至公元1519年1月3日)

是年,沙·伯克之子沙·哈三在同其父进行了争吵之后来到巴布尔处。他在那里停留了约两年,在这期间,他同喀利法的女儿古耳·巴尔格(玫瑰叶)结了婚。他是在巴布尔于回历九二六年进攻坎大哈之前不久返回该地的,这是再一次的进攻行动,结果于回历九二八年闪瓦鲁月十三日(公元1522年9月6日)占领其地。

这一年,还开始对喀布尔的东北境用兵,见于回历九二五年的日记。察甘·撒莱似在这一年被攻下,被攻下的还有巴巴·喀拉河谷上头一些属于巴焦尔人海达尔·阿利的堡寨(见f.216b)。

回历九二五年(公元1519年1月3日至12月23日)的事件

(1月3日),礼拜一,穆哈兰月的第一天,在昌达瓦耳山谷的下部发生强烈地震,延续的时间将近半个星时。

(1月4日),次日一早,我们从那个营地出动,到巴焦尔城堡附近扎营,打算突击攻取之。我们派了迪拉札克部一个信得过的阿富汗人去巴焦尔,建议巴焦尔的速檀和人民对我称臣并献出城堡。这些愚蠢倒霉的人不听劝告,给我送来野蛮无理的答复,于是我就命令战士们准备云梯、盾牌和攻城需用的一切。为此,我们在该地停留了一天(1月5日)的时间。

(1月6日),穆哈兰月四日,礼拜四,下令军队携带武器,披挂上马。左翼军先行,在巴焦尔城堡上游的渡口过河,到城堡的北面
217a 下马;中军人员奉令不过河,在城堡西北崎岖难行的地方下马;右翼军则奉令占据下城门以西之地。

当左翼诸伯克在多斯特·伯克的率领下过河后下马时,有一百或一百五十人徒步从城堡中出来,并开始放箭。伯克们也前进与之对射。他们将那些步兵逐回,逼迫他们到了城堡的壁垒下;霍斯特人毛拉·阿卜杜耳·马利克,像疯了似的,策马冲向壁垒;如果攻城不这么晚,并准备了云梯和盾牌,那我们可能当时就拿下了

该城堡。毛拉·图尔克·阿力和天格里·伯尔地(英译本作:天格里·伯尔地的一个伴当)与敌人作交手战,砍下敌人的头颅,带回大营。这两个人都被许诺给予赏赐。

巴焦尔人以前从未见过火枪(tufang),所以起初完全不怕;而且,在听见放枪时,他们竟站在枪手的对面,作出各种猥亵的动作,加以嘲笑。那天,阿力·库利师傅用火枪射死五个人,司库瓦力射死二人。其他的火枪手也积极开火,射穿盾牌、铠甲和牛角喇叭
(kusaru),把敌人一个一个地打死。入夜以前可能有七、八个或十 217b
个巴焦尔人死于枪击。是后,他们才害怕火枪,便再也不敢把头伸出来了。

下了这样一道命令:“黑夜已经降临。战士们应准备攻城的武器,在天亮时冲到城堡里去。”

(1月7日),穆哈兰月五日,礼拜五,晨礼时分,发出命令:战鼓一打响,每个战士就要从指定的地方冲向城堡。左翼和中军的战士一齐从自己的地方出动,搭上云梯往上爬。中军的左手部队,由喀利法、沙·哈三·阿儿浑和阿赫马·玉素甫率领,奉命去支援左翼。多斯特·伯克的人到城堡的东北塔楼脚下,动手挖地道,以便毁其城。阿力·库利师傅也在那里。这几天,他也出色地用火枪进行射击,并两次用法兰克炮开火。司库瓦力也用火枪射死一人。

中军左手部队的马利克·阿力·库特比第一个爬上云梯,并[一个人]打斗了一些时候。在中央,穆罕默德·阿利·江·江及其弟纳乌鲁兹各用一架特别的云梯爬了上去,以长、短刀作战开路。巴巴·牙撒吾耳用另一架云梯爬到最上头,用斧子击毁城堡

218a 的墙。我军战士,大部分都表现出色;他们对巴焦尔人大量放箭,不让其探出头来。另一些战士则不顾敌人打击,冒着矢石,奋力将城防工事击毁和推倒。到中午时,多斯特·伯克的人已通过挖掘地道,把东北塔楼打穿缺口,冲了进去,把敌人赶走,登上了塔楼。在同一时间里,中军的战士也用云梯登上了城堡的城墙,最先进入城堡内。由于伟大真主的恩典,我们在两三个星时之内就拿下了这样坚固难摧的城堡。我军的青年战士表现出极大的奋勇,他们确应得到英雄的称号和荣誉。

巴焦尔的居民,是我们的敌人,所以也是一切穆斯林的敌人。这些人既怀敌意,又不驯服,遵行异教徒的习俗,在他们当中完全忘记了"伊斯兰"这个词。因此巴焦尔的男人都被屠杀,而其妻子儿女则全被俘。被杀者将近三千人。

因城堡的东边没有战斗,故少数巴焦尔人得以经那里而逃走。

攻下城堡后,我绕城进行了视察。房顶上,街道中,胡同里和房屋内,到处都躺着无数的死人,来往的行人只能在尸体上走过。

218b 我巡视回来后,到巴焦尔速檀的房子里坐下。我把巴焦尔地区赐给了和卓·卡兰。我派了一支人数众多的精兵去支援他,乃于宵礼时回到营地。

(1月8日),我们于(穆哈兰月六日)一清早上路,到巴焦尔谷地的巴巴·喀拉小河边扎营。在和卓·卡兰的请求下,留下来尚活着的俘虏都获赦罪,并允许回到妻子儿女身边,但有几个速檀和不听话的人,被我抓住后都被处死了。这些速檀和另外几个人的首级,随捷报送往喀布尔。有几个首级和捷报也送到了巴达赫尚、昆都士和巴里黑。从玉素甫寨出使来我处的沙·满苏尔,[①]亲见了这次胜利和大屠杀。我给了他一件珍贵的袍子,让他带一个警告命令,返回玉素甫寨。

(1月11日),在对巴焦尔城堡的事务放心了以后,我们就在穆哈兰月九日礼拜二又再出征,到巴焦尔河谷以下几库罗赫(一库罗赫约相当2公里)的地方扎营,下令在该处的一个高地上用人头堆一塔。

(1月12日),穆哈兰月十日,礼拜三,我骑马出游,并朝巴焦尔城堡走去。在和卓·卡兰的房子里举行酒会。住在巴焦尔周围的异教徒送来几皮囊的酒;巴焦尔的所有的酒和水果,都是由邻近 219a
地区的异教徒供应的。

(1月13日),在和卓·卡兰处过夜。(穆哈兰月十一日)早晨去视察塔楼和壁垒,然后骑马返回营地。

(1月14日),次日(穆哈兰月十二日)晨,我们又出征,到和卓·黑孜尔河畔驻营。

(1月15日)离开该处后,我们(于穆哈兰月十三日)到昌达瓦耳河畔驻营。随即发布命令:"被指派去支援驻巴焦尔的部队的人员,无一例外地都要出发。"

(1月16日),穆哈兰月十四日,礼拜天,给和卓·卡兰授旗,派他去巴焦尔堡。在和卓·卡兰出发后一、两天,我构思了如下的一首小诗,将其写好,给和卓·卡兰送了去:

我与友人的约定并非如此,

① 沙·满速尔是在回历九二五年穆哈兰月以前来的。

离别之苦使我伤痛，不能自持。

孰能使人抗拒命运之反复，

它终于使我与朋友分离不得相值。

(1月19日)，穆哈兰月十七日，礼拜三，萨瓦德人速檀·阿老丁，(速檀·外思的对手)前来投效于我。

(1月20日)，是月十八日，礼拜四，我们去巴焦尔与昌达瓦耳之间的山中打猎。那里的马鹿身子乌黑，但尾巴为其他颜色。此地下方的印度鹿，才确是全身黑色。

那天，我猎获一只黄鹂，也是黑色，眼珠也是黑的；当时一只猎鹰还抓住一只鹿。

219b 军中粮食很少。我们就去卡赫拉吉谷地。夺得许多粮食。

(1月21日)，礼拜五(穆哈兰月十九日)，我们打算去萨瓦德进攻玉素甫寨阿富汗人，就出发，到昌达瓦耳河和巴焦尔河相汇处与潘吉·库拉河之间的地方扎营。玉素甫寨人沙·满苏尔带来一些美味醉人的蜜饯(kamali)。我把一个蜜饯分为三份，我自己吃一份，一份给了噶代·塔海，另一份给了图书管理员阿不都拉赫。它使我大醉。以至于这天诸伯克在宵礼后聚会时，我都不能去出席。这真是一件怪事，现在我能把这样一个蜜饯全部吃下，不知道它是否会令我半醉。

(1月22日)，穆哈兰月二十日，我们从该驻地出动，又步行来到潘吉·库拉的对面停驻，其地在卡赫拉吉与别什格拉姆两谷地的入口处。[1] 这时下雪，深过足踝。那地方本来很少下雪，所以，

---

① 这两个谷地似在昌达瓦耳以东。

当地居民颇感怪异。

经与萨瓦德人速檀·外思协商,决定对卡赫拉吉的居民征取四千驴驮的稻米以为军用,并派他本人前去征收。这些单纯的山民从未承受过这样重的课税;他们无力交出这么多的粮食,也就完全破产了。

(1月25日),穆哈兰月二十三日,礼拜二,派印都·伯克率领
一支部队去袭击潘吉·库拉。潘吉·库拉位于半山以上,到那里 220a
几乎要走整整一库罗赫(约2公里)。在我军人员到达潘吉·库拉村以前,那里的居民已经逃走了。战士们赶来牛群,并从居民的房子里带回许多粮食。

(1月26日),次日(穆哈兰月二十四日)我派库奇·伯克率领一支军队去进行攻掠。

(1月27日),是月二十五日,礼拜四,为了取得军粮,我们驻营于卡赫拉吉谷地深处的曼迪什村。

(1月28日),胡马雍的母亲所生的另外几个儿女,没有活下来。而印达耳当时尚未出生。当我们在那些地方时,马希姆寄来一信。她在信中写道:"不管那是一个男孩,还是一个女孩,都把他给我,这是我的幸运和机会,我一定把他当成是自己的儿子,加以抚育。"穆哈兰月二十六日,礼拜五,这时我们还在该地。我同意把印达耳抚给马希姆做儿子,为此写了一封信,派优素福·阿力·里卡布达尔(拿马镫侍者)送往喀布尔。当时印达耳尚未出生。

在我们驻扎在曼迪什地区的这个地方时,我在谷地中央的一个高地上用石头建筑了一个巨大的台子,其上可以搭一个大毡房和行军用的帐篷。建这个高台所用的石头,全都是我的家臣和战

士像蚂蚁那样一个一个地搬来的。

玉素甫寨阿富汗人马利克·苏来曼·沙的儿子马利克·沙·
220b 满苏尔,[在此以前不久]曾奉使来我处表示良好的意愿。为了同玉素甫寨人建立良好关系,我求娶马利克·沙·满苏尔之女为妻。正是在这个驻地得到消息说,[马利克·]沙·满苏尔的女儿带着玉素甫寨人的贡品正在前来的路上。我们在宵礼时分举行了宴会。我邀请速檀·阿老丁出席,让他坐在我[身边]并赐以荣服(khilcat-i-khasa)。

(1月30日),是月二十八日,礼拜天,我们从该谷地前进,再又驻营。[马利克·]沙·满苏尔之弟陶斯(漂亮的)·汗,将其兄长的上述女儿带到我们驻扎的地方。

因比苏特的居民有同族人在巴焦尔城堡,所以,我就派遣尤素甫·阿力·巴卡乌耳(尝膳侍者)从这个驻地[去比苏特],把比苏特人带到巴焦尔城堡。

又下令留在喀布尔的军队前来与我会合。

(2月4日),赛法尔月三日,礼拜五,我们在巴焦尔河与潘吉·库拉河的汇合处停驻。

(2月6日),是月五日,礼拜天,我从这个驻地前往巴焦尔;那里正在和卓·卡兰的房子里举行酒会。

(2月8日),是月七日,礼拜二,我把伯克们和迪拉札克阿富汗人的首领们召集起来开会,经商量,作出这样的决定:年终将届,鱼月只剩下几天了,平原上的所有粮食都已征集。如果我们现在
221a 就去萨瓦德,军队将因找不到粮食而挨饿。所以应当取道安巴哈尔与帕尼·马利,在哈什特·纳加尔上游过萨瓦德河,对居住在马

胡拉玉素甫寨·桑加尔对面平原上的玉素甫寨人和穆罕默狄人进行突袭。下一年,应在收获季节早早地到这里来,好好地考虑一下这里的阿富汗人。

这样决定后,我们于次日(2月9日)礼拜三的早晨给速檀·外思和速檀·阿老丁赏赐马匹与荣服,让他们带着恩赐文书离去。然后我们就出征,至巴焦尔城堡的对面扎营。

(2月10日),次日,我们又进军,把沙·满苏尔的女儿留在巴焦尔,直至我军返回该地。

另一天,我们继续前进,经过和卓·黑孜尔,停驻。我在该处打发和卓·卡兰去巴焦尔。过多的辎重,疲惫的马匹和军队多余的财物,都经库纳尔送往兰姆甘。

(2月11日),次日晨,我们又出征。我委任和卓·密尔·米兰看管骆驼队和沉重的家私什物,并打发他们取道库尔加图、达尔瓦札和卡拉·库巴山口先行。

我们自己则带骑兵轻装前进,迅速地越过安巴哈尔山口,还过了另外一个很高的山口,于晡礼以前到达帕尼·马利。乌干·拜尔地同另外几个人被派到前面去了解情况。

(2月12日),我们离阿富汗人很近,因此我们没有一清早就起来出击。乌干·拜尔地约于中午返回;他曾抓住一个阿富汗人,斩其首级,可在返回的路上把这首级遗失了。他并没有带回我们 221b
想望的任何确实的消息。

我们约于中午时出动,渡过萨瓦德河,快到晡礼时停驻。宵礼时,我们又上马,迅速前进。

(2月13日),派鲁斯坦木·土库曼去侦察,当太阳升到梭镖高时，他带回消息说，阿富汗人听说我们快要来临，就一片惊慌，骚动起来；一部分阿富汗人正取山路逃跑。我们听到这个消息后，就加速前进，派散兵走前面。他们杀了几个阿富汗人，取下首级，并带来一些俘虏和牛、羊。迪拉札克部的阿富汗人也带来几个首级。

我们回师至卡特兰附近停留。又从该地派了一个向导去迎接和卓·密尔·米兰监护的辎重队，并命令他到马卡姆来与我们会合。

(2月14日)，次日晨，我们又拔营前进，到卡特兰与马卡姆之间停驻。有一个人从沙·满苏尔那里前来；我派胡思老·库克耳达什和秘书阿黑马地带几个士兵去迎接辎重队。

(2月15日)，是月十四日，礼拜二(英译本作礼拜三)，在我们进入马卡姆时，辎重队到来与我们会合。

三、四十年以前，有一个名叫沙赫巴兹的异端派哈兰答儿，曾在那些地方诱惑一部分玉素甫寨人和一些迪拉札克人信奉了异端
222a 派。马卡姆山的支脉有几处低矮的丘陵，俯瞰着整个草原；从这些丘陵上可展视到很宽广而又开阔的景色。沙赫巴兹·哈兰答儿的坟墓当时就在那里。我在周游该地后，去看这座坟墓。我想，在这样一个景色优美的地方，完全不应有一个异端派哈兰答儿的坟墓。我便下令将其毁掉，夷为平地。

因该地风景优美喜人，所以我在那里待了一些时候，并吃了一个麻饯饼(májun)。①

① 麻饯(májun)，乌尔都语，是一种吃了醉人的饼，用大麻叶、罂粟种子、马钱子、番木鳖子、菲沃斯属植物、曼陀罗花的种子，以及其他原料，捣碎，加奶油、蜜饯而成，呈黑色。食之令人兴奋，但有毒。此种带毒的食物，流行于巴基斯坦和印度。

我们离开巴焦尔后,就想去夺取比拉之地。自我进入喀布尔以来,我一直在想去进攻印度,但由于各种原因,未得成行。在我率领这支军队的三、四个月中,战士们没有虏获什么东西。现在,印度边境既距比拉不远,所以我们就想立即轻装驰往该地,那战士们就可能有所虏获。

我做着这种打算,往回走。在我们对阿富汗人进行了攻掠并停驻于马卡姆之后,一些好心的人提出,"如要侵入印度,就应认真进行准备。一部分军队驻于喀布尔,一支青年的精兵则被留在巴焦尔城堡,许多战士因坐骑疲惫返回兰姆甘去了。而随我来此的那部分人,他们的马匹也已疲惫不堪到如此地步,要骑着这些马作一天的飞速奔驰也是不可能的。"

这些话虽有道理,但并没有据以作出决定。我们不顾这些意
见,次日一清早就出动,前往印度河的渡口。我派遣密尔·穆罕默 222b
德·加拉班(划木筏者)及其兄弟们带领另外几个熟悉印度河的人到渡头的上游和下游对该河进行观察。

(2月16日)在把辎重车队送往河边去后,我就去萨瓦提那边去猎取犀牛,那地方也叫卡尔格·汗纳(犀牛之家)。我们发现几头犀牛,但丛林太茂密,犀牛不出来。有一头母犀牛带着一头小犀牛来到林边草地,放肆奔跑,我们对之众矢齐发。因丛林就在近边,故母犀牛便钻到丛林中去了。我们放火烧林,也没有找到那头母犀牛。小犀牛则被火烧死,抽搐着痛苦地躺在地上。将其割剥以后,每人分了一份。离开萨瓦提后,我们因迷路而漫游了许久,直到宵礼时分才返回营地。

派去侦察渡口的人在对那里进行了一番观察以后回来了。

(2月17日)次日,十六日,礼拜四,我们带着马匹、骆驼及其驮着的家私什物,从渡口过河;辎重队、步卒和毛驴则乘木筏子过。早晨,在我们渡河时,尼耳·阿布地方的居民来看,以一匹挂了铠甲的马和三百沙哈鲁币送给我们作为礼物。

所有的人都过了河后,我们即在是日晌礼时分拔营继进,到晚上初更已过的时候(约晚上9点),在距卡恰·科特河不远处扎营。

(2月18日),次日清晨,拔营过卡恰·科特河。于中午时经过桑达基山口,扎营。掌门官赛伊德·哈斯木率巡逻兵出巡,抓获几个跟在辎重队后面的巴焦尔人(英译本作 Gujurs),将其斩首,带回四、五个首级。

223a (2月19日),我们一早离开桑达基,于晌礼时渡过苏汉河扎营。落在后面的人员于午夜前陆续到来。这一站的行程很长,马匹已疲惫力竭,举步艰难,故许多马匹被丢弃。

比拉以北七库罗赫(14公里)处有一山。在《帖木儿武功记》和其他一些书籍中称之为朱德山(Koh-i-jud,意即盐山)。那时我不知道这一名称的由来。后来我才知道是因为此山中住着两个部落,一个叫朱德,另一个叫江朱哈,他们出于一个祖先。这些部落的代表人物,自古以来即统治着住在此山中和尼耳·阿巴与比拉之间地带的部落和人民,但他们的统治是友善的和兄弟般的。他们不能向人民征取他们想要征取的一切东西,他们能征取的数量是自古就定下了的;统治者收税,臣民按定量纳税,不多也不少。税率是:每一副牛轭交纳一个沙哈鲁币(英译注,相当于一个先令或十二便士),每一个农户纳七个沙哈鲁币。此外,还要服兵役。

朱德部落也好,江朱哈部落也好,都分为几个氏族。

朱德山距比拉七库罗赫(14公里),系自与兴都库什山相连的 223b
克什米尔诸山分出,向西南延伸,直到印度河的丁·科特山麓。在此山的山半部住着朱德部落,而在另半部则住着江朱哈部落。此山即因此部落之名而被称为朱德山。该部的一个主要头人被尊称为拉伊(Rai);其他头人,其诸弟及诸子,则称为马利克。江朱哈部的头人是兰噶尔·汗的舅父;住在苏汉河附近诸部落、氏族的统治者称为马利克·哈斯特。他本名阿萨德,但印度人有时略去这类的短元音,如把 Khabar 念成 Khabr,把 Asad 念成 Asd,于是 asd 就渐渐变成 Hast(哈斯特)了。

我们扎营之后,就立即派遣兰噶尔·汗到江朱哈部的[统治者]马利克·哈斯特那里去。兰噶尔·汗疾驰前往,使马利克·哈斯特对我们的仁慈和善意抱有希望,他在宵礼时分将其带回了营地。马利克·哈斯特献给我一匹带有铠甲的马作为礼物,并宣称愿对我尽忠效力。他当时约有二十二、三岁。

营地周围放养着江朱哈人的大量牲畜和羊群。因我经常想要征服印度,又因为比拉、胡沙布、钦·阿布与钦牛特等等这些地方曾经一度被突厥所统治,所以,我就把他们看成为自己的领地。我决心要把他们拿到手,并统治之,不管是采用武力还是采用和平的手段。因此,就有义务也有必要同山里的居民建立良好的关系。 224a
我就下令:“不准抢夺或伤害周围居民的牲畜和羊群——甚至不得擅拿群众的一针一线。”

(2月20日),次日早晨,我们从该地进军,于晌礼时到达卡耳达·卡哈尔,并在那里停留。其周围有许多翠绿的田地,显得非常美丽。卡耳达·卡哈尔在比拉以北约十库罗赫(20 公里),为一平原,处于朱德山环绕之中。该平原的中央有一大湖,是由周围山上流下的雨水汇集而成。此湖以北三库罗赫(6 公里)处有一片美丽的草地;其西的山坡上有一发源于湖上高地的泉流。

因此地宜人,所以我在那里建造了一个花园,称为萨法园,此地美好可爱,空气清新,这在以后还要详细讲到。

(2 月 21 日),次日黎明时,我们从卡耳达·卡哈尔出发。在我们到达哈姆塔图山口的顶上时,当地的居民给我贡献一些简单的礼品,宣称愿为我效力。我把这些人编入阿不都拉希姆·沙噶瓦耳(主任司书)的队伍中,并派他们去比拉。[阿不都拉希姆]受命去讨好比拉的居民,对他们说明:“这些地方自古以来就是突厥的领土。请看吧,我们不会让你们受惊害怕,以免使人民破产。要知道,我们关注这片土地和这里的人民,绝不会进行抢劫和掠夺。”

224b 我们约在中午时扎营于山口的脚下,从该处派察尔赫人库尔班和霍斯特人阿卜杜耳·马利克带领七、八个人先行,去打探消息。他们当中的密尔·穆罕默德(马黑地·和卓的仆人?),带回来一个人。

当时,有几个阿富汗头人带礼物来投诚。我命他们加入兰噶尔·汗的队伍,并派他们去给比拉的居民说好话,以争取之。我们过了山隘和走出丛林之后,就将部队编为右翼、左翼和中军,朝比拉前进。在我们接近比拉时,锡克图的儿子迪瓦·印都,道拉特·汗·玉素甫·哈伊耳的儿子阿利·汗,同比拉的几个显贵人物前来,这些人带了一匹马和一只骆驼作为礼物献给我,并表示为我效力的意愿。晌礼过后,我们就在比哈德河(杰卢姆河)河岸比拉东面的田原上扎营,这是为了不给当地居民造成损失和困难。

帖木儿·伯克曾侵入印度。从他撤出该地以后,许多地区,如:比拉、胡沙布、钦·阿布和钦牛特诸地,又复处于帖木儿·伯克的子孙和那些子孙的臣属统治之下。莎儿合塔米失之子与沙哈鲁·米儿咱之孙速檀·马苏德·米儿咱那时曾统治喀布尔与查布尔,所以,他被称为喀布尔的速檀·马苏德。

速檀·马苏德的一个爱妾所生的几个儿子——密尔·阿力· 225a
伯克、巴巴·喀布里、达里亚·汗与阿帕克·汗(后称为加齐汗),在速檀·马苏德·米儿咱及其子阿斯噶尔·米儿咱死后,以武力夺取了喀布尔、查布尔及上述印度诸州、区(parganas)。[1] 在速檀·卜撒因·米儿咱时期,他们失去了喀布尔与加兹尼,但印度之地则仍处在他们的统治下。回历九一〇年(公元1504年),我初次来喀布尔,想进入印度。那年,我越开伯尔山口,到达白沙瓦,由于巴基·石汗那的坚持,就去进攻下班加什,即科哈特,攻掠了阿富汗人的大片土地,践踏抢掠了朱德平原(英译本作本努平原),再经杜基(意为平原)返回。那时,比拉、胡沙布与钦·阿布的统治者是加齐汗之子与密尔·阿力·伯克之孙赛伊德·阿利·汗。他服属于(罗地阿富汗王)布赫鲁耳之子伊斯堪达尔,在礼拜五讲道(虎土白)时念他的名字。在我(于回历九一〇年)出师时,他慑于我的军威,仓皇地抛弃比拉,渡过比哈德河,以比拉所属的一个村庄舍尔·库特村作为安身之地。一、两年后,阿富汗人因我们的

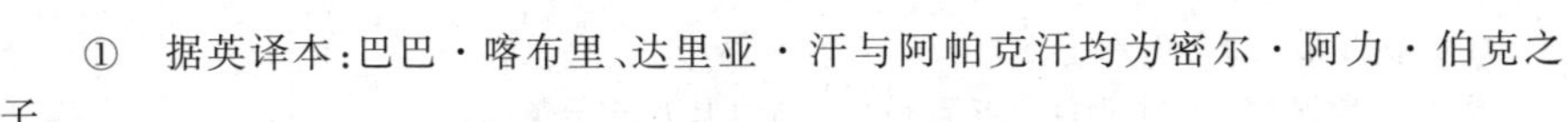

① 据英译本:巴巴·喀布里、达里亚·汗与阿帕克汗均为密尔·阿力·伯克之子。

关系对赛伊德·阿利·汗有所怀疑；他也因此感到惶恐不安，遂将其统治下的地区转让给当时拉合尔的统治者塔塔尔·汗·玉素甫·哈伊耳之子道拉特·汗。道拉特·汗又将比拉赐给了自己的
225b 大儿子阿利·汗。那时，比拉就是在阿利·汗的统治之下。阿利·汗的祖父，道拉特·汗的父亲塔塔尔·汗，是那六、七个军事长官(sardar)之一，他们曾起义，夺取了印度，并拥立布赫鲁耳为君(帕的沙)。锡尔欣[①]与萨特累季河以北的所有地区都隶属于塔塔尔·汗，这些地区的赋入超过三克洛尔(Krur)[②]。

塔塔尔·汗死后，作为国君的速檀·伊斯堪达尔(罗地)从塔塔尔·汗诸子手中夺取了这些地方；在我来到喀布尔地区之前一、两年，[速檀·伊斯堪达尔]仅把拉合尔一地还给了道拉特·汗。

(2月22日)，次日晨，我派人到几个近便的地方去略取军粮。同日，游历比拉。

是日，江朱哈[部落的]桑古尔·汗来，献马投诚。

(2月23日)，是月二十二日，礼拜三，我把比拉的商人和地主召来，经协商同意，向他们征收四十万沙哈鲁币的赋税，作为和平(mál-i-aman)的代价。我任命了税吏。然后，我又出游；我们是乘船去的，并在船中吃了麻饯饼。

(2月24日)，我派海打尔·阿拉姆达尔(掌旗官)去比拉和胡沙布两地的俾路支人那里。礼拜四早晨，他们来，献枣红马，并表示对我尽忠效力。

① 锡尔欣，即印度河上源。

② 三克洛尔，相当于七十五万卢比，或约七万五千英镑。

我得到报告,说有些战士胡作非为,抢劫比拉的居民。我就派 226a
人去对那些暴徒处以死刑,另一些人则被穿鼻,牵着绕营示众。

(2月25日),礼拜五,胡沙布的居民送来呈文。我指派沙·叔佳·阿儿浑之子沙·哈三去胡沙布。

(2月26日),是月二十五日,礼拜六,沙·哈三动身前往胡沙布。

(2月27日),礼拜天,下大雨,整个平原大水泛滥。在比拉和我们驻扎的花园之间,曾有一条臭味难闻的小河流过;可是快到晌礼时,这条小河就变成一条宽阔的大河了。在比拉附近,要涉水走过一箭之地是不可能的;人们得泅水渡河。

下午,我出去观看奔腾而来的洪水。大雨和风暴如此强烈,使我们在归途中害怕进入营帐。我不得不骑马游过那条泛滥的河。留在营帐中的人也极惊恐。他们大部分人都抛弃毡房和沉重的什物,披戴盔甲,拿上兵器,策马游过江去。整个平原淹没在一片汪洋之中。

(2月28日),次日晨,从(杰卢姆)河上搞来船只,大部分战士把自己的毡房和辎重都搬到船上。快到中午时,库奇·伯克的部属,溯河往上走了一沙里(2公里),在那里找到一个渡头,其余的人就在这个地方过了河。

(3月1日),我们在比拉堡(人们称之为贾汗·纳马)过了一
夜,于礼拜二清早离开该堡。由于害怕大雨和洪水,我们就到比拉 226b
北面的高地上扎营。

比拉的居民对约定应缴纳的银钱,拖拖拉拉才交付。我将该邦分为四个区,并命令伯克们尽心竭力地去了结此事。一个区由

喀利法负责,另一个区由库奇·伯克负责,第三个区由多斯特·纳昔尔负责,第四个区由赛伊德·哈斯木和穆希布·阿利负责。因我认为该地区曾一度属于突厥人,所以不允许在那里进行抢劫和破坏。

(3月3日),人们常说,“派使者去曾经属于突厥人的地方进行和谈,[他们的统治者]是不会制造障碍的。”所以,我便在赖比儿·尼勒·安外鲁月一日,礼拜四,派了毛拉·穆尔希德到速檀·伊伯拉欣那里去。此王在约五、六个月以前其父速檀·伊斯堪达尔死后,统治了印度。我给速檀·伊伯拉欣送去一只鹰,并向他要求那自古以来属于突厥的土地。毛拉·穆尔希德受命递送写给道拉特·汗和致速檀·伊伯拉欣的信件,还有一些事则要他作口头传达。我打发他首途前往。

印度的居民,特别是阿富汗人,既少见识,又乏理性,他们从未听过正确合理的意见。他们既不能像一个敌人那样坚忍不拔,也
227a 不会坚持和恪守友谊。道拉特·汗让我派去的人在拉合尔留了好几天,他既未亲自去见一下面,也没有送他到速檀·伊伯拉欣那里去。我的使者在几个月后返回喀布尔时竟没有带回任何答复。

(3月4日),是月二日,礼拜五,步兵舍巴克和现任火枪手的步兵德尔维希·阿利,从喀布尔带来信件并报告印达耳出生的消息。因这个消息到达时,正值我进军印度,我以为这是一个好的征兆,故给新生儿命名为印达耳(意为夺取印度)。

康巴尔·(阿力)·伯克当时也从巴里黑带来穆罕默德·札曼·米儿咱的信件。

(3月5日),次日晨,在内阁散会时,我骑马出游,又上船,在船上喝酒。同我共饮的是和卓·多斯特·哈完德、胡思老·密里姆、米儿咱·库利、穆罕默地、阿黑马地、噶代、纳曼、兰噶尔·汗、拉乌赫·达姆、吸鸦片烟的卡西木·阿力、优素福·阿利与腾格里·库利。船头安放了表面平整的坐墩,我同几个人坐在上面,另外几个人则坐在下面。在船尾也有一个坐人的地方,穆罕默地、噶代与纳曼坐在那里。喝酒喝到晡礼时分。由于酒气难闻,我同坐在船头的那几位商量后,就改吃麻饯饼。坐在船尾的那些人不知 227b
道我们已改吃麻饯饼,仍然喝酒。我们于宵礼时分离船,很晚才回到营地。穆罕默地与噶代以为我一贯喝酒,就决定"为主上适当效劳"。他们各自拿了一罐酒,搬到马上。他们喝醉了,兴高采烈地给我送来一罐,并说:"在这黑暗的夜晚,我们轮流把这罐酒放到马上带来了。"后来,他们得知宴会有其他意思,醉得也不同,这就是说:有一些人是因吃麻饯饼而醉,另一些人则是喝酒而醉。吃麻饯饼的宴会同喝酒的宴会既互不相同,所以,[穆罕默地与噶代]感到很不好意思。我对他们说:"不要把宴会给搅了!谁爱喝酒,就让他喝酒;谁愿意吃麻饯饼,就让他吃麻饯饼吧!谁也不要用谈话和暗语去打扰别人。"

一些人喝了酒,另一些人吃了麻饯饼;宴会进行得豪华体面。巴巴·江·卡布兹不在船上,我们来时曾邀他到毡房里;他想喝酒。我们还邀请了钦察人吐尔地·穆罕默德,并让他一起喝酒。吃麻饯饼的人同喝酒的人从来都是搞不到一起的,因此,醉汉们就开始从各个方面说些粗野的话,大部分是对吃麻饯饼的人进行攻击。甚至巴巴·江在喝醉了以后,也说了许多胡话。醉汉们斟满酒,灌吐尔地·穆罕默德,一碗又一碗,使他很快就醉得不懂人事。

228a 不管我怎样尽力进行调解,都无济于事。接着开始大吵大闹。宴会也就变得没有意思了,所有的人各自散去。

(3月7日),是月五日,礼拜一,我把比拉地区赐给了印都·伯克。

(3月8日),礼拜二,以钦·阿布地区赐给忽辛·伊克拉克,打发忽辛·伊克拉克与钦·阿布的居民[回家]。

这时,赛伊德·阿利·汗的儿子密奴奇黑尔·汗,指望我能帮他,从印度取上路前来我处。他在路上曾遇见塔塔尔·汗·伽卡尔。塔塔尔·汗不让他通过,将他留下,把自己的女儿嫁给他。他遂成了塔塔尔·汗的女婿,在那里过了一段时间,但后来还是来到我处,表示要对我尽忠效力的愿望。

在与克什米尔诸山相连的尼耳·阿布与比拉之间的山中,除朱德部落和江朱哈部落之外,还有加特部、古加尔部和其他许多部落。这些部落在每一个山丘和所有的高地上建立乡村。他们的头领和统治者都属于伽卡尔部落;他们像统治朱德部和江朱哈部那样进行统治。那时(回历九二五年),那些山坡上的部落首领是塔塔尔·伽卡尔和哈提·伽卡尔,这两个人是一个祖先的后裔;他俩是堂兄弟。他们设防的寨子位于悬崖上和深谷中;塔塔尔的据点称为帕尔哈拉,位于雪山下之深处;哈提的领地则与山相连。哈提
228b 还把巴布·汗·比苏特的采邑卡兰加尔合并于自己的领地。塔塔尔·汗曾会见道拉特·汗,对他表示完全服从。哈提没有见到道拉特·汗,对他敌视,不表示顺从。塔塔尔在经过同印度诸伯克商量,并达成协议后,前来占据地势,好像对哈提进行远距离包围。正当我们在比拉的时候,哈提以出猎为名,对塔塔尔进行突然袭

击,将他杀死,夺取了他的领地、妻妾及其所有的一切。

我于晌礼时出游,上船饮酒。参加饮宴的有:杜斯特·伯克、米儿咱·库利、阿黑马地、噶代、穆罕默德·阿利·江·江、阿萨斯与蒙兀儿人乌干·拜尔地。参加的音乐家有:拉乌赫·达姆、巴巴·江、卡西木·阿力、优素福·阿利、腾格里·库利、阿布耳·哈斯木、拉姆赞·鲁利。我们在船上喝酒,一直喝到宵礼时;然后酩酊大醉地离船,上马,手执火把,在马上摇摇晃晃地从河岸驰回自己的营地。我一定是醉得很厉害,因次日早晨人们来告诉我,说我手执火把驰回营地时,我什么也记不得了。我回到营帐里后,曾严重呕吐。

(3月11日),礼拜五,我出游,乘船渡过(杰卢姆)河。在河那边,我参观了林木繁茂、种植甘蔗的果园。我们见到了筒车,询问它如何打水。并几次让它把水打上来。在出游中,我们又吃了 229a
麻钱饼。

在返回途中,我们上了一条船,也给了密奴奇黑尔·汗一个麻钱饼;这个麻钱饼使他醉了,以至于后来要两个人用手架着他才能使他站住。

我们在河的中流停了一些时候,然后顺流而下划了很久,以后又掉转船头逆水划行。在船中过夜,在快天亮时回到营地。

(3月12日),赖比儿·尼勒·安外鲁月十日,礼拜六,太阳进入白羊星座。是日晌礼过后,我们乘船出,饮酒。参加酒会的有:和卓·多斯特·哈完德、杜斯特·伯克、密里姆、米儿咱·库利、穆罕默地、阿黑马地、穆罕默德·阿利·江·江、噶代·塔海、密尔·胡尔德、阿萨斯。音乐家有:拉乌赫·达姆、巴巴·江、卡西木·阿力、优素福·阿利、腾格里·库利、拉姆赞。我们进入一条支流，顺流而下，划了一段时间。在比拉下游很远的地方离船，于宵礼时返回营地。

是日，沙·哈三自胡沙布返回。他是奉使去那里索取自古以来属于突厥的土地的；他签订了和约；并且把应缴纳给我的钱也交给了我。

天气快要热了。我派掌印官沙·穆罕默德，其弟杜斯特与几
229b 个勇士去援助印都·伯克；每个人都按其地位确定和发给了生活费用。兰噶尔·汗是我进行这次远征的原因和推动者，我把胡沙布地方赐给了他，并给授旗。此外，我还指令他去支援印都·伯克。比拉的突厥人和当地的士兵，也被派去支援印都·伯克，并增加了他们的薪俸。他们之中有前已提到的密奴奇黑儿·伯克，他的近亲突厥人纳札尔·阿力；还有江朱哈部的桑古尔·汗和马利克·哈斯特。

（3 月 13 日），我以各种方式安顿了这个地区的事务，对和平满怀希望，然后于赖比儿·尼勒·安外鲁月十一日，礼拜天，离开比拉，返回喀布尔。

我们到卡耳达·卡哈尔停留。那天下着异常的大雨：人们戴着遮雨的羊毛斗篷，就好像没有戴一样。滞后的辎重队，在夜里行进，到宵礼时才到。

（3 月 14 日），熟悉该地和该地王朝的历史（荣誉）的人，特别是伽卡尔部的宿敌江朱哈部落的［阿富汗人］报告说，该地的哈提·伽卡尔是一个最坏的人，——拦路进行抢劫的是他，使人破产的也是他。应当把他逐出该地，或给予严惩。

在对此事进行商量后,我即于次日早晨让指挥官和卓·密尔·米兰和密里姆·纳昔尔留在驻地,午后与他们告别,赶紧出发前去进攻哈提·伽卡尔。前已提到,[此人]曾在几天前杀死塔塔尔,夺取他的领地帕尔哈拉,现正在该地。晡礼时,我们停下来喂马,
到宵礼时我们又再进军;向导是马利克·哈斯特的一个伴当,古朱 230a
尔族,名叫萨鲁帕。我们走了一个通宵,天亮前停下;派蒙兀儿人伯克·穆罕默德返回驻地。天亮时又再上马前进,到中午时我们戴上盔甲,加速进军。帕尔哈拉的轮廓在一沙里(2公里)之外显现出来;派散兵先行,右翼军推进到了帕尔哈拉的东郊。也在右翼的库奇·伯克奉命随军前进,以为后援。左翼与中军急于直接进攻帕尔哈拉。杜斯特·伯克被派随后前去支援左翼与直接进攻帕尔哈拉的人。

帕尔哈拉位于一个峡谷中,有两条通路。我军前来走的那条路,是从东南通向该地,沿着峡谷顶上走,路两边的沟壑都被水冲坏。距帕尔哈拉半库罗赫(1公里)处,道路[难行];在抵达城门口以前,这条路有四、五处地方只能一人行走,而路两边又有不测之深谷。在那里,总有一箭多远的路,人们必须鱼贯而行。

另一条路是从西北方面而来。它经过一个宽阔的山谷,通到帕尔哈拉。这条路也很狭窄;路的两边都无别的路。帕尔哈拉虽无围墙与雉堞,但那里也没有易于攻取的地方;该堡四周有陡峭的
壕沟,深达七、八,乃至十卡里(约7公尺)。 230b

左翼的人走出狭地后,即奔向城门。哈提率领三、四十个披盔戴甲的骑士和许多步兵迫使我军先头部队后退。率领后援部队殿后的杜斯特·伯克及时赶到,对敌人实行猛攻,把哈提部下的许多

人打下马来，将敌人击溃。以骁勇著称的哈提·伽卡尔进行了一些抵抗，但终不能支持而逃。他不能在那狭地中坚持，而在到了城堡里后，也不能固守之。我军前锋跟踪追击，来到城堡，从帕尔哈拉城堡西北（俄译本作东北）经该城周围的峡谷和沟壑冲入城堡内。哈提单身一人轻骑逃走。在这一事件中，杜斯特·伯克也表现很好，因而受到奖赏。

这时，我已进入帕尔哈拉城堡内，住在塔塔尔·伽卡尔的房子里。被安排同我住在一起的几位勇士，在派遣先锋队时，也曾去参加攻城。他们中有阿明·穆罕默德·答尔罕·阿儿浑与喀拉察。为了这一过错，我没有给他们奖赏，而是派他们取道荒漠和戈壁去迎接辎重，让前已提到过的古朱尔人萨鲁帕做他们领队。

（3月16日），次日晨，我们走出西北峡谷，到一片耕地停留。派司库瓦力率领几名精壮去迎接辎重。

（3月17日），是月十五日，礼拜四，我们再向前进，到苏汉河
231a 岸的安达拉巴停留。安达拉巴堡历来受马利克·哈斯特的祖先统治。在哈提·伽卡尔杀死马利克·哈斯特之父后，该城堡即被毁，此时已成废墟。

是日宵礼时，那些留在卡耳达·卡哈尔营地的人，又与我会合在一起。

哈提在战胜塔塔尔时，曾派遣自己的一个亲戚帕尔巴特，携带具有装备的马和贡物前来我处。帕尔巴特没有找到我，却与我留在后面的队伍相遇，同辎重队一起到来。他呈献礼物，对我表示效力的愿望。与之同来的还有为办事而从比拉来的兰噶尔·汗。他把事情办妥后，被允许同几个当地人一起离去。

（3月18日），此后，我们继续进军，渡过苏汉河，在一个高地扎营。我在该地给哈提的亲戚帕尔巴特赐锦衣一袭，给哈提写了一封鼓励信，并派穆罕默德·阿利·江·江的一个伴当与之同去。

胡马雍的几个伴当，以巴巴·多斯特和哈拉希耳为首，动身前往尼耳·阿布与葛逻禄·哈札拉，这两个地区已赐给了胡马雍。［巴巴·多斯特］在自己被任命为达鲁花时前来见我。桑噶尔·葛逻禄与米儿咱·马耳维·葛逻禄带领三、四十个葛逻禄头面人物前来，给我献（带铠甲的）马，并表示愿为我效力。从迪拉札克部阿富汗人那里也来了一支部队。

（3月19日），次日晨，我们一大早就进军，走了二沙里（4公 231b
里），停下驻营。我登上一个高地观察营地，下令清点营地里骆驼的数目，计有五百七十只之多。

［过去］我曾听说过甘松树，只是在这个驻地我才见到这种树。这山的山坡上甘松树不多，仅在这里那里个别地长着。再往前，在印度诸山的山坡上，甘松树就很多，而且树很高大。这在描写印度的动植物时还要提到。

（3月20日），我们在敲鼓时（即天亮以前一小时）从该驻地出发，于早餐时（上午9点）至桑格达基山口下面停留。晌礼后再前进，越过山口，过了河，至一个高地驻营。

（3月21日），午夜时再从该地出发，视察我们要过的渡口，朝比拉前进。就在这个渡口见到有一个装满粮食的大木排，陷在泥淖中。木排的主人，不管怎么努力，也不能将其移动。我们就夺取其粮食，分与随同的手下人。这粮食真是来得及时！

约中午时，我们停在喀布尔河与信德河（印度河）交汇处下游不远的地方,在旧尼耳·阿布的上头。我们的驻营地是在两条河之间。从尼耳·阿布送来了六条船,我将其分给右翼、左翼和中军的战士;我军人员正忙于努力渡过(印度)河。星期一的整天,星期二(3 月 22 日)前的整个晚上,与星期二整天,直到星期三(3 月 23 日)我军都在渡河。星期四也还有几个人过河。

哈提的亲戚帕尔巴特,我曾在安达拉布时派他同穆罕默德·
232a 阿利·江·江的一个伴当一起去哈提那里。在我们经过尼耳·阿布时,帕尔巴特来到河岸边我的面前。他带来哈提贡献给我的一匹带铠甲的马。尼耳·阿布地方的居民也来献马投诚。

穆罕默德·阿利·江·江希望留在比拉。因我已将比拉赐给了印都·伯克·故穆罕默德·阿利乃接受比拉与印度河之间的土地,也就是葛逻禄·哈札拉、哈提、吉雅斯·瓦耳与基提布之地。谁像忠臣那样低头,就应像对待忠臣那样对待他。如果有谁不低头呢,

对一切不低头的人,就要将其打倒,
剥夺他,压倒他,以迫使他服从。

给予这一切恩遇之后,我还赐给阿利·江·江一件喀耳木克皮包和一个用黑色丝绒做的披肩风帽,并给他授旗。我打发哈提的亲戚走时,又要他给哈提送去一把宝剑,一套换穿的长袍,并赐给诏书慰勉。

(3 月 24 日),礼拜四,日出时我们从河岸边出发。这天我们吃了麻饯饼。吃醉后,我们观赏奇妙的花圃:在一些地方开着一丛一丛黄色的花,在另一些地方——开着一丛丛红花,有的地方则是红色的花与黄色的花错杂地开在一起,犹如散落下来的一样。我

们坐在营地附近的高地上观赏这一景色。高地的六面都有花卉, 232b
这儿是黄花,那儿是红花,错落有致,形成一个六角形。有两边花较少,但就目所能及,到处都见到这样的花圃。在春天,白沙瓦附近的花圃真是很美丽。

(3 月 25 日),天亮时我们从这个驻地进军。我们走到河岸的一个地方,忽见一个咆哮着的老虎。马匹一听到虎啸声,就不由自主地向四面八方奔窜,载着骑士冲向洼地和沟谷。这老虎又走进丛林中去了。为了把它引出来,我命令牵一条水牛到丛林边。这老虎便又咆哮着出来了。人们开始从四面八方朝它放箭,我也放了箭。步兵喀耳维以长矛刺中老虎;老虎咬断了矛头。老虎由于多处受伤,爬进灌木丛中,躺在那里。巴巴·牙撒吾耳拔刀走近它。老虎跳起来,巴巴·牙撒吾耳立即向其头砍去,然后锡斯坦人阿力砍其脚爪。老虎窜入河中,在水中毙命。把老虎从水中拖上来后。我下令剥下虎皮。

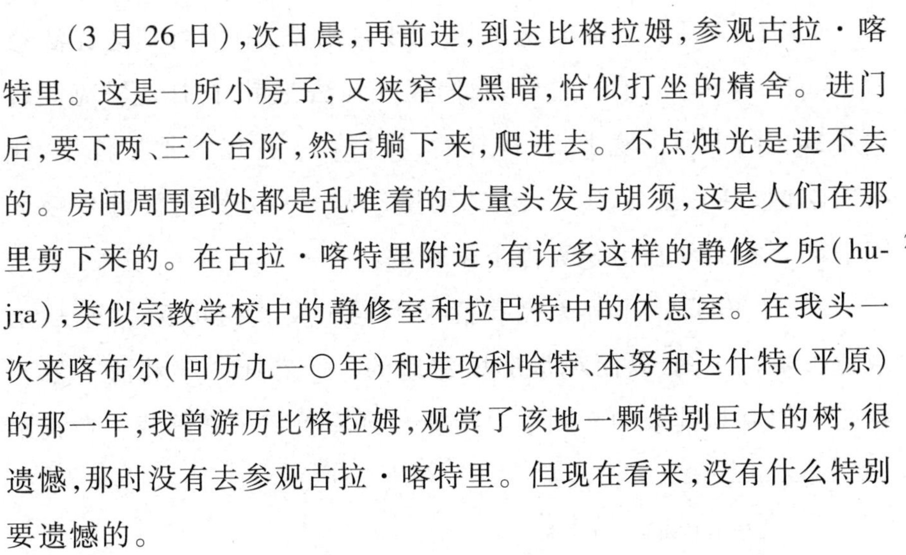

(3 月 26 日),次日晨,再前进,到达比格拉姆,参观古拉·喀特里。这是一所小房子,又狭窄又黑暗,恰似打坐的精舍。进门后,要下两、三个台阶,然后躺下来,爬进去。不点烛光是进不去的。房间周围到处都是乱堆着的大量头发与胡须,这是人们在那
里剪下来的。在古拉·喀特里附近,有许多这样的静修之所(hu- 233a
jra),类似宗教学校中的静修室和拉巴特中的休息室。在我头一次来喀布尔(回历九一〇年)和进攻科哈特、本努和达什特(平原)的那一年,我曾游历比格拉姆,观赏了该地一颗特别巨大的树,很遗憾,那时没有去参观古拉·喀特里。但现在看来,没有什么特别要遗憾的。

同一天,我的一只最好的猎鹰不见了。这只鹰是由养鹰总管舍赫姆看养的。它抓过很多鹌鸟与鹳雀,曾两、三次换毛。这只鹰还很善于捕鸟,即使像我这样对鹰猎不大感兴趣的人,也变成了一个鹰猎者。

以马利克·布·汗和马利克·穆沙为首的六个迪拉札克部阿富汗人的头领,我给他们每人赐予一百密思卡耳白银[①]、一块衣料、三头阉牛和一头水牛,这些都是印度的贡品;其他人亦各按其等级赐以银钱、衣料、一头阉牛和一条水牛。

(3月27日),当我们停驻在阿利·马斯吉德时,有一个名叫马鲁甫的属于雅库布·哈伊耳氏族的迪拉札克人,给我贡献十只羊,两驴驮的大米和八块大奶干。

(3月28日),我们从阿利·马斯吉德继续进军,到雅达·比尔停驻;又从雅达·比尔前进,于晌礼时到达朱伊·沙希,在其地停留。是日,杜斯特·伯克发高烧。

(3月29日),天亮时从朱伊·沙希出发,中午时到达瓦法花园(Bagh-i-wafa)。晌礼过后,我们离开瓦法花园,在甘达马克渡过西雅赫·阿卜河。晚上,在昏礼后,我们在一片庄稼地里停下,让
233b 马匹吃饱;再又上马,走了一、二噶里(24—48分钟),渡苏尔赫·阿卜河。我们就在卡尔克停下来睡觉。

(3月30日),不等天亮我们又上马出发。我同五、六个战士取道去喀拉·图,以便观赏那里建造的一个花园。喀利法·沙·哈三·伯克与其余的人则奉命走捷径到库鲁克·塞等我。在我到

① 一密思卡耳相当于4.1克。

达喀拉·图时,沙·伯克·阿儿浑的信使基兹耳送来消息说,沙·伯克夺取并抢劫了卡汗,撤回去了。

[以前]我曾下过命令,不管是谁都不得提前报告我们快要到达的消息。在我们到达喀布尔时,已是晌礼时分了。我们已到了库特鲁克·卡达姆桥,但谁也不知道。后来,胡马雍和卡姆兰听到了消息,但已来不及扶他们上马了。就命侍从把他们抬来,在城门和要塞之间的地方向我致敬。晡礼时,哈斯木·伯克,该城的法官以及留在喀布尔的侍从和显贵也都前来向我致敬。

(4月2日),赖比儿·尼勒·阿赫鲁月一日,礼拜五,晡礼时分,举行宴会;我赐给沙·忽辛以特别的长袍一袭。

(4月3日),礼拜六,一天亮我们就上船喝酒。当时尚未戒酒的努尔·伯克在酒会上弹奏琵琶(乌特琴)。

晌礼时,我们离船,去游历喀布尔山与库耳·基纳之间的花园。我们于晡礼时到达紫罗兰花园,在那里又喝了酒。快到宵礼时,我从库耳·基纳返回,从壁垒进入要塞。

(4月6日),是月五日,礼拜二晚上,在路上曾发高烧的多斯特·伯克去世。我们甚为悲伤。他的灵柩被送往加兹尼;葬于速 234a
檀陵园之门前。

多斯特·伯克曾是一个很好的勇士。作为一个伯克,他的品级正在继续提升。他在晋升为伯克以前还是一个[普通的]家臣时,曾几次立功。如有一次,我驻在距安集延一伊尕奇(6公里)的拉巴特·早拉克,速檀·阿黑麻·檀巴勒对我进行夜袭(回历九〇八年)。我身边只有十至十五人;奋力抵抗,击溃檀巴勒的前锋,进到其部队的中心。檀巴勒率所部一百人在那里坚守。这时我身边只剩下三个人;一个是多斯特·(纳昔尔·伯克),另一个是米儿咱·库利·库克耳达什,第三个是土库曼人克里木·达德。我穿戴盔甲;檀巴勒与另一个人像门卫一样立于其军队前列。我与檀巴勒正好对面,发箭中其头盔,另一箭将他的盾牌射中使之连于铠甲片之上。我则被箭射中大腿,檀巴勒猛砍我的头部。我的头盔下戴了毛毡包裹的衬帽,奇怪的是,我的头部被砍出一个很深的伤口,而衬帽上却一根线也未被砍断。别处再没有援助到来,我身边一个人也没有留下。我不得不策马往回飞跑。多斯特·伯克在我后面不远。他驰过檀巴勒身旁,檀巴勒挥刀砍之。①

234b 另一次,我(于回历九〇八年)从阿黑昔出走时,多斯特·伯克与巴基·希兹接战。人们虽称他为希兹(意为娈童),但他甚为骁勇,且刀法厉害。在我离开阿黑昔时,我身边只剩下八个人,多斯特·伯克即其中之一。敌人把两个人打下马后,又把多斯特·伯克打下马来。

在多斯特任伯克时,(乌兹别克的)速云赤·汗与诸速檀来到塔什干,(于回历九一八年)围攻该城中的阿黑麻·哈斯木·[科赫布尔],②多斯特·伯克冲开敌阵,进入城内。在围城的过程中,他表现得极为勇敢。但阿黑麻·哈斯木不通知多斯特·伯克,就弃塔什干而逃。那时,多斯特·伯克又打败了(速云赤)·汗和速檀们,成功地从塔什干走了出来。

后来,希里姆·塔海、马即德及其追随者们(于回历九二一

① 参看前 f. 106b。

② 阿黑麻·哈斯木当时是为巴布尔守城,见《拉失德史》汉译本,第二编,第153—154、169—170 页,《传记之友》三卷,第 318 页。

年）发动叛乱，多斯特·伯克就率领二、三百人迅速地从加兹尼出动前来。蒙兀儿人派三、四百精壮迎击多斯特·伯克。多斯特·伯克在舍鲁坎（？）附近击败前来迎战的这支部队，把许多敌人打下马，斩获不少首级而回。

在攻取巴焦尔城堡的过程中，多斯特·伯克也是最先到达和登上城墙（回历九二五年）。在帕尔哈拉，多斯特·伯克打败并驱逐了哈提；攻下了帕尔哈拉［城堡］。多斯特·伯克死后，我将他的领地赐给了他的弟弟密里姆·纳昔尔。

（4 月 9 日），赖比儿·尼勒·阿赫鲁月八日，礼拜五，我们从城堡中出来，去花园。

（4 月 13 日），是月十二日，礼拜二，速檀尼姆·别昆来到喀布尔。她是速檀·忽辛·米儿咱的长女，穆罕默德·速檀·米儿咱的母亲。在那动乱的时期，[1]她曾避居花拉子模，以其女嫁给伊
勒·巴尔斯·速檀之弟伊散·库力·速檀。她被安排在希耳瓦特 235a
花园居住。速檀尼姆·别昆在这个花园里安顿下来以后，我就去看望她。她［好比］就是我的姐姐，我出于尊敬和礼节，对她行了跪拜礼，她也跪拜还礼。我们［相互］出迎，［在房子里］互致问候；以后，我们也坚持这种礼节。

（4 月 18 日），是月十七日，礼拜天，长期被囚禁的叛贼巴巴·沙黑[2]获释。我宽恕了他的罪行，并赐以荣服。

（4 月 20 日），是月十七日，礼拜二，中午时，我们动身前往和

① 指昔班尼汗推翻拜哈拉家族的时期。

② 参看《拉失德史》汉译本，第二编第 297 页。

卓·锡赫·雅兰。这天,我封斋。尤素甫·阿力和其他人惊异地说:"礼拜二,出游,还封斋! 这真奇怪!"

到比赫札地后,我们在当地法官的房子停留。晚上,我们着手准备酒会,但法官提出说:"我的房子从未有过这类的事。[然而],在这里帕的沙(主上)有权决定一切。"尽管酒会所需的一切都已准备好,但为了讨好这位法官,还是把酒会取消了。

(4月21日),礼拜三,我们前往和卓·锡赫·雅兰。

(4月22日),是月二十一日,礼拜四,我下令在花园所在的山嘴上建一巨大的圆座。①

(4月23日),礼拜五,我们从桥上登上一木筏。在我们划过

235b 一个猎人的小屋时,猎人将其抓到的一只丹鸟②送给我。过去我从未见过丹鸟这种怪鸟。我在以后讲印度的动物时还要更详细地谈到。

(4月24日),是月二十三日,礼拜六,在圆座旁边错杂地栽一些树苗,一部分是悬铃木苗,一部分是柳树(tal)苗。③ 晌礼时,在该地举行酒会。

(4月25日),天亮时,我们在这个新的坐席上喝早茶。

中午过后,我们上马前往喀布尔。我们在到达和卓·哈三时,已喝得酩酊大醉,竟在那里睡了一会儿。然后,我们就离开和卓·哈三,于半夜来到花园(Char-bāgh)。在和卓·哈三,酒醉中的阿不都拉赫投入水中,就好像他披着长袍(tūn aūfraghi)。我们上马

① 参看 f. 137。

② 即喀布尔的一种候鸟——吞骨鸟。参看 f. 142b。

③ 参看 f. 137。

时,已经天黑。阿不都拉赫已经冻僵,不能再往前走;他就留在库特鲁克·和卓的庄园里过夜。次日,人们指责他昨天饮酒过度,他就前来对我发誓不再喝酒。我说:“立即戒酒吗?你能不能实现这个誓言?你该答应,除了仅在我的酒会上喝酒外,绝不在其他地方喝酒。”阿不都拉赫对此表示同意,并遵守这一约定有数月之久,但以后又按捺不住了。

(4月26日),是月二十五日,礼拜一,印都·伯克来。他曾为了有希望实现的和平而被留在比拉及其邻近地区。[比拉的居民]不想和解,也不理会我和我讲的话。我们一走,许多阿富汗人和印度人就聚集起来,去进攻正在比拉的印都·伯克。当地的士兵也转到阿富汗人一边。印都·伯克在比拉坚持不住,就退往胡

沙布与丁·科特地区,经过尼耳·阿布,来到喀布尔。他把锡克图 236a
的儿子迪瓦与另一个印度人镣铐加身,从比拉带来。他们每人交付了一笔相当数量的赎金,才获释放。我给他们赐予马匹和长袍,然后让其离去。

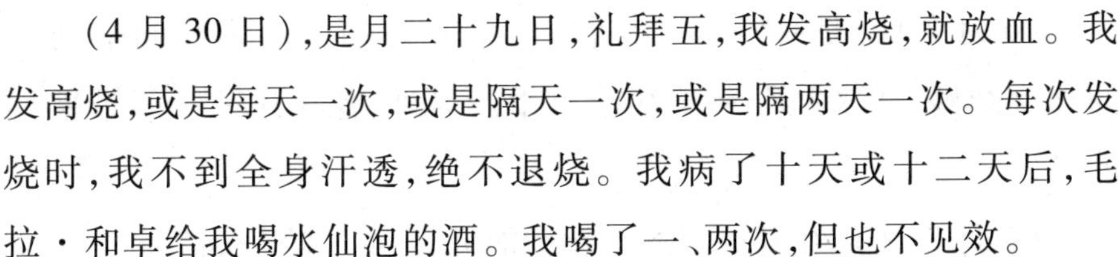

(4月30日),是月二十九日,礼拜五,我发高烧,就放血。我发高烧,或是每天一次,或是隔天一次,或是隔两天一次。每次发烧时,我不到全身汗透,绝不退烧。我病了十天或十二天后,毛拉·和卓给我喝水仙泡的酒。我喝了一、两次,但也不见效。

(5月15日),主马达·勒·巫拉月十五日,礼拜天,和卓·穆罕默德·阿里自霍斯特来,给我献一匹带鞍的马和贡钱(tasadduq,济贫用)。星象家穆罕默德·舍里夫及霍斯特诸米儿咱亦与和卓·穆罕默德·阿里同来,向我投诚效力。

(5月16日),次日,礼拜一,毛拉·卡比尔自喀什噶尔来。他

是经过喀什噶尔,从安集延地区来到喀布尔的。

(5 月 23 日),是月二十三日,礼拜一,马利克·沙·满苏尔·玉素甫寨和六、七个玉素甫寨部落的首领人物,自萨瓦德前来向我投诚效力。

(5 月 31 日),主马达·勒·阿赫赖月一日,礼拜一,以马利克·沙·满苏尔为首的玉素甫寨部落的阿富汗人诸头领被赐以荣服(khil'at)。马利克·沙·满苏尔得到锦袍一袭及带纽扣的里袍(? jiba),另一个阿富汗人得到锦袍一袭及皮帽;其余六人皆得到一件锦袍。然后即打发他们离去。同他们达成协议,今后他们
236b 将不干预阿布哈以上的萨瓦德地区的管辖,并将该地的所有居民[从税收清册上]一笔勾销。此外,巴焦尔与萨瓦德的阿富汗人还应给国库缴纳六千驴驮的稻米。

(6 月 2 日),是月三日,礼拜三,我喝了玫瑰水(jul-ab)[①]此后,还有两天我也喝了玫瑰水。

(6 月 5 日),是月六日,礼拜六,我喝了泻药。

(6 月 7 日)是月八日,哈斯木·伯克之幼子哈姆札同喀利法的长女结婚,送来礼金一千沙哈鲁币。另外,他还送来一匹带鞍具的马。

(6 月 8 日),礼拜二,沙·伯克的儿子沙·哈三,请求允许他举行一个酒会,他把和卓·穆罕默德·阿利与以他为首的我的几个伯克和家臣请到自己的房子。尤素甫·阿力和噶代·塔海则仍留在我身边。我当时仍在戒酒。我说:“我空坐着,而人们却在喝

① 英文写作 jalap,julep,是一种泻药,加糖的清凉果汁,或加药的甜饮料。

酒。众人皆醉我独醒,这种情况是从来没有过的。来吧!在我身边喝吧!我注视醉者与醒者如何交接,一定可自得其乐。”

这个酒会在画室东南面悬铃木花园入口处一个小小的毡房里举行;我有时也到那里坐坐。后来,演丑角的吉雅思来了。由于他开玩笑,几次下令把他赶出去;最后,他大闹,用一切丑角的举动混了进来。那时我们也邀请了钦察人吐尔地·穆罕默德和图书管理员毛拉来参加这个酒会。我一气呵成地写了这么一首柔巴依诗
(四行诗),并给沙·哈三和那些在他房子里聚会的人送去: 237a

朋友们参加那美丽花圃般的宴会,
但我却不能奉陪。
那里如有安宁康泰(huzur)
感谢真主,这里亦无不适(bi huzur)。

这首诗是易卜拉因·楚赫拉送去的。

到晌礼与晡礼之间的时刻,宴会的参加者喝得尽醉散去。

我在患病时总是坐担架,此前几天,我曾喝冲淡了的酒。但这种饮料没有好处,我以后就不再喝它了。在我逐渐康复的时候,我在塔拉尔花园西南边的一个苹果树下举行一次酒会时,又喝了这种掺和的酒。

(6月11日),是月十二日,礼拜五,曾留在巴焦尔作支援的阿赫马·伯克和速檀·穆罕默德·杜耳代来了。

(6月16日),是月十七日,礼拜三,天格里·伯尔地在海达尔·塔基的花园里为几个伯克和武士举行酒会。我也去了,并喝了酒。晚上,宵礼时,我们起身,去另一个大毡房,又在那里喝了酒。

(6月23日),是月二十五日,礼拜四,命毛拉·马赫穆给我朗诵《古兰经》的选段。①

(6月28日),是月最后一天,礼拜二,沙·叔佳·阿儿浑的使者阿布耳·穆斯林·库克耳达什来;献跑马(tipuchaq)一匹作为礼物。是日,提马镫侍者优素福·阿力绕着悬铃木花园中的水池游了一百次;为此被赏赐长袍一袭、一匹带鞍子的马和一些金钱。

(7月6日),赖哲卜月八日,礼拜三,我去沙·哈三的房子喝

237b 酒。许多伯克和家臣都在座。

(7月9日),是月十一日,礼拜六,举行酒会。晡礼和昏礼之间,我登到大鸽笼的顶上喝酒。以后,[我们看见]几个骑马的人从迪赫·伊·阿富汗向城里走去。经了解,这是德尔维希·穆罕默德·萨尔班,他是米儿咱·汗派遣出使来我处的。我们从屋顶上对他喊道:"放下作为长官和使团首领的架子,不拘礼节地来吧!"德尔维希·穆罕默德来了,坐在参加酒会的人们当中。那时,他发了誓,绝不喝酒;我们则在那里一直喝到晚上。

次日晨,我正在开宫廷会议,德尔维希·穆罕默德正式地以使者的礼仪进来了,并呈交了米儿咱·汗送的礼物。

去年,经过千百种努力,威胁和承诺,我得以把(兴都库什山)那一边的居民带到喀布尔。喀布尔地狭,蒙兀儿部落和突厥人的畜群在那里找不到冬、夏牧场。草原地区的居民,按他们自己的意愿说,是绝不愿意住在喀布尔地区的。这时,他们投到哈斯木·伯克的手下,他们请求他向我进行说项,争取我允许他们重新渡过山

① 英译本注:看来是为了有助于巴布尔的康复。

的那一边去。哈斯木·伯克长久地对我进行说服；最后，蒙兀儿部众才获准转移到昆都士和巴格兰那边去。

消息报道人哈非兹的兄长从撒马尔罕来了。现在，我允许他返回撒马尔罕，并修了一封书信让他带给普拉德·速檀。[1] 在这 238a
封书信的背面，我写了这么一首诗：

微风呀，你如吹进她的内宫，

请让她想起我这苦于别离的人；

她并不怀念巴布尔，可他却抱有希望

希望真主使她那钢铁般的心终将销熔。[2]

（7 月 15 日），是月十七日，礼拜五，舍黑·麻即德·库克耳达什由穆罕默德·札曼·米儿咱派遣来我处；他给我带来济贫的贡金[3]（tasadduq）、礼物和马匹，并表示愿为我效力。同日，我给沙·伯克的使者阿布耳·穆斯林·库克耳达什赐荣服及奖赏，打发他离去。同时也允许和卓·穆罕默德·阿里与天格里·伯尔地返回自己的领地——霍斯特与安达拉卜。

（7 月 21 日），是月二十三日，礼拜四，曾被我留下来负责管治卡恰·科特和葛逻禄地区的穆罕默德·阿利·江·江来了。葛逻禄人米儿咱·马卢之子沙·胡三和哈提派遣的一个人与之同来。同日，曾去撒马尔罕接老婆的毛拉·阿力·江也回来了，在我的麾下效力。

---

① 普拉德·速檀，是忽春汗的儿子，当时是乌兹别克人的可汗。

② 这首诗可能是普拉德的母亲密赫里·班努写的，她是巴布尔的同父异母姊妹（?）。

③ 凡献贡金（tasadduq）即表示称臣。

(7月27日),住在格尔德兹边境的阿卜杜拉黑曼部的阿富汗人不同意其应缴纳的贡赋数额,遂采取敌对的行动。来往于其地的商队也受到他们的伤害。赖哲卜月二十九日,礼拜三,我们出动去进攻这些阿富汗人。我们到唐格·伊·瓦格昌附近停下来吃饭;晌礼以后又离开该地前进。晚上,我们迷了路,在阿比·沙赫
238b 纳沼泽地东南的山丘和平原中徘徊踯躅了很久。过了一段时间我们才上了路。

(7月28日),我们经过了察失马与图拉山口,快到晨礼时,从邻近平原的谷地走出。[从那里]派部队去进行袭击。一支部队前往格尔德兹东南的卡尔·马什山。我又派胡思老、米儿咱·库利和赛亦德·阿力率领中军的右手部队随其后前往。部队的大部分则沿山谷向上驰往格尔德兹东面。我派掌门官赛伊德·哈斯木、密尔·沙·库钦、开雅姆、印都·伯克、库特鲁克·卡达姆和忽辛·哈三等人率一支部队随其后。

因大部分战士都已沿山谷往上去了,所以,我在打发他们走后,也亲自在他们之后一段距离随行。这山谷上部的居民看来相距还很远,以致朝山谷往上走,战士们的马都跑累了,他们未能夺得任何战利品。

山谷中出现四、五十个步行的阿富汗人。奉命随[头一支]部队前去的战士们,立即向这些阿富汗人冲去,并派了一个人来我处,我也就迅速前往。我还没有来得及走近他们,忽辛·哈三就毫无道理地独自一人纵马高速地冲到那群阿富汗人当中,并开始挥刀砍杀。[敌人]立即放箭射他的马,把[忽辛·哈三]打下马来。他刚站起,头上就挨了一刀,又被打倒在地。敌人从四面八方向他

冲来，刀剑齐下，将他砍成了碎块。其余的伯克们都站在那里看，没有给忽辛·哈三以任何援助。

我在得知这个情况后，就命令噶代·塔海、帕扬达·穆罕默德·基普兰、阿布勒·哈桑·库尔奇和穆明·阿塔卡率领一些家 239a
臣和武士全速先行，我自己也飞驰随后前去。穆明·阿塔卡头一个以长矛刺倒一个阿富汗人，割下其首级，带来我处。阿布勒·哈桑·库尔奇没有披戴盔甲，也奋勇向前，停在阿富汗人的前面。他策马冲向敌人，挥刀砍倒一个阿富汗人，取其首级，提在手中。他自己三处受伤，他的马一处受伤。

帕扬达·穆罕默德·基普兰也勇敢地向前冲，挥刀砍倒一个阿富汗人，取其首级带回。阿布勒·哈桑与帕扬达·穆罕默德·基普兰二人作战勇敢，虽说过去就已著名，但他们在这次进军中的功勋就使自己更为突出了。

四、五十个阿富汗人全部都被箭射刀砍，剁成碎块。在消灭了这些阿富汗人之后，我们停驻于一片庄稼地上，下令用他们的头颅堆一个塔。在我顺路前进时，有过去曾同忽辛·哈三在一起的几个伯克前来与我会合。我愤怒而严厉地说："你们！你们是什么人！几个步行的阿富汗人在平坦的地方杀害这样一个勇士，而你们却一动不动地站在那里观看。应当取消你们的荣誉称号，剥夺你们的土地和领土，剃掉你们的须发，把你们牵到各城市游街示众！在这样一个勇士被这样的敌人打败，一切作壁上观不予援助
的人都应受到这样的惩罚。" 239b

前往卡尔·马什山的军队，夺得羊群和其他战利品而回。他们中有一个是蒙兀儿人巴巴·喀什卡；一个阿富汗人挥刀向他砍来，

他勇敢地站在那里一动不动,还张弓搭箭,将这个阿富汗人射倒。

(7月29日),次日早晨,我们拔营,朝喀布尔方面进发。穆罕默德·巴赫什、马厩官阿卜杜耳·阿即思与密尔·胡尔德·巴卡乌耳奉命留在察失马·图拉,从当地居民那里弄到一些野鸡。

因我从未走过鲁斯塔姆·迈丹这条路,所以亲自带几个战士一起去察看。鲁斯塔姆平原(maidan)位于群山中,距山顶不远。这并非一个很可爱的地方。两山之间是一个很宽的谷地;南面山坡上有一条小河,其附近长着高大的白杨树。从鲁斯塔姆平原通往格尔德兹的道路,沿线都见到有水泉;那里也有大量树木,但都非大树。[该处]谷地虽很狭窄,但在这些树木的荫翳之下却有许多绿色草地。这是一个美丽的小山谷。

我们登上鲁斯塔姆平原南面的高山瞭望,卡尔马什山和班加什山尽收眼底。见卡尔马什山外,雨云层叠。朝那没有雨的地方

240a 方面望去,则晴空万里,绝无云彩。

晌礼时,我们到达胡尼,在其地停留。

(7月30日),次日晨,我在穆罕默德·阿尕的村子扎营,吃了一个麻饯饼。然后将毒品投入水中药鱼,捞到几条鱼。

(7月31日),舍尔邦月三日,礼拜天,我们到达喀布尔。

(8月2日),是月五日,礼拜二,我将德尔维希·穆罕默德·法兹利和胡思老的伴当召来,审问他们在战胜忽辛·哈三时他们可能有什么过失后,然后,我就剥夺了[德尔维希·穆罕默德与胡思老]的品级与称号。

晌礼时,在悬铃木树下举行酒会。酒会中,我给蒙兀儿人巴巴·喀什卡赐荣服。

(8 月 5 日),是月八日,礼拜五,苦普克自米儿咱·汗那里返回。

(8 月 11 日),礼拜四,晌礼过后,我骑马去科卓·锡赫·雅兰和巴兰山麓游历。宵礼时,我们遂停驻于马马·哈屯。

(8 月 12 日),次日晨,来到伊斯塔利夫,在其地停留。是日,我吃了一个麻饯饼。

(8 月 13 日),礼拜六,在伊斯塔利夫举行酒会。

(8 月 14 日),清晨,自伊斯塔利夫出发,经过该地与辛杰迪河谷之间的地带。在距和卓·锡赫·雅兰不远处,[我们]杀死了一条手臂那么粗、一胡拉奇(qulach,相当于两手张开的长度,俄译本作一俄丈)长的大蛇。从这条大蛇的腹内又爬出另一条小蛇。这条小蛇的所有部位都完好,看来是大蛇不久前才将其吞下的。小
蛇比大蛇稍短,从其腹内又跑出一个大老鼠来;看来也全完好,全 240b
身无一处受到伤害。我在到达和卓·锡赫·雅兰时,又举行了酒会。

是日,我写了一纸诏令,守夜者基契纳送到那方面(指兴都库什山以北)诸伯克处,指定一个地点命他们来会。该诏令说:"其率军出,至指定地点来会。"

(5 月 15 日),一大早上马出动,吃了一个麻饯饼。在八鲁湾河[与喀布尔河]相汇处,我照当地居民的习惯,将毒品投入八鲁湾河中药鱼,结果捞到许多鱼。密尔·沙·伯克给我们送来吃的和喝的。

我们从该地前往古耳·巴哈尔。昏礼过后,举行酒会。德尔维希·穆罕默德·萨尔班出席了这个酒会。他虽是一个青年战

士,但却未曾喝过酒,也誓不喝酒。库特鲁克·和卓·库克耳达什,早已放弃军旅,像一个德尔维希那样生活。他已届高年,须发尽白,但仍经常参加我们的酒会。我对德尔维希·穆罕默德说:"你应为库特鲁克·和卓的胡须而感到羞耻!他是一个德尔维希和白胡子老头,却常喝酒。而你呢,一个战士,年纪轻,胡子全是黑的,反而从不喝酒。这意味着什么?"

因我并不惯于强迫不喝酒的人喝酒,所以我的话只当是开玩笑,并未能强使德尔维希·穆罕默德喝酒。

(8月16日),清晨,我又喝了点早酒。

241a (8月17日),礼拜三,我们从古耳·巴哈尔出发。到阿通村停留,吃饭,重新上马,到果园中的一个避暑山庄,又住下来。晌礼过后,举行酒会。

(8月18日),次日晨,从该地继续前进,在和卓·哈完的·赛德的陵墓绕行一周,到秦堡(China-fort)登上木筏。木筏在潘吉希尔河来汇处触一山嘴,开始下沉。拉乌赫·达姆、腾格里·库利与架木筏的密尔·穆罕默德在木筏与山嘴相撞时,掉入水中;拉乌赫·达姆与腾格里·库利又困难地被拉了上来。一个瓷碗、一个勺子与一个板鼓掉到水里。

在我们经过此地,往下划过桑格·伊·巴里达时,木筏子时而与沉在水里的木块相撞,时而与钉在河底以拦水的木桩子相撞。沙·伯克[的儿子]沙·哈三仰面跌倒;他[在跌倒时],抓住米儿咱·库利·库克耳达什,使后者也倒下了。德尔维希·穆罕默德·萨尔班也落入水中。米儿咱·库利跌得奇特:他倒下时正在切西瓜,他一翻身,就把刀子扎入盖木筏的毡子中。米儿咱·库利穿着长袍游到[岸上],未再回到木筏上,然后就离去了。

离开木筏后,那天晚上我们就在架木筏者的房子里过夜。德尔维希、穆罕默德·萨尔班送给我一只七彩酒杯,同掉入水中的那只酒杯一模一样。

(8 月 19 日),礼拜五,我们离开河岸,到恩德基以下的科赫·巴恰山麓停留。我在该地亲手收集了许多牙签。经过此地后,我们在和卓·克孜尔的亲戚家吃饭,又往前走。晌礼时,我们在库特 241b
鲁克·和卓所属的兰姆甘境内一个村庄停留。库特鲁克·和卓很快就准备好了吃的,我们吃过饭后,就又出发,来到喀布尔。

(8 月 22 日),是月二十五日,礼拜一,给德尔维希·穆罕默德·萨尔班赐以特别的荣服和一匹带鞍子的马。他也像一个伴当那样对我下跪。

(8 月 24 日),我已有四、五个月没有剃头了。是日礼拜三,二十七日,我剃了头;举行酒会。

(8 月 26 日),是月二十九日,礼拜五,密尔·胡尔德向我跪受印达耳的太傅之职,并献礼一千沙哈鲁币(约合五十英镑)。

(8 月 31 日),赖买丹月五日,礼拜三,图力克·库克耳达什的伴当巴鲁剌思·朱基(?)送来他的一个报告。在那些地方(巴达赫尚)出现了乌兹别克侵掠者;图力克出兵与战,打败了他们。巴鲁剌思·朱基送来乌兹别克活口一人和一个首级。

(9 月 2 日),是月八日,礼拜六晚上,我们去哈斯木·伯克的房子,开斋。[①] 哈斯木·伯克给我牵来一匹带鞍子的马。

① 此时为斋月(赖买丹月),只在日出前和日落后(晚上)才能开斋吃饭。

(9月3日),礼拜天晚上,在喀利法的房子里开斋。他也献给我一匹带鞍子的马。

(9月4日),次日,和卓·穆罕默德·阿利与江·纳昔尔从自己的领地来。他是奉召前来参加军事会议的。

242a (9月7日),是月十二日,礼拜三,卡姆兰的舅舅速檀·阿力·米儿咱·[塔海]来。前已谈到过(参看《拉失德史》汉译本,第二编,第161—162页),他是在我从霍斯特到喀布尔的那一年去喀布尔的。

(9月8日),赖买丹月十三日,礼拜四,决定驱逐和反击玉素甫寨人,我出征,到达喀布尔的德赫·伊·雅库布一边的草地停留。在我出发时,(马厩长)巴巴·姜给我牵来一匹不顶用的马。我气了,朝他脸上打了一拳,把无名指的关节都打脱了。当时痛得并不很厉害,但在我们到达宿营地时,就痛得不堪了。在一段时间里,我苦于疼痛,不能执笔写字。但手指终于还是好了。

在进军中的这个停驻地,我姨妈道拉特·速檀·汗尼木的同乳兄弟库特鲁克·穆罕默德给我送来汗尼木的信件和礼品。

同一天,迪拉札克部的首领人物布·汗和穆沙,赍礼品前来向我投诚。

(9月11日),是月十六日,礼拜天,库奇·伯克来。

(9月14日),是月十九日,礼拜三,继续进军,经过布特·哈克,仍像往常那样,在布特·哈克河的河岸停驻。因库奇·伯克治下的巴米羊、卡赫马尔德与古尔诸地区,接近乌兹别克人,我就没有让库奇·伯克参加这次的进军。在该停驻地,我把自用的一块缠头巾和一套长袍赐给了库奇·伯克,并让他返回自己的领地。

(9月16日),是月二十一日,礼拜五,我们在巴达姆·察什马停留。 242b

(9月17日),次日晨,停于巴里卡布,我去喀拉图游历后返回营地。我们在此地从一棵树上采到蜜。

(9月20日),我们一站一站地前进,于是月二十六日礼拜三到达瓦法花园停留。

(9月21日),礼拜四,住在该花园。

(9月22日),礼拜五,出发,经过苏丹布尔,然后停驻。是日,密尔·沙·忽辛从其领地前来。迪拉札克部的首领们在布·汗和穆沙的率领下亦于是日到来。我既定的计划是去萨瓦德平定玉素甫寨人,但迪拉札克部的首领们对我提出说,哈什特·纳加尔地方有许多居民,那里粮食也很丰富。他们极力怂恿我去进攻哈什特·纳加尔。我们经过商量后决定:哈什特·纳加尔既然说是有丰富的粮食,那就去进攻那里的阿富汗人,整顿一下哈什特·纳加尔城堡和白沙瓦城堡,以便把部分粮食储存在这两个城堡,让沙·密尔·忽辛率一支精壮部队以驻守之。为此,乃给沙·密尔·忽辛以四、五十天的假期返回自己的领地,以置办装备,再回来。

(9月23日),次日晨,拔营出发,至朱伊·沙希,于该地驻扎。天格里·伯尔地和速檀·穆罕默德·杜耳代随后也来到此驻地。哈姆札也在这一天从昆都士到来。

(9月25日),赖买丹月月末,礼拜天,我们离开朱伊·沙希,驻于柯尔克·阿里克(四十条暗渠)。我带几个家臣乘木筏走;在 243a
这个驻营地见到斋月的月亮。人们从努尔河谷送来几驴驮的酒;昏礼过后,举行酒会。参加酒会的人有:穆希布·阿利·库尔奇、图书管理员和卓·穆罕默德·阿利、沙·伯克之子沙·哈三、速檀·穆罕默德·杜耳代和德尔维希·穆罕默德·萨尔班。德尔维希·穆罕默德发誓不喝酒。我从小就遵守一条规则，不强求不喝酒的人喝酒。德尔维希·穆罕默德经常出席酒会，我从未强迫他喝过酒。但和卓·穆罕默德·阿利却不放过他，一再相强，直到德尔维希·穆罕默德喝酒为止。

(9月26日)，礼拜一，我们于节日(即闪瓦鲁月的新月见后的次日)天亮时出发，在路上吃了一个麻饯饼以驱除醉后的头痛。在我们都因吃了麻饯饼而醉了时，人们送来了药西瓜。和卓·穆罕默德从未见过药西瓜。我说，“这是印度西瓜。”切了一块给和卓·穆罕默德。他一下把它吃了；嘴里的苦味至晚不散。

我们驻扎在噶尔姆·察什马高地。在给我们做冷肉时，兰噶尔·汗来了。他是在自己的领地(科赫·伊·朱德)住了一个时期后前来侍奉我的。他给我送了一匹马和几块麻饯饼，表示为我尽忠之忱。

我们继续前进，到雅达·比尔停留。晡礼时分，我带两、三个家臣乘木筏[出游]；我们顺流而下划了几库罗赫(一库罗赫约合2公里)，然后又溯流上行(英译本作，弃筏上岸。)。

(9月27日)，次日晨，再前进，止于开伯尔山口的下面。同
243b 日，速檀·拜牙即来，他是在得知我们就在近处后，就从尼耳·阿布，取道巴拉，追踪前来的。速檀·拜牙即提出，阿夫里底部的阿富汗人及其家属、畜群正在巴拉。他们播种了许多稻子，稻米成熟，尚在地里。因我们的目标是去哈什特·纳加尔进攻玉素甫寨阿富汗人，故对速檀·拜牙即的话未予重视。

晌礼时,在和卓·穆罕默德·阿利的毡房里举行酒会。在该酒会期间,我把我们怎样来此地的情形详细地写了下来,让蒂拉赫的一个速檀送到巴焦尔的和卓·卡兰那里。在该信的页边空白处我写了这样一个对句:

宽厚仁慈的风呀!请告诉那美丽的小羚羊。
你迫使我在山岭和荒漠中流浪。

(9月28日),清晨拔营,越过山口,经开伯尔狭道,到阿利·马斯吉德停留。到晌礼时,又从该地前进,将辎重留在后面。于二更(午夜)时到达喀布尔河岸,在那里稍睡了一会儿。

(9月29日),黎明时,找到一个渡口,我们就过河。这时,从先行部队那里送来消息,称:阿富汗人听说[我们逼近],便逃走了。我们再往前进,渡过萨瓦德河,在阿富汗人的庄稼地里驻营。
以前他们约许应向我缴纳的粮食,一半,甚至四分之一,也没有搞 244a
到。以前指望搞到这批粮食藉以充实整顿哈什特·纳加尔的计划,因无结果而作了改变。曾怂恿我举行这次进军的迪拉札克部诸首领,感到很不好意思。

我们于晡礼时分渡河,到萨瓦德河的喀布尔一边停留。

(9月30日),次日晨,离开萨瓦德河岸,渡过喀布尔河,又再停下来。能参加国事会议的伯克们都被召集起来,进行商讨,决定进攻速檀·拜牙即讲过的阿夫里底部阿富汗人。还决定整顿白沙瓦城堡,把他们(指阿富汗人)的牲畜和粮食转移到该堡去,并留人在那里看管之。

印都·伯克·库钦和霍斯特异密的儿子们紧随我们之后来到这个驻地。是日,我们吃了麻饯饼。参加这次[宴会]的有德尔维希·穆罕默德·萨尔班、穆罕默地·库克耳达什、噶代·塔海和阿萨斯;后来我们也邀请了沙·哈三。撤席后,我们就于晡礼时登上木筏。我们还把尼亚寨部阿富汗人兰伽尔·汗也请上了木筏,我们于昏礼时离开木筏,返回营地。

(10月1日),根据在喀布尔河作的决定,我们一天亮就拔营出发,经过贾姆,驻营于阿利·马斯吉德河的河口处。后到的阿布耳·哈希姆·速檀·阿利说:"阿拉法(助勒希哲月九日,即公元1519年12月2日)的前夜,我在朱伊·沙希附近遇到一个从巴达赫尚来的人,我同他一起离开贾姆·鲁德;这个人告诉我说,速檀·赛德汗已出兵去进攻巴达赫尚。所以,我就赶来向主上(帕的沙)报告这个消息。"

244b 为此,我即召集伯克们开会。由于得到这个消息,我便认为现在去整顿[白沙瓦]城堡乃是无益的,于是我们就转回,打算去巴达赫尚。我让兰伽尔·汗离去,赐之以荣服,并命他去支援穆罕默德·阿利·江·江。

那天晚上,在和卓·穆罕默德·阿利的毡房中举行酒会。

次日晨出发,过开伯尔山口,在山口的脚下驻营。

(10月3日),黑孜尔·哈伊耳部的人干的许多事很不像话。在我们经过其地时,他们朝掉队的和在一边停下来的人放箭,并夺走他们的马匹。看来,有必要教训他们一番。为此目的,我们一早就从山口的脚下前进,于中午时到了迪赫·伊·古拉曼(巴萨武勒)。晌礼时,我们喂了马,[然后]继续前进。穆罕默德·胡赛因·库尔奇被派往喀布尔传诏,命令把那里所有的黑孜尔·哈伊耳部人都拘留起来,仔细清点他们的财产,并向我报告[命令执行的情况］。穆罕默德·胡赛因·库尔奇应详细写一报告，说明，关于巴达赫尚有什么消息，并尽快地派人将其送至我处。

那天晚上，我们继续前进，到二更（半夜）时，走过苏丹布尔不远，停下来，睡了一会儿；然后，我们又出发。黑孜尔·哈伊耳人居住在从巴哈尔与密契·格拉姆至卡拉苏之间境域。天边刚露出曙光，（10月4日），我们即前去对他们进行劫掠。黑孜尔·哈伊耳人的大部分牲畜和孩童都被我军掳获。只有近山处的少数部民逃到山中得救。

（10月5日），次日晨，驻于基拉古，我们在那里捕到许多野 245a
鸡。留在后面的辎重也在今天到达，在此与我们会合。

瓦济里部的阿富汗人历来不好好缴纳贡赋，这一次，他们因这一镇压而吓怕了，就缴了三百只羊。

（10月9日），自从手指关节脱臼，我没写过任何东西；但在这个驻地，我于是月十四日礼拜天写了点东西。

（10月10日），次日晨，希里耳奇部和萨穆·哈伊耳部的阿富汗首领们来了。迪拉札克部的首领恳切地请求我饶恕他们的罪过；我饶恕了他们，释放了被囚的人。确定他们应缴纳贡赋四千只羊，并给这些头领赐荣服，我就派遣税吏到他们那里去收税。

（10月13日），在处理完这些事后，我们又向前进军，到密契·格拉姆停驻。

（10月14日），次日晨，我到了瓦法花园。那时，正是瓦法花园最美丽的时期：园中草地像是满满地铺上了一张三叶草制的地毯，石榴树显出金秋的美丽鲜黄颜色，而树上结的石榴则是鲜红色。橙树一片翠绿色，树上结着无数的橙子，但尚未完全变黄。那里的石榴,虽不如我国(英译注,可能指喀布尔)所产,但亦甚佳。

这次,我们在瓦法花园度过了最好的时光。我在这个花园的
245b 那三、四天中,营地里所有的人都吃了许多石榴。

(10月17日),礼拜一,我们从该花园出发。我到初更(上午9时)时仍留在那里,分发橙子。我将两树橙子赐给沙·忽辛;有的伯克分得一棵树的果实,另外的则是将一棵树的果实赐给二人。因我想在冬天往游兰姆甘,故下令他们在水塘周围至少要为我保留二十颗橙树。

那天,我们驻扎在甘达马克。

(10月18日),次日晨,我们到达贾格达力克。将近昏礼时,举行酒会;我的大部分近臣都参加了。酒会结束时,哈斯木·伯克的外甥伽带·比赫加特的行动很不像话:他喝醉了,竟靠在我身边的枕垫上。所以,噶代·塔海把他扶了出去。

(10月19日),次日一大早,我们离开这个驻地。我去库鲁克·塞旁边的巴里卡布河谷上游览。一些杨树变黄了,很是美丽。

我就在这个地方停驻,命人送来一些时令菜。在秋天到来时,我们喝酒,下令去路上搞来一只羊,做成烤肉串。然后,我们就燃烧橡树枝,观火为乐。毛拉·阿卜杜耳·马利克(大臣)请求将我到 来的消息通知喀布尔,所以我就派他去喀布尔。

246a 哈三·纳比拉指望能得到我的帮助,从米儿咱·汗那里前来我处。他到这个驻地向我致敬投诚。

我们在那里饮酒,至夕阳西下,然后离去。参加酒会的人都喝得大醉。赛伊德·哈斯木醉得那么厉害,以至于两个伴当费了很大的劲才将他扶上马,送回营地。穆罕默德·巴基尔的儿子多思

特也喝得酩酊大醉，以至于阿明·穆罕默德·答儿罕、马斯提·楚赫拉和另外几个人，无论怎样努力，都不能把他扶到马上；甚至向他的头上浇水，也无济于事。

这时，出现一支阿富汗人。阿明·穆罕默德·答儿罕在酒醉中决定，“与其这样把多思特丢在那里让敌人抓去，还不如割下他的头颅带走。”最后，我们费尽九牛二虎之力才将他扶上马带走。

我们于午夜时到达喀布尔。次日晨，库利·伯克来到宫廷奉朝请。他是以前由我派遣到喀什噶尔赛德汗那里去的使者。［喀什噶尔方面］派别失哈·米儿咱·亦塔尔只随库利·伯克前来报聘，他带来当地的特产作为礼物贡献。（见《拉失德史》汉译本，第二编，第224页。）

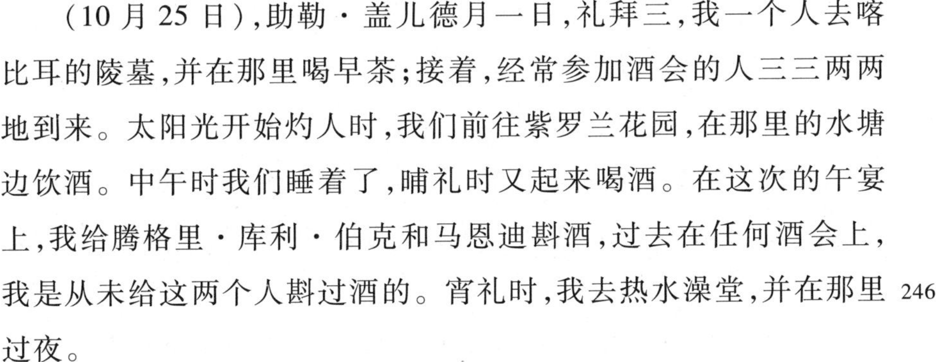

（10月25日），助勒·盖儿德月一日，礼拜三，我一个人去喀比耳的陵墓，并在那里喝早茶；接着，经常参加酒会的人三三两两地到来。太阳光开始灼人时，我们前往紫罗兰花园，在那里的水塘边饮酒。中午时我们睡着了，晡礼时又起来喝酒。在这次的午宴上，我给腾格里·库利·伯克和马恩迪斟酒，过去在任何酒会上，我是从未给这两个人斟过酒的。宵礼时，我去热水澡堂，并在那里 246b
过夜。

（10月26日），礼拜四，我给以雅海亚·努哈尼为首的印度商人们赐袍服，允许他们离去。

（10月28日），是月四日，礼拜六，给喀什噶尔来使别失哈·米儿咱赐袍服与礼物，打发他离去。

（10月29日），礼拜天，在花园门边一个小画厅里举行酒会。这间房子虽然不大，但与会者却达十六人。

（10 月 30 日），礼拜一，我去伊斯塔利夫看庄稼的收获情况。是日，我吃了麻饯。晚上，大雨滂沱。与我同来的许多伯克与家臣都到卡兰花园中我的毡房里来了。

（10 月 31 日），次日晨，就在这个花园里举行酒会；一直喝到晚上。

（11 月 1 日），早晨，我们喝早酒以解宿醉（subahi qilūk）。结果喝醉，睡着了。晌礼时，离开伊斯塔利夫，在路上吃了麻饯。于晡礼时到达毕赫札地，该地的庄稼长得很好。在我们视察这片庄稼地时，那些爱喝酒的随从鼓动我举行酒会。虽然我已经吃了麻饯，但是，秋色极佳，我们乃坐在金黄色的树荫下喝起酒来。酒会一直延续到宵礼时。喀利法的［伴当］毛拉·马赫穆来；遂也请其

247a 入席。阿不都拉赫确已大醉。他在谈到喀利法时，没有注意到毛拉·马赫穆在座，竟朗诵了这么半句诗：

“不管你怎么看他，都是苦于同一病痛”

毛拉·马赫穆没有醉。他责备阿不都拉赫不该朗诵这么一句诗来开玩笑。阿不都拉赫清醒后，为之不安，就说了许多讨好的话。

礼拜四，我们结束了对收获的视察；昏礼时到花园停驻。

（11 月 12 日），是月十六日，礼拜五，我们在紫罗兰花园吃了麻饯，并同几个特选的近臣上了船。后来胡马雍与卡姆兰也来了。胡马雍机敏地用箭射鸭子。

（11 月 14 日），是月十八日，礼拜六，午夜，我从花园出发。派了警卫人员和骑兵回去后，我就过了毛拉·巴巴桥，沿达瓦林狭地往上，绕过库什·纳的尔坎儿井和巴札尔（集市），再走过熊舍

(khirs-khana)的背后,于翌晨晨礼时抵达塔尔地·伯克·喀克萨尔的坎儿井。塔尔地·伯克得知后很激动,赶紧跑出来[迎接我]。大家都知道塔尔地·伯克缺钱,我是带了一千沙哈鲁币去的。我把这些钱给了他,并说:“请准备酒和一切必需的东西。”我想单独地畅饮一番。

塔尔地·伯克去毕赫札地沽酒。我命塔尔地·伯克的一个奴隶把我的马牵到山丘上吃草,我自己则坐在坎儿井后的山坡上。
一更时(上午 9 时)塔尔地·伯克搞来一坛子酒;我们二人就举杯 247b
喝起来。塔尔地·伯克拿来酒时,让穆罕默德·哈思木·巴鲁剌思和沙赫札达给看见了。他们没有料到我在那里,就跟着塔尔地·伯克前来。我请他们入席。塔尔地·伯克说:“布耳·布耳·安尼卡①想同您一起喝酒。”

我回答说:“我从未见过妇人喝酒,就叫她来吧!”我们还邀请了一个名叫沙希的哈兰答儿和一个会弹卢巴贝琴的挖坎儿井工人。我们坐在坎儿井后面的高地上饮酒,一直饮到昏礼时。塔尔地·伯克也喝了;然后就去塔尔地·伯克的房子,点灯再饮,直到宵礼时,那真是一次很好的酒会,自由自在,无拘无束。

我躺下了,其余的人则去另一个房子里,继续饮酒,直至敲鼓(半夜)。布耳·布耳·安尼卡进来,放肆打扰我。最后,我装作醉得不省人事,才摆脱了她。

我想在别人无所觉察的情况下上马一人去阿斯塔尔·噶奇,但被发现而未去成。

① 布耳·布耳·安尼卡,是一个女酒徒的名字。

最后,我便通知塔尔地·伯克与沙赫札达,于敲鼓时上马,三人一起前往阿斯塔尔·噶奇。

(11月15日),我们于晨礼时到达伊斯塔利夫下面的和卓·哈三。在那里停留了一会儿,吃了一个麻饯饼,就去视察庄稼。太
248a 阳升起后。我们停在伊斯塔利夫的花园里吃葡萄;然后就离开那里,到伊斯塔利夫附近的和卓·失哈布,在其地睡觉。阿尕·密拉胡尔(马官)有一所房子就在该地附近。在我们睡后,他命人送来热菜和一坛子酒。酒很好,我们饮了几碗酒,然后离去。

晌礼时,我们来到阿斯塔尔·噶奇地方的一个花园中停留,那里秋色迷人,满园都是优质的水果。我们举行了酒会。不一会儿,和卓·穆罕默德·阿明前来参加;我们一直喝到宵礼时。是日晚,阿不都拉赫、阿萨斯、努尔·伯克与优素福·阿利自喀布尔来。

(11月16日),吃过早饭后,我们上马,去阿斯塔尔·噶奇下面的帕的沙(国王)花园。园中有一颗年代不久的苹果树,入秋呈黄色,甚是好看。它每一根树枝上还留有五、六片树叶,排列有致。任何一个画家,纵使努力,也不能将其描绘出来。

离开阿斯塔尔·噶奇后,我们到和卓·哈三那里[停留并]吃饭;我们于昏礼时到达毕赫札地,在穆罕默德·阿明的一个伴当伊玛姆·穆罕默德的房子喝酒。

(11月17日),次日,礼拜二,我们到达喀布尔的花园。

(11月18日),是月二十三日,礼拜四,进入城堡。

(11月19日),礼拜五,提马镫侍者海打尔之子穆罕默德·阿黎抓到一只白鹰,将其向我贡献。

(11月20日),是月二十五日,礼拜六,在花园举行酒会。宵

礼时,我们离去。赛伊德·哈斯木由于过去发生的事件[①]感到难为情,我们路过时到他的房子里喝了几杯。

(11 月 24 日),助勒·希哲月一日,礼拜四,他只丁·马合木 248b
自坎大哈来,向我致敬。

(12 月 12 日),是月十九日,礼拜一,穆罕默德·阿利·江·江自尼耳·阿布来。

(12 月 13 日),礼拜二,桑古尔·江·江朱哈自比拉来奉朝请。

(12 月 16 日),是月二十三日,礼拜五,我从阿利·失儿·伯克的四部诗集中按照韵律的不同选出一些柔巴依诗和嘎泽拉体诗,竣事。

(12 月 20 日),是月二十七日,礼拜二,在要塞内举行酒会。在这个酒会上,下了这么一个命令:“如果有谁喝醉后出去,就不再请这个人进来入席。”

(12 月 23 日),助勒·希哲月三十日,礼拜五,我骑马出去游览兰姆甘。

① 见 f. 24b。

回历九二六年(公元1519年12月23日至公元1520年12月12日)的事件

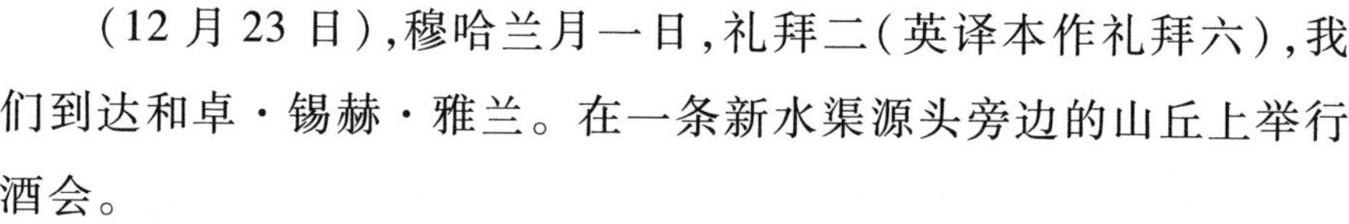

(12月23日),穆哈兰月一日,礼拜二(英译本作礼拜六),我们到达和卓·锡赫·雅兰。在一条新水渠源头旁边的山丘上举行酒会。

(12月24日),[次日(二日)早晨,我们出发前往参观流沙(reg-i-rawan)。在赛伊德·哈斯木的房子(称为布耳·布耳的房子)停留,并举行酒会。]

(12月25日),我们一早离开该处,吃了麻饯,继续前行,至比耳加尔停留。

(12月26日),(四日)清晨,我们喝了早酒,不过晚上还有饮宴。晌礼时,我们继续前行,到杜尔纳马停留,并在那里举行酒会。

(12月27日),我们早早地喝了早酒。杜尔纳马的头人哈克·达德把自己的花园送给我。

(12月28日),(六日)礼拜四,从该地出发,至尼吉劳的一个塔吉克人的村庄停留。

(12月29日),(七日)礼拜五,去四十块耕地(Chihil-qulba)与巴兰河之间的山中打猎。我们猎获许许多多的鹿。自我的手受
249a 伤以来,我从未射过一箭。这次,我用一张易开的弓,射中一只鹿

的肩部;箭头的一半深入其皮毛。晌礼时,我们猎毕返回,来到尼吉劳。

(12月30日),(八日,礼拜六),次日晨,确定尼吉劳地方的居民应缴纳的贡赋为六十个金币。(密斯卡耳币,厄斯金认为这相当于60英镑,合四百卢比。)

(1月1日),礼拜一(十日),我们出去游兰姆甘。我曾想胡马雍也会同我一起去,但他却愿留在后面,所以在库拉山口时我就让他离去。其后,我们来到巴德劳,并在其地停留。

(1月……),我们又从该地前往乌鲁格·努尔。渔民们在巴兰河捕到[许多]鱼。晡礼时,我们在木筏上喝酒;昏礼后离木筏返回,又在毡房中喝酒。在达瓦尔,派海打儿·阿拉姆达尔(旗手)去异教徒那里;这时有几个异教徒的首领来到巴德·伊·皮奇[山口]的底下,献给我几个羊皮口袋的酒,并致敬意。在从山口往下走时,我们遇见特多的蝗虫。①

(1月……),次日晨,我们再上木筏,吃麻饯。在布兰登陆,返回营地。那里有两个木筏。

(1月5日),(十四日)礼拜五,我们继续前进,到曼德拉瓦尔以下的平原停留,晚上,举行宴会。

(1月6日),(十五日),礼拜六,我们乘木筏经过达鲁他狭地。在贾汗·纳迈(贾拉拉巴德)以上不远处离筏上岸。前往阿迪纳普尔对面的瓦法花园。在我离筏上岸时,宁格纳哈尔的统治

① 英译注:原文为Chiurtika或Chiur-i-tika,时为一月,不可能是蝗虫,故应空着不译。

249b 者开雅姆·乌尔都·沙前来向我投诚。我正在路上走时,已长期在尼耳·阿布的兰噶尔·汗也前来向我致敬。我们停驻在瓦法花园;那里柑橘一片金黄,蔬菜成熟繁茂;这是一个很迷人的地方。

我们在瓦法花园待了五、六天。因我打算从四十岁起开始戒酒,而到四十岁只剩下不到一年的时间了,故我毫无节制地饮酒。

(1月7日),是月十六日,礼拜天,早晨喝酒,酒醒后,又开始吃麻饯。此时,毛拉·亚拉克演奏了他用五拍子和五行韵律作的一个曲子;这首曲子作得真好!我已很久没有欣赏过这样的曲调了,我也想作个曲子,所以就作了一个四拍子的曲子,将在适当的地方提到它。

(1月10日),(是月十九日),礼拜三,在我酒醒时,我开玩笑说:“一切操萨尔特语(即波斯语)的人都应喝一杯。”因此,许多人都喝了酒。晨礼时,我们坐在草地中央的柳树下,我又说:“一切操突厥语的人都应喝一杯。”因此,也有许多人不得不喝酒。

太阳升起后,我们在池塘边的橘树下喝酒。

(1月11日),次日(二十日)早晨,我们在达鲁他(Darŭta)登上木筏,经过朱伊·沙,前往阿塔尔。

(1月……),又从阿塔尔去游历努尔河谷;一直走到苏三村,然后返回,到阿姆拉停留。

250a (1月14日),和卓·卡兰将巴焦尔治理得很好;因他是我的一个酒友,所以我把他召到身边,另委任沙·忽辛去管治巴焦尔。是月(穆哈兰月)二十二日礼拜六,沙[密尔]·忽辛获准就道;同日,我们在阿姆拉喝酒。

(1月15日),次日(二十三日),天雨。我们到达库纳尔的库拉·格拉姆,马利克·库利的房子就在那里。我们住在其次子的那所俯瞰整个橘园的房子里。由于下雨,我们没有到橘林里去,就在那房子里喝酒。雨下个不停。我把自己知道的一个符咒教给毛拉·阿力·江。他把这个符咒写在四张纸上,将其挂于[房子的]四角,于是雨就立即停了,天气开始放晴。

(1 月 16 日),(二十四日)清晨,我们登上木筏,几个武士则坐在另一条木筏上。在萨瓦德、库纳尔及其邻近诸地区,人们蒸制一种特别的布渣(啤酒)。其中加了一种酒药子,名叫 kim,是用各种各样的草根和几种药物制成的。状圆如饼,干燥后收藏。kim 是酿制这种啤酒的酵母。有几种布渣性烈醉人,但味苦,不好吃。我想喝这种布渣,但因其味苦不能喝,故宁愿吃麻饯。后来我命坐在另一条木筏上的阿萨斯、哈三·伊基里克和马斯提喝了一些这
种布渣。喝醉了的哈三·伊基里克开始发酒疯,打架闹事。阿萨 250b
斯也喝得大醉。他几次做出下流的动作,使我感到十分不快。我甚至想把他们二人驱逐到河的彼岸去。但另一些人则为他们求情。

那时我把巴焦尔赐给了密尔·沙·忽辛,并将和卓·卡兰召到自己身边。因为和卓·卡兰是我的酒友,他在巴焦尔的时间也已很长了;加之,在我看来,巴焦尔的事情现在比较好办。

密尔·沙·忽辛在前往巴焦尔途中抵达库纳尔河的渡口时,与我相遇。我对密尔·忽辛做了一些口头指示,并把自己用的盔甲赐给了他,然后让其前往。

在我到达努尔加勒(岩石村)对面时,有一个老人走到我跟前,开始请求施舍。坐在木筏上的每一个人都给了他一些东西,如

袷袢、缠头巾、洗澡巾等等,这老人得到许多东西走了。

在半路上一个危险的地方,木筏子遭到一次很重的撞触。木筏虽未撞沉,但我们大受惊吓。木筏子的划手密尔·穆罕默德掉入水中。我们就在阿塔尔附近过夜。

(1月17日),(是月二十五日),礼拜二,我们到达曼德拉瓦尔。库特鲁克·卡达姆及其父道拉特·卡达姆在城堡内准备了宴席。地方虽不怎么舒适,但为了满足他们的要求,我们还是喝了几杯。晡礼时,我们返回营地。

(1月18日),(是月二十六日),礼拜三,我们去金德克尔泉游览。金德克尔是曼德拉瓦尔土绵所属的一个村子。在整个兰姆

251a 加纳特,只有这个村子有枣椰树。这种树位于山麓以上;棕榈树林则在其东边;在棕榈树林一侧的边缘,有一小溪流过。在该溪源头之下约五卡里或十卡里(英译本作六、七码)处,人们用石头堆成一个洗澡用的掩体;这样就使蓄水池中的水面升高,使其能浇到浴者的头上。

这小溪中的水很软和。在冬天,开始接触时人们感到有点冷,但在水中继续停留时,以后就很舒适了。

(1月19日),(是月二十七日),礼拜四,舍尔·汗·塔尔卡兰尼把我们请到他的房子里,为我们举行宴会。晌礼时,我们出去,到人造鱼塘中打鱼。这鱼塘的建造情况前面已经提过了。(见 f. 143a,f. 143b)

(1月20日),(是月二十八日),礼拜五,我们在和卓·密尔·米兰的一个村庄附近停留。昏礼时,举行酒会。

(1月21日),(是月二十九日),礼拜六,我们到阿力申和阿

兰噶尔之间的山中打猎。阿力申人从一个方面,阿兰噶尔的居民从另一方面合围过来,围成一个猎场,从山上把鹿赶入其中。我们猎获到许多的鹿。

打猎回来后,我们停住于阿兰噶尔王的一个花园中,在那里举行酒会。[不久前],我的一个门牙坏了一半,另一半还留着。那天吃饭时,剩下的那半只牙也脱落了。

(1 月 22 日),(赛法尔月一日),黎明时,我们出去,撒网捕鱼。中午时,去阿力申,在花园中喝酒。

(1 月 23 日),次日(赛法尔月二日),我把阿力申王哈姆札·汗交给他的仇人。这个仇人将他杀死以报血仇。因为哈姆札·汗曾经干了坏事,无理地让一个无辜的人流血丧命。 251b

(1 月 24 日),礼拜二,我们在诵读了一章《古兰经》之后,就取道扬布拉克返回喀布尔。晡礼时,我们渡过阿耳甘河(巴兰河),于昏礼时到达喀拉图。在那里喂了马,做了一顿快餐,在我们吃完出来后,马也喂饱了。

[原稿至此中断,留下一个空阙。此书关于喀布尔的叙述也至此而止。以后从回历九三二年开始叙述印度的情况。原稿为何中断,原因不明。

此处的脱简,包括五年零十个月(从公元 1520 年 1 月 2 日至 1525 年 11 月 17 日,即回历九二六年赛法尔月至回历九三二年赛法尔月一日)。在这期间,巴布尔曾三次去坎大哈,三次进入印度,一次去巴达赫尚,一次去巴里黑。至少有两次去惩罚桀骜难驯的部落;他曾接见印度的来使,准备进行多次征战。此外,他还用突厥文写了二千行的诗。

英译者根据宽德·密尔著《传记之友》、密尔·马苏姆著《信德史》、赛伊德·贾马耳著《答儿罕纪事》(或称《阿儿浑纪事》)以及厄斯金所著《印度史》诸书的资料,补叙这几年间的事件如后。另可参阅艾利奥特与道森著《印度史》、纳骚·李著《印度史史料集》及《剑桥印度史》。]

英译者补回历九二六年至九三二年(1520—1525)的事件

回历九二六年(公元1519年12月23日至公元1520年12月12日)

巴布尔"五征"印度究竟是哪几次的问题,历来经常有所讨论。所以,确定人们习知的那几次的时间是有益的。根据以下的理由,我以为有一次是发生在是年:这一次,由于沙·伯克侵入巴布尔的领土而终止,随后对坎大哈进行了一次围攻,而下述的几件事表明这次的围攻是发生在回历九二六年。

一、进攻印度

日记中已记述从兰姆甘返回之事。其后即征集军队和筹办装备,在这些事情已办好时,就从喀布尔出发了。军队经过巴焦尔,将当地桀骜难驯的部落平服。过印度河一定是在通常使用的那个地方。一直到回历九三二年(公元1525年)的最后一次攻印,历次向南方的进军都是在那个地方渡过该河的。又经过比拉,其地驻有巴布尔自己手下的将领;继续前进,超出已占领地区之外,去雷杰纳河间区南距拉合尔七十五英里的锡亚耳科特。该地未进行抵抗即被占领,再前进到稿中称为赛义德布尔的地方;此地试图进行自卫,经猛攻攻下后,屠其城。在印度的报纸上不曾见到提及过赛义德布尔这个地名,但《阿克巴纪事》一书中曾提到一个西德普尔(Sidhpur)的地方,与锡亚耳科特相邻,故这地方可能就是巴布尔攻下的那个城。

没有证据表明此时巴布尔打算同伊伯拉欣打仗;他曾经显示力量以加强自己在比拉的地位,所以,他的进攻目标可能就是拉合尔。不管他可能计划在西德普尔(?)以南地区如何行动,但这时传来关于沙·伯克侵入他的领土的消息，遂使他返回喀布尔，并从喀布尔去坎大哈，他的南征计划也就流产了。

二、沙·叔佳·伯克的处境

沙·伯克这时据有坎大哈、沙耳（即奎塔）、穆斯唐（Mustang）和锡维斯坦（Siwistan）①，坎大哈向往着巴布尔。沙·伯克的实权并不大，在这种情况下，沙·伯克知道自己对坎大哈的占据是不确定的。加之，坎大哈是进攻赫拉特的有利据点，而拜哈拉一族的逃难者又同巴布尔一起都在该地，准备在波斯王伊斯迈耳运转华盖走向衰败时趁机收复他们过去的领土，这就使得沙·伯克的地位进一步遭到削弱。他既认识到了自己的虚弱地位，故几年以来一直在取道博兰山口向信德推进。

他同巴布尔的关系表面上看还是好的；去年，他曾两次派遣使者去巴布尔那里，第一次是通告他于回历九二四年底（公元1519年11月）夺得卡汗（在信德）之事。他同他的儿子哈三不和，但哈三却在巴布尔的手下已一年多；这一事实可能就引起双方互相敌视的暗流。

他对波斯王伊斯迈耳的关系是恭顺的，表面看来甚至像是臣属。宽德·密尔的记载表明这点，这位作者说沙·伯克曾向波斯王派驻赫拉特的官员要求，请其参与反对巴布尔。他是否在讲道（虎土白）中表示臣服于任何一个君主，还不能肯定；但可以说，他的儿子哈三后来是为巴布尔讲道称臣的。

三、这次围攻坎大哈的动因

沙·伯克究竟做了些什么，以使巴布尔从旁遮普回来，去进攻坎大哈呢？这不见于任何史料的记载。看来似乎是他唆使他的臣属为他干的一件事。其直接的执行者可能是巴布尔在南进途中惩罚过的尼克德里部和哈札拉部。他们分布在西部边境；他们可能已来到通北方的大路边，或在那年发生饥荒来抢掠粮食。沙·伯克没有采取认真措施以夺取喀布尔，看来是确实的；他

---

① 奎塔，或写作奎达，是英文名，本地人称为沙耳（Shel）。沙耳于回历八八四年（公元1479年）被宗农所夺得；锡维斯坦以前是皮儿·瓦力所属巴鲁剌思部突厥人的领地，沙·伯克于回历九一七年（公元1511年）第二次攻取得之。

那时忙于信德事务,不允许他这样做。有一些未经使用过的史料可以附带说明此事;这次进犯本身可能规模很小,但已足以使巴布尔消除后顾之忧。

四、坎大哈

巴布尔围攻坎大哈,难以攻下;在回历九一三年(见本书 f. 208b)的围攻和突袭中他并未拿下该城,而是在开旷地战斗了一天之后由于一方不应战而攻下的。贝略在 1879 年见到战地的废墟,对其军事细节作了描写。从这些描写可判断当时坎大哈的实力状况。

防御工事规模很大,有三重带碉堡的围墙,中央是一很高的要塞。该地现已完全沦为废墟,这地方现在只能用来作一个放牧的场所……“该城有三个部分,每一部分各在一个高地上,能互相防卫。山上布满了由帐幕连接起来的塔楼,最高处的那座塔楼可说是难以攻取的。它控制着其下方建于次高点的要塞,而这次高点的要塞则又控制着平原上一个台地的城镇。围绕该城的三重城墙距该城有相当远。对该要塞及废墟进行考察之后,我们经峡谷登上建有坚固堡垒的山顶。在这个峡谷里有两个蓄水池的废墟。这两个蓄水池大约有八十平方英尺,都已毁坏,柱子已倒塌;这工程是用砖和水泥砌成,把每个水池圈在当中。每个水池约可蓄四十万加仑的水。”(见 Le Messurier 著《Kandahar in 1879 AD.》第 223,245 页。)

五、巴布尔围攻坎大哈

史料中说巴布尔围攻坎大哈有五年的时间,这有时是说单进行一次围攻就延续了五年。这容易讲错,其根源可能在于密尔·马苏姆纪年有误。有一著名的碑铭记载此一事件,我们从这一碑铭得知坎大哈转到巴布尔的手中是在回历九二八年闪瓦鲁月十三日。从此后推,可知是在回历九二七年谈好了投降的条件,巴布尔返回喀布尔去了;他围攻坎大哈是在回历九二六年——即这里讲的那年。他的回历九二五年的纪事是完全的,并未提到围城之事。回历九二四年看来也没有进行围攻,沙·伯克当时在印度河,而他的儿子在这一年至少有一部分时间是在巴布尔那里;回历九二三年是打算进行围攻的一年,由于巴布尔本人患病未进行;回历九二二年,尚无记载说进行了任何围攻;所以,在这五个年头中,确实没有进行过持续不断的围攻。

六、回历九二六年(公元1520年)的围攻

在巴布尔对坎大哈进行彻底的围攻,一面挖坑道一面冲击城墙时,在该地发生了饥荒,使周围一片荒凉凄惨。守军陷于困苦中;城内发生坎大哈地区常见的“瘟疫”,并传到巴布尔的营地,使巴布尔不得不于提尔月(Tir,即六月)返回喀布尔。

在以后几个月的暂息时间中,沙·伯克向信德推进,他过去的奴隶、现任(坎大哈)指挥官的梅赫塔尔·桑姆巴耳重又给该城供应粮食。

回历九二七年(公元1520年12月12日至公元1521年12月1日)

一、史料

关于这一年和次年围攻坎大哈之事,有两种史料,一种是宽德·密儿所著书《传记之友》,另一种是马苏姆·巴喀里著的《信德史》。此二书的记载有重大的不同,故有必要考虑一下二书的作者是怎样获得他们各人的材料的。

宽德·密尔所著的历史写成于公元1524—1529年。他是作为当代人来记载坎大哈的这些事件的。他同这些事件的几个参预者有密切的接触,当这些事件发生时他可能就在赫拉特。他的庇护人之一异密·吉雅苏丁由于被怀疑是巴布尔的一个同盟者而于是年在赫拉特被处死;他的侄儿也叫吉雅苏丁,此时正在坎大哈,此人在次年曾帮助巴布尔进入坎大哈;此外,几年后他自己也随同巴布尔一起去了印度。

密尔·马苏姆于公元1600年写作其书,这是在宽德·密尔以后70—75年。他关于这几次围攻的记载,可能是根据传说,他并没有提及他所根据的文献。布罗赫曼(Blochmann)为他写的传记(见《阿克巴纪事》第514页)表明,关于在阿儿浑侵略信德时所发生的事件,他曾有许多机会听人口述其事,但是却没有提到说他曾有过机会听到关于坎大哈的传说,他在坎大哈任职期间本来是让他有这种机会的。巴布尔自己曾在契希耳·济纳(Chihil-Zina)

建了一块碑。他在那段任职期间,又增建一块碑以纪念阿克巴,碑文中记载了夺取坎大哈的时间(回历九二八年,即公元1522年)。

二、《传记之友》的记载(第三卷,第4编,第97页。)

宽德·密尔作为当代人的记述,与马苏姆的记述,在谈及某些事件时是互相符合的,但在谈及一些重要的年代以及在谈到沙·伯克向巴布尔投降的方式时却互不相同。它记载说,巴布尔是在回历九二六年(公元1520年)下决心要把沙·叔佳·伯克从坎大哈驱逐出去,遂率军进攻其地,从而"打开了通向战争的大门"。它没有记述回历九二六年的围城,却转而叙述回历九二七年(公元1521年)发生的事件。那一年,沙·伯克因不能在战场上迎战巴布尔,故龟缩在城内,加强防御。巴布尔对被围困的人施加了最大的压力,"常常骑着他那匹黑白斑马到城壕跟前,督促他的人员进行猛攻。"守军英勇地进行抵抗,以刀、箭、梭镖和致命的石头来打破喀布尔人的"血肉堡垒",但巴布尔手下的英雄们却总是取得了胜利,把来犯者赶回城门之内。

三、米儿咱·汗的死信传到巴布尔处

宽德·密尔继续写道,这时,米儿咱·汗已在巴达赫尚死去;消息传到巴布尔那里,使巴布尔深感悲痛。巴布尔指定胡马雍去继承米儿咱·汗的位子。而他自己则继续围攻坎大哈,以图征服加尔姆·西尔。

四、同巴布尔的谈判

此时赫拉特的长官是年仅六、七岁的波斯王伊斯迈耳之子塔玛斯普。他的傅相爱密尔·汗在同巴布尔的外交交涉中起了主要的作用,但与之一同参与其事的则是前已提及的宽德·密尔的庇护人异密·吉雅苏丁,此人直至(在赫拉特)被处死,一直是巴布尔的盟友。同巴布尔的商讨谈判,表明动机复杂,值得注意。波斯官员们虽名义上代表沙·伯克来进行调停,也确是根据他的请求而这样做的,但他们似乎更为关注他们自己在呼罗珊的处境,而较少关注沙·伯克的事,因其主上波斯王当时的处境由于同罗姆苏丹作战不利而遭到削弱。沙·伯克被描写成为一个不服从巴布尔的臣属,巴布尔正为了波斯王而使其顺服,但当爱密尔·汗听说沙·伯克受到严重压力时,他感到很痛苦,因为他害怕得胜的巴布尔会进攻呼罗珊。但是,并无迹象表明巴布尔想打呼罗珊的主意,他的目标是印度,坎大哈则是他路途中的一个有利据点。但因爱密尔·汗对他已有这种疑惧,而拜哈拉家族的流亡者又和巴布尔在一起,这些流亡者抱有收复故国的野心,这就使爱密尔·汗有根据这么想。不管是想夺取赫拉特、喀布尔,或想夺取印度,坎大哈都是力量的支点。吉雅苏丁由于是巴布尔的盟友而被处死,这是另一件不合于公开宣布的外交交涉目的的事。这件事使爱密尔·汗似乎把巴布尔当成伊斯迈耳的敌人。

沙·伯克请求(波斯)干预是始于回历九二六年(公元 1520 年),波斯官员对巴布尔进行规劝也是在此时;他的信使一个接一个地前来请求异密们设法使巴布尔撤退,条件是答应服从并每年纳贡。异密们向巴布尔提出,沙·叔佳·伯克虽有罪该罚,但鉴于他已表示悔过,并答应效忠纳贡,所以,现在对巴布尔说来,最好是撤除(回历九二六年之)围困,返回喀布尔。对此,巴布尔回答说,沙·伯克的承诺是一片空言,绝不能予以信赖;请真主看吧!他说,他将亲自夺取坎大哈,将沙·伯克俘送赫拉特;他还说,他接着就准备把该城的钥匙交给任何奉命去接收的人并让其占有加尔姆·西尔之地。

以上的交涉对答,正符合那种以为巴布尔是为波斯王伊斯迈耳行事的假象,这只是一种外交上的虚假辞令,一方面托词担心巴布尔及其部属进攻赫拉特,另一方面是说巴布尔决心亲自据有坎大哈。

爱密尔·汗不满意于巴布尔的回答,但他的注意又被另一件事吸引开去了,那可能是指是年春天(公元 1521 年 3—4 月)奥拜都拉·汗进攻赫拉特之事。后来似又继续进行谈判,因宽德·密尔说,是年巴布尔撤离坎大哈,就是他们谈判的结果。

五、《信德史》一书的记载

密尔·马苏姆的记载很简略;他说,是年(他指的是回历九二二年),巴布尔在是年应贡献的谷物收齐之前,就军下坎大哈,摧毁了地里的庄稼,包围该城,使其陷于困境;沙·伯克因遭到反复的进攻而感疲惫,又全神贯注于信德的战争,所以就提议谈判,结果达成的协议是:他再占有该城一年,一年后将城交给巴布尔。达成这些条件后,巴布尔就去喀布尔,沙·伯克去锡比。

阿儿浑家族被迁往沙耳和锡比,延期一年交城可能就是为使他们有时间安排迁徙之事。

六、关于年代

这两位历史家的记载在年代上多不一致。宽德·密尔的记载同这个时期少数几个确定的年代以及事件的进程是一致的;与之相反,马苏姆所记载的几个年代却逐一地早五年(阴历年)。例如,宽德·密尔记载中属于回历九二七年的事件,马苏姆皆系之于回历九二二年。再者,在马苏姆正确地将巴布尔头一次夺取坎大哈系之于回历九一三年(公元1507年)时,后来却在从沙·伯克在卡汗获胜起的一系列事件上记载了自相矛盾的年代。他将此事系之于回历九二一年(公元1515年),而巴布尔得到此事之消息(见本书f. 233b)是在回历九二五年(公元1519年)年初。再者,马苏姆的记载说沙·哈三去巴布尔那里是在回历九二一年,并待了二年;但哈三在回历九二五年整年都是同巴布尔在一起,并未有记载说他在回历九二六年第二个月之前就离开了。再者,马苏姆说沙·伯克是在回历九二三年(公元1517年)将坎大哈城交出投降的,但宽德·密尔所记的年代与叙述都说是在回历九二八年(公元1522年),并泐铭于契希耳·济纳。

回历九二八年(公元1521年12月1日至公元1522年11月20日)

一、巴布尔访问巴达赫尚

是年早期或上一年的年末,巴布尔偕其妻马希姆去(巴达赫尚)政府所在地——可能即法札巴德——访问胡马雍,并同他一起住了些时候,古耳·巴丹说只住了几天。

二、进军坎大哈

是年结束了为夺占坎大哈的斗争。宽德·密尔关于该城投降经过的记载与马苏姆的记载大为不同。该书声称,回历九二七年巴布尔之撤退是由于赫拉特方面的规劝;又说,因遭围攻而力不能支的沙·伯克,依赖异密们同巴布尔达成的安排,遂前往锡比,而留下一个名叫阿布杜耳·巴基的人负责看守其地。宽德·密尔说,这个人完全不顾他对自己的主人应尽的义务,竟派人去将巴布尔引来坎大哈,并将该城献出——《阿儿浑纪事》(*Tarkhan-nama*)一书记载说是经宽德·密尔之侄吉亚速丁之手将坎大哈城的钥匙交给巴布尔的。在这一年中,巴布尔与赫拉特之间信使往返不断;爱密尔·汗使用了两个人,其姓名皆见于记载,其中的最后一人没有返回赫拉特,当时有巴布尔的一个信使,带着一件贡献的礼物,在那里宣告,该城已处在他的主公占领下。这样,宽德·密尔便把该城转到巴布尔手中的时间定在回历九二八年。契希耳·济纳地方的胜利纪念碑上所记的一个年代,可作为佐证,这个纪念碑是巴布尔下令在该城后面石灰石山脊的岬角上挖成的。碑上记载的年代是回历九二八年闪瓦鲁月十三日(公元 1522 年 9 月 6 日)。

马苏姆的记载系其事于回历九二三年(公元 1517 年),文字极为简短:——沙·伯克将该城的钥匙送交巴布尔,为其提供驻跸之地,从而实现了自己的承诺,深得巴布尔的赞许。

宽德·密尔的记载虽有令人接受的充分理由,但也须承认,有些情况可以表明,沙·伯克已放弃坎大哈,如在巴布尔于去年撤退后,他的家属搬走了,他自己这一年也不在,而是到信德的边远地区去了。

三、沙·伯克的卒年

史料中关于沙·伯克的卒年有不同的说法,其中只有两个年份需要予以考虑。关于月份,意见都是一致的;关于日期,即舍尔邦月二十二日或二十三日,也差不多是一致的。马苏姆的纪年为 Shahr-Shábán,(舍尔邦月)是在回历九二八年,但是他并未提及他从何得知这个时间,他在叙述中也绝未加以说明他的这个月份和日期是如何确定的。

有两点同回历九二八年这一说法显然相矛盾:1. 马苏姆在此以前讲的较早的年代引起疑问;2. 如果回历九二八年的说法是对的,那么在坎大哈城投降时,沙·伯克已死去两个多月了。他定的这个年代可能是根据宽德·密尔的记载,但是,如果他是死于回历九二八年舍尔邦月二十二日(公元 1522 年 7 月 26 日),那么把消息传到坎大哈还是来得及的,而且在该城投降以前也来得及把消息再送到赫拉特。在宽德·密尔的记述中,沙·伯克于那时死去不可能与坎大哈的命运无关;可能以某些理由为阿布杜耳·巴基向他恳求宽恕。因阿布杜耳·巴基甚至可能接到了沙·哈三的命令,要他将该城交给巴布尔,他立即承认了巴布尔的宗主权,具体表现是不断以巴布尔的名义讲道(虎土白)。但宽德·密尔并未提及在围城事件中什么是突出的一点;他不提,就表明他不同意回历九二八年之说。

尼咱木丁·阿黑麻著《阿克巴史编年》一书(第637页)记载的年代是回历九三〇年。厄斯金(Erskine),比耳(Beale),伊莱亚斯(Ney Elias),可能还有其他人,都采纳了这个年代。关于这个事件可偶尔得到一些资料,因为在编写印度通史时对所有史料都进行了研究。沙·哈三在同巴布尔通讯后曾进攻木尔坦,该事件可能提供有关信息。

四、巴布尔在回历九二八年及其以前的作品

1. 穆秉(Mubin)。从该书的一个年代纪中我们了解到,巴布尔在这一年中写了二千行的突厥文诗,阿布勒·法兹耳与巴达云尼(Badayuni)为其取名为“穆秉”(意为解说),但是,据(阿老·道拉所著)《Nafaisul-Ma‘asir》称,其真正的标题为《Dar fiqa mubaiyan》(法律详解)。斯普林格尔(Sprenger)发现此书也称为Fiqa-i-baburi(巴布尔法)。这是一篇论伊斯兰教法律的高度正统的诗体论文,是为教导卡姆兰而写的。舍黑·宰因曾为此文写了一篇解释文章,也称为“穆秉”。巴布尔在写到长度单位时,曾引用该文(见本书f. 351b)。贝勒津(Berezine)找到该文后,曾将该文的一大部分编入他的《突厥文读本》(*Chrestomathie Turque*)发表(喀山,1857)。这部分片断可能就是伊耳明斯基所发表的那部分。眺费耳(Teufel)指出,贝勒津用的那份手抄本可能即直接本于巴布尔送给河中地区一位杰出的法律学家的那份手稿,因为贝勒津的版本说明中最后几句话就是巴布尔的Begleitschreiben(跋语);他加的话是说希望能得知这位法律学家的名字。也许,此人就是和卓·雅海亚之孙和卓·卡兰,他是一个撒马尔罕人,巴布尔曾在公元1520年3月7日(回历九三五年)把自己的回忆录的一个抄本送给他(见本书f. 363)。

2. 回历九二五—九二六年(公元1519—1520)的巴布尔回忆日记。这部分日记差不多是与“穆秉”同时写的,而且是至今所知的巴布尔回忆录写作

最早的部分。它是在回历八九九年至九一四年(公元 1494 年至 1507 年)的回忆录写作以前约十年时写的,带有后加的注释,现在有尚待修订的草稿的性质。

3. 一部诗集(Diwan)。在把少量的片断资料拼凑起来后,我们才搞清楚,巴布尔在回历九二五年(公元 1519 年)时,曾经编了一部诗集,与兰布尔(Rampur)本诗集明显不同。这就是他在回历九二五年送给普拉德·速檀的那部诗集。其年代排除了兰布尔本的大部分。这部诗集可能收入了我丈夫在 1911 年的《亚洲季刊》上提及过、在《阿布什喀突厥语字典》中引用了的那些诗;它还可能收入了巴布尔引为早年写成的那些诗,这与其年代较早相符。见于《阿布什喀突厥语字典》中的那些四行诗以及在该书中定为"巴布尔·米儿咱"的诗,没有一首见于兰布尔本的诗集;也没有收录《巴布尔回忆录》中提到的那几首早年写的诗。所以,送给普拉德·速檀的诗集,可能是《阿布什喀突厥语字典》中引用的例句的资料来源。

对这些诗进行初步审查后,即产生这样的疑问:这些诗是否真是米兰沙的后裔巴布尔所作;抑或是沙哈鲁后裔"巴卑尔·米儿咱"所作。幸而我丈夫对《桑格·拉赫突厥语、波斯语字典》中引到的其中一首诗作了说明,并将其定为巴布尔大帝所作。在 de Courteille 编的字典中,曾用《阿布什喀突厥语字典》中的四行诗作为例句,但未注明一个作者的名字;这可以根据我丈夫的文章查清谁是这些诗的作者。

回历九二九年(公元 1522 年 11 月 20 日至公元 1523 年 11 月 10 日)

一、印度事务

巴布尔关注的中心现在由坎大哈转到了四分五裂的印度。印度分裂的后果之一是,这时道拉特·汗·罗地(玉素甫·哈伊耳)和阿老丁·阿拉姆·汗·罗地请求巴布尔帮助他们反对伊伯拉欣。

以下的情节大部分系采自阿赫马·牙德格尔所著《阿富汗撒拉丁史》(*Tarikh-i-salatin-afaghana*)一书:道拉特·汗曾被召到伊伯拉欣那里去;他害怕前去,就派他的儿子迪拉瓦尔代替他去;他的不听命使伊伯拉欣震怒,故迪拉瓦尔未受礼遇,反而被引去观看那些叛将的惨状。他害怕自己也会遭到那样的命运,就逃跑了,急忙去拉合尔将情况报告他的父亲。他报告的情况加强了道拉特·汗原有的忧虑,使后者决心去向巴布尔表示臣服,并请求大帝帮助以反对伊伯拉欣。阿拉姆·汗显然也是要请求这种帮助。所以,迪拉瓦尔(或阿帕克)·汗就前往喀布尔,带着他父亲的信,想让巴布尔知道伊伯拉欣的劣性、残忍和专横,及其在军官和士兵中引起不满的情况。

二、迪拉瓦尔·汗在喀布尔受到接待

迪拉瓦尔·汗到达喀布尔时,那里正在举行婚礼。① 他前往晋见,可能是指到花园(Char-bagh)朝见,通报给巴布尔,说门上有一个阿富汗人请愿。他获准进去后,卑躬屈节地恳求,申述印度的苦难。巴布尔问,他的家族长期蒙受罗地王朝的恩典,现在为何竟自突然背弃之。迪拉瓦尔回答说,他的家族四十年来一直支持罗地王朝,但伊伯拉欣虐待锡根德尔的异密们,无故将他们中的二十五人杀害,有的被绞死,有的被活活烧死,在他那里人人自危。所以,他说,他由许多异密派遣来见巴布尔,他们准备服从巴布尔,并急切盼望大帝到来。

三、巴布尔祈求祥兆

婚礼过后次日清晨,巴布尔在花园中祈求攻印胜利的祥兆,他请求,这祥兆应是当地的水果芒果或槟榔作为献给他的礼物。刚好,这时道拉特·汗真的以蜜饯的半熟芒果作为礼物来献。当这些礼物送到他的面前时,他认为这就是祥兆。编年史作者说,从那时起,巴布尔就进行进攻印度的准备。

四、阿拉姆·汗

阿拉姆·汗试图反对其侄(伊伯拉欣),此事虽然似乎曾得到一定的支持,但事件表明,对他的目的说,没有一个支持是有效的。后来的事实也表明,他没有得到道拉特·汗的支持。而且,他似乎并不是一个能争取到亲附

① 据说是卡姆兰结婚。

的人,也不是一个被认为可信赖和明智的领导人。因巴布尔的记述脱简,故年代不明确,但阿拉姆·汗亲自去喀布尔,在那里得到援助其反对伊伯拉欣的承诺,可能是在这一年。

五、古耳·巴丹出生

迪耳·达尔的第三个女儿古耳·巴丹就是在这一年或次一年出生。古耳·巴丹后来写了《胡马雍纪事》一书,这本书是她的侄子阿克巴命她写的,目的是为了给《阿克巴纪事》一书提供资料。

回历九三〇年(公元 1523 年 11 月 10 日至公元 1524 年 10 月 29 日)

一、巴布尔第四次进军印度

这次的进军与以前所有的几次进军不同之处在于它是与心怀敌意的阿富汗人合作反对伊伯拉欣·罗地,而且有公开宣告的目的,在网兰姆·汗的支援下直接去进攻他。

从喀布尔出发的确切时间未见记载;渡过印度河后所走的路线,是经过加格尔地区的那条山下的路;过了杰卢姆河和钦阿布河后,就向距拉台尔十英里以内的地区前进。

拉合尔是道拉特·汗的首府,但他当时不在该地;在比哈尔·汗·罗地率领下的一支伊伯拉欣的军队前来进攻他时,他已到俾路支人的移民区逃难去了,也可能是到木尔坦去了。随后在巴布尔与比哈尔·汗之间进行了一场战斗;后者大败,死亡惨重;巴布尔紧跟逃亡的敌人进入拉合尔,掳掠城镇,焚烧了一些集市。

在拉合尔附近过了四天,然后南攻迪巴耳普尔,掳掠,屠城。从巴布尔关于这次胜利的纪年文中的附笔记载(见本书 f. 325),我们得知,攻下该城的时间是回历九三〇年赖比儿·尼勒·安外鲁月月中(约当公元 1524 年 1 月 22 日)。又从迪巴耳普尔向锡尔欣进发,但在到达该地之前即送来消息,令其返回拉合尔。

二、班师的原因

道拉特·汗的行为显然是撤军的原因。他和他的儿子们在巴布尔到了迪巴耳普尔后才参加进军行动;巴布尔没有让他恢复故地以管辖拉合尔重镇,而仅将他自己建立的贾朗达尔和苏丹布尔镇给予了他。这使他愤怒之极,但他似将这种愤懑之情隐藏在心中有一段时间,他向巴布尔提建议,表示好像他感到满意。但是,他的儿子迪拉瓦尔向巴布尔报告说,他父亲的建议是虚伪的;这里讲的是向木尔坦进军,道拉特·汗可以从该地到迪巴耳普尔来,这样,据说此时巴布尔同沙·哈三·阿儿浑进行了合作。但此事尚未见有哪一个史料清楚地予以记载。迪拉瓦尔·汗告诉巴布尔说,他父亲的目的是分裂,这样就可削弱攻印的力量,如果采纳道拉特·汗的建议,就会得到这样的后果。由于怀疑其有反叛的打算,巴布尔就逮捕了他和阿帕克。他们很快就获释,苏丹布尔之地被赐给了他们,但他们逃到山里去了,在那里等待机会以便对旁遮普进行突然袭击。道拉特·汗既心怀敌意,又不履行他同巴布尔的协议,这就使东进有后顾之忧,于是巴布尔就命自己的部属戍守旁遮普,而他自己则返回喀布尔去了。

随后发生的事件表明,道拉特·汗在旁遮普有很大的势力;也表明有人提出了一些推迟进攻伊伯拉欣的建议,如:为了阿拉姆·汗应更紧密团结,要确实消除后方的道拉特·汗的威胁;可能还得到了消息说乌兹别克人已接近巴里黑,遂使巴布尔在次年越过兴都库什山。

三、旁遮普戍军

这次的进军大大扩展了巴布尔的势力范围,这显然是由于夺得了拉合尔。这时,他任命马厩长阿卜杜耳·阿即思驻于拉合尔;任命蒙兀儿人巴巴·喀什卡与阿拉姆·汗驻守迪巴耳普尔;任命胡思老·库克耳达什戍守锡亚耳科特,命塔吉克人穆罕默德·阿利戍守卡兰努尔。

四、两个人物之死

是年,萨非朝波斯王伊斯迈耳被罗姆的苏丹·萨里姆打败,于赖哲卜月十九日(5 月 23 日)阵亡,享年三十八岁。他的十岁的儿子塔玛斯普继位。

沙·叔佳·阿儿浑可能亦死于是年舍尔邦月二十二日(7 月 18 日),他最后感到悲痛的是其奶兄弟法即耳之死。关于此人及沙·伯克本人之死,皆见于密尔·马苏姆的记载,现转述如下:沙·伯克在信德的继位者是其子哈三。哈三为巴布尔讲道(虎土白),并通过联姻同巴布尔左右的人建立更密切的关系,如在这一年或次年,哈三正式娶了喀利法的女儿古耳·巴尔格为妻,他是以前去喀布尔拜谒巴布尔时同她订婚的。还有,喀利法的儿子穆什布·阿力娶了哈斯木·库克耳达什与马赫·楚楚克·阿儿浑生的女儿纳希德。(见本书,f. 214b)。马苏姆说,这些联姻是为了加强哈三在巴布尔宫廷中的地位。

五、有关花园的一件事

是年,可能即在巴布尔从旁遮普返回时,他曾从印度带回香蕉树,种植于阿迪纳普尔的瓦法花园,此事见于他自己的记载(见本书,f. 132)。

回历九三一年(公元 1524 年 10 月 29 日至公元 1525 年 10 月 18 日)

一、道拉特·汗

道拉特·汗在旁遮普的权势表现在他被剥夺了拉合尔以后仍然有影响力。在巴布尔返回喀布尔后,他就率领一支由其亲近人员组成的队伍从山上下来,抓获他的儿子迪拉瓦尔,夺取苏丹布尔,并征集了一支大军,在迪巴耳普尔打败了阿拉姆·汗。他又分遣五千人去进攻锡亚耳科特,但驻拉合尔的巴布尔所属的伯克们却把他打败了。伊伯拉欣派了一支军队去重新征服旁遮普;道拉特·汗因其内部的纠纷与不满而获利,将其一部分人争取到自己一边,而坐观其余的人瓦解分散。

二、阿拉姆·汗

阿拉姆·汗在迪巴耳普尔转到巴布尔一边以后,即直接逃往喀布尔。他再又请求援助,获允,条件是:在他取代伊伯拉欣登上德里的王位时,得让巴布尔全权统治拉合尔及其以西的所有地区。这样安排后,就给阿拉姆·汗提供一支军队,并给戍守拉合尔的伯克们下达诏书,命令他们帮助阿拉姆·汗。巴布尔答应在他出发后迅即随后前往。

阿拉姆·汗以后的行动,见于巴布尔写的回历九三二年(公元 1525 年)的年纪。其时,他得到了有关他的详情(见本书,f. 255b)。

三、巴布尔前往巴里黑

巴布尔并未按其承诺的那样随阿拉姆·汗之后前去攻印,巴布尔对此作了解释,这是我们所知的有关此事的一切。他的解释是说:由于所有的乌兹别克速檀们和汗们已在围攻巴里黑,所以他必须到那里去。有些波斯文的和乌兹别克的编年史可能能对此事提供史料说明;巴布尔的到来解了该城之围;危险一定被消除了,因为巴布尔及时返回了喀布尔,以便在次年(回历九三二年即公元 1525 年)第二个月的月初出发去进行对印度的第五次和最后一次的出征。当时巴达赫尚的胡马雍手下有一支大军,他们在次年没有到来,使其父的进军不得不推迟,胡马雍遂使自己蒙咎。

印　　度

回历九三二年(公元 1525 年 10 月 18 日至公元 1526 年 10 月 8 日)的事件

(11 月 17 日),回历九三二年赛法尔月一日,礼拜五,太阳在人马座,我出发进军印度。我们越过雅克·兰加高地,到德赫·伊·雅库布河以西的平原上扎营。阿卜杜耳·马利克·库尔奇来到这个驻地;他是在七、八个月以前由我派往(喀什噶尔)速檀·赛德·汗处的使者,这时他由一个名叫英吉·伯克·库克耳达什的人陪同返回。该人捎来[两位]汗尼木[①]和汗的信件,不多的礼物以及口信。 251b

(11 月 18—21 日),在这个驻地停留了两天以装备军队,然后就从该地出发,在路上过了一夜,到巴达姆·察什马地方停留。我们在那里吃了麻饯。

(11 月 22 日),礼拜三(赛法尔月六日),我们到巴里卡布下马停留,这时留在印度的努尔·伯克的一个弟弟带来相当于二万沙哈鲁币的金币(阿什拉夫币与腾格),这是和卓·胡赛因送来的拉合尔的贡赋。我通过巴里黑的一个首领人物毛拉·阿黑马把这些钱的大部分分发给巴里黑作建设费用。

① 两位汗尼木指巴布尔的姨妈速檀·尼格尔·汗尼木和道拉特·速檀·汗尼木,当时她们和赛德·汗在一起。

(11 月 24 日),(赛法尔月)八日,礼拜五,我在甘达马克驻营
252a 后,患严重伤风。感谢真主,很快就好了。

(11 月 25 日),驻于瓦法花园。在那里逗留数日,以待胡马雍·米儿咱及彼处军队的到来。在此书中已不止一次地提到瓦法花园的范围与界限及其引人入胜之处。这是一个很迷人的花园;一切以买主的眼光来看它的人,都会[立即]懂得这是一个什么样的地方。

在我们住在这个花园里的几天里,当饮酒的日子①,酒喝得很多,并且还喝早酒;在非饮酒的日子则聚会吃麻伐。因胡马雍迟迟地没有按指定的期限到来,我写了一封措辞严厉的信给他。

(12 月 3 日),赛法尔月十七日,礼拜天,在我们喝过早酒以后,胡马雍[突然]到来。对于他的迟到,我以严词责备之。同日,和卓·卡兰也从加兹尼到来。就在那个礼拜天的晚上,我们进军,到苏丹布尔与和卓·鲁斯塔姆之间的一个新花园中停驻。

(12 月 6 日),(赛法尔月二十日),礼拜三,从该处前进。我登筏,喝着酒,一直划到库什·拱北。在该处离筏登陆,返回营地。

252b (12 月 7 日),次日,军队出发,我也登上木筏,并吃麻伐。我们的驻营地通常是柯尔克·阿里克,可是在我们走近到该地的对面时,无论怎么看,也见不到一点兵营的痕迹,也没有见到马匹。我想:"噶尔姆·察什马(意为炎热的春天)就在附近;他们的营盘可能就是驻扎在那里吧!"我们就继续前行,在我们到达噶尔姆·察什马时,天色已经晚了。我们也没有在噶尔姆·察什马停留,又

① 饮酒的日子指礼拜六、礼拜天、礼拜二和礼拜三。

划行了一个通宵。到一个地方停筏，稍睡了些时候。

（12月8日），我们于天亮前在雅达·比尔登陆；当天大亮时，我们的士兵就开始出现了。军营一定是驻扎在柯尔克·阿里克附近，但我们没有见到。

筏子上有许多人在写诗，如：舍黑·阿布耳·瓦吉德、舍黑·宰因、毛拉·阿力·江、塔尔地·伯克·喀克萨尔及其他人。在宴会上，我想起了穆罕默德·萨利赫写的如下一个对句：

（波斯文）对你这么一个卖弄风骚的情妇，有什么办法？

对你那里另一个情妇，又有什么办法？

我说："就按这个格式做诗吧！"于是凡有诗才的人都开始吟诗。因我常常讥笑毛拉·阿力·江，所以我吟出了这样一个开玩笑的对句：

（波斯文）对你这样的混蛋，一个人怎么办？

对一个蠢驴，一个人又怎么办？

以前，凡是我想到的，不管是好是坏，不管是严肃的还是轻松愉快的，我总是用诗将其表现出来，所有的诗，即使空洞粗俗，也都书写了下来。在我写作《穆秉》的日子里，我产生了这样的想法，它进入了我忧伤的心： 253a

既有如此高雅娴熟的语言，却以恶劣的词句来表现其思想，真是可怜。

曾产生过高尚思想的心灵，竟又出现卑鄙的设想，那真令人伤心。

自那以后，我就不再写那种讽刺挖苦和开玩笑的诗，可是在我作出上述那个（嘲弄毛拉·阿力·江）的对句时，我却把这些完全忘了，我心里竟完全没有这种后悔的想法。

一、两天后，驻于比格拉姆，我感冒发烧。接着又咳嗽，每次咳嗽都咯血。我知道，这一预警来自何处，是我的什么行为引起了这个病。“背约者，自受背约之害；实践与真主所订约者，真主将赏赐他重大的报酬。”①

（突厥文）语言呀，我用你干了什么？

由于你，我胸中出血。

你在戏谑中无论怎样讲，一切都是下流话，或是谎言。

如果你说：“我不想为此罪过而燃烧。”

那你就把马从这个广场牵走吧。

“我们的主啊！我们已自欺了，如果你不赦宥我们，不慈悯我们，我们必定变成亏折者。”②

于是我又开始请求［真主］的饶恕与原谅，让自己的心在这种空想和这样不当的行为中得到休息，我折断了自己的芦秆笔。来自高大殿堂的对不驯服奴隶的这种警告，乃是最大的快乐；那幸福的奴隶，终因这种警告而清醒过来。

（12 月 8 日，继续）那天晚上，我们又出发进军，到阿利·马斯
253b 吉德停留。这个驻地地方狭窄，我像往常那样，重又把［毡帐］搭在一个高地上，而全军则驻于低地，这样，我站在高地上，就能俯瞰全军军营。晚上，军营中的篝火烧得异常壮观。在这个地方停留，

① 引自《古兰经》第 48 章第 10 节。马坚译本，中国社会科学出版社 1981 年第一版，第 396 页。

② 引自《古兰经》第 7 章第 23 节。马坚译本，第 113 页。

我们每次都由于这个原因而饮酒;这次我们驻在那里也饮了酒。

(12月9日与10日),[次日]尚未天亮我吃了麻钱,出发。那天我们坚持封斋。到距(白沙瓦的)比格拉姆不远处停驻。次日早晨,我们[决定]留在该地,去猎犀牛。渡过比格拉姆前面的西雅赫·阿卜河后,我们布好围场,沿河前进。在我们走了一段路后,有一个人赶上来对我们说:"在距比格拉姆不远处的一个小树林里,发现一个犀牛。战士们包围了这个小树林,驻守在那里。"我们全速驰往该小树林。在包围这个小树林的士兵们高声喊叫时,犀牛吓得跳了出来,向草原奔走。胡马雍与同他一起从(巴达赫尚)那方面(Tramontana)过来的人从未见过犀牛;现在都得以饱览之。他们追逐犀牛,追了约一库罗赫(2公里),朝它放了许多箭。[最后]抓住了它。这头犀牛一次也未攻击过人或马。以后,又杀死两头犀牛。

我常想:"如让一头象和一头犀牛对面,会怎样?它们会怎样动作?"而现在,果然赶来了一头象,刚好有一头犀牛[从树林里] 254a
跑出来,与之相对。赶牲畜的人把象赶向前,但犀牛并没有朝象冲去,而是朝另一方跑开了。

在我们停驻于比格拉姆的那天,我召见几位伯克、家臣以及司书与军需官,并指定六、七个人作监督,派他们到尼耳·阿布渡口附近的船上去,以具造军队人员的花名册,并清点军队的人数。

那天晚上,我感冒发烧,引起咳嗽,咳必吐血,我很担忧,但感谢真主,两三天后就完全好了。

(12月11日),我们离开比格拉姆时天下雨;我们驻于喀布尔河岸。从印度传来消息说,道拉特·汗和(阿帕克·)加齐·汗已征集一支二至三万人的军队,夺取了基拉努尔,并打算向拉合尔进军。我立即派遣穆明·阿利·塔瓦奇去[向他们]传达通知:"我们正在迅速前进,在我们到达之前,不得开战。"

(12月14日),我们在路上停了两夜,于礼拜四,即是月(赛法尔月)二十八日到信德河(印度河)驻营。

(12月16日),赖比儿·尼勒·安外鲁月一日,礼拜六,我们渡过信德河,又渡卡恰·科特河,停于该河河岸。

曾奉命去船上(清点军队)的伯克们和军需官报告了加入军队的人数。包括大的、小的、好的、坏的、伴当与非伴当,其登记造册者共一万二千人。

254b 这年,谷地里下雨很少;山坡地带则雨水很好。

为了补充粮食储备,我们乃沿着山坡地前往锡亚耳科特。在到达哈提·伽卡尔的领地时,我们在河边到处见到许多水塘;那些水塘都已结冰,水面的冰有手掌那么厚。在印度各地,这样厚的冰很罕见;我们只在这个地方见到。在我在印度的整个时间里,我从未见过更多的冰雪痕迹,也未见过冰雪的征候。

我们从信德河出发走了五程,在走过第六程后(12月22日——赖比儿·尼勒·安外鲁月七日),来到与朱德山相连的巴耳纳斯·卓吉山山麓,在河边的巴基阿耳人的驻营地停留。

(12月23日),次日,我们就留在这个驻营地,以便让士兵能搞到粮食。那天,我们喝了酒;毛拉·穆罕默德·帕尔噶里讲了许多故事;他从来没有表现过如此健谈。毛拉·舍姆斯也是一个很会讲故事的人;他的话匣子一打开,就不到晚上不会完。

出去搞粮食的奴隶、仆役和所有的人,走过这个平原,糊里糊涂地散布到丛林和山地、峭壁和难以通行的地方，损失了几个战士；守夜者基契纳就在哪里丧了命。

（12月24日），继续进军，我们涉水渡过杰卢姆河下面的比哈特河，就在其地驻营。比姆鲁基与阿克里雅达的领主瓦利·克孜耳到这个驻营地来看我，他是被留在锡亚耳科特作后援的。我责备他不留在那里以保卫锡亚耳科特，瓦利·克孜耳解释说："我到 255a
自己的领地去了；胡思老·库克耳达什离开锡亚耳科特时，甚至没有通知我。"

在听了他的辩解后，我说："你既没有留下来保卫锡亚耳科特，那你为什么不去拉合尔同那里的伯克们会师呢？"瓦利·克孜耳感到困窘，但因战争迫近，我没有多注意他的过失。

（12月25日），我从这个驻地派遣赛伊德·土番和赛伊德·拉钦各带两匹马迅速地驰往拉合尔，去对那里的伯克们［传达命令］："不要开战，到锡亚耳科特或帕尔斯鲁尔来同我会师。"所有的人都说："加兹·汗已征集了三四万人，道拉特·汗虽老，但仍在腰上带了两把佩刀。他们肯定会开战。"我想："俗话说'十个朋友总比九个好'。为了不错过机会，拉合尔的伯克们应与我会合，在那里开战。"

（12月26日与27日），我派遣人员去［拉合尔］诸伯克处后，即进军，在路上过了一夜，到钦阿布河岸扎营。

布鲁尔布尔是君主领地，我们离开大路去访问该地。布鲁尔布尔的城堡位于钦阿布河岸一个高高的悬崖上。我很喜欢这个地方。我想把锡亚耳科特的居民迁到那里去。如果真主愿意，且又有时间，我是会把他们迁去的。

255b 我们乘船从布鲁尔布尔返回营地。举行酒会。有些人喝酒，另一些人喝布渣，其他人则吃麻饯。

我们于宵礼后离船，在毡房里也喝了些酒。我们在河岸边待了一天，以便让马匹得到休息。

（12 月 29 日），同月（赖比儿·尼勒·安外鲁月）十四日，礼拜五，我们在锡亚耳科特扎营。

我们每一次去印度，都有无数的哲特人（Jats）[①]和古杰尔人从山区和平原前来抢夺黄牛和水牛。这些不祥的人的胡作非为，无所不用其极。过去，这里是敌境，他们的这些行为与我们关系不大，但现在，所有这些地区都归属于我们了，而他们仍然又像过去那样胡作非为。在我们到达锡亚耳科特时，他们突然呼喊着前来进攻那些出城到我们的营地来的贫苦可悯、赤身露体的人们，把他们抢劫一空。在将这些盗匪镇压下去后，我下令将他们中的两、三个人碎尸处死。

我从锡亚耳科特派努尔·伯克的兄弟沙哈姆去拉合尔诸伯克那里传达命令：搞清敌人在何处，向知情人了解他们可能在哪里同我军接战，并回报。

有一个商人来到该处我军营地报告说，苏丹·伊伯拉欣·汗打败了阿拉姆·汗。

其详情是这样的：阿拉姆·汗（在回历九三一年于喀布尔）获准离去后，就在那酷热的天气里，不顾自己的同伴，以两倍的行速，

① 厄斯金说："Jets 与 Jats 即旁遮普印度河畔，锡比等地信奉伊斯兰教的农民，不可与 Jats 相混。后者是朱木那河以西、亚格拉地带的一个强大的印度部落。"

来到拉合尔。就在我打发阿拉姆·汗离去的同时,所有的乌兹别克汗和速檀们都前来围攻巴里黑城。我把阿拉姆·汗派往印度 256a
后,就亲自驰往巴里黑。[阿拉姆·汗]在到达拉合尔时,就对印度的伯克们进行说服:"主上有旨,要你们协助我;你们同我一起前进吧,让我们把(阿帕克)·加兹·汗也争取过来,一起去进攻德里和亚格拉。"伯克们说:"我们有什么信心能同加兹·汗联合呢?我们接到的诏令是说:'如果加兹·汗派其弟哈吉·(阿力)·汗偕子来朝,或送他们至拉合尔为人质,则与之联合,否则不与他联合。'你们自己只是在不久前才同加兹·汗作战,被其打败,现在你们有何信心同他联合呢?此外,同他联合对你们也没有什么好处。"

不管阿拉姆·汗怎样用这类的话来对伯克们进行劝说,都无济于事。阿拉姆·汗便打发自己的儿子瑟尔·汗去道拉特·汗和加兹·汗那里;此子同他们进行了会谈,他们大家都见了面。曾被拘禁了一些时候的迪拉瓦尔·汗,于两、三个月以前逃脱,来到了拉合尔;阿拉姆·汗带着此人,还带了汗·贾汗的儿子马赫木·汗。马赫木·汗曾受封到拉合尔地区的一处采邑。看来,他们已商量好:道拉特·汗和加兹·汗将逮捕留在印度的所有伯克,并将收取该地区的一切;阿拉姆·汗在合并迪拉瓦尔·汗与哈吉·汗,因而实力得到增强后,就将去夺取德里和亚格拉。易斯马义·吉 256b
耳瓦尼与另几个异密前来看望阿拉姆·汗,之后,他们都毫不迟延地迅速进军德里。在他们到达因德里(Indri)时,苏莱满·舍黑·札达也来见阿拉姆·汗。他们的军队总数达三、四万人。他们到达德里后,围攻其城,但未能将其攻下,也未能给该城堡戍军造成

伤害。

苏丹·伊伯拉欣得悉他们来集,即率军击之。[盟军]得知他逼近时,就离开城堡前的地方,前来迎战苏丹·伊伯拉欣。他们商量认为:“如果我们在白天进攻,阿富汗人因互相顾面子,就不会叛逃到(我们这边来);但如果我们是在晚上进攻他们,那么,由于在黑夜中人们互相看不清,那所有的人就都会自行其是了。”

于是,距敌人六库罗赫(12公里)的联军决定进行夜袭。他们在日落时上马出动,因不能进行商量,在马上停了两、三个时辰,没有后退,也未前进。在他们第三次实行进攻时,还有一个时辰(3小时)就要天亮了;进攻的目的是要焚烧营帐与毡房。

他们驰近营帐,一下子将其点着,并大声呼喊;加拉耳·汗·吉格哈特与另外几个异密前来看望阿拉姆·汗。苏丹·伊伯拉欣与几个家臣直到天亮都没有从自己的宫帐出动。阿拉姆·汗的人则忙于抢劫与掠夺。苏丹·伊伯拉欣的士兵见敌军人数很少,就
257a 以仅有一头象的一支小部队去进攻他们。阿拉姆·汗的部队抵挡不住象的冲击,就逃走了。阿拉姆·汗在逃跑中于米扬·杜阿卜对面渡河至彼岸,然后在抵达帕尼伯特附近时又渡河返回。他到达因德里时,以某种借口从米安·苏莱满那里得到三、四拉克(即三、四十万)的钱。易斯马义·吉耳瓦尼与阿拉姆·汗之长子贾拉耳·汗叛离阿拉姆·汗,都撤往米扬·杜阿卜境内。阿拉姆·汗召来的几个战士,如达里阿·汗之子赛夫·汗、汗·贾汗之子马赫木·汗、舍黑·贾马耳·法尔穆利及另外某些人,在战斗开始之前就逃跑,投奔到伊伯拉欣那里去了。阿拉姆·汗、迪拉瓦尔·汗与哈吉·汗,一起绕过锡尔欣,得知我们已夺取了密耳瓦特。迪拉

瓦尔·汗历来总是对我怀有好意的,并为了我坐过三、四个月的牢,[这时],他脱离[阿拉姆·汗],取道苏丹布尔与库奇,在我夺取密耳瓦特三、四天后来到密耳瓦特,向我表示投诚效力。阿拉姆·汗与哈吉·汗,渡过沙特鲁特(? 萨特莱杰)河,到达位于河谷与平原之间山中的设防要塞金古塔,进入该要塞。我们的侦察兵,阿富汗人和哈札拉人,前去围攻[金古塔堡],几乎要将这个坚 257b
固的要塞攻下了。但这时黑夜降临,被围在堡内的人想逃跑,但由于他们的马匹在城门处挤成一堆,故他们未能逃出来。

在[被围困者的]军队中有象;他们让象前冲,踏死了许多马匹。[被围困者]既不可能[从要塞中]骑马出逃,乃千难万险地在黑夜中徒步跑出来,与加兹·汗会合。后者是因不能进入密耳瓦特而逃到山中去的。加兹·汗对他们毫无友善之情;阿拉姆·汗就不得不到皮劳尔附近的山谷底下来见我,表示愿为我效力。

我在锡亚耳科特时,有一个人从拉合尔诸伯克处来报告说,次日一早,他们都将前来向我投诚效忠。

(12月30日),次日早晨(赖比儿·尼勒·安外鲁月十五日),我们进军,到帕尔斯鲁尔停留。穆罕默德·阿利·江·江、和卓·胡赛因与另几个武士到那里来,在我的麾下效力。敌人的营地看似在拉维河的拉合尔那边。我们派布吉卡率领人员去打探消息。在晚上快到三更时,他们送来消息说,敌人听说我军临近,一片混乱,互不相顾地逃走了。

(12月31日),早晨,我们将辎重和营帐留下让沙·密尔·忽辛和江·伯克看管,然后出发。我自己迅速前进。我们于下午到达卡兰努尔,即在该处停留。穆罕默德·速檀·米儿咱、阿迪耳·

258a 速檀及其他几个伯克到此地来为我效力。

(公元1526年1月1日),我们一早从卡兰努尔出发;在路上我们得到报告,说加兹·汗和其他逃跑者就在附近;于是我就派遣穆罕默地、阿黑马地、库特鲁克·卡达姆、司库瓦力及其他伯克率领一支部队去追踪他们,这些指挥官是不久前在喀布尔才被提升为伯克的。我们作了这样一个决定:如能追上那些逃跑者,很好;但如果没有追得上,那就必须注意保卫通往密耳瓦特堡的通路,以便防止堡内的人逃走。采取这些预防措施的目的是要抓住加兹·汗。

(1月2日与3日),在打发那些伯克前去之后,我们就在坎瓦欣的对面渡过比亚斯河,驻营。我们从该地出动,在路上过了两夜,到密耳瓦特堡所在的谷口扎营。在我们之前到达的伯克们以及印度的伯克们奉令紧紧地包围了该城堡。道拉特·汗之孙、也即其长子阿利·汗之子伊司马仪·汗从密耳瓦特堡出来拜见我,他仍被送回,带着给他的许诺、威胁、规劝与恫吓离去了。

(1月5日),(赖比儿·尼勒·安外鲁月二十一日),礼拜五,打发辎重队前行,我们停驻于距城堡半库罗赫(1公里)的地方。我亲自出去察看该城堡;在给右翼军、左翼军和中军指定了驻地之后,我就转回营地。

258b 道拉特·汗派来一个人向我报告说,加兹·汗已逃到山中去了。他说:"如果陛下原谅我的过错,那我就前来为你效力,并交出城堡。"

我派和卓·密尔·米兰去道拉特·汗那里,以打消他的恐惧并将他带出城堡;道拉特·汗同自己的儿子阿利·汗一起来了;我命令他把挂在腰带上用来同我们作战的那两把刀,挂在脖子上。

此人如此粗笨,甚至事情达到这个程度时,仍继续想出各种托词。他被引向前,我下令将其颈上挂的佩刀取下。在我们要见面施礼时,他迟迟不下跪;我命人拽他的腿,用力使其跪下。然后,我就让道拉特·汗坐在我面前,命一个懂印度语的人把以下的话一句一句地翻译给他听,使其能记住:

> "我称你为父,尊敬你;我对你比你所能期望的更好;我使你和你的儿子们得以免于向俾路支人请求施舍,我将你的妻妾和家属从伊伯拉欣的囚禁下解救出来;我把塔塔尔·汗的领地赐给你,这块领地有三克洛尔(合75000英镑)的赋入。难道是我对你不好,以致你要在胸前和腰间佩带两把刀,领军进入我的领土,在我境内挑起动乱吗?"

这个惊得发呆的老头,结结巴巴地说了几句话,但什么也未能 259a

答复;的确,对这么有说服力的话,他又何能答复呢!于是我决定:把道拉特·汗的妻妾和家属留给他,而所有其余的财产,不管有什么,都予以没收。令道拉特·汗在和卓·密尔·米兰的[毡房]旁边扎营居住。

(1月6日),赖比儿·尼勒·安外鲁月二日,礼拜六,我亲自出去,在密耳瓦特城门对面的一个高地上[安设自己的毡房],以便道拉特·汗的家属和妻妾能安全地走出城堡。阿利·汗出来贡献几阿什拉非(ashrafis)①的礼物。约当晡礼时分,道拉特·汗的家属与妻妾们才开始出来。虽然据报告说,加兹·汗已离城逃跑,但有些人还是说他们在城堡里曾见到他。因此,我就在城门边布

① 阿什拉非,一种金币。

置了我的家臣和卫士,注意每一个可疑的人,使加兹·汗不能蒙混过关和逃跑;因我的主要目标就是要抓住加兹·汗。如果谁要把珍宝和贵重物品秘密拿走,那也将被下令没收。

我就在城堡门前的高地上搭一个毡房,并在那里过夜。

(1月7日),次日清晨,穆罕默地、阿黑马地、速檀·朱乃德、阿卜杜耳·阿即思、穆罕默德·阿利·江·江、库特鲁克·卡达姆与另外几个家臣,奉命进入城堡,夺取那里的金库和财产。人们在
259b 城门边大声喧哗,我放箭以恐吓之,忽然流矢射中了胡马雍的侍读官(qissakhwan),该人当即毙命。

(1月7日与8日),我在这个高地上过了两晚,就在礼拜一进入城堡内进行视察。我入加兹·汗的书房,见到那里有一些珍贵的书籍,我将其中的一些书给了胡马雍,另一些则送给了卡姆兰(在坎大哈)。那里有不少学术著作,但并不如初见时有那么多有价值的书。

那天晚上我就在城堡中过夜;次日早晨返回营地。

(1月9日),我们曾以为加兹·汗在城堡内,但他这个胆小鬼却把其父亲、兄弟、母亲、姊妹丢弃在密耳瓦特,径自带着几个喽啰,逃到山里去了。

瞧那个胆小鬼,从未
见过他有一张幸运的脸。
他只图自己舒适,
却把妻子儿女丢在苦难里。

(萨阿迪著:《古利斯坦》,第一章,第17节)

(1月10日),我们于礼拜三从这个驻营地出发,前往加兹·

汗逃亡的山中。从密耳瓦特狭地的驻营地起,走了一库罗赫(2公里),到一个谷地停留。迪拉瓦尔·汗到那里来投效于我。道拉特·汗、阿利·汗、伊司马仪·汗以及另外几个阿富汗首领,带着枷锁,被转交给基塔·伯克,由他负责解送到比拉的密耳瓦特堡 260a
去,并将他们监禁于该地;其余的人则被一个一个地分配给不同的人,并按照同迪拉瓦尔·汗的协议,确定他们偿血债的赎价,其中,有的人被保释,另一些人则仍被拘禁。基塔·伯克带着俘虏到达苏丹布尔时,道拉特·汗死了。

我将密耳瓦特堡委托给穆罕默德·阿利·江·江看管,他以自己的性命担保,让其兄阿儿浑率领一支精兵留守该堡。在该城堡又有一支由二百至二百五十名哈扎拉人和阿富汗人组成的部队奉命支援之。

和卓·卡兰装了几骆驼的加兹尼酒。和卓·卡兰的驻地是在一个小山上,从那里可以俯瞰城堡和整个营地。他在那里举行酒会,有的人喝果子酒,另一些人则喝白酒;这是一次很好的酒会。

我们从该地继续进军,越过散布于密耳瓦特附近的一些小山,进入顿——印度语称河谷为顿。在这个河谷里有一条印度的灌溉渠。河谷两边有许多村庄;它们是加斯瓦耳的帕尔加纳(parga-na)——即迪拉瓦尔·汗的舅父们的帕尔加纳。顿是一很美的河谷;河边散布着小草地,有些地方则播种了稻米。顿的深处有小河流过,其水流够三、四个磨坊使用。河谷宽一、二库罗赫(2—4公里),在某些地方甚至宽达三库罗赫(6公里)。那里的山小,类似 260b
丘陵;村庄散布于山麓。在没有村庄的地方,则有许多孔雀与猿猴。那里也有许多野鸡,类似家鸡。但这种野鸡大部分都是一个颜色。

因那儿也没有关于加兹·汗的可靠消息，所以，我就命令塔尔迪卡与比林·德奥·马林哈斯一同前去，务必以任何手段抓获加兹·汗，不管他在何处。

在这个河谷周围的小山中间，有些工事坚固的城堡。其东北边缘有一城堡，称为库提拉。此堡四边是高达七十至八十卡里的悬崖峭壁。在城堡大门的那一边，峭壁的高度为七、八卡里，在安设吊桥的那个地方，宽约十至十二卡里。桥由两棵高大的树构成；马匹和牲畜可经由上面走过。库提拉城堡是加兹·汗在这个山区建造的要塞之一；现在那里似有他的人员驻守。

我军游骑（chapqunchi）在到达这个城堡后，就开始攻城战斗，到晚上时，他们几乎攻下了该堡，但其守军却抛弃这一坚险的城堡逃走了。

距该河谷不远处还有一个坚固的城堡——金古塔堡。它像库提拉堡一样，也位于悬崖上，但没有库提拉那么强固。前已提到，
261a 阿拉姆·汗逃匿到金古塔堡中去了。

在派遣一支部队去追捕加兹·汗后，我寄望于真主，决心前去进攻苏丹·伊伯拉欣。他是苏丹·伊斯堪达尔之子，布赫鲁耳·罗地之孙。他的首府当时是在德里，他统治着印度的土地。据说，他能举兵十万（一拉克），他和他的伯克们共有象约一千头。在走完一站的路程后，我将迪巴耳普尔赐予主任秘书（shaghawal）巴基，并派他去援助巴里黑。为了安排巴里黑的事务，我送了许多钱去，并将我在攻下密耳瓦特后得到的部分东西作为礼物送给我的在喀布尔的子女和亲戚们。

在我们沿着这个河谷往下走了一、两站时,设拉子人沙·伊马德从阿赖什·汗和毛拉·穆罕默德·马兹哈布那里带来书信。他们在信中表示祝愿我进军大获全胜的好意之后,又敦促我积极地继续进军。我派步卒报书加宠,并向前推进。

从密耳瓦特派出的部队占领了胡鲁尔、卡赫鲁尔及其附近地区的所有山堡。这些山堡由于强固难攻,已有很久没有人到过了。部队抢劫了居民以后返回与我会合。阿拉姆·汗被击败以后,也赤身露体地来到我处。我派了几个伯克和家臣前去迎接他,并且还送了些马匹去。他来到该地投效于我。 261b

派到周围山区和峡谷去的徇地者,在外过了一、两个晚上后返回;他们没有多大收获。密尔·沙·忽辛、江·伯克与另外几个勇士,请求准许出去进行攻略,而离去了。

当我们在河谷里时,易斯马义·吉耳瓦尼和比班几次送来报告。我从该地给他们下达他们所想望的指示。

我们走出河谷后,来到鲁伯尔。我们在鲁伯尔时,天下大雨,气候很冷;当时有许多饥寒交迫的印度人死了。

我们离开鲁伯尔,到锡尔欣对面的卡拉耳停留。这时,有一个印度人来到我处,宣称:“我是苏丹·伊伯拉欣派来的使者。”他虽无书信和证书,却请求我派一个人作为使者同他回去。我立即派了我的一个名叫萨瓦地的卫士与他同行。这些不幸的人还未及到达伊伯拉欣那里,伊伯拉欣就下令将这两人都拘禁起来。在我打败伊伯拉欣的那天,萨瓦地才获释回到我的身边。

在路上过了一夜,我们来到伯努尔与萨努尔的灌溉渠边停留。除了大河以外,在印度,这是唯一一条流水,称为加格尔河。

我们沿此河而上出游。它发源于奇特尔以上三、四库罗赫(6—8 公里)处的一个水泉。溯流而上,我们见到一条可带动四、
262a 五个水磨的小溪,自一宽阔的峡谷流出;这是一个空气极好的宜人之处。我下令在小溪从峡谷流出的地方建一大花园。这条小溪,在流到平原地带后,又再流了一、二库罗赫(2—4 公里),然后注入加格尔河。加格尔河发源于上述小溪来汇处以上三、四库罗赫(6—8 公里)地的一个水泉。在下雨时,小溪即涨大水;它与加格尔河相汇,并与之一起流向萨马纳城与萨纳姆城。

我们在这个驻营地得知,苏丹·伊伯拉欣就在德里朝我们的这一边,他已从那里出动前进;还听说,希萨尔·菲鲁兹的税务官哈米德·汗·喀萨·哈伊耳,率领希萨尔·菲鲁兹及其附近地方的军队,从该地出动,也向我们这边前进了十五库罗赫(30 公里)。我们派基塔·伯克去苏丹·伊伯拉欣的营地打听消息;派穆明·阿塔卡去希萨尔·菲鲁兹打探消息。

(2 月 25 日),主马达·勒·巫拉月十三日,礼拜天,我们从安巴拉进军,到一个湖边扎营。同日,穆明·阿塔卡和基塔·伯克回到我处。我指派胡马雍与右翼军的所有将领,即和卓·卡兰、速檀·穆罕默德·杜耳代、司库瓦力,与留驻印度的一些伯克——胡思老·(库克耳达什)·伯克、印都·伯克、阿卜杜耳·阿即思与
262b 穆罕默德·阿利·江·江,以及中军的战士、家臣和勇士——沙·满速儿·巴鲁剌思、基塔·伯克与穆希布·阿利率军前去进攻哈米德·汗。比班来到该营地,留在我的手下效力。

这些阿富汗人,仍很粗犷,又无理智。迪拉瓦尔·汗尽管在拥有的伴当人数和个人的地位方面都比比班高,但当我在场时他还

是不敢坐；阿拉姆·汗的儿子们——是一些王族出身的青年人——在我面前也不坐，但比班这个人却请求允许他坐下。谁还会听他这般胡闹！

（2月26日），是月十四日，礼拜一，早晨，胡马雍·米儿咱赶紧出发前去进攻哈米德·汗。进军一段路程后，他派遣一百或一百五十名精卒先行；这些先行侦察的士兵在接近敌人时，即与之进行肉搏战。经过两、三次的接触后，胡马雍的大军就黑压压一片在后方出现了。敌人立即逃跑；我军将一、二百人打下马来，半数的敌人被斩首，其余的人被带到胡马雍那里，还带回七、八头象。

（3月2日），是月十八日，礼拜五，蒙兀儿人密列克于中午时将胡马雍得胜的消息送到该驻地。我当即将我自己穿过的长袍一袭与御厩中的骏马一匹赏赐给胡马雍；还约许给予其他的奖赏。

（3月5日），是月二十五日，礼拜一，胡马雍带了一百俘虏和
七、八头象来到该驻地，向我奉朝请。俘虏被交给阿力·库利师傅 263a
和他手下的射手们；他们奉命将所有的俘虏枪毙，以儆效尤。这是胡马雍立下的第一个大功，也是他第一次经历的战役。这是一个关于未来的极好预兆。

我派去追捕逃跑者的骑兵到达希萨尔·菲鲁兹堡，立即夺取该堡；对其进行抢掠之后，返回。我将希萨尔·菲鲁兹堡及其附属地区，即可以征收到一克洛尔金钱的赋入的领地赐给了胡马雍。

我们离开这个驻地，来到沙哈巴德。我派了一个人到苏丹·伊伯拉欣的营地去收集消息，然后就在这个驻地停留了几天。步兵拉赫马特被派往喀布尔传送捷报。

（3月13日），朱马达·勒·巫拉月二十八日，礼拜一，我们在这个驻地时,太阳进入白羊星座。

从伊伯拉欣的营地不断传来消息说,“他正在前来途中,走了一库罗赫(2公里)或二库罗赫(4公里)。”“在每一个驻地都停留两、三天。”于是我们也从沙哈巴德前进,在路上过了两夜,到达军河(朱木那河)河畔,遂在瑟尔萨瓦的对面驻营。和卓·卡兰的伴当海达尔·库力被派遣从该地前去打听消息。我在一个渡口过了朱木那河,访问瑟尔萨瓦。是日,我吃了麻饯。

瑟尔萨瓦有一泉水,流出成为一条小溪。这是一个不错的地
263b 方。塔尔地·伯克·喀克萨尔称赞它,我说:“让它成为你的吧!”塔尔地·伯克就是在这次得到了瑟尔萨瓦。我命在一条船上搭一个台子,我有时乘该船出游,有时乘该船沿河而下划行其全程。

我们从这个驻地出发,沿河岸而下走了两程;这时,奉命去搜集消息的人员中的海达尔·库力报告说:“苏丹·伊伯拉欣已派遣达乌德·汗(罗地)与哈提姆·汗(罗地)率领五、六千人渡河进入米扬·杜阿卜(恒河与朱木那河之间的地区)。”他们在距伊伯拉欣的营地约三、四库罗赫(6—8公里)处扎营停驻。

(4月1日),朱马达·勒·阿赫赖月十八日,礼拜天,我们派遣真·帖木儿·速檀、马黑地·和卓、穆罕默德·速檀·米儿咱、阿迪耳·速檀与左翼的所有战士:——速檀·朱乃德、沙·密尔·忽辛、库特鲁克·卡达姆,以及中军的阿不都拉赫和基塔·伯克前去进攻这支部队。他们于晌礼时在这个地方过河,在下午从河那边继续前进。由于这种迅速的进攻,比班就渡河逃走了。

(4月2日),黎明时,我军战士与敌人遭遇。那些人勉强整队,好像决定出战,但一当我军人员与之接近,他们就被击败和驱

逐。我军追击之,把他们打下马来,直至他们到了伊伯拉欣本人的大本营。哈提姆·汗是被从马上打下来的,他是达乌德·汗(罗地)之兄和他的一员将领。我们的人抓住了哈提姆·汗和七、八十个俘虏与六、七头象,来到我跟前。大部分的俘虏都被处死,以 264a
资镇慑。

从这个驻地进军时,我们将部队分为右翼、左翼和中军的战斗队列,并进行了检阅。士兵的数目比我们预先估计的要少。

在这个驻地,我命令所有的士兵都应提供车子——每个人按其境况提供。结果总共送来了七百架车子。阿力·库利师傅奉命仿照鲁姆(奥斯曼土耳其)的惯例,用生牛皮制的绳索代替链条,把车子绑在一起;在每两架车子之间安五、六个挡箭牌,射手们就站在车子和挡箭牌的后面发射火绳枪。

为了准备这些装备,我们在那里留了五、六天。在所有的装备和工具都准备齐全后,我就把全体伯克和有作战经验的战士们召集起来开大会。会上得到确认的意见是:帕尼伯特是一座完整的城,那里有密集的房屋与广阔的郊区;这是朝我们这一边。我们的其他方面则应用战车和挡箭牌加以保护,其后面布置了步兵和射手。

在进行了这些安排后,我们即拔营前进,在路上停留一晚(即走了两程),于朱马达·勒·阿赫赖月月末(二十九日)礼拜四那天到达帕尼伯特。

我们的右手边是帕尼伯特城及其郊区;我们的前面是准备好的战车和挡箭牌;在左手边和其他的一些地方则是壕沟和栅栏;留 264b
下了一块大约一箭距离的开阔地带,一、二百骑兵可在这片地方铺开驰骋。军队中有些人恐惧不安，尽管并没有恐惧不安的缘由。为什么呢？历来由真主所确定的一切都是不能更改的。但是也不能因为这些人恐惧不安而责备他们。因为他们是从家乡走了两、三个月的路程来到这里同异族作战。我们一点也不懂他们的语言，他们也听不懂我们的话。

一支军队惊慌，另一支军队也惊慌；

一些人恐惧，另一些人也恐惧。真是怪事！

敌人现有的军队，估计有一拉克（十万人）；苏丹·伊伯拉欣及其异密们的象据说约有一千头。从其父亲和祖父遗留下的库藏钱币全部都在他手中。

印度有这么一个习惯，即：在发生这样的事情时，统治者就出钱雇用伴当；这种雇用人员称为“巴德兴地”（b:d-hindi）。据说，如果是苏丹·伊伯拉欣有这种想法，那他就可能再雇用一、二拉克（一、二十万）的士兵。至高无上的真主帮助了我们：苏丹·伊伯拉欣既未能满足自己的士兵，也不同意把自己库藏的钱分掉。在他悭吝成性，又贪心不足，只想无限地积累钱财时，他又怎能使其士兵们得到满足呢？

苏丹·伊伯拉欣是一个没有经验的青年人；他毫未作战斗准
265a 备，无论行军和驻扎，都是杂乱无章；无论攻城和野战，都是漫不经心。

当我军在帕尼伯特用车子、壕沟和树枝四面设防时，德尔维希·穆罕默德·萨尔班说：“有这样的预防措施，他怎能来进攻我们？”我回答道：“你是把他们同乌兹别克的汗们和速檀们相比吗？（作者自注：在我逃出撒马尔罕到达喜萨尔的那一年［回历九一八年,即公元1512年],所有的乌兹别克汗和速檀,聚会商议,取道铁门前来进攻我。我下令把战士们和蒙兀儿人的所有财产和家属带到喜萨尔郊区,并封闭街弄进行防卫。因这些汗与速檀娴于战阵之事,并懂得何时走,何时停,他们从我们在喜萨尔的坚固设防看到,我们已决心在城内作生死的决战。他们见来攻喜萨尔并非明智,乃立即取道石汗那附近的农达克撤走了。)他们是精通军事并有战斗装备的,我们现在的敌人(指苏丹·伊伯拉欣)怎么能与之相比?"

真主帮助了我,一切都像我说的那样发生了。在我们留在帕尼伯特的七、八天中,我军的一支小部队走近伊伯拉欣的营地,对数量众多的敌人放箭,斩获首级而回。敌人既未前进,也未出击。265b

最后,我接受印度几个善意的伯克的建议,派穆罕默德·马黑地·和卓、穆罕默德·速檀·米儿咱、阿迪耳·速檀、胡思老·(库克耳达什)、沙·密尔·忽辛、速檀·朱乃德·巴鲁剌思、马厩官阿卜杜耳·阿即思、穆罕默德·阿利·江·江、库特鲁克·卡达姆、司库瓦力、喀利法之子穆什布·阿力、穆罕默德·巴赫什、江·伯克与喀拉·库兹等率领四、五千人,对敌营进行夜袭。由于黑夜降临,他们不能进行应有的商量,而是各行其是,以致毫无作为。直到黎明时,我们的人仍一直停在敌营附近;敌军鸣鼓整队,驱象出战;我军人员虽未能进攻敌人,但他们还是同如此众多的敌军进行了战斗,没有损失一个人,全无伤亡地离开了。

穆罕默德·阿利·江·江腿上中箭。这箭伤虽不是致命的,但在战争那天他已不能上阵了。我得到这个消息后,就派胡马雍率领一支部队到一库罗赫(2公里)或1.5库罗赫(3公里)以外的地方去迎击敌人,我自己则率领其余的军队列阵随后前往。

曾去进行夜袭的战士与胡马雍会合。因敌人没有向前推进,所以我军也返回营地停驻。

那天晚上营地里升起假警报;呼喊声延续了约一噶里(24 分钟)的时间。过去没有听见过这类警报的很是恐惧不安。过了一
266a 段时间,扰乱才平静下去。

(4 月 20 日),赖哲卜月八日,礼拜五,晨礼时分,天刚蒙蒙亮,侦察兵送来消息说,敌人正列阵前进。我们立即披挂,拿起武器上马。右翼的将领有:胡马雍、和卓·卡兰、速檀·穆罕默德·杜耳代、印都·伯克、司库瓦力与锡斯坦人皮尔·库利;左翼的将领有:穆罕默德·速檀·米儿咱、马黑地·和卓、阿迪耳·速檀、沙·密尔·忽辛、速檀·朱乃德·巴鲁剌思、库特鲁克·卡达姆、江·伯克、穆罕默德·巴赫什、沙·忽辛·雅拉基与蒙兀儿·甘奇;中军右手的将领有:真·帖木儿·速檀、速来曼·米儿咱、穆罕默地·库克耳达什、沙·满速儿·巴鲁剌思、玉努斯·阿力、德尔维希·穆罕默德·萨尔班与图书管理员阿不都拉赫;中军左手的将领有:喀利法、和卓·密尔·米兰、秘书阿黑马地、库奇·伯克的兄弟吐尔地·伯克、喀利法之子穆什布·阿力与米儿咱·伯克·答儿罕。前锋的将领是胡思老·库克耳达什与穆罕默德·阿利·江·江;马厩长阿卜杜耳·阿即思奉命指挥后援部队。瓦利·克孜耳与巴巴·喀什卡的兄弟马利克·哈斯木及他们率领的蒙兀儿人被安排在左翼的边缘做迂回运动。安排在右翼边缘的喀拉·库兹、使矛者阿布耳·穆罕默德、舍黑·贾马耳·八邻之子舍黑·阿力、马恩迪与蒙兀儿人腾格里·拜尔地·巴夏吉,也是为了做迂回运动。

这两支部队在敌人接近时,应从其左、右两方绕过来,进到其后方。266b

当敌军黑压压一片出现于视野时,其大部分是朝我军右翼方面前进,因此,以阿卜杜耳·阿即思为首的后援部队就被派去支援右翼军。远处出现的苏丹·伊伯拉欣的军队,迅速地直接朝我们开来。敌人见到了我方的军队,并确信我军摆开了阵势,人马整齐之后,就犹豫起来,好像在考虑:"停下,还是不停下?前进呢,还是不前进?"他们既不能停下,也不能像先前那样不停地前进。我方原定迂回前进的军队奉令从左右两面绕行到敌军后方,放箭并开战。右翼和左翼奉令前进与敌人接战。

迂回部队走到敌人后方,开始放箭。马黑地·和卓是左翼第一个开战。朝马黑地·和卓开来的是一支有一头象的部队。

马黑地·和卓的人放了许多箭,逼使这支部队退却。我派了中军的阿黑马地秘书、库奇·伯克的儿子吐尔地·伯克和喀利法的儿子穆什布·阿力去支援左边。

在右边也开始了战斗;穆罕默德·库克耳达什、沙·满速儿·巴鲁剌思、玉努斯·阿力和阿不都拉赫奉令整队,与中军前面的敌人接战。站在中军前面的阿力·库利师傅几次准确地发炮[①]。穆 267a
斯塔法委员也两次从中军左手边战车上的大炮准确地发射炮弹。

我军右翼、左翼、中军和进至敌军后方的迂回部队,从四面八方包围了敌人,如下雨一般地朝敌人放箭,认真地开始战斗。敌人对我军右翼和左翼发动了一、两次短暂的进攻;但在我军放箭的压迫下,又退回到自己的中军去了。敌方的右翼军和左翼军都拥挤

① 参看本书 f. 217b。

在一个地方，达到这种程度，以至于他们既不能前进向我们进攻，也不能后却冲开一条退路。

在战斗的号令到来时，已日上竿头。战斗进行了一上午。中午时，敌人被打败，遭到镇压，我们的朋友为之兴高采烈。感谢伟大的、至仁至慈的真主，这一艰难之事竟轻易地解决了。数量如此众多的一支军队，竟在半天之内被打垮。仅在伊伯拉欣身边的一个地方，就有五、六千人被杀；其他地方倒毙者的数目，我们估计，大约近一万五至一万六千人。后来，在我们到达亚格拉后，听印度居民说，在这次战役中，有四、五万人被杀。

击溃敌军后，我们追击逃跑者，把他们打下马。战士们将落马的将领和青年人俘获带回；赶牲口的人（mahauts）把一群一群的象赶来贡献。

267b 我们对敌人进行跟踪追击。伊伯拉欣被认为是逃走了，于是，我就派卡萨姆泰·米儿咱、巴巴·楚赫拉和布吉卡率领一些特别部队的战士去紧紧追赶他，他们奉令前进到了亚格拉，尽力缉拿伊伯拉欣。

我们经过伊伯拉欣的营地，观察了他的营盘和帐篷，到一条小河的岸边驻扎。那正是晌礼时分，喀利法的内弟塔什尔·提不里在死尸堆里找到了伊伯拉欣的尸体，遂将其首级带了回来。

就在那一天，我命胡马雍·米儿咱同和卓·卡兰、穆罕默地、沙·满速儿·巴鲁剌思、玉努斯·阿力、阿不都拉赫与司库瓦力轻装迅速地驰往亚格拉，占领该城，并掌握那里的金库。马黑地·和卓、穆罕默德·速檀·米儿咱、阿迪耳·速檀、速檀·朱乃德·巴鲁剌思与库特鲁克·卡达姆则奉令放下辎重，急行军进入德里城堡，以夺取该城的金银库藏。

（4月21日），次日晨，我们拔营出发，走了一库罗赫（2公里），来到军河（朱木那河）河岸，停下来喂马。

（4月24日），（赖哲卜月十二日）礼拜三（英译本做礼拜二），在路上过了两夜，于是日拜谒舍黑·尼咱木丁·阿乌里亚之陵，绕行陵墓一周之后，我们在军河河岸德里的对面扎营。那天晚上，我们参观了德里城堡，并在那里过夜。

（4月25日），次日（赖哲卜月十三日），礼拜四（英译本作礼拜三），早晨，我们在和卓·库特布丁的坟墓绕行一周，参观了速
檀·吉雅苏丁·巴耳班与速檀·阿劳丁·希耳吉的坟墓和住所及 268a
后者的讲坛，也参观了豪兹·舍姆斯、豪兹·伊·喀斯，速檀·布赫鲁耳和苏丹·伊斯堪达尔（罗地）的坟墓与花园，然后返回营地。我们上船后，喝了酒。我赐给瓦利·克孜耳以德里税务官的职务，派杜斯特为驻德里大员，还下令封禁那里的国库，命这些人负责看管。

（4月26日），礼拜四，我们拔营，到军河河岸吐格鲁喀巴德对面停驻。

（4月27日），（赖哲卜月十五日）礼拜五，当我们在这个驻地停留时，大毛拉·马木提、舍黑·宰因与另几个人前往德里，参加聚礼，在讲道（虎土白）中念我的名字。他们给穷人和赤贫者分发了一些钱，返回驻地。

（4月28日），我们于（赖哲卜月十六日），礼拜六，拔营离开该地。一程一程地朝亚格拉前进。我去游历了吐格鲁喀巴德，又返回营地。

(5月4日),(赖哲卜月二十二日)礼拜五,我们驻扎于亚格拉郊区苏莱满·法尔穆里的大院里。因此地距城堡很远,所以,我们在次日早晨即离开该地,移至加拉耳·汗·吉格·哈特的邸第安营。胡马雍在我们之前到达亚格拉,城堡里的人以各种各样的借口,并使用狡猾的手段,不让其进城。胡马雍知道这些人很任性,又害怕他们夺取国库,就占据从亚格拉通往城外的道路,直至我们的来临。

268b 印度人比克拉马吉特是瓜廖尔的罗阇;(作者自注:他的祖先统治这个地方已有一百多年。伊斯堪达尔(罗地)驻在亚格拉几年,目的是想夺取瓜廖尔;后来,在伊伯拉欣的时期,阿札姆·胡麻用·萨尔瓦尼为争夺瓜廖尔坚持斗争了数年之久,最后,以和平的方式夺得,即以沙姆萨巴德之地作交换。)在伊伯拉欣被击败时,比克拉马吉特也见了阎王。当时他的子女和家属都在亚格拉。胡马雍抵达亚格拉时,比克拉马吉特的家属想逃跑,但因胡马雍派人看守了道路,使他们出不来,还监视着他们,胡马雍没让他们逃脱。他们自愿给胡马雍贡献了许多珍珠和宝石。其中有一颗著名的钻石,据说是速檀·阿劳丁叫带来的[①]。这颗钻石如此出名,每个估价者都说它的价值等于全世界两天半的粮食消耗。它重达八密斯卡耳。在我到达亚格拉时,胡马雍把这颗钻石献给了我,但我还是回赐给了他。

城堡内的知名人物有:马利克·达德·卡拉尼、马利克·苏鲁克(英译本作 Milli Surduk)与非鲁兹·汗·梅瓦提。他们搞了一

① 阿劳丁据说是侵入德干的第一个伊斯兰统治者。

些阴谋,遂被付诸大辟。在马利克·达德·卡拉尼被引出处决时,有些人为他求情。人们来回奔走,为之说项,这样过了四、五天。我照这些人的愿望,给马利克·达德·卡拉尼加恩[1],并宣布不征收他的所有财产。给伊伯拉欣的母亲赐予一块价值七拉克的帕尔噶纳[2],他的这些伯克们也赐给了帕尔噶纳。伊伯拉欣的母亲及仆役被迁出亚格拉,在亚格拉的下游一库罗赫(2公里)处给她指定了一个住处(yurt)。 269a

(5月10日),我于赖哲卜月二十八日,礼拜四,晌礼时(英译本作晡礼时)进入亚格拉,在苏丹·伊伯拉欣(罗地)的邸寓停驻。从回历九一〇年征服喀布尔至此时(回历九三二年),我一直在想占有印度,但有时由于伯克们的不明智,有时由于没有族人的支持,使这一打算遇到障碍,以致未能实行对印度的进军和征服该国的领土。最后,这些障碍都没有了;在大小伯克和达官贵人中,关于我的打算没有人敢说个不字。回历九二五年(公元1519年),我率军出发,经过二、三噶里(48—72分钟)的猛攻,拿下了巴焦尔,对其居民进行了大屠杀,然后进抵比拉。我们对比拉既未肆意蹂躏,也未进行抢劫;我们只要其居民为保安全而缴付赎金,向他们征收了价值四十万沙哈鲁币的金钱和货物,将其分给了战士们和一些伴当,又返回喀布尔。从那时到现在(回历九三二年),我尽力要征服印度,曾在七、八年间五次率军进入其境。在第五次时,由于伟大的真主加恩施惠,使苏丹·伊伯拉欣这样一个敌人竟

① 马利克·达德·卡拉尼未被处死,后在巴布尔手下效力。

② 帕尔噶纳相当于喀布尔的土绵。七拉克,厄斯金说约值1750英镑,可能估价过低。

被我击败消灭，像印度这样一个国家竟被我臣服。

从至圣先知时起到现在，我们方面共有三个君主曾征服和统治过印度地区。第一个是哥疾宁王朝的速檀·马合木；他和他的后裔长时期据有印度的王位。第二个是古尔王朝的速檀·失哈布
269b 丁；他自己，他的奴隶和扈从曾多年统治着这个国家。

第三个外来的君主就是我，但我的情况同那些君主的情况有所不同。因速檀·马合木征服印度时，同时也是呼罗珊的国王，花拉子模及诸边区（Daru'l-marz）的速檀们皆向其臣服，撒马尔罕的君主亦向其俯首听命。他的军队即使不到两拉克（二十万），但一拉克（十万人）是没有问题的。还有，某些罗阇与他为敌；那时，全印度并不是由一个最高的君主统治，每一个罗阇独立地统治着自己的领地。速檀·失哈布丁也是这样的。呼罗珊确实不归他统治，但他的兄长吉雅苏丁却统治其地。在《纳昔里表》（*Tabaqât-i-Nasiri*）①一书中曾记载说，速檀·失哈布丁有一次曾率领一支十二万甲兵的军队攻入印度。其对手也是一些王公和罗阇；整个印度当时并不属于哪一个个人统治。

在我们初次来到比拉时，我们只有一千五百人，最多也不过两千人。第五次，我打败了苏丹·伊伯拉欣并征服了印度王国，这时我手下的军队人数比任何时候都多，伴当、商贾、仆役以及所有在军队服役的人员，据花名册的统计，共达一万二千人。巴达赫尚、昆都士、喀布尔与坎大哈这样一些地区也服属于我，但这些地区并没有带来多大的好处。恰恰相反，其中有些地区邻近敌人，必须给

① 见第216页注②。

予很大的支援。此外,整个河中地区(Mawara. an. nahr)都处在乌 270a
兹别克汗与速檀们的统治下,他们差不多有十万军队;这是我们的宿敌。而从比拉到比哈尔之间的印度地区则掌握在阿富汗人的手中。

印度的君主是苏丹·伊伯拉欣;从其王国的广阔程度看,他应有五拉克(即五十万)的军队。那时,苏丹·伊伯拉欣手下的一些异密造他的反;他的军队据估计有十万人。人们还说,这位君主及其异密们有约一千头象。

这次,我面对的是苏丹·伊伯拉欣这样一个拥有一支巨大的军队和广阔领土的君主。正如我所期望的,伟大的真主并没有使我们的努力和受的苦白费,而是帮助我们战胜强敌,征服了印度这样广阔的国家。我们之所以有这样的好运,并不是由于我们的力量和努力,而只是由于真主的恩典和厚爱。这样的成功并非来自我们的努力和辛勤,而是全靠真主的宽宏与眷顾。

印度是一个土地辽阔,人口稠密,物产丰富的国家。其东面、 270b
南面,甚至西面,都是海洋;北为高山,与兴都库什山及卡非里斯坦与克什米尔的诸山相接。印度的西北为喀布尔、加兹尼与坎大哈;德里[城]被认为是全印度的首府。自古尔王朝速檀·失哈布丁之死(回历六〇二年,即公元1206年)至速檀·菲鲁兹·沙统治之晚年(按此人死于回历七〇〇年,即公元1388年),印度的大部分地区都是处在德里诸苏丹的统治之下。在我征服印度时,印度有五个信奉伊斯兰教的君主和两个异教的君主。在山区和丛林里虽有许多大大小小的王公和罗阇,但只有下述的一些王公是比较大的和独立的。

首先，有些阿富汗人统治着首都德里城；他们夺取了从比拉至比哈尔之间的地区。在阿富汗人统治之前，军普尔乃是属于（东部的）速檀·忽辛·沙尔基；［印度人］称这些统治者为普拉比（意为东方的），他们的祖先是速檀·菲鲁兹·沙及其同族（图格鲁克族）诸速檀手下管理御膳的官员；在菲鲁兹·沙死后，他们就统治了军普尔。那时，德里是掌握在赛伊德族的速檀·阿老乌丁（阿兰木·汗）的手中。帖木儿·伯克攻占德里后，将该城交给阿老乌丁的祖先统治，就离去了。阿富汗人速檀·布赫鲁耳（罗地）及其子苏丹·伊斯堪达尔夺取了首都德里及首府军普尔；这两个城被作为同一个君主驻跸之都城。（回历八八一年，即公元1476年。）

第二个［信奉伊斯兰教的统治者］是古杰拉特的速檀·穆罕
271a 默德·木札法尔。他在我战胜苏丹·伊伯拉欣之前数日死去。这
是一个很笃信宗教的君主，他也爱好科学；他读过圣训，还经常抄写《古兰经》。这个王朝称为坦克王朝；其祖先也是速檀·菲鲁兹·沙及（图格鲁克）家族其他速檀的献酒侍者。在菲鲁兹·沙死后，他们就控制了古杰拉特地区。

第三个［统治者］是德干的巴赫马尼朝诸王，但现今德干诸速檀已无一点权势。一些大的伯克已控制了他们所有的领地；如果这些统治者需要什么，他们就向伯克们请求。

第四个统治者是马尔瓦地区的速檀·马赫穆德，也称为曼杜。这个王朝名叫希耳吉（突厥）王朝。异教的拉纳·桑伽打败了速檀·马赫穆德，夺取了其领地的大部分地区。这些统治者们也渐削弱。速檀·马赫穆德的祖先也是菲鲁兹·沙培养起来的；在他死后,他们就夺取了马尔瓦地区。

第五个统治者是孟加拉地区的努斯拉特·沙。其父(忽辛·沙)是孟加拉地区的君主,是一个赛伊德,称号为阿劳丁。努斯拉特·沙继承了统治权。在孟加拉有这样一个奇怪的习惯:在这个国家,政权是很少世袭传承的。王位固定由国君永远占据,异密、宰相和官员(mansab-dàrs)的职位也是终身的。孟加拉人只尊重这个王位和这些官位。每个职位都有依附于它和服属于它的伴当、仆役和扈从。在国王想要任命或撤换某个官员时,附属于这个
职位下的恭顺听话的伴当与仆从,就成为这些官位的新的据有者。271b
甚至是国君的王位本身也有这个特点。任何弑君自立者,都变成了国君;异密们,宰相们,军队和人民立即向他称臣,像承认前任国君一样承认他为国君和统治者。孟加拉人说:"我们忠于王座;效忠和臣服于任何据有王座的人。"例如,在努斯拉特·沙之父阿劳丁以前,一个阿比西尼亚人(哈布希人,名叫木咱法尔·沙),弑其君(马木提·沙·伊来亚思),登上王位,统治了一些时候。阿劳丁杀死了这个阿比西尼亚人,自登位为君。在他死后,他的儿子(努斯拉特)继承王位,成了国王。

在孟加拉,还有一个习惯:作了国君的人都认为花费和消耗前任国君的库存是不光彩的和可耻的;做了国君的人应当自己积累新的库银。该国人民认为国库的积累是光荣的和值得赞颂的事。

孟加拉的另一个习俗是:国库、马厩、国王与速檀们的一切开支,自古以来都是由指定的采邑所得赋入支付,绝不能用其他地方的税收来支付这种开支。

上述这五个人就是在印度拥有大量军队和广阔领土的伟大的

272a 穆斯林君主。至于异教徒中军队最多、领地最广的强大君主,则是尉迟纳噶尔的罗阇以及不久以前由于自己勇武善战而强大起来的拉纳·桑伽。拉纳·桑伽的本土是吉杜尔。在曼杜诸速檀权力衰落时,拉纳·桑伽就夺取了附属于该国的广大地区:兰塔姆伯尔、萨伦布尔、皮尔珊与金代里。回历九三四年(公元1528年),我猛攻金代里,在真主的佑助下,只用了几噶里(一噶里等于24分钟)的时间,就从米德尼·劳的手中拿下该城。此人是拉纳·桑伽手下亲信的大人物,他率领着五、六千异教徒驻守其地。我对异教徒进行了大屠杀,把多年以来的战场金代里变为伊斯兰地区。此事以后还要详细谈到。

印度的各个边远地区有许多王公和罗阇;其中有些地方已归服于伊斯兰教,另一些地方则由于距离僻远与设防坚固,故未向伊斯兰君主表示臣服。

印度地跨第一、第二和第三气候带;但不包括第四气候带。这是一个奇异的国家:同我们的国家相比,它是另一个世界。该国的山脉、河流、森林、原野、城镇、耕地、动物、植物、民族、语言,以及风和雨,所有这些都与我国的不同。喀布尔所属的一些炎热地区,虽有某些方面与印度相似,但在另一些方面也不相同;只要一过信德
272b 河,就见那里的水、土、树木、石头、民族、道路与习惯,一切都与印度的相同。

印度北部诸山业已提到过了。信德河以东山中诸地属于克什米尔。这些山区的大部分地方,如帕克利与沙赫芒(?)现在虽不服属于克什米尔,但过去却是克什米尔的一部分。克什米尔以外的山中有无数的部落、民族、采邑(parganas)和耕地。这些山中居

民密集的地区一直延伸到孟加拉,甚至延伸到了大洋之滨。

我们曾多次调查了解印度这些地区居民的情况,但谁也不能给我们提供确实的信息。据说,这些山民被称为卡思(Kas)。我想起:印度人把 Shin 念成 Sin(即把 Sh 的音发成 S)。因克什米尔是印度山区中最大的一城,而且除克什米尔外再没有听说过那些山中有这样的城,所以,印度人可把它叫做克斯米尔。

山里的居民从事麝香、牦牛、番红花、铅和铜的贸易。印度称这些山为萨瓦拉克·帕尔巴特(Sawalak · parbat)。在印地语中,萨瓦意为四分之一,拉克意为十万,帕尔巴特意为山。萨瓦拉克·帕尔巴特即“十二万五千个山”。

在这些山中,雪从不少下。从印度的一些地方,如拉合尔、锡尔欣、森珀尔,永远可以见到这些山的山顶上白雪皑皑。

在喀布尔,这些山称为兴都库什山;它们自喀布尔向东延伸,又稍转南。此山以南的所有地方即印度斯坦。

山以北是图伯特地区,那里居住着称为卡思的人们不了解的 273a
部族。有许多河流发源于这些山中,流到印度的内地。在锡尔欣以北有六条河发源于这些山中,即信德河、比哈德河(杰卢姆河)、钦阿布河、拉维河、比亚河与萨特莱杰河;所有这些河都在木尔坦附近汇合,从此地起即通称为信德河。信德河向西流,经特达地区,注入乌曼海。除这六条河外,印度还有其他的河,如:军河(朱木那河)、恒河、拉哈卜河、拱木提河、克格尔河、锡鲁河、根德格河,与另外许多大河,皆与恒河相汇,亦称为恒河。恒河东流经孟加拉入海。这些河流的源头都在萨瓦拉克·帕尔巴特。

发源于印度诸山的还有另外一些河,如:昌巴尔河、伯纳斯河、比特维河。这些山中从不下雪;这些河亦与恒河相汇。

印度还有一条山脉,自北向东延伸。该山起自德里地区的一个小石山,菲鲁兹·沙的住所即位于其上,称为杰汉纳马。再往前延伸,在德里附近,到处可见到各别低矮的小石山。在米华特地
273b 区,山越来越高;过了米华特后,该山延伸到比安那地区。西克里山、巴里山与托尔布尔山也构成为这个山系的一部分,不过不与之紧相衔接。瓜廖尔山,也称为噶廖尔山,是此山的支脉;兰塔姆伯尔山、吉杜尔山、金代里山与曼杜山也属于这一山脉。在一些地方,这些山与此山脉分断达七、八库罗赫(14—16公里)。这些山并不高,陡峻,多岩山,丛林密布;山上从不下雪。印度的一些河流就发源于这些山中。

印度各地区多半是位于平原地带。印度虽有许多城镇和农耕地区,但几乎没有流动的水渠;仅河流里有活水。有的地方则积聚着死水。

在一些城镇,虽能挖渠引水,但却没有这样做。这可用许多原因来加以解释。第一,是印度的田地和花园完全不需要灌溉。秋天的庄稼是由下雨时雨水来浇灌的;奇怪的是,春天的庄稼在没有雨的条件下也能发芽生长。对一年或两年以下的小树,是用筒车打水灌溉,更大的树就完全不需要灌溉了。某些蔬菜则要经常浇水。

在拉合尔、迪巴耳普尔、锡尔欣与相邻的地区,是借助于一个
274a 辘轳进行灌溉。他们用两根长如井深的绳子,各绕成一个圈。在两圈绳子之间安根木棍,木棍上系个水罐。[带木棍的]绳圈和系在上面的水罐,被放到井上的辘轳上。辘轳轮轴的一端又安上第

二个轮子,这第二个轮子旁边又有第三个并列的轮子,其轴是竖立着的。在用牛拉动这第三个轮子时,其轮齿因与第二个轮子的轮齿相衔接,故使带水罐的辘轳转动起来。在水罐倒水处挖一条沟,把水引到需要水的地方。

在亚格拉、昌达瓦尔、比安那及其附近地区是用水桶提水。这办法又累又脏。人们在井边竖立木叉,在叉齿之间安一小滑轮。把一个大水桶拴在一根长绳子上,把绳子接在滑轮上。绳索的另一端拴在牛身上,用一个人赶牛;另一个人负责倒水桶。每一次,在牛把水桶从井中拉出,又转回时,绳索都要拖过牛走过的路,以致绳子上沾满了牛粪牛尿,然后这绳子又落入井中。

有时,在庄稼地需要水时,男人和妇女还用水罐打水来灌地。

印度的城镇与田野颇无胜境。所有的城镇与乡村都是一个样子,果园没有围墙,大部分地区都平坦单调。由于春雨泛滥,一些河流与水溪的河岸被冲毁,以致到处难以通行。平原上,有的地方 274b
可见到长着茂密带刺的灌木丛。这些地区的居民隐藏在灌木丛中,反叛不驯,不纳赋税。

在印度,除河流外,流水很少。有时在某个地方能见到一潭死水。如此[广阔的]城镇与乡村,都是用井水,或是用下雨时蓄积起来的涝坝水。

在印度,荒凉的小聚落,建筑完好的村庄,甚至还有城镇,都可在转瞬间荒废,转瞬间产生。如果一个大城镇中居住多年的居民须逃离该城,他们所有的人会在一天或一天半之内离去,而不会留下一点痕迹和标志。另一方面,如果他们想建一城,他们既不需要挖掘水渠,也不要建水坝,因为他们所有的庄稼地都不要灌溉,而印度的人口也是无限的。人群蜂拥而至,修塘,挖井,无需建房筑墙:干树枝多的是,木料取之不尽。人们建起窝棚,一个[新的]城镇或村庄一下子就出现了。

仅印度才有的动物

印度特有的一种野兽是象。当地人称之为哈提(hati)。象生活在加尔比的(西部?)边境地区。从加尔比边境向东,越往上走,野象就越多;人们就在这些地区捕象。在卡拉赫与马尼格布尔,有
275a 三四十个村子专门从事捕象的活动。居民们对国库为每一头象负责。

象是巨大而很机灵的动物。无论你对它说什么,它都懂;无论你命令他什么,它都会照作。象的价值视其大小而定,出售时则论身高。越是大的象,价格越高。人们传说,在某些岛上,似有高达十卡里(7 公尺)的象。但在此地,却没有见过有高过四、五卡里(2.8—3.5 公尺)的象。

象只用鼻子吃喝;没有了鼻子,象就不能活。鼻子两边上颌处露着两颗大牙;这两颗牙如用力顶墙或撞树,就可将其推倒。象还用牙进行战斗或做一切需要力气的事。象牙称为"阿吉"(aj,或写作 ghaj)。印度人对象牙估价很高。象没有毛发。

对印度人说来,象的用处很大;在印度人的每支军队中,都带了几头象。象有一些优良的品质:它背负着沉重的辎重,能轻易地渡过宽阔的急流;三、四头象能毫无困难地拉动需要四、五百人才能拉得动的炮架。但象的食量很大:一头象能吃下两个骆驼队的粮食。

印度的另一种动物是犀牛。这也是一种巨型动物,有三头水 275b
牛那么大。这些地方流传一些说法,说犀牛能用角把象举起来,这大约不足为信。

犀牛只在鼻子上有一个角,其长超过一 qarish(9英寸);没有见过二 qarish(18英寸)的角。一个大的犀牛角可制成一个船形的大酒杯和一个骰子筒,此外还可剩下一节三、四指厚的犀牛角。

犀牛的皮很厚。用强弓,全力拉开至腋下,搭箭射之,如射得好,可穿入犀牛皮四指深。但据说在某些地方用箭好像可轻易地射穿犀牛皮。犀牛前后腿边的皮上有皱褶,从远处看,好像是披了一层遮盖物。

与其他动物相比,犀牛最与马类似。马的胃不大,同样,犀牛的胃也小;马的蹄腕骨是由一块骨头构成,犀牛的蹄腕骨处也只有一块骨头;马的前腿有髓骨,犀牛的前腿也有髓骨。

犀牛比象更凶烈,不像象那样温顺。在白沙瓦和哈什特纳加尔附近的森林中有不少犀牛;在信德河与比拉地区之间的灌木丛中也有犀牛出没;在印度的萨鲁河畔也有许多犀牛。

在进军印度时,我们于白沙瓦与哈什特纳加尔附近的灌木丛 276a
中猎杀了一些犀牛。犀牛善用其角抵斗,在打猎时有许多人员和马匹遭到犀牛的角顶。有一次打猎中,一位名叫马克苏德的勇士(楚赫拉)的马被犀牛用角抛出一矛之远。因此,马克苏德得到一个外号,名马克苏德.伊・卡尔格(maqsud-i-karg,意为犀牛的目标)。

另一种印度动物是野水牛;它比家养水牛要大得多,它的角不那么向后弯曲。这是一种很有危害性的凶猛动物。在印度的萨鲁河岸水牛很多。

印度还有一种动物是蓝牛(nil-gau)。它站起来有马那么高,但身躯比马稍细。雄性的为浅蓝色,可能即由于这个原因而被称为“蓝牛”。蓝牛有两个小角,喉头有一簇毛长达一 garish(9 英寸);(这方面)蓝牛类似于牦牛。其蹄子像通常的牛一样,是裂开为二的。雌性的,颜色与赤鹿[1]相同。它没有角,喉头也没有一簇毛,比雄性的蓝牛较肥。

印度还有一种动物是短腿鹿。它大约有白鹿那么大;其前后腿都短,故被称为短腿鹿。其角像雄鹿角之杈桠多枝,但较短。它每年亦像鹿那样脱其旧角。短腿鹿跑不动,故总不离开丛林。

印度还有一种鹿,类似于哲兰(jiran)的雄鹿。其脊背呈黑色,

276b 腹部白色,角比雄鹿的更长,枝桠也较多。印度人称之为 kala-hara;此字原为 kala-haran,即“黑鹿”,后来,此字简化,其发音就变成了 kalahara。这种鹿的雌性者为白色。

人们借助于这种黑鹿来捕捉鹿。他们把一根套索拴在黑鹿的角上,把一块大如足球的石头悬在它的一条腿上,以使这只黑鹿在捕到鹿时不能远离。黑鹿见到野鹿时,会将其置于野鹿的对面。野鹿很好斗。它立即就会与之战斗,两鹿开始角斗与抵触。在他们来回走动时,野鹿的角就挂缠到驯鹿角上的网子上。野鹿力图逃脱,但驯鹿不走开——也许,它还受到腿上挂的石头的妨碍。

就这样,人们捕到许多鹿,然后驯养之,再借助它们去捕捉其他的鹿。人们还让驯鹿在家里角斗,它们斗得很好。

---

① 见本书 f. 4a。

在印度的山坡地带,有一种较小的鹿,这种小鹿约有石羊(Ovis poli)的一岁羊羔那么大。

印度还有一种 gini 牛。这种牛很小,约有我们的绵羊(quchqar)那么大。其肉很细嫩而又好吃。

另一种是猿猴(maimun);印度人称之为班达尔(bandar)。猿猴也有多种。一种就是人们带到我们这里来的那种,茨冈人(英译本作要把戏的人)教它们跳舞。这种猿猴常见于努尔河谷的山 277a
中,开伯尔附近萨夫山的山坡地带及其以下的整个印度;那些地方以上则没有。这种猿猴的毛为黄色,脸为白色,尾巴不很长。

那里另外还有一种猿猴,不见于巴焦尔、萨瓦德及其相邻地方;这种猿猴比引入我方地域的那种要大得多。其尾很长,毛带白色,脸面全黑。这种猿猴见于印度的山林中,但我方地域则没有。

那里还有另一种猿猴(bula dur);脸面、毛发及其肢体,全都是黑的。

印度还有一种小野兽是鼬鼠(nul),比黑貂(kish)稍小。它在树上爬行;有的人称之为鼬鼠(mush-i-khurma)。它被认为是一种吉祥的动物。

印度还有一种老鼠,称为松鼠(galahri)。它经常生活在树林中,异常迅速和机灵地在树木中上蹿下跳。

印度的鸟类,有一种是孔雀(Ar. taus)。这是一种五彩纷呈、非常美丽的鸟。其形体则不如色彩之美。孔雀的身体有鹤那么大,但没有鹤那么高。雄者与雌者的头上都有二十根至三十根翎毛,高约两、三英寸。雌者既无彩色的羽毛,亦不美观;雄者颈部的 277b
羽毛有一彩虹色项圈(tauq susani);其脖子为美丽的蓝色;脖子以

下，背部为黄色、绿色、浅蓝色和玫瑰的紫色；背上的花很小，往下直至尾端，背上遍布较大的花，一个颜色。某些孔雀的尾，有一拓长(2.134 公尺)。在孔雀开屏时，还有一个较短的小尾，像其他的鸟那样；这是一个普通的尾。孔雀之翼为红色。

孔雀产于巴焦尔、萨瓦德及其以下地区；以上诸地，如库纳尔、兰姆加纳特或任何其他地方，皆不见有孔雀。孔雀飞起来还不如野雉有力：它起飞不能超过一、两次；由于飞翔能力弱，所以孔雀或是生活在山上，或是生活在灌木丛中。奇怪的是：在孔雀常常栖息的丛林中经常见到有许多的蛇，而孔雀竟能拖着一拓长的尾巴从一个丛林走到另一个丛林。它们为什么没有被蛇伤害呢？

印度人称孔雀为摩尔(mor)。伊玛木·阿布·哈尼法的学说主张，孔雀肉是合法的食物；孔雀肉不能说不好吃，颇类沙鸡，但食之生厌，犹如吃骆驼肉。

印度还有一种鸟是鹦鹉(H. tuti)。这种鸟亦见于巴焦尔及其
278a 以下诸地。在春天桑葚成熟时，鹦鹉就来到宁格纳哈尔与兰姆加纳特；在其他季节，那里就不见有鹦鹉。鹦鹉有许多种。一种就是曾被带到我方境地(Tramontane)的那种鹦鹉；另一种鹦鹉形体较小，人们教这两种鹦鹉说话。这类的鹦鹉称为林中鹦鹉。在巴焦尔、萨瓦德及其附近各地数量很多，多到飞动时一群(khail)达五、六千只。这种鹦鹉同上述头一种鹦鹉的区别在于形体的大小不一，但颜色却完全相同。

另一种鹦鹉，比林中鹦鹉还要小。其头全为红色，翅膀的顶上(即前翅)也为红色；尾端有两指宽为白色。这种鹦鹉中有些的头为淡紫色，不会说话，称为克什米尔鹦鹉。

还见到有另一种鹦鹉,也是像林中鹦鹉那么小。其喙为黑色,脖子周围有一宽宽的黑圈。翅膀的上部为红色。这种鹦鹉善学人语,我们总认为,鹦鹉与椋鸟(mina)只能说人们教它的话,它自己不能说任何它想要说的话。但不久以前,我的一个亲近仆人阿布耳·卡西木·札剌亦儿谈到一件奇怪的事:有一只这样的鹦鹉,它的笼子被罩住了,这鹦鹉说:"揭开我的脸,我感到闷气。"

另一次,人们带了一只会说话的鹦鹉,坐下来休息;在过路的行人经过那里时,这个鹦鹉就说:"人们走过去,你不走吗?"事情的真实性只有说这故事的人知道。一个人在没有亲自听到过此事时,他是不会相信的。

那里还有一种鹦鹉,全身鲜红,甚为美丽。这种鹦鹉也有其他
颜色的,但我记不清楚了,故不能详细加以描述。这种红色鹦鹉外
观很美丽,也会说话。缺点是其声音尖锐刺耳,如同用破瓷片在一 278b
个大铜盘上刻画。

在印度,还有一种鸟是夏拉克(sharak)[①],夏拉克在兰姆加纳特很多;往下,在整个印度,这种鸟也很多。夏拉克也有许多种。在兰姆加纳特见得很多的一种,头为黑色,翼为杂色,躯体比椋鸟稍大。夏拉克能学会说话。

另一种椋鸟称为品达瓦力(pindawali),是从孟加拉输入的。这种鸟全身黑色,其躯体比山里的夏拉克稍大。其喙与脚为黄色,两耳各有黄色肉垂,很不好看。它能说话,并且说得很清楚。

还有另一种夏拉克,仅比上述的那种夏拉克为小,其眼睛的周

① 巴布尔之所谓"夏拉克",包括椋鸟、鹩哥和八哥等。

围有一红色的圈。这种鸟不会说话,称为木夏拉克。

在我们(于回历九三四年)建成恒河大桥,渡过河去,将敌人赶跑时,曾在勒克瑙与奥德附近第一次见到一种夏拉克,这种鸟胸部为白色,头花斑,背为黑色。这种夏拉克不会学人说话。

另一种鸟是鲁加[①]。这种鸟也称为"布·卡拉蒙"。它从头到
279a 尾有五、六种不同的颜色并经常变色。它的脖子,像鸽子的脖子一样,光彩变化,其大小与山鸡相若。看来,这种印度山鸡,像一般的山鸡那样,是生活在山顶上。它栖息于喀布尔地区的尼吉劳山及其以下的山区,但再往上的地区则不见有。印度人传说着关于鲁加的怪事:在冬季来临时,鲁加下到山麓。如果它们在飞行中经过一个葡萄园,它们就不复能再往前飞,遂被捕获。鲁加的肉可以吃,味道很好。

印度也有鹧鸪。鹧鸪不仅在印度有,而且也见于其他炎热地区(Garm-sir,可能指阿富汗南部)。但因某几种鹧鸪,除见于印度外,别处绝无,所以,我顺便在这里讲一讲这种鸟。

鹧鸪的身体像山鸡那么大:雄者的背与雌野雉一个颜色,胸部和腹部都是黑的,并有白点。双眼的两边各有一条红线。鹧鸪的叫声悦耳;听起来,鹧鸪叫:"Shir daram shakrak"(我有牛奶和糖)时,Shir 的音发得很短,而 daram shakrak 的音则发得很清楚。阿斯塔拉巴德的鹧鸪叫:"Bat mini tutilar"(快,他们把我捕着了)。而在阿拉比亚及其附近各地,鹧鸪则叫:"Bil shakar tadawrn al ni 'am"(有糖就有快乐)!雌鹧鸪的颜色与小野雉相同。这种鹧鸪

① 见本书 f. 135a。

常见于尼吉劳以下。

另一种鹧鸪称为康加耳(kanjal)。大小与上述鹧鸪相仿。声音颇似山鸡,但尖锐得多。雄的和雌的,颜色区别不大。这种鸟常 279b
见于白沙瓦、哈什特纳加尔及其以下诸地区,但以上地区则无有。

印度还有一种鸟是花面山鸡(phul-paikar)。其体型大小与山鸡(kabg-i-dari)相同,形状如家养公鸡,颜色则像母鸡。从颈前到胸部,色彩绚丽,全是红的。这种鸟生活在印度的山区。

印度也有野鸡。它与家养鸡的区别在于它能像山雉一样飞翔;此外,它不像家鸡那样有各种各样的颜色。野鸡常见于巴焦尔的山中及其以下的山区,巴焦尔以上的地区没有。

在印度遇见的另一种鸟是奇尔西(chilsi,或写作jilsi①),其大小如花面山鸡,但后者颜色较美。奇尔西分布于巴焦尔的山中。

另一种鸟是林鸡(sham②),大小如家鸡,其颜色特别。也分布于巴焦尔山中。

印度还有一种鸟是鹌鹑。鹌鹑虽非印度所独有,但却有四、五个品种仅产于印度。

一种是曾来到我国(Tramontana)的那一种,这是最大的一种鹌鹑。还有另一种鹌鹑,比上述的那一种较小,其翅膀和尾巴为红色。这种鹌鹑像山雉(chir)那样成群地飞翔。另一种鹌鹑比来到我国的那一种也较小,其颈前与胸部均较黑。

280a

另一种鹌鹑只有少量的飞来喀布尔。其躯体小,也许只比黄

① 奇尔西,或许即西部的竹林斑鸠。

② 据说家鸡即由林鸡驯养而成。

鹌鸰稍大；在喀布尔，它称为“库拉图”。

另一种印度鸟是鸨（P. kharchal），其躯体大如大鸨（otis tarda），这似是印度鸨。其肉味美。有的鸟是腿肉好吃，有的鸟是翅肉好吃，但鸨鸟则任何部位的肉都很好吃。

另一种鸟是恰尔兹（P. charz）[①]，它比草原鸨（tughdiri haubara）略小，雄者的背像草原鸨，胸为黑色；雌者则纯为一个颜色。恰尔兹的肉也很好吃。就好像鸨之类似大鸨，恰尔兹也有与草原鸨相似之处。

印度的黑胸沙鸡（T. baghri-qara）比我国的黑胸沙鸡（Pterocles arenarius）细小，其胸部也略黑，声音较尖。

印度还有一些鸟，常来到水边与河岸。其中一种是丹鸟[②]，这是一种巨形鸟，它的每一个翅膀都有一拓（英译本作一呎）长。丹鸟的头与腿都无羽毛，颈上悬着一个囊袋似的东西；其背为黑色，胸部为白色。丹鸟有时飞往喀布尔。人们在一年之内能将他们捕捉到的一只丹鸟送给我。丹鸟能完全驯服；如掷之以肉，它能百无一失地以喙承接之。有一次，它曾吞下一个带有六个铁钉的马掌，
280b 另一次，它将一个整鸡，连翅膀和毛一起咽下。

另一种鸟是鹤（saras）。印度的突厥人称之为骆驼鹤（tiwaturna）。鹤比丹鸟略小，其颈较长，头为红色。人们在屋门前养着鹤，它很易于驯服。

还有一种鸟是大鹳（manek）。其身高同鹤差不多，但躯体稍

① 可能即小鸨。

② 见本书 f. 235a。

细。它类似白鹳,但要大得多。其喙比白鹳的长,且为黑色,其头为淡紫色,脖子为白色,翅膀为杂色。翅膀尖端和边缘的羽毛为白色,中间的羽毛为黑色。

印度也有鹳鸟。其脖子为白色,头及身体的所有其他部位皆为黑色。它飞到我国(Tramontana),但比我国的白鹤要小。在印度,这种鹳鸟称为雅克郎(yak-rang)。那里还有另一种鹳鸟,其颜色与形状同飞来我国的那种鹳鸟完全一样,但只有嘴喙较黑,其躯体也要小得多。

另一种印度鸟类似白鹭与鹳鸟。其喙比白鹭的较大较长,躯体则比鹳鸟小。

印度的另一种鸟是大黑鹮(buzak)。其躯体有鸢(突厥语名为 Sar)那么大,两翼的上面为白色,声音洪亮。

另一种鸟是白鹮,头与喙均为黑色。它比飞来我国的那种鹮要大得多,但比印度鹮小。 281a

印度还有一种鸭子,称为斑嘴鸭。这种鸭比通常的鸭大,雌的和雄的一个颜色。在哈什特纳加尔不管什么季节都能见到斑嘴鸭,它有时也飞到兰姆加纳特来。其肉很好吃。

印度的另一种鸭子,称为肉冠鸭(shah-murgh)。它比鹅略小,嘴上有赘肉隆起,胸部为白色,背部为黑色,肉很好吃。

那里还有鹫鸟(zummaj),约有金雕那么大,全身黑色。

那里还有鸢;其背部与尾巴为红色。

印度也有松鸦,比我国的细小些,脖子上有少许白色羽毛。

印度还有一种鸟,类似乌鸦和喜鹊。在兰姆加纳特,它被称为“林鸟”。其头与胸部为白色(英译本作黑色),翅膀与尾巴带红色，眼睛鲜红色。这种鸟因不善飞翔，故常在林中不出来，所以被称为林鸟。

印度还有一种鸟是大蝙蝠，称为昌姆噶达尔（chumgadur）。大约有猫头鹰那么大，其头类似幼犬的头。这种蝙蝠，当其想在树上过夜时，就抓住树枝，头朝下挂在树上。这是一种奇观。

另一种鸟是喜鹊，当地人称之为麻塔。它比我国的喜鹊略小。我国的喜鹊为黑色杂以白色，而麻塔则为黑色与黄色。

281b 印度还有一种小鸟，约有鹡鸰鸟那么大，全身为美丽的红色；仅翅膀稍微有点黑色。

另一种小鸟是灰沙燕（karcha），类似燕子，但大得多，全身黑色。

另一种鸟是杜鹃（kuil），约有乌鸦那么大，但要纤细得多。其鸣声动听，被认为是印度的夜莺。印度人也像我们敬重夜莺那样敬重杜鹃。它常栖息在林木茂密的花园里。

印度还有一种鸟，类似于啄木鸟。它总是爬附于树干上。约有啄木鸟那么大，身体呈鹦鹉的绿色。

印度的水生动物，一种是水狮。生活在水塘里，类似蜥蜴。据说，它能把人，甚至把水牛抓走。

另一种动物是短吻鳄（siyah-sar），也像蜥蜴。印度所有的河中都有；曾有一条短吻鳄被捕获送到我处。它约有四、五卡里（2.8至3.5公尺）长，绵羊那么粗。也有更大的。其口鼻部位，超过半卡里（0.35公尺），上下颚各有一排小牙齿。它出水上岸，就卧在那里的泥淖中。

印度还有一种动物是水猪。亦见于印度所有的河流中。它有时突然露出水面,其头忽隐忽现,最后又没入水中,只有尾巴现于水上。

像短吻鳄一样,水猪的口鼻部位很长,也有同样的一排小牙 282a
齿。其头与身体的其余部位都同鱼一样。戏于水中的水猪看起来像一个盛水的皮囊。在萨鲁河中游戏的水猪,几乎跳出水来。水猪像鱼一样,从不离开水。

还有一种水生动物是恒河鳄[①]。这是一种巨型动物。我的许多士兵曾在萨鲁河中见过。据说它抓人;我们(回历九三四至九三五年时)在萨鲁河畔时,它曾抓走一、两个女奴。在加济布尔与贝拿勒斯之间的地方,它曾抓去三、四个军营随员。在该处,我也从远处望见这种动物,但看得不很清楚。

印度的另一种水生动物是嘎嘎鱼(kaka,蟹? 或龙虾?)在其鳃边有两根约三英寸长的骨头。在它被抓住时,这两根骨头颤动不已,发出一种异常的声音;也许就是由于这个原因,它才被称为嘎嘎鱼。

印度鱼的肉很好吃,既无臭味,亦无骨刺。这是异常活泼的鱼。每当从河的两边在河中拉上网,网的两边都高出水面一个多卡里(约将近一公尺),然而大部分的鱼都能跳过一卡里以上,从网上跃过。

在印度的某些河流中还有一种小鱼;它们如听到尖噪的声音
或喧嚣声,就会立即跳出水面一卡里(70公分)或一卡里半。 282b

印度的青蛙虽与我国(Tramontane)的青蛙一样,但它们能在

① 恒河鳄,在印度被视为一种神圣的动物。

水面上奔跳七、八卡里远。

*　　　*　　　*

有一种植物,只见于印度,这就是芒果(P. anbah)。大多数印度人在发这个名称中的 bah 时,不发元音(即梵文中的 anb);由于发音上的困难,有些人称这种植物为 naghzak。正如和卓·胡斯劳说的:

> 我们的纳格札克(naghzak)为花园增光,
> 这是印度的水果之王。

好的芒果味道确很好;但如果吃得多,则其中好的少。芒果大多是在未成熟时就被摘了下来,放在房子里待其成熟。不成熟的芒果是做菜用的好调料;用生芒果做的蜜饯也很好。这确是最好的印度水果。芒果树很高。有些人很欣赏芒果,乃至于说除了甜瓜以外它比任何其他的水果都要好,但这是言过其实。芒果类似水蜜桃(kardi),在下雨时成熟。这种水果有两种吃法:或挤压去皮,扎一孔,以吸其汁;或是去皮后,像吃水蜜桃那样吃。芒果树的叶子略似桃叶,其树干形状不好,难看。据说,在孟加拉和古杰拉特,芒果长得较美观。

另一种印度水果是大蕉(香蕉的一种),阿拉伯人称之为毛兹
283a (源于梵文的 mocha)。大蕉树不很高,甚至不能称之为树。它实为介于树与灌木之间的一种植物。其叶类似于玉米(aman qara)叶,但大蕉叶长达二卡里(1.4 公尺),宽约一卡里(70 公分)。叶子的中部有一心脏形的支芽突起,大蕉的蓓蕾即在其中。这个大的蓓蕾,状如羊心;在其花瓣开放时,在每一片叶子的根部都可见到六、七朵花,这一系列的花就变成了大蕉。这些花,随着心状枝

芽的变长和大蓓蕾上花瓣的开放而显现出来。大蕉树只开花结果一次。

大蕉有两个优点:第一,容易去皮;第二,它既无核又无纤维。大蕉比茄子稍微长细,不很甜,但孟加拉的大蕉则非常甜;这是一种很美观的植物,长着宽宽的绿叶,令人赏心悦目。孟加拉的大蕉外观很好。

还有一种印度树是罗望子树(anbli)。人们用这个名称来称印度的枣椰树。罗望子树的树叶小,很像(豆科的)布芽(buia)叶,但罗望子叶比布芽的叶子小。这是一种很美观的树,树荫翳密。罗望子树很高,也有许多野生的罗望子树。

另一种印度树是马护娃(bassia latifolia),也称为蒸馏花(gul-chikan)。这种树也长得很高;在印度,大多数的房屋都是用这 283b
种树建造的。用它的花可以蒸馏出酒来。这种花风干后,可以像葡萄干那么吃,花干也可以制酒;这种花干的味道类似无核的绿葡萄干(kishmish),但有一种难闻的气味。新鲜的花并不坏,可以吃。

这种树也有野生的.野生马护娃的果实不好吃,核大一点,皮薄,核仁也可以榨油。

印度还有一种树,叫基尔尼(梵文 khirni)。这种树虽不很高,但也不小。其果实为黄色,比红枣小。其味道一般像葡萄。在吃过后嘴里会留下一种不太好的余味。但这种果实还不坏,可以吃;核壳很薄。

另一种树是稼曼(Eugenia jambolana)。其叶子一般类似柳叶。只是较圆较绿。这种树并非不美;其果实类似黑葡萄,味道略酸，不很好。

另一种树是卡姆拉克（Averrhoa carambola）。其果实呈五边形，大约有李子（ain-alu）那么大，长约三英寸。成熟的果实为黄色，无核。在未成熟时摘下的果实很酸，但成熟后，就变为酸甜。一般说，其味道不坏，令人喜爱。

284a 印度有木波罗树（Artocarpus integrifolia）。这是一种异常难看又不好吃的水果。它看起来像一个填充了的羊肚子，做成一个吉帕①，其味甜，令人作呕。内部有一榛子似的核。这种果实，一般类似海枣，只是为圆形，不长。果核外包着果肉，比枣子软，吃的就是这部分。

木波罗的果实很黏滞。据说由于这个缘故，有些人在吃这种果实之前，在嘴上和手上抹上油。还听说，这种果实不但长在它的树枝上，而且长在树干上，甚至长在根上。这树就好像到处挂满了羊肚子。

印度的另一种木波罗是猴果（badhal）。大约有苹果那么大，其气味不坏。未成熟的果实很酸，不好吃，但成熟后则不坏。它成熟时，就变软，可以掰成碎块吃，其味道颇类熟过头的榅桲，酸而可口。

还有一种印度水果——比尔（Zizyphus jujuba），波斯语称为卡纳尔。比尔有好几种：一种稍大于李子（alucha），另一种形似胡赛尼葡萄（Husaini grape）。这种水果大部分不很好，但我们在潘代尔（廖瓜尔）却见到一种很好的比尔。当太阳处在金牛座与双子

① 吉帕，是把大米、碎肉、作料等将羊肚子填满，再加以燉煮而成的食品。

座时,比尔树就落叶,至太阳到了巨蟹座与狮子座、也即到了真正的雨季时,比尔树就变得绿叶成荫,等太阳转到宝瓶座与双鱼座时,它的果实也就成熟了。

另一种印度水果是卡隆达(Carissa carandas)。这种树像我们
这里的吉卡(chika)树一样丛生,但吉卡是生长在山中,而卡隆 284b
达则是生长在平原。其果实的气味像大黄,但比大黄甜,汁也较少。

印度还有潘尼雅拉;这种水果比李子大,像不成熟的红苹果。其味略酸,很好吃。潘尼雅拉树比石榴树高,叶子像杏叶,但较小。

那里还有古拉尔树(Ficus glomerata)。其果实直接长在树干上,类似无花果,毫无味道。

还有一种水果是诃子(梵文名amla),果实为五边形,类似棉花的蓓蕾。这种水果酸涩难吃,但它做成的果酱却不坏,食之有益。诃子树颇美观,叶子很小。

还有一种树是奇隆吉树(Chirunji)。这种树被认为是生长在山里,但我后来得知,在我们的花园中有三、四株奇隆吉树。果实很像马护娃果。其核不坏,大小介乎核桃仁与杏仁之间,比阿月浑子的果仁略小。奇隆吉的果仁是圆的。人们将其放在冻子(paluda)和各种蜜饯当中。

另一种是印度枣椰。这种水果虽非印度所独有,但因我国没有,我故在此提及之。在兰姆甘也有枣椰树。在一个地方,其树枝仅生于树梢。树叶从两边自上至下覆盖了树枝。树干粗糙,颜色
难看。其果实像葡萄那样成串生长,但一串枣椰比一嘟噜葡萄要 285a
大得多。

据说，在植物中，枣椰树在两方面类似动物。第一，如果一个动物的头被砍掉，其生命也就停止，同样，如果把枣椰树的顶部砍掉，它就会干死；第二，动物如无雄性，就不能得到仔畜，同样，如不让雄性枣椰树的一个树枝同雌性枣椰树相接触，就不会结出好的果实。不知道，后一说法是否真实。

我讲的这种枣椰树的树梢里，有枣椰的干酪。［这种枣椰树的］干酪，是一种类似于奶酪的白色物质。这种白色物质是长在生出枝叶的地方。枝叶长得越长大，树叶就变得越绿。这种白色物质，也称为“枣椰的干酪”；不坏，能吃，很像胡桃。在长这个枣酪的地方开一个口子，将一片枣叶插在这个口子里，以使口子内流出的液体顺着这片枣叶下流。这片枣叶接在一个水罐的口子上，水罐则系在树上。从切口处流出的所有液体就都收集在这个水罐中。这种液体如立即喝，带点甜味，但如过三、四天后再喝，据说就

285b 很醉人。有一次，我去巴里访问，到昌巴尔河岸的村庄游历。在路上遇见在河谷里收取这种枣椰汁的人。我喝了不少，但并未感到醉意；也许，要喝很多才会稍觉醉意。

印度还有一种水果是椰子果（波斯语作 nargil）。阿拉伯人以阿拉伯语形式称为 narjil；印度人称之为 nalir；这也许是普遍流行的错误。其果实即印度核桃，用它可作成黑色的勺子，其较大者可做吉他（guitar）的音盒。

椰果树同枣椰树完全相同。只是其树枝上叶子较多，叶子的颜色更为闪烁。像核桃一样，椰子果也有一层绿色的外壳，不过这壳是由纤维质构成。所有船舰上用的绳索都是用这种椰果壳制成。船上的缝隙也用这种绳子来弥合。

如将这种椰子果去壳，则在果实的一端可见到三个三角形的凹处。其中两个是硬的，一个是软的；可以轻轻的一按就将其戳穿。在这个核形成以前，里面原是充满了液体；可戳破这个软的凹处，吸饮其中的液体，味道不错，像枣椰树的溶解的干酪。

印度还有一种树——塔尔(梵文 tar)。其枝叶亦长在树的顶
部；像对枣椰树一样，人们也是在塔尔树上挂一个罐子，以吸取其 286a
汁饮用。这种汁液称为塔里(tari)；据说，它比枣椰树的汁液更为烈性醉人。塔尔树的树干距地面一卡里或一卡里半(1.4公尺)以下，完全没有树叶；往上，在树梢，一个地方有三、四十片叶子，就好像伸开的巴掌，这些叶子长约一卡里(70公分)。[印度人]常在这些叶子上写印度字，像我们的账卷(aftar yusunluq)那样。在印度人没有耳饰来安到耳洞中时，他们就用塔尔树叶做成的装饰物插在耳孔中。做耳饰用的这种树叶，在市场上可以买到。塔尔树的树干比枣椰树的树干较美观，也较光滑。

印度还有柑橘与类似柑橘的水果。在兰姆加纳特，巴焦尔与萨瓦德，柑橘很多，而且质优。兰姆加纳特的柑橘，个儿小，为一种脐橙，很好吃，细嫩而多汁，一点也不像呼罗珊地区产的柑橘。因其细嫩，故这种柑橘在从兰姆加纳特运到喀布尔即经历十三、四伊尕奇(78—84公里)远的距离，还没有到达就有一部分腐烂了。而阿斯塔拉巴德的柑橘，由于其皮厚汁少，故在运往撒马尔罕的约二
百七、八十伊尕奇(1620—1680公里)的路途中却不腐烂。 286b

巴焦尔的柑橘约有榅桲那么大，多汁，且比别的柑橘更酸涩。和卓·卡兰曾对我说："在巴焦尔，我们从一颗这样的柑橘树上摘下所有的柑橘，计其总数，竟有七千只之多。"

我常常记起，naranj［柑橘］这个字，是阿拉伯语形式，看来确是如此；因在巴焦尔和萨瓦德，人人都把 naranj 念成 narang（波斯语）。

另一种这样的水果是柠檬。［在印度］柠檬很多。其大小与形状与鸡蛋相若。一个人如中了毒，用柠檬根煮开水饮之，便能解毒。

还有一种类似柑橘的水果，即枸橼。巴焦尔与萨瓦德的居民称之为 balang，因此，用枸橼做的果子酱被称为 balang 果酱（balang-marabba）。在印度，它被称为巴焦尔枸橼（turunj bajauri）。

枸橼（turunj）有两种。一种甜得作呕，乏味，不宜食用；其皮可能适于做蜜饯。兰姆加纳特的枸橼也是这样甜得作呕。巴焦尔的枸橼和印度的枸橼则味酸，酸得好吃。用它做成的饮料味道很好，饮之有益健康。枸橼约有胡思老甜瓜那么大，皮厚多皱，一端
287a 尖细似鸟喙。其颜色深黄，甚于柑橘。枸橼树无树干，低矮，丛生。叶子比柑橘叶大。

还有一种类似柑橘的水果是甜橘（sangtara）。其颜色与形状均似柑橘，只是其皮光滑无结节。其体积也比柑橘小。其树高大，同杏树差不多，叶子类似柑橘叶。其果实带酸味好吃，可做成甜汁，也极可口。它像柠檬那样，健胃，不像柑橘那样泻肚子。

另一种类似柑橘的水果是大柠檬，在印度，称为噶耳·噶耳柠檬（gal-gal）。其形状像鹅蛋，但不像鹅蛋那样两端变细。其皮像甜橘（sangtara）那样光滑。这种水果多汁。

另一种类似柑橘的水果是江比里（janbiri）柠檬。其形状同柑橘一样，色黄，但非橙黄色。江比里的气味像柑橘（英译本作枸

橼）。其果实亦味酸可口。

柚子（梵文 sada-fal）也像柑橘，形状如梨，颜色像榅桲，味甜，但不像橘子（naanj）那样甜得恶心。

另一种类似柑橘的水果是苦橘（amrd-fal，或谓系中国甜橘）。柠檬（karna）也像柑橘，可能有噶耳·噶耳那么大，亦味酸。

还有一种类似柑橘的水果，即阿马耳比德（amal-bid，或谓指“酸柳”）。我在（印度）过了三年之后，现在才初次见到。[①] 据说， 287b
如将一口针扎入其中，这针就会融化掉，这可能是由于其中的酸的作用。也可能是由于它的别的什么特质所致。就其酸味而言，它颇类柠檬与柑橘。

印度有大量各种各样的花卉。一种是蔷薇（jasun），有些印度人称这种花为噶尔哈耳（乌尔都语 garhal）。这不是一种草，其茎略高于红玫瑰。其花比石榴花更鲜艳，大小与红玫瑰相若，只是红玫瑰在蓓蕾开放时只开一朵花，而这种花在开放时，从［花萼］中央又长出一根小茎似的东西，细细的，长如手指，在其上也开出花瓣来。它开出双重的花，一般并不失去其特色。花茎开的花无论颜色和形态都显得很美，但开的时间不长，只开一天就凋谢了。在雨季的四个月当中，这种花开得很多，也特别美。看来，它在一年的大部分时间里都开花，但由于开得这么多，它就没有香味了。

印度的另一种花是夹竹桃（kanir）。既有白的，也有红的，它像桃花那样，有五个花瓣。红色的夹竹桃，更像桃花，只是夹竹桃

① 英译本注：这一表述说明，“印度概况”的写作是在回历九三五年（公元 1528—1529）。

花在一个地方能开上十四、五朵，从远处看，就好像是一朵大花。夹竹桃树丛比玫瑰丛高大。红色的夹竹桃有一种香味，沁人心脾。
288a 夹竹桃花也很美丽，在雨季大量开放。一年的大部分时间里都可见到这种花。

印度还有一种花是露兜（kiura）。它有一种很令人喜爱的香味。麝香的缺点是干燥，而露兜则可称为湿麝香。它的外貌很奇特；花的长度达1.2—2卡里什（13.5至18英寸），叶子很长，形如芦苇叶，并有刺。将花瓣聚在一起压成蓓蕾状，则其外层的花瓣呈绿色，较多刺；而内层的花瓣则柔软，呈白色。在内层花瓣之间有着某种花心似的东西，发出沁人的香味。露兜在刚从土中冒出，尚无枝干时，看起来像新生的芦苇。其叶子扁平多刺，树身很不好看，树根仍能看到。

印度的另一种花是茉莉（波斯语作yasman）。为白色，称为昌巴（champa）。这种茉莉花比我国的茉莉花大些，香味也更浓。

在我国地域，一年分为四季；而在印度，一年只有三个季节。四个月为夏天，四个月下雨，四个月为冬天。每个月的月初，都是从新月出现开始。每过三年，就加一个月，如果这一个月是加在雨季，那么，再过三年后就在冬季加一个月，再过三年便在夏季加一
288b 个月。这就是他们设闰月的方式。[察依特月、拜萨赫月、哲特月与阿萨尔赫月①]——这是夏季诸月，各与飞鱼座、白羊座、金牛座

① 察依特月（Chait），始于2月21日。
拜萨赫月（Baisakh），始于3月22日。
哲特月（Jeth），始于4月22日，酷热。
阿萨尔赫月（Asarh），始于5月22日，酷热。

和双子座相应;[萨万月、巴敦月、库阿尔月与卡提克月①]——是雨季诸月,各与巨蟹座、狮子座、室女座、天秤座相应;[阿甘月、普思月、马格月与法耳功月②]——是冬季诸月,各与天蝎座、人马座、摩羯座、宝瓶座相适应。

印度的居民,这样将一年分为三个季度,每个季度为四个月。他们认为在一年的每个季度中只有两个月分别为酷热、淫雨和严寒。夏季的后两个月,即哲特月和阿萨尔赫月,被认为是酷热的月份;雨季的头两个月,即萨万月和巴敦月,被认为是淫雨的月份;冬季的中间两个月,即普思月和马格月,被认为是严寒的月份。这样一分,在印度,就有六个时节。

印度人给一周中的每一天都取了一个名称:礼拜六叫桑尼察尔(Sanichar),礼拜天叫拉比巴尔(Rabi-bar),礼拜一叫桑姆瓦尔(Som-war),礼拜二叫曼噶耳瓦尔(Mangal-war),礼拜三叫佛陀巴尔(Budh-bar),礼拜四叫布里哈斯巴特巴尔(Brihaspat-bar),礼拜五叫舒克尔巴尔(Shukr-bar)。

在我国,将一昼夜分为二十四分,(突厥语称一昼夜为 kicha-gunduz。)每一分称为一小时,每一小时又分为六十分,称为分,这

① 萨万月(Sawan),始于 6 月 22 日,淫雨。
巴敦月(Bhadon),始于 7 月 24 日,淫雨。
库阿尔月(Kuâr),始于 8 月 24 日。
卡提克月(Katik),始于 9 月 24 日。

② 阿甘月(Aghun),始于 10 月 21 日。
普思月(Pus),始于 11 月 23 日,严寒。
乌格月(Magh),始于 12 月 23 日,严寒。
法耳功月(Phalgun),始于 1 月 22 日。

样，一昼夜就有1440分。（阿拉伯语称一分钟为daqiqa，）作者关
289a 于daqiqa的自注：“一分钟的时间约相当于将《古兰经》中的“法谛海”章连同开章祷词（Bismillah）背诵六次共需的时间；这样，一昼夜就可将“法谛海”章和开章祷词背诵8640次”。印度人也这样将一昼夜分为六十分，每分钟称为一噶里（梵文g'hari）。他们还把白天和黑夜各分为四分，每分称为一帕赫尔（梵文pahr），波斯语则称为帕斯（pas）。在我国（Transoxania），我也曾听说过帕斯和帕斯班（pasban，相当于更与更夫）这两个词，但对其特别的含义则不了解。

在印度所有相当规模的城镇中，都指派了一定的人员打更，这种人称为更夫（g'harialis）。更夫有一个铜盘，像一个大碟子那么大，两指厚。这个铜盘称为更锣（g'harial），将其挂在高处。他们还有一个计时用的容器，类似[我们的]计时杯，在底部打了孔；这个计时器在一噶里（即24分钟）的时间里充满了水。更夫们轮流将这个计时器放入水中，等其充满水。如，他们会在天亮时将这个打了孔的计时器放入水中；当其充满水时，更夫就用木槌将其敲打一次，当其第二次充满水时，就敲打两次，[如此相继，]直至整个一更（pahr）完了。更夫以木槌迅速敲打这个计时器数次来表示一
289b 个更时（pahr）的完结。如果一天的第一个更时完结，则在迅速敲击几下后，停顿一下，再敲一次；如果第二个更时完结，则在迅速敲击之后，再敲二次，如果第三个更时结束，则敲三次，如第四个更时完结，就敲四次。在白天的四个更时过完后，晚上的更时就开始。过去，更夫不论是白天还是晚上，只是在每个更时结束时敲打一个更时的信号。如果人们在晚上醒来听到一个第三或第四噶里的打

更声,也不会知道究竟这是晚上第二个还是第三个更时。所以,我下令,在晚上和阴晦多云的日子,必须在打过噶里后,才敲更时的信号。如,在打过晚初更的第三噶里后,要停顿一下,然后才敲一下更时的信号,以便使人们知道,这是初更的第三噶里,而在打过晚三更的第四噶里后,也要停顿一下,然后再敲三下作为三更的信号,以便让人知晓,这是三更的第四噶里。这命令执行得很好:在晚上,醒来听到更夫的打更声时,都能确定,那是晚上第几个更时第几个噶里。

还有,他们又将一噶里分为六十分,每一分称为一帕耳[1]
(pal);这样,一昼夜就有三千六百帕耳。(作者关于帕耳的自注: 290a
每一帕耳的时间相当于眼睛开合六十次,也就是说,在一昼夜中,眼睛可以开合二十一万六千次。)我试验的结果表明,在一帕耳的时间里,大约可以将《古兰经》第一一二章和开篇祷词(Bismillah)重读八次。这样,在一昼夜的时间里就可将这一章重读二万八千次了。

印度的居民也定有很好的衡制。——

8拉提=1马沙;4马沙=1腾格=32拉提;5马沙=1密斯卡耳=40拉提;12马沙=1图拉=96拉提;14图拉=1色尔。在各个地方都确定:40色尔=1曼班;12曼班=1曼尼;100曼尼叫做米纳萨。珍珠与宝石都论腾格计其重量。

印度人还有很好的计数方法。他们称十万为一拉克;一百拉

[1] 英译本注:60比帕耳=1帕耳;60帕耳=1噶里(24分钟),60噶里或8更时(帕赫尔)=1丁拉特(一昼夜)。

克为一克洛尔；一百克洛尔为一阿尔布；一百阿尔布为一卡尔布；一百卡尔布为一尼耳；一百尼耳为一帕达姆；一百帕达姆为一桑格。有这么大的数目表明印度有大量的财富。①

印度的大部分居民都是异教徒；他们把异教徒称为印度人。大部分的印度人都相信灵魂转世。所有的手艺人、挣工钱的人和官吏都是印度人。在我国，只有草原上的游牧人才以部落之名来
290b 称自己；在印度，农耕地区和各乡村的定居居民也以部落名称来称自己。所有的手艺人都祖祖辈辈地继承其先人传下来的手工业。

印度不是一个可爱诱人的地方。那里的人长得也不漂亮，他们之间也没有社交与相互来往之事。他们既没有[多大]天赋，也不聪明；既不谦恭有礼，也无慷慨大度的胸怀。他们在做手艺和工作中，既无秩序，又无计划；他们不会用规尺和墨线。在印度，无好水，无好肉、葡萄、甜瓜，无好的水果，亦无冰，无冷水，集市上则既

① 以上衡制与计数方式与公制对应如下：
8 拉提 =1 马沙约合 0.2 克
4 马沙 =1 腾格 =32 拉提 约合 0.8 克
5 马沙 =1 密斯卡耳 =40 拉提 约合 4.1 克
12 马沙 =1 图拉 =96 拉提 10.2 克
14 图拉 =1 色尔 143.5 克
40 色尔 =1 曼班 5.74 公斤
12 曼班 =1 曼尼 73 公斤
100 曼尼 =1 米纳萨 729.8 公斤
100 克洛尔 =1 阿尔布 1000000000
100 阿尔布 =1 卡尔布 100000000000
100 卡尔布 =1 尼耳 10000000000000
100 尼耳 =1 帕达姆 1000000000000000
100 帕达姆 =1 桑格 100000000,000000000000

无好的食品，也无好的面包。那里没有热水澡堂，没有宗教学校，没有蜡烛，没有火炬，也没有烛台。

用来代替蜡烛和火炬的是许多肮脏的人，称为灯人（diwati）。
这种人左手执一小小的木制三脚架，其一个木脚的一端拴了一个
类似烛台头的铁制品；在带有这个铁制品的木腿上，放了一根大拇
指那么粗的灯芯。灯人的右手则执一葫芦，葫芦上钻了一个小洞，
油可以从这个小洞倒出来。任何时候，只要灯芯需上油，灯人就从
葫芦里倒油出来。在印度，就以此来代替灯烛。如他们的统治者
和伯克们晚上有事，需要灯烛，这些肮脏的灯人就带着自己的灯前 291a
来站在身边。

除大河、水塘和山谷与沟壑中的溪流外，印度没有流水；在他们的花园与住处（imaratlar）也没有流水。印度人的住所既无宜人的空气，也无美景与规范。农民与下等人出来时，皆赤身露体，他们［仅仅］系一条称为襕古褡（lunguta）的布巾，这是一块短短的遮羞布，搭在肚脐以下的两卡里什处（英译本作两拃长处）。在这块短布以上，则另有一块布，连着这块襕古褡的带子，穿过两大腿之间，系在后面的襕古褡带子之上。妇人们也戴一块长布，其一半围着腰部，另一半撩在头上。

印度的优点　印度是一个地域广大的国家，富产金、银。在下
雨时，空气很好。有时，一天下十次、十五次或二十次雨。下雨时，
立即形成水流，在那［通常］完全没有水的地方就有河流奔腾起
来。在下雨时或雨后，空气异常清新，有益于健康，令人喜爱，真是
再好不过了。缺点是空气变得很潮湿。在多雨的天气里；我们的
弓甚至不能拉开放箭，因已潮坏了。不仅是弓，甚至盔甲、书籍、袷 291b

袢、布匹及所有的家具，统统都受潮。房屋也使用不长。

在不下雨的日子里，无论冬夏，空气也都很好，但那时老是刮大风；尘土满天。夏天，在金牛座和双子座的月份里，快要下雨时，一天要刮四、五次的大风，那时，尘土漫天飞扬，使人对面看不见人。人们称这种风为安迪(andhi，意为使天空变黑的风)。

在双子星座的月份里，天气很热，但也并非热得难以忍受——大约只有像在巴里黑和坎大哈一半那么热。

印度的另一个优点是那里有无数的和无穷无尽的工人和手艺人。有一个固定的等级(jami)来做一切工作和任何事情，他们做某种工作和某种事情，乃是从祖辈世袭下来的。毛拉·歇里甫丁在《帖木儿武功记》一书中很好地描写到，在帖木儿建造石砌清真寺时，每天有来自阿塞拜疆、法尔斯、印度和其他国家的石匠二百人在从事这一工作。仅在亚格拉一地，就有亚格拉的石匠六百八十人每天在我的建筑工地干活。而在亚格拉、西克里、伯亚纳、托尔布尔、瓜廖尔和戈埃尔，则有一千四百九十一名石匠每天为我从
292a 事建筑工作。在印度，其他各种手艺人和工匠之多，也是不计其数的和无穷无尽的。

现在(回历九三五年，即公元1528年)我管辖下的地区，即从比拉到比哈尔之间各地，共纳税五十二克洛尔，这从下面的详细清册的统计可以看到。其中八克洛尔或九克洛尔是从臣服于我的王公与罗阇的前领地上征取的，他们自古以来就以这些封地作为生活的资料。

就我所知的及我能确定的印度土地和居民的情况和特点，我已经作了叙述。往后，我如见到什么值得记述的事物，我就会将其

记载下来,我如听到什么值得听的事,我也会转述的。

实际上处于我军胜利旗帜统治下的印度诸地区所纳贡赋清册

地区	克洛尔	拉克	腾格	
1 萨特莱杰河以外诸地:比拉、拉合尔、锡亚耳科特、迪巴耳普尔,及其他地方	3	33	15 989	
2 锡尔欣	1	29	31 985	
3 希萨尔・菲鲁兹	1	30	75 174	
4 首府德里与米扬・杜阿卜	3	69	50 254	
5 米华特,不包括伊斯堪达尔(罗地)统治时期	1	69	81 000	
6 比安那	1	44	14 930	
7 亚格拉	—	29	76 919	292b
8 中部地区	2	91	19	
9 瓜廖尔	2	29	57 450	
10 加尔比、塞洪达等地	4	28	55 950	
11 喀脑奇(曲女城)	1	36	63 358	
12 森珀尔	1	38	44 000	
13 鲁克努尔与巴克萨尔	1	39	82 433	
14 海拉巴德	—	12	65 000	293a
15 奥德与巴赫赖奇	1	17	1 369	
16 军普尔	4	0	88 333	
17 卡拉赫与马尼格布尔	1	63	27 282	
18 比哈尔	4	5	60 000	
19 瑟尔瓦尔	1	55	17 506 1/2	
20 瑟伦	1	10	18 373	
21 坚巴兰	1	90	86 080	
22 根德拉	—	43	30 300	
23 蒂鲁德,罗阇・鲁普・纳拉因所贡白银与铜(按中等估计)	—	2	55 000	
		27	50 000	
24 兰塔姆伯尔,征自布利、贾德苏与马拉尔纳者	—	20	—	
25 纳戈尔	—	—	—	
26 征自兰塔姆伯尔的罗阇比克拉马吉特	—	—	—	
27 卡兰贾尔	—	—	—	
28 罗阇・比尔・辛格・德奥	—	—	—	
29 罗阇・比康・德奥	—	—	—	293b
30 罗阇・比康・昌德	—	—	—	

(5月12日)，赖哲卜月二十日，礼拜六，我们开始检查与分配库存的财宝。给胡马雍赐予库银七十拉克；我还赏给胡马雍一个未经清点登记的金库。一些伯克分得十拉克，另一些伯克则分得七、八或九拉克。从国库拨钱赏赐给阿富汗人、哈扎拉人、阿拉伯人与俾路支人以及全军战士，按其地位不同，数量各有差别。所有的商人与求学者，以及一切随军的人，一般都得到丰富的和足够多的奖赏与赠品。那些不在军中的人也从国库分到许多赏赐予赠品。例如，卡姆兰得到十七拉克、穆罕默德·札曼·米儿咱得到十五拉克，而阿斯卡里、印达耳与所有的亲戚及子、孙们，都分到了许多黄金、白银、衣服、宝石和奴隶。对留在故地(Tramontana)的伯
294a 克们和战士们，也赏赐了许多礼物。还给撒马尔罕、呼罗珊、喀什噶尔和伊剌克的我的亲戚们送去了礼物。给撒马尔罕和呼罗珊的舍黑们，致送了表示誓愿的贡品。同样，给麦加和麦地那也送去了这样的贡品。喀布尔地区和沃尔萨克区(在巴达赫尚)的所有活着的人，无论男人、妇女、奴隶、自由人、成年人和未成年人，每人都给了一个沙哈鲁金币。

在我们初抵亚格拉时，我的人员同当地人之间有一种严重的敌对和仇恨情绪。那里的士兵和农民由于害怕我们的人而逃跑了。除亚格拉和德里以外，在所有设防的地方，他们都坚守城堡自卫，拒不投降。在森珀尔，有哈斯木·森珀里；在比安那，有尼札木·汗；哈三·汗·米华提本人亲临米华特，这个亵渎神明的小人是一切动乱的罪魁祸首。在托尔布尔，有穆罕默德·宰通；驻守瓜廖尔的是塔塔尔·汗·萨朗·汗尼。在拉普里的是忽辛·汗·努汗尼；在埃达瓦的是库特布·汗；在加尔比的是阿拉木·汗。喀脑

奇与恒河彼岸的所有土地都是掌握在敌对的阿富汗人的手中,如纳西尔·汗·努汗尼、马鲁夫·法尔穆勒以及其他的许多异密。在伊伯拉欣死以前,他们曾作乱达两、三年之久。在我打败伊伯拉欣以后,他们就占据了喀脑奇及其以外的所有地方。现在,他们驻在喀脑奇这边两、三站路程的地方,并拥立达里阿·汗·努汗尼之 294b
子比哈尔·汗为君主,给他加以速檀·穆罕默德的称号。马尔古布这个奴隶则驻在马哈文;他留在该地,虽距我近,但还是许久没有前来朝见我。

在我们到达亚格拉时,正是炎热时节。所有的居民都因恐惧而逃走了。我们找不到粮食和喂马的草料。村子里的居民,由于对我们的敌视和仇恨,不服从,并进行偷盗和抢劫。人们不能在路上行走。我们还没有来得及分配国库和给每个地区和地方指派一个强有力的人去。加之,那年天气很热;强暴的大风把人们刮倒,堆积在一起死去。

由于这种原因,许多伯克和最好的武士都感到沮丧,不同意留在印度:他们也开始离去。如果是上了年纪的而且有阅历的伯克说这样的话,那他们是无可指责的:在他们说这话时,这人(指巴布尔)也有足够的智慧和判断力,来发现这种话语的忠奸,并判别好坏。但是,如果有任何人,仍然在思考并坚决要干什么事,那么,再一次重复已经说过的话又有什么可高兴的,听取小人物和大人物的这类话以及这种糊涂的见解,又有什么意思呢?(英译本的译法:但因这个人曾亲眼目睹他的全部事业,当他决心这样做时,那么,人们再重复说事情应当按不同的办法去做又有什么意味?由小人物来发表讨厌的意见又岂能受到重视?)这里有一件奇怪

295a 的事！这次从喀布尔出征时，我曾将几个小人物任命为伯克。我曾希望，他们能毫不犹豫地跟着我共同度过患难，不管我走向何方，他们都将追随着我。我没有想到，他们竟会反对我的意图，而且，对我希望实现并经大家商量同意的一切事业和措施，在那一计划未经放弃时，就加以拒绝。他们（这些新任命的伯克）统统表现不好，而秘书阿黑马地和司库瓦力则表现更坏。和卓·卡兰从自喀布尔出师时起到战胜伊伯拉欣和夺取亚格拉，在这整个过程中都表现很好，他说了一些勇敢的话，并发表了一些高瞻远瞩的意见。但是，在夺取亚格拉之后数日，他所有的打算都更改了：正是和卓·卡兰坚决要离去。

在看出部属中存在这种动荡不安时，我就召集所有的伯克前来开会进行商量。我说："没有甲胄和装备不能获得权力和对世界的控制，没有伴当和领地要当君主和异密是不可能的。我们辛苦努力数年，经历了艰难与困顿，经过长途跋涉，来到这遥远的国度，我和我的军队投身于危险的战斗与殊死的断杀之中。由于真
295b 主的恩典，我们打败了如此众多的敌人，夺取了如此广阔的土地。是什么力量，有什么必要，竟使我们现在要毫无道理地抛弃经过如此的艰辛才夺得的领土，再回到喀布尔去经受贫穷和困厄呢？一切希望我们吉祥顺利的人今后都不应说这样的话，至于那不能再坚持下去的人，如果想走，就让他走好了，不要拒绝这里的事。"

在给他们提示了这些正确而理智的想法之后，我终于使那些想离去的人以及不想这样作的人解除了这类的恐慌。

因和卓·卡兰无心留在印度，所以我就对事情作了如下的安排：和卓·卡兰有许多伴当，就让他带着赠品离去。喀布尔与加兹

尼两地人很少,就让他在那里建立政权与秩序。我将加兹尼、格尔德兹以及速檀·马苏地所属哈札拉人居住的地方赐予和卓·卡兰。在印度,他还得到一块采邑——古拉姆,有三、四拉克的赋入。和卓·密尔·米兰也奉令前往喀布尔,给喀布尔方面的赠品就委托他交给银行家(sarraf)毛拉·哈三和图卡·印都保管。

和卓·卡兰因厌恶印度,所以他离去时在自己房子的墙上写了这么两句诗: 296a

如果我能安全无恙地渡过印度河,

即使涂黑我的脸,我也不想再看见印度。

撰写这么带讥笑的诗是很不成体统的,因我还留在印度。如果说,和卓·卡兰的离去使我恼火,那这样一个玩笑就使我加倍的不快。我也立即撰写了这样一首柔巴依(四行诗)送给和卓·卡兰:

致以一百次的感谢,巴布尔,因宽仁的主

赐给了你信德,印地和许多的王国。

如果你(指和卓·卡兰)无力忍受炎热

如果你说:"我想见到寒冷的一面,"那你有加兹尼。

这时,我派毛拉·阿帕去戈埃尔。(作者自注:此人过去级别很低。但两、三年以前这个时候,他曾召集他的兄弟们纠合在一个紧密结合的团体中,前来投效于我。与之同来投效的还有印度河畔的乌鲁克寨人和其他的阿富汗人。)命他给该地附近的士兵和弓箭手们送去加恩的诏书:舍黑·古兰前来我处表示效忠和友谊,并留在我处;他还从河间地区(米扬·杜阿卜)带了两、三千士兵和弓箭手来。玉努斯·阿力在从德里去亚格拉的路上迷了路,遂与胡马雍分开了。以后,他同阿利·汗·法尔穆勒的儿子们及亲戚相遇。经过一场小的交锋后,玉努斯·阿力打败了敌人,将阿利·汗的儿子们捕获,带到我处。我趁这个机会,派被俘的一个阿
296b 利·汗的儿子同道拉特·卡达姆·土尔克的儿子米儿咱·蒙兀儿一起到他的父亲(阿利·汗)那里去,传送我给阿利·汗的加恩诏书。在这个动乱的时候,阿利·汗已到米华特去了。米儿咱·蒙兀儿把阿利·汗带了前来。我对他恩礼有加,提升了他,并给他恩赐了一处能缴纳二十五拉克贡赋的采邑。

伊伯拉欣曾派了几个异密由穆斯塔法·法尔穆勒和非鲁兹·汗·萨朗汗尼率领,前去进攻东部(Purab)山区反叛的异密们。穆斯塔法多次同那些倔强的异密进行了顺利的战斗,几次狠狠地打败了他们。在伊伯拉欣失败之前不久,穆斯塔法死了。舍黑·巴牙即是他的弟弟。因伊伯拉欣忙于重要事务,他便立即命舍黑·巴牙即去指挥其兄长部下的人员。非鲁兹·汗、舍黑·巴牙即、马赫木·汗·努汗尼与喀孜·吉雅都来投效于我。我对这些人表示的仁慈与宽厚待遇,超过了他们本人的期望:非鲁兹·汗被赐给了从军普尔划出的一块领地,可收取一克洛尔四十六拉克与五千腾格的贡赋,舍黑·巴牙即被赐给从奥德的土地征取的一克洛尔四十八拉克与五万腾格,给马赫木·汗赐予加济布尔土地的九十拉克与三万五千腾格,喀孜·吉雅则被赐给二十拉克。

在闪瓦鲁节[1]以后,过了几天,我在苏丹·伊伯拉欣个人的宫

① 闪瓦鲁节是在斋月(即赖买丹月)结束,闪瓦鲁月新月初见时进行庆祝的节日。回历九三二年的闪瓦鲁节应是在公元1526年7月11日。

殿中央拱形建筑的带柱子的门廊里举行了一次巨大的宴会。在这个宴会上,胡马雍被赐给一套宽大的长袍,一把有带的剑,一匹带金鞍子的马;真·帖木儿·速檀、马黑地·和卓与穆罕默德·速檀·米儿咱,也被赐以荣服,有带的剑和匕首,其他的伯克和勇士,每人 297a
均视其地位之高低,被赐以有带的剑、匕首和荣服,总计如下表:

带鞍子的马——两匹,

镶了宝石的有带的短剑两把,

镶了宝石的匕首——二十五把,

带装饰的两面刀——十六把,

带装饰的刀——两把,

带金把的印度小刀——一件,

荣服——四袭,

用红色料子做的捷克曼(男上衣,腰间有褶)——八件,

衣料五十一块。

在举行宴会的那天,大雨滂沱,下了十三次。许多客人被安排在外面的地方就座;他们都被雨淋得湿透。

我已将萨马纳地区赐给穆罕默地·库克耳达什,并指派他去进攻森珀尔。希萨尔·菲鲁兹则赐给了胡马雍,我还赐予他以森珀尔之地。印都·伯克则被留在胡马雍的手下。为此,就派印都·伯克,率同基塔·伯克与巴巴·喀什卡的兄弟马利克·卡西木及其亲戚与毛拉·阿帕克和舍黑·古兰,代替穆罕默地,带领米扬·杜阿卜地区的弓箭手,前去进攻森珀尔。

哈斯木·森珀里三、四次派人来说:“叛贼比班正在围攻森珀 297b
尔,该城戍军已无力守卫,请你们快来!”比班是依仗自己有给养

和装备才背离我们，占据了山坡地带，收罗开小差的和被打散了的阿富汗人和印度人，乘这时森珀尔缺乏坚强的守卫，就前来围攻其地。

印都·伯克、基塔·伯克以及其他被指派去进攻的人，到达阿哈尔浅滩，逼近其渡口，便从该处派遣巴巴·喀什卡的兄弟马利克·卡西木及其兄弟们前行。马利克·卡西木率领一百至一百五十人和自己的兄弟们过了河，迅速前进，于晌礼时到达森珀尔。比班也整军出营。马利克·卡西木率军迅速前冲，从后面绕过城堡，开始战斗。比班不敌而逃，其部属有些人被斩首。我们的战士抓住几头大象，许多马匹和其他的战利品。

次日晨，派去进攻的其他伯克到达。哈斯木·伯克·森珀里前来同他们见面，但是，并不想把城堡交出给他们，所以就要尽各种滑头。有一次，舍黑·古兰与印都·伯克在同其他的伯克谈话，以某种借口把哈斯木·伯克·森珀里引到这些伯克之前，并让我的人员进入了城堡。哈斯木·森珀里的家人及所属人员全部被带出城堡，未受伤害。

298a 我派步军哈兰达尔去比安那的尼札木·汗那里，给他送去又有许诺又带威胁的诏书。同时我还给他致送了我即兴吟成的一首（波斯文）诗的一小段：

> 比安那的异密呀！不要同突厥人相斗，
> 突厥人的迅猛是显而易见的。
> 你为何不迅速前来，为何不倾听忠告？
> 那显而易见的事又何需加以说明？

比安那是印度的著名城堡之一。这个狂妄的小人以为自己的城堡易守难攻，就派人前来，提出过分的要求。我没有给予来人一个好的答复，且命令准备攻城的工具。我派巴巴·库力·伯克去穆罕默德·宰通那里（在托尔布尔），致送有允诺又带威胁的诏书。穆罕默德·宰通也作遁词，耍滑头。

当我还在喀布尔时，造孽的拉纳·桑伽就曾经派人前来表示善意，并提出如下建议："如果尊敬的帕的沙（即我），要到德里地区来，那我［拉纳·桑伽］就一定从该地前往亚格拉。"然而，在我打败了伊伯拉欣，并拿下了德里和亚格拉时，这个异教分子却没有作任何动作［以图离去］。过了一些时候，他竟前来围攻马坎的儿子哈三驻守的康达尔城堡。马坎的这个儿子哈三几次派人前来我处，而马坎本人却尚未露面。被围诸城堡——埃达瓦、托尔布尔、瓜廖尔、比安那——尚未向我投降，东面的阿富汗人也顽强不屈，
他们从喀脑奇出动，到亚格拉方面，驻扎在［距亚格拉］两、三程的 298b
地方。我因对被围困诸地区尚不完全放心，故未抽调人员去支援哈三。两、三个月后，哈三因无力固守，乃签订了投降条约，交出了康达尔城堡。

忽辛·汗吓坏了，就抛弃拉普里城逃走了。拉普里城遂赐给了穆罕默德·阿利·江·江。

我给驻守埃达瓦的库特布·汗送去既有允诺又带威胁的诏书，然而，他既不想前来见我，也不离开埃达瓦。因此，我就派马黑地·和卓去进攻埃达瓦，并派一支大部队，由穆罕默德·速檀·米儿咱、速檀·穆罕默德·杜耳代、穆罕默德·阿利·江·江和马厩官阿卜杜耳·阿即思等为首的伯克与近臣率领，前去支援他。

我把喀脑奇给予了速檀·穆罕默德·杜耳代；非鲁兹·汗、马

赫木·汗、舍黑·巴牙即、喀孜·吉雅,也被我派遣去进攻埃达瓦,这几位都是我很宠信并被赐予东部诸封地的军事将领。

299a 驻在托尔布尔的穆罕默德·宰通以各种推托之词为由没有来。我就将托尔布尔赐给了速檀·朱乃德·巴鲁剌思,并派了一些人由阿迪耳·速檀、穆罕默地·库克耳达什、沙·满速儿·巴鲁剌思、库特鲁克·卡达姆、司库瓦力、江·伯克、皮尔·库利与沙·忽辛·巴尔吉率领去支援他,他们的任务是努力夺取托尔布尔,将其交给速檀·朱乃德·巴鲁剌思,然后进军比安那。

我将军队部署停当后,就召集突厥族的异密和印度诸异密开会。我说:"东部某些反叛的异密,在纳西尔·汗·努汗尼和马鲁夫·法尔穆勒的带领下,率领四、五万人的军队,已渡过恒河,夺取了喀脑奇,现已在河的这边、距此只有两、三程之地了。异教分子拉纳·桑伽已夺取康达尔,为非作歹。现在雨季快要终了,我们看来必须出兵,或镇压叛乱,或征伐异教徒。因为要征服周围的以及附近的诸城堡,乃是一件容易的事情。但我们何时能打败这些强敌,他们又会投奔何处呢?拉纳·桑伽[的实力]不必估计太大。"

对此,大家异口同声地回答说:"拉纳·桑伽相距很远;不知道他是否正向我方靠近;重要的是必须打退那些向我们逼近的敌人。"

299b 我自己也希望出兵进攻这些敌人,但胡马雍提出:"主上不必亲自出阵,这事由我效劳好了。"

他的话使大家都感到高兴,突厥族诸异密和印度异密都赞同这个意见。我便指派胡马雍东征,而另派阿黑麻·哈斯木[的伴当]喀布里驰往通知被派往托尔布尔的军队,令该部队返回,到昌达瓦尔与胡马雍会合。由马黑地·和卓和穆罕默德·速檀·米儿咱率领前去进攻埃达瓦的军队,也奉令与胡马雍会师。

(8月21日),胡马雍在助勒·盖儿德月十三日礼拜四出征,至距亚格拉约三库罗赫处的杰莱瑟尔小村庄驻营,在此停了一天,然后,离开该地兼程前进。

(8月28日),是月二十日,礼拜四,和卓·卡兰获准前往喀布尔。

我常常想,印度最大的缺点之一就是没有活水。凡是我不得不要住下来的地方,我都决定安装水车以引水,并按计划开辟正规 300a
的花园。我们在到达亚格拉以后几天,就为此而渡过朱木那河去看可建花园的地皮。那里周围的地方是那么残破难看,使我竟满怀厌恶不满之情重又渡过河来。由于该地如此丑恶无用,所以我也就打消了建花园的念头。但因亚格拉附近没有另外的空地,而建个花园又属必要,故在过几天以后,又只得在那地方开始建园的工作。一开头就挖了一口大井,从中汲水供应澡堂,然后就在那长着罗望子树和有一八角形水池的地方着手工作。此后,就建成了一个大水池和庭院,以后又在石屋之前挖了一个水池,并建立前厅(talar)。以后,又在我个人住房的周围开辟花园并建筑各种房屋。以后又建了热水澡堂。这样,在这简陋难看的印度地方,就出现了规划完美的漂亮花园。其每一个角落都建立了宜人的草地,每块草地上都错落有致地长着美丽的玫瑰花和野蔷薇。

在印度,我们为三件事情所苦:第一,是炎热;第二,是大风;第三,是尘土。澡堂则可以消除这三个[苦恼]:因在澡堂里尘土与风不能为虐。而在大热天里,人在澡堂里感到凉爽,乃至觉得冷。

设有热水池的澡堂,完全由石头砌成。墙的下部是用白色石头砌的;所有其余部分,如地板与天花板,则是用从比安那运来的红色石头建成。

喀利法、舍黑·宰因、玉努斯·阿力以及所有那些在河对岸搞
300b 到了地方的人,都兴建了配置优良的美丽花园与水池。他们按照拉合尔与迪巴耳普尔的方式装水车以引活水。印度人因从未见过这么设计和这么匀称美丽的花园,就将朱木那河那边我们建了住房的地方称为“喀布尔”。

在城堡内伊伯拉欣的宫殿和内墙之间有一块空地。在那里,我也命令建造一口十平方伽兹(gaz)的大井①。印度语称有小阶梯的大井为瓦因(wain)。这口井在大花园开辟之先就开始挖掘;人们就在雨中挖井。这井几次倒塌,把工人埋在里面。它是在我进军征伐拉纳·桑伽以后挖成的,这已沏于井上的铭文中;这一铭文记载了该井挖成的时间。这口井挖得非常好。

在这井的深处有一所三层楼的房子。最下的一层有三个房间;通到房子的路是在井内循台阶而下。一条路通到所有这三个房间;每一个房间比另一个房间高三个台阶。当水位最低时,那水正是在底层房间以下的一个台阶;在雨季涨水时,井水有时上升到最上一层的房间。

在中间那一层,挖了一间内室,与一拱形的房间相连,就在那个拱形的房间里,用牛拉动转圈的水车。在最上一层[也]建了一
301a 个房间。有一条五、六级的阶梯,从井上朝下由外面两边通到这个

① 1伽兹略短于36英寸。

房间。这阶梯右手边的对面,有一块石头,上面铭刻着此井挖成的年代。

在这口井的旁边,还挖了另外一口井;那口井的井底比前一口井的中部略高。在前一口井的拱形房间中的水车打上来的水就注入后一口井中。在第二口井中也安装了一个水车,把水打上来灌入漏斗,再由漏斗将水引到上面的花园里。由阶梯走出井口的地方,修了一个石砌的建筑物;在井上的围墙外则有一个石砌的清真寺。但这个清真寺建得不好,它是按印度的式样修建的。

在胡马雍动身出征时,那些反叛的异密们,在纳西尔·汗·努汗尼和马鲁夫·法尔穆勒的率领下,集结于贾吉茂。胡马雍行军十至十五库罗赫,派穆明·阿塔卡去打听消息;穆明·阿塔卡因只顾掳掠牲畜,甚至未能探听到一点确实的消息。敌人听说穆明·阿塔卡快要来临,感到自己无力抵抗,就逃跑了。

以后,胡马雍又派卡萨姆泰、巴巴·楚赫拉和布吉卡去打探消息;这些人探听到,敌人已仓皇逃跑。胡马雍即进军,夺取了贾吉茂。当他经过该地,来到迪耳毛附近时,法特赫·汗·萨尔瓦尼前 301b
来看望他。胡马雍便打发法特赫·汗·萨尔瓦尼同马黑地·和卓与穆罕默德·速檀·米儿咱一起来我处。

是年,奥拜都拉·汗率军出布哈拉前来进攻谋夫。在谋夫的要塞里大约有十至十五个农民。奥拜都拉·汗拿下谋夫,将这些人杀死,在四十或五十天内重建了谋夫的水坝,然后去进攻谢腊赫斯。在谢腊赫斯有三、四十个红头(指波斯人)。他们闭城拒不投降。但居民们却袭击他们,打开了城门。乌兹别克人进入城内,将红头们杀了。他们在夺取谢腊赫斯后,就去进攻徒思与马什哈德。

马什哈德的居民无力自卫而投降了。乌兹别克人围攻徒思达八个月之久,终以达成协定,和平地拿下该城。但乌兹别克人不遵守协定,屠杀了所有有名望的男人,而将其妇女俘虏。

同年,巴哈杜尔·汗因与其父速檀·木札法尔·古杰拉提不
和,来到苏丹·伊伯拉欣处。当时,巴哈杜尔·汗已取代其父统治
了古杰拉特之地。苏丹·伊伯拉欣对巴哈杜尔·汗很不尊重。当
我在帕尼伯特时,巴哈杜尔·汗给我送来书信。我复信示以恩宠,
并召他前来。巴哈杜尔·汗曾经想过要来谒见我,但后来又改变
主意;脱离伊伯拉欣的军队,前往古杰拉特去了。这时,他父亲速
檀·木札法尔死了(死于回历主马达·勒·阿赫赖月二日,礼拜
302a 五,即公元1526年3月16日)。他的兄长锡坎达尔·沙(速檀·
木札法尔的长子)已继其父为古杰拉特的君主。由于他性情乖
戾,其奴隶伊马杜耳·木耳克与另一些人商量好,将他勒死(时在
舍尔邦月十四日,即公历3月25日)。正在前往古杰拉特途中的
巴哈杜尔·汗,获得邀请,并由护卫拥立,代其父为君,上尊号为巴
哈杜尔·沙(时在赖买丹月二十六日,即7月6日)。巴哈杜尔·
沙为政还好,他将弑君之奴隶伊马杜耳·木耳克处死以报仇,并杀
了其父手下的许多伯克。他被认为是一个嗜杀的暴君和不畏上帝
的青年。

回历九三三年（公元1526年10月8日至公元1527年9月27日）的事件

穆哈兰月，歪斯·伯克送来关于法鲁克出生的消息。虽有一个步兵以前业已将这个消息告我，但歪斯·伯克在这个月前来，乃是为了得到送喜报的赏赐。这个婴儿生于闪瓦鲁月二十三日礼拜五晚上（回历九三二年——公元1526年8月2日），取名为法鲁克。

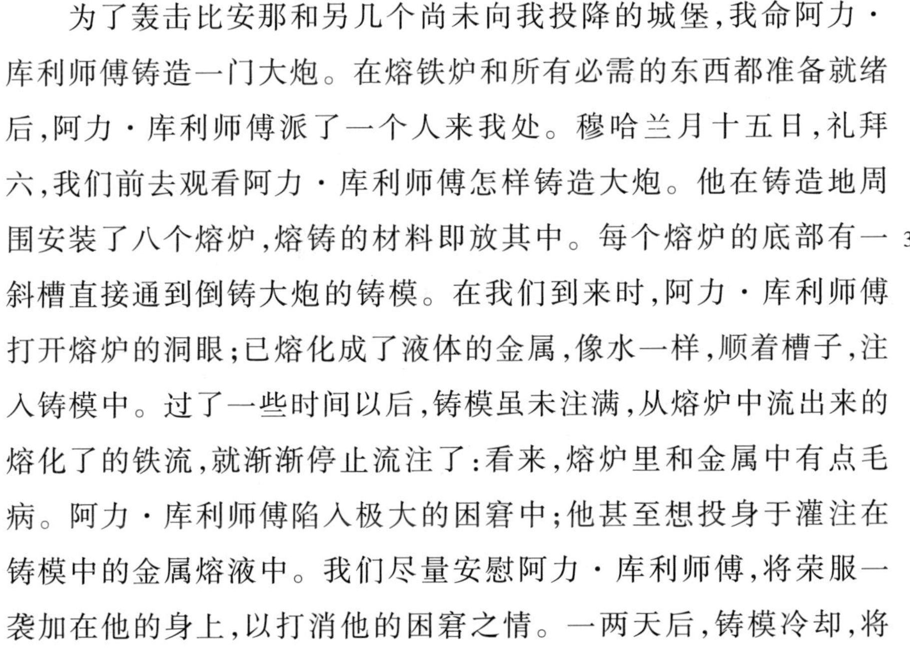

为了轰击比安那和另几个尚未向我投降的城堡，我命阿力·库利师傅铸造一门大炮。在熔铁炉和所有必需的东西都准备就绪后，阿力·库利师傅派了一个人来我处。穆哈兰月十五日，礼拜六，我们前去观看阿力·库利师傅怎样铸造大炮。他在铸造地周
围安装了八个熔炉，熔铸的材料即放其中。每个熔炉的底部有一 302b
斜槽直接通到倒铸大炮的铸模。在我们到来时，阿力·库利师傅打开熔炉的洞眼；已熔化成了液体的金属，像水一样，顺着槽子，注入铸模中。过了一些时间以后，铸模虽未注满，从熔炉中流出来的熔化了的铁流，就渐渐停止流注了：看来，熔炉里和金属中有点毛病。阿力·库利师傅陷入极大的困窘中；他甚至想投身于灌注在铸模中的金属熔液中。我们尽量安慰阿力·库利师傅，将荣服一袭加在他的身上，以打消他的困窘之情。一两天后，铸模冷却，将

它打开;阿力·库利师傅大喜,派人来告,说大炮的弹膛部分没有一点毛病,要铸造大炮的后身也不难。阿力·库利师傅把炮膛从铸模中取出,命人将其安装,而他自己则忙于铸造大炮的后身去了。

马黑地·和卓从胡马雍那里将法特赫·汗·萨尔瓦尼带来;他们是在迪耳毛离开胡马雍的。我善遇法特赫·汗·萨尔瓦尼,以其父阿札姆·胡麻用之领地赐之,此外,还给了另外一些土地;法特赫·汗所得到的封地值一克洛尔六十拉克(约合四万英镑。)

在印度,得宠的异密被授予各种永久性的称号[muqarrari
303a khitablar];其中一个是阿札姆·胡麻用(意为“权威”),另一个是汗·伊·哲汗(意为“世界之汗”),或汗之汗。法特赫·汗的父亲之称号是阿札姆·胡麻用。但在我的儿子胡马雍在世时,任何人都不应有这样的称号;所以我废除了这个称号,而法特赫·汗则被授予汗·伊·哲汗的称号。

(11月14日),赛法尔月八日,礼拜三,(在花园的)大水池旁的罗望子树中搭上遮篷,并在那里举行宴会。我邀请了法特赫·汗·萨尔瓦尼出席该宴会,请他喝酒,并将我自己用的一个头巾和一套长袍赐给他。我以这种关怀和恩宠的表示来推崇他,并允许他前往自己的领地。还决定,让法特赫·汗的儿子马赫穆德·汗长留在我这里。

(11月30日),穆哈兰月二十四日,礼拜三,执马镫侍者海打尔的儿子穆罕默德·阿黎被紧急派往胡马雍那里[传达如下命令]:“感谢真主,东面的敌人已逃跑了;在此人到达你处时,请你留几个合适的伯克在军普尔,你自己率军赶快到我这里来。异教徒拉纳·桑伽正向我逼近,我们主要的应关注此人。”

在[胡马雍的]军队东去之后,我命库奇·伯克的兄弟吐尔地·伯克、其兄希尔·阿夫干、主管阉割者穆罕默德·哈琳及其兄弟与属下、鲁斯坦姆·土库曼及兄弟们,还有印度人达伍德·萨尔瓦尼等,去袭击比安那附近地区,并进行抢劫。如果他们能通过允诺和劝诱使比安那的戍军投向我方,那当然好,如果不能,他们也 303b
能对敌人进行掳掠以削弱之。

驻守在塔汗加尔城堡中的是前述比安那的尼札木·汗之兄阿拉姆·汗。他的人一再来我处表示归顺与亲善之意。这位阿拉姆·汗自告奋勇说:“如果主上指派一支军队,那么,我就能通过劝诱与许诺使比安那所有的弓弩手归顺,并拿下比安那城堡。”这事决定后,就给奉命前去进攻的由吐尔地·伯克率领的勇士们下达了如下的命令:“因阿拉姆·汗这位本地人士自告奋勇效力并服从这一任务,你们就应与之协力,在有关比安那的事务中按他的正确意见和指示办。”

有些印度居民,虽然善使刀剑,但大部分人还是完全没有作战的才能,且对运筹指挥之事一无所知。这个阿拉姆·汗,在与我军会合后,说话毫不注意,也不考虑其行动之好坏,竟自带领我的战士们直奔比安那近处。在我派去的部队里,有二百五十名或约三百名突厥人,和从各方面征集来的印度人与当地人,总数有两千多。而尼札木·汗拥有的队伍则总计包括四千多比安那的阿富汗骑兵和其他的战士;他手下的步兵超过了一万人。尼札木·汗察
看了一下敌军,就立即指挥上述骑兵和步卒出击。他迅速驰至我 304a
的部队前面,以大量骑兵击之,迫使这支部队逃走。他俘虏了自己

的兄长阿拉姆·汗·塔汗加尔，此外还抓获了五、六人；部分行李什物亦只得交出。

尽管尼札木·汗犯了这种罪行，我还是对他作了［新的］承诺和答应优待他的保证，宽恕他过去的和现在的罪行，并给他颁赐了相应的诏书。尼札木·汗在得知异教徒拉纳·桑伽迅速推进的消息时，竟束手无策，而是把赛伊德·拉非召来，在其调停之下，将城堡交给我军，而他自己则同赛伊德·拉非前来我处投诚，以为我效力为幸。我赐给他米扬·杜阿卜（两河间）的一处采邑，值二十拉克。掌门官多斯特被暂时派往比安那；但几天后，我又将比安那赐给了马黑地·和卓，拨了七十拉克给他做生活费，打发他去比安那。瓜廖尔地方的塔塔尔·汗·萨朗·汗尼，以前曾多次派人前来对我表示臣服和善意。当异教徒夺取了康达尔并迫近比安那时，瓜廖尔地方的一个罗阇达摩卡特与另一个名叫汗·贾汗的异教徒进入瓜廖尔附近地区，他们觊觎该城堡，就开始在那里挑起动乱和不满。陷于困境的塔塔尔·汗，决定将瓜廖尔交给我。我手下的伯克、近臣和最好的战士，大部分都在（胡马雍的）军队里或

304b 在各地的部队中。我将比拉地方的一些士兵和一些拉合尔人拨给拉希姆·达德，让哈斯塔奇·通克塔尔（Hastachi tunqitar）及其兄弟们与之会合，并派上述人员去瓜廖尔，以该地区的采邑封给他们。毛拉·阿帕克与舍黑·古兰也被派遣同去，以拥立拉希姆·达德在瓜廖尔登位，然后返回。在他们全都接近瓜廖尔时，塔塔尔·汗改变了主意，不再请他们进城。有一个德尔维希，名叫舍黑·穆罕默德·高斯，不但很有学问，而且有许多学生和追随者。这时，他从瓜廖尔城堡内派了一个人来对拉希姆·达德说：“你应使用

任何办法潜入到城堡里去,因为这个人(指塔塔尔·汗)已改变主意,他现在不怀好意。”这个信息一传到拉希姆·达德那里,他就立即写了一信,派人送给塔塔尔·汗,该信称:“因有异教徒,在城堡外危险。请让我带几个人进入城堡内,而让其余的人留在城外。”经过长时间的劝说,塔塔尔·汗终于同意了。拉希姆·达德率领一支很小的部队进入该城堡,他说:“让我的人员留在这个城门边。”于是,他就将自己的人布置在哈提·普耳门(意为大象门)。

就在那天晚上,拉希姆·达德将自己的全部军队经哈提·普耳门放入城内。次日,塔塔尔·汗还不知道发生了什么事,乃被迫献城投降。而他自己则离开该城,来到亚格拉。我将比安那地区一块有二十拉克的采邑拨给他,作为他的生活津贴。

穆罕默德·宰通也无力自卫,遂献出托尔布尔城,前来投效于 305a
我。我赐给他一块采邑,其收入达数拉克。我将托尔布尔变为我个人的领地,而将在该地区征税的权利赐给了阿布勒·法特赫·土库曼,即派他前往托尔布尔。

在希萨尔·菲鲁兹附近地区,哈米德·汗·萨朗·汗尼,征集到一支由帕尼部阿富汗人和其他当地阿富汗人组成的部队,总共有三、四千人,对我采取敌对态度,挑起动乱与不满。赛法尔月十五日,礼拜三(11月21日),我命真·帖木儿·速檀会同阿黑马地·帕尔瓦纳奇、阿布勒·法特赫·土库曼、马利克·达德·卡拉拉尼与木尔坦的穆贾希德·汗等将领率领的部队,前去进攻这些阿富汗人。他们出发后,远道迅速进军,大败阿富汗人。大量阿富汗人被杀,给我送来许多首级。

赛法尔月月末,曾出使去波斯王塔玛斯普处的和卓吉·阿萨德（或作阿萨都拉），与一个名叫苏来满的土库曼人一起回来，带了礼物来献。礼物中有两个彻尔克斯族姑娘。

（12 月 21 日），赖比儿·尼勒·安外鲁月十六日，礼拜五，发生了一件奇怪的事情。此事在致喀布尔的一封信中已详细谈到，所以，我将此信转引于此，既无增添，亦无删节：

“回历九三三年，赖比儿·尼勒·安外鲁月十六日，礼拜五（即公元 1526 年 12 月），发生了一件令人震惊的事，其详情如下：伊伯拉欣的母亲，这个倒霉的老太婆，听说我吃过印度人做的东
305b 西。事情是这样的：三、四个月以前，我因从未见过印度菜，就命把伊伯拉欣的厨子们召来。我从五、六十个厨子中留下了四名。这个妇人听到了这件事，就派人到埃达瓦把艾买提·察什尼吉尔找去——印度人称试食侍从为察什尼吉尔。她把一张纸叠成四折包了一托拉的毒药（前已提及[①]，一托拉稍多于二密斯卡耳），将其塞在一个女奴隶的手中，命这个女奴隶把那个纸包交给艾买提·察什尼吉尔。艾买提把那个纸包给了我厨房中的一个印度厨子，并对他约许说，如果他设法将毒药下在我吃的食物中，那他就将被赏以四片封地。伊伯拉欣的母亲又派了另一个女奴，跟在前述那个女奴后面，前来察看前者是否已将毒药交给了艾买提。所幸的是，艾买提没有把毒药下到锅中，而是将其放在碟子里。他不将毒药投在锅中的原因是，我曾严令试食侍从提防印度人，要他们强迫印度人尝试正在烹调中的食物。

“在他们盛菜时，我那些倒霉的试食侍从没有注意，厨子将小

① 见 f. 290，厄斯金说一托拉重约一银卢比。

片的面包放在瓷盘里,将纸包里的小半包毒药撒在面包上。他又将过油肉放在毒药的上面。如果厨子把毒药撒在肉上面或投入 306a
锅中,那就糟了,但是他在慌乱中却把大半包毒药撒到炉子中去了。

“晡礼过后的礼拜五晚上,开饭时,我吃了许多野兔和大量的油炸胡萝卜;对下了毒的印度菜,我仅吃了少许上面的肉片。我拿起过油肉来吃时,并没有感觉到任何异味。以后我又咽下一、两块干牛肉,就开始感到恶心。昨晚,我也吃了干牛肉,有一股难闻的味道;我肯定,今天的恶心也是这个原因。很快我又感到恶心起来;我经过两、三次恶心后,几乎要呕吐到桌布上。最后,我见情况不妙,就起身离席。在我走到厕所时,我又一次感到恶心要吐;在厕所里,我就大呕大吐了一场。

“过去,我从未在食后呕吐过,甚至在喝醉酒时也不呕吐。我遂心存疑惑。我下令将厨子拘禁起来,并命将呕吐出来的东西给狗吃,以察验之。次日早晨初更之前不久,这狗感到很不舒服,它的肚子鼓胀起来,不管人们向它投多少石头和将它翻转身来,它再也没有站起来。这狗处于这种状态,一直到中午,然后才站起来,没有死。

“有几个卫士也吃了这道菜。次日早晨,他们也大呕大吐,其 306b
中一人甚至情况很危险,但最后都得救。

(波斯文):灾难临头,但一切都安然度过。

真主重新给我以生命;我好像是从另一个世界回来,今天又由自己的母亲生下。我曾患病,仍然活着,现在,我向真主发誓,我已懂得了生命的价值。

“我令军需官穆罕默德·速檀将厨子抓起来，经刑讯，他一五一十地详细招供了上述的一切情节。

“礼拜一是开庭审判日，我下令高官大员、名人显贵、异密将领和阁僚们统统到庭。那两个男人和两个女人也被带来受审。他们在那里招供了此事的详情。

“我令将试食侍从碎尸处死，令将厨子活剥皮；将一个女人用大象踩死，另一个女人用火枪射死，第三个老妇则令监禁起来。她也成了自己所作所为的俘囚，得到应有的惩罚。

“礼拜六，我喝了一杯牛奶，礼拜一也喝了一杯牛奶，还喝了溶化了封泥的牛奶和解毒药（tiriaq-i-faruq）。我因喝牛奶而大泻了一场。

“赛法尔月一日，礼拜三，我呕吐出一些类似干胆的某种黑东西。感谢真主，当时没有造成伤害。迄此以前，我还没有这么深知生命是如此宝贵。正如这么半句诗说的

谁到了临死的时刻，他就会懂得生命的价值。

“任何时候，只要我一回忆起这个可怕的事件，我就会情不自
307a 禁地心绪不畅。感谢伟大真主的恩典，又赐给我以生命。我怎样才能对真主表达感激之情呢？

“为了不引起人们疑虑不安，我详细地记述了发生的一切。这虽然是一个用言语难以形容的可怕事件，但感谢真主，我又得重见了白日的光明。一切都平安无事地过去了。为了使你不致有任何惊恐与不安，我于赖比儿·尼勒·安外鲁月二十日礼拜二在察尔·巴格（花园）写下了这一切。”

在我们摆脱了对这些事的惊惧以后，我就写了以上的信送去

喀布尔。因那个不祥的老太婆,犯了如此的大罪,我就命令玉努斯·阿力与和卓吉·阿萨都拉去褫夺她的金钱、财物和男女奴隶,并将她交给阿不都拉希姆·沙噶瓦耳严加看管。老太婆的孙子,也即伊伯拉欣的儿子,过去被尊敬地加以监护,现在由于这个家族的成员干出了谋害我的罪行,所以,我认为将伊伯拉欣的儿子留在亚格拉是无益的,于是,就在赖比儿·尼勒·安外鲁月二十九日,礼拜四(即公元1527年1月3日),打发他同毛拉·萨尔桑一起去卡姆兰那里。毛拉·萨尔桑当时是从卡姆兰处来此办事的。 307b

前去征讨东面叛敌的胡马雍,在夺得军普尔后,即迅速前往加济布尔进攻纳西尔·汗·努汗尼。后者闻讯,即渡过恒河;胡马雍则当即从加济布尔往攻哈里德。那里的阿富汗人得知后,即渡过萨鲁河(Gogra)。胡马雍的部队洗劫哈里德而回。

胡马雍遵照我的决定,命沙·密尔·忽辛与速檀·朱乃德率领一支精锐部队留驻于军普尔,并命喀孜·吉雅也与这些人一起驻于该地,而命舍黑·巴牙即驻于奥德。把这些事情安排好以后,他就在卡拉赫·马尼格布尔附近渡过恒河,取道加尔比来我处。加拉耳·汗·吉格·哈特的儿子阿拉木·汗时在加尔比,他给我送来了消息,但他本人却没有来。胡马雍来到加尔比对面时,派人去阿拉木·汗那里,以打消他的恐慌,并把他带到亚格拉来。赖比儿·尼勒·阿赫鲁月三日,礼拜天(公元1527年1月6日),胡马雍来到哈什特·比希什特花园朝见我,以表其恭敬之情。同日,和卓·多斯特·哈完德也自喀布尔到来。

在那些日子里,马黑地·和卓那里开始派人一个接一个地前来报告如下的消息:"拉纳·桑伽确在前进。哈三·汗·米华提

据说也想同他会合。必须首先考虑这些人的问题。如果赶紧派一
308a 支援军去比安那,那这就将促使你成功。"

我们坚决进军,乃派遣一支军队由穆罕默德·速檀·米儿咱、玉努斯·阿力、沙·满速儿·巴鲁剌思、基塔·伯克、卡萨姆泰与布吉卡率领,轻骑先行去比安那。在同伊伯拉欣作战时,哈三·汗·米华提的儿子纳希尔·汗曾被我军俘获,并被拘为人质。因此,其父哈三·汗与我们来往交通,请求归还他的儿子。我的一些近臣认为,如果我把哈三·汗的儿子送回去,以促使哈三·汗倾向于我,那他就会变得对我们有好感,并将更好地为我们效力。所以,我们就给哈三·汗的儿子纳希尔·汗加上荣服,给了他各种承诺后打发他回到他父亲那里去。但是[哈三·汗]这个口是心非的小人在他的儿子获释以前一直无所动作。他刚一得知他的儿子被放回时,不等[纳希尔·汗]回到他的身边,就立即率兵从阿尔瓦尔出来,到(亚格拉地区的)托达(宾)同拉纳·桑伽会合。在这个时候释放哈三·汗的儿子,看来是判断错误。

那时经常下雨;我们经常举行酒会。胡马雍也出席这种酒会。他平常虽然避不喝酒,但在那几天中也喝了酒。

在那时发生的令人惊异的事情中有这么一件事:当胡马雍从
308b 哈剌札法儿(胜利之堡)前来与印度方面的军队会合时,毛拉·巴巴·帕夏噶里及其弟巴巴·沙黑(于回历九三二年穆哈兰月——公元1525年10月)在途中开小差,前去投奔(乌兹别克人)基廷·哈拉·速檀。巴里黑的戍军看来很弱,故巴里黑落到了基廷·哈拉·速檀的手中。巴巴·帕夏噶里这个极为愚蠢的卑鄙小人和他的弟弟把该地事务的重担揽在自己的肩上,并进入艾巴克、霍拉姆

与萨尔·巴格[①]境内。沙·伊思坎达尔在巴里黑投降以后,失去了勇气,遂将古里堡也交给乌兹别克人。毛拉·巴巴与巴巴·沙黑带领几个乌兹别克人进入古里堡。密尔·哈马,其城堡虽在附近,也无能为力,乃降于乌兹别克人。几天后,巴巴·沙黑与几个乌兹别克人进入密尔·哈马的城堡,打算将密尔·哈马与他的部属带出来,送往巴里黑。密尔·哈马让巴巴·沙黑住在自己的城堡里,其他的人则发给毡房让他们住在各处。他用刀砍伤巴巴·沙黑,给他和他带来的其他几个人加上脚镣手铐。以后,就派一急使驰往昆都士的天格里·伯尔地处。天格里·伯尔地派雅尔·阿利和阿不都拉提夫率领几名精卒去他那里。在他们到达前,毛拉·巴巴及其手下的乌兹别克人已到了密尔·哈马的城堡,并想进行交手战,但却不能有所作为。[密尔·哈马的士兵]同天格里·伯尔地的人会合,一起来到昆都士。巴巴·沙黑的伤很重;因此,他们将他斩首,密尔·哈马当即将其首级带来(亚格拉)。我
对密尔·哈马分外加恩眷顾,拔擢提升,胜于侪辈。在巴基·沙噶 309a
乌耳离开前往巴里黑时,我答应他,这些老恶棍中的每一个人的首级可换得一色尔[②]黄金的报酬。密尔·哈马因献巴巴·沙黑的首级得到一色尔的黄金。此外,均按此一承诺执行。

率领前锋部队前往比安那的卡萨姆泰当时也斩获首级带回。卡萨姆泰、布吉卡与另外几个勇士出发去打听消息时,击溃了两支异教徒的侦察部队,且俘虏了七、八十人。卡萨姆泰回来报告说,

① 这几个地方都在胡勒姆河流域的胡勒姆与卡赫马尔德之间。

② 色尔,见 f. 290。

哈三·汗·米华提确实已[同拉纳·桑伽]会合了。

(2月10日),[主马达·勒·巫拉]月八日,礼拜天,我去视察阿力·库利师傅制的大炮怎样发射炮弹。该炮的弹膛在铸造时看来没有毛病。炮的后部他后来也铸造成功了。发射是在晌礼时分。阿力·库利发射的炮弹飞出一千六百步之远。铸炮的工匠被赏赐有带的剑一把,荣服一袭,及良马一匹。

(2月11日),主马达·勒·巫拉月九日,礼拜一,我们出动去与异教徒作战,离开亚格拉城郊后,到平原上驻营。我们在那里停留了三、四天,以征集军队和准备装备。我因对印度人不很信
309b 任,就命令印度的将领们去各方面进攻:阿拉姆·汗(塔汗加尔)被派遣去瓜廖尔支援拉希姆·达德;马坎、哈斯木·森珀里、哈米德同其兄、弟们以及穆罕默德·宰通奉令迅速前往森珀尔。

有消息传到这个驻地说,拉纳·桑伽及其率领的军队已迅速前往比安那去了。所以,我方的侦察部队不能提供任何情报,甚至无法潜入(比安那)城堡。堡内戍军从中出来,进行鲁莽的远道出击。敌人对他们发起猛攻,将他们击溃。桑古尔·汗·江朱哈在那里阵亡殉难。在激战中,基塔·伯克,不戴盔甲,跃马向前,把一个异教徒打下马来。他正要把他抓获,但这个[印度教徒]却将基塔·伯克一个伴当的佩刀拔出,砍着了伯克的肩膀。基塔·伯克忍受了很大的痛苦,不能再参加对拉纳·桑伽的圣战。过了一些时候,他才感到好些,但却成了残废。卡萨姆泰、沙·满速儿·巴鲁剌思和所有从比安那来的那些人,不知道是由于害怕还是为了恐吓别人,都极力赞扬异教徒军队的机警和勇敢。

我们从这个驻营地派遣马厩官密尔·哈斯木带领掘土工人去

马达库尔地区,在那军队将要驻扎的地方挖很多水井。

(2月16日),主马达·勒·巫拉月十四日,礼拜六,我们从亚格拉附近出动,来到那挖了水井的地方驻营。次日,又拔营从那里 310a
出发。我想:"西克里才是该地区能给这么大的一个军营供水的唯一的地方。有可能,异教徒就驻扎在那里并掌握了水。"因此,我就将军队按战斗队列分为右翼、左翼和中军,朝西克里方面前进。德尔维希·穆罕默德·萨尔班与卡萨姆泰曾经去过比安那,又从那里返回,看到并了解那里的土地和水源,所以,我就派他们先行,去西克里湖畔寻找扎营的地方。在我们到达(马达库尔)驻营地并在那里安顿下来后,我就派急使去马黑地·和卓与比安那的驻军那里,命令他们立即前来与我会合,不得迟延。胡马雍的伴当伯克·米列克·蒙兀儿奉命带领几个勇士去打听关于异教徒的消息。他们于那天晚上出发,次日早晨传话回来说,敌军驻扎在距巴萨瓦尔①一库罗赫(2公里)的地方。同日,马黑地·和卓与穆罕默德·速檀·米儿咱率领驻在比安那的军队,经过急行军,前来与我会师。伯克们奉命轮流巡逻。当轮到阿卜杜耳·阿即思时,他既不瞻前又不顾后,直接前往位于距西克里五库罗赫(10公里)路程的坎瓦地方。已拔营前进的异教徒,听说我军如此纵马奔驰前进,就有五、六千人立即向我军冲来。阿卜杜耳·阿即思与毛
拉·阿帕克手下约有一千至一千五百人。我们的人没有考虑到敌 310b
军究竟有多少人,当即就进行交手战,损失许多人,只好退了下来。当这一消息传来时,我就立即派遣喀利法的儿子穆什布·阿力率

① 厄斯金说,巴萨瓦尔在比安那以西10—12英里处。

领他的伴当们去那里，毛拉·胡赛因与另外几个人奉命赶去支援他们。稍后，又派了穆罕默德·阿利·江·江前去支援。

在最先派去支援的穆什布·阿力的部队到达之前，敌人已将阿卜杜耳·阿即思赶走，夺去了他的旗帜，俘虏并杀害了毛拉·尼阿马特和毛拉·达伍德，以及毛拉·阿帕克之弟与另外几个战士。支援部队刚一到达，喀利法的舅父塔什尔·提不里就急驰向前，但没有来得及给予支援。该塔什尔被抓住。穆什布·阿力也在战斗中落马，但巴耳图从旁边赶到，将他救出。敌人对我们的人追击了一库罗赫(2公里)之远，但见远处出现穆罕默德·阿利·江·江的部队时，他们就停止追击了。

消息一个接一个地传来，说敌军距我越来越近。我们戴上盔甲，给马匹也披上铠甲，拿上武器，向前驰去。我还命令带了炮车。

我们奔驰了一库罗赫(2公里)，敌军却退去了。距我们不远处有一大湖；为能得到用水，我们就在这个地方扎营。我们用铁链子将炮车连起来，摆在前面。每两个炮车相距七、八卡里，铁链即
311a 从其间穿过。穆斯塔法·鲁米是仿照鲁木的样式来制造这些炮车的。他是一个心灵手巧的工艺师，做出来的炮车坚固适用。

因阿力·库利师傅嫉妒穆斯塔法·鲁米，我就将穆斯塔法安置在胡马雍前面的右翼。我派遣呼罗珊的和印度的挖掘工人带着铲子和十字镐到那炮车到不了的地方去挖掘战壕。

由于异教徒[拉纳·桑伽]如此迅速地到来，由于他在比安那战斗获胜，也由于沙·满速儿、卡萨姆泰和那些从比安那来的人的热烈赞扬，我军战士便表现出胆怯，而阿卜杜耳·阿即思的败北更使这点达于极点。为了振奋我军的精神，并从外表上加强营防，我

下令在那车子不经过的地方建立木三脚架似的东西,就是在七卡里或八卡里的距离内树立两个三脚架,而用生牛皮做的皮条将这些三脚架连接与固定起来。

这些装备和材料还没有完全安好,就已过了二十至二十五天。这时,速檀·忽辛·米儿咱的外孙哈斯木·忽辛·速檀(昔班族的乌兹别克人),赛伊德·玉素甫的亲属阿赫马·玉素甫(奥格拉克奇)、卡万姆·乌尔都·沙和另几个人,总共五百人,从喀布尔到来。居心不良的星占家穆罕默德·舍里夫也同他们一起来了。曾去喀布尔找酒的管家巴巴·多斯特,从加兹尼装了三个骆驼队的好酒送来,他也同这些人一起到达。 311b

那时候,由于不久前发生了上述事件,以及军中的那些流言蜚语,故笼罩着一片惊恐的情绪。穆罕默德·舍里夫这个居心不良的占星者,不能对我们讲一句有帮助的话,却逢人就说:“近日火星在西方,任何从这方面(东方)去打仗的人,都将失败。”谁去问他这个坏蛋呢?凡问过这个坏蛋的胆小者,都变得更为胆战心惊。我不听他那些胡说八道,绝不间断我们应做的事,反而积极备战,准备上阵。

(2月24日),(主马达·勒·巫拉月)二十二日,礼拜天,我派舍黑·贾马耳去米扬·杜阿卜和德里征集尽可能多的弓箭手,将其编成一支部队,去攻掠米华特的村庄,不要留下一点小事使敌人对那里产生忧虑。正在从喀布尔前来途中的毛拉·图尔克·阿利,奉命前去同舍黑·贾马耳会合,也要去抢掠和摧毁米华特,不得稍懈。给大臣法格富尔也下了同样的命令。他们去了,攻掠了米华特几个边区的荒凉小村庄,并抓到一些俘虏,但敌人并未因此而焦虑不安。

312a 主马达·勒·巫拉月二十三日(2月25日),礼拜一,我骑马出游。其间,我想起,以前自己经常心里惦念着要节欲,而我的不能容许的行为却使我的心灵永远玷污了灰尘。我说:“我的心灵呀!”

(波斯文:)在罪恶中你到何时才能找到美味呢?
节欲也不乏吸引力,请尝试一下吧!

(突厥文:)你为罪恶所玷污已有多久?
你的犯罪使你得到多少享受?
你纵情享受已为时多长?
你损害自己的健康达到了什么程度?

在你出发去进行圣战之时,
你不止一次地面对着死亡。
谁坚决去效死,你知道
在这种境地他将如何行动。

他将老远地不犯一切禁忌
戒绝一切罪恶
我洗涤过去的罪恶后
发誓不再喝酒。[①]

① 巴希尔只宣布戒酒,但仍吃麻饯。

凡是金、银制造的酒瓶饮器,一切宴会用的东西
我当即命令收集起来,
统统将其打碎
我既不再喝酒,心中也感到安逸。

这些被毁的金、银器皿的碎块,被分赐给了有身份的人物和德尔维希们。

头一个跟着我宣布戒酒的人是阿萨斯,他也已效法我蓄须。那天晚上和次日,约有三百名伯克和家臣、士兵和非战斗人员,都 312b
发誓不再喝酒。现有的酒都被倒掉,巴巴·多斯特运来的酒,我命在其中加盐,使其变为醋。在倒掉酒的地方挖一井。我决定用石头把这口井砌死,并在其旁边建一济贫院。回历九三五年穆哈兰月(公元1528年9月),在我去瓜廖尔游历和从托尔布尔返回西克里的途中,这一工程已经完成了。

我以前做过一个决定:如果我能战胜异教徒桑伽,就免对所有的穆斯林征收关税(tamgha)。在我戒酒时,德尔维希·穆罕默德·萨尔班和舍黑·宰因提醒我曾经做过的这一允诺。我说:"你们提醒我,很好。凡是在我统治的地方,穆斯林都免征关税。"

我把自己的文书们都召来,命他们书写一份记述这些大事的诏书。由舍黑·宰因撰写的诏令被写好并分送到我统治下的所有地区。该诏令原文如下:

巴布尔的戒酒诏

我们赞颂宽宏大量的人,他喜爱忏悔者,愿意倾听求援者的请求;我们感谢恩赐者,他把有罪的人引上正道并宽恕一切请求宽恕

的人;我们祝福真主的最好创造——穆罕默德,祝福他的家族及其圣洁的战友们!

智者的意见好比镜子,反映事物的形象和保存真理的珍珠,它
313a 无疑地接受那种思想闪光的映象,那就是:由于本质的需要,人性生来就好享乐,而只有依靠真主的支持和上天的帮助才能弃绝罪恶的嗜欲。人性近于向恶。的确,"人性是怂恿人作恶的"①只有宽宏仁恕的真主才能以其温和使人避免。"那是真主的恩典,他将它赏赐他所意欲者。真主是有宏恩的。"②

我讲这些话和引述这些经文的目的是,由于人的弱点,为适应君主和大人物们的习惯,我们所有的人,从国王到士兵,在其风华正茂的青年时代,都曾做过一些犯禁的事和耽于某种逸乐。此后几天,我们就深感懊悔。于是,那犯禁的事就一个一个地放弃了。由于真诚悔悟,以后便不再重犯。

戒酒是这些意图中最重要的目标和这类打算的最高境界,然这一打算却隐蔽在以下词句的幕后:"事情要在适当的时间来做,"只是到那个光荣的时候才得以实现,那时候我们穿上了圣战者的服装,并率领英雄的伊斯兰大军出发去同异教徒作战。这时,我接到秘密的启示,并听到发自上天的一个确定无疑的声音说:"难道信士们以为时间还未到,故他们的心不为真主的教诲和他所降示的真理而柔和吗?"③我们以充分的决心敲响悔过之门,以便从心底根除罪孽。神助的向导按如下的成语帮助了我们:"谁

① 《古兰经》,第一二章,第 53 节。马坚译本,第 181 页。
② 《古兰经》,第五七章,第 21 节。马坚译本,第 422 页。
③ 《古兰经》,第五七章,第 16 节。马坚译本,第 421 页。

一再敲门,门就会向他打开。”这话打开了成功之门,乃下令,除进 313b
行圣战之外,还要开始进行一场反对自己情欲的更大斗争。总之一句话,我真诚地宣布:“真主,我们克制自己的情欲”,而且,我在心中铭记:“我向你悔罪,我是首先信道的。[1]”我表示要戒酒的愿望,这愿望一直隐藏在我的胸中。

因胜利而兴高采烈的我的伴当们,遵照光辉的命令,为了信仰的光荣,将金、银制作的酒瓶、饮器和其他家具,统统抛掷在地,以为耻辱。这类酒瓶、饮器,装饰华美,其数量之多,如同天上之繁星。他们将它们摔成碎片,犹如伟大的真主愿意我们摔碎那些偶像崇拜者的神像,将这些碎片分给贫苦人等。经过这种令人高兴的悔改,我的许多近臣根据“人们信奉其国君所信奉的宗教”这一箴言,在同一个集会上,实行禁欲,并完全戒酒。直到现在,我的许多臣民时时刻刻都享受到这一伟大的幸福。我希望,按照如下的名言“促使人为善的人,与为善的人一样将得到好报,”对这些事情给予的奖赏,将使君王得到幸福的生活,而这种美满的幸福则会给他带来日益增长的胜利。

在实现这一打算并完成这一意愿之后,就给全国的臣民发布
一个通令:在真主保护的我国,人民皆得免于贫困与危难,故任何 314a
人皆不得纵酒,也不许造酒、卖酒、买酒和保存酒,也不许运出酒和运进酒。“不要接触它。”“这或许将使你成功。”为取得这些胜利而表感谢,为真主接受我们的真诚悔过而表感谢,这激起了主上的慷慨,引起了君主的宽宏,——这慷慨的海洋与宽宏的波浪,乃是

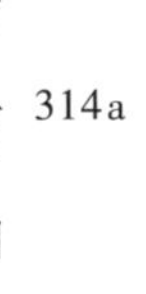

① 《古兰经》,第七章,第143节。马坚译本;第124页。

普天下幸福生活的源泉与亚当子孙的光荣。

尽管过去统治者们一贯征收关税，我们还是蠲免了一切地方穆斯林应缴的关税，因为它不是使徒（穆罕默德）的法令中规定应征收的。所以，我发布命令，无论在城市和乡村、道路、渡口，关隘和港口，皆不征税。不允许对这个法令的原则加以更改和变动。“既闻遗嘱之后，谁将遗嘱加以更改，谁负更改的罪过。”①

在主上的恩典下寻求安泰的所有的人，不管他们是突厥人、塔吉克人、阿拉伯人、非阿拉伯人、印度人还是波斯人，不管是农民或士兵、我们的职责义务，同作为亚当子孙的一切民族和部落的职责义务，都是一样的，那就是：以宗教的原则来加强他们自己，并为我们的亿万斯年永享不替的王朝祈祷。要永不背离这些法令所规定的义务。应遵照此诏令行事并实现之，当盖有上封印信的诏令下达时，应坚信不疑地接旨。

回历九三三年，主马达·勒·巫拉月二十四日（公元 1527 年
314b 2 月 26 日），奉万寿无疆的君主的最高命令书写。

在这些日子里，由于刚过去的那些事件，我们的人，无论大人物或小人物，正如前面讲过的，都被搞得惊恐不安。从未听到谁讲过勇敢壮胆的话。夸夸其谈的异密们与能吃掉自己的土地的大臣们，现在既不说话，也不敢行动。他们提不出任何建议，也提不出任何大胆的计划。在这次的进军中，（独有）喀利法表现很好。他巩固了政权与秩序，从未疏忽与懈怠。

我见人们这样灰心丧气，如此不坚强，最后就想出了一个计

① 《古兰经》，第二章，第 181 节。马坚译本，第 20 页。

划。我将所有的伯克和勇士们召来,对他们说:

“伯克们和勇士们!

(波斯文)所有来到这个世界的人都会死,
只有真主一人能够永生。

(突厥文)所有参加生活宴会的人
终归要饮下死亡的一杯
所有来到生命旅店的人
最终还是要离开这大地的苦难行营。

与其蒙受恶名而生,不如带着令名而死。

(波斯文)我如能得令名而死,——那很好
身躯已死,我应享此令名。

“至高无上的主让我们享有这样的幸福,使我们如此喜悦。
被杀——这是殉教,杀死敌人则是为了信仰的斗士。一切都是按 315a
照真主的话来实现的。我们应当发誓,在一息尚存之时,谁也不想放过敌人,离开战斗。”

伯克与伴当,无论老少,——所有在场的人都一齐手执《古兰经》起誓,按照这个意思作出承诺。计划是完好的;无论远近的朋友或敌人都看到和听到了它。

在那些日子里,到处都发生了混乱与不安。忽辛·汗·努汗尼前来夺取了拉普里;库特布·汗的人夺取了昌达瓦尔;一个名叫鲁斯塔木·汗的坏蛋在米扬·杜阿卜征集许多弓箭手夺取了戈埃尔,并俘虏了小阿利。札希德弃森珀尔而逃;速檀·穆罕默德·杜耳代自喀脑奇前来我处。瓜廖尔的异教徒围攻瓜廖尔城。被派去支援瓜廖尔的阿拉木·汗并未去该城,却到自己的领地去了。每天都有坏消息从各方面传来。一些印度人开始开小差;海巴特·汗·卡尔格·安达兹开小差到森珀尔去了,哈桑·汗·巴里瓦耳则去同异教徒会合了。我们顾不了他们,只盘算自己的事情。

在炮架、安了轮子的三脚架、炮和各种器械都准备就绪后,我们就将军队分为右翼、左翼和中军的战斗队列,于主马达·勒·阿
315b 赫赖月九日,礼拜二,即新年的纳乌鲁兹日拔营出发。炮车与轮动三脚架走在前面。阿力·库利师傅与所有步行的炮手奉令走在炮车的后面,以免掉队并能同队列并进。

在所有的队伍都按队列据有指定的地方后,我就迅速地从队伍中驰过,给右翼、左翼和中军的伯克、勇士和士兵们鼓劲打气,给每支部队指定驻扎的地方,并指示他们应如何行动。

我们按这样的队列走了约一库罗赫(2 公里),然后停下来。异教徒方面的人,得知我军临近,便也整顿队伍,朝我们开来。

在扎好营盘,安上炮架,挖好战壕之后,我们就将营地及其四周坚固地防守起来。我因不想在那天开战,就派几个勇士走到前头去与敌人扭斗,以试试运气。他们抓获了几个异教徒,斩之,以首级来见我;马利克·卡西木亦斩获数级而回,他在战斗中表现很好。由于这些,我军士气为之大振。人们的心境就变得完全不同了。

316a 次日,我们拔营进军,想进行战斗。但喀利法和几个好心的人却说:“预定驻营之地就在附近,不如先在那里挖上战壕并设防,然后再出击,较为合适。”于是,喀利法就亲自出马去安排挖战壕。他给挖掘工人指定了挖战壕的地方,派了监工,然后返回。”

主马达·勒·阿赫赖月十三日,礼拜六(公元 1527 年 3 月 17

日),我下令将车子(像以前那样)拉着前进,而将部队分为右手军、左手军和中军的战斗队形,走了约一库罗赫(2 公里)的路,然后在指定的地方停下来。已经搭了几顶毡房,另外几顶正在搭,就有消息传来说,有许多敌人出现,并已看得见了。我当即命令右手军的战士去右边,左手军的战士去左边,各就各位,摆好阵势,以战车进行防卫。关于伊斯兰军队的素质,异教军的人数,他们的队伍布列的位置,以及穆斯林同异教徒的战斗,等等情况,在以下由舍黑·宰因撰写的捷报中讲得很清楚,所以,现将这份捷报不加增删地全文抄引如下:

舍黑·宰因撰写的捷报

光荣归于真主,他信守诺言,帮助自己的奴仆,支持他的军队,使[敌人]成群地落荒而逃;只有[真主]一人,没有他就没有一切。
[真主呀,光荣归于您,]您是伊斯兰教的擎天柱,您支持忠实的朋 316b
友,摧毁偶像的基座,战胜反叛的敌人,把那些欺负人的家伙消灭干净。光荣归于真主,您是世界之主! 愿真主赐福于他创造的最好的人穆罕默德,穆圣是圣战者之主和信仰的斗士,还请赐福于他的家族和战友,他们指引正确的道路,直至报应之日!

全能真主的不断施恩,是对真主经常感激和赞颂的原因,而这种感激与赞颂反过来又导致真主施加新的恩德。每次加恩都受到感激,而每次感激之后,又会加恩。

感恩报答乃人的力量所不能及,甚至是强有力的人也无力实现此种义务。因受恩而要表示感激特别是这样的,在这个世界上没有比这更大的幸福,在来生来世也没有比这更大的快乐,而这一恩惠不是别的,它就是战胜最强大的异教徒和压倒最富强的异端派,这正如经文所说的:"这等人,是不信道的,是荒淫的。"[①]在明智的人看来,不可能有任何事情比这更为幸福的了。要感谢真主,因在这些美好的日子里,具有预见的统治者以其慈悲之心降赐无限的幸福,锡予伟大的礼物,这正是(巴布尔)从摇篮时到现在的基本企求,也是合理心境与健康理智的真正目的。赐福而不责难的人与不等请求就加恩的人,又用胜利的钥匙为我们的纳瓦卜(Nawab,指巴布尔)打开了恩惠的大门;他将雀跃欢呼的我军战士
317a 的光辉姓名写在光荣圣战者的名册上;伊斯兰的旗帜在我军得胜战士的支持下升到了最高顶峰。

这一幸福的实现和吉祥的出现,情况是这样的:当捍卫伊斯兰的军队,挥动着刀剑,以胜利与征服的光芒照亮了印度王国时(这在前述的捷报中已有记载),真主的一贯支持使我军胜利的旗帜在亚格拉、德里、军普尔、哈里德、比哈尔及其他地方高高升起,居住在那些地方的大多数部落,无论是异教徒,还是伊斯兰教徒,都来向我方将领表示归顺,并向我们幸运的纳瓦卜表示真诚的臣服。

至于在以前曾一再絮叨着要向纳瓦卜(指巴布尔)表示称臣的压迫者、不信宗教的拉纳·桑伽,现在却按如下的话行事:"他不肯,他自大,他原是不信道的。"[②]他像魔鬼(satan)一样,叛变造反,他征集了一支由该死的异端教徒组成的军队,率领一帮乌合之众,其中有些人颈上戴着该死的项圈(zinar[③]),另外的人则背后

① 《古兰经》,第八〇章,第42节。马坚译本,第466页。

② 《古兰经》第二章,第34节。马坚译本,第4页。

③ 在伊斯兰国家,异教徒必须佩戴的一种颜色特别的带子。

拖着灾难的背教布。这个该死的异教徒(桑伽)在印度的政权——“让主在报应日时抛弃他[1]”——达到了鼎盛的程度。

在我主权力的太阳在印度升起与巴布尔的光辉普照该地以 317b
前,在这次战争中执行[拉纳·桑伽]命令的高贵罗阇和王公们,以及那些以背教和在战争中服从他而闻名的统治者和将领们,都自以为强大,足以不再追随他,在任何战争中都不给他以援助,并拒绝同他一起出战。然而,这个广阔国家所有地位很高的苏丹,如德里苏丹、古杰拉特苏丹、曼杜苏丹及其他的苏丹,都过弱,如果没有其他异教统治者的帮助,都不能同这个邪恶成性的家伙相抗衡。他们尽力以一切方式讨好拉纳·桑伽并给他以帮助。异教的旗帜几乎飘扬到伊斯兰国家的二百个城市的上空。拉纳·桑伽破坏了清真寺和庙宇,俘虏了这些城镇和乡村的信教的妇女和儿童。这个罪恶的异教徒的力量实际上已达于极盛。如按印度的算法计算,一拉克赋入的地区可驻一百骑兵,一克洛尔赋入的地区可驻一万骑兵,那么,这个异教头子所属地方的赋入达十克洛尔,就能供应十万骑兵。

在那些日子里,过去谁也没有帮助过拉纳·桑伽打仗的一些著名异教徒,由于敌视伊斯兰军,这次也加入到他那倒霉的队伍中来了。这样,就有十个独立的统治者,像一股烟似的,都起而反叛。
他们好像是用链子把自己同那个邪恶的家伙(桑伽)连结在一起。318a
这十个异教徒,不像追随穆圣的那十个幸运者,举起了可悲的叛

① 《古兰经》,第六九章,第35节。马坚译本第44页作“故今日他在这里没有一个亲戚”。

旗，[正是]，"应当以痛苦的刑罚向他们报喜。"[1]他们有许多扈从和军队，他们还拥有广阔的领土。如，萨拉胡丁统治的地区出骑兵三万，巴加尔的拉瓦耳·乌代·辛格有骑兵一万二千，米华特的哈三·汗有骑兵一万二千，伊德尔的巴尔·马耳有骑兵四千，纳尔帕特·哈拉有骑兵七千，卡奇的有骑兵六千，达摩·德奥有骑兵四千[2]，苏丹·伊斯堪达尔的儿子马茂德·汗，虽然他既无土地，又无封邑，却由于人们寄望于他能成为军队统帅，遂征集到了一万骑兵。这样，按印度的算法，不能得救的人的总数就有二十万零一千之多(二拉克加一千)。

总之，这个异教徒，内心感到迷惘，表面带盲目性，他与其他命运黑暗注定要沉沦的异教徒联合，出动与伊斯兰教徒相对抗，并破坏人君(指穆罕默德，愿真主赐福于他！)的法律的基础。王师的圣战斗士，像主的判决一样，猛攻独眼龙达吉加耳，并给明达的人指出如下经文的真谛："当命运降临时，眼睛就会变瞎。"把《古兰经》中的下面这句话给他们看："凡为信仰而奋斗者，都只为自己
318b 而奋斗。"[3]"他们就执行必须服从的命令，为反对异教徒和伪善者而作战。"

(1527年3月17日)，回历九三三年主马达·勒·阿赫赖月十三日，礼拜六，即"主祝福你的礼拜六"这句经文祝愿的一天，伊斯兰军驻扎在比安那区所属的坎瓦村附近；其军营就在距敌人二

---

① 《古兰经》，第三章，第21节。马坚译本，第37页。

② 这些军队皆集结于坎瓦。

③ 《古兰经》，第二九章，第6节。马坚译本，第303页。

库罗赫(4公里)的一座山周围。

当伊斯兰军的呼喊声传到敌军那里时,该死的异教徒就布列阵势,依靠他们那些高大如山的恶魔似的大象,齐心地向前挺进,就好像历史上去推翻伊斯兰圣殿(克而白)的“象的主人[①]”曾依靠的那样。

因为有了这些大象,卑劣的印度人
就像“象的主人”那样趾高气扬。
但他们却像死亡之夜那样不祥而又讨厌,
他们比黑夜更黑,人数比繁星更多,
他们全都像火那样吞噬,像烟那样抬起头
满怀仇恨,升起在蔚蓝的天空。
他们像蚂蚁一样,从左、右到来,
成千上万,或骑兵,或步行。

他们向战无不胜的军队前进,意欲开战。

伊斯兰军的战士们——这些勇士之林中的树木——像一排一
排的松树一样列队向前;他们戴的头盔尖顶,像阳光那样闪耀,像 319a
圣战者的心那样升到顶峰。战士们的队列,——如同亚历山大的长城[②],呈铁的颜色;他们的队形,如先知的法律,笔直而坚不可

① 《古兰经》,第一〇五章,第1节。马坚译本,第483页:在穆罕默德出生的那一年,阿比西尼亚信奉基督教的国王阿卜拉哈率领他的军队和一些大象前去摧毁麦加的克而白。但在军队接近麦加时,大象却拒绝继续前进。这时有大群鸟从海岸飞来,每个鸟带了三个石头,打击阿卜拉哈的军队,将阿比西尼亚士兵大部分打死,其余的士兵被洪水冲走。阿比西尼亚大败,阿卜拉哈只身逃回萨那。

② 该长城长50英里,挡住里海铁门的狭窄山口。终止于里海西岸打耳班城之南。

摧；其坚固的程度，“好像坚实的墙壁一样。[1]”他们幸运地获得了胜利，正如真主所说的：“这等人，是遵守他们的主人的正道的；这等人，确是成功的。[2]”

在他们的队伍里没有胆怯者造成的缝隙
他们像真主和信仰那么坚决。
他们的旌旗掩蔽天空
“我确已赏赐你一种明显的胜利。”[3]

我们仿照鲁木的圣战者，在军队前面布置了一排以链条连结起来的战车，为谨慎起见，我们又沿着这排战车布置了弓箭手和炮手。总而言之，伊斯兰军是如此的严整和坚固，以致原始智慧和老天也要对如此布阵的人大加称赞。为了部署和组织这个阵势，国家的柱石尼札木丁·阿利·喀利法竭尽全力。他所有的安排都符合预料的情况，他所有的行为与措施，都引起主上的光辉评判与赞

319b 许。陛下驻跸之地是在中军；部署在中军右边地段的有：御弟真·帖木儿·速檀[4]、皇子速来曼·沙[5]、向导和卓·卡马鲁丁·多斯特·哈完德、国家柱石玉努斯·阿力、忠诚无贰的骨干贾拉鲁丁·沙·满速儿·巴鲁剌思、最亲信近臣尼札木丁·德尔维希·穆罕默德·萨尔班、忠诚的骨干、图书管理员失哈布丁·阿不都拉赫，

① 《古兰经》，第六一章，第 4 节。马坚译本，第 432 页。

② 《古兰经》，第二章，第 5 节。马坚译本，第 1—2 页。

③ 《古兰经》，第四八章，第 1 节。马坚译本，第 395 页。

④ 真·帖木儿·速檀为阿黑麻·汗之子、羽奴思汗之孙，实为巴布尔之表弟。

⑤ 速来曼·沙，其所以称为皇子，是因其父为速檀·阿利·米儿咱，其祖父为速檀·马合谋·米儿咱，曾祖父为速檀·卜撒因·米儿咱。巴布尔为卜撒因之孙。速来曼·沙当时 13 岁。

以及掌门官尼札木丁·多斯特。

在中军左边各就各位的有:哈里发国的盟友、主上宠爱并向其求助的速檀·布赫鲁耳·罗地之子阿老丁·阿拉姆·汗,高级神职人士、人民的庇护者舍黑·宰因·喀瓦非、贵族的支持者卡马鲁丁·穆什布·阿力、阿黑麻·(卡拉乌耳)之子已故库奇·伯克的 320a
兄弟尼札木丁·吐尔地·伯克;上述已故库奇·伯克之子希尔·阿夫干;贵族的支持者、伟大的汗阿赖什·汗;伟大的阁臣和卓·卡马鲁丁·胡赛因,以及许多著名的宫廷成员。

部署在右翼是我最宠爱的儿子、幸福之友、强者、以伟大真主的仁慈眼光待人、强权星座中的巨星、哈里发国和帝国上空的太阳、奴隶和自由人交口赞誉的人穆罕默德·胡马雍·巴哈杜尔。安排在他右手边的将领有:哈斯木·忽辛·速檀、尼札木丁·阿赫马·玉素甫·奥格拉克奇、忠诚为国的贾拉鲁丁·印都伯克·库钦、贾拉鲁丁·胡思老·库克耳达什、卡瓦姆·伯克·乌尔都·沙、司库瓦力·哈拉·库兹、锡斯坦人尼札木丁·皮尔·库利、大臣中的柱石巴达赫尚人帕赫勒万(斗士)和卓·卡马拉丁、尼札木丁·阿布达什·沙库尔、伊剌克使者苏来满·阿卡、锡斯坦使者胡
赛音·阿卡。在前述幸福皇子左手边的将领有:出身圣裔的赛伊 320b
德·密尔·哈马、国家柱石、完全忠诚的舍木苏丁·穆罕默地·库克耳达什与尼札木丁·和卓吉·阿萨德(或写作阿萨都拉)·江达尔。

在右翼的印度诸异密有:国家柱石迪拉瓦尔·汗、贵族的支持。者马利克·达德·卡拉拉尼、舍黑·古兰,他们各站在指定的位置。

部署在伊斯兰军左翼的将领有:高级贵族、塔哈与雅辛[1]氏族的骄傲、圣裔赛伊德·马黑地·和卓,及其强有力的珍贵兄弟、陛下宠爱的穆罕默德·速檀·米儿咱[2]、皇族后裔马赫地·速檀之子阿迪耳·速檀[3]、国家柱石、完全忠诚的马厩官阿卜杜耳·阿即思、国家柱石舍木苏丁·穆罕默德·阿利·江·江、皇家支柱、忠心不贰的(斥候)贾拉鲁丁·库特鲁克·卡达姆、军需官贾拉鲁丁·沙·忽辛、蒙兀儿·甘奇、尼札木丁·江·穆罕默德·伯克·阿塔卡。指派到这方面的印度异密有:苏丹们的后裔卡马耳·汗
321a 与贾马耳·汗,他们是上述苏丹·阿老丁的儿子,还有贵族的支持者阿利·汗·舍黑札答·法尔穆勒,以及比安那的尼札木·汗。

为了进行迂回包抄,在右翼指派了:忠诚可靠的塔尔迪卡与巴巴·喀什卡的兄弟马利克·卡西木,率领一支蒙兀儿部队;两位最信任可靠的首领穆明·阿塔卡与鲁斯坦姆·土库曼则率领主上的亲卫部队。

忠贞不贰的亲信内臣尼札木丁·速檀、穆罕默德·巴赫什,在将伊斯兰军的高贵战士部署在指定的地方和岗位上后,就亲自前来接受我的命令。他分遣副官(tawachi)和信使(yasawal)到各方面去向各大速檀与异密通报关于部队集结与部署的诏令。在军队将帅们各就各位时,又发布了一个诏令,令:“在没有得到命令时谁也不得离开岗位;不经允许,谁也不得擅自开战。”

在上述那天过了一更的时间后,相对的两军互相接近,即开始

---

① 塔哈,《古兰经》第二十章的标题;雅辛,《古兰经》第三十六章的标题。

② 此人亦帖木儿后裔拜哈拉家族子孙。

③ 乌兹别克人。

战斗。两军的中军互相对峙,就如同光明对着黑暗。右翼和左翼的战斗很激烈,使大地为之震撼,呐喊之声响彻云霄。该死的异教 321b
军左翼冲向幸运的伊斯兰军右翼。他们对胡思老·库克耳达什和巴巴·喀什卡的兄弟马利克·卡西木发起攻击。我最亲爱的兄弟真·帖木儿·速檀奉命前去支援他们,并勇敢地开始了战斗;他压异教军后退,几乎退到异教军中军的后面。为此,我的兄弟获奖。当代奇人穆斯塔法·鲁米在(右翼的)中央,那方面的统帅是我的正直而幸运的爱子、伟大造物主眷顾的,也即号令一切的万能君主(巴布尔)特别关怀的穆罕默德·胡马雍·巴哈杜尔。穆斯塔法·鲁米将炮车(arabaha)开出,以火枪与大炮击溃了异教军的队伍。那火炮的硝烟就像异教徒的心那么黑。在战斗激烈进行当中,我最亲爱的兄弟哈斯木·忽辛·速檀、尼札木丁·阿赫马·玉素甫和卡万·伯克,奉令赶去援助。因一股一股的异教部队一直不断地相继前来援助自己的人,所以,我们也就派贾拉鲁丁·印都伯克,随后又派穆罕默地·库克耳达什与和卓吉·阿萨都拉·江达尔,以 322a
后又派国家柱石、宫廷亲信卡马鲁丁·玉努斯·阿力、贾拉鲁丁·沙·满速儿·巴鲁剌思和图书管理员阿不都拉赫前去支援。随后,派去支援的还有掌门官多斯特与司阍官穆罕默德·哈里勒。

异教军的右翼对伊斯兰军的左翼进行了多次反复拼死的进攻,猛烈地扑向圣战战士,但每次都被击退,他们中的一些人或被胜利的箭射死,进入地狱。“他们将进入火狱,那归宿真糟糕。”①另一些人则被打退了。亲信贵族穆明·阿塔卡和鲁斯坦姆·土库

① 《古兰经》,第一四章,第29节。马坚译本,第194页。

曼随即急速冲到异教军队的后面——倒霉的异教徒的收容所；为援助他，我又派遣尼札木丁·阿利·喀利法的伴当，由忠诚的和卓·马赫穆和阿力·阿塔卡率领前往。高贵的兄弟穆罕默德·速檀·米儿咱、贵族的代表阿迪耳·速檀、马厩官穆伊祖丁·阿卜杜耳·阿即思、贾拉鲁丁·库特鲁克·卡达姆·卡拉乌耳、舍木苏丁·穆罕默德·阿利·江·江，以及沙·忽辛·雅拉格与蒙兀儿·甘奇，迈出坚定的步骤，开始战斗；最高大臣和卓·卡马鲁
322b 丁·胡赛因率领一支内阁的部队奉命前去支援他们。

所有的圣战士兵都以极大的热情，急切投入战斗，令人想起《古兰经》中如下的一段话："你们说，除了那两种善行——胜利与殉教——中的一种外，你们是否期待任何别的后果降临到我们头上？"他们表现出献身精神，举起了牺牲的旗帜。

皇上的亲卫军，全是青年的英雄，他们像锁着的雄狮一样，站在炮车的后面。当战斗持续进行很久时，我即发布一纸诏书，令这支亲卫军从中军的右翼和左翼出动，并将中央的地方让给射手，从两方面同时加入战斗。在曙光升到地平线以上时，他们就从炮车的后面冲出，让那倒霉的异教徒的红霞般的鲜血大量流淌在宽如天空的战地上。这些反叛者的头颅纷纷被砍落，就好像是星星从天空陨落下来。当代奇才阿力·库利师傅率其随从站在中军的前面。他完成了英勇的事迹，发射了大量巨石；如将这种巨型炮石中的一颗拿来过秤，那他就要得奖。这在经文中曾讲到："至于善功的分量较重者，将在满意的生活中。"[①]这样的炮石，如果向一座高

① 《古兰经》，第一〇一章，第7节。马坚译本，第481页。

大的山发射,那这座山就会轰隆一声,“似疏松的采绒[①]”一样倒塌。他用这种炮石轰击用铁皮包起来的异教徒的城堡;他用石头和枪子炮弹击毁了许多异教徒的建筑群。

主上所在的中军的射击手们奉令进入战斗阵地。他们每人都 323a
射死许多异教徒;步兵进入最危险的地方,使自己在勇猛的英雄当中显身扬名。在这个时候,可汗陛下下达命令,令中军的炮车前进,主上(即巴布尔)的精兵乃朝异教军队挺进,其右为幸运与成功,其左为胜利与征服。一见这种情形,各部队就从四面八方跟了上来;军队的海洋,波涛汹涌,奔腾向前;这海洋中的鳄鱼,表现极为英勇。昏暗的尘土,聚为烟云,像乌云一样,布于整个战地的上空。但见刀光剑影闪烁,太阳竟似镜子的反面,为之失色。攻击者和被攻击者,胜者和败者,混战在一起,让人分辨不清。时代的魔术家,造出这么一个夜晚,那时除箭以外没有别的行星,除骑兵马蹄下的火星外没有别的固定星座。

在战斗的那天,血液降到鱼,而尘土扬升到月亮 323b

经过这广阔平原上的马蹄声,大地增为六层,而天空则增为八层。[②]

热忱的圣战者们在战斗中正奋不顾身地英勇杀敌时,听到一个隐秘的声音在对他们说:“你们不要灰心,不要忧愁,你们必占优势,如果你们是信道的人。”[③]又有真确的报信者传给他一个毫

① 《古兰经》第一〇一章,第7节,第481页。

② 此诗出自费多西著长篇史诗《列王纪》。诗中提到的鱼,是伊斯兰传说中支撑大地的那个鱼。伊斯兰天文学又谓大地有五层,天空为七层。经过这场战斗,大地增为六层,天空增为八层,各增一层。

③ 《古兰经》,第三章,第139节。马坚译本,第49页。

无疑问的好消息："从真主降下的援助，和临近的胜利。你向信士们报喜吧！"[①]于是，他们就以这么高的热情开始战斗，以致博得神圣会议诸圣人对他们的赞扬，而真主身边的天使，则像螟虫一样在他们的头顶上盘旋飞翔。

在晨礼与晌礼之间的时间里，战斗的火焰燃烧得如此炽烈，以至于火苗把旗帜送上了天。伊斯兰军的右翼和左翼，迫使那该死的异教军的左翼和右翼退到他们的中军，把他们赶到一个地方。在光荣的圣战战士获胜的征象与伊斯兰旗帜的高升开始变得明显时，那些该死的异教徒和不信教的恶人们陷于一片慌乱之中，不知所措。最后，他们舍死忘生地向我中军的右翼和左翼冲来。他们对我左翼的攻击是比较猛烈的，他们一直冲到我们近前，我军勇敢的战士们见自己前面有上天送来的赏赐，就放箭射中了每个敌人的胸部，并射死了他们。这就是他们的命运。这时，胜利与幸运之

324a 风吹遍了我们幸福的纳瓦卜（Nawab）的草地，并送来了好消息："我确已赏赐你一种明显的胜利。"[②]胜利，这个漂亮的美女（shahid），她那能使世界增光的容貌，现已由如下的话语梳妆打扮起来："真主将给你一种有力的援助。"[③]这使以前曾隐蔽在帘幕后面的幸福展现在我们面前，并使之成为现实。信奉伪教的印度人，知道自己处境危险，就像"疏松的采绒"[④]临风吹散了，又像散开的螟虫飞了开去。许多被杀的人卧尸于战场之上，另外许多感到失望

① 《古兰经》，第六一章，第 13 节。马坚译本，第 433 页。

② 《古兰经》，第四八章，第 1 节。马坚译本，第 395 页。

③ 《古兰经》，第四八章，第 3 节。马坚译本，第 395 页。

④ 《古兰经》，第一〇一章，第 5 节。马坚译本，第 481 页。

而停止战斗的敌人则逃亡到沙漠中流亡，成为大乌鸦和鸢类的食品。被杀者的尸体堆成山丘，他们的头颅被堆成塔柱。哈三·汗·米华提是死于枪击者中的一个；那些鲁莽的部落首领大部分也被箭射与枪打毙命。其中有栋格尔布尔地区的统治者、拥有一万二千骑兵的拉瓦耳·乌代·辛格·巴加里，有率领四千骑兵的拉伊·昌德拉班·楚汗，有前述萨拉胡丁的儿子布帕特·劳，他是金代里地区的统治者，拥有六千骑兵；有马尼克·昌德·楚汗和迪耳帕特·劳，二人各有四千骑兵；有甘古、卡尔姆·辛格和丹库西，各有三千骑兵；还有许多其他的印度人，他们各人都是军队的指挥官和全由显赫的大人物组成的部队的首领。他们统统走上了进入地狱 324b
的道路，从这个魔鬼的住处转往永灭的深渊。从战地出来的路上，就好像地狱一样，到处散布着受伤的人，在地上死去。在沟壑里，充满了异教徒的尸体，他们已将他们的灵魂献给了阎王。伊斯兰军队的人，不管走到哪里，都能见到被杀死的人，想见多少有多少。在光荣的军营随在逃跑者之后前进时，都由于被杀死的敌人尸横遍地，路为之塞。

所有的印度人都在屈辱中被杀
他们是像“象的主人[①]”那样被枪石打死的
他们的尸体堆积如山展现在眼前，
每个尸堆下都血流成溪，
由于害怕我光荣军队的箭射
他们向荒漠和山地逃窜。

① 《古兰经》，第一〇五章，第1节。马坚译本，第483页。见f. 318b注。

他们转身逃跑,真主的命令乃是前定的命运。让我们赞颂无所不闻、无所不晓的真主;除了伟大睿智的真主的支持外,更无任何支持!见于记载的时间是回历九三三年主马达·勒·阿赫赖月二十五日(即公元1527年3月29日)①

* * *

在这一胜仗之后,我就开始在尊号之前写上噶兹(圣战中的胜利者)这个称号。在捷报上的称号下面,我写了下面这首四行诗(柔巴依):

为了伊斯兰教我流离颠踬,
同异教的印度人疆场对峙
325a 我决心以身殉教
感谢真主,我却成了一个噶兹。

舍黑·宰因从以下的纪年文"Fath-i-padshah-i-islam"(意为"伊斯兰君主的胜利")了解到这一胜仗发生的时间;他将其写进柔巴依中,并将其送给我。在来自喀布尔的人中,有一个名叫密尔·格苏,他也在这句纪年文中发现了这个年代,也写了一首柔巴依寄给我。在密尔·格苏和舍黑·宰因写的柔巴依中,引用了同样一句话来赞美他们的发现,这是一种巧合。

另一次,在征服迪巴耳普尔时,舍黑·宰因在"Wasat-i-shahr Rabi'u'l-awwal"(赖比儿·尼勒·安外鲁月月中)这句纪年文中发现了那次胜仗的年代。密尔·格苏也在同一句纪年文中发现了其年代。

① 坎瓦战役实际发生于主马达·勒·阿赫赖月十三日(即3月16日)。

敌人被打败后，我们又追杀之。异教徒的驻防地距我军营地约有二库罗赫（4 公里）远。在到达敌营后，我即派穆罕默地、阿卜杜耳·阿即思、阿利·汗与另外几个人去追异教徒（拉纳·桑伽）。当时有点疏忽了；我本应亲自去追的，而不应将此事交给不可靠的人去办。

我在走过敌人营地一库罗赫（2 公里）后，又转回来，因为当时已太晚了。我于宵礼时才回到营地。星象家穆罕默德·舍里夫——不管他曾对我说了多么不吉利的话，——这时却立即前来向我祝贺。我大发脾气，把他痛骂了一顿。此人虽好说假话，常作不祥的预言，又刚愎自用，令人厌恶，但考虑到他在我手下效力久，所以，我便给他赐钱十万，让其离去，并要他不得再留在我的领地 325b
之内。

（3 月 17 日），次日（主马达·勒·阿赫赖月十四日），我们仍留在原驻营地。时伊来亚思·汗（即鲁斯塔木）在米扬·杜阿卜地方叛乱，夺取了戈埃尔并俘虏了小阿利。我派穆罕默德·阿利·江·江、舍黑·古兰与阿卜杜耳·马利克率领一支大军去讨伐他。在我们的人到达时，伊来亚思所部竟不能为战，向四方散去了。其后数日，我来到亚格拉。伊来亚思·汗被抓到，我下令活剥其皮。

我下令在营地前进行战争的小山丘上，用异教徒的头颅堆成一个塔。

（3 月 20 日），从该地出发前行，经过两站，我们（于主马达·勒·阿赫赖月十七日，礼拜天）到达比安那。一路上，直到比安那本地，以至到阿尔瓦尔与米华特，到处都是无数异教徒和背教者的尸体。

我去视察比安那。在返回营地时,我把突厥族的异密和印度异密召来商议向异教徒拉纳·桑伽的领地进军的问题。由于沿路缺水,而天气又异常炎热,故放弃了进军的打算。

米华特地区距德里不远;其地赋入达三、四克洛尔。

哈三·汗·米华提和其祖先先后相继地专断统治其地一、二百年;看来,他们并不完全听命于德里诸苏丹。印度的苏丹们,由
326a 于自己的领土广阔,或由于没有适当的时机,或由于米华特地区多山,故未转向米华特以最后征服其地,所以,米华特的居民对他们仅仅表示不完全的服从。

在征服印度后,我们按照过去苏丹们的惯例,也厚待哈三·汗。但这个忘恩负义的邪教徒,也像异教分子一样,并不知感恩,不想对我的关怀照顾表示谢意,反而像前面已讲过的那样,成为一切阴谋的祸首和一切罪恶的主犯。

在我们放弃了进攻异教徒(拉纳·桑伽)的计划后,就前去征伐米华特。我们在路上停了四个夜晚,然后在距阿尔瓦尔堡六库罗赫(12公里)的马纳斯尼河畔扎营,该处乃米华特君主的驻地。哈三·汗的祖先在他以前是驻在蒂贾拉。在我进入印度的那一年,打败了比哈尔·汗,夺取了拉合尔与迪巴耳普尔(时在回历九三〇年,即公元1524年),哈三·汗害怕我,乃未雨绸缪,开始建筑这个城堡(阿尔瓦尔堡)。哈三·汗有一个信赖的人,名叫卡尔姆·昌德,当哈三·汗的儿子(纳希尔)在亚格拉时,也来到那里。
326b 他离开纳希尔返回后,又从阿尔瓦尔来向我求和。我让阿不都拉希姆·沙噶瓦耳同他一起去阿尔瓦尔,并带去加恩的诏书。卡尔

姆·昌德前往亚格拉,返回时把哈三·汗的儿子纳希尔·汗带了来。我又对他加恩,赐给他有几拉克赋入的采邑。

考虑到胡思老在战争中立了功,我赐给他一块有五十拉克赋入的采邑作为他的供养,并让他管治阿尔瓦尔。但不幸的是,他装腔作势,不接受阿尔瓦尔。后来才搞清楚,是真·帖木儿·速檀立了这个功劳。我就将米华特的首府蒂贾拉城作为礼物赐给了这位速檀,并赏给他五十拉克的生活津贴。在同拉纳·桑伽的战争中,塔尔迪卡是在中军的右边,进行迂回包抄,比其他人表现得更好;所以我将阿尔瓦尔城堡及十五拉克的金钱赏赐给他。阿尔瓦尔的库存宝藏及对该城堡所有居民的统治权则给予了胡马雍。

(4月13日),赖哲卜月一日,礼拜三,我们从该驻地拔营前进,到达距阿尔瓦尔二库罗赫(4公里)以内的地方。我去视察阿尔瓦尔城堡,在那里过了一夜,于次日早晨返回营地。

前面已经提到,在对拉纳·桑伽的圣战开始之前,所有大、小
人物都曾宣誓效忠;其中还曾谈到,战争胜利之后,不会阻碍人们 327a
离去,任何想去亚格拉的人都会获得允许。胡马雍部下的大部分人都是来自巴达赫尚或(兴都库什山)那一边的其他地方;他们以前从未随军出征过甚至一个月或两个月。战前,他们曾丧失决心,所以我对他们作了这样的允诺。加之,喀布尔完全空虚,故决定打发胡马雍去喀布尔。

(4月21日),在对此进行了商量之后,我们便于赖哲卜月九日,礼拜四,从阿尔瓦尔出发,走了四、五库罗赫(8—10公里),到马纳斯尼河岸驻营。

马黑地·和卓也很恐慌,故让他前往喀布尔。(他曾担任的)

在比安那征收军饷的职务，转给了掌门官多斯特。以前我曾任命马黑地·和卓管治埃达瓦。在库特布·汗抛弃埃达瓦逃走时，我就派马黑地·和卓之子贾法尔·和卓去埃达瓦取代其父的职务。

由于胡马雍的离去，我们就在这个驻地待了两、三天。我从该地派遣穆明·阿利·塔瓦奇去喀布尔送捷报。

我曾听到人们赞美菲罗兹布尔的泉水和库提拉的大湖。为了给胡马雍送行和参观这些地方，我在礼拜天（赖哲卜月十二
327b 日——4月14日）离开营地出发前往。是日，我参观了菲罗兹布尔及其泉水，并在那里吃了麻饯。在泉水发源的山谷里，夹竹桃正鲜花盛开。这地方并非不美，但对其地的夸赞却有些言过其实。我下令在小河涨水变宽的所有地方用切割的石头砌一十平方卡里大的蓄水池。

这天我们就在那个山谷里过夜，次日早晨骑马前去参观库提拉湖。湖四周皆山；据说，马纳斯尼河即注入该湖。湖很大，从其一边的岸上看不清另一边的岸。

湖中央有一高地，其四边停了许多小船；据说，附近村庄的居民在动乱时便躲入这些小船中以避难。在我们来到那里时，有些人也上船划到湖中去了。

参观了这个湖后，我们于返回途中，在胡马雍营地停留。我们在那里休息、吃饭，给他和他手下的伯克们赏赐荣服，然后于宵礼时向胡马雍告别，继续前行。路上，我们在一个地方睡了一会儿，再前进。天亮时，我们经过库赫里（Khari）地区，又睡了一会儿，然后才回到我们在托达的营地。

328a 我们离开托达，到孙卡尔驻营。我曾将哈三·汗·米华提的

儿子纳希尔·汗交给阿不都拉希姆·沙噶瓦耳看管。这时纳希尔从看管下逃走了。我们从该地继续前进,在路上停了一夜,然后来到布萨瓦尔与焦萨之间一座山山嘴的一处泉水边停留。我下令在该处搭起毡房,并吃了麻饯。在我军经过这个泉水时,塔尔地·伯克·喀克萨尔对其赞不绝口;我们是骑马来到这个泉水处的。这泉水看来真好。在几乎没有活水的印度,人们总是亲自去寻找泉水。那里的少数泉水,从地里一滴一滴地冒出,而不像我们故乡(指兴都库什山以北)的泉水那样是喷出来的。这处泉水的水只够带动半台水磨。它是从山坡上冒出来的。

泉水周围尽是草地;我很喜欢这个地方。我下令在泉水的上边用切割成的石块建造一个八角形的蓄水池。

当我们坐在这个泉水边吃麻饯时,塔尔地·伯克一直自豪地反复说:“我既赞美这个地方,就需要给它取个名字。”阿不都拉赫说:“应称之为‘塔尔地·伯克赞美的皇泉’。”他这话引起了大笑和欢腾。

掌门官多斯特从比安那来到这个泉水处,向我奉朝请。 328b

离开这个地方后,我再次视察了比安那,并前往西克里,在那里待了两天。我住在以前下令建造的一个花园里,督促对该花园[进行装饰];于赖哲卜月二十三日,礼拜四(4月25日)早晨到达亚格拉。

前已谈及,在最近的动乱时期,敌人占据了昌达瓦尔和拉普里。我就派了穆罕默德·阿利·江·江、库奇·伯克的兄弟吐尔地·伯克、阿卜杜耳·马利克·库尔奇、哈珊·汗及其所属的达里亚·汗人前去进攻昌达瓦尔与拉普里。当他们接近昌达瓦尔时,驻在该城的库特布·汗的人闻信出城而逃。穆罕默德·阿利·江·江及其部下占领了昌达瓦尔,又继续向拉普里前进。忽辛·汗·努汗尼的人出来,到城门的关卡处,意欲一战,但我军刚一临近并发起攻击时,他们就不敌而逃。忽辛·汗本人和少数战士共骑一象过朱木那河,竟在该河中被淹死。库特布·汗闻知此事后,即放弃埃达瓦,也率领自己的几个扈从逃跑了。因我曾预定把埃达瓦给予马黑地·和卓,所以就派他的儿子贾法尔·和卓去那里代其父行使职权。①

前已提到,在进攻异教徒拉纳·桑伽时,许多印度人和阿富汗人曾与我为敌;他们都抢夺土地和封地。穆罕默德·杜耳代,弃喀
329a 脑奇前来我处,他或因恐惧或为了保全自己的面子,不同意再回喀脑奇去,所以,就用有三十拉克赋入的喀脑奇交换只有十五拉克收入的锡尔欣。于是,我就将喀脑奇给了穆罕默德·速檀·米儿咱,确定该地的赋税为三十拉克。巴达云则赐给了哈斯本·忽辛·速檀,命他去同穆罕默德·速檀·米儿咱会合。其他几个突厥族的异密,如巴巴·喀什卡的兄弟马利克·卡西木及他的兄、弟和部下的蒙兀儿人,使矛者阿布耳·穆罕默德、穆艾雅德和他的父亲、忽辛·汗及其属下的达里雅汗人、速檀·穆罕默德·杜耳代的伴当,以及某些印度异密如阿利·汗·法尔穆勒、马利克·达德·卡拉拉尼、舍黑·巴喀里的儿子舍黑·穆罕默德,和塔塔尔·汗·汗·伊·哲汗,也奉令去同穆罕默德·速檀·米儿咱会师并去进攻比

① 此事已在 f. 327 提及。

班。因比班在异教徒拉纳·桑伽叛乱时曾围攻并夺占鲁克努尔[①]。在他们的军队渡过恒河时,比班闻讯,即弃其辎重而逃。我军追之至海拉巴德,在那里停留了几天,然后返回。

我已将库藏分配完毕,至于土地和封邑,则因处理异教徒拉纳·桑伽的事务,而妨碍了我进行分配。在结束对异教徒的战争之后,我们开始分配土地和采邑。但因雨季临近,故决定所有的人 329b
都应前往自己的领地,并准备好装备,一待雨季过去后,就到我这里来。

这时,有消息传来,说胡马雍已去了德里,在那里打开几个国库的库房,并非法占有之。我从未料到胡马雍会干出这样的事,所以心中极为难过。我写信给胡马雍,对他进行了严厉的训斥。

舍尔邦月十五日(5月17日),礼拜四,我又派和卓吉·阿萨德带着相当的礼品同苏来满·土库曼一起,出使于波斯王塔玛斯普。和卓吉·阿萨德曾经出使过伊剌克,他是同苏来满一起从那里回来的。

我曾强令塔尔地·伯克·喀克萨尔放弃德尔维希的生活并从军,他遂在我手下服役好些年。后来,他又想过德尔维希的生活,便请求我放他走。我允许他去职,遂派他去卡姆兰那里[②],并从国库提取三拉克给他送去。

我曾写了一首小诗来描写那些在去年离我而去的人的情况。我现在将其寄给毛拉·阿利·汗,并请塔尔地·伯克转交。这首

① 兰布尔地方的沙哈巴德旧名鲁克努尔。

② 卡姆兰在坎大哈。

330a 小诗是这么写的：

你们，离开印度国的人们！
你们在那里吃了苦，磨难受尽。
你们怀念那喀布尔的空气清新，
故迅速离开印度前往故郡
在那里找到追求的快乐与欢欣，
还有安逸、愉悦和温馨。
至于我们，要感谢真主，仍然活在凡尘，
不过痛苦与磨难交侵
心灵上的快慰与肉体上的辛苦并存
这你们知道，我们也明白在心。

这一年的斋月（赖买丹月），我们是在哈什特·比希什特花园（意为八重天堂的花园）中度过的，在那里进行了沐浴和规定的礼拜。自我十一岁以来，我从未在一个地方连续过两个斋月节。去年的斋月我是在亚格拉过的。今年，为了不违反成习，我们于月末礼拜天去西克里过节。西克里的胜利花园西北建了一个石砌的讲台，我的毡房就搭在这个讲台上，并在其中过节。

在我离开亚格拉的那天晚上，我派了密尔·阿利·库尔奇去特达（Tatta）沙·哈三那里。沙·哈三很喜欢玩纸牌；他请求送纸牌给他，故我送了去。

（8 月 3 日），助勒·盖儿德月五日，礼拜天，我咽喉患病，一直病了十七天。

（8 月 24 日），同月二十四日，礼拜五，我们去托尔布尔游历。
330b 那天我们在半路上的一个地方过夜，次日早晨到达苏丹·伊斯堪达尔的水坝,就在那里停下。在水坝下面山脉的尽头,有一巨大的红色岩石,是做建筑用的。我命石匠师傅沙·穆罕默德将其运来,并下令,如果可能,就将这整块石头凿成一个房子,但如果石头高度不够,不能凿成住房(imarat),那就将其凿平,做成一个石头的水池。

我们从托尔布尔前往巴里;次日晨(8月26日),我们视察巴里后返回。在托尔布尔与巴里之间的山中,我们见到乌木树;其果实称为廷杜(tindu)。据说,也有白色的乌木树,这些山中的乌木树多数都是白色的。

我离开巴里前往西克里,于同月二十九日,礼拜三(8月28日),抵达亚格拉。

在这些日子里,人们传说着关于舍黑·巴牙即的令人不安的消息。我就派速檀·阿力·土尔克去他那里,给他二十天的期限(前来我处朝见)。

(8月28日),助勒·希哲月二日,礼拜五,我开始读《古兰经》中的诗,应重复读四十一次。在这些日子里,我把自己写的如下诗句分为五百零四个韵节:

我会说出她的眼睛与眉毛,或她的激情与言谈吗?

我会说出她的个头与脸蛋,或她的头发与腰身吗?

为此,我撰写了一篇[特别的]论文。

是日(即助勒·希哲月二日),我再患病,病了九天。 331a

(9月24日),助勒·希哲月二十九日,礼拜四,我们出去游历戈埃尔与森珀尔。

回历九三四年（公元1527年9月27日至公元1528年9月15日）的事件

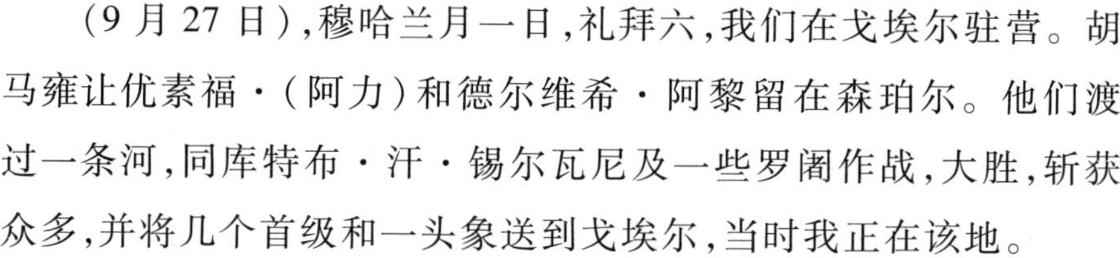

（9月27日），穆哈兰月一日，礼拜六，我们在戈埃尔驻营。胡马雍让优素福·（阿力）和德尔维希·阿黎留在森珀尔。他们渡过一条河，同库特布·汗·锡尔瓦尼及一些罗阇作战，大胜，斩获众多，并将几个首级和一头象送到戈埃尔，当时我正在该地。

我们在戈埃尔留了两天，视察了城池。经舍黑·古兰的邀请，我们住到他的房子里。他殷勤地宴请了我们，并给我们送了礼物。

（9月30日），穆哈兰月四日，从戈埃尔继续前行，到阿德劳利停留。

（10月1日），穆哈兰月五日，礼拜三，我们渡过恒河，在森珀尔周围的村庄休息。

（10月2日），穆哈兰月六日，礼拜四，我们在森珀尔停留，在那里留了两天，视察城池，然后于礼拜六早晨离开森珀尔返回。

（10月5日），穆哈兰月九日，礼拜天，我们在锡根达拉地方拉乌·锡尔瓦尼的房子停留，他给我们献食，并服侍我。我们于天亮前离开他那里。在路上，我借故脱离部下的人向前疾驰。我驰至距亚格拉一库罗赫的地方，以后，我手下的人就在那里追上了我。晌礼时，我们到达亚格拉停下来。

(10月12日),穆哈兰月十六日,礼拜天,我发烧打摆子。在以后的二十五、六天当中,此病一再发作。我吃了泻药,最后才好。我因睡眠不足和口渴受够了苦。 331b

我在患病期间写了三、四首柔巴依,下面是其中的一首:

白天高烧折磨着我
到了晚上,我又失眠
二者犹如我的痛苦和忍耐,
一个逐渐高涨,另一个便消逝不见。

(11月23日),赛法尔月二十八日,礼拜六,我的两位姑妈——法赫尔·伊·哲汗与哈底彻·速檀·别昆来了。我乘船去锡根德拉巴德的上面迎接她们。

(11月24日),赛法尔月二十九日,礼拜天,阿力·库利师傅用一门巨大的炮射击。炮弹虽打出很远,但炮身却爆成碎片。其中一片落到人群中,使八人致死。

(12月1日),赖比儿·尼勒·安外鲁月七日,礼拜一,我去西克里游历。我以前下令在湖中央建造的八角形讲台已经建好。我们乘船前往,在该讲坛上搭一毡房,并吃了麻饯。

(12月19日),自西克里游历回来后,我于赖比儿·尼勒·安外鲁月十四日,礼拜一晚上出发去金代里,打算对该地进行圣战。我们走了三库罗赫(6公里),到杰莱瑟尔驻营。为了让部队进行装备和准备,我们在此地停留了两天。我们于礼拜四(12月12日,即赖比儿·尼勒·安外鲁月十七日)离开杰莱瑟尔,到安瓦拉停驻。我又乘船离开安瓦拉,走过了昌达瓦尔,然后上岸。

(12月23日),我们一程一程地往前进军,于二十八日,礼拜一到格纳尔渡口停下来。

(12 月 26 日),赖比儿·尼勒·阿赫鲁月二日,礼拜四,我们过了河。在军队渡河之前,我在该渡口处滞留了四、五天,有时在
332a 河这边,有时在河那边。在这些日子里,我常乘船出去,并吃麻饯。昌巴尔河在格纳尔渡口以上一、二库罗赫(2—4 公里)处注入恒河。礼拜五,我在昌巴尔河上乘船,经过那两条河的交汇处,到达营地。

舍黑·巴牙即虽然尚未公开叛乱,但从他的行为与举动可以看出,他是想要作乱的。因此,我就派遣穆罕默德·阿利·江·江去喀脑奇;要他在那里将穆罕默德·速檀·米儿咱的人马以及在该地的速檀们和异密们,如哈斯木·忽辛·速檀、比·忽布·速檀、马利克·卡西木、库基、使矛者阿布耳·穆罕默德、米努奇赫尔及其兄弟与达里亚汗人,召集拢来,并率领他们去进攻反叛的阿富汗人。他们应当邀请舍黑·巴牙即参加穆罕默德·阿利的队伍一起前往,如果舍黑·巴牙即真诚地前来归附,便让其一同前往,如果他不来,就应先将其打垮。穆罕默德·阿利索要几头象,我给了他十头。在我们打发穆罕默德·阿利走后,巴巴·楚赫拉也奉令前去与这支部队会合。

我们乘船从格纳尔往前走了一库罗赫(2 公里)。

(公元 1528 年 1 月 1 日),赖比儿·尼勒·阿赫鲁月八日,礼拜三,我们驻于距加尔比一库罗赫(2 公里)的地方。巴巴·速檀来这个驻地为我效力。他是速檀·赛德·汗的胞弟速檀·哈里
332b 勒·速檀之子,他在去年逃离其伯父到安达拉卜,但又后悔返回。在他到达离喀什噶尔不远处时,[速檀·赛德·]汗派米儿咱·海

答尔去接他,把他带回去了。

(1月2日),(赖比儿·尼勒·阿赫鲁月九日),次日,我们到加尔比,在阿拉木·汗的房子停留。他给我献印度食物和菜肴,设宴款待,并送礼品。

(1月6日),同月十三日,礼拜一,我们离开加尔比。

(1月10日),赖比儿·尼勒·阿赫鲁月十七日,礼拜五,到伊尔季停留。

(1月11日),礼拜六,在潘代尔扎营。

(1月12日),是月十九日,礼拜天,我派真·帖木儿·速檀率军六七千人先行,去进攻金代里。与之同去的伯克有:千人长巴基伯克、库奇·伯克的兄弟吐尔地·伯克、试食侍从阿什克、毛拉·阿帕克和穆赫辛·杜耳代,印度的伯克有舍黑·古兰。

(1月17日),是月二十四日,礼拜五,我们停驻于卡奇瓦附近。我在说服当地的居民后,就将卡奇瓦赐给了巴德鲁丁的儿子。

卡奇瓦是一个相当好的地方;周围小山环抱。卡奇瓦东南的山间建了拦水坝,形成为一个大湖;湖周长达五、六库罗赫(10—12公里)。此湖从三面包围卡奇瓦;只西北面留有一块不大的干地,这里即[城堡]入口所在。湖上有许多能乘三、四人的小船。每一次,当其居民想逃难时,就乘坐这种小船划到湖中央。在到达 333a
卡奇瓦之前,还有两个地方也在山间修了拦水坝以造湖,但这些湖比卡奇瓦的湖小。

(1月18日),我们在卡奇瓦等了一天,以派遣一些机灵的监工人员和许多挖土工去铲平道路,砍伐丛林,以便战车和大炮能顺利通过。在卡奇瓦与金代里之间的地带,全是被茂密的灌木丛所覆盖。

(1月19日),赖比儿·尼勒·阿赫鲁月二十六日,我们离开卡奇瓦后在中途休息了一夜,然后渡过布尔汉布尔河,到距金代里三库罗赫(6公里)处扎营。

金代里要塞坐落在一个山上,其下为金代里城(shahr)及外堡(tash-qurghan),外堡之下有一条能通马车的平路。在我们(于1月10日)离开布尔汉布尔河时,为了车行之便,我们在金代里的下面走了一库罗赫(2公里)。

(1月21日),是月二十八日,礼拜二,我们过了一夜后,在水坝以上巴赫贾特·汗①的水塘边停留。

次日(1月22日),(赖比儿·尼勒·阿赫鲁月二十九日),晨,我骑马出去,在城堡周围——中央、右边和左边的岗哨,一一部署了士兵。阿力·库利师傅选了一块没有斜坡的平整地以放炮。监工们与挖土工们奉命去筑一土埂以安放大炮,全军都奉令准备盾牌、云梯、安排夺取城堡时需用的人员。

333b 金代里以前属于曼杜诸苏丹。在苏丹·纳西鲁丁死后,他的一个儿子速檀·马赫穆德夺取了曼杜及其附属地区。此人现在还占据其地。苏丹·纳西鲁丁另有一子,名叫穆罕默德·沙,则夺取了金代里,并求助于苏丹·伊斯堪达尔。苏丹·伊斯堪达尔给穆罕默德·沙派来大军,并给他提供保护。苏丹·伊斯堪达尔死后,穆罕默德·沙仍然活着,但到苏丹·伊伯拉欣时亦死,身后留下一个小儿子,名阿黑默·沙。苏丹·伊伯拉欣驱逐阿黑默·沙,以自

① 据说公元1513年时,巴赫贾特·汗为金代里的统治者。

己的人取代之。在拉纳·桑伽出兵进攻伊伯拉欣，来到托尔布尔时，苏丹·伊伯拉欣手下的伯克们起义反对伊伯拉欣。这时，金代里遂转到拉纳·桑伽手中；桑伽将此城赐给一个受人崇敬的异教徒、贵族米德尼·劳。该人现在率领四、五千异教徒驻守在金代里堡。

阿赖什·汗与米德尼·劳相友好。我派阿赖什·汗同舍黑·古兰一起去米德尼·劳那里说项，并示恩宠，答应将沙姆萨巴德赐给他，以交换金代里。他的一、两个亲信要人出来迎接。不知道是因为米德尼·劳对我不相信呢，还是因为他误以为自己的城堡坚不可摧，所以没有达成调停。

（1月28日），主马达·勒·巫拉月六日，礼拜二，清晨，我们从巴赫贾特·汗的水塘边出动，去攻取金代里。到距该城堡不远处一个中等大小的水塘边驻扎。 334a

是日晨，在我们到达这个驻地后，喀利法来了，他带来几封信。信中谈到，派去普拉布东征的军队，轻率前进，交战失败。故我军放弃了勒克瑙，来到了喀脑奇。我见喀利法为此感到难过，并惶恐不安，就（用波斯语对他）说："没有理由为此难过和恐慌，一切都是命定的，不可避免的，别的什么也不会发生。因我们当前的任务是要夺取金代里堡，所以不要谈论这些消息。明天我们去强攻金代里堡，然后，我们再来看看会发生什么事情。"

敌人只加固了要塞的防御工事，而在外堡则在任何时候都三三两两地布置了步兵。当天晚上，我军战士从四面八方逼近外堡。那里虽有少数守兵，但并未进行一点战斗，就逃到要塞里去了。

（1月29日），主马达·勒·巫拉月七日，礼拜三，早晨，我军奉命带好装备，前往战地，开始作战。在我扬旗击鼓，纵马而出时，战士们就从四面八方发起猛攻。

我自己则在战斗还未激烈时，停止扬旗击鼓，去看阿力·库利
334b 师傅怎样开炮。他发射三、四发炮弹，但因那地方没有斜坡，而城堡的墙又全由石头砌成，很坚固，以致炮击没有产生什么效力。前已谈过，金代里的要塞是坐落在一个山上；城墙的一边修了一条流水的暗道。这条水道的外壁在山下，这就是适合进攻的唯一的地方。

中军的右手军和左手军，以及一支特别部队，就曾奉令占据这个地方。攻击从四面八方开始，但以这个地方最为猛烈。异教徒们从上抛石、扔火，但我军的年轻战士却不顾一切，绝不后退；最后，百人长沙黑姆登上了水道外壁与外堡城墙相接的地方，我军的武士们也从两、三个方面爬到该处。守在水道边的异教徒们仓皇逃跑，该水道遂被攻占。守在要塞上面的敌人甚至这么久也没有打，就急忙逃走了。我军许多战士爬了上来，登到要塞上面。过了一段短暂的时间，赤身露体的异教徒，又出来战斗。他们把我军许多人赶走，逼使他们从城墙上跳下，有些人被砍死。他们如此迅速地离开城墙的原因，据说是，他们曾下定决心，城堡一旦失守，他们就把自己的妻子儿女全部杀死，自己也准备死，乃裸体出战。最
335a 后，我军人员从四面攻之，把他们赶下城墙。有二、三百异教徒进入米德尼·劳的房子；他们许多人都这样地互相杀死了：一个人手执利刀站在那里，其他的人则一个接一个地自愿将脖子伸到刀下让其斩杀。他们大部分人就这样赴死归天。由于真主的恩典，我们得以在两、三噶里（48—72 分钟）的时间里夺取了这样一个著名

的城堡,既未扬旗擀鼓,亦未进行真正的战争。在金代里西北的山上用异教徒的头颅堆成了一个塔。

纪年文 Fath-i-daru' l-harb(意为"征服一个敌人的驻地")表示了这一胜利的时间。我将其写入了这么一首诗中:

长期以来,金代里
充满了异教徒,是战争之地
我经过战斗将该城堡拿下
其时间为"Fath-i-daru' l-harb"。

金代里是一个很好的地方,其周围与附近有许多流水。金代
里的要塞位于山上,内有一个由岩石凿成的大水池。另一个大水
池则在水道的一端。我军战士就是经过进攻这个水道去攻取该城
堡的。金代里的房子,无论是平民的和贵族的,全都是由石头建
成的。大人物的住宅建得很豪华,石头精雕细刻;下层人物的住
宅虽亦由石头砌成,但无雕饰。房顶也是用石板,而不是用瓦 335b
覆盖。

城堡之前有三个大水池;以前的统治者们到处修筑拦水坝,在周围建造了这些水池。在一个名叫贝德瓦的高地上有一条河,从那里到金代里有三库罗赫(6 公里)。贝德瓦河的水,在印度,以质优和好吃著名,这是一条很好的小河。河中央有一块一块适合建房的岩石。金代里位于亚格拉以南九十库罗赫(180 公里)。在金代里,北极星的高度为二十五度(即北纬 25°)。

(1 月 30 日),主马达·勒·巫拉月八日,礼拜四,清晨,我离开城堡周围的防御工事,到马鲁·汗的水池旁边驻营。我们到这个地方来,是想在夺得金代里以后,继续前去进攻萨拉胡丁所属的

异教徒领地赖辛格、皮尔珊和萨伦布尔，在夺取这些地方后，再去吉杜尔进攻拉纳·桑伽。但在那个坏消息传来后，我就召集伯克们进行商量，经过商量我们认为，最好是[首先]去[上述]敌人和暴乱分子那里，把他们发动的叛乱镇压下去。

我将金代里给予前述苏丹·纳西鲁丁之孙阿黑默·沙；指定金代里的赋入以五十拉克上交国库；我又委任毛拉·阿帕克负责征取军饷，并命他率领三千突厥人和印度人留下来支援阿黑默·沙。

336a (2月2日)，在安排好这些事情后，我就在主马达·勒·巫拉月十一日，礼拜天，从马鲁·汗的水池边出发，打算转回[北方]；并在布尔汉布尔河驻扎。

(2月9日)，也是在礼拜天，我派雅卡·和卓与贾法尔·和卓从潘代尔去加尔比找船，以供格纳尔渡口使用。

(2月22日)，同月二十四日，礼拜六，我们在格纳尔渡口停下来，并命令军队开始渡河。在这些日子里，有消息传来说，先行的部队也放弃了喀脑奇，来到了拉普里。据说，使矛者阿布耳·穆罕默德加强了沙姆萨巴德的防御，但大队敌军前来将其攻下了。

我们在那里留了三、四天，有时在河的这边，有时在河的那边，一直等到我军过了河。过了河以后，我们一程一程地向喀脑奇前进，并派了侦察部队先行，去打听关于反叛者的消息。在距喀脑奇二、三程以外的地方，他们送来消息说，马鲁夫的儿子一见远处我侦察兵的人影，就从喀脑奇逃走了。比班、巴牙即和马鲁夫在听到关于我们的消息后，就渡过恒河，驻守该河东岸，即喀脑奇的对面，想阻挡我军渡河。

(2月27日),主马达·勒·阿赫赖月六日,礼拜四,我们走过
喀脑奇,到恒河西岸扎营。我们的武士从敌人手中强夺了一些船 336b
只,从河的上游和下游带来三、四十条大大小小的帆船。我们派架筏子的密尔·穆罕默德去找一个便于架桥的地方,并收集架桥所需用的一切东西。密尔·穆罕默德选定下游距我军驻营地约一库罗赫(2公里)的一个地方返回。我指派机灵的监工人员去架桥。阿力·库利师傅选择距我们不远的一个好地方安设大炮,并忙于开炮。该处下游就在架桥。穆斯塔法·鲁米把大炮放在炮架上渡河,运到一个岛上,并开始从岛上开炮。桥以上砌了一道工事,射手们即从其上用火枪射击。蒙兀儿人马利克·卡西木与另外几个武士有一、两次乘船渡过河去,进行了出色的战斗,尽管他们人数很少。巴巴·速檀和德尔维希·[速檀]带了十至十五个人于昏礼时轻率地渡河,但又回来了,既未开始战斗,也未干任何事情;为此,他们受到斥责。最后,马利克·卡西木与几个战士一起鼓起勇气,冲入敌营,痛击敌人,迫使敌军退却。大量敌人集合拢来,带一头大象,来攻马利克·卡西木,将他的队伍赶回到船上。在该船尚
未及离开该地,那头象就赶到,将船踏翻。马利克·卡西木就在这 337a
次的冲突中丧了命。

在桥架好前的几天里,阿力·库利师傅狠狠地进行了炮击。头一天,他发射了八发炮弹,第二天发射了十六发,这样继续地发射了三、四天。他用来发射这些炮弹的炮,称为噶兹炮(意为圣战者)。其所以如此称呼,是因为它曾在对异教徒拉纳·桑伽的战争中使用过。阿力·库利师傅还曾提供过另一门更大的炮,但只发射了一发炮弹就爆裂了。

火枪手也放射了很多子弹，射倒许多敌人和马匹。他们还射死几个奔逃中的奴隶和行人及其马匹。

（3 月 11 日），主马达·勒·阿赫赖月十九日，礼拜三，桥快要搭成，我们即拔营，前往桥头。阿富汗人认为［如此快］就架好一座桥是不可能的，因而讥笑我们。

（3 月 12 日），礼拜四，桥建成了。一小支步兵和拉合尔人走过桥去，在桥那边发生了一场小的战斗。

（3 月 13 日），礼拜五，中军的御林军以及左、右手军的士兵和
射手，步行过了桥。阿富汗人全副武装，或骑马，或带着大象，对我
们发起攻击。他们把我们左手军的一支部队赶走，但御林军和右
337b 手军的部队则坚持了下来，并迫使敌人退却。我方的两名战士，身
先士卒，奋勇向前疾驰。其中一人被打下马来成了俘虏，另一人和
他的坐骑被多次击中；但这马又站立起来，向后转，奔回我们的人
当中，就倒毙了。是日，送来七、八个首级。许多敌人受了箭伤和
枪伤。

战斗进行了很久，一直延续到晡礼时。晚上，所有过桥去了的人都转回来了。如果这个礼拜六的前夜我们有（更多的人）渡到河的那一边，那敌人的大多数也许就要被我们俘获，但我记得的是，去年纳乌鲁兹（新年）节即礼拜二的那天，我从西克里出征拉纳·桑伽，而我们是在礼拜六把敌人打败的。今年，我们在礼拜三出动去与敌人作战，也是在纳乌鲁兹节。如果我们在礼拜天战胜敌人，那就是一件很奇怪的事。为此，我就没有让［所有的］战士都到河的彼岸去。

礼拜六那天，敌人并未出战，而是在远处严阵以待。

（3 月 15 日），礼拜天，主马达·勒·阿赫赖月二十三日。是日，我们将安了炮架的大炮运过河；次日黎明命令部队过河。在破晓时，侦察兵就送来消息，说敌人已经逃走了。真·帖木儿·速檀奉命率军去追击敌人。为此，还派穆罕默德·阿利·江·江、喀利法的儿子胡萨木丁·阿利、喀利法的另一个儿子穆什布·阿力、巴 338a
巴·喀什卡的儿子苦基、巴巴·喀什卡的另一个儿子多斯特·穆罕默德、塔什干人巴基和瓦利·克孜耳率领一支部队，与（真·帖木儿）速檀同去，归其节制，不得违抗速檀的命令。天亮时，我也过了河；我吩咐将骆驼牵到下游一个可望见的渡口处。那天是礼拜天，我们在距邦格尔毛一库罗赫（2 公里）处的一个池塘边扎营。

派去追击敌人的那些人表现不好；他们在邦格尔毛停了下来，［只是］在那天晌礼过后才从该地向前追敌。

（3 月 16 日），主马达·勒·阿赫赖月二十四日，清晨，我们徒步走到邦格尔毛前面的一个湖边停留。是日（3 月 16 日），我满舅父（阿黑麻汗）的一个儿子图赫塔·不花·速檀前来投效于我。

（3 月 21 日），主马达·勒·阿赫赖月二十九日，礼拜六，我去勒克瑙游历，返回途中渡过古伊（古姆蒂）河，下马停留。是日，我在古伊河中洗浴净身。不知道是由于耳朵进了水，或是由于空气作用的关系，我的右耳堵塞达数天之久，但不很痛。

在距奥德尚有一、两站路程的地方，真·帖木儿·速檀处的一个人前来报告说，敌人驻在萨鲁河（英译本作锡尔德河），请予支援。我就派喀拉察·汗率领中军中的一千名武士前去援助他。

（3 月 18 日），赖哲卜月七日，礼拜六，我们在距戈格拉河与萨
鲁河（锡尔德河）交汇处的奥德还有二、三库罗赫（4—6 公里）的 338b

地方扎营。这天以前,舍黑·巴牙即是驻在奥德对面萨鲁河彼岸。他写信给速檀,同他进行商讨。速檀看透了他的欺诈,乃于晌礼时派人去喀拉察处,并开始准备渡河。喀拉察刚与速檀会合,他们立即渡河到对岸。[敌军]有五十名骑兵和三、四头大象。他们并未能坚持住,就逃跑了。我军将敌方几个人打下马,斩其首级来见。必·忽布·速檀、库奇·伯克的兄弟吐尔地·伯克、巴巴·楚赫拉和巴基·希噶乌耳随速檀之后渡河,而那些先已过了河的人则继续追赶舍黑·巴牙即,直到昏礼时。舍黑·巴牙即本人钻进丛林中逃脱了。真·帖木儿·速檀晚上停在一个死水池塘的旁边;半夜时,他们上马去追赶敌人。在疾驰四十库罗赫(80 公里)后,真·帖木儿·速檀到达舍黑·巴牙即的家眷和亲戚所在的地方,但那些人也逃走了。他在该处派遣轻骑兵去各方面追击。巴基·希噶乌耳率领几个武士追击敌人,追上了舍黑·巴牙即的家眷和亲戚;他们俘虏了几个阿富汗人带回。

我们在该处住了几天,以安顿奥德及其附近地区的事务。据说,在奥德上游七、八库罗赫(14—16 公里)的萨鲁河岸,有一个极好的猎场。我就派遣架筏子的密尔·穆罕默德去考察戈格拉河与萨鲁河的渡口,他[考察完后]返回。

339a (4 月 2 日),是月十二日,礼拜四,我出外打猎。

英译者补回历九三四年的事件

在我们所知的《巴布尔回忆录》的所有文本中，此处都有阙简，其时间为从公元1528年4月2日至9月18日——回历九三四年主马达·勒·阿赫赖月十二日至回历九三五年穆哈兰月三日。这段阙简，不管是有意造成或是因偶然事故造成，都不能用巴布尔个人的境况来加以解释。这可能是由于巴布尔的亲笔手稿遗失了几页，这一遗失是发生在他的作品被译成波斯文之前和厄芬斯通抄本与海德拉巴抄本出现之前。在本书 f. 376b 页上记载的那次暴风雨中，这样一个损失虽然容易发生，但巴布尔当时似乎可能了解那种情况，并做得很好。对这一遗失的另一更合理的解释是，胡马雍在被逐出印度时的冒险过程中，其藏书受损，也就在那个时期，可能遗失了回历九三六年与九三七年的记载。

一、阙简时期的事件

厄斯金先生（在给巴布尔回忆录英译本作注中）说，在他所见到的所有抄本中都发现这个断阙，而印度的历史家们都未说明这个时期发生的事件。但是，却能从巴布尔所写回历九三五年的史事中探明他在阙简的五个半月当中做了些什么事，因为那年的记述几次提到“去年”发生的事，这记述使我们可从中作出一些推断。从这一记载我们知道，由于阙简而中断了叙述的阿富汗战事还在继续进行，在该战争的过程中，巴布尔是在军普尔（见 f. 365a）、焦萨（见 f. 365b）和巴格萨拉（见 f. 366a—366b）；他曾游渡恒河（见 f. 366b），将瑟伦（Sarun）赐给一个法尔穆勒人（沙·穆罕默德）·舍黑·札答（见 f. 374b 与 f. 377），曾同拉纳·桑伽的儿子比克罗摩吉特谈判（见 f. 342b），曾下令建一花园（见 f. 340），并曾患病四十天（见 f. 346b）。还可推断出：他曾游历托尔布尔（见 f. 353b），曾召回阿斯卡里（见 f. 339），曾派和卓·多斯特·

哈完德去喀布尔处理皇家事务(见 f. 345b),并十分关注喀布尔的动乱状况(见他在回历九三五年写给胡马雍与和卓·卡兰的信)。

要把回历九三五年发生的事件排出时间表是不容易的,因为在许多地方作者仅写明其发生于一个礼拜中的那一天,或仅写着"次日"等。现在至少发现一段记载,欲将其系于回历九三五年,但我还不能肯定其不属于回历九三四年。这段文字不见于海德拉巴抄本(在海德拉巴抄本中,这段文字的应占的地方是在 f. 363b),而且,在我看来,也不适于系在回历九三五年。从上下文及我的补注文看,那是有些难以处理的。(参看 f. 363b 及 366—366b)

二、关于阙简中的问题

阙简的部分可能提到了巴布尔自传中一个有趣的题目,即:家庭的麻烦导致卡姆兰取代阿斯卡里统治了木尔坦。(f. 359)

巴布尔在印度写了一部诗集,即我们现在知道的兰布尔诗集。这段阙简可能提到巴布尔于回历九三四年第二次患病之事,这一记载可能用来说明这本诗集的相当的一部分。《巴布尔回忆录》一书使这部诗集中许多诗的写作年代为我们所知,但仍然有一些诗不见于《巴布尔回忆录》,这些诗似乎是由于对一些病痛的自我诊察所促成的。这本诗集还收入了巴布尔将和卓·乌拜都拉写的《双亲寄语》(*Walidiyyah*)一文改写成韵文的一首诗,巴布尔在 f. 346 上写明是写于回历九三五年赖比儿·尼勒·阿赫鲁月十五日,礼拜一(即公元 1528 年 12 月 29 日)。我推测,在《双亲寄语》之后写的反思诗,是作于回历九三四年患病的四十天中,即作了阙简的这段时间。诸诗皆收入兰布尔集中,曾传到一个朋友手中,这位朋友可能就是和卓·卡兰;这可能就是巴布尔所作的唯一的一本诗集。至今尚未发现这本诗集的别的抄本。它是给接受者特别致送的附有诗的个别礼物。由于回历九三四年日记中这几页的缺佚,使我们不能对其作任何说明,这是一个明显的损失。

回历九三五年(公元1528年9月15日至公元1529年9月5日)的事件

(9月18日),穆哈兰月三日,礼拜五,阿斯卡里来。他是在出征金代里之前就被我宣召前来磋商木尔坦事宜的。他到我的私邸朝见。

(9月19日),次日晨,早已离开也里(赫拉特)前来投效于我的历史家宽德密尔、大毛拉·希哈布·穆阿迈与优素福·阿利的亲戚竖琴师密尔·伊不拉欣来到我处,投在我手下服务。

(9月20日),是月五日,礼拜天,晡礼时分,我渡过朱木那河,来到亚格拉城堡,打算访问瓜廖尔(诸书写作噶廖尔)。法赫尔·哲汗·别昆与哈底彻·速檀·别昆在两、三天后就要出发前往喀布尔,我到亚格拉向她们告别后,就上马[前往瓜廖尔]。穆罕默德·札曼·米儿咱因请求离去,就留在亚格拉。那天晚上,我们走了三、四库罗赫(6—8公里)的路,到一个大湖的岸边停下来睡觉。

(9月21日),穆哈兰月六日,我们提早一点作了礼拜,继续前进。中午时,我们到刚比尔河岸停留。在晌礼过后,随即又上路。在路上感到疲乏时,吃了炒面粉以提神,这是毛拉·拉非为我准备的。很不好吃,令人厌恶。晚上,晡礼时分,我在托尔布尔以西一 339b
库罗赫(2公里)处的一个花园里停留,我曾下令在那里建一凉亭。

这地方是在一个山嘴边缘处。该山嘴是一坚硬巨大的红色建筑用石。我下令将这块岩石劈削至地,如果它看来高度足以凿成一个房子,就凿房子;如果它高度不够,就将其上部削平,在其中凿成一个水池。

该巨石看去还是不够高,不足以做成一个房子;石匠师傅沙·穆罕默德就奉令将其削平,并凿成一个八角形的水池。石匠们很热心尽力地进行了工作。该水池之北,林木丛生,有芒果树、佳曼树(Eugenia jambolana),以及其他各种各样的树。我吩咐在这树林当中挖了一个十平方卡里大的水井;水井的挖掘接近完成。这口井里的水就流到那个水池中。苏丹·锡堪达尔在该水池之北建了一个水坝,水坝之上建了房屋。在水坝以上的地方,雨水蓄积成

340a 一个大湖,湖东有一花园。我下令在湖东边的岩石上凿一个石座和一个有四个柱子的讲坛(talar),在湖的西边则建一清真寺。

(9 月 22 日与 23 日),穆哈兰月七日与八日,礼拜二和礼拜三,我们都留在那里以便在托尔布尔做这些事。

(9 月 24 日),礼拜四,我们又出发,过昌巴尔河,在该河河畔作午间礼拜。我们在晌礼与晡礼之间离开该地,于晡礼与宵礼之间过卡瓦里河,并驻营。卡瓦里河由于下雨涨大水,故让马匹泅渡;我们自己则乘船过河。

(9 月 25 日),次日,礼拜五,是阿舒尔日(Ashur,穆哈兰月十日),我们一早出发,中午时在路上的一个村子停留。到宵礼时,我们走到瓜廖尔以北一库罗赫(2 公里)处的一个花园,这个花园是我在去年下令建造的。

(9 月 26 日),次日晌礼过后,我上马继续赶路,参观了瓜廖尔

以北的小山和礼拜场地,然后经哈提·普耳门进入瓜廖尔城堡。曼·辛格罗阇的宫殿就在哈提·普耳门附近。到晚上的晡礼时分,我来到罗阇·比克拉马吉特的宫殿停留,拉希姆·达德就住在那里。这天晚上,我因耳朵痛,也因为月光太亮,就吃了鸦片。

(9 月 27 日),次日(穆哈兰月十二日),因服食鸦片感到不舒服,使我很不安,大量呕吐。

尽管感觉不舒服,我还是周游和参观了曼·辛格和比克拉马
吉特的整个宫殿;这宫殿虽分散无序,没有规划,却是一奇特的建 340b
筑物。这些宫殿完全由切割的石块建成;在罗阇们所建造的所有宫殿中,曼·辛格的宫殿是最好的和最高的。曼·辛格宫殿的一边朝东,这边的墙比其余的墙装饰得更华丽些,高达四、五十卡里,全由切割的石块砌成,表面用石灰刷白。

这宫殿的某些部分有四层,下面两层很黑暗。如在那里坐些时间,[眼前]就变得稍稍明亮。我们是拿着蜡烛走过这些房子的。

在宫殿的一边(或每一边)有五个圆顶;每两个圆顶之间又有一个小圆顶,正方形,是按印度方式建造的。在五个比较大的圆顶上包了镀金的铜皮;墙的外面镶了绿色的瓷砖。墙的四周装饰了用绿色瓷砖作成的香蕉树壁画。

东边的塔楼下是哈提·普耳门;印度人称象为哈提,称门为普
耳。在此门的出口处,立了一头雕塑的象。象背上坐着两个赶象
的人(fil-ban)。它与真象极像,因此,该城门便称为哈提·普耳 341a
(象门)。

四层宫殿最下面一层的窗户正对着这个象的雕像,从这个窗户视之最近。上述诸圆顶即建立在最上一层;第二层是住房,在地

平线以下。房间虽有各种各样的印度式装饰,但却很不通空气。

曼·辛格的儿子比克拉马吉特的房子位于城堡北部的中央。儿子的宫殿不如父亲的,上面整个只有一个大圆顶,而且那里很黑暗;如在那里坐一会儿,[眼前]才变得稍亮。

大圆顶下面有一小的建筑物;一点光亮都透不进里面去。当拉希姆·达德住在比克拉马吉特的宫殿时,他在大圆顶上建了一个小凉亭。从该比克拉马吉特的宫殿,修了一个通道,通往其父的宫殿。从外面完全看不见这条通道,从里头也是什么也见不到;仅在几个地方能透进光亮。这是一条建得极好的、完全封闭的通道。

参观过这些建筑之后,我们骑马前往拉希姆·达德建筑的一
341b 所宗教学校,从南面绕过该城堡。我们又游览了他在水池边建造的一个花园,到晚上才返回我们驻营的那个花园。拉希姆·达德在这个花园里栽种了大量的月季花,也有许多美丽的红夹竹桃。在我们那里,夹竹桃花是桃红色,而瓜廖尔的夹竹桃则是美丽的深红色。我下令从瓜廖尔带些夹竹桃到亚格拉去,并栽种在那里的花园里。

花园南边有一大湖;雨水蓄积于其中。湖之西端有一很高的偶像庙;速檀·舍木苏丁·阿耳特米什建了一个大清真寺与此庙并列。此庙甚高;在整个城堡中没有比其更高的建筑物。从托尔布尔山上(即约 30 英里以外),可以清楚地看到瓜廖尔城堡和这个庙;据说,建这个庙所用的石头是从上述大湖的湖底搞来的。拉希姆·达德还在他的花园里建了一个有翼的木亭,在花园的门口按印度的式样建了不太美观的门廊。

(9 月 28 日),次日(穆哈兰月十三日),晌礼时分,我上马出去参观瓜廖尔地区的那些我尚未看过的地方。我参观了曼·辛格城堡外面的巴达耳噶尔宫,又出哈提·普耳门,前往乌尔瓦地方。乌尔瓦是城堡以西的一个山谷。这个山谷虽在山顶上的围墙之
外,但山谷的入口处还建了两排高墙。其较高的一排外墙高约三 342a
四十卡里,而内墙则较长。外墙在山谷的两端与城堡相连。此墙之外,还修了一条蜿蜒曲折的墙,与外墙的中部相接,但较低。这条墙修得弯弯曲曲,是为了取得水;墙内挖了带阶梯的井以取水,从井口到水面有十至十五个阶梯。从大围墙到该水井边围墙的门口,在石头上刻了速檀·舍木苏丁·阿耳特米什的名字。其建造的年代为回历六三〇年(公元1233年)。城墙外的外墙之下有一大湖,常常水落见底,以至干涸。水从该湖流到水道中。

在乌尔瓦还有两个大湖;城堡中的居民认为这两个湖中的水比任何其他的水都要好些。

乌尔瓦三面都被群山环抱;那里的石头不像比安那的石头那样为红色,而是稍呈淡白色。乌尔瓦周围绵延不断的悬崖峭壁,被切削雕刻成大小不等的各种偶像。其南面有一尊巨大的偶像,高
约二十卡里;这些偶像被雕成全裸体,毫不掩饰其羞耻之处。在乌 342b
尔瓦的两大湖周围,挖了二十或二十五口井,从中汲水,以便在那里种植蔬菜与栽培花卉树木。乌尔瓦是一个不坏的地方,或可说是一个很好的地方。其缺点在于周围尽是偶像;我下令毁掉了这些偶像。

我从乌尔瓦重新登上城堡,参观苏丹门的城门。这个城门看来自异教徒君临其地以来一直是关闭着的。我们于昏礼时返回拉希姆·达德的花园,在那里停留过夜。

(9月29日),是月十四日,礼拜二,拉纳·桑伽的次子比克罗
摩吉特派人来我处。他当时是同其母帕德马瓦提一起驻在兰坦伯
尔(兰塔姆伯尔)城堡。在我去瓜廖尔游历之前,比克罗摩吉特的
亲信大人物、印度人阿苏克也曾派人来向我投诚效顺。阿苏克为
自己请求七十拉克的生活津贴费(以采邑的赋入支付)。当时决
定,在阿苏克交出兰坦伯尔之后,就以他请求的领地赐之,他手下
的人可让其离去。在我们准备去瓜廖尔游历时,曾约定与这些人
在瓜廖尔会晤,但他们后期数日未到。据说这个印度人阿苏克,是
343a 比克罗摩吉特的母亲帕德马瓦提的近亲。阿苏克向他们母子述说
事情的实况,他们同阿苏克商量后,同意向我投诚效力。

速檀·马赫穆德(希耳吉)在被拉纳·桑伽打败并成了异教徒的俘虏时(在回历九二五年——公元1519年),曾有一个王冠和金带。拉纳·桑伽夺取了他的王冠和金带,才放他走。这个王冠和织成的金带看来现在是在比克罗摩吉特手中。其兄拉坦西现在继其父拉纳·桑伽统治着吉杜尔,他向其弟比克罗摩吉特请求这个王冠和金带,其弟不给。比克罗摩吉特通过其派到我处的人谈及该王冠和金带,并请求以兰坦伯尔换取比安那之地。他们避不谈比安那,只答应让出沙姆萨巴德以交换兰坦伯尔。同日(穆哈兰月十四日),我给比克罗摩吉特派来的人赐以荣服,让其离去,约定要他们在九天后去比安那。

我们从拉希姆·达德的花园前去参观瓜廖尔的偶像庙。有些庙有两、三层,但每层都相当低矮,是古式建筑。墙的下部都饰有石刻雕像。

有些庙宇建得像清真寺:走廊上面有又宽又高的圆顶。这些

庙宇中的房间,很像宗教学校中的精舍,每个房间的上面有石头的 343b
狭窄圆顶。在下层的房间里,有石头雕刻的偶像。

参观过这些建筑物后,我从西门(英译本作南门)走出瓜廖尔城堡。又到城南游历,然后(向北)来到哈提·普耳门前的拉希姆·达德花园,并在那里停留下来。拉希姆·达德在这个花园里为我们举行庆贺宴会;他奉献了佳肴,并馈赠了许多礼物。其奉献的金钱和什物,达四拉克之多。从那里出来,我在晚上回到自己的花园。

(9月30日),是月十五日,礼拜三,我前去参观瓜廖尔东南的一个瀑布。从瓜廖尔到该瀑布有六库罗赫(12公里)的路程。我们因在路上拖延得太晚,所以到晌礼以后才到达那个瀑布。河水自高达一阿尔噶姆奇(arghamchi)①的陡峭崖壁上汹涌倾泻而下,足以发动一个水磨。瀑布的下面是一个大湖;瀑布上面的水沿着连绵不断的山岩下流。瀑布底下还有大块的岩石。在坑坑洼洼的地方,到处都形成了水池。

在水流的岸边,散布着一块一块的大石头,可以坐人,但据说那里不经常有水流过。

我们坐在瀑布边,吃麻钱,然后就沿河而上,至其源头。往回走,我们又登上高处,在那里稍坐;音乐家演奏器乐,歌唱家唱着
歌。印度人称作廷都的乌檀木,被指给从未见过这种树的人看。 344a

我们下山往回走,在昏礼与宵礼之间的时分策马离去,约于晚间二更时到达一个可以睡觉的地方。在白天初更将尽时(即穆哈

① 阿尔噶姆奇,指一根拴马绳那么长,大约是3—4公尺。

兰月十六日——10月1日，上午6时）我们来到花园，下马。

（10月2日），是月十七日，礼拜五，我们参观了萨拉胡丁的出生地苏赫贾纳村，以及该村上面山谷中的柠檬园和柚子（sadafal）树林。我在白天初更时（也可能在穆哈兰月十八日，即10月2日，礼拜六晚上6—9点间）返回自己的花园。

（10月4日），是月十九日，礼拜天，我们于天亮前就从花园上马出发。过了卡瓦里河后，我们于晌午之前停下来。晌礼以后，又上马赶路，于夕阳西下时渡［昌巴耳］河，在昏礼与宵礼之间的时分进入托尔布尔城堡。我们掌灯参观了阿布勒·法特赫所建造的一个洗澡堂，后又从那里上路，到水坝旁边正在兴建的一个新花园里停驻。

（10月5日），我们就在那里过夜，（二十日，礼拜一）清晨，视察我曾下令完成［各种］工作的地方（见f. 330b，f. 339b）。我曾下令在巨石上凿造一个有顶篷的水池，这时，水池表面还没有修平整。我吩咐派更多的石匠来，将水池挖深些，以便灌水，然后将其边整修齐平。到晚上晡礼时，水池底的表面第一次修平了。我下令将池子灌满水，将水池的边缘与水平面比齐，然后将其磨平。这
344b 次，我还吩咐在巨石上凿一厕所，并在厕所里的石头上凿一小水池。

（此处缺六天的记载）

（10月12日？），是日为礼拜一（二十七日？），在那里举行了一个吃麻饯的宴会。（10月13日），礼拜二，我仍在该地。（10月14日），礼拜三晚上，我开斋吃了点东西，然后上马驰往西克里。

快到二更时（午夜），我们在一个地方停下来睡觉。不知何故，这天晚上我感到剧烈耳痛不能入睡，像是着了凉。天亮时，我们又从该地前行，于（白天）初更时到达西克里正在兴建的一所花园停留。花园的墙和水井并未按我所希望的那样在建造。我对监督这项工作的人给予了严重的警告和处罚。

我们在晡礼和昏礼之间从西克里出发，途经马德哈库尔，到一个地方停下来睡觉。

（10 月 15 日），然后我们（于三十日，礼拜四）从那里出发，于一更时分（上午 6—9 点）到达亚格拉。

那时，哈底彻·速檀·别昆留在该城堡。我同她见过面后，就渡过朱木那河，来到哈什特·比希什特花园（Garde-of-eight-paradises）[①]。

（10 月 17 日），赛法尔月三日，礼拜六，我的三位姑妈——高哈尔·夏德·别昆、巴迪乌耳·贾马耳·别昆和阿克·别昆，以及几个年轻些的别昆——速檀·麻素提·米儿咱的女儿汗咱达·别
昆、速檀·巴赫特·别昆的女儿和我伯母的孙女再那卜·速檀· 345a
别昆，经过图塔，来到城郊河边一个小水塘边停驻。我在晡礼和昏礼间的时刻前去同她们见了面，然后从那里乘船返回。

（10 月 19 日），赛法尔月五日，礼拜一，我打发我的比拉籍老仆迪瓦的儿子哈木西同比克罗摩吉特前后派来的两个使者一起去兰坦伯尔，以便按照印度人的习俗履行接交兰坦伯尔和接受比克罗摩吉特为臣仆的仪式。我的使者应视察、了解和弄确实那里的

---

① 八天国之名，出自《古兰经》，巴布尔似是在赛法尔月一日到达亚格拉的。

情况以后，再回来。我答应，如果比克罗摩吉特信守以前说的话，那么，凭真主的帮助，我将令他代其父为拉纳（意为君主），以统治吉杜尔。①

（此处缺三天的记载）

（10月22日），伊斯堪达尔与伊伯拉欣在德里和亚格拉的国库库藏，到此时已经完全耗尽。为了装备军队，获得火药并支付炮手和射击手们的薪饷，我于赛法尔月八日，礼拜四发布诏令，令每个领到薪饷的人，应以其收入的百分之三十上交政府，以便用以应付上述开支。

（10月24日），赛法尔月十日，礼拜六，速檀·穆罕默德·巴赫什（军需官）手下的神行太保沙赫·哈斯木曾一度奉命赍诏前往安抚呼罗珊的居民，这次又被派往赫拉特送信，信中指示说："由于真主的帮助，我们对印度东、西部的敌人和异教徒已经放
345b 心。如果真主帮助我们，我们将于来年春天尽一切努力前去你们那里。"我给阿赫马·阿夫夏尔也有指示；在指示信页边的空白处，我亲手写了几句话，叫弹奏二胡（qabuz）的法里顿前来。

（此处缺十一天的记载）

那天（赛法尔月二十日？礼拜二）晌礼时分，我开始服食水银。②

① 此一诺言是在瓜廖尔初次提出的。见 f. 343。

② 英译者注：如此句之后提到巴布尔患病，就不会感到突然。这里，可能是有患病的记载，但遗佚了。

(11月4日),是月(赛法尔月)二十一日,礼拜三,卡姆兰与和卓·多斯特·哈完德处派一印度快腿前来报告消息。[据称],和卓·多斯特·哈完德已于助勒·希哲月十日去喀布尔,并前往胡马雍处。但这时有一个卡姆兰手下的人前来,请求和卓到卡姆兰那里去,以亲自传达我的一切命令。在和卓把自己知道的情况讲清以后,就可以前往胡马雍那里去了。

卡姆兰于助勒·希哲月十七日(9月2日)抵达喀布尔。他在同和卓交谈后,就于同月(助勒·希哲月)二十八日打发他去哈剌札法儿(胜利堡)。在送到的报告中,有一些好消息:决定驱逐乌兹别克人的波斯王塔玛斯普,在达姆甘捕杀了乌兹别克首领里尼什,其部属也尽遭屠杀。又说,奥拜(都拉)·汗得到关于红头(指波斯人)行动的确实消息后,就撤离赫拉特,前往谋夫,并在谋夫
征召撒马尔罕及其附近地方的速檀们,于是,河中地区的速檀们, 346a
都前去援助他。

快腿还送来消息说,牙的格尔·塔海的女儿为胡马雍生了一个儿子,卡姆兰在喀布尔结了婚,他娶了自己的舅父速檀·阿力·米儿咱·(塔海)的女儿为妻。

就在那天,我给占卜者设拉子人赛伊德·达克尼加荣服,赐奖品,并令其尽力完成石砌水井的工程。

(11月6日),是月二十三日[①],礼拜五,我发高烧。以至于去清真寺参加聚礼都很困难。午间礼拜,我是晚于预定的时间在

① 如以穆哈兰月为三十天计算,则巴布尔书中关于赛法尔月的日期,皆与其所记穆哈兰月的日期不合。

书库里很费劲地恭谨地作的。两天后，也即礼拜一，我又发烧，并轻微发抖。

赛法尔月二十七日，礼拜二，晚上，我忽然想要将尊敬的和卓·乌拜都拉·（阿赫拉尔）的著作《双亲寄语》改写成诗体。因寄望于尊敬的和卓的精神之助，我就想，如果我脱离病境，那就是我的诗被和卓接受认可的证明，正如同《外套颂诗》（*Qasidatu' l burda*）的作者，在他的这一诗作被接受后，就得免于瘫痪一样。抱着这种
346b 打算，我着手用大毛拉·阿布杜拉黑曼·（札米）在《正人的念珠》（*Subhatu' l-abrar*）一诗中使用的格律来改写《寄语》，这是一种三韵脚的格律，其中头一个对句中的头一句的韵脚缩短了，第二个对句的头句的韵脚有时缩短，有时不写完全。那天晚上，我写了十三个对句。我给自己规定，每天写作不得少于十个对句；最后看，只有一天未写。去年，我每次发这个病时，这病至少要拖一个月或四十天。而这次，由于真主的恩典和尊敬的和卓的照顾，我只在是月二十九日（11 月 12 日）礼拜四时有点儿虚弱，可一般地已无病了。

到赖比儿·尼勒·安外鲁月八日（11 月 20 日）将《寄语》改写为诗的工作告竣；我一天写了五十二个对句。

（11 月 11 日），赛法尔月二十八日，礼拜三，驻在附近及周围地区的士兵都接到指示，如果真主佑助，我们在最近就要挥师出征。战士们应全副武装，赶来听令。

（此处缺九天的记载）

（11 月 21 日），赖比儿·尼勒·安外鲁月九日，礼拜天，伯克·穆罕默德·塔阿鲁克奇来。去年（回历九三四年），穆哈兰月

月底,他曾去给胡马雍送荣服和马匹。

(11月22日),是月十日,礼拜一,外斯·拉噶里的儿子伯克·基纳(小伯克)和胡马雍的一个伴当比安·舍黑自胡马雍处前来。伯克·基纳带来一个令人高兴的消息:胡马雍生了一个儿子。他给小孩取名为阿耳·阿曼。舍黑·阿布耳·瓦吉德从 347a
“Sháh saadatmand”这个纪年词中见到他的生辰日期。

比安·舍黑比伯克·基纳晚很多才动身。他于赛法尔月九日(10月23日)礼拜五在基什木下面一个名叫杜尚别(意为礼拜一)的地方告别胡马雍;于赖比儿·尼勒·安外鲁月十日(11月23日)礼拜一,到达亚格拉。他来得多快呀,另一次,也是这个比安·舍黑,从哈剌札法儿堡到坎大哈,只走了十一天。[①]

比安·舍黑送来了关于波斯王塔玛斯普出兵并打败了乌兹别克人的消息,其详情如下:波斯王塔玛斯普率领四万军队,带有火枪和大炮,按鲁米方式(即土耳其的方式)摆开阵势,以疾速的行军,出伊剌克,至巴斯塔姆和达姆甘,在那里捕斩了乌兹别克首领里尼什及其部属,之后又迅速前进。库普克·比的儿子康巴尔·阿利也被一个红头的人打败,遂率其少数随从逃往奥拜(都拉)·汗处。奥拜(都拉)·汗没有找到足够的装备,以便在赫拉特附近坚持,便赶紧分遣人员去巴里黑、喜萨尔、撒马尔罕与塔什干的所

① 据英国皇家地理学会书记兴克斯(A. E. Hinks)推算:比安·舍黑的行程是:1. 从基什木到喀布尔240英里,从喀布尔到白沙瓦175英里,从白沙瓦到亚格拉(铁路距离)759英里,总共为1174英里。每天平均约走38英里。2. 哈剌札法尔到喀布尔264英里,喀布尔至坎大哈136英里,总共580英里,平均每天约走53英里。第二次指回历九一三年去把巴达赫尚国王的死信通知巴布尔(见f. 213b)。

有的汗和速檀那里,而自己则退往谋夫去了。速檀们迅速地会集拢来。速云赤汗的幼子巴拉克·速檀从塔什干赶来;忽春·汗率
347b 其诸子阿布·赛德·速檀与普拉德·速檀、札你·伯克·速檀及其诸子自撒马尔罕和米安卡耳前来;邯匝·速檀与马赫地·速檀自喜萨尔来;基廷·哈拉·速檀自巴里黑来。所有这些速檀迅速地前往谋夫与奥拜(都拉)·汗会师。他们总共有十万零五千人。侦察兵向他们报告说,波斯王塔玛斯普心想,奥拜(都拉)·汗只率领少量的军队驻在赫拉特附近,故指挥他的四万人马迅速前进。现在,在确知所有的速檀都会集于谋夫时,他就在拉达甘草地掘壕固守。

乌兹别克人得到这些消息后,置敌人于不顾,开会商量决定,所有的汗和速檀仍然驻扎在马什哈德。"只派少数几个速檀率领两万人,去红头的军营附近,不让他们从战壕里探出头来。只等十月来临(英译本作,只等天蝎星座一出现),就令巫师念咒作雨;这样,就可削弱敌人,以战胜之。"

[在采取上述决定后,乌兹别克的]速檀们就从谋夫出动。波斯王塔马斯普亦自马什哈德出。两军在札木与希尔吉尔德附近相遇;乌兹别克人战败,有许多速檀被俘和被杀。在一封信中曾经写
348a 道,除忽春·汗以外,其他速檀是否有逃脱的,没有确实的消息。这次从军出战的人至今无一人返回。驻守在喜萨尔的速檀们,皆弃城而逃。留在喜萨尔城堡中的只有伊不拉欣·札尼·汗的儿子察耳马,其真名为易司马义。

(11 月 27 日与 28 日),我给胡马雍和卡姆兰写信,并命这个比安·舍黑赶紧返回,将信带去。是月十四日(11 月 27 日),礼拜

五,这些信都写好了,付托给比安·舍黑,并打发他动身。他于是月十五日礼拜六从亚格拉起程。

致胡马雍书原稿

向朕甚思念之胡马雍致意,兹欲谕汝者:赖比儿·尼勒·安外鲁月十日,礼拜一,伯克·基纳与比安·舍黑来,从彼二人带来的信件和送来的报告,我们对于(兴都库什山)南北两边(呼罗珊、河中和喀布尔)诸地发生的情况遂有确切的了解。

(突厥文)感谢真主!他赐给你一个儿子。

他赐你一子,给我一个可爱的孙子。

让真主老是给我们送来这样的欢乐!阿门,两个世界的主!你给儿子取名阿耳·阿曼,主会使他幸运的!你自己虽这么写,(即写作阿耳·阿曼),但你却没有注意到,因为此名常用,普通人多将其念成"阿拉曼"或"伊拉曼"。此外,在人名中把A与L这样连在一起甚为罕见。愿主使他的名字和他本人幸福走运。愿主使 348b
你我长寿,并使阿耳·阿曼永远幸福康宁!

伟大的真主以其仁慈与大度使我们的事业整饬完善。像这样的成功已有多年不见出现了。

是月十一日(11月23日),礼拜二,曾有谣传,说巴里黑的居民归附了库尔班·(察尔希)并让他进了巴里黑城。我已命令卡姆兰和喀布尔诸伯克出城去与你会合;以后,你们就朝喜萨尔、撒马尔罕或国家利益要求的任何别的地方进发。凭真主的恩典,你们将打垮敌人,夺取土地,令朋友高兴、敌人丧胆,如果伟大的真主希望的话。现在是你们不怕死,挥刀杀敌的时刻来到了。不要放过到手的东西——怠惰与玩忽职守与王号是不相宜的。[尼札米写的诗说]：

（波斯文）行动迟缓不能征服世界，

世界属于行动更快的豪杰，

为要结婚，一切都可搁置，

不会停顿的只有对国家的管治。

在真主的关照下，你们如能征服巴里黑与喜萨尔，那你就将人员留在喜萨尔，让卡姆兰的人留守巴里黑。如果还能夺取撒马尔
349a 罕，那你自己就驻跸于其地。如果真主愿意，我将以喜萨尔地区作为朕的领地。

如果卡姆兰嫌巴里黑地方不够，可即向我报告，我会按照真主的意愿，从相邻的地方拨出土地以补其不足。你知道，历来是按这么一个规矩行事的，即，如果你得六份，卡姆兰就得五份。这一规矩经常遵行，不得背离。你应同弟弟卡姆兰和睦相处，大人物应能容忍。我希望你能对他好。他也已成长为一个虔诚的好青年，他不会对你不尽忠听话的。

我对你有一点小小的抱怨：在最近的两、三年中，你那里没有派一个人来；我派到你那里去的人（指伯克·穆罕默德·塔阿鲁克奇）约需一年多才能回来。难道不是这样的吗？

你在自己写的信中常谈到孤僻。对于一个君主说来，孤僻是一个缺点。（萨地写的诗）不是说过吗？

（波斯文）如果你被捆绑，那就只有听天由命，

如果你是独立的，那就可以随意行动。

没有一种束缚比国王的锁链更牢固，

孤僻与君主的称号很不相称。

因我命你写信,你才给我写了一封信;但你为何没有将其重看
一遍呢?如果你曾想过要将其重看一遍,那你就不会写成这样,你 349b
自己不能读懂,也一定会改正你的笔调。的确,你的笔调,如果费一番劲,还是读得懂,但很晦涩。谁也没有在散文中见过这种语意不明的话。你写的字在正字法方面虽然不错,但并不很准确:你写iltafat带有ta,写qŭlinj带有ya。你写的字虽然费一番劲还是看得清,但因你的词义晦涩,故文意亦不可懂。你写字粗心大意,似乎是由于你想咬文嚼字,遂致语意不明。今后,应写得简单些,要用明白洗练的词句。这样,你自己和你的读者都会省劲些。

你现在准备干一番大事。你应同明理而又有经验的伯克们商量,照他们说的去干。

你若想使我满意,就不要再孤僻与离群索居。每天应两次把自己的弟弟和伯克们召至跟前,不许他们随便不到。一切事情都同他们商量,并在同这些关怀你的人协商同意后行事。

和卓·卡兰长期以来与我相处,亲近如家人,你也应像我一样 350a
待他。如果真主愿意,在你管辖的边远地区事情变得较少,不再需要卡姆兰了,就让卡姆兰把可靠的人留在巴里黑,他自己则到我这里来。

我来喀布尔后,取得了这样的胜利,征服了这么多地方,遂认为喀布尔是福地,乃把它定为我个人的领地。你们谁也不得对其有觊觎之心。

你们表现不错,赢得了速檀·歪斯的忠心;可将其罗致到你的手下,他是一个有办事经验的人,你应按他的意见行事。

你的军队应保持良好的秩序,常备不懈。

比安·舍黑听我谈了许多事,他会告诉你的。即此存问,甚望与汝相见。赖比儿·尼勒·安外鲁月十三日,礼拜四(11 月 26 日),手书。

我也给卡姆兰与和卓·卡兰亲笔写了同样内容的信,(命比安· 舍黑)送去。

(此处缺从赖比儿·尼勒·安外鲁月十五日至十九日的记载)

(12 月 2 日),是月(赖比儿·尼勒·安外鲁月)十九日,礼拜三,我召集米儿咱们、速檀们以及突厥族和印度的异密们开会,作出如下决定:今年一定要将军队开往某处。在我亲自出动前,阿斯卡里应向东进军;驻在恒河彼岸的速檀与异密则应率领自己的军队来阿斯卡里处会师,然后朝国家利益要求的地方进军。

350b 我命将这些情况记下,于是月二十二日礼拜六派吉亚苏丁·库尔奇去东面统帅速檀·朱乃德·巴鲁剌思手下诸异密处,规定十六天后为会师日期。我令其口头传达如下内容:阿斯卡里已奉命先行,而我们则在等待大炮、战车、火枪与其他战斗用物资和装备准备停当后再走。恒河彼岸的所有速檀与异密都奉令率领自己的军队到阿斯卡里处集结,并在真主的帮助下,朝国运需要的地方进发。让我们同那里的同情者商量:如有要求我到场的事情,那么,等我派出的人一回来,只要伟大的真主愿意,我就立即动身。如果孟加拉人(努斯拉特·沙)仍然效忠和服从,而那里又没有需要我亲自到场的事,那就请向我详细报告;我就不作停留,而向其他方面进军。你们在同我们的同情者商量后,应当好生地接待阿斯卡里;凭伟大的真主之助,你们前去最后解决那边的一切事务。

(此处缺五天的记载)

(12月12日),赖比儿·尼勒·安外鲁月二十九日,礼拜六,授给阿斯卡里一把镶有宝石的短剑和腰带、荣服、旗帜、马尾旗、鼓、良种马一组(6~8匹)、象十头、骆驼一队,还有皇家的御用家具和装备。阿斯卡里奉命出掌揆要。他的毛拉和两个卫士则被赐 351a
以带。有宝石的纽扣和短上衣,而其他的伴当则被赐给二十七件袷袢。

(12月13日),是月月末(赖比儿·尼勒·安外鲁月三十日),礼拜天,我去速檀·穆罕默德·巴赫什的房子;他在我的脚下铺一块地毯,地毡上摆了礼物;他献给我的金钱和礼物,价值超过两拉克。献礼后,我们就转到另一个房间,坐下,吃麻饯。我于三更(午夜?)时离去,过河,返回我自己的房子。

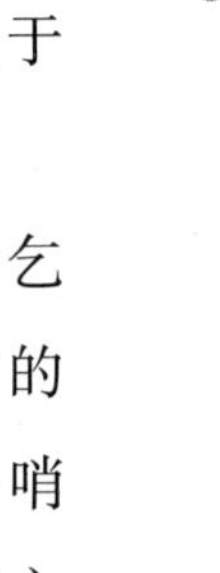

(12月17日),赖比儿·尼勒·阿赫鲁月四日,礼拜四,命乞克马克·伯克和司书沙喜·塔姆伽奇去丈量从亚格拉至喀布尔的距离。每隔九库罗赫(18公里)树一高十二卡里的塔,塔顶建一哨亭(char-dara,四面有门)。每隔十八库罗赫(36公里)建一备有六匹驿马的驿站。驿站长与马夫皆有规定的薪俸,驿马备有秣料。命令是:如果设有驿站的地方距国王的领地近,则前述开支应在当地筹措;如非如此,则由驿站所在领地的伯克承担该义务。

乞克马克和沙喜于当天离开亚格拉。

[作者关于库罗赫的注:库罗赫的长度,如《穆秉》中所说的,定为一密耳。 351b

（突厥文）四千步（qadam）为一密耳

知否，印度人称之为一库罗赫

他们说，一步为一卡里半

一卡里（24 英寸）为六权（tutam）

每一权为四指（ailik）长

每指宽为六颗大麦的种子。你须具备这些知识。[①]

丈量用的绳子（tanab）为四十卡里长，每一卡里有上述卡里的一倍半长，也即九权长。一百根这样的丈量绳长度合一库罗赫。]

（12 月 18 日），是月（赖比儿·尼勒·阿赫鲁月）六日，礼拜六，举行了一次宴会。到会的有红头的（即波斯的）、乌兹别克的和印度的[②]使者。红头的使者被安置在我右边约七、八十卡里处的一个白色遮篷下就座，我方的玉努斯·阿力伯克奉命陪红头坐在一起。乌兹别克的使者则坐于我左边同样的位置，奉命陪坐者为阿不都拉赫伯克。我坐于北边一个新建的八角亭台（talar）之上，其上盖了香草。我右边五、六卡里处坐着图赫塔·不花·速

① 长度的标准为：

1 密耳 =4000 步（qadam）

1 步 =1.5 卡里 ——约 90 厘米

1 卡里 =6 权 ——约 60 厘米

1 权 =4 指 ——约 10 厘米

1 指 =6 颗大麦种子——约 2.5 厘米

1 颗大麦种子 ——约 4 毫米

1 塔纳普 =40 卡里 ——约 24 米

1 卡里 ——约 60 厘米

② 此处的印度指拉吉普坦。

檀、阿斯卡里、神圣的和卓之后裔——和卓·阿不杜什·沙希德与和卓·卡岚,还有和卓·忽赛尼(或作契什特)、喀利法以及来自撒马尔罕诸和卓手下的哈非思(hafizes,读《古兰经》者)和毛拉们。我左边五、六卡里处则坐着穆罕默德·札曼·米儿咱、唐·阿
特米什·速檀、赛伊德·拉非、赛伊德·鲁米、舍黑·阿布耳·法 352a
特赫、舍黑·贾马利、阿拉伯人舍黑·失哈布丁和赛伊德·达克尼。在上菜之前,速檀们、汗们、达官贵人们和异密们给我贡献各种礼物,如黄金、白银、铜钱、布匹和其他各种商货。我命在自己的前面放一块地毯;他们把黄金和铜钱,倒在这块地毯上,而与黄金、白银并排放着的则是一大堆粗、细布料和钱包。在进食前献礼时,就座者对面的岛上[①]则举行醉驼与象相斗,也举行了斗羊的游戏。此后就进行摔跤。

在上过正菜以后,和卓·阿不杜什·沙希德与和卓·卡岚被着以绣花的貂皮大衣和相应的荣服;毛拉·法鲁赫、哈非兹及其随同前来的部属,都接到馈赠的上衣。忽春·汗的使者和哈三·彻列比之弟被赠以绣花的平布袷袢和丝制的长耳风帽,以及相应的荣服。(乌兹别克的)阿布·赛德·速檀的使者、米黑里·班·汗尼木及其子普拉德·速檀的使者,还有沙·胡赛因(英译本作哈
三)·阿儿浑的使者,都被赠以绣花短衣和丝织外套。两位和卓 352b
与两位主要的使者,即忽春·汗的伴当和哈三·彻列比之弟,得到的礼物为一银锭重的黄金和一金锭重的白银。[作者自注:一金锭(tash)合五百密斯卡耳,即合一喀布尔锡尔(sir)重;一银锭合二

① 可能指朱木那河冬天水落后出现的一个岛,或半岛。

百五十密斯卡耳,即合半个喀布尔锡尔重。]

给和卓·密尔·速檀及其儿子们,给塔什干的哈飞思,给毛拉·法鲁赫及其率领的和卓的伴当们,以及其他的使者,都赠送了整套的金、银托盘;雅的加尔·纳昔尔得到一把短剑和一条腰带。架筏人密尔·穆罕默德,因很好地架设了一座跨越恒河的桥,已得到应有的奖赏[①];这位密尔·穆罕默德,还有射手巴列完·哈吉·穆罕默德、巴列完·布赫鲁耳和瓦利帕尔斯奇(驯豹者),都被赐给短剑。阿力·库利师傅的儿子也得到一把短剑。赛伊德·达乌德·噶尔姆·赛里被赏给了金、银钱币,我女儿马苏玛和我儿子印达耳的伴当们得到带纽扣的短上衣和呢绒外套。随我从安集延来此的人和无家可归到处漂泊的人,以及从苏赫和胡什雅尔出走的人,我都赐给了带纽扣的短上衣、呢绒外套、黄金、白银和布匹。库尔班和舍喜的伴当以及卡赫马尔德的农民也被赏赐了同样的
353a 礼品。

撤席之后,就令印度的杂技演员进来耍把戏。鲁利人(Lulis)来了[②]。杂技演员也来表演。印度杂技演员表演的一些杂技,在我国(Tramontane)从未见表演过。例如,他们拿七个环,以其中的一个放在前额上,两个放在膝上。其余四个环,两个戴在手指上,两个戴在脚趾上,一下子就使其不停地迅速转动。

另一个杂技是这样的:[杂技演员]以一只手撑地,另一只手与两腿倒举,然后就模仿孔雀尾的样子将倒举的手、腿叉开,迅速

① 见回历九三四年,即公元1528年(f.336)。

② 可能指吉卜赛人,马戏演员。

不停地转动其上的三个环。

还有一个杂技是:在我国,杂技演员把腿绑在两根木棍上踩着高跷走,而印度的杂技演员则是踩在一根木头的高跷上走,甚至不要将其绑在腿上。

另一个杂技是:在我国,杂技演员两人互相扭在一起,翻两个筋斗,而印度的杂技演员(lulis)却能扭在一起翻三、四个筋斗。

另一个杂技是:一个杂技演员把一根长六、七卡里的竿子立于
自己的腹部,将其握直,另一个杂技演员缘竿上爬,并在竿上做各 353b
种杂技表演。

另一个杂技是:一个矮小的杂技演员爬到高个子演员的头上,全身直立;下面的演员向四方迅速走动,以表演自己的技巧;这时,矮个子演员毫不摇晃地以头直接倒立于高个演员的头顶上,也表演技艺。[其后]又有许多舞女前来跳舞。

昏礼之前不久,散发了大量金、银和铜钱;接着是一片震人的喧嚣声,并开始拥挤。

在昏礼与宵礼之间的时间里,我让五、六个亲信近臣坐在我的身边,总有一个更时多的时间。次日早晨,即第二个更时(赖比儿·尼勒·阿赫鲁月七日,礼拜天,上午 9 时)的时候,我们乘船前往哈什特·比希什特(意为八个天堂)。

(12 月 20 日),(赖比儿·尼勒·阿赫鲁月八日)礼拜一,率军(自亚格拉)出征的阿斯卡里,来澡堂向我告别,遂出发东征。

(12 月 21 日),(赖比儿·尼勒·阿赫鲁月九日)礼拜二,我去托尔布尔视察我曾下令在那里建造的水池和水井。初更后过了一噶里(24 分钟,即上午 9 时 22 分)时,我从(亚格拉的)花园出

发;在我到达托尔布尔的花园时,夜里初更五噶里(即下午7时40分)已经过了。

(12月23日),是月十一日,礼拜四,石井(Sangin-chah),二十六个石槽(tash-tar-nan)和石柱,以及凿在崖石上的水渠,都已完成。同日三更后,开始从井里打水上来。在托尔布尔工作的石匠和木匠以及所有的短工、零工,都按照亚格拉的师傅和工人的惯
354a 例,给予了馈赠。由于井水有臭味,故下令接连十五昼夜不停地转动辘轳,往上打水,将水引开。

(12月24日),礼拜五,在一更将尽尚余一噶里时(约上午8时40分),我们从托尔布尔动身,于太阳落山以前过了(朱木那)河。

(此处缺三天的记载)

(12月28日),是月(赖比儿·尼勒·阿赫鲁月)十六日,礼拜二,德夫·速檀的一个伴当前来。此人曾参加过红头与乌兹别克人之间的一次战役。他描写该战役说:土库曼人[①]和乌兹别克人之间的战争于阿舒尔日(穆哈兰月十日)发生在札木和希尔吉尔德附近。战斗从黎明时起,一直进行到晌礼时分。乌兹别克人有三十万,土库曼则据说有四五万;他说他自己从其黑压压的人群看估计有十万人;另一方面,乌兹别克人则自称有十五万大军。红头将领按照鲁米人的方式,布设战车、大炮和射击手,巩固自己的

① 这里的土库曼人,可能表示波斯军中有土库曼士兵,他们由波斯红头将领指挥。

阵地后,开始战斗。他们有两千辆战车和六千射手。少年的波斯王(时十四岁)塔玛斯普和朱哈·速檀率领两万精卒待在战车的后面;其余的伯克则布列在战车前的左、右两翼。乌兹别克人冲上 354b
来,打败和驱逐了前面的人,或将他们赶走,或将他们俘虏;乌兹别克人接着绕至红头的后面,夺取骆驼与辎重。这时,待在战车后面的战士们就松开铁链,冲了出来。当即开展了战斗。乌兹别克人的[进攻]三次被打退;承蒙伟大真主的恩典,他们被打败了。以忽春·汗、奥拜(都拉)·汗和阿布·赛德·速檀为首的九位速檀都被俘。据说,只有阿布·赛德·速檀一个人活了下来,其他八个速檀皆被杀。奥拜(都拉)·汗只有尸体被找到,其头不见了。在这次战争中,有五万乌兹别克人和两万土库曼人被杀。

(此处所述事实似有遗佚)

(12月30日),同日(赖比儿·尼勒·阿赫鲁月十八日,礼拜四),吉亚苏丁·库尔奇(卫士)来,他本是由我派遣去军普尔,并命其须在十六天之后返回的,但因速檀·朱乃德和其余的人已率军到哈里德去了,所以,吉亚苏丁不能按指定的时间赶回来。① 速檀·朱乃德亲口说:"感谢真主,蒙真主的恩典,在我们这边远的地区,没有事情需要皇上亲自前来处理。让米儿咱·(阿斯卡里)来吧。如果这里的速檀们、汗们与异密们接到同这位米儿咱会师的命令,那么所有的事情都可望轻易地安排好。" 355a

速檀·朱乃德虽送来了这样的答复,但据说在我征讨异教徒

---

① 指定须在十六天之内返回,但他实际离开的时间有二十四五天。

拉纳·桑伽以后奉使去孟加拉的毛拉·穆罕默德·马兹哈布，今天或明天不会回来（英译本作将会返回），所以也应注意听取他带回的消息。

（12 月 31 日），是月十九日，礼拜五，我吃了麻饯，同几个亲信近臣坐在自己的内室里，这时，毛拉·马兹哈布于礼拜六的晚上到达，并前来见我。在仔细询问他关于那里的情况后，我得知孟加拉人是忠顺无二心的。

（1 月 2 日），礼拜六（赖比儿·尼勒·阿赫鲁月二十一日），我把突厥族的和印度的异密们召至自己的内室，进行商量。商量中谈及，孟加拉人（努斯拉特·沙）既遣使来，又据说忠顺不二，那就不必进军孟加拉。如果不进军孟加拉，那方面就没有别的地方有足以供养军队的库藏；而西边则有几个地方既近便又富庶。

（突厥文）那里财富充足，人民为异教徒，而路程却不远。

东方虽路途遥远，该地却很近。

最后决定，我们还是应当西进。因西征路近，故可停留几天，
355b 以使出发时对东方放心。我又派吉亚苏丁·库尔奇驰往东边，并指定其于二十天内返回，其任务是向东面诸异密传宣书面的诏令，令恒河那边所有的速檀、汗和异密们到阿斯卡里那里集合，去进攻敌人。传达了这些命令后，吉亚苏丁还应打听那边的新消息，于指定的期限内带回。

在这些日子里，穆罕默地·库克耳达什送来报告说，俾路支人又对一些地方进行了袭击和抢劫。为此，我命真·帖木儿·速檀把锡尔欣和萨马纳以外的伯克们召集拢来。那里的伯克有：阿迪耳·速檀、速檀·穆罕默德·杜耳代、胡思老·库克耳达什、穆罕

默德·阿利·江·江、马厩官阿卜杜耳·阿即思、赛亦德·阿力、瓦利·克孜耳、喀拉察、哈拉希耳、管家阿什克、舍黑·阿力、基塔·(伯克)、古朱尔·汗与哈三·阿利·萨瓦迪。这些伯克带上六个月的装备,随他前往进攻俾路支人。他们须响应速檀的号召与指示前来,不得违背他的正确合法的命令。阿布杜耳·噶法尔被派去传达诏令。他应将诏令先传达给真·帖木儿·速檀,离开速檀那里后,再将诏令宣示于上述诸伯克,令他们率领军队前来 356a
真·帖木儿·速檀指定的地方。阿布杜耳·噶法尔自己则留在军队里,目的是在有任何人表现懒惰懈怠时就立即报告,办完此事后,我们就应将军队带开,并离开他的领地。

在将上述命令交给阿布杜耳·噶法尔,并给他作了口头指示后,就打发他前往。

(前面叙述中最后一个明确记载的时间是一星期以前)

(1月9日),是月(赖比儿·尼勒·阿赫鲁月)二十八日,礼拜天前夜,我们于三更零六噶里(凌晨2时15分)时渡过军河(朱木那河),前往托尔布尔的莲园(Lotus-garden)。礼拜天中午,快到三更时,我们到达这个花园。在花园周围及其附近,指定了一些地方和地段给伯克们和亲眷,让他们能在那里兴建房屋和开辟花园。

(1月13日),主马达·勒·巫拉月三日,礼拜四,我指定花园东南部的一个地方用来建一澡堂,遂将其地铲平,然后就在这块平坦的地上打下基脚,并绘制了建筑图。我吩咐在这个澡堂的一个房间里修建一个十平方[卡里]的水池。

同一天,喀利法从亚格拉送来喀孜·吉雅和比尔·辛格·德

356b 奥的报告。报告中说，伊斯堪达尔的儿子马茂德（罗地）夺取了比哈尔（城）。这消息一到，我就立即决定挥师出征。

（1月14日），（主马达·勒·巫拉月四日）礼拜五，第六噶里时（上午8时15分），我们从莲园出发，于昏礼时到达亚格拉。我们在路上遇到正赶往托尔布尔去的穆罕默德·札曼·米儿咱。真·帖木儿·速檀也在这一天到达亚格拉。

（1月15日），次日，礼拜六，我召集议政伯克们开会，会议决定于是月十日（1月21日）礼拜四东征。也就在这个礼拜六，喀布尔来信报告说，胡马雍集合了驻在那方面（Tramontana）的军队，率同速檀·歪斯，指挥着四、五万军队，往征撒马尔罕。速檀·歪斯之弟沙赫·库力出兵进入喜萨尔，吐尔逊·穆罕默德·速檀出呾密，夺取卡巴迪安，并请求支援。胡马雍派图力克·库克耳达什和密尔·胡尔德率领大量人员和驻在那里的蒙兀儿人前去援助吐尔逊·速檀，胡马雍自己也随后前往。

（此处缺四天的记载）

（1月20日），主马达·勒·巫拉月十日，礼拜四，过了第三噶里之后（约上午7时10分），我出发东征，在杰莱瑟尔村以上的地
357a 方渡过军河（朱木那河），到达札拉夫商花园（意为散布着黄金的花园）。所有的士兵，带着旗、鼓和马匹，奉令在河这边与花园相对的地方扎营。前来向我朝拜的人则应乘船渡河。

（1月22日），（是月十二日）礼拜六，孟加拉来使易司卖耳·密塔带来孟加拉人的贡品，并按印度的仪式来向我致敬。他步行到距我一箭之地，鞠躬施礼，后退。然后，他被加以称为“Sir

Mawineh”(毛织)[①]的荣服,并被带到我的面前。他又按我们的礼节向我三次下跪,前进,呈交努斯拉特·沙的信。使者在呈上带来的贡品以后,就告退了。

(1 月 24 日),同月(十四日),礼拜一,和卓·阿布杜耳·哈克来。我乘船过河,到和卓住的毡房,向他致敬。

(1 月 25 日),(同月十五日),礼拜二,哈三·彻列比到来,向我 奉朝请。为了给军队进行装备,我们在花园停留了几天。

(1 月 27 日),(是月)十七日,礼拜四,我们于第三噶里(上午 7 时 10 分)以后从该地出发;我坐船走。我军在距亚格拉七库罗赫(14 公里)的安瓦拉村驻营。

(1 月 30 日),(主马达·勒·巫拉月二十日),礼拜天,让乌
兹别克使者离去。我给忽春·汗的使者阿敏·米儿咱赏赐带套的 357b
短剑、织金的帽子和七万腾格[②]。阿布·赛德·速檀的使者毛拉·塔海、米黑里·班·汗尼木的仆人和她的儿子普拉德·速檀,被赐予带宝石扣子的短上衣和丝织长袍,他们还被赐予与各人的地位相称的奖金。

(1 月 31 日?),次日早晨(二十一日,礼拜一?),和卓·阿布杜耳·哈克获准留在亚格拉,而曾经以乌兹别克诸汗和诸速檀的使者的身份前来的和卓·雅海亚之孙和卓·卡岚,则获准前往撒马尔罕。为庆贺胡马雍得子与卡姆兰结婚,我派米儿咱·大不里

① 各种版本的写法不同。英译者蓓沃丽吉因不能肯定,故空着,代以删节号。法译本写作 Sir-mouineh(译者为 De Courteille)。厄斯金写作 Sir Mawineh。按 Muina 意为貂皮,系黑貂皮或其他珍贵的毛皮。

② 腾格是一种小银币,约合一便士。

士(英译本作毛拉·大不里士)和米儿咱·伯克·塔海给这两位米儿咱各送去一万沙哈鲁币的礼金。此外,还给这两位米儿咱送去我穿过的长袍和带扣子的腰带。我还通过毛拉·比希什特给印达耳送去镶嵌了宝石的带套短剑,镶了宝石的墨水瓶,镶砌了母珠的小板凳,一件短外衣和一根带扣子的腰带,以及用巴布尔书法写成的字母表。我还送去几首诗的片断,也是用巴布尔书法写的。我将我在印度的译作和诗送给胡马雍,给印达耳与和卓·卡兰也送去这一翻译作品和诗。我还通过米儿咱·伯克·塔海给卡姆兰送去了这篇翻译和诗作,还有用巴布尔书法写的字帖。[①]

(2月1日),礼拜二,我写了托去喀布尔的人捎去的信,遂打
358a 发他们动身。之后,我就想起了亚格拉和托尔布尔[应当着手动工的]建筑。我将此事向毛拉·喀西木、石匠沙·穆罕默德师傅、米拉克、密尔·吉亚斯、石匠密尔和掘土工沙·巴巴提及,并交给他们负责。然后就打发他们离去。

(2月2日),快到初更时(上午6时),我们离开安瓦拉(时为主马达·勒·巫拉月二十三日,礼拜三),于晌礼时分到达距昌达瓦尔一库罗赫(2公里)处一个名叫阿巴普尔的村停留。

(2月3日),礼拜四(二十四日),我派卫士阿卜杜耳·马利克同哈三·彻列比一同出使去波斯王那里,而察普克则奉命同乌兹别克来使一起出使去乌兹别克诸汗与诸速檀处。

在黑夜将尽尚余四噶里的时间(早4时30分),我们从阿巴普尔动身。天亮时经过昌达瓦尔,然后上船,于宵礼前在拉普里前

① 这大约是给卡姆兰学习书法用的。

面离船上岸，到达法斯普尔的营地。

（2 月 4 日与 5 日），在法斯普尔过了一天（礼拜五），我又于礼拜六（二十六日）天亮时净身，在拉普里附近集体做晨礼，领着做礼拜的伊玛姆是大毛拉·马赫穆德（英译本作穆罕默德）·法拉比。太阳升起后，我又在拉普里旁边的河弯下面上了船。为了用混合的书体书写我的译作，我在这一天准备了一个十一行的标行器（mistar）。是日，忠于真主的人的话语引起了我的警觉。

（2 月 6 日），把船开到贾金的对岸停靠，这是拉普里境内的一个采邑，我们就在船中过夜。（二十七日，礼拜天），天亮前，我们 358b
从该处开船继续前行，并在河中央做早晨礼拜。我坐在船里，这时军需官速檀·穆罕默德来，他带来了和卓·卡兰的伴当舍木苏丁·穆罕默德。从其送来的信件及其口述，我对喀布尔的局势与状况，知道了详情。我在船上时，马黑地·和卓也来了。晌礼前，离船上岸，到埃达瓦对岸的一个花园中。在军河（朱木那河）中沐浴，并做礼拜。我又从做礼拜的地方转移到距埃达瓦较近的地方，进入该花园，坐于水上一小山的树下。我让战士们做各种竞技游戏为乐。照马黑地·和卓命令做好的宴席，呈献了上来。

昏礼时我们过河，于宵礼时到达营地。为征集军队和给舍木苏丁·穆罕默德带来的信写回信，我们在这个营地又停留了两三天。

（2 月 9 日），主马达·勒·巫拉月月末（三十日），礼拜三，我们离开埃达瓦，走了八库罗赫（16 公里），到穆里与阿杜萨村停留。在这个驻地，我又写了其余几封寄往喀布尔的信。写给胡马雍的那封信内容是：“如果眼下没有［其他的］事情需要关注，那你就把

盗匪平息下去，使之不能破坏正到来的和平。”我还写到，喀布尔
359a 已宣布为朕的个人领地，诸皇子中谁也不得觊觎之。此外，我还召印达耳来见。我给卡姆兰写信说，他应同波斯王维持良好的关系，并通知他，我已将木尔坦赐给了卡姆兰，喀布尔地区则已宣布为帕的沙的个人领地。我还写到，我的家眷和亲戚已来。因读者从致和卓·卡兰的信中可以了解到其他的一些情况，所以我将该信的全文不加改动地转录如下：

[致和卓·卡兰信]

向和卓·卡兰致意！舍木苏丁·穆罕默德已来到埃达瓦。喀布尔的局面我已知悉。我要前往该地区的打算是无限的。印度方面的情况开始进入某种有秩序的状态。由于伟大真主的恩典，这里的事情可望迅速安顿好。这些事情一整顿好，我即能靠真主的帮助立即动身去喀布尔。一个人怎么能忘记那地方愉快的往事，特别是一个表示忏悔并已戒酒的人？他怎能不想起那吃食甜瓜、葡萄的合理享受？不久以前，人们给我带来甜瓜，在我切之食之之时，它对我发生了奇怪的影响，我竟为之潸然泪下。

359b 人们给我写信谈到喀布尔的混乱状况。我在反复思考这个问题，终于认为，一个地区如有七、八个统治者，那该地区怎么能抓得拢、建立秩序，使其强盛呢？因此，我把我的姐姐（罕匝答）和我的妻妾召来印度，并宣布喀布尔整个地区和乡村为朕的个人领地。我也将此意写信详细告知了胡马雍和卡姆兰。请让一个能干的人将我的信转交给两位米儿咱。过去我也曾写信给米儿咱谈到过这点，你可能已全知道。现在，关于这些地区的管理整顿问题，已不

再需要作任何解释,也没有什么可说的了。今后,如果该城仍不设防,其人民仍被置之于不顾,如果仓廪无所储备,国库如不充盈,那么这就应当归罪于你这位国家柱石(指和卓·卡兰)的不得力。

关于下面所举的几件紧急要办的事,已有命令传达。其中的一个命令是:"国库应更加充实。"须刻不容缓地办理的事为:首先,修整城堡,然后囤积粮秣,然后是每天供应过往使者的食宿,然后修建一个大清真寺。办所有这些事情的钱,皆从赋入中提取并合法地开支。还有,是整修商队客栈与热水澡堂。将哈桑·阿利 360a
师傅在城堡堡垒上修建而未完工的砖砌廊柱建成。此工程应与速檀.穆罕默德师傅商量并按有关的设计施工。如果哈桑·阿利师傅以前设计的施工图还在,则按此设计图施工并完成之;如果施工图不在,则应商量制定一个优美协调的计划,然后建筑,使其地板与接见大厅的地板齐平。再有:对小喀布尔(Khwurd Kabul)的水坝进行修整,该水坝应将布特·哈克河之水拦在其流入小喀布尔狭地之处。还有:应维修加兹尼水坝。还有:要修整林荫道花园。该花园缺水,应将足够发动一个水磨的水引入该园。还有,我曾从图通·达拉把水引到和卓·巴斯塔西南的一个高地上,在那里建一蓄水池并栽了树苗。因此地位于一个渡口的对面,前面景色优美,故被称为观景台(nazar-gah)。必须将最好的树苗栽种在那里,按设计开辟草地,在草地周围种植美丽的鲜花和香草。

还有:赛伊德·哈斯木也已被任命率部队去支援你。

不要忽视军械匠穆罕默德·哈三师傅(英译本作穆罕默德·艾敏)及其射手们的境况。

你们在接到此信后,应立即尽快地打发并护送我的姐姐(罕

360b 匝答·别昆)和我的妻妾们离开喀布尔去尼耳·阿布,即使她们可能不乐意去,也必须保证在此信到后一个礼拜内出发,因为从印度前去迎接她们的部队,是在峡谷中等待,忍受着艰难困苦。也因为那些地方开始发生了纠纷破坏。

在我致阿不都拉的信中写道,我在忏悔时,甚感不安。

下面这首柔巴依(四行诗)就反映了我的困窘心情:

由于戒酒,我心境紊乱,
我不知怎么办,感到意乱心烦。
所有的人都后悔并发誓戒酒,
而我却在发誓戒酒后又感后悔。

我想起了巴纳伊讲的一段妙语:巴纳伊有一次在阿利·失儿·伯克面前说了一句绝妙的俏皮话。阿利·失儿·伯克穿了一件带纽扣的短外衣。他说:"你说了动人的诙谐话,我本想将我的短外衣馈赠给你,但纽扣碍事。"巴纳伊说:"纽扣碍什么事,碍事的是扣眼。"责任便落到讲此事的人身上。看真主的面,请原谅我讲了这个笑话,请不要以为我很坏。

上面引的那首柔巴依,实际上是在去年写的。在过去的两年中,我对酒宴的渴望与爱好是无限的和无止境的。对酒的渴望之心有时甚至使我泪下。今年,要感谢真主,这种精神上的不安已完
361a 全消失了。看来,这是由于我将和卓·阿赫拉尔的书翰(指《双亲寄语》)改成诗,获得了幸运与祝福,因而帮助了我。你也戒了酒吧!如果同亲爱的酒友和谈伴在一起,那喝酒与举行酒会倒是好事,但是,现在你能与谁一起举行酒会,又有谁陪你一起喝酒呢?如果希尔·阿黑麻与海达尔·库力是你的酒友,那你戒酒就不会

那么困难!渴望见到你,特此致意。主马达·勒·阿赫赖月一日(2月10日),礼拜四,御笔手书。

写这些充满训示的话,对我有强烈的影响。我将书信托付给舍木苏丁·穆罕默德,同时还让他传达口头指示,于礼拜五晚上打发他上路。

(2月11日),礼拜五(主马达·勒·阿赫赖月二日),我们走了八库罗赫(16公里),到朱曼德纳停驻。是日,基廷·哈拉·速檀的一个伴当来,他是由这位速檀派遣到出使我处的卡马鲁丁·基雅克这里来的。基廷·哈拉·速檀给基雅克写信谈了一些事,信中控诉和埋怨(巴里黑)边境诸伯克的态度与胡作非为,以及偷盗与抢劫的暴行。基雅克又派人来我处(按,英译本无此句)。我允许基雅克离去,下令边境地区的伯克们制止抢劫与偷盗的行为,并与相邻的(巴里黑)维持良好关系。我将这些命令交付给基廷·哈拉·速檀派来的人,打发他离开这个驻地。

有一个名叫沙·苦利的人,从哈三·彻列比那里来我处报告
[乌兹别克人和红头]在札木作战的详细情况。我通过这位沙· 361b
苦利给波斯王转去一信,接受哈三·彻列比为迟到所作的道歉。遂于是月二日,礼拜五那天,打发(哈三·彻列比的伴当)沙·苦利离去。

(2月12日),礼拜六(三日),我们走了八库罗赫(16公里),到加尔比地区的卡库拉与察查瓦利两个采邑停留。

(2月13日),是月四日,礼拜天,我们走了九库罗赫(18公里),到加尔比地区的采邑迪拉普尔停留。我在该地剃了头,已有两个月没有剃头了。然后就到辛加尔·河沐浴净身。

(2 月 14 日),是月五日,礼拜一,我们走了十四库罗赫(28 公里),到加尔比地区的查帕尔库达采邑停留。

(2 月 15 日),次日(是月六日),礼拜二,清晨,喀拉察·汗的一个印度仆人,带来马希姆写给喀拉察·汗的诏书,从中得知,她正在前来的途中。这份诏书,是照我以前亲笔写的命令的样式拟写的。马希姆在这一诏书中要求从拉合尔、比拉及附近地区的居民中为她选派卫队。该诏书是于主马达·勒·巫拉月七日(1 月 17 日)在喀布尔写的。

(2 月 16 日),礼拜三(七日),我们走了七库罗赫(14 公里),到亚当布尔停留。是日,还没有天亮我就一个人跨马前行,在中午时停留了一次,到达军河(朱木那河)。我又沿着军河河岸往下行走,来到亚当布尔对面的一个地方。我下令在距大营不远的一个

362a 岛上搭起毡房,坐下来吃麻饯。那天,我命萨迪克同库拉耳摔跤。库拉耳是带了各种要求来的。在亚格拉时,他曾以路途劳累为由请求允许他二十天不参加角斗。此期限到期后,现又过了四、五十天。他不得已只好进行角斗。萨迪克表现很好,轻易地就将库拉耳摔倒。我给萨迪克赏赐了一万腾格、一匹带鞍子的马、一套长袍和一件带纽扣的短外衣。库拉耳虽然失败,但也被赐给一套长袍和三千腾格,以免他灰心丧气。

我下令炮车和炮架从船上搬到岸上,为等修路、平地和卸炮,我们在这个驻地待了三、四天。

(2 月 21 日),是月(主马达·勒·阿赫赖月)十二日,礼拜一,我们走了十二库罗赫(24 公里),到库拉拉赫停留。是日,我是坐担架。

(2月22—25日),(十三日)自库拉拉赫往前行军十二库罗赫(24公里),我们到达卡拉赫地区的一个采邑库里亚停留。从库里亚又走八库罗赫(16公里),(于十四日)至法斯普尔·阿思瓦。自法斯普尔前行八库罗赫(16公里),至萨赖·蒙达下马。是日宵礼时分(十六日,礼拜五,天黑以后),速檀·贾拉卢丁到这个驻地来向我致敬。他还带来了自己的两个年轻的儿子。

(2月26日),次日,是月十七日,礼拜六,我们行军八库罗赫(16公里),到恒河河岸卡拉赫地区的一个采邑杜格杜吉停驻。

(2月27日),礼拜天(十八日),穆罕默德·速檀·米儿咱、 362b
哈斯木·忽辛·速檀、必·忽布·速檀与塔尔迪卡来到这个驻地。

(2月28日),礼拜一(十九日),阿斯卡里亦来此地向我奉朝请。他们都是从恒河东边来的。我命令阿斯卡里率其全部沿恒河彼岸前进;不管我们停驻在何处,他们也应停驻于河那边与我对面的地方。

当我们停驻在那些地方时,从前面一再传来消息说,速檀·马茂德(罗地)已征集一拉克(十万)军队(阿富汗人);又说,他已派遣舍黑·巴牙即和比班率领大军前往瑟尔瓦尔,他自己则同法特赫·汗·萨尔瓦尼一起沿着恒河河岸前往久纳尔。又说,希尔·汗·苏尔与这些阿富汗人结合到一起去了。这个希尔·汗,我曾在去年加恩赐给他几个采邑,并让他留在那些地方负责。但希尔·汗和几个异密却被迫过了河。速檀·贾拉卢丁的人在贝拿勒斯坚持不住,就逃跑了。他们说,他在贝拿勒斯城堡留下了足够的军队,并沿着恒河前去与速檀·马茂德作战去了。

(3月1日),(主马达·勒·阿赫赖月二十日)礼拜二,军队从杜格杜吉出发，走了六库罗赫(12公里)，到距卡拉赫三、四库罗赫(6—8公里)的库萨尔地方停留。我是乘船到达该地的。因速
363a 檀·贾拉卢丁举行宴会，我们在这个驻地留了两、三天。

(3月4日)，(二十三日)礼拜五，我来到卡拉赫城堡内贾拉卢丁的房子。他对我殷勤招待，给我烹制了肉食和其他菜肴。饭后，我给他和他的儿子们赏赐长袍和不衬里布的短上衣。根据速檀·贾拉卢丁的请求，他的长子被授予速檀·马赫穆的称号。

离开卡拉赫以后，我们走了约一库罗赫(2公里)，到达恒河河岸停下来。同日，我写了信，让沙赫拉克·伯克带着此信从这个驻地出发。此人是在我抵达恒河以后从马希姆那里派来我处(指杜格杜吉)的。和卓·雅海亚之孙和卓·卡岚请求我将正在写作的札记[①](即《巴布尔回忆录》)送给他。我就命人将其抄写一份，托沙赫拉克·伯克给和卓·卡岚送去。

(3月5日)，次日(二十四日)，礼拜六，黎明出发。行军四库罗赫(8公里)，至科赫·(希拉吉)停留。我是乘船去的；因驻营地不远，所以我们到得很早。过了一会儿，我们就坐进船里吃麻饯。和卓·阿不杜什·沙希德在努尔·伯克的房子里，我们把他邀来，还命把毛拉·马赫穆从毛拉·阿力·汗的房子叫来。坐了
363b 一阵后，我们就乘船过河，命战士们摔跤。我命多斯特·雅新·海尔不要同萨迪克摔跤，而同别的战士摔跤。这是违反常规的，因为开头应与最强手摔。雅新·海尔同八个对手摔跤，都表现出色。

① 有的作者(如Teufel)根据这段文字，认为《巴布尔回忆录》原来的标记是Waqai，而不是《Babur-nama》。

晡礼时分，军需官速檀·马赫穆德（英译本作穆罕默德）坐船从河那边过来。他带来消息说，苏丹·伊斯堪达尔之子马茂德·汗的军队吃了败仗。［我们的］敌人称他为马茂德·苏丹。于晌礼时派出的侦察兵也送来敌人失败的消息。在晡礼和昏札之间的时间里，从塔吉·汗·萨朗·汗尼那里送来的报告，与侦察兵所说的是一致的。速檀·穆罕默德前来，报告了这些情况。据称：敌人到了久纳尔，对其进行包围，甚至进行了小的战斗。他们在得到关于我军逼近的消息后，就混乱地仓皇逃走了。正在围攻贝那勒斯的阿富汗人，也混乱地撤走。在他们过河时，有两艘船沉入河底，一些人被淹死。

（3月6日），次日（二十五日），礼拜天，清晨出发，行军六库罗赫（12公里），到达皮亚格的一个采邑锡尔·阿乌利亚停留。我是坐船直接到达该地的。伊散·帖木儿·速檀与图赫塔·不花·速檀到半路上就下马，停下来等着同我见面。我将这两位速檀邀到船上。图赫塔·不花·速檀看来是作了法术，因为顿时狂风大作，开始下雨。天气又开始变得很好，激励我们吃麻饯。虽然我们在昨晚刚吃过麻饯，但今天又吃。到驻营地后，……①

（3月7日?），次日（二十六日？礼拜一），我们就留在那里。

（3月8日），礼拜二（二十七日），我们坐船到营地对面那个绿林荫翳的岛上游览。于初更时（上午6—9时）回到船上。我骑马返回，不知不觉地来到一个沟谷附近。我的坐骑踩到这沟谷正在崩塌的边缘，下面的泥土开始下塌。我立即跳下马，跃上河岸，

① 英译者注：这是一个不完整的句子，故接以删节号。

我的马也没有陷落。如果我继续坐在马上的话，那我肯定会同自己的坐骑一起跌入谷中。

这天，我游渡恒河，一边算着划了多少下（一下约 2.134 公尺）。算来我是划了三十下就游了过去。而且，我也没有休息，当即就又游回到河这边。我曾经游渡过其他所有的河流，只剩下恒河在这次游了。

我于昏礼时到达恒河与军河（朱木那河）相汇处，下令将船拖到皮亚格岸边，于初更第四噶里（晚 10 时 30 分）时到达营地。

（3 月 9 日），礼拜三（朱马达·勒·阿赫赖月，二十八日），二更过后（英译本作一更以后）军队开始渡军河（朱木那河）。当时总共有四百二十条船。

（3 月 11 日），赖哲卜月一日，礼拜五，我过了河。

（3 月 14 日），是月四日，礼拜一，我军沿着军河河岸朝比哈尔前进，走了五库罗赫（10 公里），到拉瓦因停下。我是坐船到达该地的。战士们直到今天才渡过军河。他们奉令将卸在亚当布尔的炮架，再装上船。从皮亚格取水路运走。

在这个驻地，我又要战士们摔跤。船夫拉合尔的摔跤手与战士多斯特·雅新·海尔扭斗，为时很久。多斯特费了九牛二虎之力才将对手摔倒。二人都被赏赐长袍一袭。

（3 月 15 日与 16 日），据说，我军前面有一条又脏臭又泥泞的河流，名叫土斯。为了考察渡口和铺修道路，我们在这个驻地住了两天（赖买丹月五日，礼拜二，和六日，礼拜三）。我们在上游找到一个渡口，让马匹和骆驼渡河。据说，该处路不平，底下是石头，装
364a 满东西的车子是没法从那里通过的。但我还是下令将装满东西的

车子从这个地方渡过去。

(3 月 17 日),礼拜四(七日),我们离开该地。我乘船到土斯河注入恒河的地方,在该处离船登陆,骑马沿土斯河岸上行,于晡礼时抵达军队渡河后扎营的地方。这天,我们走了六库罗赫(12 公里)。

(3 月 18 日),次日(八日,礼拜五),我们在那个驻营地停留。

(3 月 19 日),礼拜六(九日),我们出发,走了十二库罗赫(24 公里),又再到达恒河河岸的努力巴地方。

(3 月 20 日),(十日,礼拜天),继续前进,又走了六库罗赫(12 公里),到达金提特上面的一个地方停留。

(3 月 21 日),(十一日)礼拜一,又走了七库罗赫(14 公里),到纳那普尔停留。

塔吉·汗·萨朗·汗尼携其年轻的两个儿子从久纳尔到这个驻地来向我奉朝请。

在这些日子里,军需官速檀·穆罕默德送来报告说,我的家属和亲眷确已在从喀布尔前来的途中。

(3 月 23 日),(十三日)礼拜三,离开这个驻地,我视察了久纳尔城堡。从久纳尔前行一库罗赫,停下来。

在我离开皮亚格后的日子里,我身上出现了痛苦的溃疡病。在这个驻地,有一个鲁米人(即奥斯曼土耳其人)使用了一种在鲁木(土耳其)不久前才发现的治疗方法。他将胡椒捣成粉末,放在一个小沙锅中煮沸,让我将溃疡处放在煮沸胡椒的热气上冲。在热气变少时,我就用其中的沸水冲洗溃疡的地方。这种疗法能制止病痛两个星期。

在这个驻地时,有一个人说他曾在军营旁边的丛林中看见狮子和犀牛。

364b (3月24日),(十四日?)早晨,我们在那片丛林处围了一个狩猎场,从那里带回了大象,但未出现狮子和犀牛。在围场的边缘,则跑出来一头野水牛。

是日,刮大风;风扬起的沙石尘土,令人烦扰。我从那里回到船上,开船来到贝那勒斯以上二库罗赫(4公里)处的营地。

(3月25日? 与26日),听说久纳尔附近的丛林中有许多象。我曾想从驻营地出去猎象,这时(十五日? 礼拜五)塔吉·汗送来消息说,马茂德·汗正在桑河河岸。我将伯克们召集起来进行商量,是否对其进行突然袭击。最后商定,立即出动,长途奔袭之。

(3月27日),(十七日)礼拜天,从该驻地出发,行军九库罗赫(18公里),到比耳瓦渡口停下。

(3月28日),是月十八日,礼拜一前夜,我派塔喜尔从该驻地前往亚格拉;他带了一纸提款的命令,赠予从喀布尔来的客人做生活费。

次日(礼拜一),天亮以前我就乘船出发。在抵达古姆蒂河(即朱木那河)注入恒河之处时,我驾船沿古姆蒂河岸往上走了一
365a 段路,又往回走。河道虽然狭窄,却没有渡口。[去年],驻在彼岸的军队是乘船或乘筏子渡的河,或是骑马泅渡的。

我到军普尔河河口以下一库罗赫(2公里)的地方,察看去年的驻营地,那时我们曾从该地出发前往军普尔。河面上从上游吹来顺风,乃在一艘孟加拉船上张起了风帆,我们的大船就拴在这艘船的后头,走得很快。营地在马丹·贝拿勒斯以上一库罗赫的地

方。在我们到达这个驻营地时，距天黑还有二噶里的时间（时在下午5时15分）。随后的人不停顿地、比别人更快地往前赶路，他们于宵礼时分赶上了我们。

从久纳尔起，我命令蒙兀儿·伯克每走一程就用塔纳普[①]丈量一下直径的距离。我每次坐船走，鲁特非·伯克都要沿河岸丈量水路的里程。看来，[那天，我们]取直路走了十一库罗赫（22公里），而走水路，则是十八库罗赫（36公里）。

（3月29日），次日（十九日，礼拜二），我们就在该驻地停留。

（3月30日），礼拜三（二十日），我们又坐船走，到加济布尔下面一库罗赫（2公里）处停驻。

（3月31日），礼拜四（二十一日），马赫木·汗·努汗尼来到这个驻地向我奉朝请。

是日，比哈尔·汗·比哈里的儿子加拉耳·汗、纳西尔·汗·努汗尼的儿子法里德·汗、希尔·汗·苏尔、阿迪耳·汗·苏尔，还有几个阿富汗异密，都送来奏本。就在那时，呈来奏本的还有马厩官阿卜杜耳·阿即思，这奏本是他于主马达·勒·阿赫赖月二十日（2月29日）在拉合尔写的。在写这个奏本的那天，我在加尔比派到他那里去的喀拉察的印度仆人到达拉合尔。在阿卜杜耳·阿即思的报告中提到，阿卜杜耳·阿即思和随他同去的人于主马达·勒·阿赫赖月九日（2月18日）在尼耳·阿布遇上了我的家眷。阿卜杜耳·阿即思就陪同他们到钦·阿布，并把他们留在该地，他自己比其他人先赶到拉合尔，就在拉合尔写了这个奏本。 365b

① 塔纳普，是一种丈量地段的绳子，长约二十四公尺（参看f.351b及注）。

(4月1日),礼拜五(赖哲卜月二十二日),我们拔营前进。我坐船,在焦萨对面登陆,视察了去年我在那里停留过的营地。当时发生了日蚀,封了一天的斋。随后,我即坐船返回。穆罕默德·札曼·米儿咱稍后也坐船赶到那里;由于他的提议,我吃了麻饯。

军营驻扎在卡尔马·纳萨河岸。印度人似乎谨慎小心地避不接触卡尔马·纳萨河的水。笃信宗教的印度人不渡越这条河,而是坐船在卡尔马·纳萨河河口的对面渡过恒河。他们坚信,如果一个人接触了此河之水,那他全部的信教功德就会毁于一旦。他们还将此河得名的缘由同它的这个特性联系起来。[①]

我坐船沿卡尔马·纳萨河而上走了不多远,又返回来。此后
366a 转到恒河北岸,把船停靠在河边。一些战士开始游戏,另一些人则摔跤。管理御膳的穆赫辛宣称,他要同四、五个战士摔跤。同头一个人摔,他差一点被摔倒;第二个对手夏德曼把穆赫辛摔倒在地;穆赫辛感到很羞愧与难以为情。一些[职业的]摔跤手也前来表演。

(4月2日),次日(二十三日),礼拜六早晨,我们于一更时分(上午6时)出发,因我已派人去察看了卡尔马·纳萨河的渡口。我骑马沿卡尔马·纳萨河向上朝渡口走了一库罗赫(2公里),但渡口仍然相距很远,所以我又转身,坐船回到焦萨以下一库罗赫处的营地。

那天,我又用胡椒进行了治疗。气看来烧得太热,使我身上起了泡,感到很痛苦。

① 卡尔马·纳萨的意思是丧失由于行善而完成的功德。

(4月3日),我们的营地前面有一条小河;为了建造一个经过这条小河的渡口,我们于次日在该驻地留了一天。

(4月4日),礼拜一(二十五日)前夜,我给阿卜杜耳·阿即思的来信写复信,来信是由印度快腿送来的,我又打发他将复信送去。礼拜一清晨,我上了船,由于刮风,就[用纤夫]拉着走。在到
达去年我们曾停驻过多日的巴格萨拉对面的驻地时,我对其地进 366b
行了视察。为了上岸,那时我们修了台阶,看来有四、五十级。现仅有最上的两级台阶尚保留了下来,所有其余的台阶都被水冲毁了。

我回到船上后,吃了麻饯。我把船拴在营地以上的一个岛上,让摔跤手摔跤。直到宵礼时,我们才返回营地。去年,为了视察现在这个营地,我曾靠一根竿子游过恒河,而战士们则是有的骑马,有的骑骆驼游过去的。那天,我吃了鸦片。

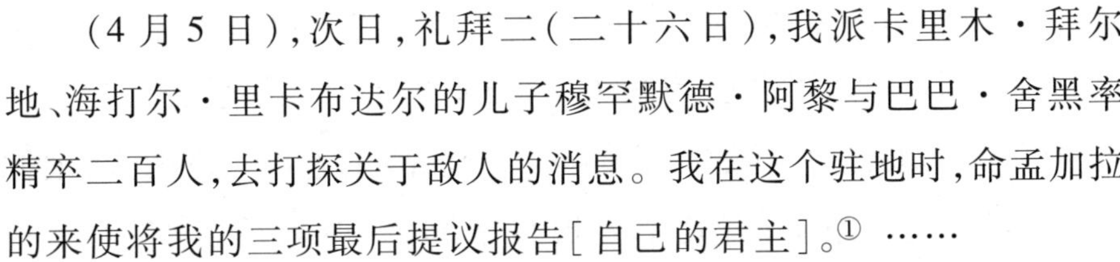

(4月5日),次日,礼拜二(二十六日),我派卡里木·拜尔地、海打尔·里卡布达尔的儿子穆罕默德·阿黎与巴巴·舍黑率精卒二百人,去打探关于敌人的消息。我在这个驻地时,命孟加拉的来使将我的三项最后提议报告[自己的君主]。[①] ……

(4月6日),礼拜三(二十七日),曾奉命去穆罕默德·札曼·米儿咱处了解他对比哈尔的打算的玉努斯·阿力返回复命,他带回来的是一个不肯定的回答。比哈尔舍黑的后嗣派人送来报告,并传来消息说,敌人已抛弃比哈尔逃走了。

(4月7日),礼拜四(二十八日),我派穆罕默德·阿利·

① 此句未完。下面可能有一页稿子遗佚。故这三项提议未写明。

江·江的儿子图尔地·穆罕默德,率领几个突厥族的和印度的异密以及两千名弓箭手,前往比哈尔,并令其带去安抚比哈尔人的诏
367a 书。我指派和卓·穆尔希德·伊拉吉为比哈尔的管事大臣,与之同往。

(4月8日?),礼拜五,曾同意去比哈尔的穆罕默德·札曼·米儿咱,通过舍黑·宰因和玉努斯·阿力送来几个报告,请求给他派遣支援的部队。因此,一些战士被派遣前去支援穆罕默德·札曼·米儿咱,另一些战士去作他的伴当。

(4月9日)舍尔邦月一日,礼拜六,从这个驻地出发。我们在这里已经留了三、四天。是日,我骑马出去视察布吉普尔和比希亚,又从那里返回营地。

奉命去打探消息的穆罕默德·阿黎及其率领下的战士,在路上打败了一支异教徒的部队,到达苏丹·马茂德(罗地)的驻地。苏丹·马茂德部下约有两千人。他听说我们的侦察部队后,就陷入混乱之中,便杀了自己的两头象,拔营离去。他似乎留下了一些战士和一头象,进行巡逻。我们的二十名战士进攻巡逻的人,他们抵抗不住,就逃跑了;有几个人被打下马,一个人被斩首,两人被生俘。

(4月10日),次日(二日,礼拜天),拔营出发。我坐船走。
367b 穆罕默德·札曼·米儿咱在该驻地过了河。由于他渡河离去,我们在该地留了两、三天。

(4月13日),是月四日(按,应为五日),礼拜三,我赐予穆罕默德·札曼·米儿咱长袍一袭,带套的剑一把,良马一匹和伞一把,命其跪受比哈尔州。我从比哈尔赋入中提出一克洛尔二十五

拉克上交国库,命伊剌克人穆尔希德司其事。

(4月14日),礼拜四,我乘船离开该驻地。我[以前]曾下令把所有的船下水等我,在我到后,我又命将这些船联成一串,其宽度遂大大超过了河的宽。虽未将所有的船都收集拢来,但因其他地方水浅,另外的地方水深,有的地方水流急速,有的地方水流平稳,所以,船只就不能长久地在这样的编排下前进。船只之间出现一条鳄鱼,这条吓人的鳄鱼从水上跃起,好像要落到一条船里。人们将其捕获,送到我处。

到达驻地后,我就给船取名。那条在征讨拉纳·桑伽以前在亚格拉建造的"立过功"的大船,被命名为"阿赛什"(意为"休息")。同年,在出兵之前,阿赖什·汗建造了一条船,给我献礼。368a
我去这条船上,下令在其上建一木台,并给该船命名为"阿赖什"(意为"装饰")。另外一艘是贾拉卢丁·沙尔基给我献礼的船,我命在其上建一更大的木台,在这个木台上又再搭一木台。这条船被命名为"功再什"(意为"宽敞")。另一条派过各种用场的带舱的小船,被命名为"法尔迈什"(意为"受命的")。

(4月15日),次日,礼拜五(七日),仍驻营未动。穆罕默德·札曼·米儿咱的准备事务已经办完,乃出发去比哈尔,他离开我的驻地后,走了一、二库罗赫(2—4公里),停下。是日,他来向我告别。

从孟加拉军队那里返回的两个侦察人员前来报告说,马赫杜木·阿拉姆率领的孟加拉人驻扎在根德格河河岸的二十四个地方,并在构筑防御工事。他们不让苏丹·马茂德率领的阿富汗人把自己的家眷运到(恒河?)的彼岸去,乃将阿富汗人并入孟加拉的军队。

在得到这个消息后，我们考虑到有可能要开战，就把穆罕默
368b 德·札曼·米儿咱留下，改派沙·伊思坎达尔率领三、四百人去比哈尔。

（4月16日），礼拜六（八日），从杜度和她的儿子（比哈尔·汗之子）贾拉耳·汗那里来了一个人。孟加拉人（努斯拉特·沙）看来是死盯着他们。杜度和她的儿子想到我这里来，几乎是进行了一番战斗才摆脱孟加拉人，并过了河；他们已到达比哈尔附近，现在正在前来途中，以期投效于我。

同日，给孟加拉的使者易司卖耳·密塔下了这么一个命令："前已送去的三个要求，久未作答；让其写信说明：如果他们（指努斯拉特·沙）想保持我们的友谊并对我们一心一意，那就需要尽快地将答复送到。"

（4月17日），礼拜天（九日）前夜（指礼拜六，八日，下午6时以后），从图尔地·穆罕默德·江·江那里来了一个人，报告说，舍尔邦月五日，礼拜三早晨，在他的侦察人员从这边到达比哈尔时，比哈尔的收税人员就从另一个城门逃走了。

礼拜天早晨，我们拔营前进，到阿里（阿拉赫）采邑停下。有消息传到这个驻地，说，来自哈里德的军队及其100—150艘船，已驻在萨鲁河那一边萨鲁河注入恒河的地方。因在我们与孟加拉人（努斯拉特·沙）之间维持着一种和平的关系，而且，为了取得成功，我在这些事务中，总是把和解提到首要地位。所以，尽管孟加拉人的行为不礼貌而且拦在我们前进的道路上，我还是认为需要遵守自己一贯的规矩；遂决定打发孟加拉的来使易司卖耳·密塔

在毛拉·穆罕默德·马兹哈布的陪同下前去,重申过去提的三点 369a
要求。

(3 月 18 日),礼拜一(十日),孟加拉使者前来致敬,他被告知可以走了。当时还提到,“为了反击敌人,我们将时而去这边,时而去那边,但不会使你的任何属地遭到伤害和损失。我们三个条件中的头一个是:‘你告诉哈里德的军队,令其离开我们前进的道路,回到哈里德去。’因此,你应派几个突厥人陪同他们一起走,把他们送到哈里德,并给该地区的居民送去安民告示。如果他们不离开渡口,也不停止自己的不当言辞,那就要自己承担一切恶果,就必须考虑会面对由于自己言辞不当而产生的任何不幸。”

(4 月 20 日),礼拜三(十二日),我给孟加拉使者易司卖耳·密塔加荣服,赐礼物,让其离去。

(4 月 21 日),礼拜四(十三日),我派舍黑·贾马利带着安民告示和抚慰的诏谕前往杜度和她的儿子贾拉耳·汗那里。

是日,马希姆的一个伴当来,他是在萨法花园那边的瓦利地方[①]同她告别的。他送来了书信。

(4 月 23 日),礼拜六(十五日),我会见伊剌克来使穆拉得·卡札尔·库尔奇(卫士)。

(4 月 24 日),礼拜天(十六日),毛拉·穆罕默德·马兹哈布得到通常的纪念礼物,并获准离去。

(4 月 25 日),礼拜一(十七日),我派喀利法与另外几个伯克 369b

① 俄译本此处将瓦利作为地名。英译者蓓沃丽吉认为应是一种称呼,意为统治者。

前去，看应在何处渡河（指恒河）。

（4 月 27 日），礼拜三（十九日），我又委派喀利法去察看两河之间（指恒河与戈格拉河之间）的地带，而我自己则骑马南去，想观赏阿里附近的大片睡莲。当我正在游览时，舍黑·古兰给我带来新长成的莲子。这些莲子一般类似阿月浑子；其花好看，即莲花，印度人称为 Kuwul-kikri，莲子则称为 dudah。

人们对我说，桑河就在附近；于是，我们就去河上游览。见到桑河左岸有许多树木；据说，这就是穆尼尔地方，舍黑·沙拉夫丁·穆尼尔的父亲舍黑·雅海亚的坟墓就在该处。因距其地很近，所以，我们在过了桑河后，就沿着该河左岸向下走了三、四库罗赫（6—8 公里），视察了穆尼尔。我们走过花园，又围绕该坟墓走了一圈。然后就去桑河河岸，在河中沐浴。我们提前做了午间礼拜，就出发返回营地。我的马肥，其中有几匹落在后面，另外几匹则跑累了。我们留几个人在后面，令他们收集疲惫掉队的马匹，使之休息饮水，并将它们带回营地，不要急迫。如果我们不如此处理，则许多马匹会要倒毙。

370a 从穆尼尔返回后，我就命人计算一下从桑河河岸到营地的距离有多少马步。他们计算有 23 100 马步，合 46 200 步，即 11.5 库罗赫（23 公里）。从穆尼尔到桑河约有半库罗赫（1 公里），这样，从穆尼尔到营地回程的距离总共为十二库罗赫。此外，我们还到这里那里游览访问，走了十五、六库罗赫（30—32 公里），故那天总共走了约三十库罗赫（60 公里）。在我们回到营地时，已经是晚上初更六噶里（下午 8 时 15 分）的时候了。

（4 月 28 日），（舍尔邦月十九日）礼拜四，黎明时，速檀·朱乃德·巴鲁剌思同军普尔的伯克们自军普尔来。因他们迟到了,我对他们表示不快,没有同他们见面,我把喀孜·吉雅叫来见了一下。

是日,我召集突厥族的和印度的异密们前来商量关于渡河
(渡恒河)的问题。决定:由阿力·库利师傅在萨鲁河与恒河之间
的高地上安设加农炮、火炮和臼炮,并配有许多射击手,以便从那
里发动攻击;两河交汇处以下不远处有一岛,孟加拉人有一头象和
许多船放在岛上,穆斯塔法应将自己所有的武器和装备运到恒河
的比哈尔一边和该岛的对面,并从该处开战。穆罕默德·札曼·
米儿咱和派到那里去的人,则应驻于穆斯塔法的后面,作为支援。
有许多掘土工和苦力在准备建护墙的地方,在阿力·库利师傅和
穆斯塔法后面安设加农炮和臼炮,便指派了监工去监督他们施工; 370b
他们还应收集各种器械和粮食。速檀们、异密们和汗们还应在赫
耳迪渡口迅速渡过萨鲁河去;只等护墙一修好,他们就在河那边全
副武装起来,杀向敌人。

这时,速檀·朱乃德和喀孜·吉雅报告说,沿河往上八库罗赫(16 公里)处有一渡口。札尔德·鲁伊(苍白脸?)奉令带领一、两个筏夫,还有速檀·马赫木·努汗尼和喀孜·吉雅的人,一起前去察看这个渡口。如果这个渡口可用,就应立即渡过河去。

人们中传说着:孟加拉人打算把人员驻扎在赫耳迪渡口:锡根德尔布尔的征兵官员(Shiqdar)送来报告说:“我在赫耳迪渡口已征集了约五十条船,并雇了船夫,但因谣传说孟加拉人快来了,船夫们很害怕。”

(4 月 30 日),因急需找到渡萨鲁河的渡口(英译本作:因渡萨

鲁河时间紧迫），我不等前去察看渡口的人返回，就在礼拜六（二
十一日）召集伯克们进行商量。我对他们说：从锡根德尔布尔的
查图尔·木克到奥德与巴赖什（巴赫赖奇）之间，河流沿线都没有
371a 渡口。我们既已驻在此地，那就指令大军乘船在赫耳迪渡河，并从
那里前去进攻敌人。在他们（指阿斯卡里等）尚未返回时，就让阿
力·库利师傅和穆斯塔法以枪、炮射击为战好了。我们方面，则渡
过恒河，指派部队去支援阿力·库利师傅，作好充分准备以待。在
渡过河后的军队（指阿斯卡里部）接近敌人时，我们也就开始投入
战斗并渡过河去；穆罕默德·札曼·米儿咱和被派到恒河那边比
哈尔方面去的人员，则应同穆斯塔法并肩作战。

采取了这样的决定后，我们就将恒河北边的军队分为四个支
队，交给阿斯卡里指挥，派往赫耳迪渡口。阿斯卡里和他的伴当率
领其中的一个支队，另一个支队由速檀·贾拉卢丁·沙尔基率领，
第三个支队的指挥是如下几位乌兹别克速檀：哈斯木·忽辛·速
檀、必·忽布·速檀、唐·阿特米什·速檀，以及加济布尔的马赫
木·汗·努汗尼、巴巴·喀什卡的兄弟苦基、乌兹别克人图耳密
什、库尔班·察尔希和哈珊·汗率领的达里亚·汗人。第四个支
队的指挥官是穆萨·速檀、速檀·朱乃德，他们带领来的军普尔军
371b 队有将近两万人。派了监军，以督促他们在当天晚上，即礼拜天晚
上就出动军队进攻。

（5月1日），礼拜天（舍尔邦月二十二日）清晨，军队开始渡恒河。我坐船，于一更时（上午6时）过了河。前去察看渡口的札尔德·鲁伊及其一伙返回时，已是三更时分了（英译本作中午）。他们没有找到渡口。但他们说，在路上遇见船只和奉命渡

河的部队。[①]

（5月3日），礼拜二（舍尔邦月，二十四日），我们离开渡河之处，向前走了差不多一库罗赫（2公里），到两河交汇处的战地驻营。我亲自前去察看阿力·库利师傅怎样开枪放炮。那天，他用炮石击中两条船，且将其击毁击沉。穆斯塔法也从该处击沉两条船。我下令将一门巨大的炮拉到战地，命毛拉·古岚监督为安设大炮平出一块土地，并指派几名牙撒吾尔和机灵的战士去帮助他。之后，我就回到营地对面的一个岛上吃麻饯。

那天晚上，我因吃了麻饯受到刺激，就命人将船开到我的毡房附近，我就在船中休息。晚上发生一件奇怪的事。约三更时分（午夜）船上升起一片嘈杂喧闹之声。我的卫士们抓着船上的每一块木板，喊道："打！打！"法尔迈什号船停在阿赛什号船的旁边，而我就在阿赛什号船内睡觉。守夜的哨兵则在法尔迈什号船 372a

上。这个哨兵打瞌睡，当他睁开眼睛时，突然见到一个人用手抓住阿赛什号船，正要爬上船来。哨兵朝他扑去，这个人立即潜入水中，又浮了出来，用刀砍向哨兵的头，使其受了轻伤，然后这个人就游走了。就是由于此事，喧哗之声大作。在我离开穆尼尔的那天晚上，人们还给我送来在船边发现的匕首和短剑。这又是伟大的真主保佑了我。

（波斯文）即使全世界的刀剑都出鞘

没有真主的意愿，也不能伤害一根毫毛。

（5月4日），次日，礼拜三（二十五日），清晨，我乘一条名叫

① 船只应是在赫耳迪渡口征集到的，部队则是阿斯卡里的属部。

功再兮的船，到发射场附近，给每个人分派工作。我派蒙兀儿人乌干·拜尔地率领一千武士，溯（萨鲁）河上行一、二或三库罗赫（2、4、6 公里），用一切办法渡过该河。当这些人上路前进时，有孟加拉人架着二、三十条船在阿斯卡里大营的对面过了河。许多步兵从船里出来，想显示自己的力量优势，但我军（指乌干·拜尔地的部队）策马冲向敌人，把他们赶走了。他们抓获数人，斩其首级；他们还射死许多人，并夺得七、八条船。

372b 同日，[孟加拉人]又乘几条船划到穆罕默德·札曼·米儿咱那边，在那里登陆，挑起战斗。穆罕默德·札曼·米儿咱进攻孟加拉人，把他们赶走。他们连同三条船都沉入河中；一条船被捕获，带到我处。在这一战斗中，巴巴·楚赫拉战斗猛勇，表现得很出色。

我命令穆罕默德·速檀·米儿咱、雅卡·和卓、玉努斯·阿力、乌干·拜尔地，以及曾奉命同他们一起过河去的部属，将乌干·拜尔地夺得的那七、八条船，在黑夜中拉到上游去过河。

是日，阿斯卡里那里来人报告说，所有的战士都过了[萨鲁]河，无一人落伍。又说，他们将在次日，即礼拜四的早晨对敌人发动进攻。所以，我就命令那些已奉令要渡河的[战士]同阿斯卡里会合，一同去进攻敌人。

晌礼时，阿力·库利师傅派人来报告："炮弹已经准备好了，[请问有何命令？]"我吩咐说："这些炮弹可开炮用掉，等我到来时再准备别的炮弹。"晡礼时，我乘一条孟加拉小船，前往那修建了护墙的地方。我见（阿力·库利）师傅又发射了一枚巨大的炮弹，还有几次是放射火枪。

孟加拉人以善于射击著名。这次我们对他们进行了仔细的观察：他们并不老向一个地点射击，而是朝四面八方胡乱开火。

是日晡礼时，我命令拉几条船，溯萨鲁河而上，把它们停泊在
敌人的对面。拉船的人公然大胆地拉着几条船溯流而上。我命令 373a
伊散·帖木儿·速檀、图赫塔·不花·速檀、阿赖什·汗和舍黑·古兰在船只停泊处登陆，留在那里以监视之。

我打转身，于礼拜四夜里一更时（下午 6 时以后）回到营地。快到半夜时，从拉到上游的船只那里送来消息说，派出的部队已开到前面去了。“我们拖着船随后，孟加拉人得知我们拖着船是要往何处去，就对我们发动进攻。有一名船夫腿上中弹，腿被打断。我们已不能再往前走了。”

（5 月 5 日），礼拜四（舍尔邦月二十六日）早晨，去护墙那里的人送来消息说：“派到上游的人，全已到达；敌军骑兵上马前来迎战我方前进中的部队。”于是，我也迅速跨上马，跟在晚上派出的船只后面疾驰。我派遣急使去穆罕默德·速檀·米儿咱指挥下奉令渡河的部队，传令要他们立即渡河以与阿斯卡里会合。正在船上的伊散·帖木儿·速檀和图赫塔·不花·速檀接到开始渡河
的命令。巴巴·速檀却未到指定的岗位上来。[1] 伊散·帖木儿· 373b
速檀与他的三、四十个伴当立即乘一条船渡河，让马匹在船边泅渡。他们的后面还跟着一条船。许多孟加拉的步兵见我军渡河，就前来攻击。伊散·帖木儿·速檀的七、八个伴当上马前去迎击

① 巴布尔在这里批评了巴巴·速檀。此人也受到米儿咱·海答儿的批评。见《拉失德史》汉译本，第二编，第 335—336 页。

这些步兵;为了让速檀有时间上马,他们扭住敌人打斗,又一齐放箭,把那些步兵引向速檀。这时,伊散·帖木儿·速檀已上了马;第二艘船也已驶近。速檀率领三十或三十五名骑兵冲向敌人的大队步兵;很快就将他们赶走,从而立了大功。首先,他在别人的前头勇敢地迅速过了河;第二,他以少数的人进攻敌人的大队步兵,竟迅速地驱逐了他们。

图赫塔·不花·速檀也过了河;其余的船只随其后开始一个一个地渡过河去。拉合尔人和印度人也开始从各方面渡河,一些人是靠竿子泅水,另一些人则靠成捆的芦苇泅水。护墙对面船上的许多孟加拉人,见到这种情况,就沿河而下逃跑了。

德尔维希·穆罕默德·萨尔班、掌门官杜斯特,与护墙对面的几个武士也过了河。我派一个人骑马驰往速檀处传达命令:“把
374a 已过了河的人集合起来,走近对面的敌军部队,从其侧翼绕过去,与之作战。”

于是,速檀们就集合已渡过河的战士,把他们分为三、四个支队,前去进攻敌人。在他们靠近敌人时,敌军指挥官把步兵部署在前面,并未散开队列,就向我军进攻。库基率同阿斯卡里派来的一部分军队向他们靠近。库基从一方面,速檀们从另一方面夹攻敌人。他们把敌人打下马来,迫使敌骑兵后退。库基的部下打落一个著名的异教徒,名叫巴桑特·劳,将其抓获斩首。其部下的十名或十五名士兵被库基的人俘虏,当即被砍成碎块而死。图赫塔·不花·速檀朝敌人驰去,挥刀砍杀。蒙兀儿·阿卜杜耳·瓦哈布及其弟也出色地挥刀杀敌。蒙兀儿虽不会游水,但却在身穿重铠的情况下抓住马鬃游过了河。

我的船留在后面了,我派人去把那条船找来。法尔迈什号船
比其他的船先到;我就登船过河,去观察孟加拉人的营地,旋又转
乘功再兮号船,询问上游是否有渡口。架筏者密尔·穆罕默德报
告说,萨鲁河上游的渡口更好。我就命令军队在他说的地方渡河。
当奉命渡河的穆罕默德·速檀·米儿咱属下的人员渡过河去时,
雅卡·和卓坐的那条船却沉没,雅卡·和卓本人被淹死了。我将 374b
他的伴当和领地转赐给他的弟弟卡斯木·和卓。

在我正沐浴净身准备做午间礼拜时,速檀们来了。我对[他们的行动]表示赞扬和感谢,示意他们可望得到恩宠。这时,阿斯卡里也来到我跟前。阿斯卡里是初次见世面;[他的行动]是对其未来的一个好兆头。因我的大本营那天晚上尚未过河,所以我就在一个岛屿附近的功再兮号船上过夜。

(5月6日),礼拜五(舍尔邦月二十七日),我们在萨鲁河以北哈里德地区尼尔洪采邑的昆迪赫村上岸并停留。

(5月8日),礼拜天(二十九日),我派库基及其部下去哈吉
布尔打探消息。马鲁夫的儿子沙·穆罕默德,去年(回历九三四
年)曾来我处,那时,我对他很关怀,并曾以瑟伦地区赐之,现在,
他几次英勇立功。他两次战胜自己的父亲马鲁夫,并将其俘虏。
在苏丹·马茂德(罗地)叛卖性地夺取比哈尔,比班和舍黑·巴牙
即前来反对他时,沙·穆罕默德无能为力,只得同他们联合。这
时,他也几次送来报告;在人民当中流传着关于他的各种无稽之
谈。当阿斯卡里在赫耳迪渡口过河时,沙·穆罕默德率领自己的 375a
部属来到阿斯卡里处,同他见面,并同他一起去进攻孟加拉人。我
在这个驻地时,[沙·穆罕默德]前来向我致敬。

在那些日子里，不断地传来关于舍黑·巴牙即和比班的消息，说他们似欲渡过萨鲁河。此时，又从森珀尔传来一个奇怪的消息。在森珀尔为官并将该地区治理得颇有条理的阿力·优素福，同他的一个朋友（名义上是他手下的一个医生）突然在同一天死了。为此决定，命阿不都拉赫去森珀尔，管治其地。

（5 月 13 日），赖买丹月五日，礼拜五，让阿不都拉赫动身前往森珀尔。

在这些日子里，真·帖木儿·速檀送来一个报告，说因我的亲眷从喀布尔［迅速］到来，奉命前去支援他的许多伯克不能与他会合。穆罕默地与另几个伯克同速檀一起往前走了约一百库罗赫（200 公里），将俾路支人彻底击溃。我通过阿不都拉赫，给真·帖木儿·速檀、速檀·穆罕默德·杜耳代、穆罕默地和另几个当地的伯克和勇士下达命令，要他们在亚格拉集合，作好准备，以便开往任何出现了敌人的地方。

375b （5 月 16 日），是月八日，礼拜一，达里阿·汗之孙贾拉耳·汗同他手下几个主要的异密前来向我致敬。在这以前，我曾命舍黑·贾马利去他那里。以前曾派自己的弟弟前来对我表示忠心并得到授权诏书的雅海牙·努哈尼也在同一天来我处效力。努哈尼的七、八千阿富汗人是抱着［对我的］希望而来的，我不想令他们失望，便从比哈尔的赋入中拨出五十拉克赐给马赫木·汗·努汗尼，留一克洛尔交国库作政府开支，其余的则交给上述的贾拉耳·汗，贾拉耳·汗同意缴纳贡赋一克洛尔。毛拉·古岚·牙撒吾耳被派去征收这些贡赋。我将军普尔地区赐给了穆罕默德·札曼·米儿咱。

(5 月 19 日),曾同蒙吉尔国王的伴当阿布耳·法特赫一起,在易司迈耳·密塔之先,把我的三个条件提交给[努斯拉特·沙]的喀利法的一个伴当古兰·阿利,现在又同这个阿布耳·法特赫一起前来,并带来蒙吉尔国王和哈三·汗·拉斯喀尔(英译本作胡赛因·汗)的宰相写给喀利法的信。他们在信中表示同意我们的三个条件,承担与努斯拉特·沙[协同]的责任,并表示愿意签订和约。我们进行这次征伐,本是为了镇压反叛的阿富汗人,一些阿富汗人已逃往其所向往的地方,另一些前来投降效顺,其余的少数阿富汗人则落到孟加拉人(努斯拉特·沙)的统治之下,由孟加 376a
拉人负责管束。加之,雨季临近,所以,我就写信答复孟加拉人的建议,表示同意按前述的条件缔结和约。

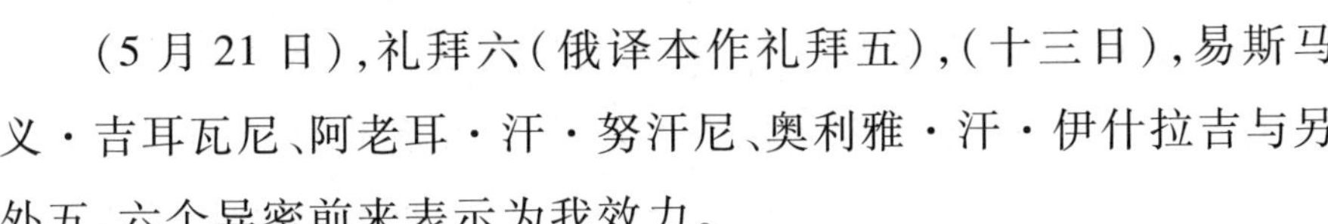

(5 月 21 日),礼拜六(俄译本作礼拜五),(十三日),易斯马义·吉耳瓦尼、阿老耳·汗·努汗尼、奥利雅·汗·伊什拉吉与另外五、六个异密前来表示为我效力。

是日,我给伊散·帖木儿·速檀与图赫塔·不花·速檀赏赐有套的剑和匕首、锁子甲、荣服和良马。伊散·帖木儿·速檀跪下接受沙姆萨巴德采邑赋入中的三十拉克。(英译本作:伊散·帖木儿·速檀被赐予纳瑙尔采邑赋入中的三十六拉克、图赫塔·不花·速檀被赐予沙姆萨巴德采邑赋入中的三十拉克。)

(5 月 23 日),是月(赖买丹月)十五日,礼拜一,我对比哈尔和孟加拉放了心,就离开萨鲁河岸的驻地,在昆迪赫附近出发,去镇压叛贼比班和舍黑·巴牙即。

(5 月 25 日),礼拜三(十七日),在路上过了两个夜晚之后,我们来到锡根德尔布尔的一个名叫焦巴拉·查图尔木克的渡口旁边停下。军队在这个渡口开始过河。

消息一个接一个地传来，说叛贼们在渡过萨鲁河与戈格拉河后，就朝鲁克努尔方面去了。为阻挡他们渡河，我指派如下几位突厥族的和印度的异密率领一支部队前去：速檀·贾拉卢丁·沙尔基、阿利·汗·法尔穆勒、塔尔迪卡、比安那的尼札木·汗、乌兹别
376b 克人图耳密什、库尔班·察尔希与达里阿·汗的儿子哈珊·汗。他们于礼拜四夜出发前往。

那天晚上初更第五噶里过后（约晚上10时55分），已做完礼拜，忽乌云密布，大雨滂沱，洪水暴发，狂风怒号，以致只有少数毡房未被冲倒。当时我正在自己的毡房里从事写作；我还没有来得及将纸张和本子收起来，毡房就倒了，正好打在我的头顶上。毡房的顶圈掉成碎片，但蒙真主的保佑，我没有受伤。纸张和本子浸在水里，费了很大的劲才将其收集拢来，用红毡毯包好，放在板凳上，上面再用毡毯盖好。暴风雨过了两个噶里（即45分钟）后才停息下来。我命另外搭一毡房，点上灯，好不容易才生好火。因忙于将纸张和本子烤干，我一夜到天明都没有睡觉。

（5月26日），我于礼拜四（赖买丹月十八日），早晨过了河。

（5月27日），礼拜五（十九日），出游哈里德与锡根德尔布尔。是日，阿不都拉赫与巴基写信向我报告说已攻下了鲁克努尔。

（5月28日），礼拜六（二十日），我派库基率部先行，去同巴基会合。

（5月29日），礼拜天（二十一日），我派速檀·朱乃德·巴鲁
377a 剌思、喀利法的儿子哈三、毛拉·阿帕克的部属和穆明·阿塔卡的兄弟们前去同巴基会师，并令在我到达之前要尽可能更好为他效

力,不得疏忽。

是日晡礼时分,我赐给马鲁夫·(法尔穆勒)的儿子沙·穆罕默德荣服一袭与良马一匹,打发他离去。按去年(回历九三四年)的先例,还从瑟伦与昆德拉的赋入中给他手下的弓箭手拨付了薪饷。同日,又从瑟尔瓦尔的赋入中给易斯马义·吉耳瓦尼拨付薪饷七十二拉克,并赐荣服和良马,让其离去。阿迪耳·汗·努汗尼和那些由他率领前来的人,我都从瑟尔瓦尔的赋入中提款赏赐,让其离去。我决定,要他们每人都将一个儿子或弟弟留在亚格拉,经常在我身边充当侍子。

我还委托孟加拉人将功再兮号和阿赖什号这两条船,取道蒂尔·穆汗尼,送往加济布尔。还有两条孟加拉船,是从我这次抓获的人手中征取来的,也命其送去。阿赛什号和法尔迈什号应随大营一起沿萨鲁河上行,一并带走。

(5 月 30 日),礼拜一(赖买丹月二十二日),我们对比哈尔与瑟尔瓦尼放了心之后,就从焦巴拉·查图尔木克渡口出发,沿萨鲁河上行,前往奥德。在走了约十库罗赫(20 公里)后,到萨鲁河岸法特赫普尔所属的一个名叫基利拉赫的村子旁边停下。 377b

(以下一段是英译本多出来的)

我们在该地愉快地过了几天,那里有花园、流水、设计精美的建筑物、树木,特别是芒果树和各种羽毛绚丽的鸟类。接着我就下令朝加济布尔进军。

易斯马义·汗·吉耳瓦尼和阿老耳·汗·努汗尼向我报告说,他们在看看自己的故乡后就来亚格拉。对此,我的指令是:

"在一个月内我一定下达命令。"(英译本注:波斯文译本至此中断。)

(5月31日),早先(于赖买丹月二十三日,礼拜二)已出发的那些人,迷了路,到了法特赫普尔的大湖。我派了几个人去把他们中离我们较近的人叫回来;小和卓一个人奉令去湖岸边过夜,他必须在次日早晨把留在那里的战士带回营地。

我们于清晨出发;我在半路上坐上阿赖什号船,令纤夫拉着船沿河上行,直到该湖。

在我们往上进军时,喀利法把来自巴基处的沙·穆罕默德·迪万之子带到。此人带来关于鲁克努尔的可靠消息。敌人(指比班和巴牙即)于赖买丹月十三日(5月21日)礼拜六那天开始进攻,但一无所得。在战斗进行时,城堡中堆积的柴火,干草和饲料突然起火,使城内热得像在炉子里一样。守军无法在城墙上坚持,故城堡失守。两、三天后,敌人听说我们返回,就朝达耳毛方面逃走了。是日,我们也走了十库罗赫(20公里),到萨鲁河畔萨格里采邑的贾利西尔村附近扎营。

(6月1日),礼拜三(二十四日),为了休养士马,我们在这个驻营地停留了一天。有些人说,舍黑·巴牙即与比班打算渡过恒
378a 河,取道久纳尔和军普尔,撤到自己的亲属那里去。所以,我就召集伯克们开会进行商量。决定:穆罕默德·札曼·米儿咱和速檀·朱乃德·巴鲁剌思,以及马赫木·汗·努汗尼、喀孜·吉雅和塔吉·汗·萨朗·汗尼诸人前去堵截敌人退往久纳尔的道路。这里的速檀·朱乃德·巴鲁剌思已接受久纳尔和另外几片地方为自己的采邑,以代军普尔。

(6月2日),次日,礼拜四(二十五日),一大早我们就离开萨鲁河,走了十一库罗赫(22公里),渡过帕尔萨鲁河,在该河河岸停留。我在这里召集伯克们开会。经会商决定:命伊散·帖木儿·速檀、穆罕默德·速檀·米儿咱、图赫塔·不花·速檀、哈斯木·忽辛·速檀、必忽布·速檀、穆札法尔·胡赛因·速檀、卡斯木·和卓、贾法尔·和卓、札希德·和卓、江·伯克、阿斯卡里的伴当小和卓,以及印度诸异密阿拉木·汗·加尔比、马利克·达德·卡拉拉尼,与拉乌·锡尔瓦尼诸人,各率所部,离开大部队,朝达耳毛方向迅速前进,去追击舍黑·巴牙即和比班。

晚上,我去帕尔萨鲁河沐浴净身。这时,在河面上点的一盏灯的周围聚集了一大群鱼。鱼群浮到水面。我和我身边的人用手抓到许多鱼。

(6月3日),礼拜五(二十六日),我们在帕尔萨鲁河的一条
支流的源头扎营。这是一条很小的溪流。为了不让经常来往经过
的我军人员妨碍我,我在该河上游拦截流水,修建一个面积为十平 378b
方卡里的浴池。二十七日,我就在该地过夜。

(6月4日),同日(礼拜六,二十七日)清晨,我们离开该河,渡土斯河,驻营。

(6月5日),礼拜天(二十八日),我们即在该河河岸停驻。

(6月6日),是月(赖买丹月)二十九日,礼拜一,我们的营地即在这个土斯河的河岸。晚上,天空虽不很澄澈,有几个人还是看到了月亮,证明这是在喀孜前,确定是新的一个月的月初(也即赖买丹月的月末)。

(6月7日),礼拜二(闪瓦鲁月一日)晨,做完节日礼拜,我们就出征。走了十库罗赫(20 公里),至古姆蒂河岸停留,其地距迈恩格一库罗赫(2 公里)。快到晌礼时,我们吃了麻饯。我给舍黑·宰因、毛拉·希哈布和宽德·密尔送去这么两句表示邀请的诗句:

(突厥文):舍黑·宰因、毛拉·希哈布和宽德密尔
请三人都来,或两个人来,或一人独莅。

德尔维希·穆罕默德·萨尔班、玉努斯·阿力和阿不都拉赫也在座。晡礼时,勇士们进行角力。

(6 月 8 日),礼拜三(二日),我们留在这个驻地。快到中午时,我们吃了麻饯。同日,马力克·沙尔克来,他是曾被派去把塔吉·汗逐出久纳尔的。

379a 是日,战士们进行了摔跤。在此以前来此的奥德的摔跤冠军同正在此时来此的一个印度武士摔跤,将其摔倒。我从帕尔斯鲁尔的赋入中拨出十五拉克赏赐给雅海牙·努哈尼做薪饷,并赐荣服放归。

(6 月 9 日),次日(礼拜四,三日),我们走了十一库罗赫(22 公里),渡古姆蒂河,至该河河岸扎营。关于先行的速檀们和伯克们,有消息传来说,他们已抵达达耳毛,但尚未渡过恒河。我对此很不满意,便给他们送去要他们迅速渡过恒河以追剿敌人的命令。他们也应渡过军河(朱木那河),携同阿拉木·汗(俄译本作阿利·汗)一起,戮力与敌人作战。

(6 月 10 日),我们(于礼拜五,四日)离开该(古姆蒂)河,在路上过了两夜,到达达耳毛。同日,部队的大部分都由渡口过了恒河。移营于彼岸后,我在渡头下面一个岛上吃了麻饯。

(6 月 13 日),为了让落在后面的士兵也能渡河,我们在这个驻地又等了一天(礼拜一,七日)。塔什干人巴基率领奥德的军队于是日前来向我致敬。

(6 月 14 日),我们(于礼拜二,八日)离开恒河,走了一程(在路上过了一夜,于 6 月 15 日,闪瓦鲁月九日)到阿林德河畔的库拉拉赫村旁边扎营。从达耳毛到库拉拉赫约有二十二库罗赫(44 公里)。

(6 月 16 日),礼拜四(十日),我们一早就从该地出发,到亚当布尔对面停驻。为了渡河追敌,我早就派了几个船夫去加尔比, 379b
命他们将那里所有的船只给我送来。那天晚上,在我们抵达这个驻地时,送来了几条船。渡河的渡口也找到了。因营地里尘土迷漫,我就搬到一个岛上。在我军驻在该地的几天中,我日夜都留在这个岛上。

因没有得到关于敌人的确实消息,我就派遣巴基·希噶乌耳及其手下的武士去河那边打探敌情。

(6 月 17 日),次日(礼拜五,十一日)下午聚礼时,巴基·伯克的伴当到来。巴基·伯克已打败舍黑·巴牙即和比班的一支侦察部队,杀死他们的一个名叫穆巴拉克·汗·吉耳瓦尼的勇士和另外几个人,给我送来几个首级和一名活的俘虏。

(6 月 18 日),次日早晨(礼拜六,十二日),曾与巴基同去的军需官沙·忽赛音来。他详细报告了打败敌侦察兵的情况以及发生的所有事情。

是日晚,即是月十三日,礼拜天的前夜,军河发大水,以致到天亮时我住的那个岛就全都被水淹没。于是我就搬到下游一箭远处另一个岛上安扎住下。

(6月20日),礼拜一(十四日),塔什干人加拉耳从先行的速檀和伯克们那里前来。舍黑·巴牙即和比班听说他们这支部队逼
380a 近,就逃到默胡巴去了。

因雨季到来,部队已行军五、六个月,马匹与牲畜皆已疲惫,所以,我命令先行的速檀和伯克就地停下,直等到新的补充部队从亚格拉及其附近地区到来。

是日晡礼时,我让巴基·希噶乌耳和从奥德来的部队离去。马鲁夫·法尔穆勒的儿子穆萨,在军队渡萨鲁河时,曾返回向我致敬效力,我把阿姆罗赫的一片能收入三十拉克的采邑赐给他,并赐给长袍、带鞍子的马匹,让其前往阿姆罗赫。

(6月21日),对这些地区的局面放了心以后,我即于礼拜二的前夜,三更过后一噶里时赶紧出发前往亚格拉。次日(礼拜二,十五日),走了十六库罗赫(32公里),在快到中午时,我们到达加尔比所属的采邑巴拉达尔停下。给马匹喂了大麦后,我们又于昏礼时起程。这天晚上,我们走了十三库罗赫(26公里),于三更终了时(半夜,闪瓦鲁月十五、十六日),到达加尔比的采邑苏甘德普尔地方,遂在巴哈都尔·汗·瑟尔瓦尼的坟墓旁边驻营。在那里稍睡了一会儿,又于晨礼过后出发。走了十六库罗赫(32公里),我们于中午时到达埃达瓦。马黑地·和卓前来迎接我们。晚上初更过后(下午9时),我们离开该地,在路上稍睡,走了十六库罗赫
380b (32公里),到达拉普里的法斯普尔。

次日(闪瓦鲁月十七日,礼拜四),晌礼时我们又从法斯普尔起程,走了十七库罗赫(34公里),于晚上二更时抵达亚格拉的哈

什特·比希什特花园。

(6月24日),礼拜五(十八日)早晨,军需官速檀·穆罕默德与另几个人前来向我致敬。约到晌礼时,我渡过军河,向和卓·阿布杜耳·哈克表示敬意。随后,我即进入城堡,同我的各位姑妈——别昆们见面。

我以前曾命一个来自巴里黑的种瓜人栽种甜瓜,现在他栽培出几个极好的小甜瓜给我送来,味道甚美。

我曾在哈什特·比希什特花园种了几株葡萄,也结出了好多葡萄。舍黑·古兰给我送来一筐葡萄,也不坏。在印度,能长出这样的甜瓜和葡萄,我感到很满意。

(6月26日),礼拜天晚上(闪瓦鲁月二十日),二更过后,马希姆到来。我们于朱马达·勒·巫拉月十日(1529年1月21日)前往军中,马希姆凑巧也是在这一天离开喀布尔的。[①]

(此处缺十一天的记载)

(7月7日),助勒·盖儿德月一日,礼拜四,当我正坐在接见大厅时,胡马雍和马希姆献给我的礼物送到。是日,我派法格富尔大臣的一个伴当,雇用一百五十名脚夫,去喀布尔运甜瓜、葡萄和 381a
其他水果。

(7月9日),是月三日,礼拜六,印都·伯克前来向我致敬。他是作为护卫人员从喀布尔到这里来的,又因阿力·优素福的去世而被派往森珀尔。喀利法的儿子胡萨木丁也在这天从阿尔瓦尔

① 马希姆从喀布尔到亚格拉,走了五个多月。

前来向我致敬。

(7月10日),次日,礼拜天(四日)早晨,在阿力·优素福死时从蒂尔·穆汗尼派往森珀尔的阿不都拉赫来。

(此处缺七天的记载)

我听来自喀布尔的人说,卡拉巴格人舍黑·舍里夫或是受了阿卜杜耳·阿即思[密拉胡尔]的挑唆,或是由于对他有好感,把我没有施行过的压迫和没有发生过的暴行都归咎于我,并撰写了一个呈文,强迫拉合尔的伊玛姆们在其上签名;他把这个呈文的副本分送到各城,希望挑起动乱。阿卜杜耳·阿即思自己既不服从某些命令,也就干了其他各种不该的罪行,说了一些不适宜的话。

因此,我就在是月(助勒·盖儿德月)十一日,礼拜天,派康巴儿·阿力·阿儿浑赍令前往逮捕舍黑·舍里夫、拉合尔的伊玛姆们及其同党与阿卜杜耳·阿即思,将他们统统递解至我的宫廷来。

(7月22日),是月十五日,礼拜四,真·帖木儿·速檀自蒂贾
381b 拉来奉朝请。是日角力冠军萨迪克与来自奥德的著名斗士摔跤。萨迪克不得不与之周旋,好不容易才将对手摔倒。

(7月28日),是月(助勒·盖儿德月)十九日,礼拜一,我给红头的使者穆拉德侍卫赏赐带有镶了宝石的套子的短剑,加以相应的荣服,还赠予二拉克的钱,让其离去。

(此处缺十五天的记载)

(8月11日),这几天从瓜廖尔来的赛亦德·马什哈地报告说,拉希姆·达德正在挑起叛乱。为此,我派遣喀利法的伴当沙·

穆罕默德·穆赫尔达尔去拉希姆·达德那里,传达训示。[沙·穆罕默德]去了,几天后,带着拉希姆·达德的儿子回来;他的儿子虽然来了,但拉希姆·达德本人并不想来。为了打消他的顾虑,我于助勒·希哲月五日,礼拜三,派努尔·伯克去瓜廖尔。几天后,努尔·伯克返回,向我报告拉希姆·达德的请求。当我正要照他的请求给他发布命令时,拉希姆·达德的一个伴当却前来报告说:“拉希姆·达德派我来帮助他的儿子逃跑;他本人并不想到这里来。”

这个消息一传来,我就想立即前往瓜廖尔,但喀利法提议:“让我再次送信给拉希姆·达德予以训示,他可能会同意和解。”于是,就派胡思老的(儿子?)实哈布丁去执行这一使命。

(8 月 12 日),是月(助勒·希哲月)六日,礼拜四,马黑地· 382a
和卓自埃达瓦来。

(8 月 16 日),节日(十日,礼拜一),我赐给印都·伯克长袍一袭,带镶宝石套子的短剑及良马一匹。哈桑·阿力,以一个察合台人知名于土库曼人中,得到赏赐的长袍一袭,镶宝石的刀鞘和有七拉克赋入的一个采邑。……(俄译本完)

回历九三六年(公元1529年9月5日至公元1530年8月25日)的事件

(9月7日),穆哈兰月三日,礼拜三,舍黑·穆罕默德·高斯同胡思老的(儿子)实哈布丁从瓜廖尔前来为拉希姆·达德说项。因舍黑·穆罕默德·高斯是一个虔诚信教的好人,看他的面,就宽恕拉希姆·达德的过失。舍黑·古兰与努尔·伯克被派往瓜廖尔,该地方即交给他们负责。……(原稿至此断简终了。)

英译者补回历九三六年至九三七年(1529—1530)的事件

回历九三六年至回历九三七年(公元1529年至公元1530年)

巴布尔的日记有一段约十五个月的阙简,其时间是从回历九三六年穆哈兰月三日(公元1529年9月7日)至回历九三七年主马达·勒·巫拉月六日(公元1530年12月26日)他去世,要找材料来填补这一空阙是很困难的。我们所知的原始资料很少,历史事实不足,内容主要是人物传记。但可以在一些意想不到的地方找到资料,如阿赫马·牙的格尔在他的《阿富汗诸速檀传》中曾插叙帖木儿王朝的历史,其中即可提供一些资料。

能帮助我们填补回历九三六年空白的最早的原始资料是米儿咱·海答儿写的《拉失德史》。该书第二编中有巴布尔的传记,写成于回历九四八年(公元1541年),也即回历九三六年阙简之后十二年。该书提供了有关巴达赫尚事务的有价值的资料。这些资料是根据作者三十岁时的亲身经历写出来的,也是阿布勒·法兹耳在编著《阿克巴本纪》时的根据。

年代上仅晚于前书的第二个原始资料是古耳·巴丹·别昆写的《胡马雍本纪》。这本巴布尔家族事务的编年史,是作者奉其侄阿克巴大帝之命写的,约成书于回历九九五年(公元1587年),即她父亲(巴布尔)逝世以后约五十七年。阿克巴大帝的命令要求,凡是有关其父王(胡马雍)和其祖父(巴布尔大帝)的事情,只要有人知道,都应记载下来,提供给阿布勒·法兹耳写书时使用。《胡马雍本纪》汇集了其家族的回忆和传说,可能还包括了皇族中几位夫人的回忆录。

《阿克巴本纪》一书在叙述回历九三六年至九三七年的事实时,从米儿咱·海答儿和古耳·巴丹·别昆二人的著作中汲取了大量资料,但是,其所述巴布尔自愿献身代其子死和他对手下诸首领发表的临终遗言,乃是借助于当时人的目睹资讯。值得注意的是,《阿克巴本纪》一书并没有记载回历九三六年至九三七年间发生在印度的公务,绝未提及拉希姆·达德和阿卜杜耳·阿即思叛乱的后果,也绝未谈到顽强不屈的比班和巴牙即。阿赫马·牙的格尔所保存下来的东西(见后),表明有些事曾讲到过;但自巴布尔逝世已过了五十年,对填补其日记阙简部分的兴趣,当时显然没有三百多年以后这样强烈。《阿克巴本纪》的作者写这书写了约十五年之久,其中有关巴布尔的部分可能是在早期写的,即使如此,在胡马雍制造那些苦难之后,这位皇家老妇曾停止写作,家族感情的宽容曾掩饰他的过去,确曾给阿布勒·法兹耳提供一个关于他的溢美的评价,这一评价同《巴布尔回忆录》记载中认可的评价很不协调。

尼咱木丁·阿黑麻著《阿克巴史编年》一书中之有助于填补回历九三六至九三七年间的阙简者:仅限于提到一个奇怪可疑不易为人接受的轶事,这个轶事讲的是一个要取代胡马雍为帕的沙的计划,和和卓·谟乞木·哈拉维在放弃此计划中所起的作用。但在第七编中有进一步的记载,其中包括克什米尔信奉伊斯兰教诸国王的历史,就是说,巴布尔曾派军征讨该国。因现存的《巴布尔回忆录》稿本中既未记载亦未提到这样一次远征,那可能是在回历九三六年派出的,当时巴布尔正去拉合尔或从拉合尔出游。这次远征的目的如果是要将帖木儿朝的政权扩展到喜马拉雅山边境地区,那就是一个暗示:在别的地方也可能采取相似的政策,因阿赫马·牙的格尔曾提到(见后),卡赫鲁尔的罗阇曾隆重访问巴布尔。《阿克巴史》一书是在阿布勒·法兹耳写作《阿克巴本纪》的期间写的,所述事实开始时较晚,而结束的时间则约早九年,即结束于回历一〇〇二年,即公元1593年。它似乎是阿布勒·法兹耳叙述巴布尔手下将领在克什米尔进行的征战的史料根据。(《阿克巴纪事》第二卷,第一部分,Jarrett 译本,第389页。)

阿赫马·牙的格尔著《阿富汗萨拉丁史》中插叙了重要的一段,似乎可信。这段记载扼要叙述了巴布尔在回历九三六年去拉合尔旅行的经过,并且谈到他根据萨马纳法官的控诉,派遣一支讨伐军从锡尔欣前去进攻某蒙达希尔·拉吉普特的详情。整个叙述同见于他书记载的事实完全吻合。其情节的准确,表明有时代相近的文字史料根据。因此书最充分的段落是讲萨马纳法官的事务,故其记载的根据可能已在萨马纳找到。阿赫马·牙的格尔自己著书的年代,以及尼阿马图拉对于帮助自己写《罗地朝贾汗·汗的历史》的萨马纳海巴特·汗说了些什么,关于这些问题的一些考虑使我们倾向于认为,海巴特·汗曾提供法官做错事和进行报复的详情。这一启示,更因以下情况而得到加强,即:对这次讨伐军事行动以前和以后的事仅作了概略的叙述。阿赫马·牙的格尔还插入了一段关于胡马雍的记载,那明显地是从《阿克巴编年史》一书中剽窃来的。他也讲了一个故事,意在说明巴布尔为何"选择了"胡马雍来继承大位。这个故事同(《阿克巴编年史》的作者)尼咱木丁·阿黑麻讲的关于什么导致喀利法放弃排除米儿咱的计划的那个故事是类似的。其唯一的价值在于它能证明,最早叙述这个故事的人(不管他是谁)所抱有的一个信念是对的,这个信念认为选择(胡马雍为继位者)实际上是巴布尔自己决定的。认为尼咱木丁的故事(既有这么一个故事)为极不可能的理由,将在后文谈到。

穆罕默德·哈斯木·印都·沙·费里什塔所著《费里什塔史》一书中有一段关于巴布尔的有趣记载,不见于较早的史料,但对填补回历九三六至九三七年的事实空阙帮助不大。M. Jules Mohl 认为,它是晚在公元 1623 年(回历一〇三二至一〇三三年)经过修改的。

一、胡马雍和巴达赫尚

胡马雍在其父皇没有宣召的情况下从巴达赫尚的前哨任所来到亚格拉这一事件,产生了重要的后果。此事应发生在回历九三六年的早些时候(即公元 1529 年的秋天),因为回历九三五年最后一个月的头十天中他是在喀布尔(见后)。够奇怪的是他的妹妹(同父异母妹)没有提及他到来之事,这也许是有意回避这个话题,也许是出于疏忽;但这一省略可能是由于(今藏于英国博物馆的)她的著作的仅有的抄本中遗失了一页,更有可能的是,阿布勒·法兹耳根据(古耳·巴丹·)别昆的说法,相当详细地写到他的到来及其动机,特别是他将胡马雍来亚格拉的理由归之于他的孝心。

《阿克巴本纪》一书记述了胡马雍离开哈剌札法儿之事,并谈到此事的政治、军事后果，其根据是米儿咱·海答儿的著作。米儿咱·海答儿对胡马雍离开巴达赫尚的解释是说，在巴布尔征服印度时，他的儿子胡马雍和卡姆兰已经长大成人；巴布尔因希望在自己临终时有一个儿子在身边，所以就传召胡马雍，而让卡姆兰留在坎大哈。这些无疑是当时人的印象，传到了米儿咱·海答儿那里。他在十二年以后才从事著述，当时的既成事实又加强了上述印象和传闻。但是仍有两个明显的迹象表明，并没有诏令要胡马雍离开哈剌札法儿，如，甚至在他到达亚格拉时也没有任命一个人去接替他的职务；阿布勒·法兹耳没有提到有宣召的命令，而只是说胡马雍·米儿咱之离开自己的岗位是由于迫切想见父皇。看来有可能的是，（其母）马希姆曾写信给她的儿子（胡马雍）催促他到亚格拉来，而这又被说成是巴布尔的意愿。但是，有一个传说：无论是巴布尔，或喀利法，任何一位都倾向于反对胡马雍继承大位，这个传说保存在回历九三五年以后很久才记载下来的轶事中，它可能是有点影响的。而她则让自己用调和的办法来证明那个传说是虚构的。

（胡马雍）·米儿咱要离开哈剌札法儿的打算在（巴达赫尚）成为人所周知的事时，众首领就提出：没有他（意为没有他的军队），他们将不能抵抗边境上的乌兹别克人。① 他同意这个意见，但说他仍必须前去，又说他会尽快地派一位米儿咱来接替其职务。然后他就上马，于一天之内驰至喀布尔，这是阿布勒·法兹耳的书中保留下来的一则快速旅行的记载。

胡马雍的离去在哈剌札法儿引起很大的焦虑不安，以至于有些（即不是所有的）巴达赫尚的首领赶紧给当时喀什噶尔的统治者察合台后王赛德·汗（米儿咱·海答儿在其手下效力）发出邀请，请他立即前来占据（哈剌札法儿）堡。他们说，（胡马雍）留下来负责的法基尔·阿力能力不强，不足以对付乌兹别克人，故恳求赛德·汗前来。为了强调他们的这个请求，他们提醒赛德·汗说，由于（羽奴思汗之妻）沙·别昆是巴达赫尚人，所以他对巴达赫尚有世袭的权力。他们督促说危险威胁着巴达赫尚，这使赛德·汗相信了，所以他就于回历九三六年（公元 1529 年 9—10 月）从喀什噶尔出发，到了撒里·却盘（即撒里黑忽纳）。这地方曾被杜格拉特部的阿巴·乩乞儿·米儿咱兼并，所以现在是赛德·汗的最西边的领土②，但过去则是巴达赫尚的上

① 《拉失德史》汉译本，第二编，第 345 页。

② 同上，第 292 页及注②。

部地区。赛德·汗在这里等着,而米儿咱·海答儿则继续前往哈剌札法儿。海答儿在路上只了解到,印达耳·米儿咱已由胡马雍派遣自喀布尔前来,并已在十二天以前进入了哈剌札法儿堡。

这么一来,喀什噶尔人就处于为难的境地:哈剌札法儿堡已被巴布尔的代表所占据,而当时又已大雪封山,在冬尽春来之前,他们不可能经由山路返回。需要有驻冬之地,米儿咱·海答儿也提出了这个要求。于是就指定一些地区供他们驻冬,以等待帕米尔山路的重新开放。他的请求没有成功,"他们不信任我们",他写道,"确实怀疑我们在进行欺骗。"他自己曾记载,在米儿咱·汗统治时期,赛德·汗曾侵略巴达赫尚(在回历九二五年—公元1519年)①,这一记载足以说明为什么巴达赫尚人不信任喀什噶尔人。他谈判既已失败,就搜索和抢劫了哈剌札法儿堡周围地区,数日后,赛德·汗到来,其部下又夺取了海答儿部众劫余的东西。

据记载,赛德·汗曾围攻(哈剌札法儿)堡三个月,但是,似乎并未试图采取任何重大的措施以攻克该堡,因为记载中既未提及进行了战斗,也未谈到攻城或出击,而到寒冬将尽时,那些曾邀请他前来的人朝见了他,他们向他道歉,说明未让他进入城堡的原因。他们说,如果不是因为印达耳·米儿咱来了,他们会让他进城的。对此,赛德·汗回答说,他不可能反对巴布尔大帝;他提醒那些首领说,他是请来的,让乌兹别克人占据巴达赫尚,这对大帝和他自己是一样的有害。最后,他表明他的意见说,事情既已如此,所有的人都应回家去。他认为,大家都有这个义务,包括巴达赫尚的辅助部队,如前来支援守军的速檀·歪斯·库拉比。赛德·汗说了这番话后,就径自出发返回喀什噶尔,于初春时节到达叶尔羌。

二、胡马雍的进一步行动

胡马雍一定是在回历九三五年助勒·希哲月十日(公元1529年8月26日)到达喀布尔的,因为记载中说,他在喀布尔的伊德·伽赫遇到卡姆兰,那天正举行礼物节(Idu' l-kabir),他们二人一起在那里过了这个节。卡姆兰是从坎大哈来的,他来该地是为了过节呢,或是因为他已听说胡马雍已从巴达

① 《拉失德史》汉译本,第二编,第292—295页。

赫尚出动,或是因为他预见会发生变动,而他也觊觎着喀布尔,正如《巴布尔回忆录》和后来的记载所说的那样,所有这些都是可以研究的。阿布勒·法兹耳说,卡姆兰曾问胡马雍,他为什么从那里来,回答是因迫切想看望父皇,即将前往亚格拉。这两位米儿咱可能讨论了巴达赫尚的局势;最后,就派印达耳去哈剌札法儿,尽管他已接到去印度的命令。

胡马雍在喀布尔可能停留了几个礼拜。具体究竟停了几个礼拜?熟悉节候和从叶尔羌至哈剌札法儿之间的道路的人能够推算出来。这就是胡马雍可能等待的印达耳北去的日期,要与赛德·汗于穆哈兰月出发,他去撒里·却盘的大致路程,以及米儿咱·海答儿得到的说印达耳已于十二天前到了哈剌札法儿城堡的消息等衔接得上。

据阿布勒.法兹耳说,胡马雍来到亚格拉,使当时正因(巴布尔之子)阿耳瓦尔(于回历九三五年底)死去感到悲伤的皇家为之欣慰,也使其父皇感到高兴。但其时间距巴布尔给胡马雍写信(见 f. 348)的日期太近。一个不满意的父亲,不可能设想会对他擅离职守不感到恼怒。

情况是那个岗位还得派人去填补,这就说明,他是擅离职守,而非奉命的行动。据说,曾要喀利法去接替该职位,他拒绝了。曾要求胡马雍回去,他表示不愿意。回历九二六年,巴布尔曾收养没有父亲的孤儿速来曼(米儿咱·汗之子),这时他已十六岁,巴布尔就派他去负责其父米儿咱·汗统治过的地方(指巴达赫尚),并仍然让此子处在自己的保护之下。

速来曼没有迟延地就从亚格拉起程,(据阿赫马·牙的格尔的记载)巴布尔亲自送至拉合尔,以示支持速来曼,并在哈剌札法儿周围布设冬防部队以恐吓赛德·汗。同时,令胡马雍前往他的采邑森珀尔。

在任命速来曼后,巴布尔给赛德·汗写了一信,海答儿记载了该信的大意。巴布尔在信中表示,对赛德·汗在巴达赫尚的所作所为感到惊异。他说。"印达耳已被召回,另外派了速来曼前去,如果赛德·汗尊重他的世袭权,就应当让'速来曼·沙·米儿咱'占有巴达赫尚,因为他可以说是我们两人的儿子。果然能够如此,自然就没有问题。否则,我就不再负责,将这份遗产交给继承人(速来曼)处理。其余的事你自己会知道。"①

① 《拉失德史》汉译本,第二编,第 346 页。

三、巴布尔访问拉合尔

阿赫马·牙的格尔书中记载了巴布尔去拉合尔与旁遮普旅行之事。如果这一记载可信,则回忆录中回历九三六年的阙简就可得到适当填补。他将这次的出征定在巴布尔统治印度的第三年,如果从(f. 286 所述)德里初次以巴布尔的名义讲道(虎土白)算起,则这个第三年应是始于回历九三五年赖哲卜月十五日(公元 1529 年 3 月 26 日)。但巴布尔回忆录中回历九三五年的日记是完整的(只有小的空阙),一直写到了该年年底,所以他离开亚格拉前往拉合尔的时间就只能是在回历九三六年。他一定是在那一年的早些时候出发的,这样,1. 在他死前发生的那些众所周知的事件以前,他才有时间进行这次长途的进军,阿赫马·牙的格尔说走了一年;2. 在胡马雍到来和速来曼离去之后早早出发;与形势较符合,也与海答儿和阿赫马·牙的格尔二人记述中提及的或暗示的时间较为吻合。

在当时已知的事件中,提议率军朝西北方面去,可看出有两个政策上的理由。第一,是阿卜杜耳·阿即思在拉合尔进行了叛乱(见 f. 381);第二,是赛德·汗侵入巴达赫尚,结果需要以武装干预进行恐吓,以支持速来曼。

西姆拉山区一个小国卡赫鲁尔的罗阇,在锡尔欣朝见巴布尔,献鹰七只、黄金三曼(曼是一种重量单位)。巴布尔认可了他占有的采邑。

据说,卡姆兰在拉合尔自建的一个花园里接待父皇,并像拉合尔的统治者那样引见介绍了本地诸首领,有的作者描写了他当时的情景。但最好的史料却说他仍在坎大哈。他是在巴布尔传召阿斯卡里去亚格拉(f. 339)时,被派往木尔坦(f. 359)的。但还不能确知他是否实际上去了那里;据阿布勒·法兹耳描写说,他在几个月后(于回历九三五年助勒·希哲月十日)从坎大哈来到喀布尔。他在其父皇死后那年,即回历九三八年(公元 1531 年),以武力从其同父异母兄胡马雍手中夺取了木尔坦和拉合尔。他在拉合尔朝见其父皇,那是自然的,印达耳也从喀布尔前来朝见。印达耳一定是在将哈剌札法儿堡交给速来曼负责以后来到拉合尔的,他于寒冬之末返回,或许正是在其父皇从拉合尔踏上归途之前。他离去前接到的礼物是两头象、四匹马、腰带和镶有宝石的匕首。

据说巴布尔是在(回历九三六年)赖哲卜月四日(公元 1530 年 3 月 4

日)离开拉合尔的。从阿赫马·牙的格尔关于巴布尔在拉合尔所作所为的扼要叙述,可以看到,他,或他用的史料,一定是根据了错误的报道,或是对这些事不甚关心。在他写萨马纳时,他的兴趣就变得大些了。

四、惩罚蒙达希尔人

巴布尔在归途中来到锡尔欣,在这里他接到萨马纳法官的一纸控告,指控某一位莫汗·蒙达希尔(或蒙德哈尔)·拉吉普特进攻了他的庄园,放火和抢劫,杀死了他的儿子。所以,就派哈马丹人阿利·库力率领三千骑去为法官报仇,他们于清晨到达开塔耳(kaithal)采邑莫汗的村庄。其时天气严寒,以至于射手"拉不开弓"。那里庆贺婚礼搞了一个晚上;从温暖的房子里出来的村民们一齐开弓放箭,使皇家军队不能抵抗;许多人被杀,且一无所得;他们乃退入林中,点火取暖(?),然后重新发动进攻,但又被打退。巴布尔听说他们吃了败仗,就派塔尔萨姆·巴哈杜尔和瑙朗·伯克率六千骑与许多象前去,或许仍是从锡尔欣派出的。这支部队在晚上抵达该村,婚礼的庆祝活动仍在进行中。快到早晨时,把部队分为三个支队,其中一个支队奉令去村子的西边布阵。部署停当后,村民们怀着刚获胜的傲慢心情朝该部队前进。皇家部队按照事先的命令向后遁逃。蒙达希尔人追之约二英里。这时,塔尔萨姆·巴哈杜尔已进攻并焚烧了村庄,杀死许多村民。在西面追赶皇军的人看到他们的被焚房屋的火焰,就往回跑,但在路上遭到截击。约有一千名男人、妇女和儿童被俘虏;还在那里进行了大屠杀,用头颅堆城塔柱。莫汗被捕获,后被活埋至腰部,再用箭射死。关于此事的消息送到了大帝那里。

巴布尔到了锡尔欣以后,据说曾到德里附近打猎,达两个月之久,那可能是他跟上派往格尔纳尔地区开塔耳采邑的讨伐部队时,到纳尔达克地方打猎。这是该地区境内一个为帖木儿后王喜爱的地方。

这样,回历九三六年,可能还加上回历九三七年的一个月的这段空白,就可以得到填补了,其事实就是在德里以西"经年的"旅行。记载只是一个大概,其中有几个月的时间没有提到巴布尔究竟在何处,也未提及他处理了什么公务。在某个时间里,可能就在他返回的途中,他派了远征军去克什米尔,此事在这编附录的开头部分已提到。根据当地的编年史,不成文的传说,或那些为纪念巴布尔访问的地名等,我们还可以考证出其他的事实。

五、巴布尔愿献身以挽救胡马雍

从巴布尔自远征西北返回亚格拉到其逝世，只有几个月，可能是四、五个月的时间。关于这几个月的情况，现有古耳·巴丹和阿布勒·法兹耳的记载，不过他们谈的事实只是一些家务。

这些作者提到的第一件事是胡马雍患病。这时，巴布尔愿献身以挽救其子于死亡。此事的情节简单地说是这样的：胡马雍还在森珀尔时，就严重发高烧；他由水路被送到亚格拉，他的母亲在穆特拉迎接他；在他的病医治无效时，巴布尔就决定按当时人们相信的、现在在东方仍然行之有效的习俗行事，即代病人祈祷，并以祈祷者所有的最有价值的东西为代价来交换病人不死。巴布尔拒绝人们劝他献出科希·努尔以求上苍，决定祈求接受自己的生命。他通过他女儿提名的一个圣人进行祈求，还绕着胡马雍的床走了三遍，同时祷告说："真主呀！如果一条生命能换一条生命，那我巴布尔愿以我的生命和我的存在来换胡马雍。"巴布尔在履行这个仪式时全身发烧，这使他深信，他的祈祷和奉献奏了效，他喊了出来，"我的目的达到了！我的目的达到了！"古耳·巴丹说，他自己就在那天病了，而胡马雍则朝他的头上浇水，并出去接见朝臣；由于巴布尔患病，他们就把父皇抬到内室，他在那里卧床二、三个月。

巴布尔坚信自己履行的那种习俗是无疑的，他相信献身已被接受也是无疑的；加之实际的事实也支持他的这种信念。旁观者也一定相信他的祈求和献身奏了效，因胡马雍返回森珀尔去了，而巴布尔竟立即病倒，几个礼拜就逝世。

六、一个不让巴布尔诸子继位的计划

巴布尔是否曾经打算无论如何都要把印度赐给胡马雍，对于这一点，单单看《阿克巴本纪》一书，似乎是没有疑问的。但是，如果将各种有用的事例拼凑在一起来看，就会得出一个相反的意见，即，不仅是阿布勒·法兹耳根据(《阿克巴编年史》的作者)尼咱木丁·阿黑麻的理由而提出的喀利法，而且巴布尔本人和相当数量的首领们，都希望由另外一个人来统治印度。这个意见的根据是《阿克巴编年史》一书中讲到的一个故事。这个故事亦见于《阿克巴本纪》,但较简略。其要点是:喀利法曾计划取代胡马雍和他的三个兄弟继承巴布尔的皇位。

现将该故事简述如下:巴布尔逝世时,尼咱木丁·阿黑麻之父和卓·穆罕默德·谟乞木·哈拉维在工部任职。行政机关首长异密·尼札木丁·阿利·喀利法对胡马雍有疑惧,不支持他继位为帕的沙。对巴布尔的其他诸子,他也不支持。"巴布尔大帝的女婿(damad)"马黑地·和卓,是一个慷慨大度的青年人,对他也很友好,故他对这位驸马允诺要拥立之为帕的沙。这一承诺传开了,其他人就纷纷向马黑地·和卓道贺,而和卓也就摆起架子,接受这个地位。有一天谟乞木陪喀利法到马黑地·和卓的毡房去看望他,当时没有别的人在座。喀利法就座只有几分钟,处于病痛折磨中的巴布尔就派人来找他去。喀利法出去后,马黑地·和卓仍然站在那里,他站的方式使得谟乞木只能在他身后恭恭敬敬地等着(这,和卓并不知道),而不能跟随。以年轻气盛出名的和卓,捋着胡须说:"恭请真主,第一,我要剥你的皮!"他回首四顾,见到了谟乞木,就捉着他的耳朵,重复一句威胁性的成语,"红色的舌头把绿色的头一风吹掉",就让他走了。谟乞木赶紧跑到喀利法那里,把和卓对他的威胁重复了一遍,并劝他放弃那个排除巴布尔所有的儿子以支持一个异姓家族的计划。所以,喀利法就派人去请胡马雍,并派一官员去命令和卓退往他的房子,这位官员见他正要吃饭,就不讲礼节地催他离开了。喀利法还发表一个声明,禁止人们同他来往,不准他进入宫廷。巴布尔一死,喀利法就支持胡马雍。

因《阿克巴编年史》一书的作者尼咱木丁·阿黑麻在巴布尔死后二十年才出生,所以这个故事在其能鉴别它以前就已经是一个老故事了。而在其被收入《阿克巴编年史》并由《阿克巴本纪》不那么详细地转述之时,这个故事已流传了约六十年。

就拿故事的内容说吧,它是不可信的,因为这故事竟说喀利法,而且只是喀利法一个人,计划使巴布尔的四个儿子都臣服于马黑地·和卓,而该人却不是一个帖木儿的后裔,而且,就众所周知的史料看,该人也并非出身于一个在位的王朝,他个人也不显赫知名;他晚在公元 1529 年的秋天才伙同其侄拉希姆·达德一起造反。这种叛变的行为使巴布尔大为震怒,以至于不管实际上下令要如何惩处他们,都传说他们二人都将没命。当时巴布尔手下唯有这个马黑地·和卓,此人在两个情节上同这个故事不符。他在公元1530年时并非一个青年人,也不是巴布尔的一个damad,(如照通常的意义把此字理解为驸马的话);但他是一个yazna,即大帝的姐夫,即罕匝答·别昆的丈夫。有的作者称他为赛伊德·马黑地·和卓,这是一个双重称号,表示他在两个方面都是宗教世家的后裔;一个情况是在他和罕匝答·别昆的陵墓中埋了一个晚期的呾密的赛伊德(圣裔)沙·阿布耳·马阿利。所以就说他是出于呾密的赛伊德族。但即使他是呾密人,那也是可疑的。因为那个宗教家族,常被用Khanwada这个字来加以描写,而这个字常常是表示一个在位的王朝。

他的名字之所以被尼咱木丁·阿黑麻叙述的故事中提到,是一个误解,这个误解错误地扩大了damad这个字的含义,将其理解为姐夫,而姐夫乃是不大常用的。对巴布尔的同时代人说来,"巴布尔大帝的damad(女婿)"这一用语的意义是明确的,因为在他卧床临终以前的约十一年当中,他只有一个女婿,即(其女)马苏玛·速檀·别昆的丈夫穆罕默德·札曼·米儿咱·拜哈拉。如果那位米儿咱的名字在故事中取代马黑地·和卓的名字,那么,关于排除巴布尔诸子继承统治权的故事倒是可能有点可信。

说喀利法在征得或没有征得巴布尔的同意之下,就制定计划把任何一个不是帖木儿后裔的人拥立为帕的沙以统治巴布尔的所有领土,还说这是巴布尔的意思。那是难以置信的。我的看法是:这个计划仅与印度有关,这个计划的制定是考虑到巴布尔打算返回喀布尔,那时,他一定要将刚刚成为领土的那个难以治理的国家交给某个答应驻守该地的人负责治理。而胡马雍并不是这样的一个人。我的看法是基于以下的几个考虑:——

1. 巴布尔的看法与公元1587年在亚格拉的那些人的看法不同。后者将其巴布尔的材料提供给了阿布勒·法兹耳。这是因为在那时德里已成为帖木儿王朝(即莫卧儿帝国)权力的中枢,所以,不掌握印度就意味着不是一个帕的沙。巴布尔占领的印度地区较小,故其看法也就不同。他在印度的地位是不确定的,他所选定的中心是喀布尔,而非德里。他在喀布尔,既有心于北进,也能东顾。他即使丧失印度(其面积相当于近代的联合邦),仍能控制其以西至印度河的地方,包括坎大哈。

2. 巴布尔在逝世之前数年中曾想返回喀布尔。现有充足的证据表明他有这种愿望,那就是他的日记、书信和他第二部诗集(见于兰布尔诗集抄本)中的一些诗。他曾不止一次地告诉他的儿子们,他保留喀布尔是为了将其作为自己的领地。如果他不是死在亚格拉,而是回到喀布尔,如果他从巴达赫尚前进到了撒马尔罕或较近的地方,如果像文献记载所预测的那样命胡马雍去那些地方任职,那么,对这个故事就可以作出如下一个合理的解释:巴布尔曾同喀利法商量,考虑按照其祖先成吉思汗、帖木儿和卜撒因的先例来分封他的领土,故不准备让胡马雍及其兄弟们去管治印度地区。按他的分配计划,分给胡马雍的不是印度,而是中亚(Tramontane)的某地区;卡姆兰已有了坎大哈;如果胡马雍离开巴达赫尚的前哨据地,那么,将由速来曼代其统治该地;而印度则将转归"巴布尔大帝的damad(女婿)"所有了。

3. 穆罕默德·札曼有许多条件被推举去统治印度:他是帖木儿的后裔出身,速檀·忽辛·米儿咱之孙和后继者,马苏玛的丈夫,而她的父(巴布尔)母(马苏麻)都是帖木儿后裔;拜哈拉一族在赫拉特垮台之后,他曾得到巴布尔的保护;作为一个没有土地的人,他领导着其他一些这样的流亡者,如:穆罕默德·速檀·米儿咱、阿迪耳·速檀、哈斯木·忽辛·速檀,等,所有半帖木儿后裔,率同他们的呼罗珊扈从,曾在喀布尔作巴布尔的客卿,强制索取其贫乏的资源,这样就在回历九三二年(公元1523年)有助于推动他越过印度河。这个拜哈拉集团需要一个地盘;穆罕默德·札曼的前途必须予以关怀,也要关怀其妻马苏玛的前途。

4. 公元1529年4月(回历九三五年舍尔邦月),巴布尔给穆罕默德·札曼颁赐权力,还有华盖。这一事实足以说明巴布尔曾打算给予他以统治的地位。米儿咱对这一做法事先表示过反对,但还是作了。在《巴布尔回忆录》中讲到进攻比哈尔的部分没有特别提及此事。他们被压制住了,权杖还是颁赐了,尽管由于军事上的原因,没有让他去接受那一任命,但对其品级还是予以承认。对他的下一个任命是要他去军普尔,那是故夏尔基王朝的首府。巴布尔从未提到过别的首领曾接受过御赐的权杖。

5. 看起来一个帕的沙(皇帝)是有能力选择其继承人的;不止一个作者都说喀利法"支持"胡马雍,阿赫马·牙的格尔所述轶事中则说是"选择",从这些说法我们可以推知,继承人的选择是在胡马雍和另外一个人之间作出的。在分配领土中,选择的自由要大得多,如可以有许多建议,这就是尼咱木丁·阿黑麻(所著《阿克巴编年史》中)的故事的根据。不管提议给 damad(驸马)多大的权限,是给予皇帝的全权呢(这是难以置信的)?还是给予印度的有限主权?这必定是巴布尔和喀利法都知道的。不管他们早先的计划如何,也都由于胡马雍的患病而作了改变,这导致胡马雍做了皇帝(帕的沙)。damad(驸马)被排除了,这是比较可信的。而那些说法,如说他威胁要剥喀利法的皮,说那位高级官员的下属即赫拉特的谟乞木提出了抗议等等,是较不可靠的。

胡马雍的到来及其继续留在印度修改了早先的安排,包括要他留在巴达赫尚的安排。他的行动可以解释为什么在回历九三六年他到达拉合尔时,巴布尔不继续前往喀布尔。史料中的记载绝不排除那种推测,即认为马希姆知道了要给拜哈拉族的米儿咱授权杖之事,所以她就将自己的儿子(胡马雍)召来亚格拉,并把他留在那里,那种推测还认为,她肯定听说过的那个计划中的 damad(驸马)如果是那个拜哈拉的后裔,那她还会更加坚决地这么做,认为若非胡马雍在亚格拉及其相继而来的困难,巴布尔就会去了喀布尔,而让他的 damad(驸马)负责管治印度。

但是,巴布尔自拉合尔转回,前往亚格拉,他在那里自愿献身代胡马雍死,结果胡马雍"被选"为帕的沙,这就成为历史上的一个转折点。

胡马雍的康复与巴布尔的随即病倒,使人认为这位皇子的存活似乎是由于上天的保佑,而父皇的崩逝则是还债。巴布尔感人的个人经历似使胡马雍变得更为高贵,成为真主要让其活下去的一个人。这样的优越地位就表示,还应给予他父皇的慷慨赏赐。死亡的迫近,使一切为挽救其生命而制订的计划全归无效,胡马雍遂被任为帕的沙以掌握最高权力。

七、巴布尔之死

据古耳·巴丹的记载,在父皇逝世以前不久,还发生了其他的家庭事务,即:安排古耳·朗同伊散·帖木儿结婚,再是安排古耳·契赫拉同图赫塔·不花·察合台结婚。古耳·巴丹还写道,巴布尔急着想见印达耳,因他曾派人去把这位皇子从喀布尔找来,但直到他死后的那天才到达。

在医治无效时,就去森珀尔宣召胡马雍。他于父皇逝世前四天到达亚格拉。次日,巴布尔将手下的首领们召集拢来开最后一次宫廷会议,对他们讲话，指定胡马雍为继位者，并要求他们效忠于他。阿布勒·法兹耳概括他的话如下："主上的意图和重要的命令已经传达。已建议（胡马雍）慷慨公正，讨好真主，爱护臣民，接受未完成任务者的谢罪道歉，并宽恕犯罪者。而且，他（巴布尔）呼喊道，我遗嘱的要旨是'不要敌视诸兄弟，即使他们罪有应得。'"这位历史家继续写道，"确实，正是因为要服从这一遗令，江纳特·阿什雅尼阁下才在受到其兄弟们的这么多伤害的情况下，没有为自己报仇。"古耳·巴丹所记载的她父皇的最后一次讲话很简短：——"他这样说，'多年以来，我一直想把皇位传给胡马雍，并隐退到遍地散布着黄金的花园里去。由于上天的恩惠，我在身体健康时已得到了一切，只是没有实现这个（传位的）愿望。现在，疾病已使我生命将尽，我责成你们都要承认继位的胡马雍。不可不对他效忠。对他要忠心不贰，同心同德。我希望真主能使他善待人。再者，胡马雍，我把你，你的诸兄弟，我所有的亲族，你的人民，以及我的人民，统统交给真主，将他们全都托付给你。"

那是在回历九三七年主马达·勒·巫拉月五日，礼拜一（公元1530年12月26日），巴布尔以一个穆斯林的恭敬回答了他的传召说："真主呀，为了你，我在这里。"

和卓·卡兰低唱着丧歌，巴达云尼曾引了其中的几行如下：

"啊呀！时间和多变的天空将在没有你的条件下存在；

啊呀！啊呀！时间会继续下去，而你却去了；"

遗体安放在今塔吉·马哈耳（Taj-i-mahall）所在地对面的憩园（阿拉姆花园）。和卓·穆罕默德·阿里·阿萨斯被任命为守陵官，许多嗓音好的诵经者被派去做每天的五次祷告，为死者的灵魂祈求。西克里的全部赋入和比安那赋入中的五拉克被拨出来捐给陵墓，而马希姆·别昆则在她余生的两年半中。每天从自己的庄园，两次给守陵人送去食物津贴费。

遵照本人的意愿，巴布尔的遗体将运往喀布尔，在那里，将要葬于他选择的花园中，陵墓要朝天开口，其上没有建筑物，不用一个人守门。

我们在史料中没有见到记载其遗体从亚格拉运走的确切时间。从古耳·巴丹的书中我们知道，在焦萨战役之后，卡姆兰还曾于公元1539年（回历九四六年）去拜谒其父皇在亚格拉的陵墓；又据赵哈尔（Jauhar）的记载，我们知道，巴布尔的遗体在公元1544年（回历九五二年）以前即已运往喀布尔，那时,胡马雍在喀布尔曾不悦地谈到卡姆兰对"别尕·别昆"没有礼貌,她就是比比·(穆巴拉卡),是她负责把他们父皇的遗体运到该地(指喀布尔)去的①。执行此任务的遗孀是阿富汗妃子比比·穆巴拉卡,此事因古耳·巴丹记载了宫眷迁移的详情而被证明是可能的。巴布尔的家眷,是(公元1539年6月7日)在焦萨吃了败仗之后,由印达耳护卫离开亚格拉的;在前往喀布尔的途中,不管是谁负责照管遗体,他都必须在稍后的日期回来接的。如果他在执行任务中护卫了她,那是同瑟尔·沙的宽大性格相符的。

巴布尔为自己选择的葬地梯形花园,位于喀布尔沙山的山坡上,欧洲作者称之为舍尔·达尔瓦札。该地被描写成也许是喀布尔最美丽的一个花园,俯瞰察尔·地赫平原,景观绝胜,前面的帕格曼山积雪皑皑,又见荒山秃岭,岩石嶙峋,喀布尔的统治者历来以之为狩猎场所。从亚格拉来到喀布尔的几位巴布尔的后裔曾拜谒安葬他的这个花园,并加以修饰之。陵墓附近那所美丽的清真寺乃是沙日汉所建;陵墓上头那块白色迈丹大理石石碑上泐刻得很好的铭文,即使不是日汉喆的作品,但也似乎至少是由他倡议建造的。墓石本身是一低矮的墓盖,比巴布尔墓附近安葬他的亲戚和同族人的遗体的墓盖并不更为简朴。上世纪(指十九世纪)三十年代,已故的亚历山大·伯恩斯[爵士]曾参观过这个花园和陵墓,对其进行了极好的描写。与之一同参观的蒙希·莫汗·拉耳,自己也记述了该地的美景,抄录了大理石碑上和清真寺正门上的铭文。据这两位访问者的描写,以及丹尼耳(Daniel)画的公园和陵墓图,我们知道,在他们那个时代,陵墓上头附近有两块直立的石碑,一块在前,一块在后。本世纪(二十世纪)头十年中访问过该花园的海顿先生(H. H. Hayden)所摄该陵墓的照片,表明只有一块直立的石头。前述两石碑之一的地方照出来的是一个刷了白石灰灯座。

直立的石碑上刻有诗,其大意如下:

咱喜鲁丁(正统信仰的脊柱)·穆罕默德·巴布尔·帕的沙,是那样一个统治者,从其眉毛上发出真主的光。他除有最高的权力、领土、好运、正直、慷慨和坚定的信仰外,还享有繁荣、富裕和军事上的胜利。他

① 比比是巴布尔的一个妻子,为玉素甫寨部的阿富汗人。以上据赵哈尔著《胡马雍回忆录》(*Jauhar*, *Memoirs of Humayun*),Stewart 译本,第82页。

赢得了物质世界，成为一个发号施令的显赫人物。为了每次征服能获胜，他像为了光明一样，寄望于精神的世界。当天堂成为他的居地，鲁兹万(Ruzwan，天堂的看门者)问我的时间时，我给他的回答是："天堂永远是巴布尔大帝的住所。"

八、巴布尔的妻室和儿女

巴布尔本人只提到他的几个妻子的名字，但要列出他所有妻子儿女的名单，须根据古耳·巴丹的著作：

1. 阿依霞·速檀·别昆，速檀·阿合马·米儿咱之女，于回历八九四年(公元1488—前89年)巴布尔约五岁时与之订婚。回历九〇六年生法赫隆·尼莎[生后约一月殇]。阿依霞·速檀·别昆于回历九〇九年(公元1503年)以前离开巴布尔。

2. 宰纳卜·速檀·别昆，速檀·马合谋·米儿咱之女，于回历九一〇年(公元1504—1505年)结婚，二、三年后去世，未生育子女。

3. 马希姆·别昆，其出身门第未见记载，于回历九一二年(公元1506年)结婚，生巴尔·布德、米器里·江、爱散·道拉特、法鲁克[以上诸人皆幼殇]与胡马雍。

4. 马苏麻·速檀·别昆，速檀·阿合马·米儿咱之女，于回历九一三年(公元1507年)结婚，生马苏玛。产后死，推测可能是在回历九一四年至九二五年(公元1508—1519年)这段阙简时期的早些时候。

5. 古耳·鲁赫·别昆，其出身门第未见记载，可能出于蒙兀儿部的一个别吉克，大约于回历九一四年与九二五年间(公元1508—1519年)这个时期的早些时候结婚，生沙赫·鲁、阿赫麻[二人皆早逝]、吉利札尔[也可能早逝]、卡姆兰与阿斯卡里。

6. 迪耳·达尔·别昆，其出身门第未见记载，与古耳·鲁赫在同一时期嫁给巴布尔，生古耳·朗、古耳·契赫拉、印达耳、古耳·巴丹与[少年时死亡的]阿耳瓦尔。

7. 阿富汗夫人比比·穆巴拉卡·玉素甫寨，于回历九二五年(公元1519年)结婚，未生子女逝世。

波斯王塔玛斯普在回历九三三年作为礼物送给巴布尔的两名切尔克斯

族女奴古耳·纳尔与纳尔·古耳(见 f. 305)被纳为妃。古耳巴丹的书中曾几次提到她们,说她们参加了节目喜庆活动和胡马雍主持的家庭会议。阿布勃·法兹耳说,古耳·纳尔在回历九八三年(公元 1575 年)时曾是古耳·巴丹朝觐团的成员之一。

以上名单中,马希姆、古耳·鲁赫·别昆与迪耳·达尔这三位夫人的出身门第皆不见记载,或只在著名的史料中模糊地提及。古耳·鲁赫与迪耳·达耳二人结婚的那几年的记载,现已不见于《巴布尔回忆录》,这足可解释巴布尔没有提及她们二人的出身的原因。这些记载,不管是日记或史事记述,可能是散失了,遂造成回历九一四年至九二五年(公元 1508—1519 年)的阙简。据米儿咱·海答儿的记述,[①]古耳·鲁赫似乎是出身于蒙兀儿部的别吉克家族,她的兄弟们有米儿咱的称号。她出身虽好,但并非皇族。迪耳·达尔的情况要简单些。在她女儿古耳·巴丹的著作中,绝未说她和她的子女不是身份高贵;众多的事实和各种表述,都说明他们同皇家的人物是处在平等的地位。古耳·巴丹在列举她父皇的各位夫人时不述及她们的出身,她在谈到她自己的母亲时也是采取同样的方法。关于各位“母亲”的出身,她谁也没有加以叙述。追寻迪耳·达尔出身的意义在于:她可能是速檀·马合谋·米儿咱与帕夏·别昆所生的第三个女儿,她有一个女儿可能是萨利马·速檀·别昆的母亲。胡马雍将萨利马·速檀·别昆嫁给拜兰姆·汗,后嫁给阿克巴。此女既容貌妩媚,又具文才,有所述作。包括阿布勒·法兹耳在内的后来的历史家们说,萨利马的母亲是巴布尔的妻子萨利哈·速檀·别昆所生的一个女儿,而将那位女儿的名字改写成古耳·朗·鲁赫·巴尔格或伊札尔(最后这个语尾相当于契赫拉,即面)。因不可能有一位夫人带着她的女儿在巴布尔的家庭中成长而又不见于古耳·巴丹所著史书的记载,又因萨利马是巴布尔所生毋庸置疑,故这个难题遂可径直地得到解决,办法就是设想萨利哈即是古耳·巴丹所说的“迪耳·达尔”的真名。一个人有两个名字的事例是常见的,例如:马希姆,马赫·奇昌,哈拉·古兹,阿克(意为:我的月亮,我的月亮妹妹,黑眼睛的,美好的)。迪耳·达尔(意为扣人心弦的),听起来像是家庭中的爱称。正是《阿不都拉什木传》(*Ma' asir-rahimi*)这部书把萨利

① 《拉失德史》,汉译本,第二编,第 224—225 页。

哈说成是巴布尔的妻子的名字，这位妻子是帕夏的第三个女儿。该书作者因晚在（回历一〇二五年——公元1616年）才从事写作，或许不了解萨利哈曾被称为迪耳·达尔（如果曾是这样的话），所以可能是搞错了。将帕夏的第三个女儿当成巴布尔的妻子迪耳·达尔，把迪耳·达尔的女儿古耳·契赫拉当成萨利马的母亲这种似是而非的事实，将不会与之矛盾的。古耳·契赫拉约生于公元1516年，于公元1530年嫁给图赫塔·不花，约于公元1533年丧夫，可能再嫁给石汗那人努鲁丁（赛伊德·异密），于回历九四五年为他生下萨利马；她于公元1547年（回历九五四年）嫁给乌兹别克人阿巴思·速檀。有两件都不重要的事实，不允许将迪耳·达尔当成一个米兰·沙的后裔；第一件是某佚名的注释者称呼她为迪耳·达尔妃子（阿噶察）；但他可能并不比别的了解其出身的人知道得更多；第二件是马希姆强制地收养迪耳·达尔的儿子印达耳；她虽是大老婆，又是储君之母，但她是否就能压制一个米兰·沙的后裔呢？使萨利马的母系出身问题变得复杂的一个情况是，那些寻找《巴布尔回忆录》突厥文原本或其波斯文译本《Waqi' at-i-Baburi》，以求得到有关米兰·沙后王马合谋与土库曼夫人帕夏·巴哈尔鲁所生三个女儿的资料历史家们，找到一个不完整的记载，这一记载中提到了长女和次女的丈夫，但绝未提及第三个女儿，这第三个女儿就是巴布尔之妻，也是萨利马的祖母。巴布尔本人看来是将这一记载搁置了下来，打算在以后再予以补充；他可能是等搞清两位姐姐的名字后，再完成对三妹的详情的叙述。我们有充分的根据认为海德拉巴抄本是其原始手稿的一个抄本。在这个抄本中约有三行空着（见f.27）好像是等待材料补充；但是，在绝大多数的手抄本中，都把有缺陷的段落同下一个句子连写在一起，以消除这种打算的表示。一个不那么知名的作者的一些偶然的议论，可能消除这个难点；以表明萨利哈就是迪耳·达尔。

马希姆的情况，似有不同的原因使人们不谈她的出身。速檀·忽辛·米儿咱死后不久，她就在赫拉特出嫁，当时巴布尔既无妻子又无儿女。阿布勒·法兹耳述说的关于她的情况，是模糊不清的。她父亲的名字没有提，她被说成是出身于一个高贵的呼罗珊家族，同速檀·忽辛·米儿咱有亲戚关系，其先世可追溯到札木地方的舍黑·阿赫马。如果她出身高贵（即使非出身皇族），而巴布尔在记述其子胡马雍的身世时竟未提及；古耳·巴丹偶尔提及,阿布勒·法兹耳则谈得较确切,这岂非奇怪。她的诸兄弟是霍斯特人,据少数的记载判断,他们似是一些恬淡不好战的和卓。她出嫁的那一年,有充分的记载存留了下来。这记载保存在撰述之中,而不见于日记。下一年的记载亦包含在撰述中,巴布尔在那里写到他在赫拉特与米兰·沙后裔马苏麻会见之事,写到他们的相互爱慕和结婚。如果巴布尔同胡马雍的母亲(指马希姆)结婚,是门当户对的,那就同巴布尔的如下习俗是一致的:记载其发生的情况,并备载马希姆出身门第的详情。

九、威廉·厄斯金先生对巴布尔的评价

“咱喜鲁丁·穆罕默德·巴布尔无疑是他那个时代最杰出的人物之一,也是历来使亚洲王座生辉的最卓越与最有成就的君主之一。据说他的体高在中等身材以上,精力充沛,兴趣广泛,尤好军事体育。他善使刀剑,是一个熟练的弓箭手。在东方国家的城堡,有一种建有小塔楼的壁垒。书上讲,他常常穿着双底长靴,从一个塔楼的尖顶跳到另一个塔楼的尖顶,这足以证明他体力强健。又说他甚至常常在每一手臂之下夹一个人,沿着壁垒从一个塔楼到另一个塔楼跳跃前进。由于早年受过处理事务的训练,在逆境中经受了锻炼,故其智能得到充分的发展。他十二岁时登上王位,在满二十岁之前他已享受了各种好运;他不仅曾统治所属的诸省区,且受到自己手下那些野心勃勃的贵族们的桎梏,而不得不将心中的所有想法隐藏起来;他一时受到诸富饶大国的归服,被人欢呼为一个征服者和拯救者,一时又被迫落拓为一个无家可归的流浪汉在费尔干纳的荒漠山野中藏匿,否泰交替。直到其生命的最后时刻,我们觉察到,他对其早年的朋友和早期的趣事怀着强烈的眷恋之情。……事实的声音是不能说谎的,这种声音及时地教导他,他乃是一个依靠别人慈爱和忠贞的人;他在危难中和同扈从们一起逃亡当中认识到自己只是集团中的一员。……他秉性仁慈欢快,似乎总是令其周围所有的人都感受到;……他以一个战士的真诚喜悦之情谈到自己的战友……他是抱有雄心壮志的,也喜爱征服和一切形式的荣誉。他从事了一段时期的事业,似乎耗尽了他的全部精力,他所有的才能都用来创造一种幸运的结局。他能屈能伸的心境,并未因挫折而崩溃,很少有人曾进行过如此光辉的征服,曾遭受过更多、更大的失败。他一辈子都以个人的勇敢而令人瞩目。如果我们不带偏见

地对亚洲的历史加以评论,那么,就整体说,我们找不到有哪个君主的天才和成就能胜过巴布尔。……而论才智之敏捷,处事之沉着泰然,以及他面临好、坏命运时不屈不挠的精神,论其大丈夫的气质和善于交际的品德,论其喜好翰墨及著作上的成就,我们也许不会找到其他的亚洲君主能与之并列。”

索引与译名对照

（索引中的页码为原书页码，即本书边码。）

人　　名

地　名

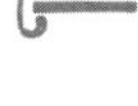